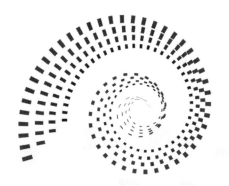

努力实现更加充分
更高质量就业

《"十四五"就业促进规划》解读及资料汇编

国家发展改革委就业收入分配和消费司 ◎编

中国财经出版传媒集团
经济科学出版社
Economic Science Press

编 委 会

主　编：哈增友

副主编：郭启民　赖德胜　孙志军

编　委：（按姓氏笔画为序）

车　松　王　轶　王　琦　田永坡

安修伯　张　勃　李长安　苏丽锋

孟大虎　唐　玲　高文书　郭宇宸

目 录

第一篇　党中央、国务院关于"十四五"时期促进就业的重要规划……………… 1
　　《中华人民共和国国民经济和社会发展第十四个五年规划
　　　和 2035 年远景目标纲要》(就业部分)……………………………… 3
　　"十四五"就业促进规划 ……………………………………………… 5

第二篇　深入认识把握"十四五"时期就业工作的重要背景……………… 29
　　"十三五"期间就业工作的主要成就 ………………………………… 31
　　"十四五"时期就业领域的新变化和新趋势 ………………………… 34
　　"十四五"时期就业工作的主要目标 ………………………………… 39

第三篇　提高经济增长的就业带动力………………………………………… 47
　　强化就业优先导向的宏观调控 ……………………………………… 49
　　协同推进产业转型升级与就业提质扩面 …………………………… 53
　　促进数字经济等就业新动能发展 …………………………………… 59

第四篇　促进创业带动就业………………………………………………… 63
　　创业带动就业具有"倍增效应" …………………………………… 65
　　持续优化创业环境 …………………………………………………… 69
　　完善创业政策支持体系 ……………………………………………… 72
　　鼓励引导各类群体投身创业 ………………………………………… 76
　　全面升级创业服务 …………………………………………………… 79

第五篇　支持重点群体多渠道就业………………………………………… 83
　　多措并举促进高校毕业生就业 ……………………………………… 85
　　破解青年就业问题 …………………………………………………… 88
　　加强退役军人就业保障 ……………………………………………… 91

促进农村劳动力外出务工与就地就近就业 ············· 94

统筹其他重点群体就业 ·················· 100

第六篇 解决人才供需不匹配的结构性矛盾 ············· 105

"十三五"期间我国技能型人才培养的主要举措与成就 ····· 107

技能人才培养存在的主要问题 ·············· 110

大规模多层次开展职业技能培训 ············· 114

构建系统完备的技术技能人才培养体系 ·········· 117

第七篇 构建统一规范灵活高效的人力资源市场 ········· 121

充分认识人力资源市场体系在就业中的重要作用 ······ 123

加快人力资源服务业高质量发展 ············· 128

健全全方位公共就业服务体系 ·············· 135

第八篇 提升劳动者就业质量 ················ 145

改善劳动者就业条件 ·················· 147

促进就业平等 ····················· 151

维护劳动者合法权益 ·················· 153

第九篇 完善规模性失业风险的预警与防范体系 ········ 157

"十四五"时期就业领域的潜在冲击 ··········· 159

健全失业风险监测预警机制 ··············· 163

全面强化规模性失业风险的应对处置 ··········· 169

第十篇 部分省、自治区、直辖市就业规划 ·········· 177

河北省就业促进"十四五"规划 ············· 179

内蒙古自治区"十四五"就业促进规划 ·········· 201

吉林省"十四五"就业促进规划 ············· 223

江苏省"十四五"高质量就业促进规划 ·········· 243

山东省"十四五"促进就业规划 ············· 272

湖北省"十四五"就业促进规划 ············· 297

广东省促进就业"十四五"规划 ············· 315

广西促进就业"十四五"规划 ·············· 333

重庆市就业促进"十四五"规划（2021—2025 年）····· 358

海南省"十四五"促进就业规划 …………………………………… 383

四川省"十四五"就业促进规划 …………………………………… 400

贵州省"十四五"促进城乡就业创业规划 ………………………… 414

陕西省"十四五"就业促进规划 …………………………………… 439

甘肃省"十四五"就业促进规划 …………………………………… 471

青海省"十四五"就业促进规划 …………………………………… 494

宁夏回族自治区就业促进"十四五"规划 ………………………… 514

附　录　名词解释 …………………………………………………… 531

第一篇

党中央、国务院关于"十四五"时期促进就业的重要规划

《中华人民共和国国民经济和社会发展第十四个五年规划和 2035 年远景目标纲要》

（就业部分）

第四十七章 实施就业优先战略

健全有利于更充分更高质量就业的促进机制，扩大就业容量，提升就业质量，缓解结构性就业矛盾。

第一节 强化就业优先政策

坚持经济发展就业导向，健全就业目标责任考核机制和就业影响评估机制。完善高校毕业生、退役军人、农民工等重点群体就业支持体系。完善与就业容量挂钩的产业政策，支持吸纳就业能力强的服务业、中小微企业和劳动密集型企业发展，稳定拓展社区超市、便利店和社区服务岗位。促进平等就业，增加高质量就业，注重发展技能密集型产业，支持和规范发展新就业形态，扩大政府购买基层教育、医疗和专业化社会服务规模。建立促进创业带动就业、多渠道灵活就业机制，全面清理各类限制性政策，增强劳动力市场包容性。统筹城乡就业政策，积极引导农村劳动力就业。扩大公益性岗位安置，着力帮扶残疾人、零就业家庭成员等困难人员就业。

第二节 健全就业公共服务体系

健全覆盖城乡的就业公共服务体系，加强基层公共就业创业服务平台建设，为劳动者和企业免费提供政策咨询、职业介绍、用工指导等服务。构建常态化援企稳岗帮扶机制，统筹用好就业补助资金和失业保险基金。健全劳务输入集中区域与劳务输出省份对接协调机制，加强劳动力跨区域精准对接。加强劳动者权益保障，健全劳动合同制度和劳动关系协调机制，完善欠薪治理长效机制和劳动争议调解仲裁制度，探索建立新业态从业人员劳动权益保障机制。健全就业需求调查和失业监测预警机制。

第三节　全面提升劳动者就业创业能力

健全终身技能培训制度，持续大规模开展职业技能培训。深入实施职业技能提升行动和重点群体专项培训计划，广泛开展新业态新模式从业人员技能培训，有效提高培训质量。统筹各级各类职业技能培训资金，创新使用方式，畅通培训补贴直达企业和培训者渠道。健全培训经费税前扣除政策，鼓励企业开展岗位技能提升培训。支持开展订单式、套餐制培训。建设一批公共实训基地和产教融合基地，推动培训资源共建共享。办好全国职业技能大赛。

"十四五"就业促进规划

就业是最大的民生，也是经济发展最基本的支撑。"十四五"时期，实现更加充分更高质量就业，是推动高质量发展、全面建设社会主义现代化国家的内在要求，是践行以人民为中心发展思想、扎实推进共同富裕的重要基础。本规划依据《中华人民共和国国民经济和社会发展第十四个五年规划和2035年远景目标纲要》编制，提出了"十四五"时期促进就业的指导思想、基本原则、主要目标、重点任务和保障措施，是推动就业高质量发展的工作指引。

一、发展环境

"十三五"期间，面对错综复杂的国际形势、艰巨繁重的国内改革发展稳定任务特别是新冠肺炎疫情的严重冲击，党中央、国务院始终坚持以人民为中心，将就业摆在经济社会发展优先位置，创新实施就业优先政策，推动就业工作取得积极进展。全国城镇新增就业6564万人，城镇调查失业率均值控制在5.2%，劳动年龄人口平均受教育年限从10.2年提高到10.8年，技能劳动者总量由1.3亿人增至2亿人，就业形势总体稳定，就业结构持续优化，就业质量不断提升。

"十四五"时期是我国全面建成小康社会、实现第一个百年奋斗目标之后，乘势而上开启全面建设社会主义现代化国家新征程、向第二个百年奋斗目标进军的第一个五年。当前和今后一段时期，我国发展仍然处于重要战略机遇期，党中央、国务院高度重视就业问题，实施就业优先战略，为实现更加充分更高质量就业提供了根本保证；我国已转向高质量发展阶段，以国内大循环为主体、国内国际双循环相互促进的新发展格局加快构建，经济稳中向好、长期向好，为就业长期稳定创造了良好条件；新一轮科技革命和产业变革深入发展，新兴就业创业机会日益增多；新型城镇化、乡村振兴孕育巨大发展潜力，新的就业增长点不断涌现；劳动力市场协同性增强，劳动力整体受教育程度上升，社会性流动更加顺畅，为促进就业夯实了人力资源支撑。

但也要看到，"十四五"时期就业领域也出现了许多新变化新趋势。人口结构与经济结构深度调整，劳动力供求两侧均出现较大变化，产业转型升级、技术进步对劳动者技能素质提出了更高要求，人才培养培训不适应市场需求的现象进一步加剧，"就业难"与"招工难"并存，结构性就业矛盾更加突出，将成为就业领域主要矛盾。城镇就业压力依然较大，促进高校毕业生等重点群体就业任务艰巨，在工业化、城镇化进程中，还有大量农村富余劳动力需要转移就业，规模性失业风险不容忽视。同时，就业歧视仍然存在，灵活就业人员和新就业形态劳动者权益保障亟待加强；人工智能等智能化技术加速应用，就业替代效应持续显现；国际环境日趋复杂，不稳定性不确定性明显增加，对就业的潜在冲击需警惕防范。总之，就业形势仍较严峻。必须深刻认识就业领域主要矛盾的变化，深入分析面临的挑战和风险，坚持问题导向，采取务实举措，抓住机遇，调动各种积极因素，不断开创就业工作新局面，努力实现更加充分更高质量就业。

二、总体要求

（一）指导思想。

以习近平新时代中国特色社会主义思想为指导，深入贯彻党的十九大和十九届二中、三中、四中、五中全会精神，统筹推进"五位一体"总体布局，协调推进"四个全面"战略布局，坚持稳中求进工作总基调，立足新发展阶段，完整、准确、全面贯彻新发展理念，构建新发展格局，统筹发展和安全，以实现更加充分更高质量就业为主要目标，深入实施就业优先战略，健全有利于更加充分更高质量就业的促进机制，完善政策体系、强化培训服务、注重权益保障，千方百计扩大就业容量，努力提升就业质量，着力缓解结构性就业矛盾，切实防范和有效化解规模性失业风险，不断增进民生福祉，推动全体人民共同富裕迈出坚实步伐。

（二）基本原则。

——坚持就业导向、政策协同。继续把就业摆在经济社会发展和宏观政策优先位置，作为保障和改善民生头等大事，把稳定和扩大就业作为宏观调控的优先目标和经济运行合理区间的下限，根据就业形势变化，及时调整宏观政策取向、聚力支持就业。

——坚持扩容提质、优化结构。兼顾容量、质量与结构，抓住主要矛盾，在多措并举创造更多高质量就业岗位的同时，更加重视日益凸显的结构性就业矛盾，聚焦劳动者技能素质提升，突出抓好技术技能人才培养培训，推动形成劳动力市场更高水平的供需动态平衡。

——坚持市场主导、政府调控。推动有效市场和有为政府更好结合，既要坚持市场化社会化就业方向，加快破除制约就业的体制机制障碍，充分发挥市场配置劳动力资源的决定性作用，又要强化政府责任，优化整合各类资源，为促进就业提供强有力政策支持和基础性服务保障。

——坚持聚焦重点、守住底线。紧盯就业领域关键环节和突出问题，瞄准重点地区、重点行业和重点群体，制定更加精准有效的举措，因地因企因人强化分类帮扶援助，切实兜牢民生底线。

（三）主要目标。

到 2025 年，要实现以下目标：

——就业形势总体平稳。城镇新增就业 5500 万人以上，努力实现更大规模，城镇调查失业率控制在 5.5% 以内，重点群体就业保持稳定。城乡、区域就业机会差距逐步缩小，劳动力市场供求基本平衡。

——就业质量稳步提升。劳动报酬提高与劳动生产率提高基本同步，覆盖城乡劳动者的社会保障体系更加健全，劳动权益保障进一步加强，劳动关系和谐稳定，更多劳动者实现体面劳动。

——结构性就业矛盾有效缓解。人力资源质量大幅提升，更加匹配产业转型升级和高质量发展的需要。全国高技能人才总量稳步扩大，劳动年龄人口平均受教育年限达到 11.3 年，新增劳动力受过高等教育比例达到 55%。

——创业带动就业动能持续释放。创业引领作用更加凸显，对高质量就业的带动能力不断增强。创业环境更加优化，政策服务体系更加完备，创业机会更多、渠道更广，更多人可以通过创业实现人生价值。

——风险应对能力显著增强。就业领域风险监测预警和应对处置机制不断健全，失业人员保障范围有效扩大、保障水平进一步提高，困难群体得到及时帮扶，就业安全保障更加有力。

专栏 1："十四五"时期就业主要指标				
指标名称	2020 年	2025 年	年均 / 累计	属性
城镇新增就业（万人）	1186	—	＞〔5500〕	预期性
城镇调查失业率（%）	5.2	—	＜ 5.5	预期性
城镇就业占比（%）	61.6	＞ 65	—	预期性
脱贫人口务工规模（万人）	3243	—	＞ 3000	预期性
全员劳动生产率增长（%）	2.5	—	高于 GDP 增长	预期性

指标名称	2020 年	2025 年	年均 / 累计	属性
劳动报酬占比（％）	52.1*	—	稳步提高	预期性
开展补贴性职业技能培训（万人次）	2700	—	〔7500〕	预期性
基本养老保险参保率（％）	91	95	—	预期性
劳动年龄人口平均受教育年限（年）	10.8	11.3	—	约束性
新增劳动力受过高等教育比例（％）	53.5	55	—	预期性

注：①〔 〕内为 5 年累计数。②带 * 号的为 2019 年数据。③劳动报酬占比是指劳动报酬占 GDP 的比重。

三、坚持经济发展就业导向，不断扩大就业容量

落实就业优先战略，强化就业优先政策，推动形成高质量发展与就业扩容提质互促共进的良性循环。

（四）全面增强就业吸纳能力。

强化就业优先导向的宏观调控。将就业优先政策置于宏观政策层面并持续强化，完善调控手段，充实政策工具箱，强化财政、货币、投资、消费、产业、区域等政策支持就业的导向，实现与就业政策协同联动。深入实施扩大内需战略，持续促进消费、增加有效投资拉动就业，通过保市场主体保就业。健全就业影响评估机制，制定实施宏观政策时要充分考虑对就业的影响，提升重大政策规划、重大工程项目、重大生产力布局对就业的促进作用。健全就业目标责任考核机制，建立更加充分更高质量就业考核评价体系，探索开展高质量就业地区试点工作。

促进制造业高质量就业。实施制造业降本减负行动，引导金融机构扩大制造业中长期融资，提升制造业盈利能力，提高从业人员收入水平，增强制造业就业吸引力，缓解制造业"招工难"问题。推进制造业高质量发展和职业技能培训深度融合，促进制造业产业链、创新链与培训链有效衔接。支持吸纳就业能力强的劳动密集型行业发展。注重发展技能密集型产业，推动传统制造业转型升级赋能、延伸产业链条，开发更多制造业领域技能型就业岗位。立足我国产业规模优势、配套优势和部分领域先发优势，发展服务型制造新模式，做大做强新兴产业

链，推动先进制造业集群发展，打造更多制造业就业增长点。

扩大服务业就业。聚焦产业转型升级和消费升级需要，构建优质高效、结构优化、竞争力强的服务产业新体系，为劳动者就业提供更大空间和更多选择。进一步放宽服务业市场准入，深入推进服务业扩大开放，促进服务业数字化转型、线上线下双向发展，推动现代服务业同先进制造业、现代农业深度融合，支持生产性服务业和服务外包创新发展，加快生活服务业高品质和多样化升级，鼓励商贸流通和消费服务业态与模式创新，引导夜间经济、便民生活圈等健康发展，稳定开发社区超市、便利店、社区服务和社会工作服务岗位，充分释放服务业就业容量大的优势。

拓展农业就业空间。深化农业供给侧结构性改革，加强现代农业产业园和农业现代化示范区建设，打造农业全产业链，提升农业价值链，吸纳带动更多就业。实施农民合作社规范提升行动、家庭农场培育计划和高素质农民培育计划，推动小农户与现代农业发展有机衔接，扶持一批农业产业化龙头企业牵头、家庭农场和农民合作社跟进、广大小农户参与的农业产业化联合体，实现抱团发展，促进农民就业增收。

支持中小微企业和个体工商户持续稳定发展增加就业。完善促进中小微企业和个体工商户发展和用工的制度环境和政策体系，构建常态化援企稳岗帮扶机制，持续减轻中小微企业和个体工商户负担，激发中小微企业和个体工商户活力，增强就业岗位创造能力。优化中小微企业发展生态，取消各类不合理限制和壁垒。支持劳动者创办投资小、见效快、易转型、风险小的小规模经济实体。加大对中小微企业和个体工商户融资支持力度，加强普惠金融服务。

（五）培育接续有力的就业新动能。

促进数字经济领域就业创业。加快发展数字经济，推动数字经济和实体经济深度融合，催生更多新产业新业态新商业模式，培育多元化多层次就业需求。健全数字规则，强化数据有序共享和信息安全保护，加快推动数字产业化，打造具有国际竞争力、就业容量大的数字产业集群。深入实施"上云用数赋智"行动，推进传统线下业态数字化转型赋能，创造更多数字经济领域就业机会。促进平台经济等新产业新业态新商业模式规范健康发展，带动更多劳动者依托平台就业创业。

支持多渠道灵活就业和新就业形态发展。破除各种不合理限制，建立促进多渠道灵活就业机制，支持和规范发展新就业形态。鼓励传统行业跨界融合、业态创新，增加灵活就业和新就业形态就业机会。加快落实《关于维护新就业形态劳动者劳动保障权益的指导意见》，建立完善适应灵活就业和新就业形态的劳动权益保障制度，引导支持灵活就业人员和新就业形态劳动者参加社会保险，提高灵活就业人员和新就业形态劳动者社会保障水平。规范平台企业用工，明确平台企业劳动保护责任。健全职业分类动态调整机制，持续开发新职业，发布新职业标准。

专栏2：实施灵活就业人员和新就业形态劳动者支持保障计划

1. 完善灵活就业人员就业服务制度。以个人经营、非全日制、新就业形态等灵活方式就业的劳动者，可在常住地公共就业服务机构办理就业登记，按规定享受各项政策和服务。建立灵活就业岗位信息发布渠道。

2. 实施新就业形态劳动者技能提升项目。创新适合新就业形态劳动者的培训形式和内容，搭建数字资源线上培训服务平台，支持其根据自身实践和需求参加个性化培训。

3. 健全灵活就业人员社会保障制度。完善灵活就业人员参加基本养老、基本医疗保险相关政策，放开灵活就业人员在就业地参加基本养老、基本医疗保险的户籍限制。推进职业伤害保障试点，探索用工企业购买商业保险、保险公司适当让利的机制，鼓励用工企业以商业保险方式为灵活就业人员和新就业形态劳动者提供多层次保障。

（六）提高区域就业承载力。

推动区域就业协调发展。支持东部地区发挥创新要素集聚优势，率先实现产业升级，开拓高质量就业新领域，培育高质量就业增长极。加快完善中西部和东北地区基础设施，提升产业集聚区公共服务效能，引导产业向中西部和东北地区有序梯度转移，推动就业机会向中西部和东北地区扩散。支持中西部和东北地区根据国家战略导向和发展重点，对接先进生产要素和创新资源，发展特色优势产业，改造提升传统产业，积极布局新兴产业，厚植就业创业沃土。

实施特殊类型地区就业促进行动。健全巩固拓展脱贫攻坚成果长效机制，统筹各类政策资源，强化后续扶持，以脱贫地区为重点，支持欠发达地区因地制宜发展吸纳就业效果好的富民产业。支持革命老区、边境地区等发展本地特色产业，推进资源型地区加快培育发展接续替代产业，完善就地就近就业配套设施，做好边民、少数民族劳动者和失地农民、下岗矿工、停产企业员工等困难群体就业帮扶。对高失业率地区开展专项就业援助，针对性开发和推荐就业岗位，促进失业人员再就业。

壮大县乡村促就业内生动力。深入推进新型城镇化和乡村振兴战略有效衔接，推动县乡村联动发展，促进产镇融合、产村一体，打造"一县一业"、"一乡一特"、"一村一品"经济圈，做好产业和就业帮扶。推进以县城为重要载体的城镇化建设，补短板强弱项，增强综合服务能力，促进绿色低碳发展，吸引各类生产要素向县城流动聚集，做大做强县域经济，扩大县城就业需求。支持乡镇提升服务功能，增加生产生活要素供给，为发展产业、带动就业创造良好条件，把乡镇建设成拉动农村劳动力就业的区域中心。完善农村一二三产业融合发展体系，丰富乡村经济业态，促进乡村产业多模式融合、多类型示范，打造乡村产业链供应链，加快乡村产业振兴步伐，培育乡村就业增长极。

专栏3：提高区域就业承载力重点任务

1. 夯实中西部和东北地区就业基础。鼓励中西部和东北地区与东部沿海地区通过共建跨区域产业合作园区、发展飞地经济等多种方式搭建承接产业转移平台，增强承接产业转移能力，创造更多本地就业岗位。支持中西部和东北地区立足基础优势，加快培育产业链长、带动就业能力强的支柱产业，协同推进产业转型升级和促进就业。

2. 扩大特殊类型地区就业容量。以工代赈项目重点向脱贫地区倾斜。支持革命老区、边境地区培育一批特色产业集群、优势资源基地，推出一批乡村旅游重点村、镇精品线路，为当地居民提供更多就业机会。支持资源枯竭型城市加强接续替代产业平台建设，培育接续替代产业集群，带动当地职工转岗就业。深入实施采煤沉陷区综合治理和独立工矿区改造提升工程，推进老工业基地制造业竞争优势重构，改善生产发展和居民就业条件。

3. 健全县乡村产业提升和就业促进机制。引导劳动密集型产业、县域特色产业在县城集聚发展，在农业产业强镇、商贸集镇、物流节点布局劳动密集型加工业，鼓励大型商贸企业在乡镇布点，增强就业支撑。保障乡村产业发展用地，做强现代种养业，做精乡村特色产业，提升农产品加工流通业，优化乡村休闲旅游业，培育发展乡村新型服务业和信息产业，持续带动农民就业创业。

4. 加强人才扶持。支持中西部和东北地区、特殊类型地区和县乡村基层积极吸引人才流入，加大力度推进职业技术教育和职业技能培训，为产业发展提供技术工人、管理人员和创业人才。

四、强化创业带动作用，放大就业倍增效应

深入实施创新驱动发展战略，营造有利于创新创业创造的良好发展环境，持

续推进双创，更大激发市场活力和社会创造力，促进创业带动就业。

（七）不断优化创业环境。

深化创业领域"放管服"改革。全面实行《优化营商环境条例》和政府权责清单制度，分类推进行政审批制度改革，打造市场化法治化国际化营商环境。实施全国统一的市场准入负面清单制度，健全清单动态调整机制，定期评估、排查、清理各类显性和隐性壁垒，最大限度解除对创业的束缚。提升企业开办标准化规范化便利化水平，建立便利、高效、有序的市场主体退出制度。实行以公平为原则的产权保护制度。

加强创业政策支持。加大对初创实体的支持力度，进一步降低创业成本，提升初创企业持续发展能力。落实创业担保贷款及贴息政策，提高贷款便利度和政策获得感。拓展创业企业直接融资渠道，健全投资生态链，更好发挥创业投资引导基金和私募股权基金作用，加大初创期、种子期投入。提升创业板服务成长型创业企业功能，支持符合条件的企业发行企业债券。

实现创业资源开放共享。强化大企业在市场拓展、产业链协调、带动中小企业创业方面的作用，实施大中小企业融通创新专项行动，鼓励大企业向中小企业开放资源、场景、应用、需求，打造基于产业链供应链的创新创业生态。推动国家科研平台、科技报告、科研数据、科研仪器设施、高校实验室进一步向企业、社会组织和个人开放，创造更多创业机会。促进国家级新区、国家自主创新示范区开放企业（项目）资源，建立项目对接机制，吸纳人才创业。

（八）鼓励引导各类群体投身创业。

激发劳动者创业的积极性主动性。实施农村创业创新带头人培育行动，壮大新一代乡村企业家队伍。实施大学生创业支持计划、留学人员回国创业启动支持计划。鼓励引导有创业意愿和创业能力的农民工、大学生、退役军人等人员返乡入乡创业。建立科研人员入乡兼职兼薪和离岗创业制度，完善科研人员职务发明成果权益分享机制。激发和保护企业家精神，倡导敬业、精益、专注、宽容失败的创新创业文化。

全方位培养引进用好创业人才。大力发展高校创新创业教育，培育一批创业拔尖人才。面向有创业意愿和培训需求的城乡各类劳动者开展创业培训。实施更加积极更加开放更加有效的人才政策，加大创业人才引进力度，为外籍高层次人才来华创业提供便利。健全以创新能力、质量、实效、贡献为导向的创新创业人才评价体系，加强创新创业激励和保障。

（九）全面升级创业服务。

打造全生态、专业化、多层次的创业服务体系。加快完善创业服务网络。加强服务队伍建设，为创业者提供政策咨询、项目推介、开业指导等服务。推广创业导师制，推行科技特派员制度，支持科技领军企业、高技能人才、专业技术人才等到基层开展创业服务。实施创业带动就业示范行动，组织各类创业大赛和创业推进活动，办好全国双创活动周，开展创业型城市示范创建，营造浓厚的创业氛围。

建设特色化、功能化、高质量的创业平台载体。构建众创空间、孵化器、加速器、产业园相互接续的创业平台支持链条。创新创业孵化载体建设模式，支持大企业与地方政府、高校共建，提高利用率。实施全国创业孵化示范基地改造提升工程，强化服务质量管理，提升孵化服务功能，新认定一批国家级创业孵化示范基地。优化双创示范基地建设布局，充分发挥双创示范基地示范带动作用。鼓励地方开辟退役军人创业专区和退役军人就业创业园地，依托各类产业园区建设一批返乡入乡创业园，加强大学生创业园等孵化载体建设。支持地方进一步加快建设留学人员创业园，持续推动省部共建。

专栏4：返乡入乡创业园建设

1. 整合建设一批返乡入乡创业园。以县级地区为单位，对现有开发区、产业园区、产业集聚区、创业载体等各类园区平台整合拓展、优化布局，打造功能完备、环境优良的返乡入乡创业园。改造提升返乡入乡创业园配套设施，提高智能化、服务化水平。

2. 培育返乡入乡创业产业集群。依托返乡入乡创业园，探索适合当地的返乡入乡创业发展路径和模式，通过承接产业转移、资源嫁接输入地市场、一二三产业融合发展等方式，培育具有区域特色、大中小企业协同联动、上下游产业全链条一体发展的返乡入乡创业产业集群。

3. 强化资金支持。允许将符合条件的返乡入乡创业园建设项目纳入地方政府专项债券支持范围。统筹利用现有资金渠道，有条件的地方可按规定因地制宜安排资金，支持返乡入乡创业园建设。鼓励金融机构在风险可控、商业可持续的前提下，创新金融产品和业务模式，支持返乡入乡创业园建设和返乡入乡创业企业发展。

五、完善重点群体就业支持体系，增强就业保障能力

聚焦高校毕业生等重点群体，坚持市场化社会化就业与政府帮扶相结合，促

进多渠道就业创业。

（十）持续做好高校毕业生就业工作。

拓宽高校毕业生市场化社会化就业渠道。结合国家重大战略布局、现代产业体系建设、中小企业创新发展，创造更多有利于发挥高校毕业生专长和智力优势的知识技术型就业岗位。健全激励保障机制，畅通成长发展通道，引导高校毕业生到中西部、东北、艰苦边远地区和城乡基层就业。围绕乡村振兴战略，服务乡村建设行动和基层治理，扩大基层教育、医疗卫生、社区服务、农业技术等领域就业空间。为有意愿、有能力的高校毕业生创新创业提供资金、场地和技术等多层次支持。

强化高校毕业生就业服务。健全校内校外资源协同共享的高校毕业生就业服务体系，完善多元化服务机制，将留学回国毕业生及时纳入公共就业人才服务范围。加强职业生涯教育和就业创业指导，加大就业实习见习实践组织力度，开展大规模、高质量高校毕业生职业技能培训，提高高校毕业生就业能力。实施常态化高校毕业生就业信息服务，精准组织线上线下就业服务活动，举办行业性、区域性、专业性专场招聘，加强户籍地、求职地、学籍地政策服务协同，提高供需匹配效率。对离校未就业高校毕业生开展实名制帮扶，健全困难高校毕业生就业援助机制。强化择业就业观念引导，推动高校毕业生积极理性就业。开展"最美基层高校毕业生"学习宣传活动。

专栏5：实施高校毕业生就业创业促进计划

1. 岗位拓展行动。实施高校毕业生中小微企业就业支持计划，指导国有企业健全公开、竞争、择优的市场化招聘制度。实施好"三支一扶"计划、农村教师特岗计划、大学生志愿服务西部计划等高校毕业生基层服务项目。开发一批社区服务、科研助理、社会组织就业岗位。支持大学生参军入伍，提高高校毕业生新兵补充比例。

2. 就业能力提升行动。开展就业育人主题教育活动，积极搭建校企对接平台，广泛组织大学生实习锻炼。实施就业见习计划，建设一批国家级高校毕业生就业见习示范单位。针对高校毕业生，重点加强新兴产业、智能制造、现代服务业等领域岗位培训。

> 3.精准服务行动。持续开展大中城市联合招聘、"24365校园网络招聘"、"千校万岗"、中小微企业专场招聘、中央企业面向西藏青海新疆毕业生专场招聘等系列活动。组建专业化就业创业导师队伍，推出线上直播课，为高校毕业生提供职业规划、职业体验、求职指导等服务。举办全国大学生职业规划大赛。

（十一）高度重视城镇青年就业。

为城镇青年创造多样化就业机会。聚焦城镇青年（主要包括未继续升学初高中毕业生、城镇失业青年、转岗青年职工等，下同），完善就业支持体系。在推动先进制造业、现代服务业和劳动密集型产业发展中，开发更多适合城镇青年的就业岗位，带动更多城镇青年到新产业新业态新商业模式领域就业创业。对接产业优化布局、区域协调发展和重点行业企业人才需求，完善人力资源需求发布、要素配置、协同发展机制，支持城镇青年到人才紧缺领域就业。

增强城镇青年职业发展能力。发挥就业创业服务机构、产业企业园区、青年之家、青年活动中心等各类平台作用，支持城镇青年参加职业指导、职业体验、创业实践、志愿服务等活动。探索组织青年职业训练营、就业训练工场。打造适合城镇青年特点的就业服务模式，畅通信息服务渠道，提高择业精准度。

强化城镇青年就业帮扶。实施青年就业启航计划，对城镇长期失业青年开展实践引导、分类指导和跟踪帮扶，促进其进入市场就业创业。将劳动精神、奋斗精神融入指导和实践，引导城镇青年自强自立。为城镇困难失业青年提供就业援助。

（十二）加强退役军人就业保障。

改革完善退役军人安置制度。科学制定安置计划，改进岗位安置办法，推进落实安置政策，压实属地安置责任，规范接收安置程序，提高安置质量。优化安置方式，探索市场化安置改革，实现多渠道、多元化安置。推广"直通车"式安置，健全"阳光安置"工作机制。鼓励到艰苦边远地区和城乡基层安置。加强各种安置方式统筹协调，强化政策制度衔接。

支持退役军人自主就业。将退役军人按规定纳入现有就业服务、教育培训等政策覆盖范围。探索推开"先入校回炉、再就业创业"的模式，鼓励符合条件的退役军人报考高职学校，落实招收、培养、管理等方面的扶持政策。适时调整退役军人就业岗位目录。协调各方资源，加强行业企业合作，拓展就业供给领域，挖掘更多适合退役军人的就业岗位，促进退役军人到民营企业就业。实施"兵支书"协同培养工程，推动退役军人在乡村就业。设立退役军人就业实名台账，强化退役军人服务中心（站）就业服务功能，及时提供针对性服务。

（十三）推进农村劳动力转移就业。

稳定和扩大农村劳动力外出就业规模。广泛开展区域间劳务协作，健全劳务输入集中区域与劳务输出省份对接协调机制，加强劳动力跨区域精准对接，发展劳务组织和经纪人，有序组织输出地农村劳动力外出务工。培育一批有地域特色、行业特征、技能特点，带动农村劳动力就业效果好的劳务品牌。实施农民工素质提升工程，推进新生代农民工职业技能提升计划。创建一批农村劳动力转移就业示范县。

专栏6：实施劳务品牌促就业计划

1. 劳务品牌发现培育计划。广泛开展摸底调查，发现一批有一定知名度、从业人员规模大、未固定品牌名称的劳务产品，引导形成劳务品牌。深入挖潜细分行业工种的用工需求，打造一批中高端技能型、高品质服务型、文化型、民生保障型劳务品牌。

2. 劳务品牌发展提升计划。加强劳务品牌技能带头人培养，多形式开展劳务品牌从业人员就业推荐活动，加强用工信息对接。健全劳务品牌质量诚信评价体系。

3. 劳务品牌壮大升级计划。依托返乡入乡创业园、创业孵化基地、农村创新创业孵化实训基地等创业载体，支持有条件的地方建设劳务品牌特色创业孵化基地。发挥特色资源、传统技艺和地域文化等优势，培育劳务品牌龙头企业。推动上下游产业链协同发展，打造产业集聚、定位鲜明、配套完善、功能完备的劳务品牌特色产业园。

4. 做好劳务品牌宣传推广。定期开展劳务品牌征集，组织劳务品牌竞赛，选树具有广泛影响力的劳务品牌项目，推出劳务品牌创立人、传承人、领军人以及形象代言人等典型人物。开展劳务品牌展示交流活动，举办劳务品牌专业论坛。

促进农村劳动力就地就近就业。依托县域经济、乡村产业发展，为农村劳动力创造更多就地就近就业岗位。重大投资项目、各类基础设施建设积极吸纳更多当地农村劳动力参与。加大以工代赈实施力度，在农业农村基础设施建设领域积极推广以工代赈方式，广泛组织当地农村劳动力，优先吸纳农村低收入人口参与

工程建设以及建成后的维修养护，并及时足额发放以工代赈劳务报酬。

加快农业转移人口市民化。放开放宽除个别超大城市外的落户限制，试行以经常居住地登记户口制度。推动地方逐步探索制定城乡双向流动的户口迁移政策，确保外地和本地农业转移人口进城落户标准一视同仁，推动在城镇稳定就业生活、具有落户意愿的农业转移人口便捷落户。完善财政转移支付与农业转移人口市民化挂钩相关政策。调整城镇建设用地年度指标分配依据，建立同吸纳农业转移人口落户数量和提供保障性住房规模挂钩机制。依法保障进城落户农民农村土地承包权、宅基地使用权、集体收益分配权，健全农户"三权"市场化退出机制和配套政策。提高基本公共服务均等化水平，推动农业转移人口全面融入城市。

（十四）统筹其他重点群体就业。

稳定脱贫人口就业。健全脱贫人口、农村低收入人口就业帮扶长效机制，保持脱贫人口就业领域的扶持政策、资金支持、帮扶力量总体稳定。健全有组织劳务输出工作机制，将脱贫人口作为优先保障对象，稳定外出务工规模。支持脱贫地区大力发展当地优势特色产业，继续发挥就业帮扶车间、社区工厂、卫星工厂等就业载体作用，为脱贫人口创造就地就近就业机会。聚焦国家乡村振兴重点帮扶县、易地扶贫搬迁安置区，积极引进适合当地群众就业需求的劳动密集型、生态友好型企业（项目），增加本地就业岗位，组织专项就业服务活动实施集中帮扶。

专栏 7：实施易地扶贫搬迁群众就业帮扶巩固提升行动

1. 建设一批就业服务站。在万人以上大型安置区，建设就业服务站或专门服务窗口，掌握搬迁群众就业需求、意愿和技能等情况，做到动态精准帮扶。推广"就业帮扶直通车"系统，积极开展线上就业推荐服务，为搬迁群众提供更多岗位选择。开展培训进安置区活动，集中组织技能培训，提升搬迁群众就业能力。

2. 就近就业支持计划。支持安置区充分利用特色资源，对接外部市场，大力发展配套产业，有条件的大型安置区新建、改（扩）建、提升一批配套产业园，吸纳搬迁群众就业。加大安置区以工代赈实施力度。

3. 有组织劳务输出计划。将搬迁群众作为重点输出对象，为有集中外出务工需求的提供便利出行服务。充分发挥东西部协作、对口支援和省域内市际、县际协作等机制作用，拓宽搬迁群众外出就业渠道。

4.创业支持计划。鼓励安置区内的产业园对搬迁群众创办的企业给予优惠政策。支持有条件的安置区加强创业孵化载体建设，根据入驻实体数量、孵化效果和带动就业成效给予一定奖补。鼓励金融机构针对搬迁群众创业，开发适合的金融产品。

持续开展困难群体就业援助。完善就业困难人员认定办法，建立动态调整机制，对零就业家庭人员、残疾人等困难群体，提供"一人一档"、"一人一策"精细化服务，扩大公益性岗位安置，加强对就业帮扶效果的跟踪与评估，确保零就业家庭动态清零。落实残疾人按比例就业制度。开展就业援助月等各类帮扶活动。及时将符合条件的就业困难人员纳入最低生活保障、临时救助范围，落实乡镇（街道）临时救助备用金制度。

促进其他群体就业。实施积极应对人口老龄化国家战略，强化大龄劳动者就业帮扶和权益保护，制定完善保障措施，及时提供就业创业服务、技能培训等支持，促进人力资源充分利用。持续做好产业结构调整、长江流域生态环境保护修复工作中的人员转岗再就业。

六、提升劳动者技能素质，缓解结构性就业矛盾

把技术技能人才培养培训放在更加突出的位置，着力改善劳动力要素质量，建设一支符合高质量发展要求、适应现代化经济体系、具备较高职业技能和道德素质、结构比较合理的劳动者队伍。

（十五）大规模多层次开展职业技能培训。

完善职业技能培训政策体系。面向市场需求加强职业技能培训，健全终身职业技能培训制度，制定"十四五"职业技能培训规划，深入实施职业技能提升行动。稳步扩大培训规模，重点加强高校毕业生和城镇青年、退役军人、农村转移就业劳动者、脱贫人口、失业人员、个体工商户、就业困难人员（含残疾人）等技能培训，支持企业开展职工在岗培训，突出高技能人才培训、急需紧缺人才培训、转岗转业培训、储备技能培训、通用职业素质培训，积极发展养老、托育、家政等生活服务业从业人员技能培训，广泛开展新业态新商业模式从业人员技能培训，确保"十四五"期间开展补贴性职业技能培训7500万人次左右。强化安全生产技能培训，提高劳动者安全生产素质。完善职业技能竞赛体系，推动职业技能竞赛科学化、规范化、专业化发展。

实现培训供给多元化。构建以公共实训基地、职业院校（含技工院校）、职

业技能培训机构和行业企业为主的多元培训载体。推动培训市场全面开放，采取优化审批服务、探索实行告知承诺等方式，激发培训主体积极性，有效增加培训供给。充分发挥企业职业技能培训的主体作用和职业院校培训资源优势，政府补贴的职业技能培训项目全部向具备资质的职业院校开放。新建一批公共实训基地，并优化功能布局、提高开放性，完善企业利用公共实训基地开展实训有关制度。实施职业技能培训共建共享行动，健全职业技能培训共建共享机制，开展县域职业技能培训共建共享试点。

专栏 8：实施国家乡村振兴重点帮扶地区职业技能提升工程

1. 建设一批技工院校。支持生源数量较充足、具备发展技工教育条件的县级地区，通过新建、改（扩）建等方式，建设一批技工院校和职业培训机构。加大东西部协作、对口支援工作力度，对西藏技师学院和南疆四地州技工院校予以倾斜支持。

2. 建设一批高技能人才培训基地。落实高技能人才培训基地建设支持政策，分层分级建设一批高技能人才培训基地。

3. 建设一批技能大师工作室。根据地区产业发展需要，分层分级建立一批技能大师工作室，发挥带徒传技、技能攻关、技艺传承、技能推广等带动作用。

4. 举办乡村振兴职业技能大赛。引导支持国家乡村振兴重点帮扶县，结合当地特色产业发展状况，举办具有地方特色的职业技能竞赛。

切实提升职业技能培训质量。引导培训资源向市场急需、企业生产必需等领域集中，动态调整政府补贴性培训项目目录。采取政府按规定补贴培训、企业自主培训、市场化培训等多样化的培训方式，广泛开展订单式、套餐制培训，探索"互联网＋职业技能培训"。统筹各级各类职业技能培训资金，加强集约化管理和使用，健全分层分类的培训补贴标准体系，畅通培训补贴直达企业和培训者渠道。健全职业技能培训监督评价考核机制。探索建立个人培训账户，形成劳动者职业技能培训电子档案，实现与就业、社会保障等信息联通共享。

提高劳动者职业素养。大力弘扬劳模精神、劳动精神、工匠精神，营造劳动光荣的社会风尚和精益求精的敬业风气。鼓励劳动者通过诚实辛勤劳动、创新创业创造过上幸福美好生活。加强职业道德教育，引导劳动者树立正确的人生观价值观就业观，培养敬业精神和工作责任意识。推进新型产业工人队伍建设，提高产业工人综合素质。

（十六）构建系统完备的技术技能人才培养体系。

推动职业技术教育提质培优。突出职业技术教育类型特色，深入推进改革创新，优化结构与布局。完善职业技术教育国家标准，推行"学历证书＋职业技能等级证书"制度，实施现代职业技术教育质量提升计划，建设一批高水平职业技术院校和专业。健全职普融通机制，稳步发展职业本科教育，实现职业技术教育与普通教育学习成果双向互通互认、纵向流动。支持和规范社会力量兴办高质量职业技术教育，增强职业技术教育适应性。大力发展技工教育，建设一批优质技工院校和专业。探索中国特色学徒制，深化产教融合、校企合作。

提高人才培养质量。强化人才培养就业导向，健全人才培养与产业发展联动预警机制，增强人才培养前瞻性。深化教育教学改革，实施教育提质扩容工程，着力培养创新型、应用型、技能型人才。优化高校学科专业布局，推进专业升级和数字化改造，及时减少、撤销不适应市场需求的专业。加快重点领域急需紧缺人才培养，实施专业技术人才知识更新工程。加强重点专业学科建设，研究制订国家重点支持学科专业清单，大力发展新兴专业。加大数字人才培育力度，适应人工智能等技术发展需要，建立多层次、多类型的数字人才培养机制。

完善终身学习体系。建设学习型社会，构建服务全民终身学习的教育体系。推动高水平大学开放教育资源，完善注册学习和弹性学习制度。健全终身教育学习成果转换与认证制度，推进"学分银行"试点，探索学分积累转换制度。促进继续教育高质量发展，建立统一的高等学历继续教育制度，畅通在职人员继续教育与终身学习通道。规范发展非学历继续教育。积极发展在线教育，完善线上、线下课程学分认定和转换机制。创新发展城乡社区教育。

深化技能人才管理制度改革。实施"技能中国行动"，完善技能人才培养、使用、评价、激励机制。推进职业资格制度改革，压减准入类职业资格数量。完善职业技能等级制度，建立职业技能等级认定与相关系列职称评审贯通机制。推行社会化职业技能等级认定，鼓励企业在国家职业技能等级框架范围内增加技能岗位等级层次。加快构建国家资历框架，畅通管理人才、专业技术人才及技能人才的职业发展通道。

七、推进人力资源市场体系建设，健全公共就业服务体系

持续加强统一规范的人力资源市场体系建设，着力打造覆盖全民、贯穿全程、辐射全域、便捷高效的全方位公共就业服务体系，提升劳动力市场供需匹配效率。

（十七）建设高标准人力资源市场体系。

加快人力资源服务业高质量发展。推动人力资源服务与实体经济融合发展，引导人力资源服务机构围绕产业基础高级化、产业链现代化提供精准专业服务。鼓励人力资源服务业管理创新、技术创新、服务创新和产品创新，大力发展人力资源管理咨询、高级人才寻访、人才测评等高技术、高附加值业态。实施人力资源服务业领军人才培养计划。开展"互联网＋人力资源服务"行动。深化人力资源服务领域对外开放，探索建设国家人力资源服务出口基地。

专栏9：实施人力资源服务业高质量发展行动

1. 人力资源服务业骨干企业培育计划。重点培育一批有核心产品、成长性好、具有国际竞争力的综合性人力资源服务企业，加快发展有市场、有特色、有潜力的专业化人力资源服务骨干企业，推动人力资源服务业细化专业分工，向价值链高端延伸。

2. 人力资源服务产业园建设计划。建设一批国家级人力资源服务产业园，开展产业园建设评估工作。鼓励有条件的地区根据本地经济发展和产业转型需要，培育建设一批有特色、有活力、有效益的地方人力资源服务产业园。

3. "一带一路"人力资源服务行动。稳步推进人力资源服务业开放发展，支持人力资源服务企业在共建"一带一路"国家设立分支机构，积极开拓国际市场，构建全球服务网络。加快发展人力资源服务贸易，培育建设一批国家人力资源服务出口基地。

4. 人力资源服务行业促就业行动。持续开展人力资源服务机构联合招聘、重点行业企业用工、重点群体就业、促进灵活就业、劳务协作等服务。

提高人力资源市场规范化水平。深化人力资源市场"放管服"改革，规范实施人力资源服务许可，持续优化人力资源市场环境。加强人力资源市场管理信息化、人力资源服务标准化和人力资源市场信用体系建设，完善人力资源服务机构信用评价标准和制度。组织开展诚信服务活动，选树一批诚信人力资源服务典型。

（十八）健全全方位公共就业服务体系。

完善公共就业服务制度。健全户籍地、常住地、参保地、就业地公共就业服务供给机制，推进就业创业政策咨询、就业失业登记、职业介绍等服务覆盖全体城乡劳动者。支持各类市场主体在注册地、经营地、用工地免费享受劳动用工咨询、招聘信息发布等服务。推动公共就业服务向农村延伸，实现城乡公共就业服务便利共享。持续改善革命老区、边境地区等公共就业服务水平和质量，缩小区域间差距。

加强公共就业服务机构设置。完善街道（乡镇）、社区（村）服务平台，构建覆盖城乡的公共就业服务网络。合理配置公共就业服务机构人员，加强职业指导、职业信息分析、创业指导等专业化、职业化队伍建设。组织动员各类人民团体、群众团体参与提供公共就业服务，支持社会组织提供公益性就业服务。

增强公共就业服务能力。健全公共就业服务标准体系，完善设施设备配置、人员配置等指导性标准，统一公共就业服务视觉识别系统，统一核心业务流程和规范。加快公共就业服务智慧化升级，推动公共就业服务向移动终端、自助平台延伸，打造集政策解读、业务办理等于一体的人工智能服务模式，逐步实现服务事项"一网通办"。推进流动人员人事档案信息化建设。建立综合评价指标体系，开展公共就业服务需求分析、社会满意度调查和第三方评估。创建一批公共就业创业服务示范城市，开展充分就业社区建设。

专栏 10：实施提升就业服务质量工程

1. 劳动力市场、人才市场、零工市场建设计划。支持用工密集的中心城市、劳动力密集的欠发达地区建设一批劳动力市场。结合国家重大区域发展战略和地区产业结构，建设一批专业性人才市场。支持零工需求较多地区建设一批零工市场。

2. 就业服务基层基础能力提升计划。在人口密集的村和社区设置就业服务站，健全"15分钟就业服务圈"。支持有条件的高等学校、职业学校（含技工院校）开设就业服务相关学科专业，对公共就业服务人员进行专项培训。组建就业专家服务团，开展服务下乡、巡回指导等活动，引导专业力量下沉。

3. 建立全国统一的公共就业创业服务平台。依托就业监测系统、中国公共招聘网、"就业在线"平台等，建立全国统一的服务平台，实现全国各类就业创业信息的共享和联网发布。推进就业补助资金网上申报、网上审核、联网核查。

4. 健全重点企业用工常态化服务机制。根据各地经济发展实际，确定一批带动就业能力强、用工规模大的重点企业，建立公共就业服务联系制度，设立就业服务专员，实施定点服务，通过专场招聘、劳务协作等多渠道帮助解决用工问题。

5.开展专项招聘服务系列行动。持续开展春风行动、春潮行动、民营企业招聘月、百日千万网络招聘等招聘活动，创新活动方式，丰富活动内容，促进供需匹配。

八、优化劳动者就业环境，提升劳动者收入和权益保障水平

提高劳动者工作待遇，加强劳动者权益保障，提升劳动者获得感和满意度，让广大劳动者实现体面劳动、全面发展。

（十九）改善劳动者就业条件。

合理增加劳动报酬。坚持按劳分配为主体、多种分配方式并存，提高劳动报酬在初次分配中的比重。健全工资决定、合理增长和支付保障机制，增加劳动者特别是一线劳动者劳动报酬，实现劳动报酬与劳动生产率基本同步提高。完善工资指导线、企业薪酬调查和信息发布制度，健全最低工资标准调整机制，实施企业薪酬指引计划。积极推行工资集体协商制度。健全劳动、知识、技术、管理等生产要素由市场评价贡献、决定报酬的机制。改革完善体现岗位绩效和分级分类管理的事业单位薪酬制度。深化国有企业工资分配制度改革，建立完善国有企业市场化薪酬分配机制。

营造良好劳动环境。实施工伤预防五年行动计划。建立企业全员安全生产责任制度，压实企业安全生产主体责任。深入开展安全生产专项整治三年行动，持续加强矿山、冶金、化工等重点行业领域尘毒危害专项治理，坚决遏制重特大事故发生。严格执行安全生产法，加强对高危行业建设项目的监管。推动简单重复的工作环节和"危繁脏重"的工作岗位尽快实现自动化智能化，加快重大安全风险领域"机器换人"。

加强劳动者社会保障。健全多层次社会保障体系，持续推进全民参保计划，提高劳动者参保率。加大城镇职工基本养老保险扩面力度，大力发展企业年金、职业年金，规范发展第三支柱养老保险。推进失业保险、工伤保险向职业劳动者广覆盖，实现省级统筹。完善全国统一的社会保险公共服务平台，优化社会保险关系转移接续。

（二十）促进平等就业。

畅通劳动力和人才社会性流动渠道。深化劳动力要素市场化配置改革，同步推进户籍制度、用人制度、档案服务改革，加快破除妨碍劳动力和人才市场化配

置和自由流动的障碍,搭建横向流动桥梁、纵向发展阶梯,形成合理、公正、畅通、有序的社会性流动格局。拓展基层人员发展空间,加大对基层一线人员奖励激励力度。

努力消除就业歧视。建立劳动者平等参与市场竞争的就业机制,营造公平的市场环境,逐步消除民族、种族、性别、户籍、身份、残疾、宗教信仰等各类影响平等就业的不合理限制或就业歧视,增强劳动力市场包容性。保障妇女在就业创业、职业发展、技能培训、劳动报酬、职业健康与安全等方面的权益,为因生育中断就业的女性提供再就业培训公共服务。将生育友好作为用人单位承担社会责任的重要方面,鼓励用人单位制定有利于职工平衡工作和家庭关系的措施,依法协商确定有利于照顾婴幼儿的灵活休假和弹性工作方式。建立投诉处理机制和联合约谈机制,及时纠正含有歧视内容和不合理限制的招聘行为。健全司法救济机制,依法受理涉及就业歧视的相关起诉,设置平等就业权纠纷案由。

(二十一)维护劳动者合法权益。

扎实做好劳动权益保障。开展清理整顿人力资源市场秩序专项行动,依法查处招聘过程中的虚假、欺诈现象,强化劳务派遣用工监管。健全劳动合同制度,鼓励企业与劳动者签订长期或无固定期限劳动合同。加强对劳动密集型企业、中小微企业劳动用工指导。督促企业依法落实工时制度,保障劳动者休息休假权益。完善欠薪治理长效机制,持续推进根治拖欠农民工工资工作。推进智慧劳动保障监察系统建设,强化大数据分析能力和监控预警功能,提高执法效能。

构建和谐劳动关系。健全政府、工会、企业代表组织共同参与的协商协调机制。推动企业建立多种形式的民主参与、民主监督、民主决策新机制,提升企业与劳动者沟通协商的制度化程度。完善以职工代表大会为基本形式的企业民主管理制度,引导中小企业依法成立工会组织,在中小企业集中的地方推动建立区域性、行业性职工代表大会。推进集体协商制度建设,巩固提高集体协商覆盖面和实效性。深入实施劳动关系"和谐同行"能力提升三年行动计划,推进构建中国特色和谐劳动关系改革创新。开展和谐劳动关系创建活动。加强劳动关系形势分析和风险监测预警。创新劳动人事争议调解仲裁机制,强化调解仲裁队伍建设,推进"互联网+调解仲裁"。

九、妥善应对潜在影响,防范化解规模性失业风险

加强风险监测预警和应对处置,及时制定完善应对重大公共安全、卫生等事件的稳就业预案,切实做好失业保障。

（二十二）健全监测预警机制。

完善就业失业统计监测调查体系。加快构建系统完备、立体化的就业失业监测网络，实现劳动力市场、企业用工主体和劳动者个体全覆盖，全面反映就业增长、失业水平、市场供求状况。完善就业统计指标体系和调查统计方法，探索进行就业质量、就业稳定性等方面的分析。推进大数据在就业统计监测领域的应用。

专栏 11：实施就业失业统计监测调查能力提升计划

1. 升级全国劳动力资源信息库。健全跨地区、跨部门数据共享和业务协同机制，将全国劳动力资源信息采集入库，加强与社会保险、劳动关系、国家人口信息之间的数据比对联动，实现信息动态更新。

2. 构建广覆盖的监测网络。加强移动通信、网络招聘、工业用电、企业征信等大数据应用，健全就业大数据监测系统。选取一批有代表性的城市，建立定点下沉、信息直报的监测点联络制度，跟踪监测经济运行、就业失业、工资收入、劳动力流动等变化趋势。

3. 健全失业动态监测机制。优化监测企业样本结构，细分企业规模、性质等，按月分析岗位变化情况，研判企业减员风险。

4. 完善劳动力调查制度。扩大劳动力调查样本规模，按月做好分省份调查失业率统计工作，加强劳动力调查数据的分析研究。

5. 建立就业岗位调查制度。开展就业岗位调查试点，细分区域、行业等，按月调查各类用工主体岗位空缺和用工需求，逐步建成就业岗位调查制度。

增强风险预警预判能力。健全就业形势科学研判机制，建立"政府＋高校＋企业"的就业联合实验室，组建专业分析团队，开展就业重大问题研究，提升形势感知、分析研判和科学决策水平。完善企业规模裁员减员及突发事件报告制度，加强风险评估，适时发布失业预警信息。推动县级以上政府进一步完善失业风险预警制度。

（二十三）全面强化风险应对处置。

健全风险应对处置机制。制定分级政策储备和风险应对预案制度。加强规模性失业风险应急处置，有条件的地方可设立就业风险储备金。允许困难企业在与职工协商一致基础上，采取依法调整工作时间安排、薪酬等方式，稳定工作岗位。指导企业依法依规裁员。

完善失业保障体系。稳步推进失业保险扩围，进一步畅通申领渠道，提高政策受益率。用好用活失业保险促进企业稳岗、支持参保职工技能提升等政策，提高失业保险基金使用效率，充分发挥保生活基本功能作用，有效发挥防失业、促就业功能作用。畅通失业人员求助渠道，建立失业人员常态化帮扶机制，实现失业登记、职业指导、职业介绍、职业培训、生活保障联动。

积极应对人工智能等智能化技术应用对就业的影响。建立人工智能等智能化技术应用对就业影响的跟踪研判和协同应对机制，避免其就业替代效应短期内集中释放。构建不同行业、不同业态间的转岗机制，加快劳动者知识和技能更新速度，广泛开展人工智能等智能化技术应用适应性、储备性培训，提升人工智能等智能化技术通用技能，充分放大其就业创造效应。

十、实施更加有力的保障措施，确保规划任务落实落地

（二十四）加强党的领导。

深入学习贯彻习近平新时代中国特色社会主义思想，增强"四个意识"、坚定"四个自信"、做到"两个维护"，把党的领导贯彻到促进就业工作的各领域、各方面、各环节，确保党中央、国务院关于促进就业的各项决策部署落到实处。规划实施中的重大事项和重大调整报党中央、国务院审定。

（二十五）强化资金保障。

对规划确定的重点任务，按照中央与地方财政事权和支出责任划分原则，落实各级政府的投入责任。按规定统筹各类就业资金，提高使用效率。健全就业领域投融资机制，进一步拓宽资金渠道，引导带动金融资本和社会资本在返乡入乡创业、技能培训、职业技术教育、就业服务等方面发挥更大作用。

（二十六）提升政策效果。

实施就业政策快办帮办行动，及时公布政策清单和网上办理渠道，依托大数据比对主动识别政策对象，精准推送信息，扩大政策知晓度。完善政策宣传机制，开展政策推介解读，努力提高政策落实率。加强对就业政策实施效果的跟踪调查评估。

（二十七）鼓励探索创新。

对规划确定的重大举措和创新政策，支持有条件的地方先行先试。推动就业领域相关法律法规修订。鼓励各地各有关部门和单位围绕规划重点任务，创新思

路和形式，积极探索多种务实有效的实施方式和有用、管用的落实措施，着力形成一批可复制可推广的经验做法和制度性成果。

（二十八）认真组织实施。

充分发挥国务院就业工作领导小组作用，推动各有关部门和单位履职尽责。创新规划组织实施方式，针对重大任务，专题专项推进。加强对规划实施情况及效果的评估，推进以评估为依据的政策改进，及时总结推广政策实施中的好经验好做法。强化监督检查，层层压实责任，抓好任务落实。

第二篇

深入认识把握"十四五"时期就业工作的重要背景

就业是最大的民生，也是经济发展最基本的支撑。"十四五"时期是我国全面建成小康社会、实现第一个百年奋斗目标之后，乘势而上开启全面建设社会主义现代化国家新征程、向第二个百年奋斗目标进军的第一个五年。我国已转向高质量发展阶段，正处于转变发展方式、优化经济结构、转换增长动力的攻坚期。"十四五"时期的就业工作，要紧紧围绕立足新发展阶段、贯彻新发展理念、构建新发展格局的战略导向，把握就业领域的新变化新趋势，抓住主要矛盾，推动实现更加充分更高质量就业。

"十三五"期间就业工作的主要成就

"十三五"期间，面对错综复杂的国际形势、艰巨繁重的国内改革发展稳定任务特别是新冠肺炎疫情的严重冲击，党中央、国务院始终坚持以人民为中心，将就业摆在经济社会发展优先位置，创新实施就业优先政策，推动就业工作取得了积极进展。

一、创新实施就业优先政策，实现了比较充分就业

就业政策是国家经济政策的一个重要组成部分，它不仅对直接解决失业和就业的相关问题提供方针政策和具体措施，还对保障社会稳定、促进人力资源开发与利用、保持供需平衡具有重要的调控作用。党和政府历来重视通过不断完善就业政策，扩大就业规模和提高就业质量。2002 年，中共中央、国务院在《关于进一步做好下岗失业人员再就业工作的通知》中提出实施积极的就业政策，这标志着我国就业政策开始发生重大变革。2007 年，积极就业政策被写入《中华人民共和国就业促进法》，从法律上确立了积极就业政策的地位。实施扩大就业的发展战略，实施积极就业政策成为国家长期战略和政策。就业政策再次发生重大变化是在党的十八大报告中明确提出，实施就业优先战略和更加积极的就业政策。从扩大就业到就业优先，这是就业政策在战略地位上的一次飞跃，就业问题在国家经济政策中的优先序进一步提升。2018 年中央经济工作会议上首次提出就业优先政策，2019 年政府工作报告将实施就业优先政策置于宏观政策层面，这一创新举措把就业政策从过去的民生层面提升到宏观调控层面。同时，促进就业的目标列入"六稳六保"的首位，稳增长根本是为了保就业，这一理念和要求贯穿在制定区域发展战略、产业发展规划、公共投资项目等各个环节。这一系列创新性的方针和政策提法，使得积极就业政策的内涵、外延、举措发生了根本性的变化，对于保障充分就业、提升就业质量起到根本性作用。

"十三五"期间，我国总体就业规模虽略有减少，但是城镇新成长劳动力每年超过 1500 万人。高校毕业生由 765 万人增加到 874 万人，外出就业农民工人数每年超过 1.7 亿。在这样的就业压力下，党和政府深入推进积极就业政策，创

新实施就业优先政策，实现了比较充分就业。城镇登记失业率基本在4%以下，城镇调查失业率维持在5.2%以内；重点群体就业基本保持稳定，高校毕业生总体就业率在90%以上，每年有500多万城镇失业人员实现再就业，脱贫劳动力务工总量达3000多万人；近几年城镇劳动力市场上岗位空缺大于求职人数，即便是受疫情影响的2020年，岗位空缺与求职人数的比率也超过了1.5，全国人力资源市场用工需求大于劳动力供给，供求总体保持平衡。

二、就业结构持续优化

就业结构变化是经济发展过程中的一个必然现象。在发展过程中，劳动力由乡村流动到城市，由第一产业向第二、第三产业转移，由生产率低的部门或区域流向生产率高的部门或区域，是基本的经济规律。适应这一规律的就业结构变化就是一个合理的就业结构；反之，则反映了就业结构与经济结构的不匹配、不协调，最终将不利于经济发展。

"十三五"时期，我国就业结构持续优化。从城乡结构看，城乡就业格局在2013年发生历史性转折——城镇就业人数首次超过乡村之后，城镇就业人员规模进一步扩大，由2016年的4.2亿人增至2020年的4.6亿人，占全部就业人员的比重由55%上升至62%；农村劳动力转移就业人数总量维持在2.8亿，其中外出务工的有1.7亿人。从三次产业结构看，第一产业就业人数由2016年的2亿多下降到2020年的不到1.8亿，占全部就业的比重由27%下降到23.6%；第二产业的就业人数变化不大；第三产业作为吸纳就业的主体作用进一步增强，就业人数由2016年的3.3亿增至2020年的3.6亿，占全部就业人员的比重由43%上升至约48%。也就是说，这个时期第一产业就业人员主要或全部流向了第三产业，第三产业占主导的"倒金字塔"形就业结构进一步形成。这一变化趋势与国民经济三次产业构成变化也是相匹配的：这期间第三产业增加值占GDP的比重也在持续增加，而第一产业占比变化不大，第二产业占比甚至有所降低。从不同经济类型看，随着私营和个体经济进一步发展壮大，这一时期私营企业和个体从业人员由3亿人增加到4亿多人，超过了城乡就业人员半数，这充分说明了市场经济在我国的进一步发展。从行业结构上看，传统的制造业、服务业的就业人数占比在下降，而现代化的制造业、现代服务业的就业占比在提升。从区域结构上看，随着制造业产业转移、乡村振兴、城镇化的深入发展，就业的区域结构也发生了顺应这一趋势的变化。以农民工就业为例，这段时间在吸纳农民工就业上东部地区出现减少的趋势，减少幅度达到5%，而中西部地区吸纳就业的农民工持续增加，其中中部地区增加了8%，西部地区增加了14%。

三、就业质量不断提升

在就业结构不断优化的同时，就业质量也得到进一步提升。工资水平逐步提高，城镇单位就业人员平均工资由 2016 年的 67569 元增加到 2020 年的 97379 元，按可比价格计算年均增长 7%，超过了 GDP 的增长速度；各地区最低工资标准不断上涨，大部分地区上涨幅度超过 10%。全国企业劳动合同签订率连续几年保持在 90% 以上，就业稳定性得到更大保障。社会保险范围继续扩大，2020 年，城镇职工基本养老保险参保人数达 4.56 亿人，比 2016 年增长 21%；失业保险参保人数 2.17 亿人，增长 20%；工伤保险参保人数 2.68 亿人，增长 22%（见表 2–1）。

表 2–1 　　　　　　　　　　"十三五"期间就业主要指标

指标	2016 年	2017 年	2018 年	2019 年	2020 年
城镇新增就业人数（万人）	1314	1351	1361	1352	1186
城镇失业人员再就业人数（万人）	554	558	551	546	511
就业困难人员就业人数（万人）	169	177	181	179	167
城镇登记失业率（%）	4.02	3.90	3.80	3.62	4.24
城镇调查失业率（%）	—	—	4.90	5.20	5.20
城镇就业人员占比（%）	55.2	56.8	58.4	60.0	61.6
第二产业就业人员占比（%）	29.2	28.6	28.2	28.1	28.7
第三产业就业人员占比（%）	43.3	44.7	46.1	47.1	47.7
城镇单位就业人员平均工资（元/年）	67569	74318	82413	90501	97379
岗位空缺与求职人数的比率（第四季度）	1.1	1.22	1.27	1.27	1.52
城镇职工基本养老保险参保人数（万人）	37862	40199	41848	43482	45638
失业保险参保人数（万人）	18089	18784	19643	20543	21689
工伤保险参保人数（万人）	21887	22726	23868	25474	26770

资料来源：历年《中国统计年鉴》及人力资源和社会保障统计数据。

"十四五"时期就业领域的新变化和新趋势

"十四五"时期，我国发展仍然处于重要战略机遇期，党中央、国务院高度重视就业问题，实施就业优先战略，为实现更加充分更高质量就业提供了根本保障；我国已转向高质量发展阶段，以国内大循环为主体、国内国际双循环相互促进的新发展格局加快构建，经济稳中向好、长期向好，为就业长期稳定创造了良好条件；新一轮科技革命和产业变革深入发展，新兴就业创业机会日益增多；新型城镇化、乡村振兴孕育巨大发展潜力，新的就业增长点不断涌现；劳动力市场协同性增强，劳动力整体受教育程度上升，社会性流动更加顺畅，为促进就业夯实了人力资源支撑。经济社会发展的总体环境在就业领域会产生一些新变化、新趋势。

一、就业领域主要矛盾转变为结构性就业矛盾

长期以来，我国就业领域的主要矛盾是总量性矛盾，扩大就业容量是积极就业政策的主要目标。"十三五"期间，随着就业优先战略和更加积极的就业政策的实施，加之人口结构的变化、劳动年龄人口的下降，我国基本实现了充分就业，就业总量性矛盾得到缓解。"十四五"时期，就业领域的主要矛盾转变为结构性矛盾，这是《"十四五"就业促进规划》（以下简称《规划》）提出的重大判断。经济高质量发展对劳动者技能素质提出更高要求，这一矛盾将日益突出。主要表现在以下几个方面。

第一，加快发展现代产业体系会加剧对技能型人才的需求，但是存在较大的供给缺口。"十四五"时期，我国将坚持把发展经济着力点放在实体经济上，加快推进制造强国建设，推动制造业优化升级；发展壮大战略性新兴产业，其增加值占 GDP 的比重将达到 17%；聚焦产业转型升级和居民消费升级需要，打造服务产业新体系。这必将进一步提高对技能型人才尤其是高技能人才的需求。目前，虽然全国技能劳动者已超过 2 亿人，其中高技能人才约 5800 万人，占技能人才的比例近 30%，但是人力资源和社会保障部发布的《百城市公共就业服务机构市场供求状况分析报告》显示，技能型人才的岗位空缺与求职人数的比率始

终大于 1,特别是高技能型人才的岗位空缺与求职人数的比率超过 2,近两年这一比率更是接近 3。工信部、教育部调查也显示,仅制造业十大重点领域中,到 2025 年技能人才缺口就将近 3000 万人。

第二,产业转型升级加速导致失业人员的再就业问题。随着"国企改革三年行动计划"的深入实施,企业化解过剩产能力度加大,向数字化、智能化转型加快。传统劳动密集型产业向"机器换人"和"智能制造"转型升级,低端产业转移外迁其他地区。在产业转型升级过程中,必然会淘汰一些传统的、低端的工作岗位,这些岗位的劳动者技能或者达不到新的岗位要求,或者不能适应其他产业发展的需要,面临着再就业难题。

第三,加快发展方式绿色转型,推进碳达峰、碳中和过程中对专业技能人才提出更多需求。我国高收入地区的产出能源强度远远低于低收入地区,在推进碳达峰、碳中和过程中可能会让低收入地区承担更多的减排任务,这将新增大量绿色投资需求,创造大量新的就业机会。据有关机构预测,从现在到 2050 年,我国可再生能源行业的就业人数将新增 1000 万人,也就是每年将新增 33 万就业岗位。但是与此同时,这些新的就业岗位很多需要具备专业技能水平的人才。例如,原来在煤炭等传统行业就业的人由于就业技能和能力水平的错配,如果没有接受良好的技能培训,很难在碳达峰、碳中和新时代背景下找到新工作,这些群体将面临下岗失业的风险。

第四,结构性就业矛盾还表现在城乡就业结构需要进一步完善。目前,我国城乡劳动力分布比例仍然不太合理,乡村地区和农业部门从业人员比例较高,乡村就业人员占比超过 40%。在三次产业就业人员中,第一产业就业人员占比接近 1/4,仍有大量的就业人员需要从第一产业转移到第三产业和第二产业。近年来,农民工进城意愿呈总体下降态势。"十四五"时期城镇化率的增速可能会有明显下降,区域经济发展与人口就业之间矛盾会更加突出。

二、城镇就业压力依然较大,促进重点群体就业任务艰巨

"十四五"时期,我国仍然有规模庞大的新增就业人口,城镇新增就业人数预计每年会超过 1100 万人,人数比以往有所减少,很大一部分是由于劳动年龄人口下降导致的。要吸纳如此大规模的新增就业人口,关键还是要靠经济发展。党和政府一再强调,把稳增长、保持经济运行在合理区间放在更加突出的位置上,稳增长就是为了保就业。然而,面对复杂的国际竞争环境,以及国内一些客观的因素,经济增长下行压力仍然比较大。例如,实现碳达峰、碳中和是党中央深思熟虑、主动作出的重大战略决策,它不仅仅是单一的技术、能源、气候环境问题,而且是一场影响广泛而深刻的经济社会变革,势必将对未来几十年我国经

济、能源、产业、科技、投资、金融等方面发展产生重大影响。在经济结构、技术条件没有明显改善，以产业结构调整、行业节能和非化石能源发展为主要减排手段的条件下，加大碳减排力度，会削弱产业竞争力，进而会压缩经济增长空间。而且，碳达峰时间越早，减排目标越严格，经济增速下行的程度越大。相关机构模型测算显示，在传统经济增长模式下，碳达峰、碳中和目标的实施将使得"十四五"时期我国经济增速较基准情景下降 0.2 个百分点。如果没有积极的政策调控或应对"双碳"的有效措施，经济增长速度下降必然会对就业造成负面影响。

促进重点群体就业任务依旧艰巨，并且重点群体的规模和构成可能会发生一些变化，就业政策需要根据这一变化进行适当的调整。一是青年群体。青年就业始终是影响就业稳定的重要方面，青年调查失业率长期处于相对高位，是总体调查失业率的 2—3 倍。在青年群体中，高校毕业生是主体部分，预计未来高校毕业生的规模将进一步增加，每年大约会有 1000 万高校毕业生进入劳动力市场，这比"十三五"末期多了将近 100 万—200 万人。构成青年群体的另一部分是受过中等职业教育为主的高中阶段教育毕业生，预计每年将有 300 多万人进入劳动力市场。高校毕业生对就业质量的要求普遍高于其他群体，掌握中等技能的劳动力是最容易遭受产业结构变化影响的群体，促进以这两类群体为主的青年就业还面临巨大压力。二是城镇大龄劳动者整体受教育水平不高，面临着求职困难。例如，根据第七次人口普查数据，在城镇人口中 45—59 岁的人口约有 2 亿人，受过高中及以上教育的人口平均仅占 33%，各年龄段中这一比例均在 40% 以下，有的甚至不足 30%。三是仍旧有大量整体素质不高的农村劳动力需要转移。根据第七次人口普查数据，农村 16—59 岁的人口有 2.8 亿人，其中有将近 1/4 的没有接受过初中教育，仅有 21% 接受过高中及以上的教育。四是每年还有 3000 万的脱贫人口需要务工就业，有相当数量的军队转业人员需要安置，就业困难人员等其他重点群体需要就业服务。五是女性劳动者的就业问题也需要引起重视。女性群体失业率高出总体失业率 1 个百分点以上，随着"三孩政策"的实施，部分育龄青年女性求职难度会进一步增加。

三、就业质量可能进一步分化，灵活就业与新就业形态人员劳动权益保障问题更加凸显

虽然"十三五"期间总体就业质量进一步提升，但不同人群、不同区域的就业质量提升却很难同步，甚至有可能进一步分化。一是群体间的就业质量分化。灵活就业已成为劳动者就业增收的重要途径，我国灵活就业人员占总就业人口的比重不断提高，截至 2021 年底灵活就业人员已达 2 亿人。灵活就业人员中，小

商小贩多、生活服务业就业多、大龄失业人员多，抗风险能力弱，此外还面临着资金筹集难、场地支持难、服务保障难、能力提升难等问题，就业质量不高。"十四五"时期，随着数字经济的发展和平台经济的进一步壮大，基于数字经济和平台经济的新就业形态将会有更大的发展，灵活就业占比可能还会提高。如果相应的制度安排不能及时建立，灵活就业的质量将难以得到及时提高。

二是不同区域的就业质量分化。在构建新发展格局进程中，劳动力市场的空间格局将被重塑。有的区域科技和体制机制创新能力更强，将会聚集更多的产业和资源，经济增长强劲，在中国高质量发展中走在前列，就业质量有更大的提升空间；有的区域则由于种种原因，经济增长和产业转型比较慢，就业岗位创造力比较弱，高质量就业岗位少。三是高人力资本者与低人力资本者的就业质量分化。就业质量不仅取决于需求方，还取决于供给方，其中劳动者的素质是重要决定因素。"十四五"时期，由于科技进步和产业升级，就业岗位的创造将越来越倾向于技能偏好型。这对高人力资本者是利好，对低技能劳动者则是冲击。例如，农民工人力资本存量相对较低，在构建以国内大循环为主、国内国际双循环相互促进的新发展格局下，适合农民工的就业岗位会经历破坏和创造的过程，这种新旧岗位的转换对农民工就业质量的提升有利有弊，究竟是利大还是弊大，是未来就业工作需要关注的方面。

四、数字经济发展和智能化技术的广泛应用对就业带来诸多挑战

"十四五"时期，我国将加快数字化发展，建设数字中国。数字经济、数字社会、数字政府将加快建设，以数字化转型整体驱动生产方式、生活方式和治理方式变革。数字经济推动新产业、新业态、新商业模式不断涌现。同时，随着智能制造工程的深入实施，智能化技术将得以广泛应用。数字经济与智能化技术的应用对就业既有创造效应，又有破坏效应。创造效应是新的就业岗位的不断涌现和就业质量的提升，而破坏效应是原有就业岗位的消失，不仅会使就业结构发生变化，也会影响收入分配和工作转换，需要特别注意。这主要表现在以下几个方面。第一，加剧岗位极化。不同技能水平岗位就业比重增长会呈现"U"型，高技能就业岗位和低技能就业岗位都在增加，但是中等技能岗位在减少。第二，人工智能等新技术对中低收入人群就业机会产生不利影响，引发收入差距拉大。技术进步具有技能偏向性特征，人工智能技术的逐步应用导致工资极化，高技能人才收入更高，低技能劳动者工资相对降低，最终导致更大的工资差距。第三，劳动力流转和工作转换难度加大。新技术增加了服务业就业容量，推动了技术失业者向服务类体力劳动和创造类智力劳动的转换，与此同时，这种转换造成的工作流动和转换成本巨大。第四，数字经济的发展会使新就业形态进一步涌现，从供

需两端对原有的就业形态和就业结构进行改造。新业态导致工作岗位、工作方式、聘用途径多样化。工作内容覆盖生活全方位，工作方式灵活多样，工作岗位涵盖高中低端，新型职业不断涌现。在促进就业方面，用工概念模糊，存在全职就业兼职化。这些新的就业形态产生了新型劳动关系，对相关制度和政策的完善提出了挑战。此外，劳动者的就业观念、就业方式的多元化趋势更加明显。劳动力市场更加灵活，劳动者职业变换更加频繁，青年就业观念和择业方式也更加多元。未来，应对数字经济所创造的新就业形态，将是就业政策关注的一个重点方面。

"十四五"时期就业工作的主要目标

《规划》提出"十四五"时期就业工作的主要目标是实现更加充分更高质量就业。这是推动高质量发展、全面建设社会主义现代化国家的内在要求,是践行以人民为中心发展思想、扎实推进共同富裕的重要基础。

一、更加充分更高质量就业的内涵

充分就业和就业质量是从宏观和微观层面衡量就业状况的两个基本维度。充分就业是指在某一工资水平之下,所有愿意接受工作的人都获得了就业机会。充分就业并不是人人都有就业岗位,在充分就业状态下仍然存在一定数量的结构性失业和摩擦性失业,即技能与岗位需求不匹配、不同职业或不同区域间供给与需求不平衡,以及职业转换过程中的暂时性失业。充分就业通常用失业率、就业率等指标来显示,衡量劳动者就业机会的多少。一般来说,现阶段我国失业率在5%左右即为充分就业,在这个水平下,劳动力市场的供给和需求基本稳定。就业质量可以简单地理解为劳动条件的优劣程度,包括劳动报酬的绝对和相对水平、社会保障水平、就业的稳定性、工作环境的安全与舒适程度、劳动者权益保护程度、劳动关系的和谐程度等。随着经济社会的发展,就业质量的内涵和外延也会不断发生变化。

《规划》提出更加充分更高质量就业目标,是基于"十三五"时期我国就业形势总体保持稳定、基本实现了充分就业、就业质量不断提升的基础上提出的。对于"更加充分就业",其内涵可以从以下三点来理解。一是愿意工作的人,都能找到满意的工作;有空缺岗位的市场主体,都能招到满意的劳动者。二是劳动力市场上有充足的就业机会,足以吸引那些因为各种原因暂时退出劳动力市场的潜在劳动者进入劳动力市场。我国近些年来劳动力参与率呈现了下降趋势,一部分原因是市场岗位达不到个体的预期要求,从而暂时退出劳动力市场。更加充分的就业意味着市场对这些潜在劳动者重新工作的意愿有足够的吸引力。三是更高的人岗匹配程度,使人力资源得到有效配置与充分利用。

更高质量就业,首先意味着我国全面建成小康社会之后,在按劳分配的原则下,劳动报酬与劳动者的贡献一致,并且劳动报酬的增长不低于经济增长,所有劳动者能共享经济发展的成果;其次是劳动者就业稳定性更高,失业风险更低;

再次是工作环境更加安全与舒适，劳动者权益保护程度更高，劳动关系更加和谐；最后是基本养老保险、失业保险、医疗保险等社会保障体系覆盖全体劳动者。

从充分就业和就业质量两个方面确定我国就业工作的目标，有一个演变过程。"十二五"规划中，首次将就业质量纳入规划目标，即"提高就业质量，努力实现充分就业"。党的十八大报告提出"推动实现更高质量的就业"，"十三五"规划提出"实现比较充分和更高质量的就业"，党的十九大提出"实现更高质量和更充分就业"。在前一个时期就业形势总体保持稳定，就业总量性矛盾得到缓解、就业质量不断提升的情况下，"十四五"规划将就业主要目标确定为"实现更加充分更高质量就业"，这与新发展阶段的经济社会发展目标和趋势是一致的。与以往相比，就业的充分性被前置。进入高质量发展阶段后，产业结构调整与转型升级为促进就业提供难得机遇，也对就业造成一定的冲击，稳就业面临着诸多不确定因素。在这种情况下，就业充分性应该是第一位的，总体就业质量的提高要建立在充分就业的基础上。但是，在现实中更加充分更高质量就业目标是一个整体，是对促进就业工作的总要求。就业是发展的基础，离开更充分的就业，提高城乡居民收入、提升人力资本水平、提高全要素生产率很难实现；只有更高质量的就业，才能夯实高质量发展的动力基础、在高质量发展中促进共同富裕，实现人民对美好生活愿望的追求。

二、实现更加充分更高质量就业具有重要意义

更加充分更高质量就业是实现人民对美好生活的向往、推动经济高质量发展的内在要求。当前，我国正转向高质量发展阶段，人民对美好生活的向往更加强烈，对就业岗位的诉求更多从"有没有"转向"好不好"。实现更加充分更高质量就业，正是顺应人民对美好生活向往的需求，有利于切实增进民生福祉。要实现人民对美好生活的向往，前提是经济持续健康发展。经济持续健康发展是不断创造新就业岗位的关键动力，同时，就业规模的不断扩大、就业质量的持续提升，又能为经济发展提供丰富的劳动力供给。

更加充分更高质量就业是打造扩大内需这个战略支点的关键。构建以国内大循环为主体、国内国际双循环相互促进的新发展格局，需要强化实施扩大内需战略，发挥好国内市场潜力巨大这一优势。国内需求包括投资和消费，从长远来看，消费是重中之重。根据国家统计局的数据，2019年最终消费支出对国内生产总值增长的贡献率达到了57.8%，但与发达国家相比，仍有比较大的提升空间。决定消费的因素很多，如边际消费倾向，但最重要的因素还是收入水平和收入分配。虽然人们的收入有多个来源，但通过就业而获得的劳动收入，对大多数人来说是主要收入来源，这点在我国更加突出。因此，就业状况如何，特别是中

低收入人群的就业状况如何，决定着一个国家的消费潜力。内需特别是消费的扩大及其转型升级，要以更加充分更高质量的就业为基础。就业是社会的连接点，既连着百姓的饭碗，也连着经济社会发展。就业好，内需就足，就能够形成需求牵引供给、供给创造需求的更高水平动态平衡。

更加充分更高质量就业是推进创新驱动发展的源泉。"十三五"期间，我国的科技实力跃上了新的大台阶，对经济增长和社会进步的贡献不断增大，但创新能力仍不适应高质量发展要求，还面临着很多"卡脖子"技术问题，因此，"十四五"时期强调坚持创新在我国现代化建设全局中的核心地位，把科技自立自强作为国家发展的战略支撑。研究表明，创新是人力资本的函数，人力资本越多越有可能推动创新。我国是人口大国和人力资源强国，自 20 世纪末高等教育实施大规模扩招以来，高等教育快速发展，2020 年毛入学率达到了 54.4%，高等教育进入了普及化阶段，劳动者队伍中受过高等教育的人数以亿计，而且未来相当长一段时间里，每年走向劳动力市场的高校毕业生将高达 1000 万人左右。这是我国持续创新的重要基础和底气所在。但其前提是，这些巨量的人力资本能得到有效配置和使用，要人尽其才。因此，要更加重视更加充分更高质量就业，将人力资本的创新潜力转化为现实优势。

更加充分更高质量就业是实现共同富裕的前提。共同富裕是社会主义的本质要求，是人民群众的共同期盼。党的十八大以来，党中央把握发展阶段新变化，把逐步实现全体人民共同富裕摆在更加重要的位置上，在全面建成小康社会之后，已经到了扎实推动共同富裕的历史阶段。我国提出到 2035 年，全体人民共同富裕要取得更为明显的实质性进展，这是一项长期任务，但"十四五"时期要扎实推动，为之奠定坚实的基础。为此，要采取切实措施，解决好发展不平衡不充分的问题，缩小收入分配差距。既要合理调节过高收入，完善再分配机制，更要着力提高低收入群体收入，扩大中等收入群体规模。中央提出的提高劳动报酬在初次分配中的比重是最关键的政策取向。对于后者，更加充分更高质量就业具有不可替代的独特作用。实践已经证明，就业状况好的国家，中等收入群体比例也更高，而且更稳定。同时，更加充分更高质量就业本身也是高品质生活的重要组成部分，甚至可以说是高品质生活的前提。

三、"十四五"时期就业主要目标指标

在更加充分更高质量就业这一总体目标下，《规划》按照定性为主、蕴含定量的原则，从总体就业形势、就业质量、就业主要矛盾、创业带动就业、风险应对能力等五个方面提出了具体目标，并设置了 10 个目标指标。具体目标的设置以国家"十四五"规划纲要为总体指导，充分考虑了"十四五"时期我国人口与

劳动力市场的结构变化趋势，反映了当前及未来一段时期我国就业形势和就业领域主要矛盾的变化，符合经济高质量发展的阶段性特征。主要指标既反映了充分就业，也更加注重体现就业质量。指标体系体现了理论性、创新性和权威性，在保证连续性的前提下，提出了若干反映新发展阶段特征的创新性指标。

（一）就业形势总体平稳

这是对就业总量、充分就业设置的目标。我国就业市场还存在明显的城乡区别，随着经济社会的发展，需要乡村就业不断向城镇地区转移，城镇成为主要的就业地区。一般用城镇新增就业和城镇调查失业率反映就业总量状况。城镇新增就业人数是指新参与就业经济活动，实现就业获得劳动报酬的人员数，用年末城镇累计的新就业人数减去自然减员就业人数衡量，反映了城镇新增就业岗位。以往我国用城镇登记失业率来衡量失业状况，但是由于这一指标存在缺陷，并不能很好地反映就业情况。2011年以来，经过不断改进，我国于2018年《政府工作报告》中首提城镇调查失业率，这一指标正式成为反映就业总量和充分就业状况的指标，而且国际上也较为通用。"十四五"时期，城镇新增就业要努力实现更大规模，城镇调查失业率要保持在合理范围之内，这是实现更加充分就业的主要内容。此外，还要保持重点群体就业稳定，进一步缩小城乡、区域就业机会差距，保持劳动力市场供求基本平衡。

这方面提出的具体目标指标如下。

1. 城镇新增就业5500万人以上

这是预期性目标。新增就业人数需要根据经济发展创造的新就业岗位的能力、城镇化发展速度、劳动年龄人口变化趋势以及自然减员人数等因素来确定。"十三五"期间确定的新增就业目标为5000万人，实际新增6564万人。《规划》确定"十四五"时期新增就业5500万人的预期目标，是在经济持续健康发展、GDP增长保持在合理区间、城镇就业占比进一步提高、劳动年龄人口减少等因素的综合考虑下确定的。

2. 城镇调查失业率控制在5.5%以内

失业率是与经济增长、物价和国际收支平衡并行的四大宏观经济指标之一。一般认为，失业率在5%左右，基本上可以认为是实现了充分就业。失业率与经济增长有着密切的关系，实际经济增长率大体与潜在增长率相同的情况下，总体就业一般也会保持一个充分就业的状态。"十三五"期间，我国城镇调查失业率在5.2%以下。"十四五"时期，我国经济发展的主要目标是在质量效益明显提升的基础上实现经济持续健康发展，增长潜力充分发挥，国内生产总值年均增长保持在合理区间。在这个基础上，考虑到产业结构优化升级、新就业形态的不断涌现会导致未来岗位转换加速,将失业率目标确定为略高于"十三五"期间,既是合适的,也符合充分就业的目标标准。

3. 城镇就业占比由 61.6% 提高到 65% 以上

"十三五"期间,我国城镇就业人员数占比由 55.2% 提高到 61.6%,平均每年提高 1.3%,未来增长可能达不到这个速度。根据未来常住人口城镇化率每年增长 0.8% 左右的预期值,《规划》提出"十四五"时期城镇就业占比到 65% 以上,是一个合理并预期能够实现的目标。

4. 脱贫人口务工规模年均 3000 万人以上

我国已全面实现脱贫的目标,脱贫人口的就业是不再返贫的根本保障。为此,《规划》专门提出脱贫人口务工规模这一指标。根据近些年的总体规模,合理地将"十四五"时期的指标值设定为 3000 万人以上。

(二)就业质量稳步提升

实现更高质量的就业并不是单纯指就业质量越高越好。构成就业质量的一些要素,如劳动报酬水平、社会保障水平等对于劳动者个体来说是越高越好,但是对于用人单位来说则是增加劳动成本。劳动成本的快速增加,一方面会缩减企业利润,对企业发展造成不利影响;另一方面会导致企业减少雇佣人数,不利于实现充分就业。因而,《规划》提出就业质量要稳步提升。这包括劳动报酬提高与劳动生产率提高基本同步,覆盖城乡劳动者的社会保障体系更加健全,劳动权益保障进一步加强,劳动关系和谐稳定,更多劳动者实现体面劳动。要处理好提高就业质量和企业发展之间的平衡关系。对于与企业成本直接有关的就业质量要素,应该做到与企业发展同步。对于劳资双方关系不对等的就业质量要素,应该进一步完善相关法律法规和政策,使劳动者权益得到充分保障,工作条件的安全性符合相关要求和标准。充分发挥工会的作用,促进和谐劳动关系的建立。只有这样,才能真正实现更高质量的就业。

《规划》中与就业质量稳步提升目标有关的指标有以下三项。

1. 全员劳动生产率增长高于 GDP 增长

全员劳动生产率的增长是提高劳动者收入的基本条件。全员劳动生产率是 GDP 与全部从业人员数的比值,衡量了劳动力要素的投入产出效率。从业人员人均 GDP 增速高,说明劳动效率高,可反映出劳动者素质提高、管理和科技等水平提升。全员劳动生产率如果与 GDP 增速相同,说明 GDP 的增长主要是依靠从业人员数的增加,这就谈不上进一步提高就业质量;如果超过 GDP 增速,则说明 GDP 的增长主要是依靠劳动效率的提高,这就为提高就业质量创造了基本的物质条件。"十三五"期间,我国全员劳动生产率年均增长 5.8%,与 GDP 增长大致同步。"十四五"时期，我国劳动年龄人口和全部就业人员将进一步减少，社会老龄化程度进一步提高，劳动参与率逐步下降，我国要继续优化经济结构、促进产业转型升级，经济发展需要更多依靠劳动者素质提高、科技进步和制度创新。因而，"十四五"时期需要全员劳动生产率高于 GDP 增长。

2. 劳动报酬占比稳步提高

劳动报酬是衡量就业质量的核心要素。劳动报酬的提高，一方面取决于经济增长的速度和水平，另一方面也取决于劳动报酬在初次分配中的比重。"十四五"时期，需要坚持按劳分配，着重保护劳动所得，增加劳动者特别是一线劳动者的报酬，稳步提高劳动报酬占 GDP 的比重。

3. 基本养老保险参保率达到 95%

基本养老保险是社会保险制度中最重要的险种之一。我国已建立起多层次的养老保险体系，对于实现老有所养、老有所依、老有所得、减轻家庭子女负担、促进经济的发展以及增加收入都具有重要的作用。"十三五"期间，全国参加基本养老保险的人数由 88777 万增加到 99865 万，参保率达 91%。"十四五"时期参保人数将进一步增长，能够达到参保率 95% 的目标。

（三）结构性就业矛盾有效缓解

结构性就业矛盾是"十四五"期间我国就业领域的主要矛盾，尤其以劳动力的技能与工作所需技能不匹配为主要表现形态，产业转型升级和高质量发展将会更加放大这一矛盾。解决结构性就业矛盾的根本手段需要靠劳动力技能与素质的提升。为此，需要大幅提升人力资源的质量，包括大力发展职业技术教育，加强在岗人员、待业人员技能培训，着力提高高技能人才总量；进一步巩固提高高中阶段教育的普及程度，稳步提升高等教育规模，适应经济社会结构性的变革，优化高等教育人才培养学科结构和层次结构。

这方面的目标指标主要有以下三个。

1. 开展补贴性职业技能培训累计 7500 万人次

"十三五"期间，全国开展政府补贴性培训近 1 亿人次，新增高技能人才超过 1000 万人。"十四五"时期，将稳步扩大培训规模，重点加强高校毕业生和城镇青年、退役军人、农村转移就业劳动者、脱贫人口、失业人员、个体工商户、就业困难人员（含残疾人）等的技能培训，支持企业开展职工在岗培训，突出高技能人才培训、急需紧缺人才培训、转岗转业培训、储备技能培训、通用职业素质培训，积极发展养老、托育、家政等生活服务业从业人员技能培训，广泛开展新业态、新商业模式从业人员技能培训，确保"十四五"时期开展补贴性职业技能培训 7500 万人次左右。

2. 劳动年龄人口平均受教育年限提高到 11.3 年

劳动年龄人口平均受教育年限是衡量人力资本水平和人力资源质量的基础性指标。国内外大量实证研究都证明，劳动年龄人口平均受教育年限的提高对经济增长有显著的促进作用。在劳动年龄人口下降的趋势下，提高劳动年龄人口的素质可以有效抵消因人口红利逐渐消失带来的不利影响，并以此推动建设庞大的知识型、技术型、创新型劳动者大军，为经济社会发展奠定坚实的人力资源基础。"十三五"期间，我国劳动年龄人口平均受教育年限已达到 10.8 年，平均每年增长 0.1 年。"十四五"时期，我国将深入推进义务教育优质均衡发展，继续提高高中阶段教育和高等教育的普及程度，教育水平比较低的年龄大的劳动力将逐渐退出劳动力市场，在这种情况下，《规划》将"十四五"时期的劳动年龄人口平均受教育年限目标设定为 11.3 年，平均每年增长 0.1 年，这个目标完全能够实现，并且预期可能会超过预定目标。

3. 新增劳动力受过高等教育比例达到 55%

高等教育人才在应对职业转换、结构调整中具有更强的适应能力和调整能力，对于缓解结构性矛盾具有重要的促进作用。自 1999 年高校扩招以来，我国高等教育规模进入快速扩张发展的时期。"十三五"期间，高等教育毛入学率由 42.7% 提高到 54.4%，新增劳动力受过高等教育比例达到 53.5%。"十四五"时期，高等教育毛入学率将提高到 60%，将新增劳动力受过高等教育比例目标设定为 55% 是能够实现的。

（四）创业带动就业动能持续释放

创业具有倍增的就业效应，创业不仅能扩大就业渠道，增加就业岗位供给，还能有效地调整就业结构，实现就业的高质量发展。经过多年的"创新创业"激励，我国已成为创业的沃土。"十四五"时期，要让创业带动就业动能持续释放，创业引领作用更加凸显，对高质量就业的带动能力不断增强。创业环境更加优化，政策服务体系更加完备，创业机会更多、渠道更广，更多人可以通过创业实现人生价值。

（五）风险应对能力显著增强

潜在的失业风险一直会随同经济社会的发展变化而存在。"十四五"时期，潜在失业风险主要会受到产业结构升级调整、政策变化、国际竞争形势以及当前疫情影响。《规划》提出这方面的定性目标是：就业领域风险监测预警和应对处置机制不断健全，失业人员保障范围有效扩大、保障水平进一步提高，困难群体得到及时帮扶，就业安全保障更加有力。

第三篇

提高经济增长的就业带动力

不断扩大就业容量是实现更加充分更高质量就业的基础。就业容量，即一个社会能够容纳多少就业人口，是由经济社会发展对产品与服务的需求决定的。因而，要扩大就业容量，根本上还要靠经济发展。不同的经济发展模式和发展路径带动就业的效应不同，这需要在经济发展中坚持就业导向。《规划》提出的第一项重点任务是"坚持经济发展就业导向，不断扩大就业容量"。为此，要落实就业优先战略，强化就业优先导向的宏观调控，增强经济发展的就业带动效应；提升各类产业带动就业提质扩容的能力；发挥好数字经济发展的就业创造能力，为灵活就业与新就业形态构建完善的支撑保障体系。

强化就业优先导向的宏观调控

党的十八大以来，党中央、国务院不断创新完善就业优先导向的宏观调控政策，强调稳增长就是为了保就业，完善宏观调控政策框架，守住稳增长、保就业的下限；抓住就业领域的主要矛盾，持续实施就业优先战略和积极就业政策，将就业优先政策置于宏观政策层面。宏观调控政策上的创新实施，使得经济增长保持在合理运行区间的状况下，有力地增强了经济发展对就业的吸纳能力，保障了就业形势总体平稳，基本实现了充分就业。"十四五"时期，需要在宏观政策层面持续强化就业优先政策、完善政策工具箱、健全经济发展就业影响评估机制和就业目标责任考核机制。

一、将就业优先政策置于宏观政策层面并持续强化

充分就业、经济增长、物价稳定和国际收支平衡是宏观政策四个主要调控目标。一般来说，国家会根据经济社会发展的实际状况，在不同情况下实施侧重点不同的宏观政策目标。根据中央提出的"六稳六保"，就业居于首位。在"十四五"期间，就业优先政策置于宏观政策层面并持续强化，这意味着在政府各项工作中就业将处于更加突出的位置，就业稳定成为宏观经济稳定的主要目标，在宏观政策中就业具有更高甚至最高的优先序。

将就业优先政策置于宏观政策层面并持续强化，首先，是以人民为中心的发展思想的具体体现。就业是最大的民生。在我国经济社会发展过程中，始终面临着比较大的就业压力。未来几年，城镇每年新增劳动力在 1000 万人以上，重点群体还存在潜在规模性失业风险，区域就业发展还不够平衡，人工智能等智能化技术加速应用，会放大就业压力。这就需要把就业摆在更加突出的位置。其次，是经济发展方式转变的要求。传统观点认为，经济增长会自动带来就业，但是，我国经济进入高质量发展阶段，面临着产业结构转型升级等一系列变革，由于结构性、摩擦性等原因，经济增长并不必然带来就业的增长，不同政策导向下经济增长对就业的带动作用是不同的。这就需要发挥就业政策在宏观调控中的作用，将稳就业作为头等大事。再次，劳动力是生产的主要要素之一，劳动就业也是经

济增长的前提。我国在进入高质量发展阶段的经济增长更依赖于创新，更依赖于全要素生产率的提高，更依赖于人力资本红利的增加。最近20年来，我国各级各类教育得到了长足发展，劳动者受教育年限大幅度提高，人力资本存量显著增加，这是创新的重要源泉。这一更高水平的人力资本存量如果能够最大可能地实现真实就业，无疑会进一步推动创新，从而提高全要素生产率，并最终实现更高水平的增长。因此，解决好就业问题，既事关民生，也事关供给侧结构性改革和经济的高质量发展。最后，我国劳动力市场信息调查制度的完善使持续将就业优先政策置于宏观政策层面成为可能。例如，已经开始的调查失业率制度为就业状况提供了更加真实的信息，这样能够把实现充分就业的目标以及劳动力市场各类信号纳入宏观政策抉择中予以考量、决策和执行。

将就业优先政策置于宏观政策层面，涉及就业优先政策和财政政策、货币政策各自的地位和相互之间的关系问题。财政政策和货币政策作为传统的和广泛使用的宏观政策，具有逆周期调节的特点，即在经济比较热的时候，实施紧缩性的财政政策和货币政策，如增加税收和减少支出，以及提高利率和收缩信贷等，以抑制总需求；在经济下行的时候，实施扩张性的财政政策和货币政策，如减少税收和增加支出，以及降低利率和扩大信贷等，以刺激总需求。就业优先政策作为新的宏观政策，也具有逆周期调节的特点，如在经济下行的时候，实施积极的就业政策，包括就业岗位的创造和维持政策、劳动者就业能力和创业能力的提升政策等。相比较而言，就业优先政策更强调就业在宏观政策中的优先地位，如对经济热或冷的判断，不仅包括经济增长的维度，更包括就业的维度；财政政策和货币政策的走向及其效果的好坏，不仅要考虑经济增长速度和经济结构的变化，更要看就业状况的变化。因此，这内在地要求三大政策之间要加强协调配合，以确保经济运行在合理区间，促进经济社会持续健康发展。面对当前的经济发展态势，我国已明确要求保持宏观政策连续性稳定性，继续实施积极的财政政策和稳健的货币政策，同时实施就业优先政策，而且，财政政策和货币政策在很大程度上也都是围绕就业来进行的。例如，大规模减税降费和适时降准降息等的主要目的就是给市场主体减负，缓解企业融资难融资贵问题，使微观主体更有活力和竞争力，创造更多就业岗位。

就就业优先政策本身的实施来看，它与财政政策和货币政策一样，也有一个在区间调控基础上加强定向调控和相机调控的问题。定向调控是针对就业区间内出现的不同情景，制定清晰的调控政策，进行有针对性的预调微调，更加有的放矢，定向施策，精准发力。相机调控是根据就业状况和各类就业政策的特点，灵活机动地选择一种或几种就业政策和措施来进行调控，其目的在于防范大规模失业的风险，为实现充分而高质量的就业提供政策保障。政府通过设置"合理区间"来调控劳动力市场和就业，是基于经济社会发展全盘考虑后的战略选择，是针对新时期就业领域的主要矛盾和关键问题主动有所为的集中体现。

二、完善就业优先政策的工具箱

要充分发挥好就业优先导向的宏观调控，需要完善就业优先政策的工具箱。一是就业岗位创造政策，即支持微观主体创造更多的就业岗位。例如，加大创业担保贷款支持力度，符合条件的个人和小微企业可分别申请一定额度的创业担保贷款。二是就业岗位维持政策，即降低企业成本，鼓励企业在遇到困难时不要裁员或少裁员。具体政策措施上，对不裁员或少裁员的参保企业，可按一定比例返还其上年度实际缴纳失业保险费等。三是就业岗位匹配政策，即促进劳动者与用人单位之间更好匹配的政策，如降低工作搜寻成本、降低劳动力流动成本、使岗位需求信息更公平更高效共享等方面的政策。四是就业帮扶政策，即鼓励企业更多地聘用就业困难人员，如对招用农村贫困人口、城镇登记失业半年以上人员的各类企业，三年内给予定额税费减免。五是职业技能提升政策，即促进劳动者的技能不断提高和改进，以更好地适应劳动力市场变化和产业转型升级，如对职工技能提升和转岗转业培训给予财政资金支持。六是就业质量提升政策，即使就业质量随经济社会发展而不断提升，推动劳动年龄人口实现更高质量的就业，如提高劳动报酬在分配中的比例、消除就业领域中的不平等现象、提高社会保障水平等。

三、健全就业影响评估机制

就业影响评估机制，是指针对各类国家和地方发展战略、规划、政策、投资项目等的制定前和实施后，对其能够创造和破坏多少就业岗位、吸纳和减少多少就业人数进行预测与评估，将结果纳入对其决策过程的要件，甚至是优先参考指标。对国家和地方发展战略、五年规划、产业规划、区域发展规划及其实施的中期、后期评估，需要专题分析其对就业的影响。对重大的宏观调控政策，包括产业政策、财政政策、货币政策等，也要考虑对就业的影响。对具有全局性、长期性影响的政府投资和重大项目实行就业评估，并作为投资项目审批的要件。对就业的影响，包括能够创造和破坏多少就业岗位、吸纳和减少多少就业人数，是哪些类型的岗位和哪类人群；是否有职业技能培训规划；是否落实相关就业扶持政策；是否对可能造成的失业现象建立预警机制和补救措施。

健全就业影响评估机制，还要合理确定就业评估的效力。由于国家和地方的战略规划、产业政策、投资和重大建设项目等都有其特定目标，既可能与就业增长目标相同，也可能不一致。将就业评估作为决策过程的要件，是要根据具体情况，确定就业增长的优先权。例如，对于劳动力和资本、技术可以相互替代的项目，通过评估，可以通过提供优惠政策，如为企业提供就业补贴、社保补贴、税收优惠等措施，鼓励和引导企业优先雇用劳动力。

四、健全就业目标责任考核机制

就业目标责任考核机制是指将就业目标责任纳入政府考评体系，这涉及就业目标评估指标体系的构建，以及考评结果在政府考评体系中居于什么样的位置。《规划》中提出"健全就业目标责任考核机制"，主要包括三个方面。第一，考核机制既是强化政府促进就业责任的一个政策支撑保障体系，同时也成为强化就业优先导向的宏观调控的重要手段。第二，新时期健全就业目标责任考核机制的主要任务转向建立更加充分更高质量就业考核评价体系，并探索开展高质量就业地区试点工作。也就是说，充分就业和更高质量就业将作为构建就业目标责任考核指标体系的出发点和落脚点。第三，在考核结果的运用上，按照就业优先战略和强化就业优先政策的要求，就业目标责任考核在各级政府绩效考核中居于优先序，提升到更高甚至最高的位置。

协同推进产业转型升级与就业提质扩面

一、着力提升制造业就业质量，解决技能人才短缺问题

制造业直接体现了一个国家的生产力水平，在国民经济中占有重要的份额，也是吸纳就业的主要行业之一。从全国来看，目前制造业增加值占到了国内生产总值的 1/4 以上，在城镇单位就业人员中，有 20% 左右的在制造业就业。

我国制造业的发展正面临着深刻的变革。一是受劳动力成本上升、用工短缺、利润率下降、出口冲击、政策环境等因素的影响，传统的劳动力密集型制造业发展陷入困境。一部分劳动密集型制造业进行转型升级，在向资本或技术密集型制造业发展；另一部分在向我国中西部地区或国外转移，那些高耗能、低效益的制造业在被淘汰。制造业在国民经济中的份额近十年来呈现不断下降的趋势，2011 年，制造业增加值占 GDP 的 32%，到 2020 年，这一占比下降到 26%。二是我国政府制定了深入实施制造强国战略，制造业正朝着高端化智能化绿色化方向发展。高端制造具有高技术密集含量、高附加值等特点，处于产业链的顶端，反映了一国制造业的综合实力。我国正在推动制造业向中高端层面发展，明确了高端制造领域的主攻方向。智能制造是将物联网、大数据、云计算、人工智能等新一代信息技术融入产品研发、设计、制造全过程，推动产品生产方式发生重大变化。我国明确制定了推动智能制造的发展战略，智能制造将成为驱动我国制造业发展的主要动力之一。绿色制造是在保障产品质量和功能的同时，将产品制造过程中的能源消耗和环境污染降到最小，进而实现可持续发展。为实现制造业从粗放型向绿色环保低碳方向转变，我国对能源消耗、污染物排放等指标做出了明确规定，不断推动传统技术改造和工业设计理念的转变。

在新的发展阶段，尤其是在上述发展趋势下，制造业就业面临着一系列的挑战。首先，制造业吸纳就业容量呈现下降趋势。从数量上看，2016—2020 年，制造业城镇单位就业人数下降了 5 个百分点，尤其是非私营单位更是下降了接近 25%，减少 1200 多万人；从制造业城镇单位就业人数占比来看，由 2016 年的 22% 下降到 2020 年的 16%。其次，结构性就业矛盾在制造业表现更为突出。一方面，技能型人才不能满足制造业的转型升级、高端化智能化发展的需要，如

53

根据人力资源和社会保障部发布的《智能制造工程技术人员就业景气现状分析报告》预测，未来 5 年，智能制造领域人才缺口将达 450 万人；另一方面，相当数量的低技能劳动力"就业难"问题将会加剧。最后，制造业就业质量还有待提高。近五年制造业城镇单位就业人员平均工资与全部人员平均工资之比由约 90% 下降到 86%，增长幅度也低于全部人员平均工资的增长幅度。在工作环境、劳动保护、社会保障等方面也还不尽完善。

为此，《规划》中提出了"促进制造业高质量就业"。一是要通过提高就业质量增强制造业就业吸引力。新一代信息技术的不断应用，制造业自动化水平的提高，对于改善劳动者工作环境、创造高质量的就业岗位、提高技能劳动者工作报酬创造了有利条件。同时，通过继续实施制造业降本减负行动，引导金融机构扩大制造业中长期融资，提升制造业盈利能力，将使制造业不断提高就业质量成为可能。只有把制造业就业质量提升上去，才能从根本上提升制造业就业吸引力，从需求侧解决"招工难"的问题。二是推进制造业高质量发展和职业技能培训深度融合，促进制造业产业链、创新链与培训链有效衔接。通过加强与职业院校的联系、扩大开展订单式培养职业技能型人才，将有利于解决技能人才结构性缺口问题。三是支持吸纳就业能力强的劳动密集型行业发展，注重发展技能密集型产业，开发更多技能型就业岗位。进入新发展阶段，虽然劳动力成本不断上升，但是劳动力质量也已大为提升，劳动力资源丰富仍是我国的竞争优势所在。劳动密集型制造业吸纳就业的能力要远远高于技术和资本密集型制造业，因此，要扩大制造业就业容量，我国各区域在行业选择上应该把劳动密集型制造业摆在应有的位置，但是这要有别于过去传统的低工资低技能的劳动密集型制造业，着力打造升级版的劳动密集型产业和技能密集型产业，形成新的产业优势，稳定就业基本盘。例如，技术升级是劳动密集型制造业发展的必然趋势，可以大力发展围绕高科技产业终端环节或外部配套的劳动密集型组装加工业。四是打造更多制造业就业增长点。积极推动制造与服务融合发展的服务型制造新模式新业态，支持包括工业设计服务、定制化服务、供应链管理等在内的多种模式发展，从单一生产环节向价值链两端拓展，围绕服务型制造搭建云服务平台。推动基于先进技术、工艺和产业领域，由若干地理相邻的企业、机构集聚，通过相互合作与交流共生形成的先进制造业集群发展。

二、进一步增强服务业就业吸纳能力

服务业在我国经济社会发展中的地位和作用日益提升。2011—2020 年，服务业增加值占 GDP 的比重由 44% 增长到 54.5%，占据了国民经济的半壁江山；对经济增长的贡献率由 44% 增加到 63%，成为拉动经济增长的主要行业。服业吸纳就业的能力不断增加，服务业就业人员占全部就业人员的比重由 2001 年的约 36% 增加到 2020 年的 48%，成为吸纳就业的主要力量。

我国服务业发展仍面临诸多矛盾和问题。服务业发展整体水平不高，产业创新能力和竞争力不强，质量和效益偏低。服务供给未能适应需求变化，生产性服务业发展明显滞后，生活性服务业供给不足。服务业增加值比重仍低于世界平均水平，整体上处于国际分工中低端环节，服务贸易逆差规模持续扩大。更为关键的是，服务业发展还面临思想观念转变相对滞后，体制机制束缚较多，统一开放、公平竞争的市场环境尚不完善等障碍。

服务业就业的发展也面临一些问题。第一，服务业就业吸纳能力还有较大提升空间。目前，仍有约 1/4 的就业人口在第一产业，这些人口将主要向服务业转移。然而，近五年服务业就业所占比重仅增加了不到 1 个百分点，显示出增长趋缓的迹象。第二，服务业内各行业就业结构和产值结构还不尽合理，不同行业就业吸纳能力差异较大。有的行业就业占比高，但是产值占比低，如在单位就业人员中，传统的服务业如批发零售业就业人员占服务业的比重接近 40%，但是，就产值来看，其占比不到 20%；有的行业则相反，产值占比要远远高于就业占比，如金融业和房地产业产值占服务业的 27%，就业则只占服务业的 5.6%。这一特征也将导致服务业内各行业就业质量出现较大的差异。第三，现代服务业在我国有了比较大的发展，但是从服务业就业内部结构来看，还没有很好地适应这一发展趋势。近十年来传统的服务业，如批发零售业，交通运输、仓储和邮政业，住宿餐饮业，以及居民服务、修理业等就业占比一直维持在 60%，像信息传输、软件和信息技术服务业，租赁和商务服务业，科学研究和技术服务业，以及公共管理、社会保障和社会组织的就业占比从 2011 年的 23% 增加到现在的 26%，特别是近五年来增长还不到 1%。

针对上述问题，《规划》提出，要扩大服务业就业。"十四五"期间，我国明确提出要促进服务业繁荣发展。通过聚焦产业转型升级和居民消费升级需要，扩大服务业有效供给，提高服务效率和服务品质，构建优质高效、结构优化、竞争力强的服务业产业新体系。大力推动依托信息技术和现代管理理念发展起来的信息和知识相对密集的现代服务业，包括传统服务业通过技术改造升级和经营模式更新而形成的服务业，以及伴随信息网络技术发展而产生的新兴服务业。在生产性服务业发展方面，以服务制造业高质量发展为导向，推动生产性服务业向专业化和价值链高端延伸，推动生产性服务业融合化发展。在生活性服务业方面，以提升便利度和改善服务体验为导向，推动生活性服务业向高品质和多样化发展。引导夜间经济、便民生活圈等健康发展，稳定开发社区超市、便利店、社区服务和社会工作服务岗位，充分释放服务业就业容量大的优势。

三、扩大依附于现代化的生产方式和生产组织形式的农业就业空间

农业是国民经济的基础。在迈向社会主义现代化强国的建设征程中，农业的地位不仅不会弱化，还将进一步增强。20世纪末我国提出"新农村建设"战略，党的十九大提出乡村振兴战略，党的十九届五中全会进一步提出"优先发展农业农村，全面推进乡村振兴"，将农业农村的发展提高到一个新的历史高度，为"十四五"乃至未来更长时期的农业农村发展定下了基调。解决好发展不平衡不充分问题，重点难点在"三农"；构建新发展格局，潜力后劲在"三农"；应对国内外各种风险挑战，基础支撑在"三农"。党中央认为，坚持把解决好"三农"问题作为全党工作重中之重，把全面推进乡村振兴作为实现中华民族伟大复兴的一项重大任务，举全党全社会之力加快农业农村现代化。

农业农村部门的就业将继续发生两个重要的结构性变化。第一，农村劳动力仍将持续向非农产业转移、农村人口向城市迁移。从理论上讲，现代经济社会不断发展的过程，一个主要表现是农业就业人员不断减少并转移到工业和服务业的过程。2011年我国第一产业就业人员占比为34.7%，2020年这一比例下降到23.6%，仍旧偏高。第二，农业现代化将深刻改变农业的生产方式和生产组织形式。机械化耕种水平将进一步提高，包括新一代信息技术在内的科学技术将更广泛地应用于农业，以家庭农场和农民合作社为代表的新型经营主体将不断涌现，农业专业化社会化服务组织将进一步发展壮大，农业产业化组织将与工业、服务业深度融合。在这种发展趋势下，依附于现代化的农业生产方式和生产组织形式的就业将成为拓展农业部门就业的主要途径。

在上述背景下，《规划》提出，未来农业就业应着力于"扩展农业就业空间"。一是深化农业供给侧结构性改革，加强现代农业产业园和农业现代化示范区建设，打造农业全产业链，提升农业价值链，吸纳带动更多就业。2017年以来，农业农村部和财政部批准创建了151个全产业链发展、现代要素集聚的国家现代农业产业园，带动各地创建了3189个省、市、县产业园，基本形成了以园区化推动现代农业发展的建设格局。"十四五"时期，我国将进一步推动县域农业主导产业向园区集中，促进农业生产、加工、物流、研发、示范、服务等相互融合和全产业链开发，加快数字技术向农业各领域渗透，提升乡村产业园区化、融合化、数字化水平，推动现代农业产业园建设取得新进展。二是实施农民合作社规范提升行动、家庭农场培育计划和高素质农民培育计划，推动小农户与现代农业发展有机衔接，扶持一批农业产业化龙头企业牵头、家庭农场和农民合作社跟进、广大小农户参与的农业产业化联合体，实现抱团发展，促进农民就业增收。

四、支持中小微企业和个体工商户持续稳定发展增加就业

中小微企业和个体工商户是数量最大、最具活力的群体，也是吸纳就业的主要群体。根据第四次中国经济普查的数据，在企业法人单位中，中小微企业数占比超过99%，从业人员数占比接近80%，随着减负稳岗扩就业政策延续，就业规模将继续扩大。当前，中小微企业发展还面临着一些困难和问题，这主要表现在：能源原材料等大宗商品价格继续上涨，叠加海运供应链紧张、运费上升，人民币升值，劳动力成本刚性上升等多重因素，中小企业生产经营成本持续上升；市场流动性仍不平衡，小微企业资金面偏紧，中小企业缺乏融资渠道导致融资难问题仍旧突出；能源和上游原材料价格上涨明显，劳动力和物流成本持续上升，下游市场需求增长乏力，中小企业议价能力和成本传导能力有限，利润空间不断受到挤压，企业效益处于低位；全球疫情走势和国际环境更趋复杂，国内经济运行中不稳定、不确定因素增多，经济恢复势头持续放缓，企业发展信心受到影响；中小企业"招工难"问题尤为突出。

支持中小微企业和个体工商户持续稳定发展对于增加就业有突出重要的作用。为此，《规划》中提出了若干项措施。一是完善促进中小微企业和个体工商户发展和用工的制度环境和政策体系，构建常态化援企稳岗帮扶机制，持续减轻中小微企业和个体工商户负担，激发中小微企业和个体工商户活力，增强就业岗位创造能力。从基础性制度、财税支持制度、企业融资促进制度、创新发展制度、合法权益保护制度等方面，完善支持中小微企业发展的制度体系。实行缓征、减征、免征企业所得税、增值税等措施，简化税收征管程序，对小微企业减免行政事业性收费、缓缴社保费等；落实好涉企收费目录清单制度，加强涉企收费监督检查，清理规范涉企收费，减轻小微企业税费负担。

二是优化中小微企业发展生态，取消各类不合理限制和壁垒。深化"放管服"改革，推进政务服务标准化、规范化、便利化，进一步提升服务效能，放宽市场准入，加强电信和互联网市场监管，破除各类隐形壁垒，消除影响公平竞争、妨碍创新的各种制度束缚，为中小企业发展营造更高水平的市场化、法治化、国际化营商环境。

三是支持劳动者创办投资小、见效快、易转型、风险小的小规模经济实体。鼓励劳动者"零成本""低成本"创办小规模经济实体，支持发展各类特色小店，对下岗失业人员、高校毕业生、农民工、就业困难人员等重点群体从事个体经营的，按规定给予创业担保贷款、税收优惠、创业补贴等政策支持。

四是加大对中小微企业和个体工商户融资支持力度，加强普惠金融服务。通过推动落实普惠小微企业贷款延期还本付息、支持无还本续贷和信用贷款支持政

策，深化产融合作，引导金融机构加大对中小企业信贷投放，降低融资成本；进一步发挥好各类结构性货币政策工具精准滴灌作用，推动信贷结构优化调整，持续加大对科技创新、小微企业和绿色发展等重点领域信贷支持；支持小微企业供应链的融资，通过再贴现等工具来支持缓解小微企业因为占款所面临的压力；加强金融工具供给的创新，丰富债券市场品种和层次，加大支持融资租赁、私募股权投资基金、风险投资基金创新产品力度，拓宽融资渠道，加大对种子期、初创期成长型中小企业的支持。

促进数字经济等就业新动能发展

　　近年来，互联网、大数据、云计算、人工智能、区块链等技术加速创新，日益融入经济社会发展各领域全过程，数字经济发展速度之快、辐射范围之广、影响程度之深前所未有，正在成为重组全球要素资源、重塑全球经济结构、改变全球竞争格局的关键力量。要充分发挥海量数据和丰富应用场景优势，促进数字技术与实体经济深度融合，赋能传统产业转型升级，催生新产业新业态新模式，不断做强做优做大我国数字经济。数字经济的发展为就业增长提供了新的引擎，一方面对就业起到直接和间接的带动作用，另一方面产生了更多的灵活就业形式和新就业形态。

一、进一步提升数字经济的就业带动作用

　　国务院印发的《"十四五"数字经济发展规划》认为，数字经济是继农业经济、工业经济之后的主要经济形态，是以数据资源为关键要素，以现代信息网络为主要载体，以信息通信技术融合应用、全要素数字化转型为重要推动力，促进公平与效率更加统一的新经济形态。数字经济发展速度之快、辐射范围之广、影响程度之深前所未有，正推动生产方式、生活方式和治理方式深刻变革，成为重组全球要素资源、重塑全球经济结构、改变全球竞争格局的关键力量。数字经济通过数字产业化和产业数字化，不断催生新产业、新业态、新商业模式。新产业指应用新科技成果、新兴技术而形成一定规模的新型经济活动。具体表现为：一是新技术应用产业化直接催生的新产业；二是传统产业采用现代信息技术形成的新产业；三是由于科技成果、信息技术推广应用，推动产业的分化、升级、融合而衍生出的新产业。新业态指顺应多元化、多样化、个性化的产品或服务需求，依托技术创新和应用，从现有产业和领域中衍生叠加出的新环节、新链条、新活动形态。具体表现为：一是以互联网为依托开展的经营活动；二是商业流程、服务模式或产品形态的创新；三是提供更加灵活快捷的个性化服务。新商业模式指为实现用户价值和企业持续盈利目标，对企业经营的各种内外要素进行整合和重组，形成高效并具有独特竞争力的商业运行模式。具体表现为：一是将互联网与

产业创新融合；二是把硬件融入服务；三是提供消费、娱乐、休闲、服务的一站式服务。

"十三五"期间，我国数字经济保持蓬勃发展趋势。根据中国信息通信研究院的估算，2016—2020 年，我国数字经济占 GDP 的规模由 30% 上升到约 39%，数字经济的发展速度远超过 GDP 的增长速度，成为带动经济增长的重要引擎。三次产业在加速数字化转型，第一、第二、第三产业数字经济的渗透率分别达到 8.9%、20% 和 40.7%。国家"十四五"规划纲要提出，"加快数字化发展，建设数字中国"，"以数字化转型整体驱动生产方式、生活方式和治理方式变革"。可以预想到，"十四五"时期将是我国数字经济进一步发展的重要时期，数字经济对经济增长的贡献将进一步提高，对三次产业的渗透将进一步加深。

数字经济的发展将会对就业增长和就业结构产生深刻的影响，包括积极的影响和消极的影响两个方面。从积极的方面来看，首先，数字经济的就业创造效应将进一步凸显。一方面，产业数字化和数字产业化将创造更多新的岗位，对掌握数字技术的劳动者需求加大，会直接带动就业增长；另一方面，数字经济发展对相关产业发展起到带动作用，将会间接拉动就业增长。根据估算，"十三五"期间数字经济带动的就业人数占到全部就业人数的 20% 以上，比传统行业带动就业的能力超过 2 倍。其次，平台经济、共享经济、"众包"和"众创"等数字经济新模式催生更多灵活就业和新就业形态，成为吸纳就业的重要途径。在传统雇佣型就业之外，自主创业、自由职业、兼职就业等灵活就业新模式不断增长。数字技术、互联网平台等打破了传统组织边界，向个体提供市场、研发、生产等资源，降低个体进入经济的壁垒，个体不必进入传统企业就可以从事经济活动，相应地，就业形式变得更加灵活多样，成为吸纳就业的重要途径。最后，数字经济推动就业结构优化升级。数字经济的快速发展，互联网、大数据、云计算等数字技术加速产业化应用，使得计算能力进一步提升，计算成本大幅下降，数据分析处理能力大幅跃迁，对越来越多的常规任务型工作的替代能力增强。与此同时，伴随着劳动力成本进一步上升，劳动力和自动化的成本收益比出现逆转，越来越多的中等技能人才通过参与培训、积极学习，向高技能就业岗位转移，带动就业结构优化升级的同时，也提高了就业质量。

从消极的方面看，数字经济本质上是一种技术进步，也会对就业带来破坏效应。第一，自动化技术应用导致的机器替代劳动降低对劳动力的需求，劳动者技能不适应新的技能性岗位会引发结构性失业。有经济学家估计，企业每引入一个新机器人，将会造成平均 6.2 个工人失业。第二，技术进步引发岗位极化。根据"技术性失业"的理论，技术进步的加速会导致就业呈现"极化"趋势，也就是高技能就业岗位和低技能就业岗位在增加，但是中等技能岗位会减少。就业极化进一步会导致工资极化，造成更大的贫富差距。第三，劳动力流转和工作转换难度加大。数字经济增加了服务业就业容量，推动了技术失业者向服务类体力劳动和创造类智力劳动的转换，与此同时，这种转换造成的工作流动和转换成本巨大。

"十四五"时期，需要在做强做优做大我国数字经济的背景下，深刻把握数字经济发展规律，充分挖掘数字经济对就业的创造效应，积极防范破坏效应，进一步提升数字经济对就业的整体带动作用。为此，《规划》提出，一是要推动数字经济和实体经济深度融合，催生更多新产业新业态新商业模式，培育多元化多层次就业需求；二是健全数字规则，强化数据有序共享和信息安全保护，加快推动数字产业化，打造具有国际竞争力、就业容量大的数字产业集群；三是深入实施"上云用数赋智"行动，推进传统线下业态数字化转型赋能，创造更多数字经济领域就业机会；四是促进平台经济等新产业新业态新商业模式规范健康发展，带动更多劳动者依托平台就业创业。

二、建立完善的灵活就业和新就业形态的劳动权益保障制度

相对于传统的标准雇佣模式或固定用工关系，灵活就业是劳动者在劳动时间、收入报酬、工作场地、保险福利、劳动关系等方面采取更自由和灵活的就业形式。灵活就业早已有之，像自我雇佣、兼职、零工等就是比较早的灵活就业形式。在劳动力市场体制机制不断改革完善的过程中，我国政府也及时把灵活就业作为增加就业的一个途径在就业政策中明确提出来。在2004年4月我国政府发布的第一部专题阐述就业的白皮书——《中国的就业状况和政策》中就提出，"发展灵活多样的就业形式，增加就业途径"。中国政府鼓励劳动者通过灵活多样的方式实现就业，积极发展劳务派遣组织和就业基地，为灵活就业提供服务和帮助。

新就业形态是由数字化、网络化、智能化、信息化引发的不同于以往的就业模式、工作模式的就业形态。党的十八届五中全会和2016年政府工作报告首次提出"加强对灵活就业、新就业形态的支持"，这是从政策层面首次提出新就业形态这一概念。2020年国家发改委等部委联合发布的《关于支持新业态新模式健康发展激活消费市场带动扩大就业的意见》中提出将"培育新的就业形态"作为带动扩大就业的重要途径。从这个文件中大概可以总结出新就业形态的具体表现主要有：线上教育、互联网医疗、线上办公等线上工作模式；依托平台、虚拟产业园与产业集群的就业模式；个体经营者的线上就业创业模式；线上多样化社交、短视频平台、线上直播等微经济；共享出行、餐饮外卖、团购、在线购药、共享住宿、文化旅游等共享生活新空间就业模式。

由上可见，灵活就业与新就业形态既有区别，又有交叉的部分。主要的区

别在于，灵活就业是针对传统的标准固定雇佣关系而言的，而新就业形态主要是由新一代信息技术引发的生产方式和组织方式的变革导致的新工作模式和就业模式。灵活就业既有传统的就业方式，也有通过线上、平台、虚拟空间的工作方式；新就业形态虽然以灵活就业为主，但是也有标准的雇佣关系的就业。

平台经济、共享经济等数字经济新模式的发展，催生了灵活就业和新就业形态劳动者的大量涌现，已成为促进就业的重要途径。根据相关部门统计数据显示，我国灵活就业人员规模已经达到了2亿人左右，这一数量还在随着数字经济的发展进一步增长。根据《中国灵活用工市场研究报告》显示，"90后"和"00后"灵活就业者占比超过了50%，其中也包含了大量的新就业形态的劳动者。

《规划》提出"十四五"时期要进一步发挥灵活就业和新就业形态促进就业的作用。一个重点内容是建立完善适应灵活就业和新就业形态的劳动权益保障制度，这既是进一步促进就业的需要，也是保障劳动者合法权益、维护社会稳定的需要。目前关于灵活就业和新就业形态的劳动权益保障法律政策体系还不够健全，平台企业基于用工成本等因素的考虑，不重视劳动者权益保护，劳动者参保意愿也不够强烈。对此，我国政府也在不断地探索和完善相关政策。2004年的《中国的就业状况和政策》白皮书中就指出，政府制定了非全日制用工、临时就业人员医疗保险等政策，在劳动关系、工资支付、社会保险等方面建立制度，促进和保障灵活就业人员的合法权益。在此后的相关政策中，也都有关于灵活就业的相关内容。在2020年的《关于支持新业态新模式健康发展激活消费市场带动扩大就业的意见》中提出，强化灵活就业劳动权益保障，探索多点执业。探索适应跨平台、多雇主间灵活就业的权益保障、社会保障等政策。完善灵活就业人员劳动权益保护、保费缴纳、薪酬等政策制度，明确平台企业在劳动者权益保障方面的相应责任，保障劳动者的基本报酬权、休息权和职业安全，明确参与各方的权利义务关系。探索完善与个人职业发展相适应的医疗、教育等行业多点执业新模式。结合双创示范基地建设，支持建立灵活就业、"共享用工"服务平台，提供线上职业培训、灵活就业供需对接等就业服务。推进失业保险金的线上便利化申领，方便群众办事。2021年7月人力资源和社会保障部等部委联合发文《关于维护新就业形态劳动者劳动保障权益的指导意见》，明确了劳动者权益保障责任，健全了劳动者权益保障制度，优化了劳动者权益保障服务，完善了劳动者权益保障工作机制。《规划》中则明确提出，建立完善适应灵活就业和新就业形态的劳动权益保障制度，引导支持灵活就业人员和新就业形态劳动者参加社会保险，提高灵活就业人员和新就业形态劳动者社会保障水平。规范平台企业用工，明确平台企业劳动保护责任。

第四篇

促进创业带动就业

　　"十三五"期间，我国坚持深化"放管服"改革，有利于劳动者参与创业的政策环境不断优化，激发了全社会支持创业、参与创业的积极性，创业带动就业能力不断增强。全国新登记市场主体年均增长约10%，新登记注册的大学生创业年均增长超过9%；全国超过1000万人加入返乡入乡创业行列，带动的就业人数达到3500多万。《规划》提出"十四五"时期主要目标之一是进一步促进"创业带动就业动能持续释放"。创业引领作用更加凸显，对高质量就业的带动能力不断增强。创业环境更加优化，政策服务体系更加完备，创业机会更多、渠道更广，更多人可以通过创业实现人生价值。

创业带动就业具有"倍增效应"

一、创业带动就业的机制

创业是劳动者利用市场机会和自身优势，创办企业或者从事个体经营活动的行为。相对于被其他企业雇用，创业则是劳动者的一种自雇行为。创业型就业的最大特点，就是突破了传统的"一人一岗"的就业模式，形成"一人带动一群岗位"的就业模式。

鼓励劳动者通过创业解决就业问题，是改革开放之后我国就业政策发生的一项重大变化。改革开放之前，我国实行的是计划经济体制下的重工业优先发展战略。由于重工业资本密集程度高，劳动吸纳能力较弱，因而推行重工业优先发展战略意味着牺牲掉大量的就业机会。为了解决这一矛盾，"统包统配"的就业制度应运而生，其最典型的特征就是"高就业、低工资、不流动"。到20世纪70年代末，受到经济发展迟缓的影响以及当时的就业渠道较为狭窄，我国的大量知识青年返回城镇，数量达到高峰，由此产生的城镇劳动力供求矛盾问题形势非常严峻。基于这一现状，中央为解决劳动力供求矛盾问题，于1980年提出了在国家统筹规划和指导下，实行劳动部门介绍就业，志愿组织起来就业和自谋职业相结合的"三结合"就业方针，从而解决返城青年和大批新增劳动力的就业问题。具体措施包括调整所有制结构和产业结构以鼓励并支持其开办创立劳动服务公司，以及鼓励青年自谋职业、创办个体经济和私营企业等措施。得益于以上措施，城镇就业工作最终取得了突破性的进展，由此开创了创业带动就业的先河。

经过改革开放四十多年的发展，劳动者通过自主创业的方式解决了大量的就业问题。特别是党的十八大以来，以"大众创业、万众创新"为主要内容的"双创"活动持续开展，我国的创业创新进入了一个新的阶段，创业带动就业的效应也得到了很大的提高。根据全球创业观察报告的研究，每增加一个机会型创业者，当年带动的就业数量平均为2.77人，未来5年带动的就业数量为5.99人。创业行为之所以能够在带动就业方面起到巨大作用，主要原因是初创企业大多数设立门槛低、创设成本小，而且具有普适性，即适合各类群体的劳动者。从规模来看，小微企业往往是创业型企业的起点。而相对来说，小规模的企业就业吸纳能力要比大规模的企业强得多。

从我国的情况来看，目前我国中小企业吸纳了 75% 以上的城镇就业人口，在不少中小企业集中的地区，吸纳的就业人口超过了 80%。劳动保障部门近年来组织创业培训的实践证明，在目前我国的经济结构下，1 个劳动者创业一般可以带动 6 个以上劳动者实现就业。国家统计局的数据显示，2019 年，我国工商登记注册的私营企业数量为 3516.4 万家，全年雇佣人数为 22833.2 万人，平均每户私营企业雇佣人数为 6.5 个左右。而据有关调查，我国个体工商户的平均雇用人数约为 2 人。简单来说，成功创立一个私营企业，可以容纳 6.5 个劳动者就业，而注册成为一名个体工商户，则可以提供 2 个人的就业岗位。

从地区经济发展来看，凡是创业活动比较活跃的地方，其失业问题也相对较轻。例如，在私营企业和个体工商户比重较高的北京、江苏、浙江、广东等地失业率相对较低，而在大多数私营企业和个体工商户不太发达的地区失业问题则相对较为突出。其中的原因，除了私营个体经济自身能够为劳动者提供更多就业岗位之外，还在于他们能够活跃经济、刺激经济更快增长，从而提高经济增长吸纳就业的能力。

二、改革开放以来我国历次创业浪潮的演进

改革开放以来，随着经济社会的快速发展，我国的创业活动不断掀起高潮。概括来讲，四十余年期间，我国共经历了四次创业浪潮，当前正处在第四次创业浪潮方兴未艾时期。[①]

第一次创业浪潮（1982—1988 年）：以 1978 年 12 月召开的党的十一届三中全会为标志，正式开启了我国改革开放的历史新时期。随着对个体私营经济的逐步解禁，个体户和私营企业开始出现在我国的经济社会生活中。1982 年党的十二大提出，大力鼓励和支持个体经济的发展，可以使其成为公有制经济必要和有益的补充。特别是在当年 12 月通过的《中华人民共和国宪法》中明确规定：在法律规定范围内的城乡劳动者个体经济，是社会主义公有制经济的补充。这就从宪法的高度确定了个体私营经济的法律地位和经济地位。1988 年 6 月，国务院正式颁布了《中华人民共和国私营企业暂行条例》。随着身份上的肯定和法律上的明确，我国的第一次创业浪潮迅速形成。据统计，1982—1988 年，我国创业活动进入高速发展阶段，个体私营经济每年新增加的就业人员超过了 400 万

---

① 李长安 . 我国四次创业浪潮的演进：从"难民效应"到"企业家效应"［J］. 北京工商大学学报（社会科学版），2018（2）。

人。据 1987 年底的一项初步统计，全国包括私营企业、带有私营性质的集体经济和合作经济组织等，总数已经达到了 22.5 万余户，雇工总数超过了 360 万人。

第二次创业浪潮（1992—1996 年）：1992 年 10 月召开的党的十四大确立了经济体制改革的目标是建立社会主义市场经济体制，强调了继续实行改革开放政策的路线方针，此后国民经济出现了高速增长的态势。在此期间，全国掀起了一股"全民下海"的浪潮，直接推动了全民创业高潮的到来。根据工商部门的相关统计数据，1992 年，我国私营企业的新登记注册数量大幅增长了 29.6%，而在私营企业就业的人数则突破了 200 万人。特别是 1994 年，私营企业新登记注册的户数涨势迅猛，高达 81.5%，相应地在私营企业就业的人数也随之增长 74.0%。私营企业就业人员的数量在 1996 年首次突破了 1000 万人。如果说 20 世纪 80 年代的创业活动更多的是出现在个体工商户当中的话，那么 90 年代后以设立私营企业为主要特征的创业活动达到了一个新的高潮。私营企业带动就业的能力远高于个体工商户，这也是该时期创业带动就业人数大幅增长的重要原因。

第三次创业浪潮（2002—2004 年）：在 1998—2000 年三年国企脱困攻坚过程中，超过 2000 万名企业职工出现了失业下岗问题。再加上 1997 年开始的亚洲金融危机的冲击，我国的就业形势显得十分严峻。在这种情况下，如何拓宽就业渠道，缓解失业下岗压力，就成为就业政策的主要挑战。2001 年我国正式加入世界贸易组织（WTO），2002 年开始实施积极的就业政策，这为第三次创业浪潮的来临创造了良好的内外条件。该时期创业扶持政策的重点人群主要聚焦于失业下岗人员，主要内容包括加强就业创业培训、为创业者提供小额担保贷款和税费减免、对雇用失业下岗人员的服务性企业给予一定的优惠政策等。在一系列鼓励支持政策的推动下，2002 年，我国私营企业户数出现了 20% 的涨幅，2003 年达到 23.4%，2004 年为 21.5%。在此后的十年时间里，创业活动的活跃度出现了一定程度的下降，但依然保持了年均 10% 以上的增速。

第四次创业浪潮（2014 年至今）：2008 年全球金融危机爆发后，虽然我国采取了多种刺激经济的措施，但经济增速逐渐减缓的态势已经形成，国民经济正在由过去的高速增长开始向中高速增长的新常态转变。在经济增速不断下行的压力下，就业问题也日渐凸显。目前，我国每年城镇新成长劳动力 1500 万人左右，其中包括高校毕业生、中专技校毕业生以及未升学而在初高中毕业后直接进入劳动力市场的学生，再加上大量需要从农村转移出来的富余劳动力。可见，目前不仅劳动力的总量面临巨大压力，而且结构性矛盾更加突出。在经济增速减缓、结构优化升级加快的背景下，鼓励大众创业、万众创新就成为就业政策的必然选择。在政府大力推行简政放权和商事制度改革的同时，一大批鼓励和支持"双创"活动的政策纷纷出台，涉及注册登记以及财政、税收、金融等方方面面。自

2014 年起，我国平均每天新注册登记的企业都在 1 万家以上，数量上达到了历史新高。新增私营经济就业人员持续快速增长，成为解决就业的重要渠道，也标志着新一轮的创业浪潮已经来临。

三、创业带动就业的引领作用更加凸显

由于创业具有明显的"就业倍增"效应，随着"双创"活动的深入持续开展，创业带动就业的引领作用日益凸显。特别是在经济下行压力不断增大，新冠肺炎疫情暴发对经济社会发展带来巨大冲击的时期，创业在创造就业岗位、提升就业质量方面，正发挥着越来越重要的作用。国家市场监督管理总局的统计数据显示，尽管疫情及其他因素给市场带来巨大冲击，但 2020 年我国新增注册市场主体仍表现出逆势增长的趋势，全年新增市场主体近 2360 万家，同比增速达 21.95%，平均每天大约新产生市场主体 6.5 万家。从区域来看，截至 2020 年底，福建省每千人拥有市场主体 146.85 家、江苏省 144.32 家、海南省 128.86 家、上海市 122.01 家、浙江省 118.25 家，排名前五位。从创业群体的素质特征来看，创业者正在逐渐脱离过去劳动力市场中低学历、低技能的特征，呈现出创业群体更广、创业者素质更高的特征。大量涌现的创业企业成为缓解就业问题的重要阵地，也是实现稳增长、保就业宏观调控目标的主要渠道之一。

持续优化创业环境

一、营商环境持续改善

营商环境是推动创业活动的关键因素之一。一般来说，良好的营商环境有利于创业活动的开展，反之则会对创业活动形成阻碍。按照世界银行的定义，营商环境包括政务环境、市场环境、法治环境、人文环境等多个方面的内容。近些年来，在各级政府的持续推动下，我国的营商环境有了明显的改善。2020 年 1 月 1 日起施行的《优化营商环境条例》，是全球首部国家层面专门优化营商环境的行政法规，将优化营商环境纳入法治化、规范化发展的道路。2021 年，国务院印发了《关于开展营商环境创新试点工作的意见》，决定在北京、上海、重庆、杭州、广州、深圳 6 个城市开展营商环境创新试点。

在持续的努力下，我国的营商环境有了不断的改善和提高。世界银行发布的《2020 年营商环境报告》显示，中国的全球营商便利度排名已从 2008 年提升 32 位后，在 2019 年又跃升 15 位，升至全球第 31 位。全国工商联发布的 2021 年度"万家民营企业评营商环境"结果显示，民营企业对营商环境满意度连续三年持续上升。营商环境百分制评价总分由 2019 年的 68.71 分、2020 年的 74.46 分上升到 2021 年的 77.18 分，表明我国营商环境得到持续改善。2021 年，76.86% 的样本企业认为所在城市总体营商环境较上年有所改善，企业对所在城市"五大环境"百分制评分中，法治环境得分最高，为 86.93 分，政务环境得分第二，要素环境、创新环境得分均较上年有所提升，仅市场环境得分略有下降。

二、加快放管服改革步伐

放管服改革是优化营商环境的制度基础。放管服就是简政放权、放管结合、优化服务的简称。"放"即简政放权，降低准入门槛；"管"即创新监管，促进公平竞争；"服"即高效服务，营造便利环境。自 2013 年起，放管服改革开始进入快车道。在改革五年后的 2018 年，国务院部门取消和下放行政审批事项的比例超过 40%，也有很多地方超过 70%；非行政许可审批彻底终结；国务院各部门设置的职业资格削减 70% 以上；全国减少各类"循环证明""奇葩证明"800 余项；

中央层面核准的投资项目数量累计减少 90%；外商投资项目 95% 以上已由核准改为备案管理。2020 年 9 月，国务院审改办颁布了新一批取消下放的行政许可事项。至此，党的十八大以来，国务院共取消下放 16 批行政许可事项、1094 项行政审批事项。其中，清单压减所占比例达到 47%。2021 年政府工作报告首次提出"把有效监管作为简政放权的必要保障"，"有效监管"的新提法显示出国家进一步加大简政放权、优化营商环境的决心。

三、深化商事制度改革

党的十八大以来，市场监管部门围绕使市场在资源配置中起决定性作用和更好发挥政府作用，从制约百姓投资兴办企业的第一道门槛改起，持续深化商事制度改革。通过厘清"证""照"功能关系、推动市场准入与退出双向便利、提升登记服务水平等一系列改革举措，不断释放改革红利，为市场主体松绑减负，厚植发展壮大的土壤。在放的同时，进一步转变监管方式，创新和加强事中事后监管，强化信用监管，提高监管效能，推动有效市场和有为政府更好结合，有力地促进了营商环境优化，夯实了我国经济发展的微观基础，形成了市场活力焕发、大众创业、万众创新的新局面。近两年来，政府在深化商事制度改革方面力度不断加大，颁发了一系列的政策措施，包括《国务院办公厅关于进一步优化营商环境更好服务市场主体的实施意见》《国务院办公厅关于深化商事制度改革进一步为企业松绑减负激发企业活力的通知》《国务院办公厅关于印发全国深化"放管服"改革优化营商环境电视电话会议重点任务分工方案的通知》《国务院关于深化"证照分离"改革进一步激发市场主体发展活力的通知》等。

2021 年 4 月，国务院常务会议审议通过《中华人民共和国市场主体登记管理条例》（以下简称《条例》）。《条例》共六章、五十五条，主要对以营利为目的从事经营活动的公司、合伙企业、个体工商户等各类市场主体的登记管理进行了统一规定。《条例》是我国首部统一规范各类市场主体登记管理的行政法规，对各单行法律法规中关于市场主体登记管理的相关制度进行了优化和统一，确立了我国市场主体登记管理的基础性制度。《条例》的颁布实施，是优化营商环境决策部署，进一步培育壮大市场主体和促进公平竞争的重要保障，是保护各类市场主体合法权益、稳定市场预期和信心、促进创业创新的重要举措，也是巩固和拓展我国商事制度改革成果，推动完善更加成熟定型的市场主体登记管理基础性制度的迫切需要。

四、科技创新引领作用更加突出

开展"大众创业、万众创新"活动的本意，就在于推动创业与创新的相互促进。根据世界知识产权组织发布的全球专利报告，自 2011 年以来，中国专利申请数量就已经超过美国和日本，位居世界第一。随着我国科技实力和科技市场发育程度的不断提高，科技创新在促进创业方面正发挥着越来越大的作用。根据科技部门的相关统计数据，截至 2016 年底，全国纳入科技部火炬中心统计范围的众创空间有 4298 家，孵化器 3255 家，科技企业加速器 400 余家，国家高新区 156 家，总就业人数接近 200 万人，数量和规模均跃居世界首位。互联网是创业创新结合最为紧密的领域之一，互联网的技术创新，往往会引发创业模式的变革。特别是随着国家"互联网 +"战略的实施，互联网对实体经济也产生了深刻的影响，线上与线下相结合的创业模式正成为主流。

完善创业政策支持体系

一、创业支持政策体系基本形成

自"大众创业、万众创新"提出以来，各项创新创业支持性政策相继颁出，全国各地也均开展了各项"双创"活动，对相关政策进行落实。

第一，从整体上完善了创新创业政策。例如，国务院办公厅印发的《关于发展众创空间推进大众创新创业的指导意见》中提出加快构建众创空间，降低创新创业门槛，支持创新创业公共服务，加强财政资金引导，完善创业投融资机制，丰富创新创业活动，营造创新创业文化氛围等，来激发创造活力，打造经济发展新引擎。国务院印发的《关于大力推进大众创业万众创新若干政策措施的意见》要求创新体制机制，实现创业便利化；优化财税政策，强化创业扶持；搞活金融市场，实现便捷融资；扩大创业投资，支持创业起步成长；发展创业服务，构建创业生态；建设创业创新平台，增强支撑作用；激发创造活力，发展创新型创业；拓展城乡创业渠道，实现创业带动就业；加强统筹协调，完善协同机制等，进一步推动资金、产业、就业间协同共进关系。

第二，鼓励高校毕业生创业的政策。国务院印发的《关于做好2014年全国普通高等学校毕业生就业创业工作的通知》中提出，要高度重视高校毕业生就业创业工作，鼓励高校毕业生到城乡基层就业，鼓励小型微型企业吸纳高校毕业生就业，实施大学生创业引领计划，深入实施离校未就业高校毕业生就业促进计划，加强就业指导、就业服务和就业援助，进一步创造公平的就业环境，推动创新高校人才培养机制等一系列措施。在《关于做好当前和今后一段时期就业创业工作的意见》提出，实施高校毕业生就业创业促进计划，健全涵盖校内外各阶段、就业创业全过程的服务体系，促进供需对接和精准帮扶，鼓励高校毕业生多渠道就业。

第三，针对农民工返乡创业提出支持政策措施。国务院办公厅印发的《关于支持农民工等人员返乡创业的意见》中提出了支持返乡创业的五方面政策措施：一是降低返乡创业门槛，取消和下放涉及返乡创业的行政许可审批事项，全面清理并切实取消非行政许可审批事项，减少返乡创业投资项目前置审批。二是落实定向减税和普遍性降费政策。符合政策规定条件的，可享受减征企业所得税、免征增值税、营业税等税费减免政策。三是加大财政支持力度。对符合条件的企业和人员，按规定给予社保补贴；具备享受支农惠农、小微企业扶持政策规定条件的纳入扶持范围；经工商登记注册的网络商户从业人员，同等享受各项就业创业扶持政策；未经工商登记注册的，可同等享受灵活就业人员扶持政策。四是强化返乡创业金融服务。运用创业投资类基金支持农民工等人员返乡创业；加快发展村镇银行、农村信用社和小额贷款公司，鼓励银行业金融机构开发有针对性的金融产品和金融服务；加大对返乡创业人员的信贷支持和服务力度，对符合条件的给予创业担保贷款。五是完善返乡创业园支持政策。2019 年 12 月，人力资源和社会保障部、财政部、农业农村部联合发布《关于进一步推动返乡入乡创业工作的意见》，此次文件和以往相比，不同之处主要体现在政策完善和政策落实方面。在政策完善上，主要体现在四个方面：一是将一次性的创业补贴试点政策拓展到首次创业、正常经营一年以上的返乡创业农民工；二是允许地方对回迁或者购置生产设备的创业企业给予一定补贴；三是将现有的"政府 + 银行 + 保险"的创新融资模式推广到返乡下乡创业企业；四是将服务返乡下乡创业纳入毕业生基层服务项目的内容。在推动政策落实上，主要体现在三个方面：一是针对培训、服务和人才支撑不足的问题，提出了返乡下乡创业培训专项行动、返乡下乡创业带头人培养计划、返乡下乡创业服务能力提升行动、育才强企计划和引才回乡工程共五项行动；二是针对创业者缺信用、缺担保等问题，提出建立返乡下乡创业人员信息共享机制和信用乡村、信用园区推荐免担保机制；三是特别强调突出县级政府的主体责任，支持其整合资金项目和服务资源，创建一批返乡下乡创业的示范县市。

此外，还有其他一系列配套的相关政策相继颁出，为我国当前大众创业万众创新活动的开展起到的很好的引领和带动作用。在这些政策的支持和帮扶下，一大批创新企业不断涌现，创业活动进一步增强，市场潜力进一步释放，为劳动力市场提供了大量的就业机会，也为我国新旧动能转换注入了新的血液。

二、减税降费持续进行

党的十八大以来，减税政策频繁出台，国家陆续出台了固定资产加速折旧税收减免、全面推开"营改增"、包含众创空间在内的科技企业孵化器税收优惠等政策，助力实体经济快速发展，激发了创新创业的热情。与此同时，降费项目也逐渐完善。据不完全统计，2013—2018 年，中央设立的行政事业性收费由185 项减少至 51 项，减幅达 72%，其中涉企收费由 106 项减少到 33 项，减幅为69%；政府性基金由 30 项减少到 21 项，减幅为 30%，取消、免征、停征和减征

1368 项政府性基金和行政事业性收费，涉及减收金额 3690 亿元。

中小微企业是减税降费政策的最大受益者。据统计，在"十三五"期间，我国新增减税降费累计达 7.6 万亿元左右，特别是 2020 年新增减税降费将超过 2.5 万亿元。5 年间全国新办涉税市场主体共 5745 万户，年均超千万户，较"十二五"时期增长 83%。仅 2021 年前三季度，全国新增减税降费 9101 亿元，其中新增减税 7889 亿元，新增降费 1212 亿元。以增值税为例，增值税小规模纳税人起征点在 2019 年从月销售额 3 万元提到 10 万元的基础上，今年进一步提高到 15 万元；相应地，2019 年享受免征政策的小规模纳税人户数从政策调整前的 3364 万户增加到 3820 万户，今年前三季度又进一步增加到 4365 万户。2021 年 11 月，国务院办公厅印发《关于进一步加大对中小企业纾困帮扶力度的通知》，明确要进一步推进减税降费，深入落实月销售额 15 万元以下的小规模纳税人免征增值税、小型微利企业减征所得税、研发费用加计扣除、固定资产加速折旧、支持科技创新进口等税收优惠政策。制造业中小微企业按规定延缓缴纳 2021 年第四季度部分税费，研究适时出台部分惠企政策到期后的接续政策，持续清理规范涉企收费。

三、金融扶持力度不断加大

在《国务院关于大力推进大众创业万众创新若干政策措施的意见》中，明确提出了金融支持创新创业的具体要求，解决创新创业企业资金短缺的问题。提出要搞活金融市场，实现便捷融资，包括优化资本市场、创新银行支持方式、丰富创业融资新模式等。要扩大创业投资，支持创业起步成长，包括建立和完善创业投资引导机制、拓宽创业投资资金供给渠道、发展国有资本创业投资、推动创业投资"引进来"与"走出去"等。2020 年 7 月，面对疫情的冲击，为了稳住市场主体，保护创新创业热情，国务院办公厅发布了《关于提升大众创业万众创新示范基地带动作用进一步促改革稳就业强动能的实施意见》提出，鼓励以双创示范基地为载体开展政银企合作，探索多样化的科技金融服务。鼓励金融机构与双创示范基地合作开展设备融资租赁等金融服务。支持双创示范基地内符合条件的企业发行双创孵化专项债券、创业投资基金类债券、创新创业公司债券和双创债务融资工具。支持在双创示范基地开展与创业相关的保险业务。鼓励国家出资的创业投资引导基金、产业投资基金等与双创示范基地深度合作，加强新兴领域创业投资服务，提升项目路演、投融资对接、信息交流等市场化专业化服务水平。

2021 年 11 月国务院办公厅印发的《关于进一步加大对中小企业纾困帮扶力度的通知》中，再次提出了解决中小企业融资难、融资贵问题的主要措施，包括：落实创业担保贷款贴息及奖补政策；用好小微企业融资担保降费奖补资金，支持扩大小微企业融资担保业务规模，降低融资担保成本；有条件的地方要发挥好贷款风险补偿机制作用；加强再贷款再贴现政策工具精准"滴灌"中小企业，用好新增 3000 亿元支小再贷款额度；加大信用贷款投放，按规定实施普惠小微企业信用贷款支持政策；对于受新冠肺炎疫情、洪涝灾害及原材料价格上涨等影响严重的小微企业，加强流动资金贷款支持，按规定实施普惠小微企业贷款延期还本付息政策。

根据银保监会公布的最新数据，2020 年 12 月末，全国普惠型小微企业贷款余额超过 15 万亿元，同比增速超过 30%。2020 年 11 月末，小微企业信用贷款、续贷余额分别较年初增长 31.34%、50.33%。与此同时，小微企业的贷款成本也得到了实质性的下降。2020 年 12 月末，全国企业贷款加权平均利率为 4.61%，创 2015 年有统计以来的最低水平。2020 年 12 月，新发放普惠小微企业贷款利率为 5.08%，比上年同期下降 0.8 个百分点。

四、创业投资规模不断扩大

针对创业企业普遍缺乏资金的情况，鼓励投资公司加大对创业型企业的投资力度是有效的解决途径。从定义上来说，创业投资又称为风险投资，是一种私募股权投资形式，其以权益资本的方式存在，创业投资以投资公司投资于创业企业或高成长型企业为其投资运作方式，占有被投资公司的股份，并于适当时机增值套现。近些年来，全球风险投资的规模越来越大。据统计，2018 年全球创投市场累计发生投资案例 1.7 万起，投资总金额约 2966 亿美元，约 2 万亿人民币，较 2017 年同比增长 34%，全球创投风投市场投融资活动持续活跃。而中国创投行业整体呈现稳步向上发展态势，截至 2019 年 5 月底，已备案创业投资基金 7055 只，基金规模 1.01 万亿元，中国创投基金规模已超过美国。

鼓励引导各类群体投身创业

一、大学生创业

大学生是创业的主要群体之一。近些年来，大学生创业的人数逐步上升。麦可思发布的《2020年中国大学生就业报告》（就业蓝皮书）披露，2019届本科毕业生自主创业比例为1.6%，高职毕业生自主创业比例为3.4%。随着毕业时间的延长，毕业生自主创业比例持续上升，毕业三年内上升至8.1%。创业的领域也较为广泛，其中"教育业"是2019届大学生自主创业的最主要领域（本科：24.5%，高职：10.5%）。大学生到"文化、体育和娱乐业"（本科：15.8%，高职：6.9%）、"零售业"（本科：8.6%，高职：11%）创业的比例也较高，从主要从事工作岗位来看，大学生到文体娱乐领域创业主要是做摄影师、自由写作等，做零售主要是从事销售、电子商务等方面工作。此外，国家发改委在2020年全国大众创业万众创新活动周上公布的"双创"数据显示，大学生创业群体持续壮大，2019年创业的大学生达74.1万人，较2018年增长9%。因时施策激发大学生创业就业热情，"校企行"创业就业专项行动总体带动毕业生就业超过24万人。2020年大学生创业者人数再创新高，达到82万人。与此同时，举办全国性和国际性的大学生创新创业大赛，是推动大学生创业活动的重要途径。根据教育部公布的数据，2020年，通过对国家市场监督管理总局登记注册的创新数据与全国高校学生学籍学历数据对比，从2015届到2020届大学生中共有创业学生54.1万人。在带动就业方面，仅前6届中国国际"互联网+"大学生创新创业大赛的400多个金奖项目就带动就业达50多万人。

二、农民工创业

自主创业也是解决农民工就业问题的重要途径。2015年底，国家发改委、工信部、财政部等10部门联合启动结合新型城镇化开展支持农民工等人员返乡创业试点工作。试点采取3年滚动的实施方式，每年选择一批县级地区开展试点，并予以政策支持、项目支持和渠道支持。几年来，国家发展改革委等国家部委通过深入实施农村创新创业带头人培育行动，重点扶持返乡创业农民工、鼓励入乡创业人员、发掘在乡创业能人，壮大了农村创新创业人才队伍，提升了农村创新创业层次水平。在一系列用地、信贷、人才等方面的政策引导下，2020年，全国返乡入乡创新创业人员达1010万人，同比增长19%，2021年将达到1120万人。在返乡的创新创业人才中，利用信息技术创业创新人员达54%以上，创办的实体87%在乡镇以下，82%以上发展产业融合项目，成为乡村振兴的重要力量。预计到2025年，我国将培育农村创新创业带头人100万人以上，基本实现农业重点县的行政村全覆盖。同时，国家通过建设专业化众创空间、科技企业孵化器等创新创业载体，吸纳大学生、返乡农民工、乡土人才和科研人员深入农村创新创业，有效地带动了农民工就业。截至2020年上半年，全国已建成6959家众创空间、4849家科技企业孵化器服务创业团队和62万家企业，参与创业和实现就业人数超过395万人。从创业领域看，农村"双创"人员绝大多数创办的都是农村产业融合类项目，广泛涵盖特色种植养殖业、农产品加工业、休闲农业和乡村旅游、信息服务等农村一二三产业，并呈现交叉融合、竞相迸发的态势。[①]

三、归国留学人员创业

留学人员是我国人才资源的重要组成部分，是国家的宝贵财富。鼓励留学人员回国创业，尤其是创办高新技术企业，对于更好实施人才强国战略、建设创新型国家具有重要意义。据教育部统计，1978—2019年，我国各类出国留学人员累计达656.06万人，其中165.62万人正在国外进行相关阶段的学习或研究；490.44万人已完成学业，423.17万人在完成学业后选择回国发展，占已完成学业群体的86.28%。随着国内经济社会的快速发展，选择回国的留学人员越来越多。特别是在中国率先基本控制住新冠肺炎疫情的背景下，出国留学人员回国就业创业的规模在不断扩大。

目前，我国留学人员创业园数量、入园企业数量、在园创业人员数量均呈稳步快速发展态势。截至2021年，全国共有留学人员创业园360余家，入园企业2万余家，10万多名留学回国人员在园创业。此外，通过举办留学归国人员创业大赛，吸引了大批留学归国人员参赛。其中，"中国海归创业大赛"是在国家部委指导下，由中国技术创业协会留学人员创业园联盟发起举办的一项专门面向海归创业的全国性系列赛事。大赛秉持"以赛事为平台，以服务为核心"的理念，加快海归人才科技成果转移转化，鼓励、支持和带动更多留学人才回国创业发展。自2015年举办以来，前六届大赛共吸引了2898个海归团队项目报名参赛，

---

① 中国数字乡村发展报告（2020年）［R/OL］．（2020-11-28）．http://www.moa.gov.cn/xw/zwdt/202011/t20201128_6357205.htm.

参赛项目数量逐年递增，质量不断提升。

四、其他人员创业

退伍军人创业。退役军人是重要的人力资源，是建设中国特色社会主义的重要力量。促进他们就业创业、引导他们积极投身"大众创业、万众创新"实践，对于更好实现退役军人自身价值、助推经济社会发展、服务国防和军队建设具有重要意义。2018 年 7 月，退役军人事务部等军地 12 个部门联合印发的《关于促进新时代退役军人就业创业工作的意见》提出，新时代退役军人就业创业工作要以习近平新时代中国特色社会主义思想为指导，坚持政府推动、政策优先，市场导向、需求牵引，自愿选择、自主作为，社会支持、多方参与，调动各方面力量共同推进，保障退役军人在享受普惠性就业创业扶持政策和公共服务基础上再给予特殊优待。

残疾人创业。残疾人是社会大家庭的平等成员。受身体残疾的影响，在劳动力市场中，残疾人就业创业面临着不少困难。为了鼓励更多残疾人参与创业活动，各级政府出台了一些有针对性的政策予以扶持。2018 年，中国残联联合国家发改委等 15 部门印发了《关于扶持残疾人自主就业创业的意见》，明确了 20 多项促进残疾人自主就业创业、脱贫解困的扶持政策。《意见》要求，政府和街道兴办贸易市场，设立商铺、摊位，以及新增建设彩票投注站、邮政报刊零售亭等便民服务网点时，应预留不低于 10% 给残疾人。残疾人自主就业创业的，按照有关规定免收管理类、登记类和证照类等有关行政事业性收费。残疾人就业创业服务和培训也广泛开展。全国共有残疾人就业服务机构 2800 余家，工作人员约 1.5 万人，500 家国家级残疾人职业培训基地，350 家省级残疾人职业培训基地。目前，我国城乡持证残疾人就业规模超过 860 万人，每年约 40 万名残疾人参加政府补贴职业培训项目。

失业下岗人员创业。2020 年 10 月，人力资源和社会保障部公布了登记失业人员就业创业扶持政策清单，包括四大类 12 项具体举措。在创业扶持方面，规定登记失业人员自主创业（个体经营），可享受创业担保贷款及贴息、税费减免、行政事业性收费减免政策。

全面升级创业服务

随着双创活动的深入开展，对创业服务也提出了更高的要求。与不断扩大的创业群体和日渐强烈的创业意愿相比，当前的创业服务仍存在着不少的问题和短板，制约了创业活动的进一步发展。这主要包括：创业服务体系仍不完善，专业化和多层次的创业服务体系不够健全，各相关部门及各项创业扶持政策之间缺乏协调，导致各自为政、政策重复交叉，协同效应较低；在政策的执行和落实过程中，有些政策执行不力、不能落实到位，削弱了扶持政策的效果；政策宣传不到位问题比较突出，虽然各种创业扶持政策都已出台，但不少创业者的知晓程度不高；一些部门服务意识不强，不能够主动为创业者提供应有的服务，创业服务平台创新不足。"十四五"时期，在进一步推动双创活动的过程中，必须将全面升级创业服务作为一项重要的工作来抓。

一、打造全生态、专业化、多层次的创业服务体系

创业服务是对创业者提供创业指导、创业咨询和创业帮助的服务模式，是创业企业和创业个人在事业发展中寻求外部支持、减少创业风险、取得成功的重要因素。创业服务不仅仅是提供资金，也不仅仅是帮助销售产品或提供人才等服务，还针对创业者进行分析研究，提出有针对性的解决方案，是综合性管理和咨询服务。

打造全生态、专业化、多层次的创业服务体系，就是要不断优化公共创业服务，加快完善创业服务网络建设。进一步优化创业公共服务网点布局，强化平台辐射带动作用。从政策服务、平台服务、导师服务、通道服务、项目服务、基金服务等多个方面入手构建覆盖面广、专业服务性强、层次明确、功能多样的创新创业服务体系。大力创新开展线上创业服务新模式，推行"不见面"创业服务，实现线上直播招商、远程培训、项目诊断、对接销售渠道、寻求项目合作等。积极引入创业专业服务团队，不断更新创业服务理念，将创新创业融入地区产业发展，着力助推"互联网＋创业""新经济＋创业"。

二、建设特色化、功能化、高质量的创业平台载体

打造创业孵化平台。以政府提供资金、引导社会资源、多方面开发场地、引入专业运营团队等方式打造创业孵化交流平台。构建众创空间、孵化器、加速器、产业园相互接续的创业平台支持链条。众创空间，又称创新型孵化器，是一个辅助创业者创业的线下实体，采用一对多的模式，通过整合资源、提供场地、提供咨询服务等，帮助创业者把创业想法与计划转化为现实。创业初期，创业者或创业团队缺乏经验与资金，众创空间不仅提供技术支持和创业指导，还为初创企业提供资金支持和工商注册便利，以提高创业企业的成功概率。我国创新创业服务机构最早建立于20世纪80年代，先后出现了孵化器、创业苗圃、加速器、大学科技园等创新创业组织，形成了以创业孵化为主的服务模式。近年来，我国众创空间呈现"井喷式"发展，模式多样，各具特色。

近年来我国众创空间数量上得到了快速发展。2016年中国共有众创空间4298家，其中国家级1337家；2018年众创空间数量增长至6959家，其中国家级1889家。2018年我国众创空间总面积为3384万平方米，同比增长34.13%；服务人员数量为14.54万人，同比增长38.2%；众创空间总收入达到182.9亿元，同比增长19.6%。2016年我国众创空间服务创业团队数量为154329个，2018年增长至238959个；2016年众创空间服务初创企业数量为119592个，2018年增长至169541个。

三、加强创业教育培训服务

创业教育和培训是创业服务体系的重要内容。创业教育培训是一种全新的教育培训理念，旨在培养劳动者的创业意识、创业能力和创业人格，以满足知识经济时代对创业者创业精神、创业能力的需求，满足社会和经济结构调整时期人才规格变化的需要。

创业教育培训应该包括从幼儿园至研究生教育的各个阶段。其核心是从小培养创业意识。创业教育培训不仅应该包括普通高等教育，还包括各类职业教育、成人教育，以及针对失业下岗人员的再就业培训、农民工就业培训等，其核心是使创业教育培训贯穿整个国民教育培训体系。要不断完善创业培训工作，建立集创业培训、网络创业培训、技术指导、创业实训、跟踪服务为一体的综合性创业培训指导体系。大力发展高校创新创业教育，培育一批高素质创业人才，积极向具有创业意愿和培训需求的城乡劳动者组织并开展相关培训。

四、加强创新创业激励和保障

要不断健全以创新能力、质量、实效、贡献为导向的创新创业人才评价体系，加强创新创业激励和保障。要充分发挥创新创业人才评价"指挥棒"作用，坚决破除"唯论文、唯职称、唯学历、唯奖项"，构建科学合理的创新创业人才评价指标体系，激励人才创新创业创造，形成重实绩、破限制的科学人才导向。对有突出贡献的创新创业人才实施股权期权、奖金红利等奖励，努力解决创新创业人才关心的户口、住房、医疗、养老、子女教育以及职称评审等方面的焦点问题。

第五篇

支持重点群体多渠道就业

　　聚焦重点群体解决就业问题，是我国积极就业政策的一个重要抓手，也是贯彻以人民为中心的发展思想的具体表现。在不同时期，随着我国经济社会发展和就业领域的结构性变化，重点群体的类别与范围也发生一些变化，针对各类重点群体的就业政策不断出台和完善。20 世纪 90 年代中后期，随着农村劳动力流动规模的迅速扩大和国有企业改革，专门针对农村剩余劳动力和国有企业下岗职工的就业政策开始出台。"十五"期间，理论研究和政策中明确提出了重点群体概念，当时被形象地称为"三碰头"，即城镇新增劳动力、农村劳动力和下岗失业人员。其中，随着高校扩招后的毕业生开始就业，高校毕业生成为城镇新增劳动力中的主要部分。"三碰头"也构成了当时就业领域面临的主要矛盾。"十一五"期间，下岗职工就业问题逐渐解决后，重点群体转变为高校毕业生等新成长劳动力、农村转移劳动力和被征地农民。"十二五"期间，重点群体的范围进一步扩大，涵盖了以高校毕业生为重点的城镇青年、农业富余劳动力、城镇失业人员以及就业困难群体。"十三五"期间，重点群体的划分更为细致，包括高校毕业生、过剩产能中的职工、农村劳动力、贫困人口、退役军人、少数民族、就业困难人员、零就业家庭和最低生活保障家庭等。

《规划》提出，"十四五"时期的重点群体涵盖了高校毕业生、城镇青年（主要包括未继续升学初高中毕业生、城镇失业青年、转岗青年职工等）、退役军人、农村劳动力、脱贫人口、就业困难群体、大龄劳动者、产业结构调整、长江流域生态环境保护修复工作中的人员。其中，除去高校毕业生以外的城镇青年就业系首次提出，并有专门一节阐述如何做好城镇青年就业。不同类别的重点群体在教育与技能水平、个人经历、年龄、家庭背景、区域背景等方面存在差异，其规模和可就业的劳动力市场也不尽相同。在坚持市场化社会化就业与政府帮扶相结合的原则上，就业政策需要根据各类群体的特征精准施策，积极挖掘多种渠道就业。

多措并举促进高校毕业生就业

高校毕业生属于人力资源中的高层次人才，是我国实现人才强国战略、创新驱动发展战略、推动经济高质量发展的主要力量。国家将高校毕业生就业摆在就业工作的首位，促进高校毕业生充分就业是国家宏观就业政策的重要内容。"十三五"期间，我国高校毕业生由 765 万人增长到 874 万人，2021 年高校毕业生突破 900 万人，2022 届高校毕业生规模预计为 1076 万人。[①]"十四五"时期，高校毕业生将持续成为城镇新增劳动力的绝对主体。高校毕业生就业自主性强，选择范围大，对就业质量期望高，就业时间相对集中，信息的不充分性以及学科专业结构与市场需求之间的偏离度使得就业结构性矛盾更为明显。针对高校毕业生的这些特征，《规划》着重从拓宽就业渠道和强化就业服务两个方面指导做好高校毕业生就业工作。

一、拓宽高校毕业生就业渠道

第一，充分发挥市场性就业在高校毕业生就业中的主渠道作用。绝大部分高校毕业生是通过劳动力市场上的双向选择确定就业岗位的。这取决于两个因素：一是高校毕业生自身的学科专业及能力与劳动力市场需求的匹配性；二是劳动力市场需求状况及其信息能否及时获取。针对第一个方面，需要不断提升高等学校人才培养质量，设置学科专业与市场需求的切合度。在第二个方面，需要努力创造更多适合毕业生的知识型、技术型、创新型岗位。尤其是在我国经济结构不断转型升级、迈向高质量发展的过程中，应结合国家重大战略布局、现代产业体系建设、中小企业创新发展，创造更多有利于发挥高校毕业生专长和智力优势的知识技术型就业岗位。

第二，充分发挥政策性岗位的吸纳作用。引导高校毕业生扎根基层，参与到乡村振兴的建设中去。现阶段，"特岗计划""大学生村官""三支一扶""西部计划"等中央基层就业项目继续实施并扩大规模，其中，2021 年"特岗计划"增

---

① 两部委：2022 届高校毕业生规模预计 1076 万人［EB/OL］.（2021–11–19）. https://baijiahao.baidu.com/s?id=1716845351997277237&wfr=spider&for=pc.

加 5000 人，总量达到 10.5 万人；"三支一扶"增加 5000 人，规模扩大到 3.2 万人。[①] 目前我国农村人力资源整体水平不高，很难满足乡村振兴对人力资本的需求，面临大量的人才缺口。乡村发展关键在人、关键得靠人，实施乡村振兴战略，离不开广大有知识、有情怀、有活力的青年人才的主动参与和倾情奉献。破解乡村振兴战略面临的人力资源瓶颈是迫在眉睫的首要任务，因此《规划》中提出围绕乡村振兴战略，服务乡村建设行动和基层治理，扩大基层教育、医疗卫生、社区服务、农业技术等领域就业空间，引导大学生积极投身乡村振兴，在报效祖国、服务人民中实现人生价值。除扩大就业空间外，确保人才"留得住"也是一个重要问题，还要进一步完善乡村人才的激励保障机制，健全引导各类人才服务乡村振兴长效机制，为扎根乡村的年轻人打造成长发展路径，让他们干事有平台、生活有保障、上升有通道。

第三，鼓励高校毕业生创新创业。市场方面，现阶段技术进步、数字经济的发展，为青年创业带来更多的机会，"互联网+"的数字经济时代也为高校毕业生提供了施展身手的新平台。共享经济、平台经济的发展为灵活就业创造了条件，拓展了大学生创业的空间与形式，丰富了供给端的就业岗位。以中国国际"互联网+"大学生创新创业大赛为例，项目累计落地创办企业超过 7 万个，创造就业岗位超过 60 万个，间接带动就业超过 400 万人。[②] 政策方面，针对大学生就业创业，国家及地方政府陆续推出了一系列优惠政策和措施。例如，加强创新创业服务平台建设，大学科技园、创业园、创客空间等要向高校毕业生提供场地优惠和专业化孵化服务，指导创业团队争取各类创业优惠政策等，[③] 为大学生创新创业项目成功落地保驾护航。

二、提升高校毕业生就业服务质量

（一）健全资源协同共享的多元就业服务体系

资源协同共享是指通过优化信息共享机制，加强户籍地、求职地、学籍地政策服务协同，来提高毕业生就业的匹配效率。《规划》中还明确指出，将留学回国毕业生及时纳入公共就业人才服务范围，缓解海外毕业生的就业难问题。多元主体参与的就业服务体系是指高校通过毕业生就业服务平台，常态化收集求职毕

---

① 拓宽渠道 多方搭台 精准对接千方百计帮助高校毕业生就业［EB/OL］.（2020-10-21）.https://m.gmw.cn/baijia/2020-10/21/34291685.html.

② "互联网+"大学生创新创业大赛间接带动就业超 400 万人［EB/OL］.（2020-11-11）. https://baijiahao.baidu.com/s?id=1683056120149023065&wfr=spider&for=pc.

③ 24 项举措！事关 2022 届高校毕业生［EB/OL］.（2021-11-24）. https://www.163.com/dy/article/GPJ8FGJP0534K7MA.html.

业生的就业需求，掌握其最新求职动态，及时准确发布企业招聘信息，结合线上线下优势，组织行业性、区域性、专业性专场招聘会。通过多方信息共享机制和平台，学校、企业、政府加强沟通互联，畅通劳动力市场的信息传导。

（二）多维度提升高校毕业生就业创业能力

就业方面，一是持续实施就业见习计划。结合部分高校学生缺乏工作经验的现实，政府为有意愿的毕业生对接了管理类、技术类、科研类的实习机会。二是开展大规模、高质量高校毕业生职业技能培训。政府相关部门为希望提升技能的毕业生提供学徒培训、岗位培训、新职业培训、技能研修等职业培训，进一步增强其职场竞争力。创业方面，加强高校毕业生创业指导。对有创业意愿的毕业生，有针对性地开展创业培训，提供项目开发、开业指导、资源对接、跟踪扶持等创业服务，优先安排创业场地，给予创业担保贷款等政策支持。

（三）完善困难高校毕业生就业援助机制

公共就业服务部门通过信息衔接、失业登记、开展基层走访等方式，及时将未就业毕业生纳入服务范围，按需提供职业介绍、职业指导等免费的公共就业服务。对零就业家庭、身有残疾等困难毕业生，优先开展就业援助。存在就业问题的毕业生可以通过人社部门公布的求职小程序，或者到各地公共就业和人才服务机构进行登记，寻求就业服务支持。

（四）引导高校毕业生积极理性就业

首先，引导毕业生合理调整就业期望、找准职业定位，积极主动就业。高校要加强毕业生求职意向和求职进展的摸底跟踪，分类帮扶毕业生调整就业预期、明确求职定位，提升毕业生对灵活就业、自由职业、创业等新就业形态的认知。其次，毕业生应树立"先就业再择业""先积累后发展"的就业观。个人成长、企业发展以及二者的匹配都是动态变化的。对于高校毕业生，只有先拥有工作，才能加深对自身和职场的了解，从而找到更加适合自己的发展路径。最后，受疫情影响，一些传统的工作模式被打破，应届毕业生需要具备足够的学习适应能力，以应对职场的新变化。

破解青年就业问题

《规划》首次明确提出了促进包括未继续升学初高中毕业生、城镇失业青年、转岗青年职工等青年就业，并作出了单独的部署安排。青年是整个社会力量中最为积极也最有生气的力量，创新创造潜力巨大，促进青年就业，关系着民生改善、高质量发展和国家的未来。青年人的实践经验、专业能力与市场需求往往更容易产生结构性矛盾，青年失业率高、青年就业问题是国内外长期普遍存在的现象，随着我国城镇化发展，越来越多的青年向城镇聚集，就业压力会进一步增大，因此做好青年就业工作是一项长期的重要任务。"十四五"时期，就业政策需要从创造多样化的就业机会、增强青年职业发展能力和强化就业帮扶等方面着手，促进青年就业。

一、为城镇青年创造多样化就业机会

（一）开发新型就业岗位

目前我国正处于产业结构调整和数字化转型的关键阶段，新兴产业需要更多的新兴人力资源，随着我国教育水平和人均受教育程度的提高，城镇青年掌握现代知识更多、接受新兴技术更快，具有极大的发展潜力。通过推进第二产业尤其是制造业的数字化转型升级，加快服务业与现代技术的融合、共同发展，推进劳动密集型产业发展新业态，以此创造出适合城镇青年的就业岗位，从而带动城镇青年到新产业、新业态、新商业模式领域就业创业。

（二）优化人才紧缺领域人力资源配置

从供给角度考虑，城镇青年需要不断提升人力资本，特别是技术型人力资本，不仅应该着眼于优化产业布局中的新兴领域以及重点行业，在相关领域有一技之长，还应该与时俱进，熟练掌握运用现代信息技术。从需求角度看，相关部门需要完善人力资源需求发布，定期公布人才紧缺领域需求信息，对人才紧缺领域实施相关补贴政策等，吸引吸收城镇青年就业。

当前以5G、人工智能、工业互联网为代表的"新基建"成为国家重点投入的发展领域，产业布局也正在优化，传统产业转型升级；战略性新兴产业（包括节能环保、信息、生物、高端装备制造、新能源、新材料、新能源汽车）、先进制造业、新型服务业（如电子商务、网络文化、现代物流）蓬勃发展，现代信息技术产业体系不断涌现。这些行业对青年人才有着比较高的需求，人才缺口也比较大，通过构建更加完善的要素市场化配置体制，引导劳动力要素合理畅通有序流动，从而促进青年的就业。

二、增强城镇青年职业发展能力

职业发展能力是指建立在职业素质基础上，能适应经济和职业发展要求而不断获得增强和发展的职业能力。随着我国城市化的不断推进，越来越多的人口进入城镇，如何解决城镇居民就业尤其是城镇青年人口的就业问题，愈发需要我们的关注。青年初入社会，即使具有较高的工作热情与知识储备，也很有可能因为缺少实际经验而难以获得稳定工作，从多角度提升城镇青年的职业能力，将有利于改善城镇青年就业困难现状，维持社会稳定，推动经济整体向好发展。

一方面，要让青年切身参与到职业实践中去，从而给予他们切身的体会与正确指导。青年在进入职场之前往往以学业为主，较少参与实际的就业活动。应当发挥就业创业服务机构、产业企业园区、青年之家、青年活动中心等各类平台的作用，坚持以青年为中心的原则，实施精准就业指导，与青年点对点地建立联系，让青年按照个人意愿与成长路径参与到合适的职业体验中去，结合用人单位岗位实际需求，对青年的职业发展进行精准的辅助性的指导帮助。精准指导内容应当包括但不限于青年个人成长方向与职业生涯发展规划、目标岗位的相关信息、对就业形势与政策的分析等，让青年对自我、企业、社会方向有一个清晰的认知与把握。[1]精准就业实践指导也可由各高校牵头，与众多企业进行合作，高校提供联络与引导功能，企业发挥实践和帮助功能，让青年在进入社会之前能够充分体验多种职业实践，从而在指导下科学安排个人成长发展，有效提高职业能力。

另一方面，在官方的就业指导之外，积极引导社会层面的就业实践空间，如探索组织青年职业训练营、就业训练工场等。以上海静安区青年（大学生）职业训练营为例，该训练营提倡"以项目带动训练"，以视频制作、会议活动拍摄服务、品牌视频剪辑制作实训和企业微电影创作等实际项目来带动训练，通过搭建融合课堂教育、求职辅导、岗位模拟和职场体验为一体的综合平台，为对文创感兴趣及有意愿从事文创岗位的青年（大学生）提供全方位的就业服务，提升他们的职业技能硬实力和求职技巧软实力。

---

① 王永珍.高校精准就业指导的核心要义和实践路径［J］.思想理论教育，2021（8）：98–102.

三、为城镇青年构建全过程就业帮扶体系

强化城镇青年就业帮扶需要对目标群体实施合理的政策。2019 年人力资源和社会保障部与共青团中央联合印发《关于实施青年就业启航计划的通知》,将16—35 岁有劳动能力、失业一年以上的青年纳入计划,以"就业启航,梦想扬帆"为主题,建立健全覆盖求职创业全过程的帮扶机制,使有需要的失业青年都能得到相应的就业政策和服务帮扶。

一是建立青年就业需求信息登记制度。对失业青年进行定向摸排登记,了解掌握其家庭情况、失业原因、求职意向、技能水平等基本信息,建立实名信息数据库,这有利于劳动力市场的信息交流,减少因为信息不对称导致的长时间失业,从而降低摩擦性失业。

二是对失业青年群体开展实践指导,开展志愿服务、主题展览、团体职业指导等实践活动,组织失业青年参观人力资源市场、技工院校和企业园区,增强其职业认知。对有求职意愿的青年开展一次职业素质测评,量身定制一份"就业启航计划书",帮助其合理确定职业定位、积极就业。同时,将劳动精神、奋斗精神融入指导和实践,引导城镇青年自强自立,积极参与到社会主义现代化建设中。

三是针对不同原因导致失业的城镇青年,有针对性地进行帮助提升。将有培训意愿的失业青年组织到职业技能提升行动中,有针对性地提供培训项目,使之至少掌握一种专项技能,不断提升自身的人力资本。对希望接受技能教育的失业青年,推荐其就读职业院校、技工院校;对缺乏工作经历的失业青年,提供就业见习机会,提升其岗位适应能力。

四是扶持青年自主创业。组织有创业意愿的失业青年参观创业园区、孵化基地、众创空间,感受创业氛围。开展创业创新培训,帮助提升创业能力。为符合条件的失业青年提供创业担保贷款、一次性创业补贴、场租补贴等支持。中小微企业是解决就业问题的主力军,自主创业能力的提升会带动更多的失业青年再就业,反过来促进"大众创业,万众创新"浪潮的不断涌现,推动社会和经济持续稳定向好发展。

五是实施托底帮扶。将建档立卡贫困家庭、城乡低保家庭、零就业家庭和残疾失业青年作为重点援助对象,提供专门的职业指导和心理咨询服务,组织专场招聘活动,优先向企业推荐。开展调查回访,跟踪了解就业情况、工作生活难题、意见诉求等,积极帮助解决,促进稳定就业。这需要国家和政府为失业青年群体提供基础保障,解决后顾之忧,让他们放心大胆地参与工作。[①]

---

① 人力资源和社会保障部、共青团中央启动实施青年就业启航计划[EB/OL].(2019-04-03).http://www.gov.cn/xinwen/2019-04/03/content_5379230.htm.

加强退役军人就业保障

一、改革完善退役军人安置制度

退役军人是就业市场的特殊群体，退役士兵安置工作关系军心稳定和社会安宁，一直以来深受政府重视。党的十九大报告提出"组建退役军人管理保障机构，维护军人军属合法权益，让军人成为全社会尊崇的职业"。2018年，我国新建退役军人事务部作为国务院组成部门，并逐步建立各地方退役军人事务部。2020年，《中华人民共和国退役军人保障法》颁布，进一步规范完善退役军人安置制度。自退役军人事务部成立以来共安置退役军人超过百万人次。其中，2020年接收安置了2万余名计划分配军转干部、5.6万余名符合安排工作条件退役士兵和退出消防员，以及1000余名复员干部。[①] 退役军人安置不仅是解决就业问题的重要方面，也是社会稳定和军队建设的重要保障。

进入21世纪以来，退伍军人安置工作发生了巨大变化。一方面，我国裁军政策持续推行，退役士兵数量过大导致计划经济体制下的传统安置模式无法继续施行，退役军人安置难困扰政府工作，损害退役军人利益，影响部队建设。对此，中央和地方政府一直在积极探索安置政策的改进。2001年颁布的《军队转业干部安置暂行办法》打破了延续多年的单一指令性安置模式，自主就业成为许多退役军人的选择。《军队转业干部安置暂行办法》确立国家建立以扶持就业为主，自主就业、安排工作、退休、供养等多种方式相结合的退役士兵安置制度，妥善安置退役士兵。近两年来一系列法律法规的颁布和施行进一步拓宽了退役军人安置就业的渠道。但目前退伍军人安置方式的市场化、多元化依然不足，《中华人民共和国退役军人保障法》在地方落实上仍存在诸多问题，一些退役军人并不能完全享受到政策优惠。另一方面，改革开放以来市场经济的快速发展对劳动者有更高的技能要求，退役军人的转业安置计划不科学导致安置质量低、人岗不匹配、标准不统一等问题依然存在。在制定科学的安置计划的基础上，推进落实安置政策、更好地实现技能与岗位的匹配至关重要。此外，在安置制度的安排上

---

① 根据中华人民共和国退役军人事务部数据加总得出。

也存在一定的公平与效率的矛盾。赋予用人单位过多的选择权会影响安置工作的公平公正，但完全采用量化评分选岗也不利于人力资源与岗位需求的匹配，不利于用人单位对专业人才的选用。安置制度用量化评比的方式实现公平的同时，也需要通过双向选择机制实现供需双方的匹配。

为此，《规划》提出进一步改革完善退伍军人安置制度。一是科学制定安置计划，改进岗位安置办法，推进落实安置政策，压实属地安置责任，规范接收安置程序。在制度不断完善的基础上增强安置制度的执行力度，监督地方落实，切实保障退伍军人权益。二是优化安置方式，探索市场化安置改革，实现多渠道、多元化安置的同时加强各种安置方式统筹协调，强化政策制度衔接。健全"阳光安置"工作机制，落实《符合政府安排工作条件退役士兵服役表现量化评分暂行办法》，将退役士兵服役表现量化评分总和作为政府安排工作的主要依据；推广"直通车"式安置，实现重点对象直接安置、专业人员对口安置、特殊人才选调安置，尽量切实做到人岗相适，人事相宜，科学安置。三是响应国家号召，[①]鼓励退役军人到艰苦边远地区和城乡基层安置，支持艰苦边远地区和基层经济社会发展。

二、支持退役军人自主就业

退役军人自主就业在解决退役军人工作安置问题中发挥着越来越重要的作用。从 20 世纪 80 年代以来，伴随着经济体制的深入改革，市场在人力资源的配置中起着越来越重要的作用，政府调控空间逐渐缩小，安置任务越来越难以完成，越来越多的退役军人开始通过自主就业的方式来走入市场。妥善解决好退役军人的就业问题不仅可以保障每一位退役军人及其家庭的生活质量，也可以促进我国经济的进一步发展。

目前我国退役军人自主就业方面的制度不断完善，退役军人自主就业质量也在不断提高。2011 年，国家建立了"以扶持就业为主，自主就业、安排工作、退休和供养等多种方式相结合的退役士兵安置制度"[②]，通过这一安置制度的实施，大多数退役军人选择了自主就业的方式进行就业。2015 年，习近平总书记强调："中央国家机关、地方各级党委和政府要强化大局观念，把支持国防和军队的改革当做分内的事，拿出一些特殊措施和倾斜政策，主动帮助解决好退役军人、职工安置工作"[③]，从国家战略层面为新时代如何做好退役士兵就业安置工作制定了

---

① 2019 年 1 月 23 日，中央全面深化改革委员会第六次会议审议通过《关于鼓励引导人才向艰苦边远地区和基层一线流动的意见》；2021 年 8 月，退役军人事务部等 16 部门联合印发《关于促进退役军人投身乡村振兴的指导意见》。

② 国务院、中央军委：《退役士兵安置条例》，2011 年 10 月。

③ 习近平谈治国理政（第二卷）[M].北京：外文出版社，2017.

风向标、绘制了航海图。2018年3月，十三届全国人大一次会议批准设立中华人民共和国退役军人事务部，作为国务院组成部门。该机构的设立，是新中国退役军人就业安置史上的一次历史性变革，有助于进一步解决退役军人就业难的问题。当前，随着国防现代化的发展和市场经济体制下安置制度的改革，少数退役士兵选择了由政府安排工作，大多数退役士兵走上了自主就业的道路。

然而，在新的发展阶段，退役军人自主就业仍然面临着一系列的挑战。首先，政府原有支持退役军人自主就业的政策不能满足实际需要，具体表现为政策执行标准模糊，地方政府在根据实际情况制定更加详细的政策时缺乏针对性与创新性；政策认可度不高，政策内容与退役军人的实际需求存在错位等。其次，政策执行时不符合预期，具体表现为政策宣传不足，退役军人群体对相关政策的认识度不足；缺乏同步反馈机制，在政策执行过程中出现的问题难以得到及时解决等。最后，退役军人自身能力不足，具体表现为学历不高，文化水平较低、缺乏专业性就业技能，不能适应用工单位的实际需求；择业观与现实脱节，没有明确的职业规划或对薪资的期望过高等。

为此，《规划》中提出了"支持退役军人自主就业"。一是将退役军人按规定纳入现有就业服务、教育培训等政策覆盖范围。要积极落实《关于促进新时代退役军人就业创业工作的意见》文件精神，做好退役军人的登记、调查与信息采集工作，确保每一个符合条件的退役军人都能享受到现有就业服务等政策的帮扶。二是探索推开"先入校回炉、再就业创业"的模式，鼓励符合条件的退役军人报考高职院校，落实招收、培养、管理等方面的扶持政策，推动我国退役军人工作理念从注重"授人以鱼"向"授人以渔"转变。只有从源头上提高退役军人的文化水平与专业技能，才能从根本上提高退役军人的就业能力与就业竞争力。三是适时调整退役军人就业岗位目录，结合实际情况变化研究制定适合退役军人就业的岗位目录。四是协调各方资源，加强行业企业合作，拓展就业供给领域，挖掘更多适合退役军人的就业岗位，促进退役军人到民营企业就业。落实《关于共同促进自主就业退役军人就业的倡议》等相关文件精神，号召广大国有企业、金融机构和民营企业与退役军人事务部门开展就业合作，积极为自主就业退役军人提供就业创业舞台。五是实施"兵支书"协同培养工程，推动退役军人在乡村就业。做好在优秀退役军人中培养村（社区）组织带头人的工作，推动优秀退役军人继续以"兵支书"的身份，发扬攻坚克难、敢打敢拼的战斗作风，成为基层党组织的带头人。六是设立退役军人就业实名台账，强化退役军人服务中心（站）就业服务功能，及时提供针对性服务，做好支持退役军人自主就业的服务保障。

促进农村劳动力外出务工与就地就近就业

随着经济社会发展，我国农村劳动力转移就业出现新的趋势。一是农民工总量达到顶峰并开始下降，但是规模仍旧庞大。2016—2019年，全国农民工总量由28171万人增加到29077万人，2020年下降到28560万人，总规模占全国就业人员数的比重仍达到38%。二是农民工就业的空间格局开始发生变化。从就业输入地来看，虽然东部地区仍旧是农民工的主要就业地，但是数量持续下降；中西部地区吸纳就业的农民工数量持续增长。2016—2020年，在东部地区就业的农民工总量由15960万人下降到15132万人，下降了5%；中部地区由5746万人增加到6227万人，增长8%；西部地区增长最快，由5484万人增加到6279万人，增长14%。随着乡村振兴战略全面实施，各类要素不断向农村聚集，一大批曾在发达地区和大中城市务工经商的农民工，带着技术、项目、资金返回家乡创业。三是农民工就业渠道发生变化。以"互联网+"为代表的新业态快速发展，成为吸纳农民工尤其是新生代农民工就业的重要渠道。通过职业技术院校培养和企业技能培训，农民工中的技能人才数量快速增长，从事信息技术服务业的新生代农民工占比大幅提高。"十四五"时期，需要密切结合这些新变化新趋势，稳定和扩大农村劳动力外出就业规模，促进农村劳动力就地就近就业，加快农业转移人口市民化。

一、健全农村劳动力外出务工组织协调机制

（一）广泛开展区域间劳务协作

农村劳动力在迁移的过程中面临着交通、食宿等金钱成本和时间成本，承担着能否找到工作的风险，这种不确定性和前期的资金投入是农村劳动力外出就业的主要阻碍。促进劳动力市场的信息畅通、供需更好匹配，能够缩短工作搜寻时长，减少结构性失业和摩擦性失业，降低迁移的成本和风险。《规划》指出，要"广泛开展区域间劳务协作，健全劳务输入集中区域与劳务输出省份对接协调机制，加强劳动力跨区域精准对接，发展劳务组织和经纪人，有序组织输出地农村劳动力外出务工"。一方面，实现跨地区用工需求信息共享，能够缓解企业"用

工难"问题；另一方面，有组织地精准输出会使农村富余劳动力对外出就业获得更加稳定的预期，迁移收益更加确定，激励迁移行为的发生。

（二）培育劳务品牌

劳务品牌是有着鲜明地域标记、过硬技能特征和良好用户口碑的劳务标识，具有很强的就业带动力。例如，云南省通过挖掘当地历史传承、优势特色产业、民族民间传统工艺，创建培育了"鹤庆银匠""腾冲玉工"等一批在全国具有影响力的劳务品牌，截至2021年11月，全省已形成劳务品牌50多个，带动就业24.96万人。[1]劳务品牌的建立，对于农村劳动力的转移具有重要的促进作用。通过打造有特色的劳动服务，增强农村转移劳动力的竞争力，有助于农村劳动力人力资本的积累，完成从人力资源到人力资本的转变，获得长期的增收来源。但相对于我国2.86亿农民工的总量来看，目前我国劳务品牌的规模还不够大，分类不够精细，仍需进一步建立高质量的劳务品牌。[2]《规划》指出，要"培育一批有地域特色、行业特征、技能特点，带动农村劳动力就业效果好的劳务品牌"。实施劳务品牌的发现培育、发展提升、壮大升级和宣传推广计划，通过劳务品牌促进就业。

（三）实施农民工素质提升工程，推进新生代农民工职业技能提升计划

农民工在就业市场上存在技能较为单一、可替代性较强、收入偏低等问题。实施农民工素质提升工程，开展职业技能、安全法规等劳动培训，可以提升农村转移劳动力的就业能力，以及维护自身劳动权益的能力。相较于老一代农民工，新生代农民工在就业和培训方面表现出"两高、两强和两低"的特征，即受教育程度高、职业期望值高；技能提升意愿强、创业意识强；就业稳定性低、技能水平低。普遍、普及和普惠地推进新生代农民工职业技能提升计划，多举措鼓励农民工、培训机构、用工单位参与到培训中来，帮助农民工实现稳定就业。

（四）创建农村劳动力转移就业示范县

农村劳动力转移就业示范县是在全国"劳务输出工作示范县"的基础上，为顺应农村劳动力转移就业工作发展的新形势、新要求，进一步发挥好示范县在农村劳动力转移就业中的重要作用，人力资源和社会保障部办公厅于2010年印发

---

① 李海球.云南省劳务品牌带动就业24.96万人［EB/OL］.（2021–11–08）. http: //www.gov.cn/ xinwen/2021–11/08/content_5649743.htm.

② 姜琳.培育一批叫得响的劳务品牌——专访人社部负责人［EB/OL］.（2021–11–09）. http: // www.gov.cn/xinwen/2021–11/09/content_5649959.htm.

了《关于推荐农村劳动力转移就业工作示范县的通知》，组织推荐一批在农村劳动力异地转移就业或就地就近就业、返乡创业等方面取得突出成效的县，作为农村劳动力转移就业工作示范县。通过给予政策支持和技术服务，最大限度地发挥其在推进工作、落实政策、优化服务、提高成效等方面的积极作用，使之成为全面推进农村劳动力转移就业工作的排头兵和先试先行的样板。通过树立一批农村劳动力转移就业示范县，展示转移农村富余劳动力的成功经验和先进做法，发挥典型的引领和示范作用，带动各地学习和创建符合自身特色的农村劳动力转移模式，形成长效机制。

二、促进农村劳动力就地就近就业

（一）依托县域经济、乡村产业发展为农村劳动力创造更多就地就近就业岗位

随着我国经济发展，农民工回流规模逐渐扩大。在安徽、湖北、四川等农民工外流大省，流入人口和常住人口数量均有一定的增长。[①]农业农村部数据显示，截至 2020 年 8 月底，全国返乡留乡农民工就地就近就业已经达 1700 多万人。但农民工就业仍存在诸多不确定因素，就业形态单一、就业信息不对称等问题突出。为实现乡村振兴，推动农民更多更好地就地就近就业，发展县域经济的重要性日益突出。《规划》中提到做大做强县域经济，扩大县城就业需求。特别是发展一批当地优势特色产业项目，提高就业承载力。通过引导优势企业进入县域发展，建立各类开发区、工业园等，引导农民工向城镇聚集、进入园区企业就业。大力发展乡村产业，加大农业投资项目，拓宽农村劳动力就业渠道。全面开放农家乐、餐饮民宿等休闲农业和乡村旅游项目，带动农民工就地就业，从而促进农民收入增长。

（二）发挥重大投资项目、各类基础设施建设吸纳当地劳动力的作用

首先，把推进重大投资项目作为促消费、扩内需的重要政策扶持。以此释放经济活力，提升吸纳就业能力。重大投资项目落地，如铁路、机场、城市轨道交通、公路等领域建设，就地就近吸纳劳动力参与建设。其次，优先考虑带动农民工就业能力强的各类基础设施项目。国家发展改革委联合多部门发布的《关于在农业农村基础设施建设领域积极推广以工代赈方式的意见》提出，要广泛组织群众参与项目建设。在组织务工阶段，提出了"一原则、三优先"的劳动力选择条

---

① "农民工回流"为乡村振兴增添新动能［EB/OL］.（2019-06-13）. http：//www.rmlt.com.cn/2019/0613/549525.shtml.

件，即一个就地就近就业原则和优先吸纳脱贫不稳定户、边缘易致贫户、其他农村低收入群体务工。①尽量动员当地农村劳动力参与，最大可能地提供更多就业岗位。加快实施高标准农田建设、水利设施建设、乡村道路改造、小流域治理、农村危房改造、人居环境整治等工程，吸纳返乡留乡农民工就业。

（三）加大以工代赈实施力度

以工代赈是政府投资建设基础设施项目，通过组织农村群众参与劳动从而获取劳务报酬，以此取代直接救济的一项帮扶政策。自 1984 年启动实施以来，国家已累计安排以工代赈资金（含实物折资）超过 1600 亿元。根据国家发改委发布的数据，"十三五"期间为贫困群众提供了 110 多万个务工岗位，发放劳务报酬近 40 亿元。2020 年，为应对疫情、灾情冲击，以工代赈项目劳务报酬占中央资金的最低比例从 10% 提高至 15%，当年即带动约 30 万滞留农村劳动力就近就业。在上述背景下，《规划》提出，加大以工代赈实施力度。应当结合当地实际情况，扩大以工代赈方式实施项目的范围，全面拓展到农业农村的基础设施建设领域。因地制宜选择建设项目，积极推广以工代赈方式，增加短期就业岗位。因此，还应确定合理的劳务报酬标准，贯穿到以工代赈项目管理的整个过程中；尽量提高劳务报酬比例，按照标准及时足额发放劳务报酬。促进更多的农村低收入群众参与乡村建设，扩大受益对象范围，带动农民群众就近就业。

三、完善农业转移人口市民化的政策体系

农业人口转移定居到城镇面临着几个重要问题。一是转移人口能不能同等地享受城市中的公共服务；二是能否有足够的工作机会实现从农民变成市民的身份转变；三是农业人口转移到城镇后，其承包经营的土地如何正常流转。基于以上问题，《规划》提出几个具体政策措施。

（一）改革户籍制度，降低农业转移人口的落户限制

截至 2020 年，我国的户籍人口城镇化率已经达到 45.4%，常住人口城镇化率达到了 63.89%。这组数据表明，约有 18.5% 的城镇常住人口没有获得非农业户口，在现行的户籍制度下，这部分城镇常住人口所享受的市民权利是残缺不全的、低质量的。同时，即使获得城镇户籍的转移人口，仍有部分人口无法完全享受城市中的公共服务。例如，有的地方行政区划调整后，农民集体转为城市户

---

① 积极推广以工代赈方式 大力拓宽农村就业渠道［EB/OL］.（2020-12-25）. https://www.ndrc.gov.cn/fggz/fgzy/xmtjd/202012/t20201225_1260318_ext.html.

籍，但并没有完整地享受城市的基本公共服务；有的地方出台了许多政策，但政策背后又有政策，农业转移人口市民化打了折扣。还有些观点认为农业转移人口市民化就是给他们发放新的户口本，对于农业转移人口落户城市之后的居住、就业、社会保障等政策没有充分准备。换言之，没有做足"市民化"的文章。为了解决这个问题，《规划》中提出"除个别超大城市外，试行以经常居住地登记户口制度。探索制定城乡双向流动迁移政策，确保外地和本地农业转移人口进城落户标准一视同仁"。这既是对户口制度的改革，也是对身份证制度的改革。原来的身份证是按户籍所在地登记的，而以经常居住地登记户口制度，意味着身份证可以按常住地的住址登记，不必再按户口所在地的住址登记。围绕身份证制度改革，需要推进国家基本公共服务制度建设，推动未落户常住人口逐步享有与户籍人口同等的城镇基本公共服务。运用信息化手段建设便捷高效的公共服务平台，加快养老保险全国统筹进度，完善基本医疗保险跨省异地就医费用直接结算制度，做好社会保险关系转移接续，促进人口流动。

（二）完善配套的"人财地"支持政策

从目前的人口流动趋势来看，基本体现出如下流动趋势：农村流向城市，小城市流向大城市。在地域流动方面，存在明显地向中心城市集聚，向东南沿海经济发达地区集聚的特点。中心城市、经济发达地区有更多的工作机会和收入水平，农民工总量的 40% 流向广东、浙江、江苏等地，但这些中心城市承接农业转移人口的动力却不强，主要原因还是出在动力机制上面。一些沿海城市，虽然财政收入总量排名靠前，但其人均财政支出水平却不一定非常靠前，这反映了经济转移支付制度调节后这些地方政府的公共服务能力。这在一定程度上说明了为什么一些吸纳外来人口较多的沿海发达城市，让外来常住人口落户成为本地居民的动力不足。对于这个问题，《规划》中提出"要完善财政转移支付与农业人口转移市民化挂钩的相关政策"，探索利用综合数据手段建立健全各城市城区常住人口等的统计制度，为政策制定提供支撑；同时通过信息发布，引导各类资源合理流动。实施按常住人口动态调节土地、资金等资源，落实"人地钱挂钩"配套政策，提高城市政府吸纳农业转移人口落户积极性。

（三）妥善解决农业人口转移后农村土地问题

随着我国工业化、城镇化深入推进，大量农民进城务工经商，有的已在城镇落户。如何保障进城落户农民在农村集体经济中的合法土地权益，是当前和今后一个时期亟待解决的问题。从政策层面上讲，这一问题包括相互联系的两个层面。

　　第一个层面，是如何有效维护进城落户农民的土地权益。新修正的《中华人民共和国农村土地承包法》规定："国家保护进城农户的土地承包经营权。不得以退出土地承包经营权作为农户进城落户的条件。"新修正的《中华人民共和国土地管理法》也规定："国家允许进城落户的农村村民依法自愿有偿退出宅基地，鼓励农村集体经济组织及其成员盘活利用闲置宅基地和闲置住宅。"前不久颁布的《中华人民共和国民法典》对农民的土地承包经营权，宅基地使用权的取得、行使、转让等做出了进一步的法律规范。第二个层面，是如何促进进城落户农民土地权益的转让。现阶段，"人地分离"的农户越来越多。例如，农民"离乡不弃农、进城不退地"成为普遍现象；而留在农村想种地、会种地的农民希望扩大经营规模却无法获得更多土地。再如，进城落户农民在城镇和农村"两头占地"，造成建设用地的不合理增长和大量土地低效利用，制约了土地要素功能的充分和有效发挥。对此《规划》提出："要依法保障进城落户农民农村土地承包权、宅基地使用权、集体收益分配权，健全农户'三权'市场化退出机制和配套政策。"

统筹其他重点群体就业

一、健全脱贫人口就业帮扶长效机制

2021年2月全国脱贫攻坚总结表彰大会上，习近平总书记宣布我国脱贫攻坚战取得了全面胜利，现行标准下9899万农村贫困人口全部脱贫，832个贫困县全部摘帽，12.8万个贫困村全部出列，区域性整体贫困得到解决，完成了消除绝对贫困的艰巨任务。促进贫困人口就业增收，是打赢脱贫攻坚战的重要内容，习近平总书记多次对就业扶贫作出重要论述，强调一人就业、全家脱贫，增加就业是最有效最直接的脱贫方式，长期坚持还可以有效解决贫困代际传递问题。经过持续不断的努力，中国就业脱贫成效明显，"十三五"期间，全国累计建设扶贫车间33077个，吸纳贫困人口43.9万人；鼓励返乡创业带动就业，培育致富带头人41万多人，带动406万贫困人口增收；强化易地扶贫搬迁就业帮扶政策支持，促进358万名搬迁贫困劳动力实现就业；全国建档立卡贫困劳动力外出务工人数增加1716万人。[①]

虽然我国脱贫攻坚和精准扶贫取得了历史性的成就，但我国现行扶贫标准即以2010年的2300元不变价为基准，依据物价等指数，2019年底为3218元，2020年达到4000元左右，仅比世界银行公布的赤贫标准（1.9美元/天）高一点，在国际上仍是低收入国家广泛使用的标准，仅仅是满足生存需要的基本标准。此外，我国脱贫地区仍有一部分脱贫人口收入水平不高，就业不稳定，经营的产业可持续性不强，抵抗风险的能力较差，存在返贫风险。2020年，全年贫困地区农村居民人均可支配收入12588元，仅为全国居民人均可支配收入的40%左右，现阶段农民收入的增长主要是依靠外出打工的工资性收入和政府的转移净收入，单纯依靠农业产业经营性收入的占比相对较小；农村产业同质化现象严重，有些地区的扶贫产业存在盲目跟风，且大多集中于农业种养初级环节。[②]中

---

① 人社部.就业托起致富梦——脱贫攻坚巡礼系列之就业扶贫篇［EB/OL］.（2021-01-14）.http://www.mohrss.gov.cn/SYrlzyhshbzb/dongtaixinwen/buneiyaowen/rsxw/202101/t20210114_407652.html.

② 韩广富，辛远.农村相对贫困的特征、境遇及长效解决机制［J］.福建论坛（人文社会科学版），2020（9）：119-130.

国扶贫工作的"后半程"将是以巩固前期扶贫成果、解决相对贫困为主。[①] 如何推进巩固拓展脱贫攻坚成果与乡村振兴战略有效衔接，建立促进脱贫地区发展的长效机制和政策体系，是亟待研究和谋划的重大战略问题。

为此，《规划》提出了"稳定脱贫人口就业"。健全脱贫人口、农村低收入人口就业帮扶长效机制，保持脱贫人口就业领域的扶持政策、资金支持、帮扶力量总体稳定。农村外出就业人口大多是非技术劳动力，2018年贫困地区仅有22.7%的农村劳动力接受过技能培训，且外出务工人员集中在低端行业，从事非技术职业，[②] 因此有必要健全有组织劳务输出工作机制，将脱贫人口作为优先保障对象，稳定外出务工规模。农民工返乡创业是带动农村劳动力就近就业、增加农民收入、促进农村地区脱贫的重要举措，也是缓解近年来经济增速逐步放缓、产业结构升级对就业影响的重要措施。[③] 支持脱贫地区大力发展当地优势特色产业，继续发挥就业帮扶车间、社区工厂、卫星工厂等就业载体作用，可以为脱贫人口创造就地就近就业机会。聚焦国家乡村振兴重点帮扶县、易地扶贫搬迁安置区，积极引进适合当地群众就业需求的劳动密集型、生态友好型企业（项目），增加本地就业岗位，组织专项就业服务活动实施集中帮扶，健全脱贫地区发展的长效机制。

二、持续开展困难群体就业援助

依据《中华人民共和国就业促进法》第六章第五十二条，就业困难人员是指因身体状况、技能水平、家庭因素、失去土地等原因难以实现就业，以及连续失业一定时间仍未能实现就业的人员。我国现阶段的就业困难人员主要包括：残障人士、零就业家庭人员、农村贫困户劳动者、低学历和低技能劳动者等。由于各种主客观原因，就业困难人员的工作能力弱于正常劳动力，因此难以通过正常市场竞争应聘上岗，是劳动力人口中最脆弱的人群。[④] 就业困难群体的典型特征是缺乏稳定可靠的经济收入来源，背负物质和精神的双重压力，抗风险能力较低。大规模就业困难人员的存在一方面会造成人力资源浪费；另一方面该群体长期面临就业歧视、社会排斥和经济压力，极易引发社会风险。优先扶持和重点关注就业困难群体，帮助其顺利进入劳动力市场是实现共同富裕的重要支撑，有利于维

[①] 王太明，王丹.后脱贫时代相对贫困的类型划分及治理机制［J］.求实，2021（2）：51-69+111.

[②] 国家统计局住户调查办公室.2019年中国农村贫困监测报告［M］.北京：中国统计出版社，2019.

[③] 张亮，李亚军.就近就业、带动脱贫与农民工返乡创业的政策环境［J］.改革，2017（6）：68-76.

[④] 王阳.经济新常态下就业困难群体失业趋势研究.经济理论与经济管理［J］.2017（4）：5-18.

护社会稳定，释放经济发展新动能。

针对上述情况，《规划》提出，要持续开展困难群体就业援助。一是统筹各类社会资源，着力创设专门面向困难就业群体的就业岗位。将道路维护、绿化保洁、基层协管等公益性岗位向困难就业群体倾斜，并适当调整工作强度及岗位职责。同时，鼓励各级企事业单位优先录用困难人员，对优先吸纳该群体就业的用人单位给予一定政策优惠。二是对困难人员实施一对一帮扶，实现人岗精确匹配。组建由医生、心理咨询师、职业规划师、信息联络员等构成的专家团队，根据困难人员的具体情况和现实需求设计个性化就业方案。对已就业的困难群体定期回访、持续跟踪，详细了解其就业后的真实收入水平、生活状况等，及时解决实际问题。三是组织公共就业服务专项活动，综合运用线上线下多种形式推进稳岗就业帮扶工作。通过开办现场咨询会、社区巡回讲座等活动加大就业促进政策的宣传力度，有效对接劳动供需双方，降低信息搜寻成本。搭建高效便捷的官方交流平台，便于用人单位和就业困难个体足不出户实现信息的发布与检索。平台入驻企业及用户个人全部采用实名注册制，从而确保网站信息来源真实可靠，同时排除用户个人隐私泄露隐患。四是完善制度建设，打造涵盖困难人员身份信息、就业情况、补助领取情况等的个人账户。明确就业困难人员界定标准，建立评价指标明确清晰的量化体系，确保所有困难人员建档立卡机会均等。借助电子化个人档案打通不同政府部门间的信息壁垒，简化材料审批手续，将困难人员及时纳入对应社会保障网络，充分享受税费减免、贷款贴息、岗位补贴、最低生活保障、临时救助金等政策优惠。

三、促进大龄劳动者就业

伴随我国人口老龄化程度持续加深，大龄劳动者在劳动力市场上的地位和作用日益显著。自 2000 年步入老龄化社会以来，我国老年人口的绝对和相对数量持续攀升，人口结构逐渐由正三角形向纺锤形过渡。第七次全国人口普查数据显示，截至 2020 年底，中国 60 岁及以上人口占比为 18.7%，较 2000 年增长8.37%；65 岁及以上人口占比为 13.5%，接近 2000 年（6.96%）的 2 倍；老年抚养比为 19.7%。《中国发展报告 2020：中国人口老龄化的发展趋势和政策》预测，截至 21 世纪中叶，我国 65 岁及以上老年人将达到 3.8 亿人，占总人口比重为27.9%。"十四五"是我国应对人口老龄化最重要的窗口期，而应对人口老龄化挑战最重要的是解决大龄劳动者的收入即就业问题。在上述背景下，《规划》特别针对大龄劳动者群体提出若干措施。

首先，完善权益保障，促进就业公平。尽快出台针对大龄劳动者的权利保障法案，对其就业权利、工作环境、伤害保障等做出明确规定，严厉打击针对大龄劳动者的年龄歧视和性别歧视行为。其次，开展专项帮扶，优化就业环境。各级政府在财政预算中列支低龄老年劳动者就业的专项扶持基金，为吸纳大龄劳动者超过一定比例的企业给予财政补贴或税收优惠，为满足大龄标准的创业者提供低息贷款。最后，加大人力资本投资，提高就业能力。积极开展面向大龄劳动力的在职教育和培训活动，不断丰富老年劳动力的工作技能，推动其不断提高产出效率和优化工作质量。

与此同时，人口老龄化通过生产上的人力资本积累效应、劳动力适应性效应，和消费上的结构效应、挤出效应等传导机制，对产业结构优化升级产生动态影响。产业结构调整必然导致部分劳动力脱离原有生产环境，面临失业风险。解决下岗员工再就业问题，一方面要从根本上提高劳动者的工作素质，不断完善社会化职业再教育体系，根据当地产业结构调整、行业发展需求及劳动力市场供需实际情况，制定科学合理的职业培训指导方案，对各级工会、妇联及其他社会组织开展的培训活动提供政策、技术、人员和费用支持，大力引导转岗员工参加岗位适应性培训、实用技能培训；另一方面要鼓励下岗人员自主创业，努力健全创业服务体系，加强政策的配合与协调，切实确保政策实施的连贯性和有效性，打造完整的企业孵化模式，为创业者提供从市场分析到产品销售全过程的指导与服务。

第六篇

解决人才供需不匹配的
结构性矛盾

《规划》指出，"十四五"时期我国就业领域的主要矛盾是结构性就业矛盾。结构性矛盾既包括技能供需矛盾，又包括区域结构矛盾、行业与职业结构矛盾等。《规划》认为，"十四五"时期的结构性矛盾突出表现为劳动者的技能水平和结构不能适应市场需求，技能型人才存在较大的缺口。技能型人才是在生产和服务等领域岗位一线，掌握专门知识和技术，具备一定的操作技能，并在工作实践中能够运用自己的技术和能力进行实际操作的人员。"十三五"期间，我国在技能型人才培养上采取了多项切实有效的政策措施，取得了显著的成效。但是，在迈向高质量发展过程中，技能型人才的供给和需求矛盾仍旧比较突出。为此，《规划》提出，"把技术技能人才培养培训放在更加突出的位置，着力改善劳动力要素质量，建设一支符合高质量发展要求、适应现代化经济体系、具备较高职业技能和道德素质、结构比较合理的劳动者队伍。"

"十三五"期间我国技能型人才培养的主要举措与成就

"十三五"期间，面对复杂的就业环境，党中央、国务院牢牢把握大局，不断创新就业思路、方式与方法，以提升劳动者技能作为重要抓手，多措并举，加大技能人才培养力度，取得显著成效。

一、构建起相对完善的提升劳动者技能素质的政策体系

"十三五"期间，国务院及相关部委相继出台种类多样、内容丰富的政策措施。为构建劳动者整体技能提升体系，国务院出台《国务院关于推行终身职业技能培训制度的意见》和《国家职业教育改革实施方案》，建立并推行覆盖城乡全体劳动者、贯穿劳动者学习工作终身、适应就业创业和人才成长需要以及经济社会发展需求的职业教育和终身职业技能培训制度。国务院办公厅印发的《关于职业技能提升行动方案（2019—2021年）》中提出，持续开展职业技能提升行动，提高培训针对性实效性，全面提升劳动者职业技能水平和就业创业能力。三年共开展各类补贴性职业技能培训5000万人次以上。人力资源和社会保障部及相关部委针对重点群体出台《新生代农民工职业技能提升计划（2019—2022年）》《百万青年技能培训行动方案》《深度贫困地区技能扶贫行动》《残疾人职业技能提升计划（2016—2020年）》《关于做好长江流域禁捕退捕渔民职业技能培训工作的通知》等政策措施。针对新冠肺炎疫情防控工作要求，立足经济社会发展和就业创业需要，实施职业技能提升行动"互联网＋职业技能培训计划"，充分借助在线方式大力推进职业技能提升行动。为提升劳动者就业创业能力，促进劳动者成功创业、稳定和扩大就业，面向有创业意愿和培训需求的城乡各类劳动者实施创业培训"马兰花计划"。推动技能人才管理制度改革，为技能型人才培养建立有效的评价和激励机制，出台《关于改革完善技能人才评价制度的意见》等多项政策。此外，还针对工程技术领域、康养等专门领域出台了技能提升相关文件。通过这一系列的政策措施，我国基本构建起覆盖各类人群的技能培养培训和管理体系，为技能人才的发展壮大奠定了坚实的政策基础。

二、构建起相对完善的职业教育与技能人才培训体系

职业教育主要通过正规学校培养技术技能后备人才，包括中等职业教育和高等职业教育。"十三五"期间，我国全面深化职业教育改革，构建起从中等职业教育到高等职业教育的现代职业教育体系。在中等职业教育上，大力改善中等职业学校办学基本条件，提升中等职业教育发展水平，按照保持职普比大体相当的原则，将中等职业教育作为普及高中阶段教育的重要基础。在高等职业教育上，构建专科和应用型本科层次体系，通过着力提高教育质量，将高等职业教育作为培养大国工匠、能工巧匠、高素质技术技能人才的重要途径。

技能培训是针对市场需求，为提升劳动者某项专项技能开展的培训，包括就业技能培训、岗位技能提升培训和创业创新培训等。技能培训具有针对性强的特征，是培养经济社会发展所需的技能人才、解决就业结构性矛盾的重要方式。"十三五"期间，我国着力于建立并推行覆盖城乡全体劳动者、贯穿劳动者学习工作终身、适应就业创业和人才成长需要以及经济社会发展需求的终身职业技能培训制度。主要体现在：一是构建以政府补贴培训、企业自主培训、市场化培训为主要供给方，以公共实训机构、职业院校、职业培训机构和行业企业为主要载体的培训供给体系；二是围绕就业创业重点群体，广泛开展就业技能培训；三是充分发挥企业主体作用，全面加强企业职工岗位技能提升培训；四是适应产业转型升级需要，深入实施国家高技能人才振兴计划，紧密结合战略性新兴产业、先进制造业、现代服务业等发展需求，开展技师、高级技师培训，着力加强高技能人才培训；五是依托高等学校、职业院校、职业培训机构、创业培训（实训）中心、创业孵化基地、众创空间、网络平台等，开展创业意识教育、创新素质培养、创业项目指导、开业指导、企业经营管理等培训，大力推进创业创新培训；六是强化工匠精神和职业素质培养。

此外，还通过职业技能培训体制机制改革，建立和完善了职业技能培训市场化社会化发展机制、技能人才多元评价机制、职业技能培训质量评估监管机制、技能提升多渠道激励机制；通过提升职业技能培训基础能力等措施，加强了职业技能培训服务能力建设、职业技能培训教学资源建设以及职业技能培训基础平台建设。

三、各类技能人才规模不断壮大

截至2020年底，我国技能劳动者超过2亿人，占就业人员的比例接近25%，总量比2015年增长21%；高技能人才约5800万，占技能人才的比例近30%，比2015年增长约29%。不同层次类型的技能人才培养取得较大进展。

第一，针对重点人群的各级各类培训有序进行。包括针对农民工（含返乡创业者）、贫困群体、失业人员、青年劳动力在内的补贴性职业培训累计超过数千万次。仅在 2020 年就组织补贴性职业培训 2700.5 万人次和以工代训 2209.6 万人，其中，培训农民工 1046.6 万人次，培训贫困劳动力 270.4 万人次，培训城镇登记失业人员 80.5 万人次，培训高校应届毕业生 109.8 万人次。

第二，高级技能人才知识更新工程持续推进，专家培训服务指导工作规模持续扩大。"十三五"期间，累计举办 1410 期高级研修班，培训高层次专业技术人才近 10 万人次；累计开展急需紧缺人才培养培训和岗位培训 582.5 万人次；在装备制造、信息、生物技术、新材料等 12 个重点领域和现代物流、知识产权、食品安全等 9 个现代服务业领域，开展知识更新继续教育活动；2020 年新建国家级专业技术人员继续教育基地 20 家，总数已达 200 家，比"十二五"时期增加 100 家。2020 年末全国享受政府特殊津贴人员累计 18.7 万人，比 2016 年增加 1 万人，百千万人才工程国家级人选 6500 多人，比 2016 年增加约 1200 人。专家库成员为基层基础人员服务项目成效显著，全年遴选实施 104 个专家服务脱贫攻坚示范项目，新设立 11 家国家级专家服务基地，组织 2300 多名专家深入基层一线，培训指导基层专业技术人员和当地群众 7.6 万人。

第三，技工学校发展较快为农村青年就业助力。技工学校招生人数从 2016 年的 127.2 万人增加到 2020 年的 160.1 万人，年均增速为 5.9%；在校生人数从 2015 年的 323.2 万人增加到 2020 年的 395.5 万人，年均增速为 5.2%。2020 年，开展职业技能培训达到 485.8 万人次，就业率继续保持在 97% 以上。技工院校在校生 85% 以上来自农村户籍家庭，三成以上来自贫困家庭，这些青年人通过就读技工院校掌握一技之长，实现就业。技工学校已经成为农村青年提升技能、成为新时代产业工人的培养基地。

第四，获得专业技术资格证书的劳动者不断增加。2020 年末全国累计共有 3588 万人取得各类专业技术人员资格证书，比"十二五"末增加 1791 万人，获得专业技术资格证书的劳动者数量实现了翻番。2020 年全国共有 1625 万人报名参加专业技术人员资格考试，354 万人取得资格证书，而 2016 年全国只有 1150 多万人报名参加专业技术人员资格考试，206 万人取得资格证书。"十三五"期间，报考人数和获得资格证书人数增速分别为 9.0% 和 14.5%。

技能人才培养存在的主要问题

一、技能人才短缺问题比较突出，职业技术教育培养体系和质量有待进一步提高

从总量上看，目前我国技能劳动者已经超过 2 亿，高技能人才超过 5000 万。但从整个就业和经济发展需求看，我国技能人才总量仍然不足，特别是结构不优、素质不高问题比较突出。技能劳动者占就业人口总量仅为 26%，高技能人才仅占技能人才总量的 28%，这个数据与发达国家相比，仍然存在很大差距。

职业技术教育是培养后备技能人才的最主要的途径。当前还面临着一些问题。

一是生源不足，在优质生源竞争中处于弱势。虽然产业转型升级对技术技能人才产生了巨大的社会需求，但受传统观念的影响，社会对技术技能教育特别是职业技术教育还存有一定的偏见，学生和家长对于职业技能教育的整体认可度和积极性仍不高。近年来，随着部分省（区、市）学龄人口数量下降，职业教育生源缩减的问题日益突出，生源质量更加堪忧，这就对技术技能人才培养整体质量提升提出了严峻挑战。

二是技术技能人才培养规格不清，层次和专业结构不合理。技术技能人才培养涉及的院校数量众多，类型庞杂。中等教育阶段有中专、技校和职高等类型，高等教育阶段有高职高专院校、职业本科以及正在向应用型转型的新建本科院校，另外，网络成人教育也定位于培养职业人才。然而，各级各类院校人才培养规格不清，使得人才培养同质化，难以满足行业企业多样化的需求。以新建本科院校为例，它们多数由原来的高职高专院校升格而来，举办本科教育的时间比较短，或是按照高职的思路办本科，把本科办成了加长版高职，或是照搬传统大学的路子办本科，人才培养的应用型特征并不明显。目前，在职业院校中不同程度地存在着一哄而上办热门专业和办学成本较低的人文社科专业的现象，落后专业淘汰速度慢，新开专业缺少科学论证，并普遍缺少产业界的深度参与，使得专业结构与产业发展需求脱节，导致职业技能教育毕业生就业质量并不乐观。

三是技术技能人才培养整体质量有待提高，缺少完善的质量保障体系。当前技术技能人才培养质量与社会期望有较大差距，一些专业毕业生工作与专业相关度比较低。技术技能教育教学改革总体推进较慢，相当部分院校专业的人才培养方案还没能体现技术技能人才的培养规律，专业课程设置未能及时反映职业岗位的最新变化和素质要求，教育教学方法落后，校企融合深度不够，专业人才培养模式也尚难以满足产业对技术技能人才培养的需要。此外，部分院校内部质量保障体系建设也才刚刚起步，缺少完善的教学质量监控和评价机制，使得技术技能人才培养质量难以有效保障。

二、宏观环境变化引发新的劳动力供需矛盾

对技能型人才需求受宏观经济发展变化影响正发生内在变化，劳动力市场部分岗位"招工难"，部分群体"就业难"的结构性错配是未来亟须解决的问题。

第一，"双碳"目标下产业调整加速诱发结构性就业矛盾进一步凸显。"十四五"时期，在"双碳"目标指导下，我国必将继续推动新旧增长动力的加速转换，生产方式变革导致结构性就业矛盾愈加突出。

第二，随着新产业新业态新商业模式经济形态的快速发展，高精尖科技人才、熟练技术工人将持续性短缺。根据2021年上半年数据，计算机科学与技术类、材料类、土建类、工商管理类等有技术等级的岗位求人倍率均高于2。

第三，制造业升级、生产方式变革导致技术换人，进一步引发就业挤出和就业极化问题，中低端就业岗位将逐步被替代。

第四，区域间、行业间就业分化可能导致隐性失业风险显性化。在"十三五"时期靠政府补贴、区域援助等途径脱贫的地区，产业结构单一的地区，完成"去产能"工作且正在进行产业转型的地区，靠大量出口廉价商品或者长期依赖房地产维持地方经济增速的地区，其隐性失业的风险可能会逐步暴露。随着互联网、大数据、AI等技术的发展，生产要素空间流动特征会发生显著变化，国际市场需求不足、县域经济面临转型困境等叠加因素的影响下，结构性失业问题可能会更加严重。

三、教育培训供给与劳动力市场需求不匹配

第一，服务经济新增长点和新发展趋势的教育和培训不足。一是服务"三新"经济的培训不足。此类培训包括适应新技术的高技能人才培训、急需紧缺人才培训，以及由于技术替代、就业挤出引发的转岗转业培训、储备技能培训、通用职业素质培训。二是与中国经济现实和未来趋势特点匹配的培训不足。例如，养老、托育、家政等生活服务业从业人员技能培训不规范，技能、专业能力的培训不足。三是结合巩固脱贫攻坚、电子商务下沉乡镇、城市化进程以及城市经济

多中心化等区域特征的具有地方特色的精准培训不足。

第二，培训载体数量、多元化程度有提升空间。尽管各级各类教育培训规模不断扩大，但是从我国近 8 亿劳动人口的劳动力市场来看，当前培训载体数量、多样化程度依然有提升空间。以技工院校为例，最近十年学校数量不增反降。截至 2020 年底，全国有技工院校 2423 所（其中技师学院 496 所），而 2016 年为 2526 所，2011 年为 2914 所。"十二五"期间缩减了近 400 所，"十三五"期间又缩减了近百所。除了技工院校之外，培训机构的规范性不够、培训载体和企业的联动效应没有充分发挥等问题也不利于就业结构性矛盾的解决和就业风险的防范。

第三，技能培训质量有待提高。培训质量是培训的关键和核心，质量不高是劳动力素质提升慢、结构性就业矛盾突出的重要原因。一是培训内容针对性不强。技能培训内容应该要紧密切合生产实际需要的技能，但是，有些经过培训的技能劳动力到企业找工作时，却得不到企业的认可，学习过的技能与企业要求有较大差距。二是培训方式缺乏创新。有些培训方式还采取单一的集中式授课、课堂灌输式教学模式，缺少企校合作、工学一体化、"互联网 + 职业培训"、多媒体资源培训等灵活多样的培训方式。三是特色培训模式覆盖面不够大。以学分银行为例，截至 2020 年 11 月底，全国共有 16 个省、直辖市进行了学分银行建设，尚有一半的地区参与学分银行建设，须从资金、人员配备、管理等多方发力，帮助各地学分银行有序稳步推进。

四、体制机制建设还有待进一步健全

健全的体制机制是高质量教育培训的基本保障，目前教育培训体系的体制机制建设已经逐渐推开，但是仍须进一步完善。

第一，与技能人才培养和使用有关的激励机制不够健全。当前一些技术技能人才的工作环境相对较差，薪酬待遇普遍较低，晋升空间也非常有限。许多企业没有建立一套完善的技术技能人才考核、激励、晋升机制，相关劳动人事等政策在技术技能人才资格认定以及相应待遇保障等方面也尚不完善。劳动力市场在调节的有效性、价格机制的灵活性和市场流动性等方面存在诸多弊端，使得技术技能人才市场价格信号出现扭曲，会造成供给不足。此外，产教融合是技术技能人才培养的必由之路，也是保证技术技能人才供给质量和效益的关键。然而，长期以来，由于缺少有效的财税等激励政策，产教融合中企业合理利益没有得到有效保障，企业对于校企合作存在诸多后顾之忧，使"校热企冷"成为制约产教融合深入推进的因素。人才培养各环节与行业企业脱节，必然造成人才培养供给侧与产业需求侧"两张皮"的问题。

　　第二，对技能培训的管理还不够规范。有的地方对职业技能定点培训机构的筛选和管理比较松散，对机构的遴选不够公开、透明，有些达不到资质要求的机构被列为定点培训机构，有些机构存在诚信、违反相关规定问题；有的地方对技能培训的目标任务管理不够到位，下达的培训指标与实际承担的培训任务脱节；有的地方对技能培训过程等重点环节缺乏管理，存在随意审批、先开班后审批的现象；对职业技能培训监管还有待加强，有的地方对培训师资、培训课程、培训设备和鉴定评价等监管不够，有些地方的监管主体及责任还比较模糊。

　　第三，资金使用管理不够规范。风险防控和培训资金监管有待加强，有些机构和单位没有实现预算、招投标、审核、补贴拨付等全过程管理，没有充分利用现代化手段科学管理资金，造成资金使用的规范性、安全性差；审核方式、程序烦琐，造成资金使用效率低下；培训补贴标准不规范；存在资金滥用乱用问题。

　　第四，考核监督机制还有改进空间。在部分领域、部分地区存在考核标准不统一、技能培训证书管理混乱等问题。职业培训存在"多头管理"和"监督不足"的矛盾问题，教育培训项目的部分环节存在多头管理问题，而部分环节又存在"监督空档"，降低了资源利用效率，提高了教育培训成本。

大规模多层次开展职业技能培训

一、完善职业技能培训政策体系

技能培训政策是我国积极就业政策的重要组成部分。"十四五"时期，需要进一步结合经济社会发展的要求，面向市场需求，完善终身职业技能培训政策体系。数字经济与产业融合的速度将进一步加快，数字产业化、产业数字化的发展特征将更为明显，数字经济催生的新产业新业态新商业模式将不断涌现。为此，需要进一步完善数字经济技能标准体系、技能培养体系，加大补贴性职业技能培训的力度。开展转岗转业培训、储备技能培训、通用职业素质培训，防范未来"强人工智能时代"的"换人"风险。突出高技能人才培训、急需紧缺人才培训，与国际激烈的高精尖技术竞争相适应。开展与宏观政策体系相适应的技能培训。配合计划生育政策、应对老龄化措施，积极发展养老、托育、家政等生活服务业从业人员技能培训；配合国家和地方安全生产要求开展安全生产技能培训，提高劳动者安全生产素质。完善职业技能竞赛体系，鼓励劳动者参与职业技能比拼，推动职业技能竞赛科学化、规范化、专业化发展。

二、瞄准重点群体，加强技能培训的针对性

"十四五"时期，针对就业重点群体的培训须分类分级进行，各有侧重，因人制宜。针对大学毕业生和城镇青年群体，培训重点在于专项技能培训以及书本知识和专业实践的有效衔接。职业规划进课堂、实习实践、企业导师进课堂的灵活多样的教育培训手段须分级分类展开。将青年学徒培养、青年以工代训、青年技能研修、青年新职业培训、青年职业技能竞赛紧密结合，切实加快和提高青年技能适应市场需求的速度和能力，为扩大和稳定青年就业发挥重要作用。针对农村转移劳动力，须关注城市产业转型升级与岗位匹配问题，以及返乡创业人群的创业培训，逐步形成就业导向、政策扶持、企业主导、社会参与的培训运行机制。针对退役军人就业，根据其年龄结构、文化层次和就业意愿，结合企事业单位用工需要，提前制订链接服役所在部队、未来就业单位的科学、完善的技能培训计划，实行部队、培训方、用人单位联合的培养模式，保障其未来就业的稳定

性。对脱贫人口、失业人员、就业困难人员的培训，重点在于根据其所在产业、行业、个人特征进行技能培训。针对个体工商户的培训须加强创业技巧、现代化经营管理理念以及经营领域专业知识的培训。

三、实现培训供给多元化

培训供给多元化既是培训对象多元化的必然要求，也是构建新型职业技能培训体系的有效手段。多元化的培训供给可以通过竞争实现培训资源合理配置、培训成本有效控制、培训供给质量提升。培训供给多元化包括外部市场环境优化、培训机构功能增强、培训供给方协同等多方面共同推进的系统性工作。一是从优化外部市场环境发力。推动培训市场全面开放，采取优化审批服务、探索实行告知承诺等方式，激发培训主体积极性，有效增加培训供给。二是提升功能性载体自身的水平。实训基地、职业院校（含技工院校）、职业技能培训机构等以教育培训为主要任务的部门属于功能载体。既要搭建规模更大、更加开放、功能更强的公共培训基地，完善企业利用公共实训基地开展实训的有关制度，也要深挖职业技术教育潜力和特色。三是实施职业技能培训共建共享行动，健全职业技能培训共建共享机制，开展县域职业技能培训共建共享试点。参加教育培训的劳动者最终要服务于行业企业和经济社会，探索校校联动、校企联动、校政联动，深化产教融合、校企合作。

四、切实提升职业技能培训质量

构建职业技能培训体系关键在于职业技能培训质量提升。提质的重点在于设计合理化的培训计划、革新培训模式、科学管理、形成健全的职业技能培训监督评价考核机制。高质量职业技能培训体现为培训过程质量保障和结果质量保障。过程质量保障即培训服务符合技能需求、培训选择多样化、培训便捷、培训方式灵活。结果质量保障则体现为劳动者工作搜寻时间缩短、工作能力更强、就业质量全面提升。

一是动态、合理化设计培训计划和培训清单。引导培训资源向市场急需、企业生产必需等领域集中，动态调整政府补贴性培训项目目录。二是充分借力现代化技术改革创新培训模式。采取政府按规定补贴培训、企业自主培训、市场化培训等多样化的培训方式，广泛开展订单式、套餐制培训，探索"互联网＋职业技能培训"。三是规范资金管理。统筹各级各类职业技能培训资金，加强集约化管理和使用。健全分层分类的培训补贴标准体系，畅通培训补贴直达企业和培训者渠道。四是健全职业技能培训监督评价考核机制。探索建立个人培训账户，形成劳动者职业技能培训电子档案，实现与就业、社会保障等信息联通共享。

五、提高劳动者职业素养

相比职业技能,职业素养是更为隐性化的人力资本,包括传统的法纪法规素养、职业道德、职业礼仪素养、企业文化素养、劳模精神与工匠精神等系列内容,中国劳动者职业素养也是社会主义核心价值观的重要体现。

一是开展与国家精神文明建设和道德体系建设相统一的职业技能培训。大力弘扬劳模精神、劳动精神、工匠精神,将劳模精神、劳动精神、工匠精神融入教育培训全过程,让劳动者形成正确的劳动观念、劳动态度、劳动习惯和劳动情怀,营造劳动光荣的社会风尚和精益求精的敬业风气。鼓励劳动者通过诚实辛勤劳动、创新创业创造过上幸福美好生活。二是加强职业道德教育,引导劳动者树立正确的人生观价值观就业观,培养敬业精神和工作责任意识。推进新型产业工人队伍建设,提高产业工人综合素质。三是弱化"唯技能论"的教育思维。促进人的可持续发展是包括普通高等教育、职业技术教育、培训机构等一切以人的教育服务为内容的组织都应该遵循的标准,培养人既包括专业知识的提升、技能的增进,也包括被培训者人格的完善、综合素养的全面提升。

构建系统完备的技术技能人才培养体系

系统完备的技术技能人才培养体系是提升劳动者技能素质的策略框架，具有整体性、系统性和协同性的特征。中国技能劳动者已经超过 2 亿，高技能人才超过 5000 万。但从整个就业和经济发展需求看，我国技能人才总量仍然不足，特别是结构不优、素质不高问题比较突出。技能劳动者占就业人口总量仅为 26%，高技能人才仅占技能人才总量的 28%，与发达国家相比差距较大。因此，构建技术技能人才培养体系是服务建设现代化经济体系和实现更充分、更高质量就业的需要。

一、推动职业技术教育提质培优

一是打破"唯技能论"的传统职业技术教育思维。突出职业技术教育类型特色，深入推进改革创新，优化结构与布局。完善职业技术教育国家标准，推行"学历证书＋职业技能等级证书"制度，实施现代职业技术教育质量提升计划，建设一批高水平职业技术院校和专业。二是联动融通。职业技术教育机构通过联动、创新、协同实现培训质量提升。健全职普融通机制，稳步发展职业本科教育，实现职业技术教育与普通教育学习成果双向互通互认、纵向流动。三是开放办学。支持和规范社会力量兴办高质量职业技术教育，增强职业技术教育适应性。大力发展技工教育，建设一批优质技工院校和专业。四是深化合作。探索中国特色学徒制，深化产教融合、校企合作。

二、提高人才培养质量

一是强化人才培养就业导向，健全人才培养与产业发展联动预警机制，增强人才培养前瞻性。深化教育教学改革，实施教育提质扩容工程，着力培养创新型、应用型、技能型人才。二是优化高校学科专业布局，推进专业升级和数字化改造，及时减少、撤销不适应市场需求的专业。加快重点领域急需紧缺人才培养，实施专业技术人才知识更新工程。加强重点专业学科建设，研究制订国家重点支持学科专业清单，大力发展新兴专业。改变长期以来文理科分布不均衡、交又领域人才培养匮乏的局面。加大数字人才培育力度，适应人工智能等技术发展需要，建立多层次、多类型的数字人才培养机制。三是提升人才培养质量观的认识水平，加强应用性载体和功能性载体的联动，既要关注学生的技能岗位适应性，也要为学生的未来发展奠定良好的通识知识基础和技能准备，以应对未来变化多端的市场变革。

三、完善终身学习体系

一是建设学习型社会，构建服务全民终身学习的教育体系。扩大优质教育资源覆盖面，缩减地域、行业、人群之间的教育资源配置差异。推动高水平大学开放教育资源，完善注册学习和弹性学习制度。以"互联网+""AI+"推动构建网络化、立体化、智能化的全民终身学习的教育载体与平台。构建"时时可学"的服务环境，让学习更具包容性、协同性、灵活性。二是健全终身教育学习成果转换与认证制度，推进"学分银行"试点，探索学分积累转换制度。促进继续教育高质量发展，建立统一的高等学历继续教育制度，畅通在职人员继续教育与终身学习通道。积极发展在线教育，完善线上、线下课程学分认定和转换机制。让学习经历和学习成果更为显性地记录下来，成为劳动者工作搜寻的新的"信号"，最大限度发挥终身学习认定产生的"羊皮效应"。三是创新发展城乡社区教育。从加强社区教育工作的领导、城乡社区学习型组织建设、教育工作者队伍建设、增加教育资源供给渠道、加强社区教育宣传和理论研究工作等多方面入手，推动城乡社区教育一体化发展。一方面，推进城乡教育培训一体化发展，以城带乡，着力补足农村教育短板；另一方面，结合城市或乡镇特色资源，因地制宜、因势利导，开展城乡融合的终身学习活动。

四、深化技能人才管理制度改革

深化技能人才管理制度改革要形成全方位、多视角、立体化的制度体系，结合"技能中国行动"创新人才管理机制体制。一是转变政府的技能人才管理职能。强化政府技能人才宏观管理、政策法规制定、公共服务、监督保障等职能。推动技能人才管理部门简政放权，消除对用人主体的过度干预，建立政府人才管理服务权力清单和责任清单，清理和规范人才招聘、评价、流动等环节中的行政审批和收费事项。二是加快职业制度改革。健全市场化、社会化的技能人才管理服务体系。构建统一、开放的人才市场体系，完善人才供求、价格和竞争机制。大力发展专业性、行业性人才市场，鼓励发展各类专业化服务机构，放宽技能人才服务业准入限制。积极培育各类专业社会组织和人才中介服务机构。推行社会化职业技能等级认定，鼓励企业在国家职业技能等级框架范围内增加技能岗位等级层次。三是加强人才管理法制建设。研究制定促进技能人才开发及人力资源市场、技能人才评价、技能人才安全等方面的法律法规。加快构建国家资历框架，畅通管理人才、专业技术人才及技能人才的职业发展通道。完善外国人才来中国工作、签证、居留和永久居留管理的法律法规。制定人才工作条例。清理不合时宜的人才管理法律法规和政策性文件。

第七篇

构建统一规范灵活高效的人力资源市场

　　市场是实现劳动要素的充分流动和有效配置、促进就业的有效机制。一个统一、规范、灵活的人力资源市场，有助于劳动力供需双方通过竞争机制进行高效匹配，从而实现高质量的就业。为此，《规划》进行了专章部署，提出"持续加强统一规范的人力资源市场体系建设，着力打造覆盖全民、贯穿全程、辐射全域、便捷高效的全方位公共就业服务体系，提升劳动力市场供需匹配效率"。

充分认识人力资源市场体系
在就业中的重要作用

一、我国高度重视人力资源市场建设

改革开放以来，人力资源市场的建立和完善是我国社会主义市场经济体制建设的重要组成部分。1993 年，党的十四届三中全会通过的《中共中央关于建立社会主义市场经济体制若干问题的决定》明确提出，"改革劳动制度，逐步形成劳动力市场"。1993 年 12 月，劳动部研究制定了《劳动部关于建立社会主义市场经济体制时期劳动体制改革总体设想》，第一次明确了劳动力市场这一概念的内容，① 提出 "培育和发展劳动力市场的目标模式，是建立竞争公平、运行有序、调控有力、服务完善的现代劳动力市场"，这就 "要求企业有真正的用人自主权，劳动者有充分的择业自主权，形成劳动力供求主体"，这是贯彻落实党的十四届三中全会精神，全面推进劳动体制改革，逐步建立符合市场经济要求的新型劳动体制的重要举措。自此，我国政府相继出台一系列关于落实用人单位自主权、促进劳动力流动、扩大就业、规范劳动力供需双方行为、劳动力市场基础建设的政策法规，我国劳动力市场制度日臻完善。②

1998 年 6 月下发的《中共中央、国务院关于切实做好国有企业下岗职工基本生活保障和再就业工作的通知》指出："要按照科学化、规范化、现代化的要求，大力加强劳动力市场建设。" 这是为了适应国有企业改革，推进劳动力市场建设的一个重要文件。1999 年 1 月，为推进劳动力市场科学化、规范化、现代化建设，促进下岗职工和失业人员再就业，加快建立适应社会主义市场经济体制要求的就业机制，劳动和社会保障部下发了《关于开展劳动力市场 "三化" 建设试点工作的通知》，对劳动力市场 "三化" 建设进行了系统部署。2004 年 6 月，劳

---

① 由于管理体制等原因，我国劳动力市场的相关管理部门涉及原人事部、原劳动和社会保障部、人力资源和社会保障部等多个部门，在相关文献特别是政策性文件和研究中，存在人才市场、劳动力市场、人力资源市场等表述，这些表述与管理部门的职能、管理内容密切相关，为行文方便，除特别说明外，本文统一使用学术界所指的一般意义上劳动力市场的概念和表述。

② 田永坡．劳动力市场发展及测量［M］．北京：中国社会科学出版社，2016.

动和社会保障部发布了《关于加强就业服务制度化专业化和社会化工作的通知》,对加强就业服务制度化、专业化和社会化(简称"新三化")工作进行了部署。

2008年1月1日生效的《中华人民共和国就业促进法》明确提出,"县级以上人民政府培育和完善统一开放、竞争有序的人力资源市场,为劳动者就业提供服务",这是首次在全国法律层面上对人力资源市场建设进行的规定。

党的十八大以来,人力资源市场建设进入新的历史阶段。2018年6月29日,《人力资源市场暂行条例》正式颁布,这是改革开放以来,我国人力资源要素市场领域的第一部行政法规。《人力资源市场暂行条例》提出:"国家建立统一开放、竞争有序的人力资源市场体系,发挥市场在人力资源配置中的决定性作用,健全人力资源开发机制,激发人力资源创新创造创业活力,促进人力资源市场繁荣发展。"为了推动人力资源市场进一步发展,党和国家相关部门还先后制定了《关于充分发挥市场作用促进人才顺畅有序流动的意见》《关于促进劳动力和人才社会性流动体制机制改革的意见》《关于新时代加快完善社会主义市场经济体制的意见》《中共中央 国务院关于构建更加完善的要素市场化配置体制机制的意见》《建设高标准市场体系行动方案》等政策,形成了人力资源市场建设的良好制度环境。

二、人力资源市场发展的基本状况

经过四十多年的建设,我国的人力资源市场建设取得了长足进展。供需主体地位得以确立,劳动力要素流动日益活跃,流动配置服务作用日益增强,为就业提供了良好的市场环境。

(一)用人单位和劳动者的市场主体地位得以确立

通过向用人单位放权和对劳动者流动松绑,劳动力供需双方在市场中的自主选择和流动的权利不断提升,市场在人力资源配置中的作用不断增强。不同所有制单位就业比例可以在一定程度上反映我国劳动力市场化的进程,许多学者使用这一指标来衡量劳动力市场的发展程度。统计数据显示,我国城镇就业劳动力市场各类单位就业人员构成呈现出公有制单位(包括国有和集体单位)所占比例下降、非公有制经济所占比例增加的特点。当然,这一指标还具有局限性。从目前人力资源市场中的各类供需主体来看,除了相关法律法规的特殊要求之外,基本上实现了自主择业和自主用人。

(二)劳动力流动日趋活跃

流动是实现要素优化配置的关键环节。为了促进劳动者顺畅有序流动,国家先后出台了系列文件建议推进。流动包括劳动者在地理区域的流动、行业间的流动、同一就业单位内部的工作转化等，这些变动有时又是交织在一起的。根据第七次人口普查数据，可以大致估算一下当前人口流动的状况。2020 年人户分离人口为 49276 万人，其中，市辖区内人户分离人口为 11694 万人，流动人口为 37582 万人，跨省流动人口为 12484 万人。与 2010 年相比，人户分离人口增长 88.52%，市辖区内人户分离人口增长 192.66%，流动人口增长 69.73%。

（三）人力资源服务业成为劳动力配置的重要力量

由于信息不完善、管理体系等原因，人力资源市场天然存在着市场摩擦，这种摩擦在不同地区、不同历史时期的表现各有不同，为此催生了对公共就业服务和市场化服务的需求。

改革开放初期，为了解决人才流动中档案管理等问题，政府开始培育市场，相继成立了一批人才服务公司和人才交流服务机构。随着社会主义市场经济体系的基本建立，经济发展对人力资源服务需求也由简单的流动服务转到劳动者素质提升、精准匹配上来，需求主体也扩展到包括国有企业、民营企业、外商投资企业、自由职业者等多种群体，因此，人力资源服务业业态也在需求驱动之下，由职业介绍、档案管理等扩展到猎头、测评、外包等多种业态，一个包括招聘、猎头、培训、测评、人力资源和社会保障事务代理等在内的人力资源服务体系基本形成。

人力资源和社会保障部公布的数据显示，截至 2020 年底，人力资源服务行业全年营业总收入达到 2.03 万亿元，比 2019 年增长 3.57%；全国各类人力资源服务机构共帮助约 2.90 亿人次实现就业和流动，比 2019 年增长 13.73%，为 4983 万家次用人单位提供了人力资源服务，比 2019 年增长 18.33%。

人力资源市场快速发展的同时，还存在着一些不尽完善的方面，这会影响更加充分更高质量就业目标的实现。例如，在供需对比上，劳动年龄人口规模下降，劳动力资源的稀缺性进一步提高，同时很多职业对劳动力的需求得不到满足，供需之间的素质结构矛盾更加凸显；劳动力要素配置还存在一定程度的扭曲，导致人岗不匹配、能力与岗位错配，形成了部分行业"过度教育"和"教育不足"并存的结构性矛盾，阻碍了创新驱动战略的有力实施。在就业形式上，数字经济、零工经济等带来了用工方式的变化，在增加劳动者灵活就业机会的同时，也存在部分企业通过改变用工形式规避劳动法规的行为。求职招聘过程中的诚信、信息安全等问题对人力资源市场规范运行带来阻碍。从统一的劳动力市场建设来看，区域之间劳动力市场的发育程度也存在较大差异，这可能导致不同地区之间劳动力配置效率的差异，阻碍统一的市场体系的形成。

解决上述问题，需要进一步完善人力资源市场建设的制度体系，加强市场监管，提升人力资源服务和公共就业服务质量，为高质量就业提供良好的市场环境。

专栏：我国人力资源市场建设的发展历程

我国人力资源市场建设，历经从局部创新到整体性制度安排、从推动人力资源服务发展到促进市场体系形成、从政策引导市场管理到依法监管的过程。大致经历了五个阶段。

一、起步探索时期（1978—1991年）

20世纪70年代末，劳动人事部门开始创立并组织劳动服务公司，解决待业人员就业问题，并逐步演进为就业服务机构。

1979年，北京外企人力资源服务公司（FESCO）成立。

1983年，沈阳市人才服务公司成立。

1984年，劳动人事部成立全国人才交流咨询中心，之后各地纷纷建立类似的人力资源服务机构。

1987年，浙江温州出现第一家民营人才职业介绍机构。

1990年，国务院制定下发《劳动就业服务企业管理规定》，劳动部和人事部分别下发了《职业介绍暂行规定》和《关于加强人才招聘管理工作的通知》。

二、全面展开时期（1992—2000年）

1993年11月，党的十四届三中全会通过《中共中央关于建立社会主义市场经济体制若干问题的决定》，首次明确提出劳动力市场的概念。人事部提出将适应计划经济的人事管理体制调整到与社会主义市场经济相配套的人事管理体制上来、将传统人事管理调整到整体性人才资源开发上来的人事工作"两个调整"思路，确立了人才市场化配置方向。

1994年8月，中组部、人事部联合下发了《加快培育和发展我国人才市场的意见》，明确提出发展人才市场的总体目标。

1995年和1996年，劳动部、人事部分别出台《职业介绍规定》和《人才市场管理暂行规定》，确立了市场的管理制度。人力资源服务机构经营模式呈现多样化，服务领域不断扩大，民营性质的人力资源服务机构取得较快的发展，外资开始进入我国人力资源服务领域。

三、改革创新时期（2001—2006年）

2002年和2003年，《境外就业中介管理规定》和《中外合资人才中介机构管理暂行规定》先后出台。

2003 年底，中共中央、国务院下发《关于进一步加强人才工作的决定》，为建立统一规范的人力资源市场定调。

四、统筹发展时期（2007—2012 年）

2007 年 3 月，国务院印发《关于加快发展服务业的若干意见》，首次将人才服务业作为服务业中的一个重要门类。

2007 年 8 月，《中华人民共和国就业促进法》首次在国家法律层面明确提出"人力资源市场"的概念。

党的十七大、国家"十二五"规划先后作出建立健全统一规范灵活的人力资源市场的重要部署，并首次将人力资源服务业写入国民经济和社会发展规划。

2008 年，人力资源和社会保障部组建后，开始筹划建立统一规范的人力资源市场。

2012 年 12 月，《服务业发展"十二五"规划》首次提出建设人力资源服务体系。

2010 年，上海第一个建立国家级人力资源服务产业园。

五、跨越式发展期（2013 年以来）

2013 年，人力资源和社会保障部制定《关于加快推进人力资源市场整合的意见》，首次在全国范围内对建立统一规范的人力资源市场进行正式部署。

2014 年 12 月，人力资源和社会保障部、国家发改委、财政部下发《关于加快发展人力资源服务业的意见》，首次对加快发展人力资源服务业进行全面部署。

2017 年 1 月，《"十三五"促进就业规划》提出要培育人力资源服务产业园，实施"互联网＋人力资源服务"行动。

2017 年 6 月，国家《服务业创新发展大纲（2017—2025 年）》提出鼓励发展专业化、国际化人力资源服务机构。

2017 年 9 月，《人力资源服务业发展行动计划》对今后一段时期人力资源服务业发展进行谋划和安排。

2018 年 6 月，国务院第 700 号令公布《人力资源市场暂行条例》，首次从立法层面明确了政府提高人力资源服务业发展水平的法定职责。

资料来源：人力资源市场建设辉煌 40 年［N］.中国组织人事报，2019-01-02.

加快人力资源服务业高质量发展

根据人力资源和社会保障部、国家发改委、财政部发布的《关于加快发展人力资源服务业的意见》，人力资源服务业是"向劳动者就业和职业发展，为用人单位管理和开发人力资源提供相关服务的专门行业"。改革开放以来，随着人力资源市场的不断改革完善，人力资源服务的内容从早期的人才交流服务中心、职业介绍所逐步发展成为一个包括招聘、猎头、测评、培训、薪酬外包、管理咨询等在内的体系，人力资源服务业在推动经济结构升级、提升劳动者素质和人力资源配置效率等方面发挥了重要作用，为人才强国战略、创新驱动战略、就业优先战略等国家重大战略提供了有力支撑。

一、人力资源服务业促进就业的途径

从促进就业的角度看，人力资源服务业主要通过以下几个渠道发挥作用。

（一）提供劳动力供求信息、开展各类测评等服务，优化劳动者与岗位的匹配

开展招聘服务，提供供求信息，是发挥人力服务机构中介作用、促进就业的基本途径。在信息技术快速发展的背景下，人力资源和社会保障部在《关于开展人力资源服务行业促就业行动的通知》中提出，"鼓励人力资源服务机构拓展各类线上求职招聘服务模式，打造更优、更便捷的线上招聘服务平台，满足各类求职者就业择业需求"。人力资源和社会保障部的统计数据显示，2020年现场招聘会（交流会）受到新冠肺炎疫情的影响，降为23.32万次，比2019年减少22.93%；各类人力资源服务机构通过网络发布岗位招聘信息在2020年迅猛增长至16.47亿条，比2019年增长307.67%；通过网络发布求职信息增加至8.40亿条，比2019年增加2.07%。

（二）开展劳务派遣、岗位外包、灵活用工（就业）等服务，与用工单位一起创造岗位

针对工作方式和劳动者择业方式的变化，人力资源服务机构帮助用人单位通

过相对灵活的用工形式，为劳动者提供各类就业机会。人力资源和社会保障部的统计数据显示，2019年，全国各类人力资源服务机构为48万家用人单位提供了劳务派遣服务，同比增长35.29%；派遣人员1174万人，同比增长8.90%；登记要求派遣人员812万人，同比增长12.85%。各类人力资源服务机构为91万家用人单位提供人力资源外包服务，同比增长11.64%。《关于开展人力资源服务行业促就业行动的通知》中提出，"开展促进灵活就业服务"，并对劳务派遣业务明确提出要求，"指导人力资源服务机构不得将被用工单位退回的被派遣劳动者简单推向社会，通过积极对接其他企业劳务派遣用工需求，尽快实现重新派遣"。

（三）提供薪酬管理、发展规划、组织设计等企业管理和咨询活动

这是专业化水平比较高的一类业务，在近几年的发展也比较迅速。根据人力资源和社会保障部的统计，2019年，全国各类人力资源服务机构为349万家用人单位提供了人力资源管理咨询服务，比2012年提高了1.41倍。对此，《关于开展人力资源服务行业促就业行动的通知》提出，"引导人力资源服务机构为受疫情影响严重、存在较大经营困难的行业企业，尤其是中小微企业，提供劳动用工管理、薪酬管理、社保代理、发展规划等实用型服务"。

（四）开展各类培训、职业指导等，提高劳动者适应市场需求调整的能力

这是人力资源服务在市场的供给侧发力的主要落脚点。根据人力资源和社会保障部的统计，2019年全年举办培训班39万次，比2012年增加了1.17倍；培训人员1569万人，比2012年增加了79.73%。结合劳动力市场供给结构和供需矛盾变化的特点，改善劳动力素质结构，适应未来科技进步和产业结构调整的需要，将成为人力资源服务业为实现更高质量就业提供支撑的重要着力点。

二、人力资源服务业发展概况

（一）经济效益快速增长并成为经济发展的新动能

人力资源服务行业规模保持快速增长。据人力资源和社会保障部统计，2020年行业全年营业总收入达到2.03万亿元，比2019年增长3.57%；从更长周期看，2016—2020年的年均增速高达14.53%，远高于同期国内生产总值的增长率（见表7-1）。除了行业规模的快速增长外，人力资源服务业的发展效率也在不断提高，发展质量得到进一步提升，2016—2020年人均营业收入的年均增长率[①]

---

① 2016—2020年的年均增长率是指以2016年为基期、2020年为末期，通过复合增长率计算所得，即基期 × （1+x%）^{4}＝末期，其中 x% 为2016—2020年的年均增长率。

约为 2.91%。

表 7-1 　　　　　　　　　2016—2020 年人力资源服务业营业收入

年份	总营业收入（万亿元）	增速（%）	从业人员人均营业收入（万元）	增速（%）
2016	1.18	22.40	214	—
2017	1.44	21.90	247	15.42
2018	1.77	22.69	275	11.33
2019	1.96	10.73	290	5.45
2020	2.03	3.57	240	−17.24

　　资料来源：2016 年和 2017 年的《人力资源市场统计报告》、《2018 年人力资源服务业统计情况》，以及 2019 年和 2020 年的《人力资源服务业发展统计报告》。

　　国家级人力资源服务产业园的建设也在人力资源服务业的集聚、创新发展中发挥了平台和载体作用，为行业发展提供了有力支撑。据人力资源和社会保障部统计，截至 2020 年底，各国家级产业园已有入园企业超 3000 家，园区营业收入2048 亿元，服务各类人员 2700 万人次，为超过 80 万家次用人单位提供了人力资源服务，在新冠肺炎疫情期间为服务和促进就业做出了重大贡献。人力资源服务产业园已经成为推动机构集聚、产业创新和服务发展的重要载体。

　　（二）促进流动和就业的社会效益日益扩大

　　以配置为主要功能的人力资源服务业在保持较好经济效益的同时，也为劳动者的流动和就业提供了强大支撑，在稳就业、保就业中发挥了重要作用。

　　人力资源和社会保障部的统计数据显示，2020 年全国各类人力资源服务机构共帮助约 2.90 亿人次实现就业和流动，2016—2020 年的年均增长率高达13.14%；2020 年各类人力资源服务机构为 4983 万家次用人单位提供了人力资源服务，比 2019 年增长 18.33%，2016—2020 年的年均增长率为 15.29%，人力资源流动配置效能进一步提升（见表 7-2）。

表 7-2 　　　　　　　　　2016—2020 年人力资源流动配置能力

指标	2016 年	2017 年	2018 年	2019 年	2020 年	年均增速
实现就业和流动（亿人次）	1.77	2.03	2.28	2.55	2.90	13.14%
用人单位提供服务（万家次）	2820	3190	3669	4211	4983	15.29%

　　注：年均增速为 2016—2019 年复合增长率。

　　资料来源：同表 7-1。

三、人力资源服务业发展存在的问题

（一）行业整体发展质量有待进一步提高

作为快速发展的朝阳产业，人力资源服务业取得了较大成绩，但总体来看是以规模扩张为特征的"粗放式"发展。在近十年的快速增长中，行业发展的贡献主要来自劳务派遣、人事代理、外包业务的快速发展，这种发展的主要特点是速度快、以服务对象的规模取胜。除少量专业外包业务外，这些代理性质的业务技术含量较低。从其发展条件看，一方面来自制造业等劳动密集型产业快速增长所带来的人力资源需求，另一方面也来源于用工单位规避《中华人民共和国劳动合同法》等制度成本的需求的驱动。随着人口结构变化以及监管的加强，这种依赖数量盈利的模式面临转型的挑战。在核心业务招聘领域，少数平台、供求双方存在提供虚假信息、个人信息泄露等问题，带来不小的个人隐私风险。一些用工平台打着科技和商业创新的旗号，钻劳动法律的漏洞，将原来使用的正式工改成商务合作关系，变相侵害劳动者权益。这些都制约了就业质量的提高。

（二）创新能力和专业人才缺乏

人才是推动产业转型升级的核心力量，但是，在人力资源服务行业，从业人员专业化水平整体并不高，且流失比较严重，成为制约人力资源服务业专业化和创新能力提高的主要制约因素之一。随着新一代信息技术与产业融合的加深，技术进步导致技能需求升级，这种制约将更加明显。以技术发展导致的专业人才缺乏为例，针对"互联网＋人力资源服务"展开的调查显示，专业人才缺乏是制约"互联网＋人力资源服务"发展中最为主要的一个因素。与互联网从业人员的受教育水平相比，人力资源服务行业高教育水平从业人员的比例还不高。

（三）区域之间发展不平衡

从不同地区看，北京、上海、广东、浙江、江苏等东部省市人力资源服务业相对发达，人力资源服务业规模在全国占有较大比重，而中西部地区人力资源服务业发展相对滞后，产业规模和创新程度低于东部地区。相关数据显示，截至2019年底，北京已有人力资源服务机构1909家，营业收入超过3000亿元，通过网络发布求职招聘信息近4亿条，促进1235.2万人次实现就业和流动。同年上海的人力资源服务产业营收达到4064亿元，引进高层次人才22.1万人次，帮助实现就业和流动1530.3万人次。[①]北京和上海的营业收入加总起来，约占到当

---

① 2019年上海人力资源服务产业营收达到4064亿元，约占全国总量1/5［EB/OL］.（2020-12-04）. http://www.sh.xinhuanet.com/2020/12/04/c_139563642.htm.

年全国人力资源服务营业收入的 36.04%。一方面，这与我国经济东、中、西部发展规模及地区差异有关，在经济总量小、第三产业在经济中占比低的区域，人力资源服务业的发展必然会受到不同程度的制约；另一方面，这也与部分地区对人力资源服务业的经济社会价值认知不够、市场潜在需求没有被激发出来有关。[①]

四、大力提升人力资源服务业的发展质量和规范化水平

实现人力资源服务高质量发展，发挥人力资源服务促进就业的重要作用，需要着眼经济社会发展的现实需要，以就业优先战略、人才强国战略和乡村振兴战略为引领，立足人力资源新特点和行业发展基础，多点着力，协同推进。为此，《规划》提出要"加快人力资源服务业高质量发展""实施人力资源服务业高质量发展行动"，同时"提高人力资源市场规范化水平"。

（一）以国家重大发展战略为指引，协同推动人力资源服务转型升级和就业质量提升

劳动者的素质提升涉及政府、居民、社会组织等多方主体共同投入。培训、职业指导等人力资源服务作为人力资本提升的重要手段，需要根据产业结构调整对劳动者技能提升的需求加以跟进，并涉及相应的服务产品。为此，《规划》提出，"推动人力资源服务与实体经济融合发展，引导人力资源服务机构围绕产业基础高级化、产业链现代化提供精准专业服务。鼓励人力资源服务业管理创新、技术创新、服务创新和产品创新，大力发展人力资源管理咨询、高级人才寻访、人才测评等高技术、高附加值业态"。

（二）以培育造就骨干人力资源服务企业为抓手，提升企业核心竞争力

为应对劳动年龄人口比例下降和劳动者素质日益提升的特点，人力资源服务企业需要从过去的规模取胜转变为品质提升，把核心竞争优势由过去扩大人力资源服务数量转变为服务产品创新和服务模式优化，推动人力资源管理从以满足经济回报向满足多元化、高级化的需求发展。为此，《规划》提出实施"人力资源服务业骨干企业培育计划"，"重点培育一批有核心产品、成长性好、具有国际竞争力的综合性人力资源服务企业，加快发展有市场、有特色、有潜力的专业化人力资源服务骨干企业"。

---

① 田永坡.人力资源服务业四十年：创新与发展［J］.中国人力资源开发，2019（1）.

（三）立足行业改革和创新需要，打造人力资源服务产业园的可持续发展模式

人力资源服务产业园作为推动产业集聚创新、优化营商环境的重要抓手，在人力资源服务的发展过程中发挥了重要作用。对此，《规划》提出，"建设一批国家级人力资源服务产业园，开展产业园建设评估工作"，通过评估来提升人力资源服务产业园建设质量。从已有园区发展特点看，出台包括税收、金融、租金等在内的一揽子激励性政策是各地通常使用的发展"利器"。在短期内这是行之有效的，但可持续性不够强。从长期看，营商环境建设将成为未来一个地区推动经济发展的手段，如何把握当前营商环境打造、形成可持续的发展环境，将是未来产业园区持续竞争力的来源。

能够打造差异的、具有核心竞争力的途径，管理制度和服务是最为主要的抓手。结合本地经济社会发展对人力资源的需求和国家在人才、人社领域改革的重点难点，在服务、制度等软环境上下功夫，将成为未来人力资源服务产业园区赢得竞争优势的基础。为此，《规划》指出，"鼓励有条件的地区服务本地经济发展和产业转型需要，培育建设一批有活力、有效益的地方人力资源服务产业园"。

（四）完善制度体系，营造良好的市场环境

从2007年第一次写入国家层面的文件《关于加快发展服务业的若干意见》以来，党中央国务院、相关部委以及各个地区相继出台了上百个包括《人力资源市场暂行条例》在内的专项或者相关的法规和政策，对支持人力资源服务业发展的财税政策、人才支撑、监管等进行系统的规定，为行业的发展营造了良好的制度环境。"十四五"时期，在新产业新业态新商业模式经济快速发展的背景下，新兴的各类就业形式和职业为劳动力市场增添了活力，解决了大量就业问题。同时，也应该注意到，劳动者与雇主之间由雇佣和被雇佣关系变成了合伙、合作关系，以前所有依附于雇佣关系所建立的税收征管、社保分担及缴纳、权益分配均发生了变化，雇主承担的经济成本、代扣义务也随之而变。为适应时代发展的这些需要，《规划》提出，"深化人力资源市场'放管服'改革，规范实施人力资源服务许可，持续优化人力资源市场环境"，"加强人力资源市场管理信息化、人力资源服务标准化和人力资源市场信用体系建设，完善人力资源服务机构信用评价标准和制度"。

（五）面向开放新形势，提升人力资源服务领域开放水平

近年来，我国持续推进对外开放，打造人类命运共同体。随着"一带一路"

倡议的提出和建设，人力资源服务迎来国际化发展的历史机遇。2017 年出台的《人力资源服务业发展行动计划》提出要实施"一带一路"人力资源服务行动。2020 年中国国际服务贸易交易会将人力资源服务纳入其中，这在服贸会中尚属首次，人力资源服务业对外开放进入新的历史时期。这些政策和措施，为人力资源服务国际化提供了较好的支撑。一些人力资源服务机构把握国际化发展的大趋势，开始海外市场试水，服务半径大大增加。机构要么通过与当地人力资源服务机构合作，要么通过兼并、收购等形式，建立和扩大海外经营能力，为全球劳动力市场发展赋能。

健全全方位公共就业服务体系

公共就业服务是政府组织建立的以促进就业为目的的公共制度，其主要内容包括：就业政策咨询、职业信息发布、职业介绍、职业指导、就业困难援助、就业失业登记、就业训练、社区就业岗位开发服务及其他服务内容。公共就业服务是消除劳动力市场摩擦、促进就业的重要手段。我国高度重视公共就业服务体系建设，一直将其作为推进人力资源市场改革和发展，助力就业优先战略的重要手段，并在改革实践中加以推进。

一、公共就业服务体系发展的基本情况

（一）公共就业服务相关制度不断完善

1993年，劳动部发布《关于建立社会主义市场经济体制时期劳动体制改革总体设想》，对劳动体制改革进行了总体部署，明确提出要"健全就业服务体系，加快职业介绍、就业训练、失业保险和就业服务企业的发展，使之成为功能完备、制度健全、服务高效、机构统一、面向全社会的服务网络""加强城乡劳动力统筹，以建立农村就业服务网络为突破口，合理调节城乡劳动力流动，逐步实现城乡劳动力流动有序化"。1995年1月1日生效的《中华人民共和国劳动法》规定，"地方各级人民政府应当采取措施，发展多种类型的职业介绍机构，提供就业服务"。

1999年1月，为推进劳动力市场科学化、规范化、现代化建设，促进下岗职工和失业人员再就业，加快建立适应社会主义市场经济体制要求的就业机制，劳动和社会保障部下发了《关于开展劳动力市场"三化"建设试点工作的通知》，决定在全国选择80—100个城市开展试点。在试点方案中，将"积极主动地开展就业服务"作为4项试点任务之一，提出要实行免费服务、开展专门服务，同时结合下岗职工和失业人员需求，开展有特色的服务和培训活动。

2002年3月，劳动和社会保障部发布了《关于进一步加强劳动力市场建设完善就业服务体系的意见》，对就业服务体系的制度、基础设施等进行了全面的部署，提出要在"十五"期间形成"以劳动保障部门所属劳动就业服务机构为主

导，其他部门和社会办就业服务组织共同发展，集职业介绍、职业指导、职业培训、劳务派遣、创业指导、劳动保障事务代理、就业服务技术支持等多项功能为一体的就业服务体系"。2004年6月，劳动和社会保障部发布了《关于加强就业服务制度化专业化和社会化工作的通知》，对加强就业服务制度化专业化和社会化工作进行了部署，其目的是进一步完善就业服务功能，提高就业服务质量和效率，为求职者和用人单位提供便捷高效的服务，更好地促进就业和再就业。

2008年1月1日生效的《中华人民共和国就业促进法》明确提出，"县级以上人民政府培育和完善统一开放、竞争有序的人力资源市场，为劳动者就业提供服务""县级以上人民政府鼓励社会各方面依法开展就业服务活动，加强对公共就业服务和职业中介服务的指导和监督，逐步完善覆盖城乡的就业服务体系"。在公共就业服务内容上，《中华人民共和国就业促进法》提出，县级以上人民政府建立健全公共就业服务体系，设立公共就业服务机构，为劳动者免费提供下列服务：第一，就业政策法规咨询；第二，职业供求信息、市场工资指导价位信息和职业培训信息发布；第三，职业指导和职业介绍；第四，对就业困难人员实施就业援助；第五，办理就业登记、失业登记等事务；第六，其他公共就业服务。

党的十八大以来，公共就业服务体系建设进入了一个新的历史阶段。《人力资源和社会保障事业发展"十三五"规划纲要》提出，要建立健全覆盖城乡劳动者的劳动就业公共服务体系，完善普惠性的公共就业创业服务制度，创新公共就业创业服务供给模式，完善公共就业创业服务功能，明确了包括基本公共就业服务、创业服务、就业援助、就业见习服务、大中城市联合招聘服务、流动人员人事档案管理服务、职业技能培训和技能鉴定、农民工培训、12333电话咨询服务、劳动关系协调、劳动保障监察、劳动人事争议调解仲裁等在内的劳动就业服务清单。2017年1月，国务院印发的《"十三五"促进就业规划》中提出，要"加强基层公共就业创业服务平台建设，健全覆盖城乡的公共就业创业服务体系，完善运行管理机制。推进公共就业信息服务平台建设，完善全国就业信息监测制度，建立部门和省级就业信息资源库，实现就业管理和就业服务工作全程信息化。加快创业培训信息化管理平台建设，实现数据、信息、资源联通共享。健全人才流动公共服务体系，加快推进流动人员人事档案信息化建设"。

《中华人民共和国国民经济和社会发展第十四个五年规划和2035年远景目标纲要》将"健全就业公共服务体系"作为实施就业优先战略的重要内容加以部署，提出"健全覆盖城乡的就业公共服务体系，加强基层公共就业创业服务平台建设，为劳动者和企业免费提供政策咨询、职业介绍、用工指导等服务。构建常态化援企稳岗帮扶机制，统筹用好就业补助资金和失业保险基金。健全劳务输入集中区域与劳务输出省份对接协调机制，加强劳动力跨区域精准对接。加强劳动者权益保障，健全劳动合同制度和劳动关系协调机制，完善欠薪治理长效机制和劳动争议调解仲裁制度，探索建立新业态从业人员劳动权益保障机制。健全就业需求调查和失业监测预警机制"。

（二）公共就业服务体系基本建成并不断完善

在各级政府和社会各界的努力下，公共就业服务机构规模不断扩大，公共就业服务内容不断充实，服务群体日益扩大。

当前，我国已经基本形成省、市、县、街道（乡镇）、社区（村）的五级公共就业服务网络，建成包含 100 多个城市在内的市场信息监测体系，为劳动者提供了包括供求信息、职业指导在内的公共就业服务。公共就业服务体系在供求信息提供、求职和技能培训等方面发挥了重要作用。

值得注意的是，在"十三五"时期，公共就业服务出现了一些新的变化。2019 年，在公共就业服务系统登记招聘的人数开始出现下降，比 2018 年减少了547.9 万人，下降 9.69%；在公共就业服务系统登记求职的人数则在 2017 年就出现了下降，比上一年减少 398.8 万人，下降 0.99%，而在 2018 年，下降得则更为明显。这种变化与市场化服务的快速发展相关，许多劳动者通过市场化的招聘服务实现就业和流动。

根据就业形势的新变化，公共就业服务内容也在不断完善。2021 年 3 月，《国家基本公共服务标准（2021 年版）》发布，对就业创业服务的主要内容、服务对象、服务标准、经费支持等内容进行了明确规定，包括：（1）就业信息服务；（2）职业介绍、职业指导和创业开业指导；（3）就业登记与失业登记；（4）流动人员人事档案管理服务；（5）就业见习服务；（6）就业援助；（7）职业技能培训、鉴定和生活费补贴；（8）"12333"人力资源和社会保障电话服务；（9）劳动关系协调；（10）劳动用工保障（见表 7-3）。

（三）公共就业服务均等化不断推进

推进基本公共服务均等化，是引导公共资源合理配置，提高人民获得感、幸福感的重要举措。从"十二五"时期开始，公共服务体系和均等化建设的步伐开始提速，公共就业服务均等化程度也在此过程中不断得到提高。

2012 年 7 月，《国家基本公共服务体系"十二五"规划》公布，这是"十二五"乃至更长一段时期构建国家基本公共服务体系的综合性、基础性和指导性文件，是政府履行公共服务职责的重要依据。其主要目的是阐明国家基本公共服务的制度安排，明确基本范围、标准和工作重点，引导公共资源配置。

表 7-3　　就业创业服务内容

服务事项	服务对象	服务内容	服务标准	支出责任
（1）就业信息服务	有就业创业需求的劳动年龄人口	提供就业创业政策法规咨询；发布人力资源供求、市场工资价位、职业培训、见习岗位等信息	按照《公共就业服务总则》《人力资源社会保障部 国家发展改革委 财政部关于推进全方位公共就业服务的指导意见》等公共就业服务标准和要求执行	地方人民政府负责
（2）职业介绍、职业指导和创业开业指导	有就业创业需求的劳动年龄人口	为有求职需求的劳动者提供求职登记、岗位推荐、招聘会等服务；对有创业需求的劳动者提供创业开业指导等服务	按照《公共就业服务规范》《高校毕业生就业服务规范》《职业介绍服务规范》《现场招聘会服务规范》《人力资源社会保障部 国家发展改革委 财政部关于推进全方位公共就业服务的指导意见》等公共就业服务标准和要求执行	地方人民政府负责
（3）就业登记与失业登记	劳动年龄内的劳动者	为实现就业的劳动者提供就业登记服务。为劳动年龄内、有劳动能力、有就业要求、处于无业状态的城乡劳动者提供失业登记服务	按照《公共就业服务规范》《就业登记管理服务规范》《失业登记管理服务规范》《人力资源社会保障部 国家发展改革委 财政部关于推进全方位公共就业服务的指导意见》等文件和国家标准要求执行	地方人民政府负责

续表

服务事项	服务对象	服务内容	服务标准	支出责任
（4）流动人员人事档案管理服务	非公有制企业和社会组织聘用人员，辞职辞退、取消录用（聘）用或被开除的机关事业单位工作人员，与企业单位解除或终止劳动（聘）劳动关系人员、未就业的高校毕业生及中专毕业生，自费出国留学及其他因私出国（境）人员、外方雇主驻中方常驻代表机构的中方雇员，自由职业或灵活就业人员，其他实行社会管理人员	提供流动人员人事档案的接收和转递，档案材料的收集、鉴别和保管，档案的整理和保管，为符合相关规定的单位提供档案查（借）阅服务；依据档案记载出具存档、经历、亲属关系等相关证明；为相关单位提供入党、参军、录用、政审（考察）等服务；党员组织关系的接转服务	按照《流动人员人事档案管理暂行规定》《中共中央组织部 人力资源社会保障部等五部门关于进一步加强流动人员人事档案管理服务工作的通知》《人力资源社会保障部办公厅关于简化优化流动人员人事档案管理服务的通知》《人力资源社会保障部办公厅关于加快推进流动人员人事档案信息化建设的指导意见》《流动人员人事档案管理服务规范》等文件和国家标准要求执行	国务院有关部门所属人才中介服务机构开展流动人员人事档案管理服务所需经费由中央财政予以补助，其余由地方人民政府负责
（5）就业见习服务	离校未就业高校毕业生，16—24岁失业青年	为有见习意愿的离校未就业高校毕业生和失业青年提供见习岗位；为见习人员提供基本生活补助，并办理人身意外伤害保险	按照《国务院关于做好当前和今后一个时期促进就业工作的若干意见》《人力资源社会保障部 财政部 商务部 国务院国资委 共青团中央 全国工商联关于实施三年百万青年见习计划的通知》《就业补助资金管理办法》等要求执行	见习人员基本生活补助所需资金由见习单位和政府分担
（6）就业援助	就业困难人员和零就业家庭	提供政策咨询、职业介绍、职业指导、职业技能培训等服务。对通过市场渠道难以实现就业且符合条件的，通过就业创业目征公益性岗位予以安置	按照《就业援助服务规范》《人力资源社会保障部 国家发展改革委 财政部关于推进全方位公共就业服务的指导意见》《就业补助资金管理办法》等公共就业服务标准执行。零就业家庭动态"清零"	地方人民政府负责

续表

服务事项	服务对象	服务内容	服务标准	支出责任
（7）职业技能培训、鉴定和生活费补贴	参加培训并符合条件的城乡各类劳动者	对参加培训并符合条件的城乡各类劳动者，按规定给予职业培训补贴、职业技能鉴定补贴和生活费补贴	具体补贴标准由各地人民政府明确	中央财政与地方财政共同承担支出责任，中央依据地方财力状况，主要分担地方财力状况、保障对象数量等因素确定
（8）"12333"人力资源和社会保障电话服务	所有单位和个人	为社会公众提供人力资源社会保障领域的政策咨询、信息查询、信息公开、业务办理和投诉举报等服务	人工服务为每周5×8小时，自助语音服务为每周7×24小时，综合接通率达到80%以上	地方人民政府负责
（9）劳动关系协调	用人单位及所有劳动者	提供劳动关系法规政策咨询、劳动用工、薪酬等方面指导，提供劳动纠纷化解等方面指导，集体合同示范文本和企业薪酬分配指引等服务	提供劳动合同、集体合同示范文本和薪酬分配指引。定期发布有关工资信息。免费提供企业工资指导线等信息	地方人民政府负责。国务院有关部门组织开展的企业薪酬调查和信息发布工作所需经费由中央财政予以补助，其余由地方人民政府负责
（10）劳动用工保障	用人单位和劳动者	提供劳动人事争议调解、仲裁和劳动保障监察执法维权等服务	按照《中华人民共和国劳动争议调解仲裁法》《劳动人事争议仲裁办案规则》《劳动保障监察条例》《关于实施〈劳动保障监察条例〉若干规定》执行	地方人民政府负责

资料来源：《国家基本公共服务标准（2021年版）》。

《国家基本公共服务体系"十二五"规划》明确提出，在"十二五"时期，政府提供如下劳动就业公共服务：为全体劳动者免费提供就业信息、就业政策咨询、职业指导和职业介绍、就业失业登记等服务；为就业困难人员和零就业家庭提供就业援助；为失业人员、农民工、残疾人、新成长劳动力等提供职业技能培训和技能鉴定补贴；为全体劳动者免费提供劳动关系协调、劳动人事争议调解仲裁和劳动保障监察执法维权等服务。同时对劳动就业公共服务的服务对象、保障标准、支出责任和覆盖水平进行了明确规定。

2017 年 1 月，国务院发布了《"十三五"推进基本公共服务均等化规划》，对"基本劳动就业创业"领域的 10 项服务事项进行了专章表述，具体包括：基本公共就业服务、创业服务、就业援助、就业见习服务、大中城市联合招聘服务、职业技能培训和技能鉴定、"12333"人力资源和社会保障服务热线电话咨询、劳动关系协调、劳动人事争议调解仲裁、劳动保障监察。《中华人民共和国国民经济和社会发展第十四个五年规划和 2035 年远景目标纲要》提出，要"提高基本公共服务均等化水平""推动城乡区域基本公共服务制度统一、质量水平有效衔接。围绕公共教育、就业创业、社会保险、医疗卫生、社会服务、住房保障、公共文化体育、优抚安置、残疾人服务等领域，建立健全基本公共服务标准体系，明确国家标准并建立动态调整机制，推动标准水平城乡区域间衔接平衡"。

二、公共就业服务体系建设面临的挑战

经过多年的发展，公共就业服务体系已经基本建立并不断完善，但是，从适应未来人力资源市场建设、提升就业质量的角度看，还存在如下问题和挑战。

（一）乡村振兴等战略的实施对公共就业服务机构建设提出更高要求

应该说，当前的公共就业服务体系已经比较健全，大体可以满足不同劳动者的需要。但是，由于历史、管理体制等原因，各地区的公共就业服务机构存在名称不统一、职能不统一、机构规格不统一、业务内容有差异等诸多问题。近年来，随着事业单位改革的推进，各地结合本地实际进行了改革，这种改革是必要的，但是也存在合并"一刀切"、职能不完善、职能机构效率受影响等情况。从更为长远的角度来看，随着乡村振兴战略、就业优先战略的实施以及城乡之间劳动力"环流"特征的出现，[①] 基层的公共就业机构特别是乡村地区的公共就业服务机构亟须加强。

---

① 田永坡. 返乡入乡劳动力是乡村振兴重要人力资本［N］. 工人日报, 2021–03–01.

（二）日趋多元化、个性化的公共就业服务需求对公共就业服务供给能力提出更多期盼

公共就业服务需求多元化、个性化需求的推动因素有两个。一是劳动者观念的变换。当前，"千禧一代"陆续进入职场，这一代劳动力具有个性鲜明、崇尚个人体验、接纳新生事物快、工作生活线上化等特点，这种特点导致传统的公共就业服务方式、服务内容已经远远不能满足这些新生代劳动力的需求。二是工作方式的变化。受科技进步的影响，当前，劳动者与各要素组合运行的机制也发生了变化，新一代信息技术快速发展导致工作场所和方式的多元化、平台化在经济运行中越来越明显，在劳动关系中，适应工业化发展的、单一的雇佣关系正在变成一个包括传统雇佣、合伙制、短期制、项目制等多种形式在内的复杂体系。在这个体系中，劳动者以多个身份参与经济活动，形成了零工、自由职业者、"斜杠"青年等多个角色。除了传统的工作信息介绍、职业指导等之外，商事法务、财务、知识产业等泛人力资源服务和公共就业创业服务大量涌现，需要在未来的公共就业服务体系中给予重视。

（三）公共就业服务质量提升急需规模更大、专业化水平更高的从业人员队伍来支撑

在服务行业，人才的作用更为突出。从提供更好服务、促进更高质量就业的角度看，相关从业人员队伍素质还有不少提升的空间。目前，从各地承担公共就业服务职能的各类公共就业服务看，机构类型多样，从业人员身份复杂，有的是公务员身份，有的是事业单位人员身份，还有的是企业聘用人员身份，而且这些人员的素质差异较大，造成公共就业服务特别是基层公共就业服务人员规模和质量不足，阻碍公共就业服务质量的提高。

从劳动者对公共就业服务需求的发展趋势来看，在公众对公共就业服务需求不断增加、就业服务质量要求日益提高的情况下，增加职业介绍从业人员就显得尤为重要，如果把前述公共就业服务内容需求升级的因素考虑进来，从业人员队伍建设的需要就更加紧迫了。

三、健全全方位公共就业服务体系的着力点

《规划》对"十四五"时期公共就业服务体系建设进行了部署，提出要"健全全方位公共就业服务体系"，与已经出台的法律法规、政策和综合发展规划一起，形成了公共就业服务体系发展的制度保障。

（一）完善公共就业服务制度

从 20 世纪 90 年代至今，我国已经出台了包括劳动法律、政策和标准在内的系列文件，形成了相对完善的公共就业服务制度体系。但是，劳动者供给规模、结构、流动特点、就业空间分布以及求职行为等要素已经发生了较大的变化，制度创新的诉求也不断增加。从劳动者的空间布局看，原来以户籍为基础的公共就业服务资源配置的方式，已经不能完全适应大批劳动者跨户籍地就业的需要。根据第七次人口普查的数据，全国人口中居住在城镇的人口为 9.02 亿人，占 63.89%，而户籍人口城镇化率仅为 45.4%，也就是说，约 2.6 亿人属于"流动到"城镇的常住人口，这些人口中绝大数应该是城乡转移就业人口，需要将这一部分群体的公共就业服务纳入整个制度体系。《规划》明确提出，"健全户籍地、常住地、参保地、就业地公共就业服务供给机制，推进就业创业政策咨询、就业失业登记、职业介绍等服务覆盖全体城乡劳动者"。由于科技进步和管理方式的创新，远程办公、平台经济等多种组织运行方式快速发展，市场主体跨区域等方式越来越成为一种常态。为此，《规划》提出，"支持各类市场主体在注册地、经营地、用工地免费享受劳动用工咨询、招聘信息发布等服务。推动公共就业服务向农村延伸，实现城乡公共就业服务便利共享"。

（二）加强公共服务机构设置

公共服务机构是落实公共就业服务制度、提供公共服务的重要载体，直接面向被服务对象，因此，其规模和分布对公共就业服务体系建设具有重要作用。从目前公共就业服务体系提供的服务规模看，"本期单位登记招聘人数"、"本期登记求职人数"、"本期接受职业指导人数"和"本期接受创业服务人数"四个指标中，"区（县）公共就业人才服务结构"这一层级的服务机构位居首位，远高于其他三个层级的服务机构。随着乡村振兴战略的推行、公共服务下沉等要求，基层公共服务机构的建设更加紧迫。为此，《规划》提出，"完善街道（乡镇）、社区（村）服务平台，构建覆盖城乡的公共就业服务网络"。作为服务质量高低的重要因素之一，公共就业服务从业人员的队伍建设也得到了重视。《规划》提出，"合理配置公共就业服务机构人员，加强职业指导、职业信息分析、创业指导等专业化、职业化队伍建设"。落实这些措施，有两点值得注意：一是要综合考虑事业单位改革和公共服务建设的需要，协调推进事业单位机构改革和公共服务机构设置，既要避免对基层承担公共就业服务职能的机构"一合了之""一砍完事"，也要防止个别乘机而上、增设机构和人员的倾向；二是要结合国家职业大典修订、人才评价等改革的推进，科学设置相关职业和评价标准，为从业人员职业发展和公共服务专业化发展提供制度保障。

（三）提高公共就业服务能力

公共就业服务能力的提升，一方面，体现在公共服务标准化、规范化的运行上，这就需要加大公共服务设施、人员配备、公共服务内容等方面的标准研发和普及，为公共服务机构及相关服务机构规范运行提供可参考的依据。《规划》提出，"健全公共就业服务标准体系，完善设施设备配置、人员配置等指导性标准，统一公共就业服务视觉识别系统，统一核心业务流程和规范"。另一方面，体现在公共服务提供方式的科学、高效和个性化方面，近年来，快速发展的信息技术为此提供了有力支撑，人力资源和社会保障部也出台了包括《"互联网＋人社"2020行动计划》等在内的政策文件加以推动，当然，信息化、智慧化的升级来自劳动力供求等行为日益网络化、线上化和个性化的趋势。为此，《规划》明确提出，要加快公共就业服务智慧化升级，推动公共就业服务向移动终端、自助平台延伸，打造集政策解读、业务办理等于一体的人工智能服务模式，逐步实现服务事项"一网通办"。

第八篇

提升劳动者就业质量

就业环境、收入与权益保障是衡量就业质量的核心要素。更高质量的就业主要表现为劳动报酬能够为劳动者实现美好生活提供足够的收入，具有更安全、绿色的劳动环境，劳动者享有全面的社会保障，享有平等的就业机会，合法权益得到充分保障。《规划》从改善劳动者就业条件、促进就业平等、维护劳动者合法权益等方面，提出了"十四五"时期进一步提高就业质量的措施。

改善劳动者就业条件

一、合理增加劳动报酬

劳动报酬既是决定就业质量的最基本条件，又是企业生产成本的主要组成部分。劳动报酬低了，就业质量低，不能很好地发挥对劳动者的激励作用，也会对扩大内需造成影响；劳动报酬高了，企业成本上升，利润会减少，对企业扩大再生产有负面效应。因而需要平衡好两方面的关系，合理增加劳动报酬。

要合理确定劳动报酬在国民收入初次分配中的比重。我国坚持按劳分配为主体、多种分配方式并存的基本收入分配格局。劳动报酬、资本报酬和政府收入是初次分配的三个部分，劳动报酬在初次分配中的份额是决定劳动者整体最终劳动报酬水平的首要因素。劳动报酬份额主要受到政府宏观调控、劳动与资本的相对供需关系、经济发展方式、劳动者自身基本素质等影响。"十三五"期间，政府着力通过各种手段调节劳动报酬在初次分配中的比重，劳动相对资本的稀缺程度在上升，过去高投入、高消耗、偏重投资和出口的经济发展方式在转变，劳动者的受教育程度普遍提高，这些变化使得我国劳动报酬占 GDP 的比重达到了52.1%，比以往有了比较大的提高。但是，从国际比较来看，这一比重仍旧偏低。同时，还有一些深层次造成劳动报酬偏低的因素存在。例如，随着我国经济持续稳定发展，特别是东部沿海地区一些出口企业订单需求比较饱满，用工需求持续增长，短期内出现用工不足。长期看，劳动年龄人口数量下降，制造业从业人员老龄化加快，特别是自动化、智能化广泛应用，使得大龄职工越来越难适应新的岗位。而年轻人更倾向于工作较灵活、强度相对较小的服务业领域，客观上加剧了制造业用工紧张。这种用工荒和招工难问题对劳动报酬提升产生了负面影响。另外，随着产业结构的升级，服务业对经济的贡献度逐步提高，发展高质量服务业对于增加劳动报酬将会成为增加劳动力报酬的主要政策方向之一。然而，当前服务业的发展还受到税收、市场准入规则、对外开放政策、对内保护政策等诸多因素的牵制，不利于服务业高质量发展，从而在长期影响劳动者报酬。

《规划》提出要合理增加劳动报酬，并且将劳动报酬占 GDP 比重的稳步增长列为"十四五"时期的一个预期性目标。这就要求今后必须仍旧坚持按劳分配为主体、多种分配方式并存的收入分配格局，更多地在提高劳动报酬在初次分配中的比重上下功夫。同时，要健全工资决定机制、合理增长机制和支付保障机制，将"三个机制"作为提高劳动报酬的基本依据，更多地关注一线劳动者，将增加一线劳动者劳动报酬作为工作的主要目标。着力推进二次分配改革，让收入分配的总体格局更加公平，实现劳动报酬与劳动生产率基本同步提高。要结合当地实际经济发展水平来制定差异化的工资指导线，做好企业薪酬调查工作，及时发布调查信息，形成制度性文本。要发挥市场作用，健全劳动、知识、技术、管理等生产要素由市场评价贡献、决定报酬的机制。在薪酬激励方面，重点是要改革完善能够体现岗位绩效和分级分类管理的事业单位薪酬制度，体现差异化和激励效应。在国有企业分配制度方面，要继续深化国有企业工资分配制度改革，通过向典型成功案例学习等方式，推进国有企业市场化薪酬分配机制改革。

二、营造良好的劳动环境

营造良好的劳动环境有利于优化劳动者就业条件，也是增强劳动者对企业信任、提高劳动效率的重要基础。在劳动环境的营造过程中，最主要的工作是对劳动过程中可能出现的安全隐患和对身心健康伤害的预防和保障。长期以来，我国在制度设计中致力于为劳动者营造良好的劳动环境。以工伤预防为例，1996年，劳动部颁布的《企业职工工伤保险试行办法》明确了企业要以"安全第一，预防为主"的指导方针做好工伤预防工作。2004年，《工伤保险条例》提出以工伤预防、工伤康复和工伤补偿"三位一体"的制度体系。2021年，多部门联合印发《工伤预防五年行动计划（2021—2025年）》，提出要完善"预防、康复、补偿"三位一体制度体系，促进劳动者实现稳定就业，促进经济社会持续健康发展。

随着制度的健全，我国总体的劳动环境有了明显改善。但当前在矿山、冶金和化工等领域重大事故时有发生，相关行业劳动者的职业健康状况还存在诸多问题，为此有必要进一步实施更加缜密的劳动环境改善规划。具体而言，在"十四五"时期要从提高就业质量角度出发，全面提升和牢固树立预防优先的工作理念。将营造良好的劳动环境作为工作质量评价的重要指标，建立完善预防联防联控机制。要实施工伤预防五年行动计划，严格树立安全防范意识，落实第一责任人制，积极推进劳动环境改善职业化建设工作。要深入开展安全生产专项整治三年行动，持续加强矿山、冶金、化工等重点行业领域尘毒危害专项治理，坚决遏制重特大事故发生。要严格执行安全生产法，加强对高危行业建设项目的监管。要在相关领域推动简单重复的工作环节和"危繁脏重"的工作岗位尽快实现自动化智能化，尤其是加快重大安全风险领域"机器换人"工作。

由于劳动环境具有行业特性，所以要抓好劳动环境工作必须要瞄准重点行业、企业，对典型事故实施专项治理。"十四五"期间要确定危险化学品、矿山、建筑施工、交通运输、机械设备制造、冶金、金属及非金属矿物制品等相关领域的重点预防工作计划。对重点行业中工伤事故高发、数据监控异常以及发生重大工伤事故的企业，开展工伤预防专项治理，可通过专家会诊、专业机构服务等方式，深入剖析企业安全管理、设备设施维护、员工行为安全、作业环境等层面暴露的漏洞不足，实施"一企一策"化精准治理方案。

为了做好上述工作，还需要建立数据共享机制，实现人员信息、事故信息、职业病信息和涉及安全生产事故和职业病的工伤信息等相关数据共享，及时掌握、预测各类安全隐患。未来要建立优化工伤预防专家库，从高等院校、科研院所、社团组织、国有企业等企事业单位，遴选职业卫生、教育培训、信息技术等领域的专家，负责改善劳动环境的宣传培训、问题诊断、措施制定、评估验收等专业技术相关工作，切实为劳动者营造良好的劳动环境。

三、加强劳动者社会保障

改革开放 40 多年以来，我国社会保障体系实现了由城镇职工的"单位保障"向统筹城乡的"社会保障"的根本性转变，覆盖城乡居民的多层次社会保障体系基本建立，走出了一条可持续发展的具有中国特色的社会保障道路，不断促进全体劳动者社会保障水平的提升。在这一过程中，劳动者社会保障政策起到了极为重要的作用。在制度建设方面，经过不懈努力，我国社会保障制度实现了从企业单位保障到社会保障，从企业单一责任到国家、单位和个人三方责任共担，从城镇到农村，从城镇职工到城乡居民的重大转变，形成了一套与社会主义市场经济体制相适应的制度体系。在覆盖范围方面，1993 年，我国参加医疗费用社会统筹人数仅为 540 万人，到 2021 年基本医疗保险覆盖人数已经超过 13.5 亿人，基本实现全民参保，而且失业、工伤、生育保险的参保人数均达到 2 亿人左右，覆盖了绝大多数职业群体。在待遇水平方面，企业退休人员基础养老金、城乡居民养老保险基础养老金自 2005—2021 年连续上调，基本养老保险、失业保险、工伤保险三项社会保险基金支付能力显著增强。

当前，我国劳动者社会保障问题还比较突出，尤其是非正规就业行业劳动者社会保障覆盖面较小，新业态就业人员制度保障不足，而且新冠肺炎疫情的冲击使得部分劳动者转为灵活就业人员，共享经济提供服务人数也不断增加。按照现行规定，灵活就业人员与从业单位之间属于非稳定劳动关系，无法获得工伤保险、失业保险等制度保障。从劳动者规模来看，我国灵活就业人员已达 2 亿人，共享经济行业劳动者约 8400 万人，这些劳动者大多游离于社会保障覆盖范围之外，是近年来劳动纠纷问题最多的群体，因而应该得到重点关注。

　　针对这些痛点、难点问题，《规划》提出，要健全多层次社会保障体系，持续推进全民参保计划，提高劳动者参保率。加大城镇职工基本养老保险扩面力度，大力发展企业年金、职业年金，规范发展第三支柱养老保险。推进失业保险、工伤保险向职业劳动者广覆盖，实现省级统筹。这就需要不断完善全国统一的社会保险公共服务平台，优化社会保险关系转移接续。在公共服务方面，要进一步完善从中央到省、市、县、乡镇（街道）的五级社会保障管理体系和服务网络，以信息化为支撑，加强"金保工程"建设，全面实施"互联网＋人社"行动计划，进一步简化优化再造服务流程，积极推动数据共享和互联互通。在医疗保险方面，要充分考虑灵活就业人员、农民工群体异地就医问题，尽快完成异地即时结算的平台和制度构建工作，并保证社会保险关系转移接续顺畅，使流动人员的社保权益得到更好维护。争取在"十四五"末100%省级和85%地市级人力资源和社会保障部门开通网上服务，社会保障卡覆盖率达到100%。

促进就业平等

一、畅通劳动力和人才社会性流动渠道

在改革开放 40 多年的制度变迁中，劳动力和人才流动体制改革是其中重要的内容。劳动力和人才流动制度伴随着我国经济、政治体制的改革，逐步由僵化、刚性到灵活、柔性，劳动力和人才流动制度的变迁体现出我国在人才使用上从封闭到开放的特点。我国劳动力和人才流动工作主要成就体现为劳动力队伍整体素质增强、劳动力作用发挥更加充分、劳动力配置的体制机制不断优化。回顾改革开放 40 多年来的发展历程，没有城乡二元结构的松动，就不会有大量的农村剩余劳动力的流动，没有人才在城乡、城城之间的流转，就不会有城市建设的奇迹和市场经济的快速发展，劳动力和人才的社会性流动为我国经济发展创造了巨大红利。

当前我国劳动力和人才社会性流动的问题主要集中于两个方面：一是人员横向流动障碍较多，不利于劳动力和人才在地区、行业、职业之间流动；二是人员的职业上升通道还不够畅通，尤其是中低端行业就业人员缺乏职业上升渠道，严重制约了他们的职业发展。释放经济发展的活力需要进一步畅通劳动力和人才社会性流动渠道。要用好用活人才，建立更为灵活的人才管理机制，打通人才流动、使用、发挥作用中的体制机制障碍，最大限度支持和帮助科技人员创新创业。《规划》进一步明确了要深化劳动力要素市场化配置改革。今后要重点从推进户籍制度、用人制度、档案服务改革几个方面，加快破除妨碍劳动力和人才市场化配置和自由流动的障碍，要搭建横向流动桥梁、搭建纵向发展阶梯，各地区都要为形成合理、公正、畅通、有序的社会性流动格局制定适用性制度。各行业各领域要重点拓展基层人员发展空间，通过加大对基层一线人员奖励激励力度，引导和帮助他们有序流动，为他们提供职业发展机会和上升空间。

需要特别指出的是，我国高端人才队伍建设依然任重而道远，从人才队伍的整体规模、结构、分布来看尚且不能满足国家高科技、高端制造业和新型服务业建设需求，而且高层次人才流动渠道较为闭塞。因而，要有针对性地制定高端人才社会性流动的激励制度，提高人才培养的针对性和人才配置的有效性。

二、努力消除就业歧视

更加充分更高质量是"十四五"时期就业的总目标，扩容提质将贯穿"十四五"时期就业工作始终，在这一过程中必须进一步加强对特殊群体的权益维护，努力消除就业歧视。随着改革的深入，我国各行各业分工更加细化，行业间的社会联系更加紧密，社会对不同行业从业人员贡献的认可度越来越高，总体上展现出了尊重劳动的良好社会风尚，就业歧视现象逐步减少。例如，改革开放以来我国有越来越多的女性参与就业，性别红利逐步成为人口红利的一种迭代方式；中低端行业就业人员劳动权益受到更多保护，崇尚自立和尊重劳动的观念不断深入人心。

然而，随着劳动力市场竞争加剧和行业分化，不同行业、职业、岗位的工作待遇差异愈加明显，工作岗位的质量、招聘条件、收入、职业发展前景等就业质量因素差异较大，因此，一方面，社会对不同就业质量劳动者群体有不同看法；另一方面，用人单位也会在招聘过程中提出一些歧视性做法，就业歧视问题仍然时有发生。当前较为突出的现象是劳动力市场中存在对女性劳动者就业歧视的问题。虽然我国性别平等已成为共识，但女性就业歧视问题依然严重，智联招聘发布的《2021中国女性职场现状调查报告》显示，女性在劳动力市场中整体薪酬低于男性12%，新冠肺炎疫情让女性处境更加艰难，同时遭遇育儿和就业歧视双重压力。

针对现有问题，《规划》指出要保障妇女劳动权益。具体而言，未来首先需要加强对人力资源市场的监管，建立联合约谈机制等措施来解决劳动者就业歧视问题；其次要在就业创业、职业发展、技能培训、职业健康等方面保证不同劳动者具有同等机会的权益，为因生育中断就业的女性提供再就业培训公共服务；最后要将消除就业歧视作为用人单位承担社会责任的重要方面，鼓励用人单位制定有利于职工平衡工作和家庭关系的措施，确定有利于女性的休假和弹性工作方式。

维护劳动者合法权益

一、扎实做好劳动权益保障

加强劳动者权益保障是提升劳动者获得感和满意度，让广大劳动者实现体面劳动和全面发展的基础。我国劳动者权益保障体系已经基本成形，初步解决了普惠性问题和公平性问题，在实践中突出了企业的主体责任，责任边界也比较明确，除企业外的其他主体责任分担更加细化、可行，劳动权益保障水平不断提高，保障待遇的提高有较高的可预期性。

当前，劳动权益保障体系建设仍然面临诸多新要求和新挑战。伴随我国平台经济的快速发展，灵活就业和新就业形态已成为劳动者就业增收的重要渠道。随着新一轮科技革命和产业转型升级，新一代信息技术发展日新月异，"互联网 +"成为传统产业升级的重要路径。当前我国有全球规模最大的新就业形态劳动力群体，并且这一规模将在"十四五"期间持续扩大，网约配送员、网约车驾驶员、网约货车司机、互联网营销师等新就业形态劳动者数量将大幅增加。对于新业态就业人员来讲，劳动关系认定难、职业安全健康难保障、诉求表达机制不畅通，这些困境需要立法、执法、企业、工会等各方面共同发力才能协调解决。事实上，维护好新就业形态劳动者劳动保障权益，有利于促进灵活就业，增加就业岗位和群众收入，但由于平台的用工形式和新就业形态，劳动者的就业方式相对灵活，大量新就业形态劳动者难以与企业直接确认劳动关系，难以简单纳入我国现行劳动法律调整。因而，劳动者权益保障是一项系统性工程，需要有关部门协调配合来完成。

2021 年，人力资源和社会保障部、国家发展改革委等八部门联合出台《关于维护新就业形态劳动者劳动保障权益的指导意见》，要求切实维护新就业形态劳动者保障权益，促进平台经济规范健康持续发展。《规划》也明确提出，要加强对劳动密集型企业、中小微企业劳动用工指导，督促企业依法落实工时制度，保障劳动者休息休假权益。

今后要在既有劳动者权益保障政策框架下，从细节入手完善好各方面工作。例如，各级管理部门要结合实际，建立欠薪治理长效机制；要利用大数据分析技术，推进智慧劳动保障监察系统建设，加强对劳动权益保障的监控预警，提高执法效能。针对新业态的健康发展，要完善新职业从业人员的保障制度，尤其是结合新产业、新业态、跨行业、跨平台、跨地域等特点，各地区可以制定灵活科学的权益保障和社会保障制度。要邀请有关专业人员研究制定适合新就业形态发展的平台企业劳动用工、工资支付等劳动基准，明确新就业形态人员劳动权益保护的劳动标准。要在制度不完善的行业、企业中确立公平就业、休息等制度，强化职业伤害保障，畅通劳动者诉求表达机制。为了提高企业要依法用工和积极履行用工责任的意识，保护新职业劳动者合法权益，要尽快制定适合新就业形态的劳动争议处理制度和劳动保障监察制度，修改《中华人民共和国劳动合同法》和《中华人民共和国就业促进法》中的相应条款，切实保护处于劳动权益保障制度边缘的从业者劳动权益。要提高社保政策的针对性和精准度，使更多平台从业人员享受到社保补贴扶持政策。

对于平台企业使用或帮助残疾人、贫困家庭劳动力、"零就业"家庭成员等就业困难人员就业的，要加大社保补贴力度。要强化职业伤害保障，建立健全职业伤害保障管理服务规范和运行机制。同时，明确互联网平台企业保障劳动者权益的责任，为平台灵活就业人员提供与工伤保险待遇总体一致的公平保障。

二、构建和谐劳动关系

经济发展的历史经验表明，劳动关系是否和谐稳定是影响经济增长、财富积累和分配公平的重要因素。财富的创造和分配均需要以和谐稳定的劳动关系作为基础。财富的生产过程是各类生产要素之间的合作过程，各类要素尤其是劳动与资本之间能否构建和谐稳定的合作关系，必然影响到各行为主体之间的合作效率。我国处于并将长期处于社会主义初级阶段，只有构建起和谐稳定的劳动关系，才能充分释放劳动、资本等各类要素的发展潜力和合作潜能，促进共同建设、共同创造、共同奋斗，为扎实推动共同富裕奠定坚实的物质基础。同时，财富的分配过程也是各经济主体之间的谈判过程，能否建立平等和谐的谈判关系必然影响各主体之间的协商效率和分配结果。我国实行的是社会主义市场经济，公平正义是财富分配的价值导向。只有构建起和谐稳定的劳动关系，才能真正实现劳动、资本等各类要素之间的平等协商、合理分配，为扎实推动共同富裕建立可靠的制度基础。

在当代中国，扎实推动共同富裕必须围绕劳动关系这一轴心，直面影响劳动关系和谐稳定的各种问题与挑战，着力构建和谐稳定的劳动关系。进入新时代，伴随着经济社会的快速发展，我国劳动关系进一步完善，为实现共享发展和共同富裕提供了有利条件。但也应看到，新的历史条件下构建和谐劳动关系依然面临诸多挑战。总体而言，当前的劳动关系依然存在"资本强势、劳动弱势"的状况，劳动者权益保护有待加强；劳动参与率呈现持续下降态势，劳动力流动性大幅提高，企业用工需求不能得到稳定保障；新技术引领的新经济、新业态引发生产组织方式深刻调整，大量灵活的、非全时的、即时性的新型劳动关系代替了稳定的、全时的、固定性的传统劳动关系，灵活就业人员的劳动保障问题受到更多关注。

为了构建和谐劳动关系，《规划》对今后工作提出了较为翔实的要求。要准确把握《规划》的内容，需要做好以下几个方面的工作。首先，要健全政府、工会、企业代表组织共同参与的协商协调机制，其中最重要的是发挥好工会和企业代表的作用，要真正了解劳动者权益保护的诉求，及时协调好各方利益。同时要在民主参与、民主监督、民主决策机制构建方面进行有益尝试和创新，推动企业建立科学的权益保障机制，提升企业与劳动者沟通协商的制度化程度。其次，要完善以职工代表大会为基本形式的企业民主管理制度，对于尚未建立工会组织的中小企业，要重点做好工会建立工作，并且要在中小企业集中的地方推动建立区域性、行业性职工代表大会，让职工代表大会成为劳动权益保障的良好沟通平台，既能反映问题、协商讨论问题，又能解决问题。在此过程中，要推进集体协商制度建设，巩固提高集体协商覆盖面，同时要更加重视集体协商的实效性，本着解决问题的原则构建制度和开展工作。最后，要在全国层面深入实施劳动关系"和谐同行"能力提升三年行动计划，形成中国特色和谐劳动关系改革创新的基本做法。各地区、各企业要开展多种和谐劳动关系创建活动，要通过技术手段加强劳动关系形势分析和风险监测预警。对于劳动人事争议的解决，要在目前经验基础上尝试构建新的调解仲裁机制，提高调解仲裁队伍能力，在"十四五"期间大力推进"互联网＋调解仲裁"。

总之，《规划》将"优化劳动者就业环境，提升劳动者收入和权益保障水平"相关内容专辟一章，提出合理增加劳动报酬，提高劳动报酬在初次分配中的比重，增加劳动者特别是一线劳动者的劳动报酬，并且在全面强化就业优先政策的同时，将提升劳动者收入和权益保障水平、平等就业等重要指标纳入政策目标之中，为今后的就业工作指明了方向。

第九篇

完善规模性失业风险的
预警与防范体系

失业风险是指劳动力市场存在失业的可能性，劳动者失去就业机会以及相应报酬收入的不确定性。失业有自愿性失业和非自愿性失业之分，失业风险主要是针对非自愿性失业的可能性。非自愿性失业有三种类型：结构性失业、周期性失业和季节性失业。"十四五"时期，在没有大的突发因素导致经济发展衰退的情况下，我国经济将保持健康稳定发展，失业风险将主要来自结构性失业风险，表现为技能供需不匹配风险、局部区域产业转移或衰退发生区域结构性失业风险等，同时，在经济下行压力逐渐增大的情况下，周期性失业风险也存在可能性。《规划》提出，"妥善应对潜在影响，防范化解规模性失业风险"，为此要健全监测预警机制、全面强化风险应对处置。

"十四五"时期就业领域的潜在冲击

一、技术进步引发"机器换人"加速，导致劳动力技能与岗位需求不匹配矛盾更加突出，低技能、低学历群体面临失业风险

以机器人、AI 技术为代表的第四轮新技术革命全面渗透经济社会各领域，正对我国劳动力市场的就业结构产生着深刻的影响。一方面，长期来看，知识具有边际规模报酬递增的特性；另一方面，在经济增长放缓的背景下，人工智能新技术成为新的经济增长点，受到政府的大力支持。因此，未来人工智能新技术将加速落地，人工智能新技术应用范围将不断扩大。作为自动化的新阶段，机器人和人工智能总体上能够缓解劳动力供给短缺，提升生产效率，促进经济增长，短期不可避免地会带来就业结构性冲击，长期来看，就业溢出效应可能弥补就业替代效应。中国社科院开展的"中国制造业企业—员工匹配调查"（2015—2018年）显示，制造业企业中使用工业机器人和数字控制技术的覆盖率达 18%，这类企业中一线生产工人需求下降了 19.6%。机器人和 AI 新技术应用对我国制造业总体就业需求的负面冲击达到 3.5%，其中以农民工就业岗位为主，平均每年有160 万—200 万个农民工制造业岗位被机器人和 AI 新技术应用所替代，"十三五"期间 800 万—1000 万个农民工制造业岗位被替代。国家统计局历年发布的《全国农民工监测调查报告》显示，农民工就业结构中的制造业比重从 2015 年的31.1% 下降到 2019 年的 27.4%，直观反映了新技术的替代效应。在人工智能新技术最新发展趋势下，劳动力技能与岗位需求不匹配矛盾将更加突出，应对技术性失业成为政策制定部门必须要面对的一个重要问题。

二、经济发展的下行压力导致创造就业岗位不足风险

在经济出现新的下行压力的背景下，习近平总书记在 2021 年 12 月的中央经济工作会议上指出，我国经济发展面临需求收缩、供给冲击、预期转弱三重压力。在需求方面，社会消费品零售总额同比增速下降，处于较低水平；投资同比增速也整体呈现回落态势，反映了需求收缩的变化。供给端国际大宗商品价格上涨，国内部分能源和金属供给偏紧，"缺芯"问题在汽车等部分行业的影响明显，

工业生产者出厂价格涨幅连续扩大。从预期看，制造业采购经理指数跌至收缩区间，尤其以中小型企业制造业表现更为明显；服务业商务活动指数受新冠肺炎疫情影响波动较大，但总体呈回落态势。这些都反映出预期转弱的情况。上述因素会造成有效需求不足和经济增长缺乏动力，导致就业岗位创造不足，进而会引发相应的失业风险。

三、"碳达峰碳中和"目标挤出非绿色就业岗位，导致该群体面临再就业风险

碳达峰碳中和作为一场极其广泛深刻的绿色工业革命，具有十分重大的意义，必将全面影响我国劳动力市场。根据《中共中央 国务院关于完整准确全面贯彻新发展理念做好碳达峰碳中和工作的意见》和《2030年前碳达峰行动方案》，"十四五"期间的主要目标是：调整优化产业结构和能源结构，大幅提升重点行业能源利用效率，严格控制煤炭消费增长，加快构建新型电力系统，研发和推广应用绿色低碳技术，普遍推行绿色生产生活方式……到2025年，单位国内生产总值能耗比2020年下降13.5%，单位国内生产总值二氧化碳排放下降18%，非化石能源消费比重达到20%左右。这一目标必然会挤出非绿色就业岗位，导致该劳动力群体面临再就业风险。客观地讲，在相对较低的发展水平条件下，中国提出实现碳达峰碳中和目标，面临着前所未有的多重挑战。第一，全球实现碳排放达峰的国家基本上是发达国家或后工业化国家。第二，中国与欧美国家处在不同的经济发展阶段和不同的经济增速阶段。欧美国家是发达国家，而中国仍然是发展中国家；欧美国家的经济增速属于中低型，而中国的经济增速属于中高型。第三，低碳技术创新水平较低。中国的绿色技术创新还处在起步阶段。第四，我国产业体系的绿色现代化进程较慢。产业结构优化升级和低碳转型是实现碳达峰碳中和的关键途径之一，但是目前中国许多地方，特别是经济欠发达地区的非省会城市及其周边地区，还存在产业结构优化升级能力不足的问题。很多经济欠发达地区由于工业偏重资源密集型产业，服务业多以传统服务业为主，交通等基础设施和公共服务体系尚不健全，资金和科技支撑力度有限，导致这些地区很难靠自身力量推动产业结构升级，同时又难以吸引到好的项目或投资来带动产业结构升级。即便是经济发达地区，目前也存在着土地等要素制约以及淘汰落后产能等困难，同时还面临着世界发达国家的再工业化和核心高新技术封锁等带来的产业结构高端化挑战。在产业绿色升级和淘汰落后产能的过程中，势必将导致大量的非绿色就业劳动力面临失业和再就业风险。

四、新冠肺炎疫情破坏就业岗位，导致就业需求萎缩和周期性再就业风险

新冠肺炎疫情对就业的影响包括国内和国外两个方面。国内疫情对就业的直接影响在于：一方面，从要素市场需求来看，疫情提高企业交易、仓储、物流等成本，使得企业利润减少，从而减少劳动力需求，影响国内就业；另一方面，从要素市场供给来看，疫情影响劳动力对产品市场以及劳动力市场前景的预期，从劳动力心理上影响其就业选择行为，进而影响劳动力供给。此外，短期内叠加大量高校毕业生、农村转移人口向城市流动，给我国就业带来不小的压力。国外疫情对就业的间接影响在于：一方面，国外疫情管控较为迟缓，这导致行业、部门间生产要素国际流动受阻，影响我国国内就业；另一方面，根据奥肯定律，经济下滑将影响一国的国内就业，海外疫情蔓延将造成全球经济的不稳定，在全球经济活动联系日益紧密的情况下，国内经济的企稳会受到全球经济后续复苏状况的干扰，间接影响我国国内就业。此外，海外疫情蔓延造成国际投资、对外贸易受到重创，外资企业、外贸企业就业将遭受影响，进而影响我国就业水平。

五、灵活就业群体比重持续增加，拉高劳动力摩擦性失业风险

灵活就业劳动力占我国总劳动力的比重可能持续增加。2015 年，国际劳工组织发布的《世界就业和社会展望》显示，全球仅 50% 的工作者属于工薪就业，其中全日制稳定雇员仅占比 45%。2019 年，世界银行的统计数据显示，数字技术正催生更多短期性工作，而非标准化长期合同。我国包括零工在内的灵活就业人员有数亿人口。国家信息中心发布的《中国共享经济发展报告（2021）》显示，近 5 年来，基于共享平台的新就业形态发展迅速，就业规模显著扩张。2016 年，中国共享经济参与者人数大约为 6 亿人，到 2020 年，中国共享经济参与者人数已经增长至大约 8.3 亿人，涨幅 38.33%。其中，平台企业员工数从 2016 年的 585 万人增长至 2020 年的 631 万人，增加了 7.86 个百分点。灵活就业群体面临权益保障等问题，就业风险水平较高，该群体数量和比重的大幅增加拉高了我国劳动力总体失业风险。

六、经济发展区域不平衡性导致局部性失业风险

首先，从各地区来看，经济发展区域不平衡加剧失业风险区域分化。东北地区和中西部地区一些资源枯竭型城市出现产业结构单一、产能过剩严重、就业需求不足等问题，导致人口和劳动力加速外流，劳动力市场疲软，呈现出老龄化严重、失业率高、劳动参与率降低的现象，甚至一些区域性大城市也面临类似风

险。其次，从城乡差异上看，城乡经济发展的不平衡与不充分造成了劳动力在城乡之间的就业存在明显差异。以返乡农民工、农村能人和中高等院校毕业生等为代表的乡村创新创业主体，将为乡村经济发展注入技术、资金、经验等要素，推动乡村新产业、新业态从"无"到"有"、从"有"到"优"，但当前返乡创新创业主体普遍面临着人才、建设用地、资金的桎梏，影响了乡村劳动力的就业质量。最后，从微观重点主体上看，大学生、农民工的区域就业不平衡突出。一部分大学生因"高不成低不就"产生了就业市场供求双方的不匹配，如一部分高等院校位于经济发达地区，当地就业市场需求旺盛，而一部分高等院校位于经济落后区域，就业市场质量普遍偏低。农民工流动趋势发生变化，东部地区经济水平较高，但是由于产业升级、生活成本上升和外需不稳定等原因导致吸纳就业的农民工减少，中西部经济水平较低，在农民工大量回流的背景下，就业压力加大。

七、劳动力市场边缘群体的失业风险凸显

有一部分选择暂时或长期退出劳动力市场的就业意愿不强或就业困难群体，他们并没有被纳入失业统计中，所以失业率指标并不能全面反映失业风险。劳动参与率也是考量失业风险的重要指标。2008 年国际金融危机以来，美国失业率从高达 10% 逐步恢复下降到 2020 年的 3.5% 左右，但劳动参与率从危机前的 67% 下降到 61%，这意味着有一大批群体因丧失就业信心而选择退出劳动力市场。我国总体劳动参与率在 1983 年曾高达 83%，此后持续下降，到 2000 年已降为 77.22%，2010 年进一步下降到 70.97%，此后下降到 2020 年的 66.8%。我国总体劳动参与率持续下降最重要的原因是人口年龄结构老龄化，65 岁及以上老年人口占比已从 2000 年的 6.96% 提高到 2020 年的 13.50%，老年人口劳动参与率很低。游离在劳动力市场边缘的这部分群体规模呈扩大趋势，该群体面临较大的失业风险。

健全失业风险监测预警机制

失业风险监测预警机制是在科学分析影响失业的潜在因素的基础上，组织开展连续、系统、完整、规范地收集、分析、报告引发失业的信息资料，为早发现、有效控制和预防规模性失业风险提供信息保障，为制定应对措施、控制措施提供科学依据。《规划》提出，要通过完善就业失业统计监测调查体系、增强风险预警预判能力来健全监测失业风险的预警机制。

一、完善就业失业统计监测调查体系

（一）构建系统完备、立体化就业失业监测网络

构建完备的就业失业监测网络，是指要加强对劳动力市场就业和失业相关数据指标的实时跟踪统计，形成对劳动力市场、企业用工主体和劳动者个体就业现状全覆盖的监测网络。健全监测网络，有利于减少劳动力市场供求双方的信息不对称和搜寻成本，同时为失业风险的测算和预警提供基础性实时数据和信息支撑。具体而言，关键要提升监测调查体系的深度和广度。在深度上，要不断完善和细化统计指标体系，多维度考评劳动力市场的就业现状和失业情况。就业方面包括就业数量、就业质量、就业稳定性以及就业结构，失业方面包括劳动参与率、失业率、失业水平、失业结构等。在广度上，要扩大调查群体的覆盖面，一方面要实现劳动力市场、企业用工主体和劳动者个体的全覆盖；另一方面要对不同区域、不同行业和不同劳动群体进行重点关注，包括高校毕业生、城镇青年、农村转移劳动力、退役军人、灵活就业群体和女性群体等。尤其是随着数字经济的发展，工作的性质和类型发生了深刻变化，平台型就业、弹性就业、非标准就业等新就业形态不断涌现，针对这些新就业形态，探索就业失业统计监测的指标体系和统计方法是新时期我国优化失业风险监测预警机制的重要内容。

在调查体系建设和调查统计方法上，一是政府要加大对劳动力市场调查活动的政策支持和资金支持，在政府组织基础性社会调查的同时，鼓励和支持非官方群体开展规模性微观调查，让社会力量和学术研究团队共同参与进来，让劳动力市场的信息更多被采集和了解；二是要加强平台建设，增强不同地区、不同行业

劳动力市场资源信息库的协同，加强与社会保险、劳动关系、国家人口信息之间的数据比对联动，促进信息的实时共享与更新；三是要完善失业统计制度，做好相关调查试点工作，不断完善劳动力抽样调查制度，实行动态分析监测，提高调查工作的效率。

（二）推进就业统计监测领域的大数据应用

推进互联网、大数据、机器学习等新兴技术在就业统计监测领域的应用，为调查数据收集、调查体系建设以及失业预警信息系统的开发提供技术支撑。对数字化的劳动力市场资料进行大数据挖掘和深入分析，可以有效提升就业监测的专业化、精细化程度。具体而言，一是通过大数据技术提升数据收集和数据分析的效率和水平。信息技术的发展，可以大大提高数据收集和处理的便利性，利用数据挖掘可以从文本数据中萃取大量有价值的信息和知识。大数据技术可以极大地节省数据收集整理过程中的人力成本，提升劳动力市场监测的精度和效率。二是通过大数据技术加速推进传统劳动力市场统计数据资料向劳动力市场数据库平台的转变，同时把各大劳动力数据平台进行协同和串联，并进行动态更新，实现反映就业和失业情况数据的共享和快速传播。三是通过大数据手段进一步提升就业统计调查的广度与深度，提升劳动力市场监测精细化水平。就业方面包括就业数量、就业质量、就业稳定性以及就业结构，失业方面包括劳动参与率、失业率、失业水平、失业结构等。在广度上，要扩大调查群体的覆盖面，实现劳动力市场、企业用工主体和劳动者个体的全覆盖，还有不同地区、不同行业、不同企业的就业现状。四是可以借助信息化的手段，将失业预警模型通过信息平台智能化地展示处理，包括机器学习、人工神经网络等技术在失业预警模型构建过程中的应用，以提高预警工作的效率和效果。

二、增强风险预警预判能力

（一）健全就业形势科学研判机制

健全就业形势研判机制，是要在就业失业统计监测调查体系的基础上，构建一套行之有效的失业风险评测指标系统，对就业形势进行动态监测和合理研判，从而对劳动力市场发展现状有一个明确清晰的了解和把握。对失业风险的及时合理研判，一是政府要积极联合高校和企业的专业研究分析团队，构建完善的失业风险测算指标体系，全面综合国内国外多方面风险因素，包括国内外经济环境、技术环境、生态环境变化而产生的对劳动力就业岗位、劳动关系、劳动权益的冲击，以及供需关系的不匹配导致就业岗位转移流失较多、技能与行业需求不匹配导致就业岗位的替代和流失等，要综合分析失业率、长期失业人员比例、失业人员增幅、享受失业保险待遇人数、失业保险基金收支、就业形势等指标，对劳动力市场的失业风险进行量化评估，同时划定失业风险警戒线，使得失业风险程度有一个可行的评价和比较标准，进而对失业风险进行及时的研判和预警。二是要建立失业风险的分级警报机制。根据对失业风险分地区、分行业、分群体的实时动态监测，综合分析失业风险程度，合理设置警戒线，及时发布失业预警，将失业风险的动态监测系统建设成为就业领域的"天气预报"。

（二）完善企业规模裁员减员及突发事件报告制度

企业一旦出现规模裁员减员的事件，或者有对劳动力市场的冲击性事件发生，需要有及时高效的报告制度与之配套，使得政府相关部门及时了解事件发生进展状况和不良影响的程度、波及范围，减少信息不对称和信息失真，提高政府采取相应应对政策措施的效率。一是要对规模以上企业的发展现状和雇员情况进行实时跟踪了解，加强失业风险监测，畅通企业各个部门和员工对失业风险的报告渠道。二是企业、政府等部门要对突发事件有及时准确的感知，做好报告工作，提高信息传播的速度和效率。具体可以从三个方面进行考虑。

一是报告前阶段，要加强信息监测与监控力度，健全信息监测与监控系统。对信息监测与监控的内容、来源、手段、方式、工具、系统等方面规定的不完善，可能会导致信息监测与监控流于纸面。可以借鉴其他国家的先进经验和做法，如美国的突发公共卫生事件信息报告制度，通过建立综合性监测体系，保证信息监测的全面性与实时性。二是报告中阶段，要对信息通报和信息反馈的标准、时限、程序、方式、监督与考评、奖励与处罚等做出更为全面且细致的规定，通过这种强制性规定激发信息通报和信息反馈主体的动力与活力，促使各主体在接收到相关信息时，能够在第一时间、以最快速度、通过可靠工具向相关的同级或下级主体进行通报或反馈，畅通同级之间以及上级对下级的信息流通与共享。三是报告后阶段，要重视信息公布和信息保护，加强对信息公布和信息保护的约束。完善细化信息公布的相关规定，提升有关主体公布信息的及时性、准确性和规范性，对违反规定的行为给予相应的处罚，提升对涉事人信息的保护力度。此外，加强对企业规模裁员减员和突发事件涉事人信息的保护，一方面是对涉事人隐私权的保障；另一方面也有利于提高涉事人全面准确提供个人信息的意愿，进而更加全面和真实地了解劳动力市场发展现状。

（三）完善县级以上政府失业风险预警制度

政府在失业风险预警上的责任，体现在统筹协调、把握导向上。所谓"牵一发而动全身"，就业不是一个单纯的社会问题，它的发展必然和政治、经济、文化的发展紧密地联系在一起。各级政府都应该充分认识防范和化解失业风险的重要性，政府部门在研究制定经济和社会发展规划时，都应该把减少失业、完善失业风险预警机制作为重要内容加以考虑。

应该加强失业风险预警的工作机制建设。随着失业预警模型的日益成熟，如何在实践中得到有效应用是下一步需要重点考虑的内容，而为了促进失业预警模型的应用，应该重点加强以下几个方面的机制建设：一是建立数据汇总和分析机制；二是建立失业警情分析机制；三是建立失业警情报告机制；四是建立失业警情处理机制。另外，失业预警模型不是一蹴而就的，它会随着社会经济等各种因素的变化而改变，因此还需要根据实际情况及时进行调整。

失业预警是一项系统工程，对于构建整个失业预警工作至关重要，根据失业预警系统模型的构成要件，其构建流程主要包括以下几个步骤。

第一，成立工作团队。在开展失业预警系统构建工作之前，首先要成立工作组，并明确工作责任，以确保各项工作落实到位。一般而言，工作团队的构成主要包括以下三个。一是领导小组。领导小组一般由失业预警工作负责单位的领导组成，主要工作是为整个失业预警系统定思路，并协调相关的人力、物力及财力，确保失业预警系统能够顺利建立。二是实施小组。实施小组是失业预警系统构建的具体实施者，重点负责搭建失业预警系统框架，并且按照相关步骤逐步构建失业预警系统。三是专家团队。由于失业预警系统对理论及方法的要求较高，一般需要借助专家智库的支持，重点工作在于指标体系的开发、理论模型的建立、预警方法的指导等方法。

第二，确定预警方案。在开展失业预警系统的构建工作之前，首先需要有一个系统的规划和设计，通过深入分析当地的社会、经济、人口等各方面的情况，再结合数据基础、管理能力等，对如何设计失业预警系统有一个总体思路。然后再确定如何选择指标、选择什么样的指标，以及如何对相关指标进行分析。如果系统设计之前缺少规划，那么容易导致不同环节之间缺少联系，系统难以有效运作。具体方案的确定，需要由领导小组、专家团队和实施小组共同讨论确定。

第三，构建指标体系。在失业预警系统模型中，指标体系是检查和分析的基础，因此构建指标体系对于失业预警系统非常关键。尽管我国关于就业、失业的统计日益规范，但总体看，仍然难以满足失业预警系统对于指标数量、结构等方面的要求。另外，尽管很多指标已经建立，但是数据采集时间较短，在构建理论模型时无法满足时间序列的要求。这也是当前指标体系构建过程中存在的一个突出问题。一个有效的解决办法是，首先从理论上尽可能多地将指标体系纳入失业预警系统中，然后根据科学性、规范性、可操作性等原则，对指标进行筛选，形成当期的预警指标体系。而对于另外一些目前数据收集较为困难的指标，可以列出作为参考，随着数据收集体系的不断完善，逐步纳入失业预警指标体系中。

第四，研究预警方法。近年来关于失业预警的研究和实践日益增多，一些用于经济分析预测的方法也逐步引入失业预警领域。就目前来看，失业预警主要有以下三种方法：其一，基于失业指数的预警，主要有综合指数法和扩散指数法，主要是根据与就业、失业相关的多个指标，形成判断失业状况的指数，根据指数的变化趋势，对失业进行预警；其二，基于失业预测的预警，主要是利用ARIMA 模型、回归技术、神经网络等方法，利用现有数据对未来的失业状况进行预测，以达到提前预警的目的；其三，基于劳动力供求预测的预警，这是一种中长期预警方法，主要是利用联立方程模型，从劳动力供求两个方面分别进行预测，再通过对比得出未来可能出现的失业状况。上述几种方法各有利弊，并无绝对的优劣之分，现实中常常结合起来使用。

第五，界定失业警戒线。失业警戒线是建立失业预警系统的关键构件。当失业率达到警戒线时，预警系统发出警报。因此，失业警戒线是判断失业状况的重要标准，对分析失业警情有着非常重要的作用。原则上警戒线的确定应该建立在长期数据积累的基础上，根据不同情境下失业率的变化规律，确定失业风险的预警线和预警区域。但是，目前我国的数据积累不够，而长期快速的经济增长使失业率又一直处于一个较低的水平，因而很难根据往期的数据来确定警戒线。目前比较通用的做法是借鉴国外经验估计一个大体的警戒线，这种方式的问题在于不同国家失业率的界定和调查方法存在差异，由此会导致指标之间缺乏可比性。为了解决这一问题，可以利用德尔菲法，请各方专家根据经验进行判断，再汇总分析得出一个大体的标准。

第六，做好应急预案。为了能够提前对失业风险进行处理，还应结合本地实际，提前制定失业应急预案。制定失业应急预案的目的在于提前为处理失业做好准备，因此要考虑多种可能出现的情况，确保政策措施能够有的放矢。失业应急预案涉及的政策措施内容，要对应不同的失业警情等级，明确政策要点。除明确具体的政策措施外，还要确定责任部门、工作体系、工作机制以及资金来源等内容，增强应急预案的可操作性。

第七，建立运行机制。失业预警系统模型中各个环节设计完毕后，为了使其能够在实践中发挥作用，还需要建立有效的运行机制，由失业预警实施小组具体负责失业预警系统的运转和维护，具体包括：失业监测指标的管理和维护、失业预警数据的收集与管理、失业预警理论模型的运用与修正、失业警情的分析与报告、失业警报分析讨论的组织与实施、失业预警报告的撰写等。在条件允许的情况下，可以运用信息化的方式对失业预警系统进行管理，有助于降低管理成本，提高预警的效率和效果。

全面强化规模性失业风险的应对处置

一、健全风险应对处置机制

（一）制定分级政策储备和风险应对预案制度

失业风险分级政策储备和风险应对预案是依据失业风险监测预警结果，根据不同等级的失业风险制定相应的分级预警、分级响应、分类施策的应对预案。失业风险从周期来看，有短期风险和长期风险。短期风险是市场主体遭遇突发事件引起的失业风险，如疫情、政策、经济短期波动等因素引起的产品市场需求突然下降，订单减少，从而对劳动力需求的减少而发生的裁员现象。长期风险是在未来一段时间会发生的失业风险，如长期需求不足、产业结构升级引起的技术替代效应等导致的对劳动力需求的减少。风险分级要综合考虑短期和长期风险，制定相应的应对政策和预案。

应对预案包含以下几个部分：一是对应对失业风险的总体原则或要求做出规定，确定失业风险的底线，如通过做好失业风险的预防、应对，确保不发生群体性或区域性失业潮，不发生群体性事件；二是确定失业风险的主要表现特征，如失业率的变化、领取失业保险金人数的变化、企业生产活动的变化、劳动年龄人口劳动参与率的变化、群体性事件等；三是根据失业风险监测指标确定预警级别，如按照失业率的不同水平和划分标准，确定Ⅰ级、Ⅱ级、Ⅲ级或低中高风险预警；四是根据不同风险预警等级，制定响应机制和应对措施，如哪一级的风险应由哪级政府部门处理，谁具体负责，是否上报上级政府，是采取应急性还是更为宏观的财政、货币或就业政策处置。

（二）加强规模性失业风险应急处置

面对规模性失业风险，需要根据已有的政策预案，采取一系列的政策措施，进一步化解失业风险的不利影响。具体可以从以下几个方面着手展开。

着眼重点群体扎实推进充分就业。我国的就业重点群体包括高校毕业生、城镇青年、农村富余劳动力、退役军人、女性群体、困难群体等。具体而言，一是优化高校毕业生就业服务机制。要增强精准就业指导、就业见习和创业服务，对高校进行与社会对接的职业化、专业化改造，注重围绕创新创业，提升毕业生就业能力。二是城镇青年既包括升学失败的学生，也包括失业和转岗的青年职工，这部分群体的就业一方面要增强其自身的职业发展能力，另一方面也要开发多元化的就业形式和岗位。三是强化农业转移人口人力资源开发和就业促进机制。综合运用创业带动、有组织劳务输出、公益性岗位安置等多种渠道，为乡村创造更多的就业机会。还要加强对劳动力返乡就业创业的政策支持，吸引农民工等有志之士就地就近创业就业。四是要加强对退役军人就业创业的政策支持，通过更为灵活、更为多元化的方式带动退伍军人就业。五是针对新就业群体的就业现状和就业困境展开分析，研究重点群体在择业和工作过程中面临的困难及与用人单位的劳资关系问题，以及如何通过支持政策和体制机制来帮助就业困难群体解决就业难的问题，并使得劳动者权益得到切实的保障。此外，要充分关注女性群体就业问题。就业歧视是女性群体在劳动力市场上所面临的较大障碍。尤其是当前三孩政策出台以后，女性在劳动力市场上被歧视的潜在风险有所上升。因此，要探寻如何促进生育政策和就业政策的互融互通。良好的就业政策、完善的女性权益保障制度，不仅可以对个人和家庭生育决策起到托举和促进作用，而且开放包容、公正平等的劳动力市场氛围也有利于提高女性的劳动力供给。另外，完善的生育和奖励制度，长远来看，也可以为劳动供给提供支撑。

加大结构性减税力度，通过减税降费、免息小额信贷等手段，破除中小微企业发展障碍，扶持新型产业中中小微企业发展，创造更多就业岗位。深化金融市场的体制改革，引导金融机构运用好降准资金等，落实金融支持实体经济发展政策，扩大直接融资比重，加强对中小微企业的金融服务，改善其融资难问题。以不牺牲参保人的长短期利益为前提，重点研究降低企业社保缴费比例的具体办法，包括养老保险缴费比例、社会保险费率等，降低企业负担。另外，调整企业发展战略与转变用工方式相结合。新经济新业态催生了大量市场主体，中小微企业吸纳就业的能力有目共睹，实现企业的就业稳定是政府落实"稳就业"的重点。面对第四次科技革命、外部环境的不确定性、意料之外的疫情和自然灾害等的冲击，企业自身应审时度势：一方面，要充分利用国家的金融、税费、资金等政策扶持优势，积极调整自身发展战略，及时转变企业的业务重心；另一方面，也要积极对员工进行职业培训，确保在企业业务转型时，不发生大规模裁员。

劳动者自身就业能力的提升能够使其在就业风险发生后具备更多可能性。提高人力资本水平和改善劳动技能是就业能力提升的最主要途径。教育和培训是获取人力资本的两条基本路径。一方面，促进教育改革，建立终身学习的教育体系，让教育与时俱进，从根本上提高劳动者应对技术变革的能力。另一方面，加强职业培训力度，提高职业教育质量。面临技术进步带来的替代效应，需要进一步健全就业培训体制机制，探寻建立终身职业技能培训制度，激励劳动者积极参与培训，使劳动者实现从"高理论、低实践"向"高素质、高技能"转变，培养宏大的高素质劳动力大军。要提高职业培训质量，增强就业人员技能，提高各类再就业人员转岗就业能力；同时，进一步推动职业教育质量的提升，使得职业教育能够注重技能培养和素质提升，真正培育和弘扬劳模精神、劳动精神和工匠精神，为国家培育更多优秀的技术人员，壮大国家高水平工程师和高技能人才队伍。

另外，引导和支持劳动者返乡创业，推动劳动者的多渠道就业创业。设计出台更多有针对性的创新创业优惠政策，为劳动者创业提供"绿色通道"。通过创业资金补助、税收优惠、创业补贴、创业资金担保等多项优惠政策的落地，以及简化创业审批办理程序等，提高劳动者创业的积极性。近年来不断涌现出大量的返乡创业群体，他们往往运用外出工作或创业积累的人力资本、社会资本以及资金，在家乡创办企业，带动家乡就业。因而需要从政策、资金、程序和营商环境等各个方面提供支持，为创业者提供创业实践的沃土。同时，政府应该加强对返乡创业者的培训，搭建公共培训平台，提升创业者的创业能力。

（三）指导企业依法依规裁员

指导企业依法依规进行必要的裁员，防止大规模失业出现。第一，政府通过制定激励政策，鼓励企业不裁员或少裁员。2021 年初，人社部门出台一系列"援企稳岗"政策，帮助受到新冠肺炎疫情冲击的企业渡过难关，包括延迟缓缴企业社会保险、补贴社会保险、返还失业保险费用等。在特殊时期，该政策能够较好地预防失业，但是相关政策只在一定时间段内发挥作用，缺乏可持续性。因此，为了使更多困难企业能够享受到政府补贴政策，要适当扩大政策享受面，简化申请手续；增强政策可持续性，使稳定企业就业的政策形成体系并发挥长效作用。另外，不断丰富就业政策工具箱。政府允许效益下降的企业可以缩短员工工作时间；返还不裁员企业的失业保险费；政府授予企业荣誉称号，激励企业社会责任的发挥。第二，政府考虑适时运用行政手段约束企业裁员。各地政府应结合本地实际情况建立失业预警机制、设置预警级别和失业风险警戒线。当接近风险警戒线时，政府可联合工作或行业协会等组织，采取行政手段约束企业裁员。第三，细化和完善劳动政策法规，约束企业裁员。包括简化企业申请经济性裁员的行政程序，完善对困难企业的补贴和援助政策，困难企业能够及时向政府发出求助信号，不将压力直接转嫁到劳动者身上；提高工会在企业中的地位，充分发挥工会作用；对不同规模的企业制定不同的裁员标准，并结合各地区发展特点而定；建立责任制度，明确企业违法程序应当承担的责任，使企业能够更细致地对成本与收益进行衡量。

二、完善失业保障体系

（一）稳步推进失业保险扩围

拓宽失业保险覆盖范围，充分发挥失业保险基金在稳定和促进就业，以及加强职业培训、失业救助方面的积极作用。具体可以从以下几个方面着手考虑。一要加强扩面工作，实现法定人群全覆盖。2017年的《失业保险条例（修订草案征求意见稿）》延续了现有的参保政策，统一了城镇职工与农民工的参保规定，基本上以建立劳动关系为标准，失业保险覆盖范围被扩大至所有建立劳动关系的用人单位和职工，并授权各地适当扩大覆盖范围。二要关注重点人群参保实际情况，确保应参尽参。加快实现应参尽参，以事业单位、民营企业、中小微企业等用人单位以及建筑、餐饮等行业作为扩面工作的着力点和突破口。要特别关注参保率较低的农民工群体，通过多项扶持政策进一步提升农民工群体的参保率。三要鼓励各地积极探索建立灵活就业人员参保机制。经济下行压力较大，各类型企事业单位吸纳就业的能力下降，更多的劳动者选择灵活就业。同时，信息技术飞速发展催生大量的新就业形态，新就业形态具有就业方式更加灵活而充满弹性、就业和收入的稳定性较差等特点，更需要失业保险制度的保障。因此，需要鼓励和支持各地完善各类灵活就业人员参加社会保险的办法和管理措施，尽快制定适应新业态就业人员特点的失业保险制度，使新就业群体享受到更加全面有效的社会保障。

（二）用好用活失业保险

用好用活失业保险，完善失业保险制度，充分利用好失业保险制度在促进失业者再就业和预防失业两方面的重要作用。失业保险制度最基本的功能是向失业者发放社会保险金来保障他们的基本生活。失业保险一向被认为是宏观经济的自动稳定器，经济下行时领取失业保险金的人增加，有利于增加可支配收入扩大消费，反之亦然。在我国，由于失业保险基金参保率不高，不同群体的参保率差异较大，失业保险基金的作用一直未能充分体现。2020年，全国参加失业保险的人数为2.17亿，而同年城镇就业人员约4.5亿。另外，我国不同人群的失业保险参保率差异较大。例如，失业风险较低的事业单位人员参保率较高，而更加需要失业保险的灵活就业人员参保率则较低。用好用活失业保险，为劳动者提供更全面的保障，更好地维持社会秩序，使失业保险制度发挥更大的作用。具体而言，可以从以下几个方面着手。

一是强化失业保险的内外部监督。各地区人力资源和社会保障部门加强监督力度，督促相关的企业及个人及时进行社会保险的缴纳。对于不缴费漏缴费的企业加大惩罚力度，如提高缴纳高额滞纳金的金额数，对于情节严重者加大罚款的力度。加强对失业保险基金的管理，严格监督支出情况，让支出的基金都起到应有的作用。二是加大失业保险基金对再就业促进的投入。目前我国的社会保险制度也在从"重基本保障"轻"再就业促进"向"既重基本保障又重再就业促进"转变。社会保险金的支出一直占相当大的比例，而与再就业促进相关的职业培训和职业介绍方面的资金补贴虽然有所增长，但比例仍然较低。因此，建议各地区在调整社会保险制度时，充分考虑各地区实际发展情况，汲取国内外的优良经验，逐步增大失业保险基金在再就业促进方面的投入力度。三是通过绩效评价助推失业保险基金更好的发挥作用。对失业保险基金的经济性、效率性、效益性和公平性进行评价，考察地方出台的失业保险政策是否符合地方发展，是否与政策目标一致，而对资金的绩效评价既包含对预算执行情况的评价、对资金结余安全的考核，也包括资金使用的合规性评价等，以此进一步增加失业保险基金的可持续性。

（三）建立失业人员常态化帮扶机制

在市场经济条件下，市场竞争就业机制必然会出现竞争弱者，他们因为年龄偏大、文化水平低、缺乏技能、身体病弱等原因难以依靠自身的努力实现市场就业，成为长期失业人员。政府失业帮扶的重点应高度聚焦处于贫困家庭的无业、失业群体，劳动力市场政策应更多地针对就业困难群体，以帮助就业替代失业救济。通过完善对失业人员的常态化帮扶机制、就业援助机制，帮助失业人员通过从事力所能及的劳动实现自食其力。失业帮扶主要是指政府与社会对失业人员和就业困难群体给予帮助，包括对失业人员的职业指导、上岗培训补贴、定向岗位推荐、开发公益性岗位安置就业、岗位补贴、社会保险费补贴，以及鼓励企业招用就业困难人员的税费减免优惠等政策和措施。

建立失业人员常态化帮扶机制，还要从根本上提升劳动者自身的就业和再就业能力。一方面，建立终身学习的教育体系，从根本上提高劳动者应对技术变革的能力，真正培养出更多符合经济社会发展和就业市场需要的人才。另一方面，加强就业和再就业培训力度，提高职业教育质量。面临技术进步带来的替代效应，需要进一步健全就业培训体制机制，加快提升劳动者技能素质，完善终身职业技能培训制度，激励劳动者积极参与培训。提高职业培训质量，职业培训要与时俱进，提高劳动者自身技能满足市场不断变换的劳动力需求的能力，提高各类再就业人员转岗就业能力。

三、积极应对智能化技术应用对就业的消极影响

（一）建立人工智能等智能化技术应用对就业影响的跟踪研判和协同应对机制

建立人工智能等智能化技术应用对就业影响的跟踪研判和协同应对机制，是要构建相应的统计调查体系和失业风险测算指标，对失业风险做出实时的研判，及时采取应对措施，缓解失业风险，降低失业率，减少失业对经济和社会的负面影响。

具体而言，一要将人工智能、机器人应用及产业发展情况纳入统计调查体系，提高应对效应。通过运用经济社会统计体系，统计监测分析我国人工智能和机器人的技术与应用以及产业发展情况及未来趋势。充分利用新一代信息技术搭建信息交流共享平台，提高政策制定与实施的科学性和有效性。二要构建人工智能对就业影响的测算研判体系，加强风险监测和预警。将人工智能对劳动力市场影响的相关指标纳入失业风险测算体系，重点关注人工智能对失业的影响，加强风险研判和预警，同时制定相应的风险应对政策预案。三要加强政策应对处置措施和失业保障体系建设。其一，促进人工智能和机器人等新兴产业快速发展，在未来发展中创造更多就业岗位。其二，建设和完善普惠性的基本社会保险体系。其三，完善失业人员扶持政策。针对不同失业人群建立和完善相应的失业救助制度和就业援助制度，强化跟踪引导，确保暂时性失业不对家庭和生活造成大的冲击。

（二）构建不同行业、不同业态间的转岗机制

构建不同行业、不同业态间的转岗机制，是要减少劳动力市场的阻隔，让劳动要素能够在劳动力市场自由流动，寻找到适合自己的岗位。具体而言，需要政府加强就业服务平台建设，完善就业服务体系，加强人才供应和市场需求的相互匹配。通过依托现有职业介绍信息网络和第三方的求职招聘猎头等人力资源服务公司，健全和完善劳动力市场信息网络和服务体系，建立与机器人等技术紧密相关的企业招聘岗位、专业人才求职和高素质劳动力转岗再就业的专业信息平台，强化人才信息平台服务功能。鼓励地方组织开展机器人、人工智能等人才和需求摸排工作，建立全国性数据库。规范提升劳动力市场服务能力，加强对企业和公共服务部门的中低端岗位需求信息搜集，积极有效对接中低端劳动力转岗就业。着力加强职业指导，为拥有适应机器人技术的潜在劳动力指明未来岗位和就业方

向，为暂时不适应新技术的劳动力指明出路，构建"职业指导—就业信息—职业介绍"有效衔接的体系，减少转岗和搜寻的成本。

（三）广泛开展人工智能等智能化技术培训

广泛开展人工智能等智能化技术培训，是要提升劳动者的人力资本和技能，提高其劳动供给能力，满足劳动力市场的需求，减少结构性失业。目前机器人和人工智能在产业领域的应用主要替代低技能的简单劳动力和部分有一定经验的技术工人，未来可能向从事高技能甚至知识密集工作岗位的人才延伸。完善职业技能培训体系，强化内功，全面提升劳动力素质，增强劳动力对技术变革的适应性，是技术进步给就业市场带来不确定变化的应对之道。

第一，实施全国新技术应用人才培训工程。以企业和行业协会为主导，人力资源社会保障、教育、工会等部门为支撑，整合高等院校和培训机构的力量，组织开展全国性技术人才培训工程，加强培养中低端劳动力的职业技能和专业素质，提高其适应综合性和新兴就业岗位的需要。第二，加强技能培训投入力度。各级政府要确保培训经费在再就业资金中占有一定的比例，建立健全培训经费监督管理制度，明确培训经费使用方向，确保重点应用新技术的产业所需技能人才的培训费用到位。人力资源和社会保障部门建立企业培训需求反应通道，汇总需求，提供组织培训服务方案。第三，提高职业技能培训质量。对于职业技术培训内容与企业实际需求脱节的问题，需要打破培训市场上政府、准政府机构的垄断地位，营造培训市场上不同类型培训机构公平竞争的环境，鼓励市场化、专业化培训机构依据需求提供灵活性、有针对性的培训方式和培训内容。

第十篇

部分省、自治区、直辖市就业规划

河北省就业促进"十四五"规划

河北省人民政府　2021 年 10 月 26 日

就业是最大的民生，也是经济发展最基本的支撑。"十四五"时期，实现更加充分更高质量就业，是推动高质量发展、全面建设社会主义现代化国家的内在要求，是践行以人民为中心发展思想、扎实推进共同富裕的重要基础，对建设经济强省、美丽河北具有十分重大的意义。本规划依据国家《"十四五"就业促进规划》和《河北省国民经济和社会发展第十四个五年规划和二〇三五年远景目标纲要》编制，提出我省"十四五"时期促进就业的指导思想、基本原则、发展目标、重点任务和保障措施，是全省实现更加充分更高质量就业的行动指南。

一、发展基础和面临形势

（一）现实基础。"十三五"以来，面对错综复杂的国际形势、艰巨繁重的国内改革发展稳定任务，特别是新冠肺炎疫情的严重冲击，省委、省政府始终坚持以人民为中心，将就业作为宏观调控的优先目标，深入贯彻落实党中央、国务院"六稳""六保"决策部署，将就业优先政策置于宏观政策层面并不断强化，着力扩大就业规模，提高就业质量。全省就业形势总体稳定，城镇新增就业 420.58 万人，城镇登记失业率控制在 4.5% 以内。就业质量不断提升，专业技术人才总量增加到 302 万人，高技能人才总量增加到 247 万人。创业环境大幅改善，返乡入乡创业蓬勃发展，创业带动就业效应进一步增强。深入实施高校毕业生就业创业促进计划和基层成长计划、青年就业见习计划，高校毕业生就业率稳定在 90% 以上。积极推动省际省内劳务协作，持续组织开展"春风行动"，加强农民工职业技能培训，促进农村劳动力转移就业。健全退役安置制度，鼓励退役军人就业创业。加强就业困难群体就业援助帮扶工作，困难群体就业状况得到改善。公共就业服务体系不断完善，实施职业技能提升行动，强化劳动人事争议处理效能建设，依法保障职工权益，和谐劳动关系创建成果显著。

（二）面临形势。"十四五"时期，我省发展处于历史性窗口期和战略性机

179

遇期。省委、省政府高度重视就业问题，把就业摆在经济社会发展优先位置，为就业工作提供了制度保障。以国内大循环为主体、国内国际双循环相互促进的新发展格局加快构建，经济保持总体平稳、稳中有进，转型升级与结构优化持续深化。京津冀协同发展、雄安新区建设、冬奥会筹办等重大国家战略和国家大事深入实施，中国（河北）自由贸易试验区、北京大兴国际机场临空经济区等重大平台加快建设。新一轮科技革命和产业变革深入发展，新动能新业态加速成长。新型城镇化、乡村振兴孕育巨大发展潜力，新的就业增长点不断涌现。劳动力市场协同性增强，劳动力整体受教育程度上升，社会性流动更加顺畅，为促进就业夯实了人力资源支撑。

但也要看到，"十四五"时期，我省就业形势依然复杂严峻，稳定和促进就业任务艰巨。国际形势日趋复杂，不确定性不稳定性明显增加，同时，未来五年是我省转型升级、爬坡过坎的关键阶段，面临诸多问题和挑战，对就业的潜在冲击需警惕防范。人口结构与经济结构深度调整，劳动力供给侧与需求侧均出现较大变化，人口老龄化进程加速，劳动年龄人口比重下降。产业转型升级、技术进步对劳动者技能提出更高要求，"就业难"与"招工难"并存，结构性就业矛盾更加突出，将成为就业领域主要矛盾。高校毕业生、农民工等重点群体就业压力不减，工业化、城镇化进程中还有大量农村富余劳动力需要转移就业，规模性失业风险依然存在。人工智能等智能化技术加速应用，就业替代效应持续显现。就业方式更加多元，灵活就业和新就业形态人员劳动权益保障亟待加强。

二、总体要求

（一）指导思想。

以习近平新时代中国特色社会主义思想为指导，深入贯彻党的十九大和十九届二中、三中、四中、五中全会精神，认真落实省委九届十一次、十二次全会精神，统筹推进"五位一体"总体布局，协调推进"四个全面"战略布局，坚持稳中求进工作总基调，立足新发展阶段，贯彻新发展理念，构建新发展格局，统筹发展和安全，以实现更加充分更高质量就业为主要目标，深入实施就业优先战略，健全有利于更加充分更高质量就业的促进机制，完善政策体系，强化培训服务，注重权益保障，千方百计扩大就业容量，努力提高就业质量，着力缓解结构性就业矛盾，切实防范和有效化解规模性失业风险，不断增进民生福祉，推动全体人民共同富裕迈出坚实步伐。

（二）基本原则。

坚持就业优先、政策协同。把就业摆在经济社会发展和宏观政策优先位置，作为保障和改善民生头等大事，把稳定和扩大就业作为宏观调控的优先目标和经济运行合理区间的下限，根据就业形势变化，及时调整宏观政策取向、聚力支持就业。

坚持扩容提质、优化结构。兼顾容量、质量与结构，抓住主要矛盾，多措并举创造更多高质量就业岗位的同时，更加重视日益凸显的结构性就业矛盾，聚焦劳动者技能素质提升，突出抓好技术技能人才培养培训，推动形成劳动力市场更高水平的供需动态平衡。

坚持市场主导、政府调控。推动有效市场和有为政府更好结合，既要坚持市场化社会化就业方向，加快破解制约就业的体制机制障碍，充分发挥市场配置劳动力资源的决定性作用，又要强化政府责任，优化整合各类资源，为促进就业提供强有力政策支持和基础性服务保障。

坚持聚焦重点、守住底线。紧盯就业领域关键环节和突出问题，瞄准重点地区、重点行业和重点群体，制定更加精准有效的举措，因地因企因人强化分类帮扶援助，切实兜牢民生底线。

（三）发展目标。

到 2025 年，要实现以下目标：

就业形势总体稳定。城镇新增就业 400 万人以上，城镇调查失业率控制在5.5% 左右，重点群体就业保持稳定。城乡、区域就业机会差距逐步缩小，劳动力市场供求基本平衡。

就业质量稳步提升。劳动报酬提高与劳动生产率提高基本同步，覆盖城乡劳动者的社会保障体系更加健全，劳动权益保障水平进一步加强，劳动关系和谐稳定，更多劳动者实现体面劳动。

结构性就业矛盾有效缓解。人力资源质量大幅提升、结构进一步优化，更加匹配产业转型升级和高质量发展的需要。全省高技能人才总量稳步扩大，劳动年龄人口平均受教育年限达到 11.3 年。

创业带动就业动能持续释放。创业引领作用更加凸显，对高质量就业的带动能力不断增强。创业环境更加优化，政策服务体系更加完备，创业机会更多、渠道更广，更多人可以通过创业实现人生价值。

风险应对能力显著增强。就业领域风险监测预警和应对处置机制不断健全，失业人员保障范围有效扩大、保障水平进一步提高，困难群体得到及时帮扶，就业安全保障更加有力。

河北省"十四五"时期就业主要指标

指标名称	2020 年	2025 年	年均 / 累计	属性
1.城镇新增就业（万人）	［420.58］		＞［400］	预期性
2.城镇调查失业率（%）	6.5		5.5 左右	预期性
3.城镇就业占比（%）	57.2	＞60		预期性
4.脱贫人口务工规模（万人）	85.13		＞80	预期性
5.全员劳动生产率增长（%）	—		6 以上	预期性
6.劳动报酬占比（%）	50.6%*		稳步提高	预期性
7.开展补贴性职业技能培训人次（万人次）	95.48		［270］	预期性
8.基本养老保险参保率（%）	93	95 以上		预期性
9.劳动年龄人口平均受教育年限（年）	10.8	11.3		约束性

注：①［ ］内为五年累计数。②劳动报酬占比是指劳动报酬占 GDP 的比重。③带 * 号的为 2019 年数据。

三、重点任务

（一）积极扩大就业容量。

1.坚持经济发展就业导向。强化就业优先政策，将更加充分更高质量就业作为经济社会发展的优先目标，将就业优先政策置于宏观政策层面并持续强化，实现经济增长与就业扩大良性互动。强化财税、金融、投资、消费、产业、区域等政策支持就业的导向，实现与就业政策协同联动。深入实施扩大内需战略，持续促进消费、增加有效投资拉动就业，通过保市场主体保就业。健全就业影响评估机制，提升重大政策规划、重大工程项目、重大生产力布局对就业的促进作用，同等条件下对创造就业岗位多、岗位质量好的项目优先安排。健全就业目标责任考核机制，建立更加充分更高质量就业考核评价体系，充分发挥高质量发展综合绩效评价指标体系对促进就业的推动作用。

2.稳定提升制造业就业。实施制造业降本减负行动，强化要素保障和高效服务，加大制造业投资支持力度，保持制造业比重基本稳定，引导金融机构扩大制造业中长期融资，提升制造业盈利能力，提高利润率和从业人员收入水平，增强制造业就业吸引力，缓解制造业"招工难"问题。加快全国产业转型升级试验区建设，推动钢铁、装备制造、石化、食品等传统优势产业转型升级，深化"万企转型"行动，实施"千项技改"和"百项示范"工程，打造一批有竞争力的特色产业集群，扩大传统优势产业就业容量。推进制造业高质量发展和职业技能培训深度融合，促进制造业产业链、创新链与培训链有效衔接。支持吸纳就业能力强的劳动密集型行业发展，注重发展技能密集型产业，开发更多制造业领域技能型就业岗位。发展服务型制造新模式，以雄安新区、北京大兴国际机场临空经济区等重大承接合作平台为依托，围绕新一代信息技术、生物医药、新能源、新材料等领域，做大做强新兴产业链，打造具有全球竞争力的先进制造基地，打造更多制造业就业增长点。

3. 努力扩大服务业就业。聚焦产业转型升级和消费升级需要，构建优质高效、结构优化、竞争力强的服务产业新体系，为劳动者就业提供更大空间和更多选择。进一步放宽服务业市场准入，深入推进服务业扩大开放，加强金融服务业市场和社会服务业市场开放合作，吸引优质金融资源向我省聚集。促进服务业数字化转型、线上线下双向发展，推进服务业同先进制造业、现代农业融合发展，培育一批服务业制造示范企业、平台和项目，支持生产性服务业和服务外包创新发展。加快生活服务业高品质和多样化升级，鼓励商贸流通和消费服务业态与模式创新，加强城市特色商业街区和主题商圈建设，推进城市一刻钟便民生活圈建设，以养老、托育、家政、社区服务为重点，大力开展贴近群众的社区服务，稳定开发社区超市、便利店、社会工作服务等岗位，充分发挥服务业就业容量大的优势。

4. 拓展农业就业空间。深化农业供给侧结构性改革，加快建立现代农业产业体系、生产体系、经营体系，全省农业质量效益和竞争力明显提升。加强现代农业产业园、农业现代化示范区和国家农村产业融合发展示范园建设，重点培育一批产值超百亿元的特色优势产业集群，带动农民就近就地就业。将科技、绿色、品牌、质量元素融入生产各环节，打造农业全产业链，提升农业价值链，带动全省现代农业高质量发展。积极打造农业产业强镇、农产品加工产业园，引导农产品加工等乡村产业向中心镇（乡）和物流节点聚集，吸纳更多农村劳动力就业。实施农民合作社规范提升行动、家庭农场培育计划和高素质农民培育计划，扶持一批农业产业化龙头企业牵头、家庭农场和农民合作社跟进、广大小农户参与的农业产业化联合体，持续带动农民就业增收。

5. 发挥中小微企业就业主渠道作用。完善促进中小微企业和个体工商户发展和用工的制度环境和政策体系，构建常态化援企稳岗帮扶机制，持续减轻中小微企业和个体工商户负担，增强就业岗位创造能力。优化中小企业发展生态，取消各类不合理限制和壁垒。构建支持中小微企业和个体工商户发展的金融支持体系，大力发展普惠金融，完善河北省金融服务平台、河北省普惠金融服务平台功能，增强政策发布和融资对接能力，提供多元化融资服务。完善融资增信支持体系、贷款风险分担补偿机制和政府性融资担保体系，建立公共信用信息和金融信息的共享整合机制，打造并发布一批符合河北特色、用户识别程度高的"信易贷"产品，扩大对中小微企业和个体工商户的信贷投放，提高融资便利度。

6. 促进数字经济领域就业创业。加快建设网络强省、数字河北，推动大数据、人工智能等同实体经济深度融合，催生更多新产业新业态新商业模式。构建现代化数据资源体系，建设数字经济试验（示范）区，用好中国国际数字经济博览会重大平台，打造一批特色鲜明、示范性强、就业容量大的重点园区和数字产业集群。深入实施"上云用数赋智"行动，推动传统线下业态数字化转型赋能，创造更多数字经济领域就业机会。推动数字经济领域市场准入、行业秩序、贸易交易等方面的创新改革，探索适应数字经济发展的监管体系，探索建立免罚清单等容错监管方式，营造更加宽松的体制机制环境，给新产业新业态新模式发展促进就业创业留足空间。完善平台企业治理，促进平台经济等新产业新业态新商业模式规范健康发展，带动更多劳动者依托平台就业创业。推动共享经济健康发展，培育多元化多层次就业需求。

7. 发展灵活就业和新就业形态。完善多渠道灵活就业的保障制度，建立促进多渠道灵活就业机制，支持和规范发展新就业形态。鼓励劳动者创办投资小、见效快、易转型、风险小的小规模经济实体，支持微商电商、网络直播等多样化的平台就业。支持发展各类特色小店，完善基础设施，增加商业资源供给。鼓励传统行业以跨界融合、业态创新等方式增加灵活就业和新就业形态就业机会。支持劳动者通过临时性、非全日制、季节性、弹性工作等形式灵活就业。加快推动网络零售、移动出行、互联网医疗、在线娱乐等行业发展，为劳动者居家就业、远程办公、兼职就业创造条件。密切跟踪经济社会发展、互联网技术应用和新技术、新职业发展变化，持续开发新职业。建立完善适应灵活就业和新就业形态的劳动权益保障制度，引导支持灵活就业人员和新就业形态劳动者参加社会保险，提高灵活就业人员和新就业形态劳动者社会保障水平。规范平台企业用工，明确平台企业劳动保护责任。

专栏一：灵活就业人员和新就业形态劳动者支持保障行动

1.完善灵活就业人员就业服务制度。以个人经营、非全日制、新就业形态等灵活方式就业的劳动者，可在常住地公共就业服务机构办理就业登记，按规定享受各项政策和服务。建立灵活就业岗位信息发布渠道。

2.实施新就业形态劳动者技能提升项目。创新适合新就业形态劳动者的培训形式和内容，开展数字资源线上培训服务，支持其根据自身实践和需求参加个性化培训。

3.健全灵活就业人员社会保障制度。完善灵活就业人员参加基本养老、基本医疗保险相关政策，放开灵活就业人员在就业地参加基本养老、基本医疗保险的户籍限制。按照国家部署要求推进职业伤害保障试点，探索用工企业购买商业保险、保险公司适当让利的机制，鼓励用工企业以商业保险方式为灵活就业人员和新就业形态劳动者提供多层次保障。

（二）鼓励支持创业带动就业。

1.深化创业领域"放管服"改革。严格落实全国统一的市场准入负面清单制度，确保"一单尽列、单外无单"，完善公平竞争审查机制，防范和制止妨碍统一市场和公平竞争的政策出台。定期评估、排查、清理各类显性和隐性壁垒，建立覆盖省、市、县三级的市场准入隐性壁垒台账，畅通市场主体对隐性壁垒的意见反馈渠道和处理回应机制，最大限度解除对创业的束缚。加快推进"证照分离""照后减证"，持续减少和优化涉企经营许可事项，实施涉企经许可事项清单制度，全面推动电子签章、电子证照应用，创新审批方式，广泛推行告知承诺制。深化商事制度改革，提升企业开办标准化规范化便利化水平，建立便利高效有序的市场主体退出制度。健全以"双随机、一公开"监管和"互联网＋监管"为基本手段、以重点监管为补充、以信用监管为基础的新型监管机制。对新产业、新业态实施包容审慎监管，在确保质量和安全的前提下为企业留足发展空间。健全知识产权保护制度，强化企业商业秘密保护，加强社会信用体系建设。

2.加大创业政策支持力度。全面落实创业担保贷款、创业补贴、社会保险补贴、场地租金补贴等政策，增强创业带动就业倍增效应。加大创新创业用地支持，盘活存量、闲置土地用于创新创业。持续推进政府性融资担保体系建设，带动更多金融资源更好服务创新创业，提升创业担保贷款贴息等扶持政策的针对性和及时性。强化对初创企业的融资支持，拓展创业企业直接融资渠道，加快发展天使投资、创业投资，鼓励民间资本设立创投基金，加大初创期、种子期投入。支持符合条件的企业发行企业债券。实施大中小企业融通创新专项行动，鼓励大企业向中小企业开放资源、场景、应用、需求，打造基于产业链供应链的创新创业生态。推动国家科研平台、科技报告、科研数据、科研仪器设施、高校实验室进一步向企业、社会组织和个人开放，创造更多创业机会。

专栏二：创业促进行动

1. 创业扶持行动。举办河北省创业就业服务成果展示交流活动，组织优秀项目参加全国创业就业服务展示交流活动。实施创业培训，宣传创业政策，开展创业指导，加大创业担保贷款扶持力度，新发放创业担保贷款 50 亿元，提供创业服务 300 万人次。

2. 创业带动就业示范行动。组织实施社会服务领域双创带动就业、高校毕业生创业就业"校企行"、大中小企业融通创新、精益创业带动就业等专项行动。

---

3. 鼓励支持全民创业。深入实施农村创业创新带头人培育行动，壮大新一代乡村企业家队伍。鼓励引导有创业意愿和创业能力的农民工、大学生、退役军人等人员返乡入乡创业。实施大学生创业支持计划、留学人员回国创业启动支持计划。充分利用高校双创示范基地、创新创业教育改革示范高校等平台，大力发展高校创新创业教育，培育一批创业拔尖人才。建立健全科研人员入乡兼职和离岗创业制度，完善科研人员职务发明成果权益分享机制。落实高校、科研院所等单位科研人员创新创业有关政策，最大限度支持和帮助科研人员创新创业。激发和保护企业家精神，倡导敬业、精益、专注、宽容失败的创新创业文化。面向有创业意愿和培训需求的城乡各类劳动者开展创业培训。实施更加积极更加开放更加有效的人才政策，加大创业人才引进力度，为外籍高层次人才来冀创业提供便利。完善试错机制，对创业失败者提供就业服务、援助。健全以创新能力、质量、实效、贡献为导向的创新创业人才评价体系，加强创新创业激励和保障。

4. 提供优质创业服务。积极开展创业教育和创业培训，开发优质创业课程，打造创业培训品牌。加强服务队伍建设，为创业者提供政策咨询、项目推进、开业指导等服务。推广创业导师制，推行科技特派员制度，支持科技领军企业、高技能人才、专业技术人才等到基层开展创业服务。发挥创业指导专家库、创业项目库、创业担保贷款和创业孵化园作用，引导帮助城乡劳动者自主创业。实施创业带动就业示范行动。组织开展创业创新大赛和创业成果展示交流活动，营造浓厚创业创新氛围。加强创业平台载体建设，推进创业孵化基地和园区建设，完善双创基地服务设施，强化服务质量管理，积极创建国家级双创示范基地、创业孵化示范基地，打造更多、更专业、更高水平的双创支撑平台。引导现有孵化载体聚焦核心优势，完善孵化器功能，加强与国内专业孵化机构合作，探索"孵化＋创投""天使投资＋创新产品构建""创业导师＋持股解化"等孵化模式，推动孵化服务向精准化和专业化方向发展，打造具有开放式、全生态、产业化的创业孵化体系。支持各地在创业孵化基地、创业园区、众创空间等场地开辟退役军人创业专区和退役军人创业园地，鼓励依托各类产业园区建设一批返乡入乡创业园。支持加快留学人员创业园建设，推动省部共建留学人员创业园。加强大学生创业示范基地、大学生创业园等孵化载体建设。

专栏三：返乡入乡创业园建设行动

1. 整合建设一批返乡入乡创业园。以县级行政区为单位，对现有开发区、产业园区、产业集聚区、创业载体等各类园区平台整合拓展、优化布局，重点打造功能完备、环境优良的返乡入乡创业园，为返乡入乡创业企业提供相对集中的生产经营和办公研发场地。

2. 培育返乡入乡创业产业集群。依托返乡入乡创业园，探索适合当地的返乡入乡创业发展路径和模式，通过承接产业转移、资源嫁接输入地市场、一二三产业融合发展等方式，培育具有区域特色、大中小企业协同联动、上下游产业全链条一体发展的返乡入乡创业产业集群。

3. 强化资金支持。允许将符合条件的返乡入乡创业园建设项目纳入地方政府专项债券支持范围。统筹利用现有资金渠道，有条件的地方可因地制宜安排资金，支持返乡入乡创业园建设。鼓励金融机构在风险可控、商业可持续的前提下，创新金融产品和业务模式，支持返乡入乡创业园建设和返乡入乡创业企业发展。

（三）提高重点地区就业承载力。

1. 深化京津冀就业服务协作。完善京津冀劳务协作会商机制，支持各类就业创业公共服务平台发展，提供求职招聘、失业登记、就业培训等信息服务。完善人力资源流动政策，建立相互衔接的劳动用工政策和人才政策，加强技能人才培养交流合作。健全劳动监察执法协作和争议处理协作机制，维护劳动者合法权益。推动雄安新区、廊坊北三县以及环京津县（市、区）与北京在人力资源领域实现全面对接。

2. 支持雄安新区高质量就业。推动雄安新区建立城乡一体化就业创业管理制度，完善城乡一体化就业政策、管理、服务体系，实现城乡居民公共就业服务均等化。支持雄安新区规划建设公共实训基地和技师学院，加强高技能人才培养和引进力度。支持雄安新区建设国家级"中国雄安人力资源服务产业园"，打造优质人力资源服务集聚辐射基地。

3.促进特殊类型地区充分就业。按照"摘帽不摘责任、摘帽不摘政策、摘帽不摘帮扶、摘帽不摘监管"的要求，健全巩固拓展脱贫攻坚成果长效机制，统筹各类政策资源，强化后续扶持，支持脱贫地区发展壮大本地特色产业，积极引进适合当地的劳动密集型产业，持续带动就业增收。加大易地扶贫搬迁安置区、乡村振兴重点帮扶县等重点地区倾斜支持力度，促进当地群众就业。支持革命老区发展吸纳就业效果好的优势富民产业，完善就地就近就业配套设施。

4.壮大县乡村促就业内生动力。深入推进新型城镇化和乡村振兴战略有效衔接，推动县乡村联动发展，促进产镇融合、产村一体，打造"一县一业""一乡一特""一村一品"经济圈，做好产业和就业帮扶。推进以县城为重要载体的城镇化建设，补短板强弱项，增强综合服务能力，促进绿色低碳发展，吸引各类生产要素向县城流动聚集。做大做强县域经济，引导劳动密集型产业、县域特色产业在县城集聚发展，扩大县城就业需求。支持乡镇提升服务功能，增加生产生活要素供给，为发展产业、带动就业创造良好条件，把乡镇建设成拉动农村劳动力就业的区域中心。在农业产业强镇、商贸集镇、物流节点布局劳动密集型加工业，鼓励大型商贸企业在乡镇布点，增强就业支撑。完善农村一二三产业融合发展体系，丰富乡村经济业态，促进乡村产业多模式融合、多类型示范，打造乡村产业链供应链，加快乡村产业振兴步伐，培育乡村就业增长极。

（四）统筹做好重点群体就业。

1.突出做好高校毕业生就业工作。把高校毕业生就业作为就业工作的重中之重，多措并举全力拓宽就业渠道，确保就业形势保持稳定。结合国家和省重大战略布局、现代产业体系建设、中小微企业创新发展，创造更多有利于发挥高校毕业生专长和智力优势的知识技术型就业岗位，带动高校毕业就业创业。围绕乡村振兴战略、服务乡村建设行动和基层治理，拓展基层教育、医疗卫生、社区服务、农业技术等领域就业空间，健全激励保障机制，畅通成长发展通道。为有意愿、有能力的高校毕业生创新创业提供资金、场地和技术等多层次支持。健全校内校外资源协同共享的高校毕业生就业服务体系，完善多元化服务机制，将留学回国毕业生及时纳入公共就业人才服务。加强职业生涯教育和就业创业指导，加大就业实习见习实践组织力度，开展大规模、高质量高校毕业生职业技能培训。对离校未就业高校毕业生开展实名制帮扶，健全困难高校毕业生就业援助机制。加强常态化高校毕业生就业信息服务，精准组织线上线下就业服务活动，开展行业性、区域性、专业性专场招聘，加强户籍地、求职地、学籍地政策服务协同，提高供需匹配效率。强化岗位推送不断线、指导培训不断线、重点帮扶不断线、接续服务不断线就业服务，确保有就业意愿的毕业生全面纳入社会公共就业服务体系。开展"最美基层高校毕业生"学习宣传活动，引导更多毕业生到中西部、艰苦边远地区和基层就业。

专栏四：高校毕业生就业创业促进行动

1. 岗位拓展行动。实施高校毕业生中小微企业就业支持计划，支持企业、政府投资项目、科研项目设立见习岗位，指导国有企业健全公开、竞争、择优的市场化招聘制度。组织实施"三支一扶"计划、农村教师特岗计划、大学生志愿服务西部计划、河北省大学生志愿者健康行动计划等基层服务项目。开发一批社区就业、科研助理、社会组织就业岗位吸纳高校毕业生就业。支持大学生参军入伍。

2. 就业能力提升行动。开展就业育人主题教育活动，实施大学生实习"扬帆计划"，搭建校企对接平台。实施就业见习计划，建设高校毕业生就业见习示范单位。实施职业技能培训计划，增加新兴产业、智能制造、现代服务业等岗位培训。

3. 精准服务行动。实施大学生就业服务与援助计划，组织分层次、分类别、分行业的校园招聘，开展城市联合招聘、"24365校园网络招聘"、"千校万岗"、中小微企业专场招聘等活动，实现专项就业服务活动精准对接。组建专业化就业创业导师队伍，推出线上线下直播课，为高校毕业生提供职业规划、职业体验、求职指导。

---

2. 高度重视城镇青年就业。聚焦城镇青年（主要包括未继续升学初高中毕业生、城镇失业青年、转岗青年职工等），完善就业支持体系。在推动先进制造业、现代服务业和劳动密集型企业发展中，开发更多适合青年的就业岗位，带动更多城镇青年到新产业新业态新商业模式领域就业创业。对接产业优化布局、区域协调发展和重点行业企业人才需求，完善人力资源需求发布、要素配置、协同发展机制，支持城镇青年到人才紧缺领域就业。发挥就业创业服务机构、产业企业园区、青年之家、青年活动中心等各类平台作用，支持城镇青年参加职业指导、职业体验、创业实践、志愿服务等活动，增强青年就业能力。大力发展职业教育，强化青年就业见习计划，开展青年职业技能培训，针对不同群体特点实施专项培训。探索组织职业训练营、就业训练工场，增强青年职业发展能力、职业转换能

力。运用"互联网+"，打造适合城镇青年特点的就业服务模式，畅通信息服务渠道，提高青年择业精准度。加强青年职业文明引领，引导职业青年立足岗位创优。实施青年就业启航计划，对城镇长期失业青年开展实践引导、分类指导和跟踪帮扶，激发就业内生动力，促进融入市场就业。将劳动精神、奋斗精神融入指导和实践，引导青年自强自立、就业创业。为城镇困难失业青年提供就业援助。

3.加强退役军人就业保障。科学制定安置计划，改进岗位安置办法，推进落实安置政策，压实属地安置责任，规范接收安置程序，提高安置质量。优化安置方式，探索市场化安置改革，实现多渠道、多元化安置。推广"直通车"式安置，健全"阳光安置"工作机制。鼓励到艰苦边远地区和城乡基层安置。将退役军人按规定纳入现有就业服务、教育培训等扶持政策覆盖范围。探索推开"先入校回炉、再就业创业"的模式，鼓励符合条件的退役军人报考高职学校，落实招收、培养、管理等方面的扶持政策。完善退役军人优先就业岗位目录，建立退役军人个体需求台账、用人单位岗位需求台账、经济社会发展需求台账。加强行业企业合作，促进退役军人到民营企业就业。实施"兵支书"协同培养工程，引导退役军人就业向城乡基层延伸。落实扶持政策，优化创业环境，加强服务管理，促进退役军人到开发区就业创业。全面推行退役军人就业适应性培训，实施退役军人职业技能提升行动，积极支持退役军人学历提升，现有培训实训基础设施向退役军人开放，建立军地职业技能证书衔接机制。组织有创业意愿的退役军人，依托专业培训机构和大学科技园、众创空间、网络平台等，开展创业意识教育、创业项目指导、企业经营管理等培训，提升创业能力。设立退役军人就业实名台账，强化退役军人服务中心（站）就业服务功能，及时提供针对性服务。

专栏五：退役军人就业创业能力提升行动

1.退役军人职业技能提升行动。将退役军人纳入职业技能提升政策体系优先培训，将返乡创业退役军人纳入返乡创业培训计划和农村实用人才带头人素质提升计划。

2.提升退役军人网络学习平台。引入优质教学资源，丰富课件内容，加强对学习培训过程的跟踪管理，升级站点访问容量，增强系统负荷承载能力，保障在线学习系统运行顺畅。

3.建设退役军人就业创业园地。通过改扩建、新建、挂牌、嫁接等方式，设立一批退役军人就业创业园地，省级设立2—3家，设区的市至少设立1家，鼓励各县（市、区）结合实际设立县级退役军人就业创业园地。

4.力促农村劳动力转移就业。积极发展城市经济，创造更多农村劳动力转移就业机会，引导农村劳动力有序进城务工。重大投资项目、各类基础设施建设积极吸纳更多当地农村劳动力参与。加强劳动力跨区域精准对接，培育劳务组织和经纪人，打造一批有地域特色、行业特征、技能特点的劳务品牌。强化农村劳动力技能培训实训，实施农民工素质提升工程，推进新生代农民工职业技能提升计划，继续开展百万农民工培训，组织开展农村劳动力就地就近转移培训，每年为2万名农村劳动力提供免费职业技能培训。加大以工代赈实施力度，在生产生活、文化旅游、农田整治、水土保持、林业草原、交通、水利等农业农村基础设施建设领域积极推广以工代赈方式，广泛组织当地农村劳动力，优先吸纳农村低收入群体参与工程建设及维护运营，稳定增加脱贫群众收入。加快农业转移人口市民化，全面放开城区常住人口300万人以下城镇落户条件，放宽城区常住人口300万人以上城市落户条件并取消重点群体落户限制，对首都周边市县和雄安新区实行差别化户口迁移政策，全面落实居住证制度。落实财政转移支付同农业转移人口市民化挂钩、城镇建设用地年度指标分配依据同吸纳农业转移人口落户数量和提供保障性住房规模挂钩的政策。依法保障进城落户农民农村土地承包权、宅基地使用权、集体收益分配权，健全农户"三权"市场化退出机制和配套政策。提高基本公共服务均等化水平，推进农业转移人口全面融入城市。

专栏六：劳务品牌促就业行动

1.*劳务品牌发现培育计划。*广泛开展摸底调查，发现有一定知名度、从业人员规模大、未固定品牌名称的劳务产品，引导形成劳务品牌。深入挖潜细分行业工种的用工需求，打造一批中高端技能型、高品质服务型、文化型、民生保障型劳务品牌。

2.*劳务品牌发展提升计划。*加强劳务品牌高技能人才培养，打造具有一流水准、引领行业发展潮流的劳务品牌高技能人才培养示范基地，多形式开展劳务品牌从业人员就业推荐活动，加强用工信息对接。健全劳务品牌质量诚信评价体系，支持行业协会、商会实施劳务品牌信用承诺准入制度，鼓励第三方机构开展劳务品牌质量诚信和社会责任评价。

3.*劳务品牌壮大升级计划。*依托返乡入乡创业园、创业孵化基地、农村创新创业孵化实训基地等创业载体，支持有条件的地方建设劳务品牌特色创业孵化基地。发挥特色资源、传统技艺和地域文化等优势，培育劳务品牌龙头企业。推动上下游产业链协同发展，打造产业集聚、定位鲜明、配套完善、功能完备的劳务品牌特色产业园区。

4.开展劳务品牌宣传推广。定期开展劳务品牌征集，组织劳务品牌竞赛，选树具有广泛影响力的劳务品牌项目，推出劳务品牌创立人、传承人、领军人以及形象代言人等典型人物。开展劳务品牌展示交流活动，举办劳务品牌专业论坛。

5.统筹做好其他重点群体就业工作。健全脱贫人口、农村低收入人口就业帮扶长效机制，确保脱贫群众稳得住、有就业、逐步能致富，保持脱贫人口就业领域的扶持政策、资金支持、帮扶力量总体稳定。健全有组织劳务输出工作机制，将脱贫人口作为优先保障对象，稳定外出务工规模。支持脱贫地区大力发展当地优势特色产业，继续发挥就业帮扶车间、社区工厂、卫星工厂等就业载体作用，为脱贫人口创造就业就近就业机会。聚焦乡村振兴重点帮扶县、易地扶贫搬迁安置区，组织专项就业服务活动实施集中帮扶。完善就业困难人员认定办法，建立动态调整机制。持续开展就业援助，对就业困难人员提供优先帮扶和重点帮助，统筹做好公益性岗位托底安置，确保零就业家庭动态清零。落实残疾人按比例就业制度。持续开展就业援助月等各类帮扶活动。及时将符合条件的就业困难人员纳入最低生活保障、临时救助范围，推动建立乡镇（街道）临时救助备用金制度。积极开发老龄人力资源，强化大龄劳动者就业帮扶和权益保护。持续做好产业结构调整工作中的人员转岗再就业。

专栏七：易地扶贫搬迁群众就业帮扶巩固提升行动

1.就业服务站建设。在有条件的安置区建设就业服务站点或专门服务窗口，掌握脱贫劳动力的就业能力、就业需求和就业意愿，实施动态精准帮扶。实施培训进安置区活动，集中开展技能培训，提升搬迁群众就业能力。

2.就近就业支持。支持当地充分利用特色资源，对接外部市场，大力发展带动就业增收能力强的产业。加强产业配套设施建设，新建改建提升一批劳动密集型产业园，引进一批适合当地群众就业需求的劳动密集型企业，积极承接产业转移。鼓励农村安置区因地制宜发展农村电商、生态旅游、种养加一体、景观农业等新业态。围绕易地扶贫搬迁安置点实施一批以工代赈项目，优先吸纳搬迁群众就业。

3.有组织劳务输出。将易地扶贫搬迁群众作为重点输出对象，为有集中外出务工需求的提供便利出行服务。充分发挥省际、市际、县际协作等机制作用，拓宽搬迁群众外出就业渠道。

4. 创业就业支持。鼓励安置区内的产业园对搬迁群众创办的企业给予优先入驻、场地费减免等优惠政策。支持有条件的安置区加强创业孵化载体建设，根据入驻实体数量、孵化效果和带动就业成效给予一定奖补。鼓励金融机构针对搬迁群众创业，开发适合的金融产品，提供便捷金融服务。

（五）提升劳动者技能素质。

1. 持续开展职业技能培训。深入实施职业技能提升行动，健全覆盖城乡全体劳动者，适应全省经济社会发展需求的终身职业技能培训制度，大规模多层次开展职业技能培训。稳步扩大培训规模，重点加强高校毕业生和城镇青年、退役军人、农村转移就业劳动者、脱贫人口、失业人员、个体工商户、就业困难人员（含残疾人）等技能培训，支持企业开展职工在岗培训，突出高技能人才培训、急需紧缺人才培训、转岗转业培训、储备技能培训、通用职业素质培训，积极发展养老、托育、家政等生活服务从业人员培训，大力开展新业态新商业模式从业人员技能培训。强化安全生产技能培训，提高劳动者安全生产素质。健全职业技能竞赛体系，举办各级各类职业技能大赛，打造职业技能竞赛品牌。推动培训市场全面开放，构建以公共实训基地、职业院校（含技工院校）、职业技能培训机构和行业企业为主的多元培训载体。充分发挥企业职业技能培训的主体作用和职业院校培训资源优势，政府补贴的职业技能培训项目全部向具备资质的职业院校开放。支持各地依托职业院校、技工学校、企业建设高技能人才培养基地和公共实训基地。实施职业技能培训共建共享行动，健全职业技能培训共建共享机制，积极争取国家县域职业技能培训共建共享试点。健全分层分类的培训补贴标准体系，畅通培训补贴直达企业和培训者渠道。引导培训资源向市场急需、企业生产必需等领域集中，动态调整政府补贴性培训项目目录。采取政府按规定补贴培训、企业自主培训、市场化培训等多样化的培训方式，广泛开展订单式、套餐制培训，探索"互联网＋职业技能培训"。健全职业技能培训监督评价考核机制。探索建立个人培训账户，形成劳动者职业技能培训电子档案，实现与就业、社会保障等信息联通共享。大力弘扬劳模精神、劳动精神、工匠精神，加强职业道德教育，提高劳动者职业素养。推进新型产业工人队伍建设，提高产业工人综合素质。

2. 构建技术技能人才培养体系。突出职业技术教育类型特色，深入推进改革创新，推行"学历证书＋职业技能等级证书"制度，实施现代职业教育质量提升计划，打造一批高水平职业院校和专业。健全职普融通机制，稳步发展职业本科教育，实现职业技术教育与普通教育学习成果双向互认、纵向流动。探索中国特色、河北特点的学徒制，深化产教融合、校企合作，鼓励企业与职业院校共建生产性实训基地和产业人才培养培训基地，争创国家产教融合实训基地。健全人才培养与产业发展联动预警机制，增强人才培养前瞻性。实施教育提质扩容工程，加强创新型、应用型、技能型人才培养。实施高技能人才振兴计划，新建一批高技能人才培训基地和技能大师工作室。深入实施专业技术人才知识更新工程，加强战略性新兴产业人才队伍建设，制定符合基层专业技术人才特点和成长规律的政策措施。推动高水平大学开放教育资源，完善注册学习和弹性学习制度。健全终身教育学习成果转换与认证制度，推进"学分银行"试点，探索学分积累转换制度。促进继续教育高质量发展，大力发展在线教育，扩大社区教育资源供给，推动各类学习型组织建设，完善终身学习服务平台，建设学习型社会。深化技能人才管理制度改革，落实"技能中国行动"，完善技能人才培养、评价、使用激励、保障等措施。完善职业资格评价、职业技能等级认定、专项职业能力考核等技能人才多元化评价机制。

专栏八：劳动者技能提升行动

1. 专业技术人才知识更新工程。推进专业技术人员继续教育，培训不低于50万名高层次、急需紧缺型专业技术人才。依托高等学校、科研单位和现代大型企业建设5个省级继续教育基地。建设全省专业技术人员继续教育学习网络平台，搭建能容纳100万人在线学习的网络平台。

2. 技能人才培养计划。建成35个国家级、50个省级高技能人才培训基地，新建35个国家级、50个省级技能大师工作室，新建50个民办职业培训学校。支持保定市依托保定技师学院筹建中德（保定）工业4.0智能制造公共实训基地，为培养高端技能人才提供全方位智能制造产业平台。

3. 技工教育质量提升工程。着眼经济、科技、产业发展，整合教育资源，优化院校布局，加快推进技工院校改革，建成1—2所层次高端、特色鲜明、在国内具有竞争力的优质技工院校。

4. 举办乡村振兴职业技能大赛河北省选拔赛。按照人力资源社会保障部安排部署，举办乡村振兴职业技能大赛省级选拔赛，鼓励引导农业家庭户籍人员特别是乡村振兴重点帮扶县人员参加竞赛。

（六）完善人力资源市场体系和公共就业服务体系。

1. 建立健全高标准人力资源市场体系。加强人力资源市场制度建设，研究制定《河北省人力资源市场条例》。引导人力资源服务机构围绕制造产业基础高级化、产业链现代化提供精准专业服务。深入实施人力资源服务业高质量发展行动，推进人力资源服务业扩大产业规模，优化行业结构，增强服务能力，提升对经济增长的贡献率。培育壮大人力资源服务骨干企业，引导人力资源服务企业细化专业分工。大力发展人力资源管理咨询、高级人才寻访、人才测评等高技术、高附加值业态，向价值链高端延伸。推动人力资源服务与实体经济、科技、创新、现代金融融合发展，加强人力资源服务标准化、信息化、品牌化建设，促进行业协会建设。实施人力资源服务业领军人才培养计划。开展"互联网＋人力资源服务"行动。深化人力资源市场"放管服"改革，简化优化人力资源服务行政许可。加强人力资源市场管理信息化、人力资源服务标准化和人力资源市场信用体系建设。鼓励具备条件的市建设省级人力资源服务产业园，建设一批有规模、有辐射力、有影响力的地方性人力资源服务产业园和专业性、行业性人力资源市场。完善人力资源市场供求信息监测发布和市场统计制度，建立全省统一的人力资源市场供求信息系统。完善人力资源市场评价机制，开展人力资源服务机构等级评定。完善人力资源市场监管体制，探索创新网络招聘等领域监管手段，优化人力资源服务业营商环境。选树一批诚信人力资源服务示范典型，发挥示范机构诚信带头引领作用。

专栏九：人力资源服务业高质量发展行动

1. 人力资源服务业骨干企业培育计划。培育一批有核心产品、成长性好、具有竞争力的综合性人力资源服务企业，加快发展有市场、有特色、有潜力的专业化人力资源服务骨干企业，推动人力资源服务业细化专业分工，向价值链高端延伸。

2. 人力资源服务产业园区建设计划。推进国家级和省级人力资源服务产业园建设，建成1—2家国家级人力资源服务产业园，力争建成4—5家省级人力资源服务产业园。鼓励各市根据当地经济发展和产业转型需要，建设6—7个有规模、有辐射力、有影响力的地方性人力资源服务产业园，并积极建设专业型、行业型人力资源市场。

3. 人力资源服务行业促就业行动。持续开展人力资源服务机构联合招聘、重点行业企业用工、重点群体就业、促进灵活就业、劳务协作等服务。

---

2. 健全全方位公共就业服务体系。健全户籍地、常住地、参保地、就业地公共就业服务供给机制，推进就业创业政策咨询、就业失业登记、职业介绍等服务覆盖全体城乡劳动者。支持各类市场主体在注册地、经营地、用工地免费享受劳动用工咨询、招聘信息发布等服务。推动公共就业服务向农村延伸，实现城乡

公共就业服务便利共享。加强公共就业服务机构设置，完善街道（乡镇）、社区（村）服务平台，构建覆盖城乡的公共就业服务网络。合理配置公共就业服务机构人员，加强职业指导、职业信息分析、创业指导等专业化、职业化队伍建设。组织动员各类人民团体、群众团体等参与提供公共就业服务，支持社会组织提供公益性就业服务。建立健全公共就业服务标准体系，完善设施设备配置、人员配置等指导性标准，统一公共就业服务标识，统一核心业务流程和规范。加快就业服务智慧化升级，推动就业服务向移动终端、自助平台延伸，打造集政策解读、业务办理等于一体的人工智能服务模式，逐步实现服务事项"一网通办"。推进流动人员人事档案信息化建设。建立综合评价指标体系，开展公共就业服务需求分析、社会满意度调查和第三方评估。创建一批公共就业创业服务示范城市，开展充分就业社区建设。

专栏十：实施提升就业服务质量工程

1. 强化公共就业服务机构建设。县以上政府设立就业服务机构，提供招聘求职、创业服务、失业管理、重点群体帮扶等服务。县以下街道（乡镇）和社区（村）设立基层公共就业服务平台，综合服务大厅设置就业服务窗口，提供政策宣传受理等基本事项。

2. 开展就业服务社会组织培训。发挥各级各类社会组织参与就业服务积极作用，支持行业协会商会等社会组织结合自身业务范围和专长，依法有序提供就业服务。

3. 劳动力市场、人才市场、零工市场建设。结合当地产业结构，因地制宜建设劳动力市场、人才市场，支持零工需求较多地区建设零工市场，或分时段分区域共享同一市场。

4. 完善智慧服务体系。完善人力资源社会保障公共服务平台，完善就业服务信息系统，推进"互联网＋"公共就业服务，推进就业创业信息全省共享、联网发布。

5. 开展专项招聘服务系列行动。持续开展春风行动、民营企业招聘月、百日千万网络招聘等招聘活动，创新活动方式，丰富活动内容，促进供需匹配。

（七）强化劳动者权益保障。

1. 合理增加劳动报酬。坚持按劳分配为主体、多种分配方式并存，提高劳动报酬在初次分配中的比重。健全工资决定、合理增长和支付保障机制，增加劳动者特别是一线劳动者劳动报酬，实现劳动报酬与劳动生产率基本同步提高。完善工资指导线、企业薪酬调查和信息发布制度，健全最低工资标准调整机制，实施企业薪酬指引计划。积极推行工资集体协商制度。健全劳动、知识、技术、管理等生产要素由市场评价贡献、决定报酬的机制。改革完善体现岗位绩效和分级分类管理的事业单位薪酬制度。深化国有企业工资分配制度改革，建立完善国有企业市场化薪酬分配机制。

2. 营造良好劳动环境。实施工伤预防五年行动计划。建立企业全员安全生产责任制度，压实企业安全生产主体责任，推进企业安全生产标准化建设，推进重点领域安全生产责任保险全覆盖。深入开展安全生产专项整治三年行动，实施安全生产风险监测预警系统数据采集工程，持续加强矿山、冶金、化工等重点行业领域尘毒危害专项治理，坚决遏制重特大事故发生。严格执行安全生产法，加强对高危行业建设项目的监管。推动简单重复的工作环节和"危繁脏重"的工作岗位尽快实现自动化智能化，加快重大安全危险领域"机器换人"。

3. 强化劳动者社会保障。健全覆盖全民、统筹城乡、公平统一、可持续的多层次社会保障体系。坚持应保尽保原则，持续推进全民参保计划，加快社会保险扩面提质，解决选择性参保问题，提高劳动者参保率。加大城镇职工基本养老保险扩面力度，大力发展企业年金、职业年金，规范发展第三支柱养老保险。推进失业保险省级统筹。推进失业保险、工伤保险向职业劳动者广覆盖，实现省级统筹。推进社会保险关系转移接续，提高社会保险待遇。

专栏十一：社会保障扩面提质行动

1. 全民参保计划。实行养老、失业、工伤保险三险联动，坚持社保、就业、劳动关系、监察执法四管齐下，实现与税务、财政、市场监督等部门信息共享和业务协同，依法依规将未参保单位和人员纳入参保范围，实现法定人员全覆盖。做好新就业形态群体参保工作。

2. 工伤预防五年行动计划。全省工伤事故发生率较"十三五"时期下降15%左右，其中重点行业下降20%左右；工亡事故发生率下降10%左右。

---

4. 促进平等就业。深化劳动力要素市场化配置改革，同步推进户籍制度、用人制度、档案服务改革，加快破除妨碍劳动力和人才市场化配置和自由流动的障碍，搭建横向流动桥梁、纵向发展阶梯，构建合理、公正、畅通、有序的社会性流动格局。完善评价激励机制，拓展基层人员发展空间，加大对基层一线人员奖励激励力度，拓宽技术技能人才上升通道。建立劳动者平等参与市场竞争的就业机制，营造公平的市场环境，逐步消除民族、种族、性别、户籍、身份、残疾、宗教信仰等各类影响平等就业的不合理限制或就业歧视，增强劳动力市场包容

性。保障妇女在就业创业、职业发展、技能培训、劳动报酬、职业健康与安全等方面的权益，为因生育中断就业的女性提供再就业培训公共服务。将生育友好作为用人单位承担社会责任的重要方面，鼓励用人单位制定有利于职工平衡工作和家庭关系的措施，依法协商确定有利于照顾婴幼儿的灵活休假和弹性工作方式。建立投诉处理机制和联合约谈机制，及时纠正含有歧视内容和不合理限制的招聘行为。健全司法救济机制，依法受理涉及就业歧视的相关起诉，设置平等就业权纠纷案由。

5. 保障劳动者合法权益。持续开展清理整顿人力资源市场秩序专项行动，依法查处招聘过程中的虚假、欺诈现象。健全劳动合同制度，依法规范用工管理，加强对国有企业、劳动密集型行业、中小企业劳动用工指导和服务，加大对劳动合同制度实施的指导和监督力度。加强对劳务派遣的监管，规范劳务派遣用工，保障劳动者同工同酬。督促企业依法落实工时制度，保障劳动者休息休假权益。贯彻落实《保障农民工工资支付条例》，健全欠薪治理长效机制，推动根治拖欠农民工工资问题。推进智慧劳动保障监察系统建设，加强劳动保障监察举报投诉案件联动处理平台建设，完善监控预警功能，提升分析研判能力和执法效能。

6. 构建和谐劳动关系。健全政府、工会、企业代表组织共同参与的协商协调机制。加强协调劳动关系三方机制建设，实施劳动关系"和谐同行"能力提升三年行动计划。深化和谐劳动关系创建活动。完善以职工代表大会为基本形式的企业民主管理制度，引导中小企业依法成立工会组织，在中小企业集中的地方推动建立区域性、行业性职工代表大会。推动企业建立多种形式的民主参与、民主监督、民主决策新机制，提升企业与劳动者沟通协商的制度化程度。完善劳动关系形势分析制度，建立健全劳动关系风险监测预警制度。完善劳动人事争议调解仲裁体制机制，加强调解仲裁队伍建设，开展"互联网＋调解仲裁"工作，大力推进标准化、数字仲裁庭、智能仲裁院和"互联网＋调解"服务平台建设。

专栏十二：劳动关系"和谐同行"能力提升行动

1. 和谐劳动关系"十百万"计划。开展"十名金牌劳动关系协调员""十家金牌协调劳动关系社会组织""十家金牌劳动人事争议调解组织"培树行动，培育"百户劳动关系和谐企业"，服务万户新企业用工。

2. 重点企业用工指导计划。建立完善对用工规模较大企业的用工指导服务机制，帮助企业提升用工管理水平。以用工规模较大、生产经营存在较大困难的企业为重点，指导企业采取多种措施稳定工作岗位，发挥集体协商协调劳动关系重要作用，引导企业尽量不裁员、少裁员，稳定劳动关系。

（八）防范化解就业失业风险。

1.完善就业失业监测预警机制。加快构建系统完备、立体化的就业失业监测网络，实现劳动力市场、企业用工主体和劳动者个体全覆盖。健全就业统计指标体系和调查统计方法，提升数据质量和时效。健全就业形势科学研判机制，组建专业分析团队，开展就业重大问题研究，提升形势感知、分析研判和科学决策水平，增强风险预警预判能力。完善企业规模裁员减员及突发事件报告制度，定期开展风险评估，适时发布失业预警信息。推动县级以上人民政府进一步完善失业风险预警制度。

专栏十三：就业失业统计监测调查能力提升计划

1.构建广覆盖的监测网络。加强移动通信、网络招聘、工业用电、企业征信等大数据应用，健全就业大数据监测网络。

2.健全失业动态监测机制。优化监测企业样本结构，细分企业规模、性质等，按月分析岗位变化情况，研判企业减员风险。

3.完善劳动力调查制度。扩大劳动力调查样本，按月做好全省调查失业率统计工作，加强劳动力调查数据的分析研究。

4.建立就业岗位调查制度。开展就业岗位调查试点，细分区域、行业等，按月调查各类用工主体岗位空缺和用工需求，逐步建成就业岗位调查制度。

2.全面加强风险应对。完善失业保障体系。稳步推进失业保险扩围，进一步畅通申领渠道，提高政策受益率。扩大失业保险覆盖范围，推动中小微企业、有雇工的个体工商户参加失业保险。健全失业保险待遇确定办法和调整机制，实现失业保险待遇水平合理增长。落实失业保险稳岗返还、技能提升补贴等政策，提高失业保险基金使用效率，充分发挥保生活基本功能作用，有效发挥防失业、促就业功能作用。畅通失业人员求助渠道，建立失业人员常态化帮扶机制，实现失业登记、职业指导、职业介绍、职业培训、生活保障联动。对生活困难的失业人员及家庭，按规定及时纳入最低生活保障、临时求职等社会救助范围。推动建立人工智能等智能化技术应用对就业影响的跟踪研判和协同应对机制，避免其就业替代效应短期内集中释放。构建不同行业、不同业态间的转岗机制，广泛开展人工智能应用适应性、储备性培训，提升人工智能等智能化技术通用技能，及时对受人工智能影响的失业人员开展就业帮扶。制定分级政策储备和风险应对预案制度，有效防控规模性失业风险。支持企业与职工集体协商，采取协商薪酬、调整工时、轮岗轮休、在岗培训等措施，保留劳动关系。指导企业依法依规裁员。

四、组织实施

（一）加强党的领导。坚持党对促进就业工作的全面领导，把党的领导贯彻和体现到促进就业工作各领域、各方面、各环节。充分发挥省就业工作领导小组作用，压实工作责任，强化监督检查，推动各有关部门和单位履职尽责，合力推进规划实施和促进就业工作。各有关部门和单位要坚持谁主管谁负责，谁牵头谁协调，明确工作举措，确保各项规划任务有力有序推进。强化政府促进就业主体责任，健全市、县（市、区）政府就业工作组织领导机制，统筹推进就业工作和规模性失业风险应对处置。创新规划组织实施方式，针对重大任务，专题专项推进。

（二）强化资金保障。落实各级政府的投入责任，加大就业补助资金筹集力度，按规定统筹用好各类就业资金，加大援企稳岗、鼓励就业创业、支持技能提升、保障基本生活等政策落实力度。健全就业领域投融资机制，拓宽资金渠道，引导带动金融资本和社会资本在返乡入乡创业、技能培训、职业教育、就业服务等方面加大投入力度。

（三）鼓励探索创新。对规划确定的重大举措和创新政策，支持有条件的地方先试先行。鼓励各地各有关部门和单位围绕规划重点任务，创新思路和形式，积极探索多种务实有效的实施方式和有用、管用的落实措施，形成一批可复制可推广的经验做法和制度性成果。

（四）做好宣传引导。就业是最大的民生，关乎人民群众切身利益。各级各部门要完善政策宣传机制，开展政策推介解读，扩大政策覆盖面和知晓度。及时总结推广政策实施中的好经验好做法，为促进就业创造良好舆论环境。

内蒙古自治区"十四五"就业促进规划

内蒙古自治区人民政府办公厅　2021 年 11 月 3 日

就业是最大的民生工程、民心工程，也是经济发展的基本支撑、社会稳定的重要保障。为实现更加充分更高质量就业、扎实推进共同富裕，依据《中华人民共和国国民经济和社会发展第十四个五年规划和 2035 年远景目标纲要》《国务院"十四五"就业促进规划》以及《内蒙古自治区国民经济和社会发展第十四个五年规划和 2035 年远景目标纲要》，编制本规划。

第一章　发展环境

第一节　发展基础

"十三五"时期是决胜全面建成小康社会的五年，也是我区就业工作取得积极进展的五年。五年来，面对严峻复杂的国内外形势和艰巨繁重的就业任务，自治区党委和政府坚持以习近平新时代中国特色社会主义思想为指导，坚决贯彻落实党中央、国务院决策部署，牢固树立以人民为中心的发展思想，始终把促进就业摆在经济社会发展突出位置，大力实施就业优先战略，深入落实积极就业政策，全面完成了就业各项目标任务。就业规模不断扩大，全区城镇累计新增就业 128.44 万人，城镇登记失业率控制在 4% 以内的较低水平。就业结构持续优化，第三产业成为吸纳就业的主体。劳动者就业技能稳步提升，技能劳动者总量由 211.7 万人增加到 279 万人。重点群体就业帮扶扎实推进，高校毕业生、农牧民工、失业人员、就业困难人员等就业基本稳定。深入实施"创业内蒙古"行动，创业带动就业效应有效发挥。就业质量稳步提升，人力资源服务体系、收入分配机制不断完善。劳动者就业权益得到保障，劳动关系更加和谐。"十三五"时期我区就业形势保持总体稳定，为维护改革发展稳定大局和全面建成小康社会作出了积极贡献，也为"十四五"时期经济社会发展奠定了坚实基础。

专栏 1　"十三五"时期就业主要指标完成情况			
指标	2015 年基数	"十三五"规划目标	2020 年完成数
城镇新增就业（万人）	〔134〕	〔125〕	〔128.4〕
城镇失业人员再就业（万人）	〔43.2〕	〔25〕	〔36.9〕
就业困难人员就业（万人）	〔33.6〕	〔25〕	〔31.1〕
城镇登记失业率（%）	3.65	4 以内	3.8
高校毕业生就业（万人）	〔66.7〕	〔65〕	〔72.8〕
农牧民转移就业（万人次）	〔1299.4〕	〔1225〕	〔1264.3〕
农牧民转移就业 6 个月以上（万人次）	〔1017.3〕	〔1000〕以上	〔1034.2〕
专业技术人才总量（万人）	96	106	106
高技能人才总量（万人）	56.1	65	74.1

注:〔 〕表示五年累计数。

第二节　面临形势

"十四五"时期，我区促进就业面临的机遇和挑战都有新的变化。进入新发展阶段的内蒙古，仍处于重要战略机遇期，走以生态优先、绿色发展为导向的高质量发展新路子，为就业长期稳定创造了良好条件；新一轮科技革命和产业变革深入发展，新兴就业创业机会日益增多；新型城镇化、乡村振兴孕育巨大发展潜力，新的就业增长点不断涌现。但也要看到，经济社会发展环境日趋复杂，不稳定性不确定性明显增加，对就业的影响不容忽视；我区人口结构深度调整，劳动力供求两侧均出现较大变化，城镇就业压力依然较大，高校毕业生等重点群体就业总量不减，规模性失业风险依然存在；产业转型升级、技术进步加快，对劳动者技能提出更高要求，结构性就业矛盾更加突出；就业方式更加多元化，灵活就业人员、新就业形态人员劳动权益保障亟待加强；劳动力供需出现较大变化，公共就业服务体系建设还不能与之相适应。总之，"十四五"时期我区就业形势依然复杂严峻，稳定和扩大就业任务艰巨，必须在危机中育新机、于变局中开新局，推动就业工作实现新发展。

第二章　总体要求

"十四五"时期是开启全面建设社会主义现代化国家新征程、向第二个百年奋斗目标进军的第一个五年，也是内蒙古走以生态优先、绿色发展为导向的高质量发展新路子，实现新的更大发展的关键时期，千方百计稳定和扩大就业、推动实现更加充分更高质量就业具有十分重要的意义。

第一节　指导思想

高举中国特色社会主义伟大旗帜，深入贯彻党的十九大和十九届二中、三中、四中、五中全会精神，以习近平新时代中国特色社会主义思想为指导，全面落实习近平总书记对内蒙古重要讲话重要指示批示精神，统筹推进"五位一体"总体布局，协调推进"四个全面"战略布局，坚持以人民为中心的发展思想，坚持稳中求进工作总基调，立足新发展阶段，贯彻新发展理念，构建新发展格局，以实现更加充分更高质量就业为主要目标，坚持劳动者自主择业、市场调节就业、政府促进就业和鼓励创业，坚持走以生态优先、绿色发展为导向的高质量发展新路子，统筹安全与发展，深入实施就业优先战略，坚持经济发展就业导向，持续强化就业优先政策，建立健全促进就业机制，完善公共就业服务体系，扩大就业容量，提升就业质量，缓解结构性就业矛盾，有效防范和化解失业风险，确保就业局势总体稳定，为经济社会发展提供有力支撑。

第二节　基本原则

——坚持党的领导。以习近平新时代中国特色社会主义思想为指导，认真落实党中央、国务院关于就业工作的决策部署，进一步提升政治判断力、政治领悟力、政治执行力，为实现更加充分更高质量就业提供坚强保证。

——坚持人民至上。自觉践行以人民为中心的发展思想，紧扣人民对更加充分更高质量就业的期盼，强化就业优先政策，健全公共就业服务体系，提升劳动者就业能力，不断增强人民群众获得感、幸福感、安全感。

——坚持就业优先。继续把就业摆在经济发展和宏观政策优先位置，作为保障和改善民生的头等大事，把稳定和扩大就业作为宏观调控的优先目标和经济运行合理区间的下限，增强经济发展对就业的拉动作用，实现就业增长与经济发展良性互动。

——坚持扩容提质。着力培育新的就业增长点，千方百计扩大就业容量，坚持"稳岗、扩岗"并举、"规模、质量"并重，更加注重缓解结构性就业矛盾，推动形成人力资源市场更高水平的供需动态平衡。

——坚持统筹兼顾。充分发挥市场促进就业的决定性作用，落实政府政策支持、公共服务等责任，破除制约就业的体制机制障碍，统筹城乡就业政策，优化资源配置，打破区域、城乡分割，最大限度确保普惠享有、均等可及，增强就业工作的系统性、整体性和协同性。

——坚持底线思维。紧盯就业领域关键环节和突出问题，聚焦重点地区、重点行业和重点群体，制定更加精准有效的政策措施，因地因企因人加强分类帮扶援助，有效防范规模性失业风险，切实兜牢民生底线。

第三节　主要目标

到 2025 年，要实现以下目标：

就业形势总体稳定。城镇新增就业 100 万人以上，城镇调查失业率控制在 6% 左右。统筹城乡就业政策进一步完善，城乡、区域就业机会差距逐步缩小，高校毕业生、农牧民工、退役军人、残疾人、就业困难人员等重点群体就业基本稳定，就业结构持续优化，人力资源市场供求基本平衡。

就业质量稳步提升。劳动关系和谐稳定，就业环境明显改善，劳动报酬提高与劳动生产率提高基本同步，公共就业服务体系和社会保障体系更加完善，更多劳动者实现稳定体面就业。

结构性就业矛盾有效缓解。劳动者终身职业技能培训制度和人才评价体系更加健全，人力资源质量明显提升，劳动者技能素质与产业转型升级和高质量发展需要更加匹配，技能人才队伍不断壮大，全区高技能人才总量达到 88 万人。

创业带动就业效应更加明显。创业引领作用更加凸显，创业环境更加优化，创业政策和服务体系更加完备，创业机会更多、渠道更广，创业带动就业动能持续释放。

风险防控能力显著增强。就业领域风险监测预警和防控应对机制不断健全，失业人员保障范围有效扩大、保障水平逐步提高，就业安全保障更加有力，规模性失业风险得到有效防控。

专栏 2　"十四五"时期就业主要指标				
指标	2020 年	2025 年	年均 / 累计	属性
城镇新增就业（万人）	23.22	—	＞〔100〕	预期性
城镇失业人员再就业（万人）	10.45	—	〔25〕	预期性
就业困难人员就业（万人）	7.38	—	〔25〕	预期性
城镇调查失业率（%）	6.3	—	6 左右	预期性
城镇登记失业率（%）	3.8	—	5 以内	预期性
城镇就业占比（%）	63.1	65	—	预期性

指标	2020 年	2025 年	年均/累计	属性
高校毕业生就业（万人）	13.96	—	〔65〕	预期性
农牧民转移就业（万人次）	248.2	—	〔1200〕	预期性
农牧民转移就业 6 个月以上（万人次）	204.1	—	〔1000 以上〕	预期性
脱贫人口务工规模（万人）	19.76	—	〔98.8〕	预期性
全员劳动生产率增长（%）	−0.5	—	5 左右	预期性
劳动报酬占比（%）	48.5[*]	—	稳步提高	预期性
高技能人才总量（万人）	74.1	88	—	预期性
开展补贴性职业技能培训（万人次）	38.6	—	〔125〕	预期性
农牧民工参加职业培训（万人次）	11.1	—	〔35〕	预期性
基本养老保险参保率（%）	82	＞90	—	预期性
劳动年龄人口平均受教育年限（年）	10.4	11	—	约束性

注：①〔〕表示五年累计数。②带 * 号的为 2019 年数据。③劳动报酬占比是指劳动报酬占 GDP 的比重。

第三章　坚持经济发展就业导向

落实就业优先战略，建立经济发展与扩大就业联动机制，通过强化就业优先政策、发展现代产业、支持民营经济等措施，推动形成高质量发展与就业扩容提质的良性互动。

第一节　强化就业优先政策

将更加充分更高质量就业作为经济社会发展的优先目标，完善宏观经济政策对就业影响评价机制，建立政府牵头主导、部门政策协同、社会组织广泛参与的促进就业保障体系，健全就业目标考核机制，建立更加充分更高质量就业考核考评体系。加强就业政策与财税、金融、产业、投资、消费等经济政策以及人才、教育、社保等社会政策的统筹，发挥各项政策的互补性，促进经济社会政策与就业政策协同，激发市场主体活力。统筹城乡就业政策，积极引导和促进农村牧区劳动力平等、高质量就业。深入实施扩大内需战略，充分发挥消费和有效投资对就业的拉动作用，政府优先投资岗位创造多的项目，优先发展吸纳就业能力强的行业产业，释放更多就业岗位。

第二节　扩大现代产业就业容量

围绕构建绿色低碳特色优势现代产业体系，大力推进能源和战略资源基地优化升级，鼓励企业绿色高效转型，支持发展低碳经济和生态农牧业等，稳定和扩大就业规模。加快战略性新兴产业和先进制造业发展，大力发展现代装备制造业、节能环保、生物医药、电子信息、新型化工等技能密集型产业，加快推进互联网、大数据、人工智能与产业的深度融合，催生更多新产业、新业态、新模式，打造就业新的增长极。有序承接发达地区加工贸易产业梯度转移，拓展产业就业空间，培育一批劳动密集型产业，进一步提高就业承载能力。实施制造业降本减负行动，强化要素保障和高效服务，加大制造业投资和支持力度，引导金融机构扩大融资规模，提升制造业盈利能力和从业人员收入水平，缓解制造业用工短缺问题。

第三节　提高服务业吸纳就业水平

加快发展现代金融、现代物流、研发设计、商务会展、文化创意、信息技术、节能环保、法律服务等生产性服务业，为劳动者提供更大就业空间。推动养老托幼、健康养生、家政服务、教育培训、文体娱乐、健身休闲等生活性服务业提质扩容，为劳动者就业提供更多选择。支持发展批发零售、住宿餐饮、交通运输、仓储物流和房地产等传统服务业，稳定和提升传统服务业吸纳就业能力。加快推进旅游业提质增效和转型升级，打造集全区域优势产业、服务业领域支柱产业和综合性幸福产业为一体的旅游业，促进生态文化旅游融合发展，提升直接和间接吸纳就业能力。拓展新服务业态，提升电子商务、共享经济、远程教育医疗等新业态就业能力。

专栏3　家政服务业促进就业计划

家政服务业提质扩容"领跑者"行动项目。推进家政服务职业培训示范基地建设，支持有条件的地区建设自治区示范性基地，加大家政服务从业人员培训力度，扩大培训规模，每年家政服务从业人员职业技能培训2万人以上。

第四节　支持中小微企业吸纳就业

加大对中小微企业和个体工商户支持力度，完善稳定和扩大就业政策体系，落实常态化援企稳岗帮扶机制，充分发挥失业保险保生活、防失业、促就业功能，持续减轻中小微企业和个体工商户负担，援助企业稳定就业岗位。进一步放开民营企业市场准入，取消各类不合理限制和壁垒，减轻税费负担，降低运营成本，优化民营经济发展环境，增强吸纳就业能力。加大对中小微企业和个体工商户的融资支持，加强普惠金融服务，完善融资增信支持体系、贷款风险担保补偿机制和政府融资担保体系，扩大信贷投放，提高融资便利度。实施中小微企业创新工程和"小升高"促进行动，大力发展创新型、创业型、劳动密集型中小微企业，培育一批竞争力强、成长性好、专注于细分市场的"专精特新"中小微企业，增强带动就业能力，扩大就业规模。

专栏 4　支持企业发展计划

政府性融资担保项目。充分发挥国家融资担保基金作用，引导更多金融资源支持就业创业。各级政府性融资担保基金按照规定为符合条件的中小微企业提供低费率担保支持。

第四章　完善重点群体就业支持体系

聚焦高校毕业生、农村牧区劳动力、退役军人等重点群体，坚持市场化就业与政府统筹帮扶相结合，促进多渠道多形式就业，稳住就业基本盘。

第一节　突出高校毕业生等青年群体就业

把高校毕业生就业摆在就业工作的突出位置，结合国家和自治区重大战略布局、现代产业体系建设、发展数字经济等，创造更多适合高校毕业生等青年群体的知识性、技术性就业岗位。完善和落实高校毕业生等青年群体就业政策，鼓励和引导更多高校毕业生等青年群体到新一代信息技术、新能源、新材料、先进制造业等战略新兴产业、现代农牧业和现代服务业以及新业态领域就业创业。组织实施"三支一扶"（支教、支农、支医和帮扶乡村振兴）计划、社区民生志愿服务计划、农村牧区义务教育阶段学校教师特设岗位计划和志愿服务西部计划等项目，加大政府购买公共管理和社会服务岗位力度，鼓励引导高校毕业生到基层就业。把高校学生职业发展与就业指导课程贯穿整个人才培养体系，完善学科建设、课程设计和就业指导，教育引导毕业生转变就业观念，科学规划职业生涯，提升求职就业能力。实施高校毕业生、未继续升学初高中毕业生、城镇失业青年、转岗青年等青年群体就业启航计划，探索适合青年特点的就业服务模式，通过实践引导、分类指导和跟踪帮扶，帮助青年群体实现市场化就业。健全覆盖高校毕业生等青年群体就业创业全过程的公共就业服务体系，常态化组织线上线下公共就业服务活动，搭建就业服务平台，开展大中城市联合招聘、校园网络招聘等系列活动，促进就业供需精准对接。健全离校未就业高校毕业生实名服务、困难毕业生就业援助和长期失业青年就业帮扶机制，强化离校未就业毕业生以及城乡低保家庭、零就业家庭和残疾毕业生等青年群体就业帮扶。支持高校毕业生等青年群体实习见习和参加技能培训。

专栏5 高校毕业生就业创业促进计划

高校毕业生岗位拓展项目。继续实施"三支一扶"、社区民生志愿服务等自治区基层服务项目。加大鼓励引导高校毕业生到基层就业创业支持力度，落实政府购买公共管理和社会服务岗位政策，"十四五"期间在全区开发1万个基层岗位用于吸纳高校毕业生。

离校未就业高校毕业生实名制服务项目。完善离校未就业高校毕业生实名制信息数据库，加强户籍地、求职地、学籍地之间的政策和服务协同，有针对性地提供就业创业服务，促进离校未就业高校毕业生就业。

第二节 促进农村牧区劳动力转移就业

围绕县域经济和乡村产业发展，深化农牧业供给侧结构性改革，加快建立现代农牧业产业体系、生产体系、经营体系，加强现代农牧业产业园和农牧业现代化示范区建设，延伸农畜产品加工产业链，培育壮大龙头企业，健全利益链接机制，拓宽农村牧区劳动力就业渠道。建设外出务工服务中心、劳务市场或零工市场，建立劳动力状况调查和输入地输出地对接机制，强化地区间劳务对接。实施劳务品牌促进就业计划，培育一批有地域特色、行业特征、技能特点，带动农村牧区劳动力就业效果好的劳务品牌，提高劳务输出组织化程度，促进农村牧区劳动力转移就业。大力发展生态农牧业，调整优化农牧业产业布局，建设特色农畜产品产业带和农牧业产业集群，支持新型农牧业经营主体发展。实施农村牧区基础设施、农村牧区产业配套基础设施和林业生态建设等项目，推广以工代赈方式并及时足额发放劳动报酬，推动农村牧区劳动力就近就地就业。实施农牧民工素质提升工程和高素质农牧民培育计划，推进新生代农牧民工职业技能提升计划。实施农牧民合作社规范提升行动、家庭农牧场培育计划，支持农牧民工创办合作社、家庭农牧场、农牧业产业化龙头企业、创意农牧业等新型农牧业经营主体，促进农村牧区劳动力返乡入乡创业。力争到"十四五"期末，每个盟市（不含乌海市）至少建成1个农牧民工返乡创业示范旗县。

第三节　加强退役军人就业保障

加强安置方式统筹协调，强化政策制度衔接。落实退役军人安置政策，压实属地安置责任，健全"阳光安置"工作机制，引入市场化运行模式，强化多渠道、多元化安置。支持退役军人自主就业创业，按规定将退役军人纳入现有就业服务、教育培训等扶持政策覆盖范围，提升就业创业竞争力，拓宽公共就业服务供给领域，挖掘更多适合退役军人的就业岗位，促进退役军人市场化就业。实施"兵支书"培养计划，推动退役军人在嘎查村就业。全面推行退役军人就业创业适应性培训，现有培训实训基础设施面向退役军人开放，建立职业技能证书、专业资格证书等军地衔接机制。加快退役军人创业载体建设，推动各地区在创业园、孵化基地等创业载体设立退役军人创业专区，落实创业担保贷款、创业培训等扶持政策，促进退役军人返乡创业、自主创业。

第四节　稳定脱贫人口就业

把巩固拓展就业脱贫成果同实施乡村振兴有机结合起来，健全脱贫人口、农村牧区低收入人口就业帮扶长效机制，保持脱贫人口就业帮扶政策、资金支持、帮扶力量总体稳定。深入推进新型城镇化和乡村振兴战略有效衔接，推进以县域为载体的城镇化建设，吸引各类生产要素向县城流动，做大做强县域经济，增强县域吸纳就业能力。推动县乡村联动发展，打造"一旗县（市、区）一业""一苏木乡镇一特""一嘎查村一品"经济圈，做好产业和就业帮扶。建立脱贫人口就业需求数据库，深化区内外劳务协作，推动扶贫车间和扶贫产业园建设，支持乡村特色产业发展，促进有劳动能力的脱贫人口转移就业或就近就地就业。开发乡村公共服务类岗位，妥善安置"无法离乡、无业可扶"且有能力胜任岗位工作的脱贫人口。持续做好易地搬迁后续就业服务工作。加强脱贫地区职业院校（含技工院校）基础设施建设，组织开展职业技能培训，提升脱贫人口就业能力。

专栏6　就业帮扶巩固提升计划

就近就业支持项目。支持异地扶贫搬迁安置区充分利用特色资源，对接外部市场，大力发展配套产业，有条件的安置区新建、改（扩）建、提升一批配套产业园，吸纳搬迁群众就业。加大安置区以工代赈实施力度。

创业支持计划。鼓励安置区内产业园对搬迁群众创办的企业给予优惠政策。支持有条件的安置区加强创业孵化载体建设，根据入驻实体数量、孵化效果和带动就业成效给予一定奖补。鼓励金融机构开发适合搬迁群众创业的金融产品。

第五节 统筹做好其他重点群体就业工作

畅通失业人员求助渠道，建立失业人员常态化帮扶机制，强化失业登记、职业指导、职业介绍、职业培训、生活保障联动。提升就业援助制度实施效果，依托基层公共服务平台，分类保障、多点发力，落实公益性岗位托底安置等扶持政策，为就业困难人员提供及时有效的就业帮扶。加强零就业家庭动态管理，提供"一对一"就业援助，确保零就业家庭动态清零。完善残疾人就业支持政策，扶持残疾人就业创业孵化基地建设，依法落实残疾人按比例就业制度，推进残疾人辅助性就业和灵活就业。支持妇女平等就业，实施布丝瑰就业行动计划，建设助创产业联盟，创建布丝瑰研学基地、创业创新孵化基地、就业见习实习基地等，消除就业性别歧视，保障妇女劳动权益。积极开发老龄人力资源。

专栏7 重点群体就业计划

退役军人"回引"项目。探索出台优先选聘退役军人担任嘎查村干部政策举措，通过公开选聘、选拔等方式，鼓励引导退役军人担任嘎查村干部。

公益性岗位开发管理项目。健全"按需设岗、以岗聘任、在岗领补、有序退岗"管理机制，围绕经济社会发展实际，加强岗位研究、规划和设计，制定出台政策措施。

就业帮扶巩固提升项目。在大型异地扶贫搬迁安置区，设置就业服务站点或专门服务窗口，实施就近就业支持计划、创业支持计划，开展京蒙劳务对接活动、东西劳务对接活动、集中技能培训等，巩固脱贫人口就业帮扶成效。

第五章 激发"双创"带动就业活力

全面贯彻创新驱动发展战略，深入实施大众创业、万众创新，优化创业环境，加大创业扶持力度，提升创业服务能力，充分释放各类市场主体、各类创业人群创业热情，有效发挥创业带动就业的倍增效应。

第一节 优化创新创业环境

深化"创业内蒙古"行动，深入推进创业领域"放管服"改革，落实国家市场准入负面清单制度，进一步优化营商环境，降低市场准入门槛和制度性交易成本，最大限度破除制约创业创新的体制机制障碍，构建更具活力的创业环境。推动创业资源开放共享，鼓励大企业向中小企业开放资源、场景、应用、需求，打造基于产业链、供应链的创新创业生态。支持各级各类科研资源、高校研发资源向企业、社会组织和个人开放，创造更多创业机会。进一步改善融资环境，完善债券、股权等融资支持工具，支持中小微企业拓宽直接融资渠道。加大创业担保贷款支持力度，合理安排贴息资金，适度扩大担保基金规模，提高贷款便利度和政策获得感。加大对初创企业支持力度，落实在用地、融资等方面的优惠政策，进一步降低创业成本，提升初创企业成功率和持续发展能力。建立创新创业开放项目对接机制，吸纳各类人才来内蒙古创业。

第二节　提升创业服务能力

强化公共就业服务机构创业服务功能，打造全生态、专业化、多层次的创业服务体系。加强服务队伍建设，完善创业服务网络，为创业者有效提供项目开发、创业指导、融资对接和跟踪服务等创业服务。优化创业师资和创业指导专家队伍，筹建创业导师专家库，为创业者提供低成本、全要素、便利化的创业服务。推进创业园（创业孵化基地）等创业载体规范化建设，鼓励地方依托各类产业园区建设入乡返乡创业园、留学人员创业园、大学生创业园和创业孵化基地，加大"以奖代补"支持力度，培育打造全国创业孵化示范基地，发展一批具有引领带动作用的特色化、功能化、高质量创业平台载体。建立大中小企业协同技术研发、产业化合作机制，支持建设一批制造业"双创"技术转移机构和制造业"双创"服务平台。启动创业培训"马兰花计划"，健全培训制度，优化培训资源，创新培训模式，组织开展创业培训，提高劳动者创业创新能力。

第三节　支持各类重点群体投身创业

实施农村牧区创业创新带头人培育、大学生创业支持、留学人员回国创业启动支持等专项计划，鼓励引导各类群体投身创业。支持高校毕业生在就业潜力大、带动作用突出、社会需求迫切的服务领域创业。落实农牧民工返乡入乡创业支持政策，带动更多农村牧区劳动力就业。鼓励科研人员离岗创业，加大个体工商户、灵活就业人员创业创新扶持力度，引导城镇失业人员等其他各类人员以创业促就业。组织创业创新大赛和交流活动，开展创业型城市创建工作，实施中小微企业创新工程和"小升高"促进行动、创业创新巾帼行动等，在全社会大力弘扬创业风尚，最大限度激活创新创业活力。

> **专栏8　创业内蒙古行动计划**
>
> 　　创业园（创业孵化基地）以奖代补项目。继续实施创业园（创业孵化基地）以奖代补项目，引导建设功能齐全、服务优质、承载力强、孵化成功率高的示范性创业园（创业孵化基地），在全区新培育打造20个自治区级示范性创业园（创业孵化基地）。
>
> 　　创业培训师资队伍培养项目。加强创业培训（含网络创业培训）师资队伍建设，举办创业培训讲师大赛、创业培训优秀讲师示范教学等活动，搭建创业培训师资交流提高平台。全区国家级创业培训师稳定在10名以上，每个盟市的自治区级优秀创业培训讲师至少达到2—3名，自治区创业培训师资达到1000人左右。
>
> 　　创业导师库建设项目。通过征集遴选等方式，吸纳创业培训讲师、创业指导师、企业家、投资人等，建设分行业、分阶段、分地区创业导师库，为创业人员提供有针对性的创业指导服务。
>
> 　　返乡入乡创业园建设项目。以旗县（市、区）为单位，依托现有产业园区、产业集聚区等资源，整合建设一批返乡入乡创业园，改造配套设施，提升智能化、服务化水平。探索适合当地的返乡入乡发展路径和模式，通过承接产业转移、资源嫁接输入地市场、三次产业融合发展等方式，培育具有区域特色、大中小企业协同联动、上下游产业全链条一体化发展的返乡入乡创业产业集群。

第六章　支持多渠道灵活就业

　　坚持顺势而为，破除各种不合理限制，拓宽灵活就业渠道，支持和规范发展新就业形态，加大对灵活就业的保障支持力度。

第一节　鼓励个体经营发展

　　坚持市场引领和政府引导并重、放开搞活和规范有序并举，强化政策服务供给，支持劳动者创办投资小、见效快、易转型、风险小的小规模经济实体。持续深化商事制度改革，全面清理取消不合理限制，为劳动者提供便捷高效的咨询注册服务，创造更多灵活就业机会。支持发展各类特色小店，完善基础设施。引导金融机构增发定向支持个体工商户的低息贷款。探索出台个体经营小额贷款"零门槛"政策。

第二节　增加非全日制就业机会

把灵活就业岗位供求信息纳入公共就业服务范围，建立灵活就业人员就业信息服务制度，免费发布供求信息，按需组织专场招聘，提供职业指导服务。支持盟市、旗县（市、区）在交通便利、求职集中地设立劳务市场或零工市场，组织劳务对接洽谈。将支持就业的各类政策逐步延伸到非全日制劳动者，推动非全日制劳动者较为集中的保洁绿化、批发零售、建筑装修、街头便餐、地摊经济、夜市经济等行业提质扩容。

第三节　支持和规范发展新就业形态

聚焦新技术、新产业、新模式、新基建，推动平台经济、共享经济、网络经济、绿色经济、创意经济等新业态发展，创造就业新领域，开发更多新就业模式。有效促进数字经济领域就业创业，推动数字经济和实体经济深度融合，鼓励支持就业容量大的产业集群发展，带动更多劳动者就业。落实新就业形态劳动者劳动保障权益政策，实施包容审慎监管，促进网络零售、移动出行、线上教育培训、互联网医疗、在线娱乐等行业发展，为劳动者居家就业、远程办公、兼职就业创造条件。健全互联网平台经济及其他新业态新模式监管规则，鼓励互联网平台企业、中介服务机构降低服务费等费用，创造更多灵活就业岗位。

专栏9　多渠道灵活就业保障计划

新就业形态群体参保项目。健全灵活就业社会保险制度，探索新就业形态从业人员参加社会保险保障方式，加快推进职业伤害保障，支持用工企业以商业保险的方式为灵活就业和新就业形态从业人员提供意外险、重疾险、商业医疗险等多层次保障。

新就业形态人员技能提升项目。创新适合新就业形态人员的培训形式和内容，开展数字资源线上培训服务，支持其根据自身实践和需求参加个性化培训。

第七章　全面提升劳动者就业创业能力

深化人力资源供给侧结构性改革，加强职业技能提升和人才开发培养，着力改善劳动力要素质量，建设一支符合高质量发展要求、适应现代化经济体系、具备较高职业技能和道德素质、结构比较合理的劳动者队伍。

第一节 完善职业技能培训体系

深入实施职业技能提升行动，稳步扩大培训规模，重点加强高校毕业生和城镇青年、退役军人、农村牧区转移劳动力、脱贫人口、失业人员、个体工商户、就业困难人员、残疾人等技能培训。推进制造业高质量发展与职业技能培训深度融合，促进制造业产业链、创新链和培训链有效衔接。推进新型产业工人队伍建设，大力开展企业职工技能提升、转岗转业培训和以工代训，全面推行企业新型学徒制，开展百校连百企培训对接活动，提高产业工人综合素质，促进企业用工、培训、就业供需有效对接。以市场需求为导向，实施重点群体、重点行业专项培训计划，广泛开展新业态新模式从业人员技能培训，打造区域特色技能培训品牌。"十四五"时期，开展补贴性职业技能培训125万人次。加快构建以公共实训基地、职业院校（含技工学校）、职业技能培训机构和行业企业为主的多元培训载体，推动培训市场全面开放，激发培训主体积极性，有效增加培训供给。充分发挥企业职业技能培训的主体作用和职业院校培训资源优势，政府补贴的职业技能培训项目全部向具备资质的职业院校开放，完善企业利用公共实训基地开展实训的制度。建立职业技能培训市场化、社会化发展机制，鼓励地方联合企业、学校、行业协会、工会等组织成立职业培训集团，开展县域职业技能培训和农牧民工职业技能培训共建共享试点、重点制造业产训融合试点，健全职业技能培训共建共享机制。引导培训资源向市场急需、企业生产必需等领域集中，动态调整政府补贴性培训项目目录，健全分层分类培训补贴标准体系，畅通培训补贴直达企业和培训者渠道，探索建立个人培训账户，实现与就业、社会保障等信息联通共享，切实提升职业技能培训质量。广泛开展订单式、定向式和套餐制培训，切实提升培训的针对性和实效性。大力开展"互联网＋培训"，搭建新职业数字资源培训线上服务平台，提高培训便利度和可及性。统筹各级各类职业技能培训资金，加大使用和监管力度。加快公共实训基地、产教融合基地建设，继续实施职业技能实训基地"以奖代补"项目。大力弘扬劳模精神、劳动精神、工匠精神，营造劳动光荣的社会风尚和精益求精的敬业风气。加强职业道德教育，引导劳动者树立正确的人生观价值观就业观，培养敬业精神和工作责任意识，全面提升劳动者职业素养。

第二节 提升职业教育现代化水平

加快发展现代职业教育，实施职业教育提质培优行动计划，强化中职教育发展基础，巩固高职教育主体地位。推动学历教育与职业培训并举并重，深化职普融通、产教融合、校企合作。实施高水平高等职业学校和专业建设计划，培育一批高水平职业院校（含技工院校）和高水平专业，打造一批产学研联合培养基地。完善"文化素质＋职业技能"的考试招生办法，推进 1+X 证书制度试点和现代学徒制试点，构建学历教育与培训并重的现代职业教育体系。适应"互联网＋职业教育"发展需求，推进虚拟工厂等网络学习空间建设和普遍应用。加大自治区高等职业教育面向基层急需人才"订单式"培养力度。大力发展技工教育，推动形成技师学院、高级技工学校、技工学校梯次发展、有序衔接、布局合理的技工教育体系。鼓励企业和社会力量兴办职业教育，增强职业教育适应性。

第三节 完善普通高校人才培养机制

构建服务全民终身学习的教育体系，推动高水平大学开放教育资源，健全终身教育与学习成果转换和认证制度，促进继续教育高质量发展。规范发展非学历继续教育。强化高校人才培养就业导向，健全人才培养与产业发展联动预警机制，实施教育提质扩容工程，着力培养创新型、应用型、技能型人才。深化高校教育教学改革，进一步完善招生、培养、就业联动机制，优化高校学科专业布局，推进专业升级和数字化改造，及时减少、撤销不适应市场需求的专业，从源头上化解就业结构性矛盾。加强重点专业学科建设，研究提出国家重点支持学科专业清单，增设经济社会发展和民生改善急需专业，适应新兴业态、新兴领域对人才的需求。加大数字人才培育投入力度，建立多层次多类型人才培养机制。改造升级传统专业，支持具备条件的本科院校向应用型转变，培养更多技术技能型人才，建设适应时代需要的产业人才后备军和人力资源库。

第四节 加强技能人才队伍建设

加快重点地区、重点领域急需紧缺技能人才的引进和培养，实施"百千万"高技能人才培养计划，推动具备条件的行业企业建立首席技师制度。建立健全技能人才多元评价体系，开展技能人才职业资格评价、职业技能等级认定和专项职业能力考核。打通高技能人才与专业技术人才职业发展通道，在更多领域实现互评互通。强化职业技能竞赛指导教师培养，建设一批职业技能竞赛集训基地，加大各类职业技能竞赛组织开展和选拔力度，提升自治区职业技能竞赛整体水平，促进优秀技能人才脱颖而出。组织实施"技能中国行动"内蒙古行动，完善技能人才培养、使用、评价、激励机制。加大高技能人才培训基地、技能大师工作室建设力度，加强高技能人才师资队伍建设。做好高技能人才调查统计和需求预测工作，完善高技能人才实时信息管理平台，开发高技能人才信息库和技能成果信息库。"十四五"期间预计培养 14 万名高技能人才。

专栏 10　职业能力提升行动计划

公共实训基地建设项目。建设以高技能培训，新技能开发为主的自治区级公共实训基地；在盟市中心城市建设一批以中、高级技能培训为主，服务区域经济发展需求的盟市级公共实训基地；在旗县（市、区）建设一批以初、中级技能培训和地方特色为主，促进当地劳动力和农牧民就业的旗县级公共实训基地，到 2025 年形成覆盖全区的公共职业技能实训体系。

职业技能实训基地建设项目。"十四五"期间，全区计划建成自治区级示范性职业技能实训基地 10 个，盟市级示范性职业技能实训基地 20 个。通过"以奖代补"项目实施奖补，构建覆盖面广、布局合理、能够基本满足高质量发展和现代经济体系建设需要的职业培训实训体系。

职业技能竞赛集训基地项目。"十四五"期间，全区计划建成 10 个左右自治区级职业技能竞赛集训基地，并打造国家级职业技能竞赛集训基地。

百名高技能领军人才技能提升项目。每年重点培养百名以上具有绝技绝活，能引领自治区产业技术发展的技能大师带头人、优秀中青年技能人才和特色产业技能带头人。

千名紧缺急需职业（工种）技师和高级技师培养项目。围绕我区能源、化工、冶金、农畜产品加工等传统产业转型升级和培育打造新能源、新材料、节能环保、高端装备、大数据云计算、信息制造、人工智能、生物科技、中医药（蒙医药）等战略性新兴产业，开展技师、高级技师培训，提高专业知识水平、解决生产实际问题能力和革新、创新、创造能力。每年培养紧缺急需职业（工种）技师和高级技师千名以上。

万名企业高技能人才培养项目。鼓励企业与具备高技能人才培养能力的院校建立稳定的合作关系，开展高技能人才研修、高技能人才提升培训。每年企业职工岗位技能提升培训万名以上。

高技能人才培训基地建设项目。到 2025 年，计划新建 20 个国家级、50 个自治区级高技能人才培训基地。

技能大师工作室建设项目。到 2025 年，计划新建 25 个国家级、50 个自治区级技能大师工作室。

第八章　强化公共就业服务供给

大力推进统一规范的人力资源市场体系建设，全力打造贯穿全程、辐射全域、便捷高效的全方位公共就业服务体系，提升劳动者市场供需匹配效率。

第一节　健全人力资源市场体系

加快建设统一规范、竞争有序的人力资源市场体系，促进就业创业、服务人才流动、推动乡村振兴。发展壮大人力资源服务业，实施人力资源服务业高质量发展行动，开展人力资源服务业骨干企业培育计划、"一带一路"人力资源服务计划，推动人力资源服务业开放发展。在广泛开展人力资源服务业联合招聘、行业企业用工服务、重点群体就业帮扶、灵活就业服务、劳务协作服务的同时，大力发展人力资源管理咨询、高级人才寻访、人才测评等高技术、高附加值业态。搭建政府部门、人力资源服务机构、重点行业企业需求协同对接平台，鼓励人力资源服务机构主动参与各类就业服务活动，为劳动者提供多样化人力资源服务。积极承接国家西部和东北地区人力资源市场援助项目，加强人力资源服务产业园建设。大力发展专业性、行业性人力资源市场，加大人力资源服务业高层次人才培养力度，提高从业人员专业化、职业化水平。深入开展"互联网＋人力资源服务"行动，运用大数据、云计算、移动互联网、人工智能等新技术，促进人力资源服务业创新发展、融合发展。完善人力资源市场供求信息发布和统计制度。健全人力资源市场监管体系，加强人力资源市场管理信息化、人力资源服务标准化和人力资源市场信用体系建设，持续优化人力资源市场环境。

第二节　健全公共就业创业服务体系

建立覆盖全民、城乡一体、均衡发展的公共就业创业服务体系，全面加强各级公共就业创业服务机构建设，完善公共就业服务制度，健全户籍地、常住地、参保地、就业地公共就业服务贯穿全程、辐射全域、便捷高效供给机制，推进就业创业政策咨询、就业失业登记、职业介绍、用工指导等服务覆盖全体城乡劳动者。推进公共就业服务基础设施标准化建设，重点补齐农村牧区、易地扶贫搬迁安置区服务设施短板。加强职业指导人员、职业信息分析师、创业指导人员、劳动保障协理员等专业化队伍建设，落实工资待遇等激励保障措施。鼓励引导社会力量广泛深入参与就业服务，推进公共就业服务机构与社会民营机构合作，为各类就业群体和用人单位提供求职招聘、技能培训、人才引进、社会保险事务代理等个性化、专业化的公共就业服务。

第三节　加强公共就业线上服务平台建设

完善全区统一的公共就业服务信息系统，推进就业公共服务事项逐步实现全程线上办理。探索智慧就业信息平台建设，建立自治区级集中的公共就业大数据库，共享人力资源社会保障、税务、教育等部门数据资源，构建多领域集成融合的应用平台，推动就业服务由互联网平台向移动终端、自助平台延伸，逐步实现就业管理和服务事项"一网通办"。完善和推广信息采集、培训对接、就业对接、跟踪服务"四位一体"公共就业服务云平台，有效促进技能培训和就业供需精准对接，强化后续跟踪服务。继续推进就业实名制服务，构建精准识别、精细分类、专业指导的公共就业服务模式，为劳动者提供个性化、专业化服务。

第四节　提升基层公共就业服务能力

实施基层公共就业服务经办能力提升计划，完善普惠性服务制度，构建公共就业创业服务和工作人员保障机制。加快苏木乡镇（街道）和嘎查村（社区）公共就业平台建设，推动服务平台规范化、服务城乡均等化、服务内容标准化、服务队伍专业化、服务方式精细化，让城乡居民就近享受规范、便捷、高效的公共就业服务。采取公开招录、公益性岗位安置和政府购买服务等方式，稳定充实基层平台人员力量，加强工作人员专业技能培训，切实提高业务素质、经办能力和服务水平。实施更加精准的就业服务，完善高效率就业信息发布制度，广泛开展线上线下各类就业服务活动。开展充分就业社区（嘎查村）、街道（苏木乡镇）和旗县（市、区）建设。

专栏 11　公共就业服务能力提升计划

人力资源服务业骨干企业培育项目。重点培育一批有市场、有特点、有潜力的专业化人力资源服务骨干企业，推动人力资源服务业细化专业分工，向价值链高端延伸。

人力资源服务产业园建设项目。支持各地区按照"定位明晰、特色鲜明、服务专业、模式创新、配套齐全、功能完善"的目标，分级分类建设人力资源服务产业园。力争到 2022 年，建成自治区级人力资源服务产业园 1—2 个；到2025 年，建成自治区级人力资源服务产业园 3—4 个。

就业服务信息化提升项目。建立全区统一的就业信息资源库，实现就业管理、服务全程信息化。支持社会服务机构利用政府数据开展专业化就业服务，实现自治区级就业创业数据部门共享。加强自治区"四位一体"就业服务云平台建设。

就业和社会保障综合服务平台建设项目。进一步加强旗县（市、区）、苏木乡镇两级就业和社会保障综合服务平台建设，完善城乡基层服务平台功能，加强信息化网络建设，改善经办服务条件。

就业服务基础能力提升项目。利用就业信息服务与统计监测经费，开展基层平台工作人员政策和业务培训，全区每年培训 5000 人以上。

重点企业用工常态化服务项目。完善自治区重点企业用工调度制度，对重点企业和列入调度范围内的企业，按月调度岗位空缺和用工需求情况，通过专场招聘、劳务协作等渠道帮助解决用工问题。

第九章　提升劳动者就业质量

在促进更加充分就业的基础上，持续改善劳动者就业条件，加强劳动权益维护和保障，提高劳动者岗位待遇，提升劳动者就业获得感和满意度，促进更高质量就业。

第一节　增进劳动者就业获得感

坚持按劳分配为主体、多种分配方式并存，提高劳动报酬在初次分配中的比重。健全工资决定、合理增长和支付保障机制，增加劳动者特别是一线劳动者报酬，基本实现劳动报酬与劳动生产率同步提高。完善工资指导线制度，健全最低工资标准动态调整机制，开展薪酬分配指导。积极推行工资集体协商制度，适时开展企业薪酬调查和信息发布。探索实行项目工资、协议工资和年薪制等灵活多样的薪酬分配方式。加大绩效工资分配激励力度。持续推进全民参保计划，加大城镇职工基本养老保险扩面力度，优化社会保险关系转移接续工作，提高劳动者参保率。规范发展第三支柱养老保险，大力发展企业年金、职业年金。加快推动失业保险自治区级统筹。促进工程建设领域农牧民工按项目参加工伤保险，实施工伤预防五年行动计划，建立企业全员安全生产责任制度，压实企业安全生产主体责任。深入开展安全生产专项整治三年行动，持续加强矿山、冶金、化工、煤炭等重点行业领域尘毒危害专项治理，坚决遏制重大特大事故发生。推动简单重复的工作环节和"危繁脏重"的工作岗位尽快实现自动化智能化替代，加快重大安全威胁领域"机器换人"。

第二节　健全劳动关系协调机制

深入开展和谐劳动关系创建活动，实施劳动关系"和谐同行"三年行动计划，健全政府、工会、企业共同参与的劳动关系协调机制，完善以职工代表大会为主要形式的民主管理制度，提升沟通协商制度化水平。坚持劳动关系矛盾系统治理、依法治理、源头治理和综合治理，提升劳动关系治理能力。建立新业态从业人员劳动权益保障机制，维护新就业形态劳动者权益。加大劳动保障监察力度，提升劳动监察执法效能。健全重大集体劳动争议多部门应急联动调处机制，加强调解仲裁队伍建设，加快推进劳动人事争议调解仲裁工作标准化、信息化、规范化、专业化建设。优化仲裁办案程序，推进"互联网＋调解仲裁"。加强基层劳动争议调解工作。

第三节　强化劳动者权益保障

全面推行劳动合同制度，完善劳动用工备案制度，规范劳动用工行为。持续开展清理整顿人力资源市场秩序专项行动，依法查处招聘过程中的虚假、欺诈行为。强化农牧民工权益保障，健全劳动权益保护机制，扩大农牧民工参加城镇职工社会保险覆盖范围，完善农牧民工参加失业保险政策。完善欠薪治理长效机制，持续推进根治拖欠农牧民工工资工作。畅通劳动力和人才社会性流动渠道，促进城乡劳动力要素双向有序流动，实现农牧民工与城镇职工享受同等的就业政策。加快推进农牧民市民化，县域内率先实现基本公共服务均等化，推动农牧民工及其随迁家属平等享受就业创业、义务教育、医疗卫生、住房保障等城市基本公共服务。依法保障进城落户农牧民农村牧区土地承包权、宅基地使用权、集体收益分配权，健全农户"三权"市场化退出机制和配套政策。深化劳动力要素市场配置改革，建立劳动者平等参与市场竞争的就业机制，逐步消除各类影响就业的不合理限制或就业歧视，促进平等就业。

第十章　有效防范化解就业失业风险

强化就业失业风险监测预警和防控处置体系建设，健全多方参与的就业形势分析研判机制，全面加强失业风险防控，守住不发生规模性失业风险的底线。

第一节　健全就业形势分析研判机制

增强就业形势科学研判能力，推动建立"政府＋高校＋企业"的就业联合实验室，组建专业分析团队，开展就业重大问题研究，提升形势感知、分析研判和科学决策水平。强化大数据在就业统计监测领域的应用，综合运用自治区宏观经济指数、就业统计、网络招聘和劳动就业服务子系统实名制数据，加强与社会保险、劳动关系、人口信息之间的数据联比，监测人力资源市场变化，掌握劳动力流动趋势，及时研判就业形势。

第二节　加强就业失业监测预警

完善就业失业统计监测体系，加强失业动态监测，充分发挥失业预警功能，及时研判企业就业失业形势，对可能发生的规模性失业进行预判。完善劳动力调查机制，开展就业岗位调查试点，建立自治区级调查失业率统计发布制度。建立企业规模裁员及突发事件报告制度，规范企业裁员行为，密切关注、及时回应失业风险舆情。

第三节　全面加强失业风险应对

充分发挥失业保险保生活、防失业、促就业功能，用足用好失业保险促进企业稳岗、支持参保职工技能提升等政策，助力企业稳定就业岗位。落实国家失业保险扩围政策，进一步畅通申领渠道，提高政策受益率。建立应对失业风险的应急预案，按照分级预警、分层响应、分类施策的原则，对失业风险大的地区和行业开展失业预警监测，确保不发生系统性、区域性、行业性失业风险。

第十一章　加强规划组织实施

完善就业工作协调机制和依法决策机制，强化统筹协调，加强检查督导和监测评估，确保规划各项目标任务落到实处。

第一节　落实规划责任

各级人民政府要切实履行促进就业的主体责任，加强规划实施的统筹协调、宏观指导和组织领导，制定规划实施分工方案，明确工作职责、实施时间表和路线图。健全就业工作协调机制，协调解决重大问题。各地区要依据本规划，结合实际制定实施本地区就业促进发展规划。

第二节　坚持依法行政

全面贯彻党中央和自治区党委《法治社会建设实施纲要（2021—2025 年）》，实施人力资源和社会保障"八五"普法规划。按照党中央、国务院关于就业工作的决策部署，完善自治区促进就业政策措施，适时修订相关法规制度。推进依法行政，健全依法决策机制，完善法律顾问、行政复议、行政应诉等工作制度。

第三节　强化资金保障

构建与事权相匹配的人力资源和社会保障事业公共服务经费分级保障机制，落实政府的投入责任，统筹各类就业资金，提高资金使用效率。

第四节　提升政策效果

实施就业政策落实快办帮办行动，分类公布政策清单、服务清单，充分发挥人社业务综合办理平台和自治区大数据服务平台作用，主动筛查识别政策服务对象，精准推送信息，扩大政策知晓度。建立政策落实调度机制，推动就业政策集成落地。

第五节 加强监测评估

加强对就业政策落实情况特别是重点群体就业、资金保障等情况的检查督导。完善就业统计指标体系，提升就业数据统计质量和时效性。建立监测评估机制，加强对规划实施情况的监测评估，科学制定年度计划指标，加强对重点指标的考核评估、督查检查，认真做好规划年度评估、中期评估和总结评估。

第六节 强化宣传引导

坚持正确的宣传舆论导向，大力宣传支持就业创业的政策措施和经验做法，选树一批促进就业创业工作典型经验、典型人物，发掘一批在艰苦边远地区、基层就业创业的先进典型。加强舆情分析，及时回应社会关切，消除误解误读，稳定社会预期，营造有利于就业创业的舆论氛围。

吉林省"十四五"就业促进规划

吉林省人民政府　2021 年 11 月 2 日

为科学有序推动和指导全省"十四五"时期就业工作，促进实现更加充分和更高质量就业，特编制《吉林省"十四五"就业促进规划》。本规划依据国务院《"十四五"就业促进规划》(国发〔2021〕14 号)、《吉林省国民经济和社会发展第十四个五年规划和 2035 年远景目标纲要》(吉政发〔2021〕7 号)编制，旨在强化战略引领、明确发展目标、落实重点任务、细化责任分工，是"十四五"时期吉林省就业工作的重要行动纲领。

一、规划背景

（一）发展基础。 "十三五"以来，面对错综复杂的宏观环境、艰巨繁重的改革发展任务，以及疫情带来的不利影响，吉林省委、省政府始终坚持把促进就业作为重大政治责任，坚持实施就业优先战略和积极就业政策，着力完善就业政策体系，全省就业形势保持总体稳定，就业结构持续优化，就业创业工作不断取得新的成绩。

1. 就业形势总体平稳。"十三五"期间，就业政策体系不断完善，职业培训、公共就业和人才服务等工作有序推进，人力资源市场加快建设，城镇新增就业岗位更加多元，就业方式更加灵活多样。全省城镇新增就业人数累计达到 222.47 万人，城镇登记失业率控制在 4.5％以内。劳动力市场供需基本保持平衡，求人倍率稳定在 0.83 左右。

2. 就业质量持续提升。"十三五"期间，劳动者工资收入快速增长，城乡居民收入增长与经济增长基本同步。城镇居民人均可支配收入由 2015 年的 2.49 万元增加到 2020 年的 3.34 万元，农村居民人均可支配收入由 2015 年的 1.13 万元增加到 2020 年的 1.61 万元。劳动标准化工作持续加强，用人单位在劳动用工方面的守法意识逐步增强，用工行为不断规范。

3. 创业活力加速释放。深入实施创新驱动发展战略，大力优化营商环境，孵化器、众创空间等新型创业服务平台加快发展，创业环境持续改善，青年创业、大学生创业、留学归国创业、农民工返乡创业规模持续扩大，创新创业群体更加多元。"十三五"期间，建设省级返乡创业基地188个，返乡创业联盟6个，评选省级农民工返乡创业示范县24个；累计培训各类返乡创业带头人2.6万人；累计发放创业担保贷款106.2亿元，直接扶持创业者6.2万人，带动就业再就业20.5万人次。

4. 重点群体就业平稳有序。认真落实促进高校毕业生就业创业新举措，实施就业创业促进、基层成长、青年见习、就业启航、"三支一扶"等计划，组织开展"最美基层高校毕业生"学习宣传活动。扎实推进去产能和处置"僵尸企业"职工分流安置、农民工转移就业和返乡创业、退役军人就业创业、就业困难人员帮扶等工作。持续加大治欠保支工作力度，深入开展"吉林无欠薪"三年行动，力保全省治欠保支工作形势稳定。规范招聘行为，积极促进妇女群体稳定就业。

5. 就业援助成效显著。实施高校毕业生基层就业服务项目，帮助登记失业高校毕业生实现就业。对零就业家庭实行"街道社区即时援助、县（市、区）强化援助、市（州）托底援助"，零就业家庭实现动态清零。实施"去产能再就业帮扶专项行动"，推动去产能失业人员、停产停工企业职工等重点群体实现就业。实施"困难群体就业援助计划"，扎实推进就业扶贫工作，截至2020年末，帮助10.73万名农村建档立卡贫困劳动力实现就业，创建93个就业扶贫车间和21个就业扶贫基地。"十三五"期间，推动30.23万就业困难人员实现就业。

6. 职业技能培训扎实开展。大力实施吉林省职业技能提升行动，针对不同群体广泛开展职业技能培训，开展各类补贴性职业技能培训近160余万人次。充分发挥企业主体作用，鼓励企业设立职工培训中心，广泛组织岗前、在岗和脱产培训，通过校企合作、工学交替等方式，组织企业技能岗位新招用和转岗等人员参加企业新型学徒培训。支持职业院校开展补贴性培训，扩大职业技能培训规模。完善民办职业培训机构管理办法，依法加强对招生、培训、就业等环节的指导与监督，促进民办职业培训健康发展。启动吉林省企业人力资源高管素质提升工程，开展了人力资源服务业从业人员培训、家庭服务职业经理人培训。"十三五"期间，共建设省级创业创新实训基地63个，国家级高技能人才培训基地20个，省级职业技能实训基地57个，省级家庭服务职业培训示范基地15个。

7. 公共就业服务持续优化。公共就业服务对象从城镇常住人员扩展到城乡劳动者，形成了覆盖省、市、县、街道（乡镇）、社区（行政村）五级公共就业服务体系。就业信息化建设取得新进展，成功开发了全省就业信息管理系统，自2018年正式上线运行以来，通过系统经办业务量累计达到794万人次。创建"农村半小时就业服务圈"6154个，创建高质量就业示范行政村640个，累计培育劳务经纪人8608人。组织开展了"春风行动"、"民营企业招聘月活动"、人才（人力资源）市场招聘活动等一系列专项活动。

8.政策体系不断完善。"十三五"期间，出台了近百项促进劳动者多渠道就业创业的政策措施，将自主创业高校毕业生纳入灵活就业社保补贴范围，延长下岗失业人员灵活就业社保补贴期限，降低初次创业补贴政策门槛，全面推行企业新型学徒制，扩大就业见习补贴范围，推进网络创业培训工作，实施高校毕业生"三支一扶"计划等，就业创业政策体系不断完善。特别是新冠肺炎疫情发生以来，围绕推进复工复产和助企纾困，积极实施阶段性降低失业保险费率、援企稳岗"护航行动"等政策，精准及时有力推出减免部分税费、免收收费公路通行费、降低用能成本、发放贴息贷款等一系列政策措施，为稳定企业就业岗位、推动复工复产发挥重要作用。

（二）发展环境。"十四五"时期，吉林省经济社会发展呈现出人口总量减少、老龄化进程加快、经济结构优化调整、产业转型加速升级等新趋势新特征，劳动力供给侧与需求侧均出现较大变化，推动全省就业促进工作既面临难得的发展机遇，也面临着严峻的风险挑战。

1.发展机遇。

一是国家宏观政策环境利好持续释放。党的十八大以来，以习近平同志为核心的党中央高度重视就业工作，不断赋予就业工作新的内涵，逐渐完善形成了包括公共就业服务、职业技能培训、重点群体就业、创业带动就业、多渠道灵活就业、劳动关系协调和公平就业等内容的中国特色就业制度基本框架。党的十九届四中全会提出"实施就业优先政策"，把促进就业作为经济社会发展的优先目标，放在"六稳""六保"之首，并与提高发展质量的各项举措紧密结合起来。"十四五"时期，我国经济发展迈进高质量发展阶段，并将积极构建"双循环"发展格局，大力实施扩大内需战略，总体来看，我国具备保持就业长期稳定的坚实基础。

二是经济增长对就业的吸纳能力不断增强。保持经济稳定增长是扩大就业的根本。"十四五"时期，吉林省仍处于大有可为的重要战略机遇期，新型工业化、信息化、城镇化、农业现代化孕育巨大的发展潜力，服务业、民营经济有望实现快速增长，全省经济运行将保持在合理区间，并实现稳定增长，促进就业工作面临难得的发展环境。

三是新产业新业态不断催生新的就业机会。随着新一轮科技革命和产业变革的兴起，全面深化改革和创新驱动发展深入推进，我国经济活力和市场环境持续优化，有效激发了市场活力和社会创造力，市场主体大量涌现，新产业新业态快速发展，以数字经济、平台经济、共享经济、网红经济等为代表的新业态新模式持续涌现，催生更多新的就业增长点，新业态就业和灵活就业大幅增加，就业形式更加多元，为就业增长创造新的多元支撑，成为促进就业新的重要动力。

2. 面临挑战。

一是就业结构性矛盾突出。"十四五"时期，吉林省人口增长总体趋缓，劳动年龄人口将继续下降，就业总人口逐步减少，劳动参与率持续下降。同时，服务业就业比重持续提高，就业总需求能够保持稳定，但劳动供给弹性呈现持续下降态势，依靠工资增长扩大城镇劳动供给的作用明显减弱，结构性问题更加突出。

二是"就业难"和"招工难"并存。随着我国经济迈入高质量发展阶段，受产业升级、企业提质增效等因素影响，市场对以人工智能为代表的技术进步需求更为强烈，"机器换人"的步伐将进一步加快，就业岗位数量、岗位结构将发生深刻变化，在一定程度上会带来短期的技术性失业风险。同时，由于环保、能源、土地、资源、安全等方面约束不断强化，钢铁、煤炭等行业去产能以及厂办大集体解除职工劳动关系的相关地区将面临较大的职工转岗再就业压力，部分企业、行业、工种存在"招工难"的现象。

三是劳动者利益诉求更加多元。以网约车、外卖、快递等为代表的新业态用工形式快速发展，劳动者利益诉求发生新的变化。新业态下用工灵活性强、人员流动性大、工作时间不固定，用工方式和劳资关系出现新的变化与诉求。因劳动关系认定、工资待遇、保险福利、工时休假、工伤及意外伤害等引发的争议纠纷时有发生，新型就业形态对劳动者权益保障提出了更多新的要求。

二、总体思路

（一）指导思想。深入贯彻党的十九大和十九届二中、三中、四中、五中全会精神，以习近平新时代中国特色社会主义思想为指导，贯彻落实习近平总书记重要讲话和重要指示批示精神，坚持以人民为中心的工作导向，把扩大就业作为经济社会发展的优先目标，深入实施就业优先战略，全面强化就业优先政策，丰富就业服务内容，创新就业服务方法，完善创业扶持政策，健全就业促进机制，突出做好高校毕业生、农民工、退役军人等重点群体就业创业工作，健全覆盖城乡的公共就业服务体系，积极创造更多就业岗位，稳步扩大就业规模，及时有效防范化解失业风险，努力形成长期稳定的就业预期，推动实现更加充分和更高质量就业，筑牢民生改善、经济发展和社会稳定的"压舱石"。

（二）基本原则。

——坚持就业优先。把就业作为宏观调控的优先目标，把稳定和扩大就业作为经济运行合理区间的下限，放在经济社会发展更加突出的位置优先考虑，创新实施区间调控、定向调控、精准调控等宏观调控方式，推动产业、财税、金融、贸易、教育、社保等政策围绕稳定和促进就业综合发力，促进经济增长与扩大就业良性循环。

——坚持市场主导。充分发挥市场机制对接供需、促进就业的决定性作用，改善就业环境，健全就业服务机制，积极培育和释放市场主体活力，以需求为导向，加强人力资源开发，促进劳动者素质持续提升，有效提高人力资源市场供给水平。

——坚持创新引领。以提高创新创业服务效率为重点，加快构建有利于大众创业、万众创新的政策体系，加快发展新业态新模式，积极拓展就业新空间，消除劳动者创新创业制度障碍，推进创业就业工作适应性变革，加快释放全社会创新创业活力。

——坚持统筹兼顾。充分考虑地区间发展差异，统筹兼顾不同群体利益关系，加快完善公平普惠的政策制度，同时要坚持突出重点，完善落实支持政策，改善公共服务供给，加强重点群体就业保障，帮助困难群体就业创业。

（三）发展目标。到 2025 年，全省就业形势保持总体平稳，城镇新增就业、城镇调查失业率等就业主要指标保持在合理区间，就业规模稳步扩大，高校毕业生、农民工、退役军人等重点群体就业形势基本稳定，创业带动就业动能持续释放，公共就业服务体系更加健全，劳动力市场供求保持平衡，就业质量稳步提升，积极就业政策日趋完善，风险应对能力明显增强，基本实现比较充分的就业。

——就业规模稳步扩大。"十四五"时期，全省城镇新增就业 100 万人，城镇调查失业率控制在 6% 以下。服务业从业人员比重不断提高，新产业、新业态就业人员总量大幅增长，就业结构更加优化。

——创业带动就业能力明显提升。有利于创新创业的政策、制度环境显著改善，创新创业服务能力显著提升，市场主体数量持续增加，各类劳动者创业创富通道更加畅通，创新创业国际交流合作不断拓展，创业带动创新、促进就业能力持续增强。

——公共就业服务体系更加完善。基本建成覆盖城乡的一体化公共就业服务体系，公共就业服务供给方式更加精准，供给能力明显增强，服务水平、群众满意度显著提升。

——劳动者就业能力明显提高。初步建成覆盖城乡全体劳动者的终身职业技能培训制度，劳动者素质普遍提高，适应就业形势变化能力不断增强。

——劳动关系更加和谐。劳动用工管理更加规范，劳动报酬与劳动生产率实现同步增长，社会保险等就业权益更有保障，劳动者幸福感、获得感持续增强。

——风险应对能力明显增强。就业统计调查制度、就业形势监测预警机制和常态化援企稳岗帮扶机制更加完善，就业领域防控应对机制不断健全，就业风险防控处置能力明显提升，就业安全保障更加有力。

"十四五"就业主要指标表

序号	指标名称	2020 年	2025 年	年均／累计	属性
1	城镇新增就业（万人）	［222.47］	［100］	—	预期性
2	城镇调查失业率（％）	—	—	≤ 6	预期性
3	专业技术人才总量（万人）	141.7	150	—	预期性
4	高技能人才总量（万人）	60.1	66	—	预期性
5	劳动年龄人口平均受教育年限（年）	10.49	11.1	—	约束性
6	零就业家庭动态清零	动态清零	—	动态清零	约束性
7	失业保险参保人数（万人）	270.68	276	—	约束性
8	工伤保险参保人数（万人）	384.4	395	—	约束性

注:［］为 5 年累计数。

三、大力提升经济发展拉动就业能力

深入实施就业优先战略，在新旧动能转换中积极拓展就业空间，创造更多就业岗位，促进经济增长与扩大就业良性互动。

（一）全面强化就业优先政策。把实现更加充分更高质量就业作为经济社会发展的优先目标，把促进就业放在经济社会发展更加突出的位置，强化经济政策的协调配合，健全以发展规划为战略导向，就业、产业、投资、消费、财税、金融、贸易、环保、区域等政策紧密配合、目标优化、分工合理、高效协同的经济治理体系。把稳定和扩大就业作为经济运行合理区间的下限，探索建立重大规划、重大政策、重大工程、重大项目、重大生产力布局对就业影响的同步应对机制，合理确定经济增长速度和发展模式，科学把握宏观调控的方向和力度，以稳增长促就业，以鼓励创业就业带动经济增长，促进经济发展与扩大就业实现良性互动。

（二）持续拓展就业增长空间。立足我省产业基础和比较优势，着眼战略需求和前沿先机，推动产业升级和促进就业协同互动、融合发展。推进汽车产业突破万亿级规模、旅游业总收入达到万亿级规模、农业及农产品加工业和食品产业接近万亿级规模；壮大石油化工、医药健康、冶金建材、装备制造、电子信息等 5 个千亿级优势产业；培育新材料、新能源、商用卫星、通用航空等新兴产业集群。大力发展旅游、健康、养老、体育、家庭服务等生活性服务业，强化服务业就业"蓄水池"功能，稳固和拓展就业增长空间。支持发展数字经济、平台经济、分享经济、网络经济等新兴业态，加快推动网络零售、移动出行、线上教育培训、在线娱乐等行业发展，创造就业新领域，开发更多新型就业模式，提供更多就业机会。实施乡村振兴战略，推进农村产业融合发展，大力发展乡村旅游，实施高素质农民培育工程，扩大职业农民就业空间，促进就地就近就业。支持劳动密集型产业、中小企业、民营经济加快发展，充分发挥吸纳就业主渠道功能，不断扩大就业规模，释放吸纳就业潜力。

（三）积极拓宽灵活就业渠道。鼓励个体经营发展，支持劳动者创办投资小、见效快、易转型、风险小的小规模经济实体。支持发展各类特色小店，完善基础设施，增加商业资源供给。增加非全日制就业机会，推动非全日制劳动者较为集中的保洁绿化、批发零售、建筑装修等行业提质扩容，增强养老、托幼、心理疏导和社会工作等社区服务业的吸纳就业能力。鼓励发展新个体经济和微经济，支持线上多样化社交、短视频平台有序发展，鼓励微创新、微应用、微产品、微电影等万众创新。支持微商电商、网络直播等多样化的自主就业、分时就业，积极为劳动者居家就业、远程办公、兼职就业创造条件。密切跟踪经济社会发展、互联网技术应用和职业活动新变化，积极引导直播销售、网约配送、社群健康等更多新就业形态发展。支持企业实行共享用工，出台企业用工余缺调剂政策指引，为企业开展用工余缺调剂提供政策依据，探索搭建多层级共享用工平台，缓解企业临时性季节性缺工难题。

（四）提升特殊地区就业承载能力。实施特殊类型地区就业促进行动，支持脱贫地区发展壮大本地特色产业和劳动密集型产业，在农业农村基础设施建设领域积极推广以工代赈方式，推进实施一批以工代赈项目，创造更多就地就近就业机会，帮助脱贫劳动力稳定就业增收，让更多脱贫人口和农村低收入群众参与乡村建设、共享发展成果。实施替代产业培育行动，推动老工业城市和资源型地区建立产业转型与就业促进工作机制，积极落实财政、投资、金融、土地等支持政策，加快发展接续产业。对去产能任务重、待岗职工多、失业风险大的地区，稳定现有用工需求，实行化解过剩产能失业人员实名登记制度，开展职业指导、职业介绍、职业培训，有针对性地开展劳务对接协作等，努力拓展就业渠道，帮助去产能失业人员尽快就业。

专栏 1
1. 实施特殊类型地区就业促进行动。支持脱贫地区、边境地区、资源型地区培育发展特色产业，持续带动就业增收。   2. 实施替代产业培育行动。缓解重点困难地区就业压力，扶持劳动密集型产业、服务业和小微企业发展，补齐基础设施短板，完善公共服务设施。

四、激发创业带动就业活力

全面落实各类创业扶持政策，着力降低创新创业成本，加快完善创新创业生态，充分激发市场活力和社会创造力，不断增强创业带动就业能力。

（一）**强化创业政策支持**。深入组织实施创业带动就业示范行动，紧扣创业带动就业主题，聚焦高校毕业生、农民工等重点群体，依托企业、高校、科研院所，用好资金支持、政策扶持、宣传推广等抓手，组织实施高校毕业生创业就业"校企行"、大中小企业融通创新、精益创业带动就业等专项行动，在创业带动就业工作中形成良好的示范作用。加大对创业的政策支持力度，在用地、融资等方面制定更多支持初创实体的优惠政策，进一步降低创业成本，提升初创企业可持续发展能力。鼓励金融机构按照市场化、商业可持续原则加强对创业主体融资支持。落实创业担保贷款及贴息政策，努力做大担保基金规模，提高创业担保贷款融资便利度。积极拓展创业企业直接融资渠道，大力吸引风险投资、创业投资、天使投资支持创新创业，支持发展潜力好但尚未盈利的具有科创属性的创新型企业在科创板上市，支持有盈利能力的企业在新三板挂牌，推动科技型中小企业和创业投资企业发债融资，支持符合条件的企业发行"双创"专项债务融资工具。

（二）**积极搭建创业平台载体**。加快创业孵化基地、众创空间等建设，试点推动老旧商业设施、仓储设施、闲置楼宇、过剩商业地产转为创业孵化基地。整合部门资源，发挥孵化基地资源集聚和辐射引领作用，为创业者提供指导服务和政策扶持，对确有需要的创业企业，可适当延长孵化周期。推广新型孵化模式，加快发展众创空间，支持双创示范基地、创业孵化基地、创业园区等优质孵化载体建设，积极培育创业生态系统，打造"预孵化＋孵化器＋加速器＋稳定器"的梯级孵化体系。实施返乡创业能力提升行动，高质量建设一批县域返乡入乡创业园和省市县三级返乡入乡创业基地，构建"生产＋加工＋科技＋营销＋品牌＋体验"多位一体、上下游产业衔接的创业格局，打造农村创业创新升级版。支持创业孵化基地和创业园区设立退役军人专区，推动有条件的地区建立退役军人创业孵化基地、众创空间和创业园区。积极利用互联网等信息技术支持创新创业活动，加快建设"互联网+"创新创业平台，促进创业创新资源线上线下良性互动、有机结合。

（三）**激发各类群体创业活力。**鼓励大学生创新创业，支持有条件的高校建立大学生用创业成果申请学位论文答辩机制，支持高校、职业院校（含技工院校）深化产教融合，引入企业开展生产性实习实训，支持大学生创业示范基地、大学生创业园等孵化载体建设。深入实施农村创新创业带头人培育行动，加强返乡创业重点人群、农村创业致富带头人、农村电商人才等培训培育，健全农民工返乡创业服务体系，全面落实创业补贴、场地使用、企业用电等扶持政策，鼓励在外务工农民工等人员返乡创业。完善退役军人自主创业支持政策和服务体系，组织有创业意愿的退役军人，依托专业培训机构和大学科技园、众创空间、网络平台等，开展创业意识教育、创业项目指导、企业经营管理等培训，增强创业信心，提升创业能力。深入推进创新创业巾帼行动，鼓励支持更多女性投身创新创业实践。遴选资助一批高层次人才回国创新创业项目，提升归国和外籍人才创新创业便利化水平。

专栏2

1. 实施创业带动就业示范行动。紧扣创业带动就业主题，聚焦高校毕业生、农民工等重点群体，依托企业、高校、科研院所、区域四类示范基地，用好资金支持、政策扶持、宣传推广等抓手，组织实施高校毕业生创业就业"校企行"、大中小企业融通创新、精益创业带动就业等专项行动。

2. 实施返乡创业能力提升行动。加强返乡创业重点人群、贫困村创业致富带头人、农村电商人才等培训培育。对返乡农民工首次创业且正常经营1年以上的给予一次性创业补贴。

3. 实施返乡入乡创业基地建设行动。扶持建设一批区域特色明显、服务功能齐全、承载创业带动就业能力较强的返乡入乡创业基地，形成省市县三级基地同步发展的良好格局，引导农民工、大学生、退役军人等人员积极投身乡村振兴。

4. 实施农村创新创业带头人培育行动。培育一批扎根乡村、服务农业、带动农民的农村创新创业带头人，发挥"头雁效应"，以创新带动创业，以创业带动就业，以就业促进增收，为推进乡村全面振兴提供有力支撑。

5. 实施创业创新巾帼行动。激励引领广大女性参与创业创新行动、推介展示女性创业创新成果及产品，鼓励支持更多女性投身创业创新实践。

五、统筹推进重点群体就业

坚持突出重点，统筹做好高校毕业生等重点群体就业工作，兜住民生底线。

（一）**优先做好高校毕业生就业工作。**坚持将高校毕业生就业作为就业工作的重中之重，深入实施高校毕业生就业创业促进计划，全面提升高校毕业生就业创业能力，积极促进高校毕业生多渠道就业。积极拓展高校毕业生市场化社会化就业渠道，在加快构建吉林特色现代产业体系中开发更多适合高校毕业生的高质量就业岗位。拓宽基层就业渠道，引导和鼓励高校毕业生到城乡基层、中小微企业就业。围绕实施乡村振兴战略、服务乡村建设行动，做好"特岗计划""大学生村官""三支一扶""西部计划"等基层项目落实工作。积极推进大学生征兵工作，落实"两征两退"改革新要求，为高校毕业生参军入伍、投身国防提供服务保障。通过海外就业项目推广活动以及"订单式""顶岗实习式""合作企业挂牌式"等多种合作模式，推进中高职院校毕业生实现海外就业。加强重点就业群体帮扶援助，实施贫困生、少数民族、残疾人等群体毕业生就业创业能力提升行动，助力提升毕业生就业创业能力。加大高校毕业生留省就业推进力度，持续推进"创业有你'就'在吉林"等系列活动，为高校毕业生留省就业创业营造良好氛围。发挥校园招聘主渠道作用，健全高校毕业生就业创业服务体系，持续推进政企校对接工作，着力强化就业指导和服务水平。加强校园招聘活动管理，切实保障毕业生就业权益。

（二）**促进农村劳动力转移。**加强农民工返乡创业载体建设，鼓励在外务工的农民和已经创业成功的农民企业家返乡创业，积极引导资金、技术、人才等生产要素向平台汇集。推进就地就近转移就业，鼓励有资源、有条件、有技能和有经营能力的农民创办家庭农场，领办农民合作社，兴办涉农企业和农业社会化服务组织，带动农村劳动力就地就近转移就业。强化省外劳务输入基地建设，组织开展劳动力输入地与输出地劳务对接活动，扩大有组织劳务输出规模。巩固"吉林大米农技工""辽源织袜工""长白山园艺工""延边泡菜工"等特色劳务品牌，培育打造一批新的吉林劳务品牌。全面建立城乡就业与社会保障联动机制，落实农民工参加工伤保险，推进农民工大病医疗保险，做到应保尽保。做好转移就业保障服务工作，推进城乡劳动者平等就业。

（三）**健全退役军人就业保障体系。**按规定将退役军人纳入现有就业服务、教育培训等扶持政策覆盖范围，协调各方资源，加强行业企业合作，挖掘更多适合退役军人的就业岗位，为退役军人提供更多就业机会。实施"兵支书"培养计划和退役士兵"村官"培养工程，推动退役军人在乡村就业。全面推行退役军人就业适应性培训，推动现有培训实训基础设施向退役军人开放，支持建设一批复转军人创业孵化基地。设立退役军人就业实名台账，强化退役军人服务中心（站）就业服务功能，为退役军人提供针对性就业服务。改革完善退役军人安置制度，强化多渠道多元化安置，支持退役军人自主就业。

（四）**多渠道、多形式促进残疾人就业创业。**加强和改进残疾人就业服务，依托公共就业服务平台、残疾人就业服务机构和人力资源服务专业组织、市场主体，健全完善覆盖城乡的残疾人就业服务网络，为残疾人和用人单位提供系统性就业服务。大力扶持残疾人自主创业、网络就业创业和多种形式灵活就业，支持残疾人参与非物质文化遗产传承、振兴传统工艺等项目。落实残疾人集中就业单位税费优惠、政府优先采购等扶持政策，支持发展辅助性就业机构，组织智力、精神和重度肢体残疾人从事生产劳动。持续开展"就业援助月"等专项服务活动，推动党政机关、事业单位、国有企业带头安置残疾人就业，促进残疾人稳定就业。

（五）**统筹其他群体就业。**强化困难群体就业援助，健全就业援助制度，完善就业援助政策，鼓励企业吸纳困难人员就业。对零就业家庭人员，采取"入户式"摸底排查、"一对一"精准施策、"承诺制"托底安置、"全程化"跟踪回访，确保不挑不拣20个工作日内解决其就业问题，保持动态清零。积极开发公益性岗位，托底帮扶一批难以通过市场就业的大龄就业困难人员。高度重视化解过剩产能职工安置工作，引导钢铁、煤炭等行业困难企业以协商薪酬、灵活工时、培训转岗等方式稳定现有工作岗位，通过转岗就业创业、托底安置、内部退养等多种方式妥善安置职工。健全脱贫人口就业帮扶长效机制，继续发挥就业帮扶车间、社区工厂、卫星工厂等就业载体作用，实施易地扶贫搬迁群众就业帮扶巩固提升行动，确保脱贫群众稳得住、有就业、逐步能致富。统筹做好青年群体、少数民族劳动者、退役运动员、戒毒康复人员、刑满释放人员等群体就业工作。大力开发老龄人力资源，制定完善保障措施，加强老龄人口就业服务，激发老龄人口学习和再就业意愿。

专栏3

1. 实施高校毕业生就业创业促进计划。健全高校毕业生就业创业服务体系，完善精细化、差异化就业服务机制，提升毕业生就业能力，支持毕业生创业创新，加大各级财政创业创新资金扶持力度，常态化开展专项招聘，对有就业意愿的离校未就业高校毕业生开展实名制就业帮扶。

2. 实施高校毕业生基层成长计划。实施高校毕业生"三支一扶"计划等，积极营造高校毕业生"到基层去、到祖国最需要的地方去"的良好氛围，鼓励高校毕业生到城乡基层、中小微企业就业，落实各项补贴政策，建立"下得去、留得住、干得好、流得动"的长效机制。

---

3. 实施易地扶贫搬迁群众就业帮扶巩固提升行动。通过促进搬迁群众就近就业、有序组织搬迁群众外出就业、鼓励搬迁群众自主创业等多种举措，做好后续就业帮扶工作，确保脱贫群众稳得住、有就业、逐步能致富。

4. 开展"春风行动"。采用线上线下相结合方式，为有转移就业意愿的农村劳动力、脱贫人口（农村低收入人口）等重点就业帮扶对象提供就业创业机会。

5. 实施新型农业经营主体和高素质农民培育工程。深入推进新型农业经营主体带头人轮训和农村实用人才带头人培训，加快培育专业大户、家庭农场、农民合作社、农业企业等新型农业经营主体，扩大职业农民就业规模。

6. 开展青年就业启航计划。将16—35岁有劳动能力、失业一年以上的青年纳入计划，健全帮扶机制，使有需要的失业青年都能得到相应就业指导和服务帮扶。

7. 实施就业困难人员就业援助行动。建立健全精准化、长效化就业援助机制，加大职业介绍、职业指导、职业培训力度，采取税费减免、创业担保贷款贴息、社会保险补贴、岗位补贴等办法，通过公益性岗位安置等途径，帮扶10万名就业困难人员实现就业。

8. 实施低收入家庭毕业生、少数民族、残疾人等群体毕业生就业创业能力提升行动。推动各高校要对重点就业群体建立就业帮扶工作台账，按照"一人一档""一人一策"要求重点帮扶，帮助有就业意愿的重点群体毕业生尽快就业。

9. 实施吉林省残疾人网络创业专项行动。在全省培育一批残疾人网络创业孵化基地，培训一批残疾人"网红"人才，打造"吉兴"残疾人网络创业品牌。

10. 实施劳务品牌促就业计划。巩固"吉林大米农技工""辽源织袜工""长白山园艺工""延边泡菜工"等特色劳务品牌，培育打造一批新的吉林劳务品牌。

六、加快完善公共就业服务体系

健全统筹城乡的公共就业服务制度，完善公共就业服务体系，建立统一开放、竞争有序的人力资源市场体系，全面提升公共就业服务质量和效率，推进实现基本公共就业服务均等化。

（一）健全全方位公共就业服务体系。强化劳动者求职就业全程服务，根据劳动者需求和能力素质，分类提供职业介绍和职业指导服务。加强招聘全程指导，积极为用人单位提供稳定用工和就业创业政策法规、市场工资指导价位、劳动合同示范文本等方面咨询服务，指导其合理制定招聘计划和招聘条件。强化创业全程服务。为有创业意愿的劳动者提供创业培训（实训）、开业指导、融资服务、政策落实等"一条龙"服务。建立公共就业服务应急机制，对受国际国内经济形势变化、重大政策调整和自然灾害影响，存在高失业风险的地区、行业和劳动者群体，开展专项帮扶。对出现生产经营困难需要进行规模性裁员的企业，提供劳动关系处理、社会保险接续等方面的专项咨询指导，做好被裁减员工的再就业服务工作。

（二）**构建覆盖城乡的公共就业服务网络。**建立健全公共就业服务体系，加快公共就业服务机构设置，完善街道（乡镇）、社区（行政村）服务平台，构建覆盖城乡的公共就业服务网络。将公共就业服务纳入政府购买服务指导性目录，支持经营性人力资源服务机构、社会组织等提供专业化公共就业创业服务，广泛吸引社会资本和优质资源参与政府公共就业服务设施建设和运营管理，构建政府主导社会参与的多元化供给体系。加强农村地区公共就业服务体系建设，推进城镇公共就业服务向农村延伸。实施公共就业服务工作人员能力提升专项培训，提高全方位公共就业服务能力和水平。探索建立创业指导专家、就业指导专家等志愿者团队，开展专业化服务。开展公共就业创业服务示范城市、国家级和省级充分就业社区（街道、乡镇、行政村）建设。

（三）**完善便捷高效的公共就业服务方式。**全面推进"互联网＋公共就业服务"，充分应用大数据、云服务技术，推进实现跨地区、跨部门信息交换共享和动态管理。加快全省就业信息管理系统推广应用，对就业创业政策受理、审核实施一体化办理。拓展网上服务平台、移动客户端、自助终端、手机短信、12345政务服务便民热线、12333咨询电话、有线电视等渠道，推动线下实体网点服务与线上互联网服务深度融合，实现同一业务事项多渠道可受理、任一方式可办结。完善预约服务、上门服务、集中服务、代理服务、远程服务等便民措施，加强跨辖区、跨层级、跨业务经办衔接，全面实行"一门、一窗、一网、一次"办理。持续推进"减证便民"行动，简化优化服务流程，清理各类无谓证明，逐一明确兜底条款，压减经办事项自由裁量权。

（四）**规范发展人力资源市场。**贯彻实施《人力资源市场暂行条例》，依法规范人力资源市场活动。推动建立统一开放、竞争有序的人力资源市场体系。支持专业性、行业性和重点地区人力资源市场建设，鼓励社会力量参与人力资源市场建设。创新人力资源市场监管方式，加强与市场监管部门的信息共享和事中、事后监管。开展人力资源服务行业促就业行动，充分发挥人力资源服务机构的职能优势和专业优势，通过线上线下结合、跨区域协同、各类机构联动等方式，为促进稳就业保就业提供坚实有力的人力资源服务支撑。支持有市场潜力和特色的人力资源专业服务机构发展，加快打造一批具有较强竞争力的人力资源服务骨干企业和人力资源服务业品牌。实施人力资源服务产业园区建设计划，鼓励有条件的地区根据本地经济发展和产业转型需要，加快培育建设一批有特色、有活力、有效益的地方产业园。重点推动中国长春人力资源服务产业园建设，加快打造成为东北地区具有辐射力、影响力的国家级人力资源服务产业园。

专栏4

1. 实施就业创业公共服务能力提升行动。采取线上线下相结合的方式组织基层窗口经办人员培训，开展岗位业务竞赛，全面提升基层队伍服务质量和水平。积极推进各项公共就业创业服务从线下向线上拓展，依托"吉事办"PC端、移动端等渠道，汇聚各类信息与服务，打造全省统一的"互联网+"公共就业服务平台。

2. 实施就业政策服务落地专项行动。坚持与就业政策调查研究相结合，通过深入基层、走进企业、贴近群众，跟进落实服务，切实提升就业政策知晓度、落实率，提升就业服务满意度、实效性，确保就业局势持续稳定。

3. 实施重点群体职业培训专项行动。以提升就业创业能力为目的，通过政府部门推动，社会培训机构参与，力争使有培训需求和就业创业愿望的重点群体都能接受职业培训，进一步优化就业结构，努力实现更加充分和更高质量就业。

4. 实施人力资源市场建设援助计划。聚焦乡村振兴重点帮扶县、脱贫县、脱贫村，紧紧围绕高校毕业生、农民工、脱贫人口等重点群体，主要开展促进劳动力就近就地就业、东西部劳务协作、高校毕业生专场招聘、结对帮扶、筑巢引凤和人力资源市场供求信息监测等活动。

5. 开展人力资源服务行业促就业行动。充分发挥人力资源服务机构的职能优势和专业优势，创新方式，实施精准的就业服务政策，促进稳就业保就业。

6. 实施人力资源服务业发展行动计划。重点实施"三计划""三行动"，推动人力资源服务业快速发展，为实现充分就业和优化配置人力资源，促进经济社会发展，提供优质高效的人力资源服务保障。

七、全面提升就业人员素质能力

加强公共教育和职业技能培训的制度供给，着力培育具有专业技能与工匠精神的高素质劳动者和人才，不断优化人力资源市场供给结构与质量，切实缓解就业结构性矛盾。

（一）大力发展职业教育。 深入实施职业教育提质培优行动计划，推进职业教育协调发展，加快提升新时代职业教育现代化水平和服务能力，建成一批高技能人才培养培训基地和技术技能创新平台，为经济社会持续发展提供多层次高质量的技术技能人才支撑。健全服务全民终身学习的职业教育制度，强化职业学校的继续教育功能，面向在职员工、现役军人、退役军人、进城务工人员、转岗人员、城镇化进程中的新市民、城乡待业人员、残疾人、农村实用人才等社会群体开展多种形式的继续教育。实施服务区域合作和对外开放计划，遴选一批具有良好工作基础的职业教育国际合作项目，加快实现吉林优质职业教育"走出去"。积极开展高素质农民赴国（境）外培训，推动优质职业院校在国外建设一批具有吉林职业教育特点的"鲁班工坊"。深入推进产教融合，健全校企合作制度，推进产教融合试点建设，加强公共实训基地和产教融合实训基地建设，支持中高等职业学校与企业合作共建共享技术技能实训设施，鼓励企业以股份制、混合所有制形式参与举办职业学校校办工厂、实习实训基地等平台载体，或与高等职业院校合作举办产教融合混合所有制二级学院、企业大学和继续教育基地。

（二）广泛开展就业技能培训。 持续开展高校毕业生技能就业行动，增强高校毕业生适应产业发展、岗位需求和基层就业工作能力。深入实施新生代农民工职业技能提升计划，将农村转移就业人员和新生代农民工培养成为高素质技能劳动者。实施高素质农民培育工程和农村实用人才培训计划，全面建立职业农民制度。对城乡未继续升学的初、高中毕业生开展劳动预备制培训。对即将退役的军人开展退役前技能储备培训和职业指导，对退役军人开展就业技能培训。面向脱贫人口、困难职工家庭和残疾人，实施职业技能提升计划。对服刑人员、强制隔离戒毒人员，开展以顺利回归社会为目的的就业技能培训。

（三）着力提升企业职工岗位技能。 充分发挥企业主体作用，将企业职工培训作为职业技能培训工作的重点，完善激励政策，支持企业大规模开展职业技能培训，鼓励规模以上企业建立职业培训机构开展职工培训，并积极面向中小企业和社会承担培训任务，降低企业兴办职业培训机构成本，提高企业积极性。对接国民经济和社会发展中长期规划，适应高质量发展要求，推动企业健全职工培训制度，制定职工培训规划，采取岗前培训、学徒培训、在岗培训、脱产培训、业务研修、岗位练兵、技术比武、技能竞赛等方式，开展常态化大规模多层次的职业技能培训，大幅提升职工技能水平。全面推行企业新型学徒制度，对企业新招用和转岗的技能岗位人员，通过校企合作方式，进行系统职业技能培训。健全职业技能培训共建共享机制，开展县域职业技能培训资源共建共享试点，推动县域职业技能培训资源统筹使用。

（四）培育强化劳动者职业素质。 大力弘扬和培育工匠精神，将培育工匠精神融入教育培训、企业文化建设等各领域各环节，增强劳动者对职业理念、职业责任和职业使命的认识与理解，大力培养劳动者精益求精的职业素质，提高劳动者践行工匠精神的自觉性和主动性。充分发挥院校、企业、工会等各方积极性，完善激励机制，培树先进典型，营造尊重劳动、尊重工匠的良好社会氛围，提高劳动者培育工匠精神的自主性。加强职业素质培育，将职业道德、质量意识、法律意识、安全环保和健康卫生等要求贯穿职业培训全过程，强化职业文化建设，弘扬良好职业行为习惯，推动劳动者形成"干一行、爱一行"的职业理念，引导劳动者遵守纪律、诚实守信，自觉履行劳动义务，依法理性维护自身权益。

专栏 5

1. 实施职业教育提质培优行动计划。推进职业教育协调发展，加快提升新时代职业教育现代化水平和服务能力，建成一批高技能人才培养培训基地和技术技能创新平台，为经济社会持续发展提供多层次高质量的技术技能人才支撑。

2. 开展"马兰花计划"。面向有创业意愿和培训需求的城乡各类劳动者开展示范性培训，激发创业意识、提高创业能力、稳定企业经营，并根据不同的创业阶段，开展针对性的创业培训和指导。

3. 实施离校未就业高校毕业生技能就业行动。对有就业创业培训愿望的离校未就业高校毕业生开展就业技能培训、新型学徒制培训、岗位技能提升培训、创新创业培训和技能脱贫培训等，帮助其掌握就业创业的专项技能。

4. 实施百万青年技能培训行动。以高校毕业生和其他青年群体为培训对象，以提升青年就业创业能力为核心，大规模开展青年职业技能培训，促进高校毕业生等青年就业创业。

5. 实施新生代农民工职业技能提升计划。帮助农民工特别是新生代农民工增加受教育培训机会，开展大规模、多层次、高质量、有保障的职业技能培训，将其培养成为高素质技能劳动者和稳定就业的产业工人。

6. 实施农民工素质提升工程。大规模开展农民工培训，提高农民工综合素质，增强农民工融入城市的能力。

7. 实施"互联网＋职业技能培训计划"。培育打造一批优质线上职业技能培训平台，大力发展职业（工种）的数字培训资源，开展线上职业技能培训。

---

8. 实施职业技能提升行动。服务吉林全面振兴全方位振兴，依托"一主、六双"产业空间布局，围绕汽车、石化、农产品加工传统支柱产业，先进装备制造、医药健康、文化旅游新的支柱产业，以及战略性新兴产业、现代服务业等，开展大规模职业技能培训。

9. 实施失业保险支持技能提升"展翅行动"。深入推进失业保险技能提升补贴政策和推行相关职业技能培训制度。

10. 实施残疾人职业技能提升行动。帮助有就业愿望和培训需求的残疾人普遍得到相应的职业素质培训、就业技能培训、岗位技能培训和创业培训。组织开展残疾人非物质文化遗产传承培训，帮助残疾人学习传统工艺。举办全省残疾人职业技能竞赛，定期开展残疾人展能、产品作品展示展销、岗位精英赛等活动。

11. 实施技工教育质量提升工程。推动将技工院校纳入职业教育统一招生平台，"十四五"实现招生人数 10 万人以上。修订技工院校专业目录，动态发布技工院校专业增补目录。组织开展技工院校校长和一体化师资培训。实施技工院校师资能力提升计划，年培训 50 人次以上。

八、推动构建和谐劳动关系

统筹处理好促进企业发展和维护职工权益的关系，健全劳动保障法律法规，增强企业依法用工意识，提高职工依法维权能力，加强劳动保障执法监督和劳动纠纷调处，有效预防和化解劳动关系矛盾，推动建立规范有序、公正合理、互利共赢、和谐稳定的劳动关系。

（一）**切实保障职工基本权益。**完善并落实工资支付规定，健全工资支付监控、工资保证金和欠薪应急周转金制度，探索建立欠薪保障金制度，落实清偿欠薪的施工总承包企业负责制，依法惩处拒不支付劳动报酬等违法犯罪行为，保障职工特别是农民工按时足额领到工资报酬。完善并落实国家关于职工工作时间、全国年节及纪念日假期、带薪年休假等规定，规范企业实行特殊工时制度的审批管理，督促企业依法安排职工休息休假，保障职工休息休假的权利。加强劳动安全卫生执法监督，督促企业健全并落实劳动安全卫生责任制，严格执行国家劳动安全卫生保护标准，加大安全生产投入，强化安全生产和职业卫生教育培训，加强女职工和未成年工特殊劳动保护，最大限度地减少生产安全事故和职业病危害。认真贯彻实施社会保险法，继续完善社会保险关系转移接续办法，努力实现社会保险全面覆盖，落实广大职工特别是农民工和劳务派遣工的社会保险权益。督促企业依法为职工缴纳各项社会保险费，鼓励有条件的企业按照法律法规和有关规定为职工建立补充保险。积极落实国家关于灵活就业人员参加城乡居民基本养老保险的兜底措施，推动放开灵活就业人员在就业地参加社保的户籍限制，争创平台灵活就业人员职业伤害保障试点，为灵活就业创造更优环境。

（二）完善收入分配机制。 坚持按劳分配为主体，多种分配方式并存，提高劳动报酬在初次分配中的比重，增进劳动力获得感和满意度。按照国家统一部署完善基层薪酬制度，引导人才流向基层、扎根基层。健全与经济发展相适应的最低工资标准调整机制。支持劳动者以知识、技术、管理、技能等创新要素按贡献参与分配，激发劳动者创业创新热情。实施差别化收入分配激励改革，提升技能人才、高素质农民、小微创业者、企业经营管理人员、有劳动能力的困难群体等群体收入水平。建立符合高校、科研院所和医疗行业特点的薪酬制度，探索完善分类管理和适度放权相结合的事业单位绩效工资制度。

（三）健全劳动关系矛盾调处机制。 健全劳动保障监察制度，全面推进劳动保障监察网格化、网络化管理，创新监察执法方式，规范执法行为，畅通举报投诉渠道，强化对突出问题的专项整治。建立健全违法行为预警防控机制，完善多部门综合治理和监察执法与刑事司法联动机制，加大对非法用工尤其是大案要案的查处力度，严厉打击使用童工、强迫劳动、拒不支付劳动报酬等违法犯罪行为。加强劳动保障诚信评价制度建设，建立健全企业诚信档案。健全劳动争议调解仲裁机制，加快劳动争议调解组织建设，完善劳动争议调解制度，健全人民调解、行政调解、仲裁调解、司法调解联动工作体系。建立健全劳动人事争议仲裁办案制度，规范办案程序，加大仲裁办案督查力度，进一步提高仲裁效能和办案质量，促进案件仲裁终结。畅通法律援助渠道，建立完善劳动人事争议调解仲裁法律援助协作工作机制，加强法律援助业务指导，提升规范化服务水平。加强劳动关系群体性事件预防和应急处置，督促指导企业落实主体责任，及时防范化解劳动关系矛盾问题。

（四）营造构建和谐劳动关系的良好环境。 深化和谐劳动关系创建活动，推进实施劳动关系"和谐同行"能力提升三年行动计划，提升劳动关系治理能力和治理水平。积极引导企业经营者积极履行社会责任。加强广大企业经营者的思想政治教育，引导其践行社会主义核心价值观，牢固树立爱国、敬业、诚信、守法、奉献精神，培育富有特色的企业精神和健康向上的企业文化。加强对企业经营者的劳动保障法律法规教育培训，提高企业依法用工意识。规范企业裁员行为，支持生产经营存在严重困难的企业与职工集体协商，采取协商薪酬、调整工时、轮岗轮休、在岗培训等措施，稳定职工劳动关系。引导企业自觉保障职工合法权益，注重加强对职工的教育引导和人文关怀，引导职工树立正确的世界观、人生观、价值观，增强对企业的责任感、认同感和归属感。加强有关法律法规政策宣传工作，引导职工正确对待社会利益关系调整，以理性合法形式表达利益诉求、解决利益矛盾、维护自身权益。

专栏6

实施劳动关系"和谐同行"能力提升三年行动计划。在全省以防范和化解劳动关系领域矛盾风险为主线，推进劳动关系工作方式方法创新和企业工资收入分配制度改革，改进和完善对企业劳动用工、工资分配的指导和服务，提升劳动关系公共服务能力和基层调解仲裁工作效能，扎实推进劳动关系治理体系和治理能力建设，推动建立规范有序、公正合理、互利共赢、和谐稳定的劳动关系。

九、防范化解规模失业风险

把防范和化解规模性失业风险放在更加突出的位置，持续开展就业跟踪监测和动态分析，完善就业形势监测分析机制，全面提升就业监测预警和防控处置能力，有效防范和化解规模性失业风险。

（一）**强化就业形势监测分析**。健全就业统计调查制度，完善统计口径和调查方法，不断提升就业数据统计质量，全面反映就业创业情况。建立健全完善就业形势监测机制，加强移动通信、铁路运输、社保缴纳、招聘求职等大数据比对分析，多维度开展重点区域、重点群体、重点行业、重点企业就业监测。健全多方参与的就业形势研判机制，加强部门与研究机构、市场分析机构的密切协作，开展就业数据与宏观经济、行业经营等数据以及社会机构相关数据交叉比对，提高就业形势监测和分析能力。及时开展就业影响程度评估，结合实际制定稳就业预案和政策措施。

（二）**建立常态化援企稳岗帮扶机制**。建立重点企业定期报告制度和重点企业规模裁员提前报告制度，及时摸排企业停产停工、欠薪欠保断保、规模裁员、劳动争议等情况，梳理建立重大风险企业名单，制定"一企一策"帮扶方案，支持企业不裁员、少裁员。完善资金投入保障机制，全面落实国家和吉林省已出台的援企稳岗政策，统筹用好就业补助资金和失业保险基金，用于企业稳定岗位、鼓励就业创业、保障基本生活等稳就业支出。推动设立就业风险储备金，有效应对突发性、规模性失业风险。

（三）**及时有效应对处置突发事件**。加快建立应对失业风险的就业应急预案，完善分级预警、分层响应、分类实施应对机制，防范化解规模性失业风险。同时，密切监测相关数据和实际情况变化，确保及时有效应对处置各类突发事件。

完善舆论宣传引导机制，做好舆情监测研判，牢牢把握信息发布和舆论引导主动权，加强正面引导，建立重大舆情沟通协调和应急处置机制，有效稳定企业和市场预期。

专栏7

实施就业监测能力提升计划。完善劳动力资源信息库，健全就业监测体系、劳动力调查制度和就业岗位调查制度，加强大数据在就业统计监测领域的应用，及时掌握劳动力流动趋势。

十、构建更加有力的保障支撑体系

加强规划实施的动员部署、统筹协调和宏观指导，充分调动各地区、各部门的积极性、主动性、创造性，确保规划目标任务有效落实。

（一）**加强组织领导。**充分发挥吉林省就业工作领导小组及办公室组织协调作用，进一步加强对就业工作的组织领导和统筹协调，健全完善就业工作协调配合机制，定期调度各地就业创业情况，协调解决就业促进工作重大问题。各地区和有关部门要高度重视，结合任务分工和自身工作实际，围绕规划主要目标和重点任务，抓好规划贯彻落实。

（二）**鼓励先行先试。**支持各地区根据本地实际，积极探索、大胆创新，研究制定本地区促进就业的具体方案和配套措施，争创促进就业示范试点。定期总结试点地区典型经验，提出可复制、可推广的经验做法和政策措施。

（三）**开展督查评估。**建立健全规划实施的督促检查制度，强化对规划实施情况的跟踪监测和情况分析，对规划确定的重点任务进行定期督查通报，督促各方面有序推进落实。适时组织规划中期评估和终期总结评估，有效提高规划管理水平和实施效率。

（四）**加强宣传引导。**充分利用传统媒体和新资源，大力弘扬勤劳致富精神，加强依法保护产权、弘扬企业家精神、改善民生等方面的舆论引导，做好政策解读和宣传，不断激发全体劳动者的积极性、主动性、创造性，积极营造全社会关心支持就业创业的良好氛围。

江苏省"十四五"高质量就业促进规划

江苏省人民政府办公厅　　2021 年 10 月 12 日

就业是最大的民生，也是经济发展最基本的支撑。为实现与江苏经济社会发展水平相适应的高质量就业，扎实推进共同富裕取得实质性进展，根据国家"十四五"就业促进规划和《江苏省国民经济和社会发展第十四个五年规划和二〇三五年远景目标纲要》等要求，制定本规划。

一、推动实现高质量就业的时代背景

（一）重大意义。

推动实现高质量就业，是党中央在新的经济社会发展阶段对就业工作提出的新要求，是顺应新时代社会主要矛盾变化和人民对美好生活向往作出的重大决策部署。党的十九届五中全会将实现更加充分更高质量就业作为"十四五"时期经济社会发展的重要目标。当前，江苏已胜利完成"十三五"规划确定的目标任务，"强富美高"新江苏建设取得重大阶段性成果，高水平全面建成小康社会取得决定性成就。进入新发展阶段，省委十三届九次全会明确提出把"提高就业创业质量"作为"十四五"时期更好推进全体人民共同富裕的一项重要举措。

江苏是经济大省，也是人口大省、就业大省，劳动力资源丰富，人才集聚度高，社会流动性大。推动实现高质量就业，有利于稳固和提升就业这一最大的民生工程、民心工程、根基工程，为改革发展提供更大的回旋空间；有利于夯实美好生活基础，保障和改善民生，扎实推动共同富裕，促进社会和谐稳定，增强人民群众的获得感、幸福感、安全感；有利于引导劳动者将个人发展融入国家富强、民族复兴进程，更好地发挥积极性、主动性和创造性，实现自身社会价值，促进人的全面发展和社会全面进步。

（二）发展基础。

"十三五"时期，江苏坚决贯彻落实党中央、国务院和省委、省政府关于稳就业的一系列决策部署，深入实施就业优先战略和更加积极就业政策，保持了就业局势总体稳定，为经济社会发展作出了重要贡献，江苏就业工作 2016 年、2018 年、2019 年三次获得国务院办公厅表扬激励。

就业规模不断扩大。坚持把稳定和扩大就业作为经济运行合理区间的下限，将城镇新增就业人数、调查失业率作为宏观调控的重要指标纳入国民经济和社会发展规划及年度计划，扎实做好"六稳"工作，全面落实"六保"任务，综合施策确保就业稳定增长。"十三五"时期，全省 GDP 年均增长 6.3%，为稳定扩大就业奠定了坚实基础；城镇累计新增就业 725.87 万人，年均 145 万人以上，城镇登记失业率、调查失业率分别控制在 4% 和 4.5% 以内；"十三五"时期末城乡就业人口总量近 4900 万人。

就业结构持续优化。深入推进新型城镇化建设，实施乡村振兴战略，推动农村一二三产业融合发展，促进城乡就业合理流动。深化供给侧结构性改革，加快推动产业转型升级，促进互联网和实体经济深度融合，打造先进制造业集群，创造更多优质岗位。实施现代服务业发展五年行动计划，大力发展生产性服务业，扶持消费性服务业，就业容量不断扩大，就业结构同步优化。2020 年末，一二三产业就业人口比例为 13.8：39.7：46.5，城乡就业人口比为 71.1：28.9，与 2015 年末相比，第三产业就业人口比例提高了 7.9 个百分点，城镇就业人口比例提高了 6.5 个百分点。

就业质量有效提升。规范落实就业失业登记、劳动用工备案等管理制度，完善工资正常增长机制，提升劳动者就业创业能力，实施全民参保计划，着力改善劳动者就业环境，注重加强劳动人事争议调解仲裁和劳动保障监察，切实保护劳动者合法权益。2020 年全省居民工资性收入 2.47 万元、一类地区最低工资标准2020 元，比 2015 年末分别增长了 43.6%、23.9%；2020 年末全省规模以上企业劳动合同签订率达 98% 以上；城乡基本养老、医疗、失业、工伤保险参保人数分别达 5961 万人、7968 万人、1891 万人、2131 万人，参保人数稳中有增。

就业政策日趋完善。针对宏观经济形势、外部环境变化对就业的影响，实施就业优先政策，强化就业政策供给，稳岗位、扩渠道、提技能、促匹配、兜底线政策体系不断完善。推进基层人社平台标准化、信息化建设，推行"互联网＋就业服务"，建成覆盖城乡、五级贯通的公共就业创业服务体系。加强就业专项资金管理，优化支出结构，提高使用效益，2016 年以来全省各级财政用于促进就业的资金超过 250 亿元，保障了各项惠企惠民政策举措的落实。

创业带动就业成效明显。深化"放管服"改革，推进商事制度改革、行政审批制度改革，推行"多证合一、一照一码""证照分离""不见面审批（服务）"，优化创新创业环境，释放创新创业潜能。加快发展新经济、培育发展新动能、构筑双创新引擎，市场主体快速增长。2020 年末全省私营企业和个体工商户共 1189 万户，比 2015 年末增长 108.8%。实施全民创业行动计划，畅通创业富民通道，共扶持城乡劳动者成功创业 149.64 万人，带动就业 599.76 万人。

重点群体就业保障有力。坚持把高校毕业生就业摆在就业工作首位，实施就业创业促进、基层成长、就业见习等计划，高校毕业生年末总体就业率保持在 93% 以上。建立健全就业失业登记、求职登记、创业服务和农村困难家庭就业援助"四项制度"，推进农村劳动力转移就业，2020 年末农村劳动力转移率达 77.7%。稳妥安置化解过剩产能分流职工和长江禁捕退捕渔民，统筹做好退役军人、残疾人、妇女就业工作，开展困难群体就业援助，城镇零就业和农村零转移家庭始终保持动态清零。高标准完成国家对口扶贫和省扶贫工作任务。

表 1　江苏省"十三五"就业工作主要指标完成情况

指标	2020 年目标	2020 年完成数	完成"十三五"规划目标
1. 城镇新增就业人数（万人）	［500］	［725.9］	145%
2. 城镇登记失业率（%）	4 以内	3.20	控制在目标内
3. 高校毕业生年末总体就业率（%）	≥90	93.1	高 3.1 个百分点
4. 农村劳动力转移就业率（%）	≥75	77.7	高 2.7 个百分点
5. 扶持城乡劳动者成功自主创业人数（万人）	［50］	［149.6］	299%
6. 职业培训人数（万人次）	［3000］	［1247］	—
7. 劳动年龄人口平均受教育年限（年）	12.2	>12	>12
8. 高技能人才总量（万人）	370	455	123%
9. 每万名劳动力中高技能人才数（人）	700	930 左右	133%
10. 规模以上企业劳动合同签订率（%）	≥98	98 以上	达到目标要求
11. 劳动人事争议调解成功率（%）	≥70	80.4	高 10.4 个百分点
12. 劳动人事争议仲裁结案率（%）	≥94	97.7	高 3.7 个百分点
13. 劳动保障监察举报投诉案件按期结案率（%）	100	100	达到目标要求
14. 失业保险参保率（%）	≥98	98.3	高 0.3 个百分点

注：1.［］表示五年累计数。

2."十三五"规划所提职业培训目标包含各类职业培训，2019 年人社部加强职业技能培训实名制管理，只统计政府补贴性职业技能培训指标。

（三）机遇挑战。

"十四五"时期是我国开启全面建设社会主义现代化国家新征程、向第二个百年奋斗目标进军的第一个五年。党中央、国务院高度重视就业工作，实施就业优先战略，为实现更加充分更高质量就业提供了根本保证；我国已转向高质量发展阶段，以国内大循环为主体、国内国际双循环相互促进的新发展格局加快构建，新一轮科技革命和产业变革深入发展，新兴就业创业机会日益增多，为就业长期稳定创造了良好条件。我省拥有坚实的实体经济基础、完善的产业链供应链、丰富的科教人才资源和良好的营商环境，发展韧性强劲；"一带一路"建设、长江经济带发展、长三角区域一体化发展三大国家发展建设交汇叠加，苏南国家自主创新示范区、南京江北新区、江苏自由贸易试验区建设全面推进，创新驱动、乡村振兴战略深入实施，新的就业增长点不断涌现；劳动力整体受教育程度上升，社会性流动更加顺畅，劳动力市场协同性增强，推进高质量就业前景广阔。

同时，我省"十四五"时期就业工作也面临许多新趋势新挑战。全省人口结构性问题凸显，老龄化程度加深；产业转型升级、技术进步对劳动者技能素质提出了更高要求，创新型、技术技能型、绿色就业等相应人才的培养和储备不足，结构性就业矛盾更加突出；就业人口高度集中，不同区域、行业、教育和技能水平劳动者的就业状况、收入水平不平衡，部分行业职业稳定性低、流动性高；就业歧视仍然存在，劳动力市场运行复杂性加剧，灵活就业和新就业形态劳动者权益保障亟待加强。此外，新冠肺炎疫情仍在全球扩散蔓延，单边主义、贸易保护主义不断升温，产业链供应链深刻调整，江苏作为外向型经济大省，受世界经济波动影响较大，不稳定性不确定性因素增加，对就业的冲击需警惕防范。总之，就业形势仍较严峻。必须深刻认识就业领域主要矛盾的变化，坚持问题导向，采取务实举措，调动各种积极因素，推动实现高质量就业。

二、推动实现高质量就业的总体要求

（一）指导思想。

以习近平新时代中国特色社会主义思想为指导，深入贯彻党的十九大和十九届二中、三中、四中、五中全会精神和习近平总书记对江苏工作的重要指示要求，紧紧围绕"争当表率、争做示范、走在前列"新使命新要求，坚持以人民为中心，立足新发展阶段，贯彻新发展理念，构建新发展格局，以推动实现更加充分更高质量就业为目标，深入实施就业优先战略，不断完善就业优先政策体系、扶持创业带动就业体系、职业技能培训体系、重点群体就业支持体系、公共就业服务体系，千方百计稳定和扩大就业，努力提升就业质量，着力打造高质量就业先行区，为谱写"强富美高"新江苏的现代化篇章提供坚实保障。

（二）基本原则。

——坚持就业优先、政策协同。把就业摆在经济社会发展优先位置，把稳定和扩大就业作为经济运行合理区间的下限，充分发挥劳动力市场信号和就业目标的引导作用，根据就业形势变化，及时调整宏观政策取向、聚力支持就业。

——坚持扩容提质、优化结构。把促进充分就业作为实现高质量就业的前提，千方百计开发更多就业岗位，着力培育高质量就业增长极。更加重视人口结构变化、产业转型升级、区域经济结构调整等带来的日益凸显的结构性就业矛盾，推动形成劳动力市场更高水平的供需动态平衡。

——坚持市场主导、政府调控。推动有效市场和有为政府更好结合，既要坚持市场化社会化就业方向，充分发挥市场配置劳动力资源的决定性作用，又要强化政府责任，优化整合各类资源，为促进高质量就业提供强有力政策支持和基础性服务保障。

——坚持聚焦重点、守牢底线。紧盯就业领域关键环节和突出问题，瞄准重点地区、重点行业和重点群体，制定更加精准有效的政策举措，因地因企因人加强分类帮扶援助，切实防范失业风险，兜牢民生底线。

专栏1　江苏"十四五"时期就业阶段性特征

就业优先政策全面强化，更加充分更高质量就业的促进机制更具活力，充分就业基本实现，高质量就业驶入快车道。政府激励创业、社会支持创业、劳动者勇于创业机制不断健全，支持灵活就业和新就业形态的政策更加完善，创新创业带动就业效应更加明显。劳动力和人才社会性流动增强，优质劳动力供给保持平稳，公共就业服务数字赋能、智慧赋能，呈扁平化、精细化、个性化发展，人力资源服务业快速发展，劳动力市场保持活跃，市场化配置效率不断提高。

（三）发展目标。

坚持在经济转型中推动就业转型，以就业转型支撑经济转型。到2025年，在解决"劳有所岗"基础上，努力做到"劳有优岗"，劳动者公平就业、稳定就业、创业就业、素质就业和体面劳动"五位一体"新格局基本形成，就业工作继续走在全国前列。

——推动更加充分就业。就业规模稳步扩大，城镇新增就业 500 万人。劳动力市场供求基本平衡，就业局势保持稳定，城镇调查失业率控制在 5% 左右。就业结构不断优化，三次产业就业比例与产业结构相匹配，城镇就业比重达到 73% 以上。

——实现更加体面劳动。劳动环境有效改善，劳动关系更趋和谐。职工工资收入增长与 GDP 增长基本同步，城乡基本养老保险参保缴费率 90% 以上，就业稳定性明显提高。职业技能培训规模不断扩大，劳动者就业能力逐步提升，每万名劳动者中高技能人才数达到 1000 人。

——促进更加便捷创业。创业引领作用更加凸显，创业环境更加优化，创业机会更多、渠道更广、领域更宽。扶持城乡劳动者创业 75 万人，带动就业 300 万人。开展创业培训 50 万人。新增认定省级创业示范基地 150 个，扶持大学生优秀创业项目 2000 个。

——提供更加优质服务。全方位就业服务体系全面建立，公共服务和市场化服务协同发展。城乡公共就业创业服务一体化信息支撑能力明显增强，服务水平和群众满意度不断提升。人力资源服务业高质量发展，为市场提供更加多元、专业、个性的服务，人力资源市场配置效率更高。

表 2　江苏省"十四五"高质量就业发展主要指标

指标		2025 年目标	属性
充分就业	1. 城镇新增就业人数（万人）	［500］	预期性
	2. 城镇调查失业率（%）	5 左右	预期性
	3. 城镇登记失业率（%）	4 以内	预期性
就业结构	4. 城镇就业占比（%）	> 73	预期性
	5. 第三产业就业占比（%）	> 48	预期性
素质就业	6. 开展补贴性职业技能培训人数（万人次）	［800］	预期性
	7. 每万名劳动力中高技能人才数（人）	1000	预期性
群体就业	8. 高校毕业生年末总体就业率（%）	92	预期性
创业就业	9. 扶持城乡劳动者成功自主创业人数（万人）	［75］	预期性
社会保障	10. 城乡基本养老保险参保人数（万人）	6150	约束性
	11. 失业保险参保人数（万人）	2000	约束性
	12. 工伤保险参保人数（万人）	2300	约束性
	13. 城乡基本医疗保险参保率（%）	≥ 99	约束性
权益维护	14. 劳动人事争议调解成功率（%）	60	预期性
	15. 劳动人事争议仲裁结案率（%）	92	预期性
	16. 劳动保障监察举报投诉案件按期结案率（%）	98	预期性

注:［　］表示五年累计数。

三、坚持经济发展就业导向，创造更加充分就业机会

落实宏观政策，完善促进就业扩容的产业政策，大力发展吸纳就业能力强的行业企业，加大产业投资，促进消费升级，支持民营经济和中小微企业健康稳定发展，创造更多高质量就业机会。

（一）保持经济就业良性循环。

促进经济运行在合理区间。健全宏观政策协同和传导落实机制，合理制定经济增速预期目标，集中精力推进改革创新、推动高质量发展，以经济高质量发展带动就业高质量发展。精准对接国家重大发展战略和中长期发展规划，加强就业政策与财税、产业、投资、金融、外贸、消费、区域等政策的相互衔接，在制定各项经济政策、发展规划中强化就业优先导向，带动多样化高质量就业，实现经济稳定发展与就业质量提升互促共进、良性循环。

发挥产业投资带动就业的关键性作用。建立重大政策、重大项目带动就业影响评估机制，在规划编制、投资审批、资金安排、项目管理、信用监管时，把增加就业岗位和人力资源配置作为评价项目的重要指标统筹考虑。在审批政府投资项目和重大基础设施项目、申请和安排中央预算内投资和省本级财政资金时，加强对带动就业的评估，同等条件下，优先建设就业带动能力强和就业质量高的项目。加大5G、数据中心、工业互联网等新基建领域建设和民生领域基础设施投入力度，加强农村人居环境整治、城乡基础设施、生态环境等领域补短板项目建设，扩大有效投资规模，增加就业岗位。推动制造业投资稳定增长，强化实体经济促进就业的基础性作用。

促进内需创造更多就业岗位。坚持扩大内需战略，着力扩大居民消费，拓展农村消费市场，推动消费提质升级，大力培育数字消费、康养消费、绿色消费等新兴消费，创造更多就业增长点。促进线上线下消费深度融合、跨境电子商务高质量发展，推动零售、餐饮、汽车、家电等消费品更新升级，进一步提升传统消费、培育新型消费，充分释放消费潜力。优化消费需求管理，发挥政策对消费的引导作用，完善财税金融政策，加强消费者权益保障，营造安全友好的消费环境，为扩大就业提供坚实支撑。

（二）挖掘一二三产就业潜力。

促进农村一二三产融合拓展就业空间。坚持农业农村优先发展，加快构建现代农业产业体系、生产体系、经营体系，优化优势特色产业布局，建设优势特色产业集群，促进农村一二三产业融合发展。建设"一村一品""一镇一业"示范

村镇，打造国家级和省级特色农产品优势区。推动小农户与现代农业发展有机衔接，发展多种形式适度规模经营，培育农村新型经营主体。加大政策支持力度，有效拓宽农村电子商务、乡村休闲旅游农业、农业生产性服务业等新产业新业态就业空间。深化农村集体产权制度改革，多措并举发展新型集体经济，提高市场化运营和农民收入水平，释放农业农村就业潜能。

专栏2　实施扩大农村就业创业空间计划

发展植根于县域、以农业农村资源为依托、以一二三产业融合发展为核心的现代乡村产业，促进农业产业链不断延伸、价值链不断提升、供应链不断完善，扩大农民就业空间。持续推进农业与文化、旅游、教育、康养、信息等产业融合，发展创意农业、功能农业、智慧农业等，培育发展特色化、多样化、差异化乡村休闲旅游产品，扩大农民就业机会。支持发展县域范围内产业关联度高、辐射带动力强、参与主体多的融合模式，加快培育家庭农场、农民合作社、龙头企业等新型农业经营主体，扩大农民就业规模。到2025年，建设20个国家农村产业融合示范园，一批省级农村一二三产融合发展先导区，休闲农业精品点稳定在12000个左右，农业服务业产值超过1000亿元。

大力发展先进制造业提升就业质量。坚定不移推进制造强省、质量强省、网络强省、数字江苏建设，聚焦13个先进制造业集群和战略性新兴产业，争创一批具有标杆示范意义的国家级先进制造业集群，打造一批具有较强国际竞争力的"链主企业"和隐形冠军企业，攻克一批制约产业链自主可控、安全高效的关键核心技术，推动一批卓越产业链竞争实力和创新能力达到国内一流、国际先进水平。建立产学研一体的创新体系和协同机制，加快科研成果转化。在一些技术禀赋丰富、创新要素集聚的地区，优先发展金融、咨询、研发设计、高端设备制造、生物技术等高端产业。推进先进制造业与现代服务业深度融合，实现贸易产业向产业链两端拓展。注重发展技能密集型产业，推动制造业转型升级，创造更多高质量就业岗位。

专栏3　实施先进制造业、现代服务业融合标杆引领工程

重点围绕和依托新型电力（新能源）装备、工程机械、物联网等省级先进制造业集群以及部分服务业制造业领域，以生产性服务业发展为主攻方向，以百企示范为引领，支持试点单位积极发展高端科技服务、个性化定制服务、工业设计、工业互联网、大数据服务、融资租赁服务、整体解决方案服务、产品全生命周期管理等新业态新模式。着力构建产业链双向互动耦合机制，增强生产性服务业对先进制造业的引领和支撑作用，打造一批两业深度融合的优势产业链条、新型产业集群、融合示范载体和产业生态圈，创造更多高质量就业岗位。

推动服务业发展培育更多就业增长点。进一步放宽服务业市场准入，深入推进服务业扩大开放。大力发展现代服务业，推动生产性服务业向专业化和价值链高端延伸、生活性服务业向高品质和多样化升级。实施生产性服务业十年倍增计划，推动工业设计、科技服务、现代物流、信息技术服务、节能环保服务、供应链管理等全产业链整合优化，促进金融服务、商务服务、会展经济、法律服务等提质增效。加快生活服务业高品质和多样化升级，充分释放服务业就业容量大的优势。促进家政、养老、托育等社区服务业提质升级，充分发挥社区超市、便利店、快递代收代寄、家政等带动就业增收作用，促进失业人员、困难家庭和老龄就业。

专栏4　实施现代服务业高质量发展领军企业培育工程

为加快服务业企业转型升级步伐，增强企业核心竞争力，整合省级生产性服务业百企升级引领工程和互联网平台经济"百千万"工程等，突出龙头型、链主型企业，兼顾成长型、创新型企业，培育中小型企业，建立一个领军企业培育库，建设一套政策支撑体系，形成一系列省市共同培育机制。"十四五"时期，培育认定省级现代服务业高质量发展领军企业300家，打造一批拥有自主品牌、具有全国竞争力、国际影响力的江苏现代服务业高质量发展领军企业，形成强大的示范引领带动效应，推动全省服务业高质量发展，带动更多劳动者就业。

（三）增强就业吸纳能力。

培育壮大就业新动能。落实包容审慎监管要求，营造公平竞争市场环境，催生更多新产业新业态新商业模式。推动平台经济持续规范发展，引导平台企业放宽入驻条件、降低管理服务费，与平台就业人员就劳动报酬、工作时间、劳动保护等建立制度化、常态化沟通协调机制。加快发展数字经济，推动数字产业化和产业数字化转型，促进数字经济与实体经济深度融合，创造更多数字经济领域就业创业机会。推动共享经济发展，培育多元化多层次就业创业需求。加强新兴职业开发，及时做好新职业发布和应用。

支持民营经济发展吸纳就业。培育壮大民营经济，激发市场主体活动，发挥民营经济和中小微企业吸纳就业主渠道作用。通过政策引领、机制创新、项目实施、平台建设、人才培育等提升民营企业竞争能力，培育一批核心技术能力突出、集成创新能力强、引领产业发展的创新型民营企业。支持中小微企业走专精特新发展之路，培育"小巨人"企业，扩大高质量岗位供给。支持吸纳就业能力强的劳动密集型行业企业发展。优化市场主体服务保障，持续减轻企业负担。弘扬企业家精神，增强企业家爱国情怀，自觉担负社会责任，为推动发展、促进创新、改善民生、吸纳就业作出更大贡献。

支持灵活就业和新就业形态发展。健全促进多渠道灵活就业机制，鼓励传统行业以跨界融合、业态创新等方式增加灵活用工和新就业形态就业机会。建立完善适应灵活就业和新就业形态的劳动权益保障制度，放开灵活就业人员在就业地参加社会保险的户籍限制，促进有意愿、有缴费能力的灵活就业人员、新就业形态从业人员参加企业职工基本养老保险、城镇职工基本医疗保险。完善落实用人单位为其非全日制从业人员缴纳工伤保险费政策，推进平台灵活就业人员职业伤害保障工作。开展灵活就业人员参加住房公积金制度试点。建立灵活就业人员统计监测制度，把灵活就业岗位供求信息纳入公共就业服务范围，推进新就业形态技能提升和就业促进项目，开展向新就业形态从业人员送服务活动。

专栏5　支持灵活就业和新就业形态发展

实施新业态成长计划，支持和规范发展新就业形态，营造鼓励新职业发展的良好环境。发展新个体经济，支持自主创业、分时就业规范健康发展，鼓励兼职就业、副业创业。鼓励发展各类小型微型网络经济体，积极支持个体文化创意经济、网红经济、直播经济等新经济形态发展。完善支持灵活就业的政策服务，明确灵活就业劳动用工、就业服务、权益保障办法。加强新就业形态从业人员职业生涯规划指导，强化职业精神培育。

四、壮大区域就业内生动力，形成更加合理就业结构

紧紧围绕推进新型城镇化建设、实施乡村振兴战略和重大区域发展战略，促进劳动力和人才合理有序流动，推动区域就业协调发展，调整优化就业结构。

（一）推进城乡就业双向流动。

提高城镇就业综合承载能力。推进以人为核心的新型城镇化建设，把县域作

为城乡融合发展的重要切入点，全面提高县域经济发展质量，增强县城就业服务和承载能力。引导劳动密集型产业、县域特色经济及农村二三产业在县城集聚发展，优化提升公共服务供给配置水平，扩大城镇就业空间。深化户籍制度改革，增加大中城市就业吸纳能力，放开城区常住人口500万以下城市落户限制，推进南京、苏州等特大城市放宽放开落户限制。健全完善外来人口居住证管理制度，完善城镇建设用地增加规模与吸纳农业转移人口落户数量挂钩机制，综合施策支持农村转移人口市民化。依法保障进城落户农民承包地、宅基地、集体资产等权益，探索农户"三权"市场化退出机制。

实施乡村振兴促进返乡就业。深入贯彻乡村振兴战略，实现巩固拓展脱贫攻坚成果同乡村振兴有效衔接。支持农业产业发展，推动特色田园乡村、美丽宜居乡村建设，开展富民强村帮促行动，促进乡村产业振兴、人才振兴、文化振兴、生态振兴和组织振兴。健全城市优质资源要素下乡长效促进机制，推进"万企联万村、共走振兴路"行动，支持企业和社会组织在农村兴办各类事业。落实学费补偿和助学贷款代偿等政策，鼓励高校毕业生到苏北和基层一线工作。实施乡土人才"三带"行动计划，推动带领技艺传承、带强产业发展、带动群众致富。持续推进"三支一扶"计划和科技特派员制度，为乡村振兴提供人才智力支持。以"园中园"、"飞地经济"、功能拓展等方式，整合利用现有各类园区建设返乡入乡创业园。加快农村公共基础设施建设，加大以工代赈投入力度，促进更多农民工、退役军人等人员返乡入乡就业创业。

加强公共服务供给助力就业。推进基本公共服务均等化，加快完善以实际居住地为依据的基本公共服务供给机制，实现常住人口与户籍人口同等享受基本公共服务。推进城乡义务教育一体化，扩大城镇教育资源供给，加快实现义务教育学校标准化办学。完善城乡一体的就业和失业登记管理制度，实行常住地公共就业创业服务。完善落实跨地区跨制度流动就业人员各项社会保险关系转移接续政策和服务。健全统一的城乡居民基本医疗保险和大病保险制度，将常住人口纳入当地基层医疗卫生服务体系管理范围，按规定享有同等补助标准的国家基本公共卫生服务。坚持以政府为主提供基本住房保障，稳步扩大住房保障对新就业无房职工、城镇稳定就业外来务工人员的覆盖。

（二）促进区域就业均衡配置。

促进区域协调发展拓展就业空间。深入实施"一带一路"建设、长江经济带发展、长三角区域一体化发展等国家战略，加快扬子江城市群和沿海经济带、徐州淮海经济区中心城市建设，大力推进南京都市圈、苏锡常都市圈、徐州都市圈发展，促进区域空间协同和一体化发展、公共服务标准衔接和共建共享，拓宽城市间就业人员流动空间。进一步深化区域合作机制、优化区域互助机制、健全区域利益补偿机制，引导城乡各类要素自由流动、公平交换、合理配置，扩大城市间、区域间就业人员流动规模，形成区域协调发展、协同发展、共同发展的良好局面。

专栏6　推进长三角就业创业一体化发展

合力营造长三角良好就业创业环境，健全就业创业服务体系，促进人力资源高效配置，提高就业创业水平。制定相对统一的人才流动、吸引、创业等政策，加快人才评价结果互认，推进人力资源服务业发展，构建公平竞争的人才发展环境。有针对性地帮助高校毕业生、退役军人、农民工等重点群体就业创业。联合开展大规模职业技能培训，推进世赛集训基地、职工职业技能竞赛基地等高技能人才项目共建共享。加强劳动保障监察协作，强化劳动人事争议协同处理，建立拖欠农民工工资"黑名单"共享和联动惩戒机制。成立区域公共创业服务联盟，开展长三角创新创业大赛，打造公共创业服务品牌。推动市级层面开展合作，共促创业型城市（区）建设。推动以社会保障卡为载体建立居民服务"一卡通"。

加强东西部劳务协作。将对口协作地区赴江苏就业劳动力管理服务工作纳入我省农民工综合服务体系，巩固拓展中西部地区脱贫劳动力来苏就业成果，打造东西部协作"升级版"。深化产业合作、资源互补、劳务对接，推进东西部企业合作，拓展劳务协作空间，加强职业技能培训，多方拓展就业创业岗位。完善异地转移就业对接机制，推进劳动力跨区域转移就业。注重加强协作双方沟通与协调，依托公共就业和人才服务机构，搭建就业资源整合平台，促进劳务信息共享，精准对接企业用工和劳务输出渠道与信息。定期组织开展劳务供需对接活动，联合举办现场招聘会，发布就业信息，提高劳务输出组织化程度，吸引更多青壮年劳动力来苏就业。

畅通交通运输网络促进人员流动。完善省域一体化、多层次、快速化交通圈，构建便捷联通长三角的城际铁路网，规划建设南京都市圈、苏锡常都市圈、徐州都市圈城际铁路网，实现中心城市、周边城市（镇）、新城新区等轨道交通有效衔接。推动南通新机场与北沿江高铁衔接以及南京禄口国际机场、苏南硕放国际机场等接入高铁或城际铁路。强化交通网络和枢纽建设，建设一批高速公路、国省干线公路网络，实施农村公路提档升级，推进"四好农村路"高质量发展，支持地方开通毗邻公交线路，推进多种交通无缝衔接，促进人员流动互通宜达。

五、加大创新创业扶持力度，持续推动创业带动就业

优化创新创业环境，完善落实各项扶持政策，在更大范围、更高层次、更深程度上推进大众创业万众创新。支持劳动者通过创新创业拓展发展空间，带动更多劳动者就业。

（一）优化创新创业环境。

持续优化营商环境。深化创业领域"放管服"改革，严格执行全国统一的市场准入负面清单，未列入负面清单的行业、领域、业务等，各类企业均可以依法平等进入。推进"证照分离"和"一照多址"改革。依托企业开办"全链通"平台，实现企业开办全程网上办理，推进电子营业执照、电子印章应用。推进企业开办事项省内"一网通办"、跨省通办，推行证明事项和涉企经营许可事项告知承诺制，精简申报材料、减少审批时间，降低入市门槛，激发市场活力和社会创造力。深化注销便利化改革，压缩简易注销时间。健全知识产权保护制度，加强社会信用体系建设。

推进创业载体建设。坚持政府引导、市场主导，打造集创业培训、政策咨询、开业指导、融资服务、创业交流、跟踪扶持于一体的综合性创业载体平台。实施科技创业载体提质增效行动，量质并举推动科技创业载体向专业化、一体化、品牌化方向发展。引导和推动创业孵化与高校、科研院所技术成果转化相结合，完善技术支撑服务。推动创业资源开放共享，鼓励龙头骨干企业建立企业内部资源平台，为有创业意愿的职工以及产业链上下游创业者提供资金、技术、市场支持。建设以"互联网＋"工作空间、网络空间、社交空间和资源空间为一体的全新创业载体，实现创新与创业、线上与线下有机结合。

专栏7　推进创新创业载体建设

依托双创示范基地、省级创业示范基地、小微企业双创示范基地、科技企业孵化器、众创空间、苏青C空间、大学生创业园、留学回国人员创新创业园、返乡创业园、退役军人就业创业园地和电商示范城市、基地、企业等，强化载体服务功能，共同推进创新创业带动就业。

（二）完善创业扶持政策。

强化创新创业主体培育。实施全民创业行动计划，突出大学生、农民、科研人员、城镇失业人员、留学回国人员、复员转业退役军人等群体，推动创业向大

众化、发展型、全领域转变。大力开展高校创新创业教育，引导大学生在战略性新兴产业、先进制造业、现代服务业等领域自主创业。支持高校、科研院所等事业单位聘用在专业技术岗位上的科研人员兼职创新或者在职、离岗创办企业。支持农民工返乡入乡创业，引导返乡农民工在农林产品加工、休闲观光农业、农业生产性服务业等领域创业。加大失业人员帮扶力度，引导城镇失业人员在家政服务、社区养老、商品零售等领域创业。强化创业培训和指导服务，扶持自主择业军转干部、自主就业退役士兵自主创业和返乡创业。加强创业人才的培养和引进工作。

完善落实财税土地等政策。继续实施支持和促进重点群体创业就业税收政策。完善落实一次性创业、场地租金、带动就业、基地运营，以及创业孵化和创业项目等补贴政策，推动各项政策由线下实体经济企业向线上电子商务企业覆盖。完善大众创业万众创新、现代农业、农产品加工业、休闲农业和乡村旅游等用地政策，盘活存量土地资源。对利用存量房产、土地资源发展国家支持产业、行业的，可实行继续按原用途和土地权利类型使用土地的过渡期政策。完善科技人员创业股权激励和分红激励政策。

加大金融信贷支持力度。落实富民创业担保贷款和贴息政策，更好地发挥信用体系功能，降低反担保门槛，提高贷款的可获得性。实行创业担保基金放大倍数与贷款还款率挂钩机制，提升担保基金效能。优化完善"小微创业贷""苏科贷""苏贸贷""苏农贷""人才贷"等金融支持政策措施，提高贷款投放规模。拓宽融资渠道，专项支持各类创业平台发行双创债券。发挥省级新兴产业创业投资引导基金、天使投资引导资金的杠杆作用，鼓励引导民间投资等社会资本支持创业，重点服务种子期、初创期小微企业和原创项目的融资需求。加强新兴领域创业投资服务，提升项目路演、投融资对接、信息交流等市场化专业化服务水平。

（三）提升创业服务水平。

强化创业项目开发。建立政府支持、社会参与、市场运作的创业项目开发机制，加强创业项目征集与培育、推介与孵化、投融资与转化全链条衔接，提高创业项目转化成功率。支持各类创业服务机构开发符合江苏产业发展方向、市场前景广阔的创业项目，鼓励企业和个人将科技发明、专利等转化为创业项目，加快建设面向全省、开放共享的创业项目库。建立创业项目有效采集和定期发布制度，开展多种形式的创业项目展示推介活动，促进创业者与创业项目有效对接。遴选扶持一批科技含量高、市场前景好和就业拉动力强的优秀创业项目，给予适当奖励补助，促进其加快转化落地。

优化创业培训服务。加大政府购买培训力度，实施"马兰花创业培训项目"，建设省级创业培训项目库，将引进实施的省库项目纳入当地政府财政补贴目录，着力提高创业培训质量。加强基层创业服务平台建设，提升线上线下创业服务能力，打造培训学习、创业实践、咨询指导、跟踪帮扶等一体化创业服务体系。培育市场化创业服务机构，实现与公共创业服务优势互补。常态化组织"创业指导专家团基层行"活动。组织开展国家级创业型示范城市、全国创业孵化示范基地、农民工返乡创业园以及省级创业示范基地、创业带动就业典型企业等创建工作。

开展创新创业品牌活动。发挥各地各部门优势，组织开展双创活动周、创业文化节等系列主题活动，举办创业大赛、创业成果展示、创业故事宣讲等推介活动，弘扬创业文化，鼓励有志者投身创业。加大宣传力度，充分利用各类媒体，深入宣讲扶持创业政策措施，广泛宣传涌现出来的创新创业先进典型。

专栏8　开展创新创业品牌赛事活动

　　打造创新创业品牌活动。广泛开展"双创"活动周、双创示范基地创业就业"校企行"、"创响江苏"大学生创业大赛、"互联网＋"大学生创新创业大赛、"创业江苏"科技创业大赛、中国江苏人才创新创业大赛、中小企业创新创业大赛、退役军人创业创新大赛、"挑战杯"大学生创业竞赛、农村创业创新项目创意大赛、巾帼创业创新大赛、残疾人创业创新大赛和"江苏省最具成长潜力的留学人员创业企业"评选等活动，营造浓厚创新创业氛围。

六、完善就业优先政策，营造更加公平就业环境

构建系统完备、科学规范、运行有效的就业政策体系，建立劳动者平等参与市场竞争的就业机制，营造公平就业环境，强化就业服务保障。

（一）完善城乡普惠的就业政策。

健全就业政策体系。制定实施《江苏省就业促进条例》，提高就业工作法制化建设水平。完善就业优先政策体系、扶持创业带动就业体系、职业技能培训体系、重点群体就业支持体系和公共就业服务体系，打造全生态、专业化、多层次的创业服务体系。营造公平就业制度环境，逐步消除民族、种族、性别、户籍、身份、残疾、宗教信仰等影响平等就业的不合理限制或就业歧视，推动城乡劳动者在就业地、常住地平等享受就业政策。围绕高质量就业目标，建立完善考核指标体系，加大对就业工作成效明显地区的激励支持力度。加强就业资金绩效管理，提高就业资金使用精准度。

健全城乡一体的基本就业制度。坚持城乡统筹发展，建立健全覆盖城乡全体

劳动者的促进就业体系，形成城乡平等的就业制度。落实城乡一体的就业和失业登记制度，推行实名制享受就业扶持政策、公共就业创业服务和失业保险待遇。健全城乡劳动力调查统计制度，为制定就业政策、实施就业调控提供数据支撑。实施劳动预备制度，对有就业要求的初高中毕业生实行一定期限的预备制培训，使其取得相应的职业资格或者掌握一定的职业技能。建立就业见习制度，提高就业困难高校毕业生的实践能力和就业能力。健全就业援助制度，完善就业困难人员认定、退出动态管理机制，实施优先扶持和重点帮助。实行人力资源市场信息发布制度，在更大范围促进劳动者自主就业和市场调节就业。

提升就业政策效能。推动财政补贴政策、税收优惠政策、金融信贷政策扩面、提标、增效，丰富就业政策"工具箱"。构建常态化援企稳岗帮扶机制，扩大失业保险稳岗返还政策受益面。统筹各级各类职业技能培训资金，加强集约化管理和使用，健全分层分类的培训补贴标准体系，畅通培训补贴直达企业和培训者渠道。明确就业见习补贴使用范围，用于支付见习人员基本生活费、为见习人员办理人身意外伤害保险以及对见习人员的指导管理费用。完善就业困难人员认定管理办法，制定灵活就业社保补贴标准化服务规程，推进城乡就业援助政策并轨。落实企业职工教育经费税前扣除政策。落实支持和促进重点群体创业就业有关税收政策，扣除限额（定额）按照国家规定的最高上浮幅度执行。将富民创业担保贷款政策覆盖到江苏行政区域内的全体城乡创业者，包括持有居住证的外地户籍在江苏创业人员。

（二）更好地保障重点群体就业。

推进高校毕业生等青年群体就业创业。深入实施就业创业促进、基层成长、青年见习等计划，开发更多适合高校毕业生的高质量就业岗位，拓宽市场化社会化就业渠道。统筹实施"三支一扶"计划等基层项目，招募高校毕业生到苏中、苏北基层从事支教、支农、支医和帮扶乡村振兴等服务工作。精准实施离校未就业高校毕业生实名登记和跟踪服务，提供不断线就业服务。多渠道搭建职业指导、职业培训、就业见习、创业实践平台，对困难毕业生和长期失业青年实施就业帮扶。开展国家级高校毕业生就业见习示范单位、省级大学生职业生涯教育基地认定活动。组织开展以"成才观、职业观、就业观"为核心的就业育人主题教育，加强职业生涯教育，推动高校毕业生积极理性就业。

健全退役军人就业保障体系。建立部门联席、军地联动、区域合作常态化机制，加强退役军人就业公共服务体系建设，支持退役军人就业创业。将退役军人纳入现有就业创业、教育培训等扶持政策覆盖范围，并进一步加大优待力度。落实国家和省优先招录、招聘退役军人相关优惠政策，挖掘就业岗位资源，建立就业岗位目录，探索重点行业领域直招专招退役军人"直通车"和"教培先行、岗位跟进"就业模式。实施"村官"培养工程，选派优秀退役军人到党的基层组织、城乡社区和退役军人服务机构任职。加强退役军人保险制度衔接。积极预防和有效控制退役军人失业风险，重点解决下岗失业、零就业家庭等特殊困难退役军人就业问题。

推进农村劳动力转移就业。健全农民工工作协调机制，实施农民工素质提升工程，大规模开展农民工培训，不断提升农民工职业技能和综合素质。开展建筑产业工人队伍培育试点，完善教育培训、技能评价、劳动用工制度。健全农民工劳动权益保护机制，开展农民工市民化培训，促进农民工社会融合，分层次推进农民工市民化。打造县域优势特色产业"名片"，加大乡村特色产业培育力度，提升"一村一品"发展质量，开展创建农村劳动力转移就业示范县活动，引导农村劳动力就地就近就业、外出就业和返乡创业。推动农村电商发展，加强农村电商人才培育。实施高素质农民培育工程，壮大新型职业农民队伍。健全农村低收入人口和经济薄弱村、重点县区、"6+2"片区就业帮扶机制。

强化就业困难群体帮扶。畅通失业人员求助渠道，健全失业登记、职业介绍、职业培训、生活保障联动机制，促进失业人员尽快实现就业。健全就业困难人员动态管理机制，加大残疾人、特困职工家庭劳动力等群体就业援助力度。创新公益性岗位开发模式，提高岗位质量，发挥公益性岗位托底安置作用。加大乡村公益性岗位开发和安置力度。及时将符合条件的就业困难人员纳入最低生活保障、临时救助范围，更加有效保障和改善困难人员的基本生活。建立残疾人高质量就业服务体系，加强残疾人实名制管理，完善残疾人按比例就业制度和残疾人就业创业资金投入保障制度，推动党政机关、事业单位及国有企业带头按比例安排残疾人就业。有效防范资本无序扩张对中低收入群体就业带来的不利影响。

统筹做好其他群体就业工作。支持妇女平等就业，保障妇女在就业创业、职业发展、技能培训、劳动报酬、职业健康与安全、职业退出等方面的权益，为因生育中断就业的女性提供再就业培训公共服务。贯彻落实渐进式延迟法定退休年龄政策，开发老龄人力资源，积极应对人口老龄化。健全老龄劳动保障政策措施，优化老龄劳动者就业环境，强化老龄人口就业服务，提供更多非全职就业、灵活就业和社区工作等岗位，鼓励老年人老有所为，促进人力资源充分利用。稳妥安置产业结构调整分流职工、长江流域重点水域禁捕退捕渔民。做好港澳台居民来苏就业工作。加强外国人来苏就业管理。

专栏9　实施重点群体就业促进计划

1. 实施高校毕业生就业创业促进、基层成长、青年见习计划，稳定国有企事业单位招聘、科研助理招录、升学扩招、参军入伍、"三支一扶"项目等规模；实施"青春留苏"计划，深入开展"百校千企万岗"大学生就业帮扶行动，拓宽市场化社会化就业渠道；组织开展"最美基层高校毕业生"学习宣传活动。推动"江苏省高校毕业生就业服务平台"省内高校全覆盖。每年开发5万个青年就业见习岗位。高校毕业生年末总体就业率达92%以上。

2. 实施新时期退役军人就业创业推进计划，组建退役军人就业创业指导团队和退役军人就业创业促进会，组织"送政策、送岗位"进军营活动。开展退役军人就业创业示范基地评选、创业产品展陈助销活动，大力宣传退役军人就业创业先进典型。落实退役军人补贴性教育培训政策措施，到2025年，政策范围内有学习意愿的退役军人参训率达到100%，参加教育培训后当年稳定就业率达到85%以上。

3. 实施农民工素质提升工程、稳就业职业技能培训计划、开展新生代农民工就业帮扶专项行动，拓宽农民工就业渠道，分层次推进农民工市民化。实施高素质农民培育工程、"新农菁英"培育发展计划以及农村电商人才培育，累计培育高素质农民75万人。

4. 实施公益性岗位扩大安置计划，完善公益性岗位开发机制，加大公益性岗位开发力度，扩大城乡就业困难人员托底安置，帮扶残疾人、零就业家庭成员等就业困难人员就业。

5. 推进劳务品牌培育建设工程，建立统筹推进劳务品牌建设的工作机制，分行业引领劳务品牌高质量发展。强化政策扶持，支持劳务品牌创建孵化、技能培训、劳务输出。加强劳务品牌用工指导，维护从业人员劳动保障权益。通过选树典型和宣传推广等途径，培育打造一批叫得响的劳务品牌，发挥行业标杆引领作用。

（三）构建全方位就业服务体系。

提升公共就业服务效能。健全覆盖全民、贯穿全程、辐射全域、便捷高效的全方位公共就业服务体系，实施提升就业服务质量工程，提高公共就业服务标准化、智慧化、专业化水平。运用就业专项补助等资金，支持各类劳动力市场、人才市场、零工市场建设，推动构建公共服务和市场化服务各有侧重、互为补充的发展格局。支持民办非营利性社会组织提供公益性就业服务，鼓励各类志愿组织提供灵活性就业服务。建立就业实名制和跟踪服务机制，加强重点企业跟踪服务和登记失业人员分级分类服务，打造精准识别、精细分类、专业指导的公共就业服务模式。建立健全用工调剂机制，推动企业间用工余缺调剂、跨地区有组织劳务输出、失业人员有组织跨地区转移就业，推动形成劳动力市场更高水平的供需动态平稳。建设线上线下一体的服务体系，打造现场招聘、网络招聘、直播招聘"三位一体"公共服务平台，增加岗位供给，促进供需匹配。完善设施设备配置、人员配置等指导性标准，加强基层就业服务平台、就业管理队伍建设。开展窗口单位和职业指导人员业务技能练兵比武活动，培养专业化服务人员，全方位提升公共就业服务能力。

专栏 10　开展主题就业服务活动

　　打造就业服务品牌，积极开展"就业援助月""春风行动""金秋招聘月""民营企业招聘月""阳光就业暖心行动""大中城市联合招聘""百校千企万岗"大学生就业帮扶行动、巾帼创业就业援助行动、百城联动退役军人就业帮扶和残疾人就业帮扶活动等，帮助各类群体实现就业创业。

　　加快人力资源服务业高质量发展。实施人力资源服务业高质量发展行动计划，培育一批综合性人力资源服务骨干企业，加快发展专业化人力资源服务骨干企业。加强与国际知名人力资源服务机构的合作，鼓励有条件的省内人力资源服务机构"走出去"。注重行业领军人才、高级经营管理人才、从业人员的培养培训，提高行业人员队伍整体素质，提升服务能力。推进国家级、省级、市级人力资源服务产业园和省级专业性、行业性人力资源市场建设。推动人力资源服务业供给侧结构性改革，引导行业围绕传统产业转型升级和新兴产业发展需求，不断创新服务业态、服务产品和服务模式。实施"互联网＋人力资源服务"行动，提升人力资源配置效率。推进人力资源市场法制化、信息化、标准化建设和诚信体系建设，加强市场监管，规范运行秩序，切实维护劳动者和用人单位合法权益。支持人力资源服务行业协会发展。

专栏 11　实施人力资源服务业高质量发展行动计划

　　实施人力资源服务业领军人才培养计划，培养人力资源服务业领军人才100 名。促进人力资源服务企业发展，培育省级人力资源服务骨干企业50 家，打造10 家在全国有较强竞争力的人力资源服务企业集团，培育3—5 家上市企业。加强行业发展载体建设，建设国家级人力资源服务产业园1 家、省级人力资源服务产业园5—10 家、专业性、行业性省级人力资源市场5—10 家。建立健全人力资源服务标准化体系，制定 2—3 项人力资源服务业省级地方标准或团体标准。加强行业诚信体系建设，每年评选认定 100 家全省诚信人力资源服务机构。

（四）建设一体化就业信息平台。

建设省级集中的就业创业经办系统。推进就业创业领域业务系统一体化建设，实现跨层级、跨地域、跨系统、跨部门、跨业务的工作协同和信息共享。精简办事环节和材料，规范全省就业创业领域业务经办和公共服务。建立统一的人员、单位、机构基础库，为业务经办、公共服务、决策分析提供坚实的基础支撑。推动业务、财务、档案一体化，依托社会保障卡实现就业创业领域各项补贴的精准发放。将"好差评"嵌入各业务系统，实现业务经办和行风建设正反馈。

打造科学精细的研判决策支持系统。建设全省统一的智慧就业云平台和高校毕业生精准招聘平台，整合公共人力资源市场信息资源，实现省级集中与共享。开展求职招聘与就业失业数据动态比对，合理引导用人单位招聘用工和劳动者求职择业，提升劳动力市场供需匹配效率。基于全省就业实时大数据平台，强化数据挖掘和信息利用，拓宽就业形势分析研判、失业动态监测、人力资源供求分析和就业创业政策评估等应用场景，实现数据实时动态可视化，为科学决策、工作督查、政策调整提供有力支撑。

推动实现就业创业服务"一网通办"。推动"异地办、就近办、马上办"，将90% 以上的就业事项纳入网办大厅办理，让群众足不出户就能享受网上服务。推动"一窗受理、一网通办"，围绕就业服务"一件事"，实现关联事项"打包办"、高频事项"提速办"、所有事项"简便办"。推动"政策找人、秒办免办"，通过系统比对、智能审核、主动推送、主动发放等方式，实现政策服务快速精准落实。推动服务渠道多样化，提供现场办理、12333 电话咨询系统、网办大厅、移动 APP、小程序等多种服务方式。

专栏 12　打造全省人社一体化平台就业信息平台

建设人力资源社会保障一体化就业创业信息平台，实现跨层级、跨地域、跨系统、跨部门、跨业务的业务协同和信息共享，打造全业务全流程管理经办体系，全面提升服务规范化、便利化、在线化、智能化水平，全面支持"一窗受理、一网通办"，提供多样化的办事渠道和方式。整合各类培训业务，实现报名、开班、补贴发放的全过程在线管理，依托电子社保卡全面推广电子职业培训券。整合全省公共人力资源市场信息资源，建设全省统一的智慧就业云平台和高校毕业生精准招聘平台，实现省级集中与共享，促进人力资源跨地区流动。

七、推进职业教育技能培训，提升更加良好就业能力

顺应高质量发展、产业结构调整的需求，着眼缓解结构性就业矛盾，强化人力资本投入，加快发展现代职业教育，大规模开展职业培训，提升劳动者职业技能、职业素质和就业创业能力。

（一）完善职业教育体系。

推动职业教育改革发展。加快构建现代职业教育体系，培养更多高素质技术技能人才。深入推进育人方式、办学模式、管理体制、保障机制改革，稳步发展职业本科教育，建设一批高水平职业院校和专业。瞄准新一轮技术变革和产业优化升级，加大制度创新、政策供给、投入力度，弘扬工匠精神，提高技术技能人才待遇，畅通职业发展通道，吸引更多青年接受职业技能教育，为推进高质量发展提供有力人才和技能支撑。

优化现代职业教育体系。围绕产业发展对技术技能人才的需要，深入实施中职"领航计划"和高职"卓越计划"，打造一批优质特色品牌和高水平高职院校，推动职业教育高质量发展。开展技工院校提升行动，壮大优质技工教育资源，大力发展技师学院，建设高水平技工院校。支持职业院校举办技师学院、技工学校，国有企业、大型企业、龙头企业参与举办或直接举办技工学校，指导规范民办技工学校。推进部省共建苏锡常都市圈职业教育改革创新，打造高质量发展样板。

专栏 13　开展中职"领航计划"、高职"卓越计划"和技工院校提升行动

扎实推进"中等职业学校领航计划"，建成50所左右扎根江苏、引领全国、世界水平的一流中等职业学校，打造中等职业教育"江苏高地"。继续实施"高等职业教育创新发展卓越计划"，遴选培育第二批10所左右江苏省高水平高职院校，持续推进高水平专业群建设和产教融合集成平台建设，继续建设省精品在线开放课程，建设10个左右省级职业能力培养虚拟仿真实训中心，打造高等职业教育"江苏高原"。

强化技工教育要素保障，建设高水平技工院校30个左右。开设先进制造业、战略性新兴产业、现代服务业等重点领域专业，打造品牌特色专业群50个。组建技工教育专家库，建设一体化教学名师工作室100个。

深化产教融合、校企合作。统筹建立企业和院校"双元"培养技能人才体制机制，更好发挥企业技能人才培养主体作用。推动建立以城市为节点、行业为支

点、企业为重点的产教融合发展路径与模式，促进教育和产业联动发展，实现教育链、人才链与产业链、创新链有机衔接。发挥地方政府、重点产业协会牵头作用，带动行业骨干企业联合职业院校等组建产教融合联盟，支持常州等地建设国家产教融合示范市。推动职业院校与重点产业、骨干企业深度合作，建设一批高水平产教融合实训基地，与龙头企业联合打造一批跨学校跨专业跨区域、紧密对接高端产业和产业高端的产业学院。深入实施企业新型学徒培训，按照"一企一策、一岗一策"的要求制定培养方案，加快培养高素质产业人才队伍。到2025年，全省形成一批实质性的校企合作命运共同体，深化产教融合体制机制改革取得阶段性成效。

建设技能创新人才队伍。定期发布全省及各市紧缺职业（工种）目录，指导职业院校和职业培训机构精准把握重点培训领域，开发贴合企业需求的培训项目和培训方案。注重选聘企业专家和有丰富企业经历的院校双师型教师，培育一批懂产业、懂行业、懂企业的职业培训师。加强职业技能鉴定考评员、专家、质量督导员三支队伍建设。强化紧缺型职业（工种）获证培训和技师、高级技师获证培训。深化与德国等发达国家优质职业教育机构合作，支持国外职业院校和专业培训机构来江苏办学，合作共建职业培训机构。继续开办高技能人才海外研修班，培养一批具备国际视野的后备技能领军人才。开展国（境）外职业资格比照认定工作，为有国（境）外职业技能培训背景的劳动者开展技能等级评价认定服务。广泛开展劳动和技能大赛。

专栏14 实施职业技能提升行动和江苏工匠培育工程

职业技能提升行动：聚焦实施"技能中国行动"，大规模开展职业技能培训，实现培训对象广覆盖、培训类型多样化、培训等级多层次、培训载体多元化、培训管理信息化，开展各类补贴性职业技能培训800万人次，备案2000家左右职业技能等级认定机构。

江苏工匠培育工程：培养江苏大工匠60名、江苏工匠600名，引进一批高技能领军人才，评选企业首席技师500名，建设省级高技能人才专项公共实训基地50个、省级技能大师工作室100个、省示范性劳模创新工作室60个。

（二）健全终身技能培训制度。

构建终身职业技能培训体系。建立并推行覆盖城乡全体劳动者、贯穿劳动者学习工作终身、适应就业创业和人才成长需要以及经济社会发展需求的终身职业技能培训制度，建设知识型、技能型、创新型劳动者大军。以政府补贴培训、企业自主培训、市场化培训为主要供给，以公共实训机构、职业院校（含技工院校，下同）、职业培训机构和行业企业为主要载体，以就业技能培训、岗位技能提升培训和创业创新培训为主要形式，构建资源充足、布局合理、结构优化、载体多元、方式科学的培训组织实施体系。面向城乡全体劳动者，完善从劳动预备开始、到劳动者实现就业创业并贯穿学习和职业生涯全过程的终身职业技能培训政策体系。完善城乡一体的培训补贴政策，强化就业技能培训、企业职工岗位技能提升培训、高技能人才培训，推进创业创新培训，加强劳模精神、工匠精神和职业素质培育。

创新职业技能培训体制机制。建立健全市场化社会化发展机制，鼓励引导企业、社会各类优质资源兴办职业技能培训机构。完善技能人才多元评价机制，健全以职业能力为导向、以工作业绩为重点、注重工匠精神培育和职业道德养成的技能人才评价体系。完善职业技能等级制度，实行职业资格评价、职业技能等级认定、专项职业能力考核等多元化评价方式，促进评价结果有机衔接。健全质量评估监管机制，对职业技能培训公共服务项目实施目录清单管理，制定政府补贴培训目录、培训机构目录、鉴定评价机构目录，及时向社会公开并动态调整。建立以培训合格率、就业创业成功率和参训人员满意度为主要指标的培训绩效评估体系，健全技能人才培养、评价、使用、待遇相统一的激励机制，树立"技高多得、多劳多得"鲜明导向。

提升职业技能培训基础能力。加强职业技能培训服务能力建设，大力推广"互联网＋职业培训"模式，推动云计算、大数据、移动智能终端等信息网络技术在职业技能培训领域的应用，提高培训的针对性、便利度和可及性。加强职业技能培训教学资源建设，完善企业职工就读职业院校弹性学制教育管理相关制度。加快学历证书和职业技能等级证书互通衔接。实施职业技能培训平台建设行动，加强高技能人才培训基地、公共实训基地、职业农民培育基地和创业孵化基地等载体建设，健全覆盖重点和特色行业的技能大师工作室、劳模创新工作室体系，逐步形成覆盖全省的技能实训和创业实训网络。

（三）创新职业技能培训模式。

大力开展企业职工岗位技能培训。支持企业对接我省"产业强链"行动计划，围绕技术创新、生产经营需要，广泛开展适岗培训、岗位技能提升培训、安全技能培训、转岗转业培训、储备性技能培训、技术技能融合性培训等。设立一批跨企业职工培训中心或基地，推出一批企业职工培训示范机构，支持其按规定开展本企业、上下游关联企业以及中小微企业职工技能培训工作。组织培训服务专员主动对接当地工业园区、产业园区，深入规模以上企业，点对点做好培训服务相关工作。推广定向、定岗、订单式、套餐式和项目制培训方式。落实培训补贴预拨政策，按规定核减培训备案和补贴申领材料，提升补贴审核拨付效率，调动企业和培训机构的积极性。

强化重点群体就业技能培训和创业培训。支持职业培训机构与行业协会、人力资源服务机构等建立联合体，面向未就业高校毕业生、退役军人、农村转移就业劳动者、下岗失业人员、禁捕退捕渔民和就业困难人员等群体，精准开展"菜单"式培训和定岗定向培训。持续加大易返贫致贫人口的职业技能培训，向培训对象积极推荐就业岗位。开展求学圆梦行动，设立圆梦助学金，助力农民工和一线职工学历和能力提升。扎实推进快递从业人员、康养服务人员和特殊人群等专项培训，依托技能大师工作室等开展多种形式的创业创新活动。

依托职业院校资源开展高质量培训。支持各类职业院校主动承担培训任务，设立企业职工培训工作站等，为企业提供全方位技能人才培养培训"一站式"服务。促进技工院校承担起各地职业技能培训和技能评价主阵地责任，支持具备条件的技工院校积极提供第三方评价服务，主动与中小微企业、院校、培训机构等合作，加快推进考核点布局。将技工院校开展职业培训和技能等级认定工作，特别是企业新型学徒制培训、高技能人才培训情况作为学校办学考核评估和项目建设的重要依据。

规范开展线上培训。大力开展线上培训，紧密结合劳动者需求和企业生产经营实际需要，推动线上线下培训融合。制定"互联网＋职业技能培训"平台及资源运营服务规范，加快开发网络培训课程资源，增加培训职业（工种）。鼓励各地依托部、省推荐的优质线上平台开展培训。加强线上培训规范管理，实现学习过程可查询、可追溯。在遵循技能培训规律的基础上，鼓励各地探索不同职业（工种）线上线下培训时长的合理比例，确保培训质量。

八、加强劳动合法权益保障，构建更加和谐劳动关系

优化劳动者就业环境，健全劳动关系协商协调机制，加大对工资收入分配的调节力度，推行劳动人事争议多元处理模式，提升劳动保障监察执法效能，完善多层次社会保障体系，促进劳动者体面劳动、全面发展。

（一）推进劳动者实现体面劳动。

促进劳动报酬合理增长。坚持按劳分配为主体、多种分配方式并存，提高劳动报酬在初次分配中的比重，着力增加劳动者特别是一线劳动者劳动报酬，提高职工工资占地区生产总值和企业收益比重。完善企业工资制度，健全工资合理增长机制和支付保障机制，着力提高低收入群体收入，扩大中等收入群体。健全企

业薪酬调查和信息发布机制，为企业合理确定工资水平提供更具针对性指导。完善最低工资标准评价和调整机制，充分发挥最低工资对低收入群体的提低作用。建立完善国有企业市场化薪酬分配机制，指导企业正确处理劳动要素与技术、管理、资本等生产要素之间的分配关系。推进落实技能人才薪酬分配指引，引导企业建立多层级的技能人才职业发展通道，完善体现技能价值激励导向的工资分配制度。针对灵活就业特点，鼓励企业建立按次提成、计件取酬、周薪、日薪等薪酬发放制度。

增强劳动者就业稳定性。支持企业向产业价值链高端升级，从技术改进、效率提升、管理优化等层面挖潜增效，做好长期的人力资源规划和储备，加强人文关怀，培育助力自身发展、稳定有归属感和认同感的熟练技术工人队伍。健全劳动合同制度，鼓励企业与劳动者签订长期或无固定期限劳动合同，规范农民工、劳务派遣工等劳动合同签订，不断提高劳动合同履行质量。

改善劳动者工作环境。顺应产业转型升级，加快自动化设备、工业机器人、人工智能等技术深度应用，推动简单重复的工作环节和"危繁脏重"的工作岗位尽快实现自动化智能化替代，促进低端体力型岗位向高端技能服务型岗位升级，着力改善传统领域特别是生产一线的低技能劳动者工作环境。实施工伤预防五年行动计划，加强劳动者安全生产和职业健康保护。加大职业病防治知识宣传教育。深入推进危险化学品、煤矿、非煤矿山、消防、道路运输、交通运输和渔业船舶、城市建设、开发区、危险废物等重点行业领域专项整治和化工产业整治提升行动，坚决遏制较大及以上生产安全事故。

（二）健全劳动关系协调机制。

深化和谐劳动关系创建。积极推动企业落实主体责任，开展劳动关系和谐企业创建专项行动，加大劳动关系和谐企业指导培育、评估认定和正向激励力度，加强典型示范和宣传引导，营造构建和谐劳动关系的良好环境。

专栏 15　开展劳动关系和谐企业创建专项行动

深入实施《劳动关系和谐企业评价规范》，以国家定期表彰和谐劳动关系创建活动先进单位为契机，持续扩大各类企业特别是非公有制企业和中小企业参与和谐劳动关系建设的覆盖面，推动建设活动由工业园区向企业比较集中的乡镇（街道）、村（社区）拓展。到 2025 年，全省优秀劳动关系和谐企业数达 1000 家以上。

完善劳动关系三方协调机制。完善政府、工会、企业共同参与的劳动关系协商协调机制，推动开发区（工业园区）、乡镇（街道）和行业产业三方组织机制建设，积极推动建立多层级劳资沟通协商机制。完善协调劳动关系三方运行制度，提升三方机制运行效能，充分发挥三方机制在提升就业质量、稳定就业岗位方面的独特作用。

强化企业用工指导服务。加大企业用工指导服务力度，积极推广应用电子劳动合同，构建常态化、精准化的服务企业长效机制。探索劳务派遣企业信用管理。严格落实国家规定的工时制度和特殊工时管理规定，进一步推动落实带薪年休假制度。推进集体协商集体合同制度扩面提质，联动开展集体协商要约行动，分类精准开展专项集体协商，指导生产经营存在较大困难的企业充分发挥集体协商稳定就业岗位的重要作用。贯彻工会劳动法律监督办法，维护职工合法权益。完善劳动关系形势分析制度，建立健全劳动关系风险监测预警制度，防范劳动关系领域系统性、区域性、局部性风险。

（三）强化矛盾调处和执法维权。

强化调解仲裁质效管理。加强调解仲裁标准化、规范化专业化建设，健全多部门协作参与、有序高效的劳动人事争议预防化解机制，构建专业性劳动人事争议调解与人民调解、行政调解、司法调解的联动工作体系。完善基层调解、行业调解等组织建设，积极吸纳律师、专家学者等法律工作者担任兼职仲裁员。深化仲裁庭审方式改革，简化和优化办案程序，推行案件办理繁简分流机制，完善立案、庭审、送达等制度规范。

优化劳动者权益保护机制。全面畅通网络、电话、窗口等维权渠道，严格落实首问负责制，"线上线下"同步接受各类举报投诉信息，方便劳动者全天候快速维权。依托全省一体化信息平台劳动保障监察系统，健全工资支付监控预警体系，完善预警指标体系和应急处理机制，及时发现和有效消除劳动关系风险隐患。强化重点领域专项治理，完善农民工工资支付保障制度机制，确保农民工工资按时足额发放。

加强劳动用工信用监管。完善劳动用工领域信用评价标准，通过信息系统对用人单位进行全面的信用评价，对不同信用等级企业实施差异化监管措施。建立劳动保障信用信息异议处理和信用修复机制，明确办理规范和具体流程，引导用人单位自觉维护和提升诚信水平。定期公布重大劳动保障违法行为，完善拖欠农民工工资严重失信主体名单管理制度，做到应列尽列，实现部门数据共享，实施联合惩戒。

（四）提供可靠充分的社会保障。

健全多层次养老保障体系。稳步落实基本养老保险全国统筹改革方案，全面实施基金省级统收统支的企业职工养老保险省级统筹。把握就业新的增长点和就业形态的新变化，深入实施全民参保计划，完善适应新就业形态的社保缴费政策和运行机制，努力实现应保尽保。积极发展企业年金，完善职业年金制度，建立个人养老金制度，推动多层次多支柱养老保险体系建设。制定新的被征地农民社会保障办法，将符合条件的被征地农民纳入城乡社会保障体系。

深化医疗保障制度改革。巩固扩大参保覆盖面，实现更高质量的"全民医保"。优化参保结构和缴费服务，做好跨统筹地区和跨制度参保的转移接续和待遇衔接。规范统一基本制度，完善公平适度的待遇保障机制。全面做实基本医疗保险和生育保险市级统筹，推动实现省级统筹，稳定参保人员住院费用待遇保障水平。改革职工基本医疗保险个人账户，建立健全门诊共济保障机制。健全重大疾病医疗保险和救助制度，筑牢医疗救助托底保障防线。推进职工补充医疗保险、商业补充医疗保险、慈善援助、医疗互助等高质量发展，更好满足多元医疗保障需求。

建设积极稳健的失业保险制度。完善失业保险省级调剂金制度，推进失业保险基金省级统筹。加强失业保险参保扩面工作，推动中小微企业、农民工等单位和人群参加失业保险，进一步畅通失业保险待遇申领渠道。完善失业保险金与物价上涨挂钩联动机制，更好保障失业人员基本生活。完善失业保险支持参保企业稳岗、参保职工提升技能政策体系，提高失业保险基金使用效率，更大发挥保生活、防失业、促就业功能作用。

不断扩大工伤保险制度覆盖面。推进超过法定退休年龄人员、实习生参加工伤保险工作。健全工伤预防联防联控机制，开展尘肺病重点行业工伤保险扩面专项行动，持续推进建筑、交通运输、水利等工程建设项目和危化品行业工伤保险应保尽保，切实保障高风险行业劳动者的合法权益。推进工伤保险省级统筹提质增效，完善工伤保险待遇项目标准，科学合理提高工伤保险待遇水平，逐步消除地区发展不平衡带来的待遇不均衡，不断增强工伤职工的获得感。

九、强化规划实施组织保障，打造高质量就业先行区

统筹协调、综合保障江苏省"十四五"高质量就业规划有效实施，积极推动就业领域重点项目、重点任务试点工作，着力打造高质量就业先行区。

（一）加强组织领导。

贯彻党中央、国务院决策部署，把高质量就业工作摆上重要突出位置，纳入各级政府年度重点工作内容，层层抓好落实。加强对高质量就业促进工作的领导，强化各级政府促进就业责任，政府主要负责同志为本地区就业工作第一责任人。充分发挥各级就业工作小组协调机制作用，做好重要任务的分解细化，推进部门协同，形成工作合力，确保各项目标任务完成。开展规划动态监测、中期评估和总结评估，及时总结推广好经验好做法。凝聚各方力量，更好地发挥人民团体以及其他社会组织的作用，充分调动社会各方促进高质量就业的积极性。

（二）强化就业监测。

改革就业统计制度，开展城镇净增就业统计试点，做实就业统计数据，规范城镇登记失业率统计，适时启动城镇调查失业率月度发布工作。加强全省就业数据归集分析使用，实时监测就业形势变化。组织实施就业岗位调查，开展重点群体失业监测，加强招聘求职、移动通信等大数据分析。建立健全失业监测预警系统，完善企业规模裁员减员及突发事件报告制度，密切关注重点地区、重点行业、重点性质、重点规模的企业用工情况。做好就业领域来信来访办理工作，合理引导社会预期。

（三）完善就业调控。

建立就业优先政策评估指标体系、高质量就业指标体系，加强就业数据与宏观经济数据的比对分析，坚持点面结合，开展就业政策评估和就业形势分析研判，及时解决促进高质量就业面临的重点难点问题。强化就业领域重大突发事件应急处置，加强分级政策储备，制定就业工作应急预案，完善跨层级、跨部门、跨区域的重大风险协同应对机制，防范化解规模性、结构性、行业性、区域性失业风险，妥善应对社会舆论热点，牢牢把握就业调控工作主动权。

（四）提高资金效益。

对本规划确定的重点任务，加大省级和地方财政支持力度。根据高质量就业状况和工作目标任务变化情况，做好资金需求预测，及时调整就业补助资金预算，确保各项就业补贴政策落实到位。强化资金预算执行和监督，定期开展资金使用绩效评估，着力提高就业补助资金使用效益。规范就业补助资金管理，确保资金安全。扩大就业领域社会资本进入，引导带动社会资本在就业创业服务、技能培训、职业教育、就业基础设施建设等方面发挥作用。

（五）强化推进落实。

建立高质量就业工作目标责任制、工作督查考核机制，定期开展就业工作督查，推动重大政策落地落实。注重发挥正向激励作用，优化实施考核评价方法，加大对高质量就业工作先进地区和单位的表扬激励，推进考核结果运用，引导各地真抓实干、担当作为、竞相发展。

专栏 16　开展高质量就业重点任务试点

围绕推动实现高质量就业，鼓励各地立足不同的资源禀赋、基础条件，开展重点任务试点工作，共同打造高质量就业先行区。南京市重点围绕实施"宁聚计划"、打造高校毕业生就业创业的"首选地"，开展推进高校毕业生高质量就业试点。无锡、扬州市重点围绕建立健全高质量就业指标体系，开展打造更加充分更高质量就业城市试点。徐州市重点围绕建立农村劳动力资源实名制数据库，开展精准帮扶农村劳动力转移就业试点。苏州、常州市重点围绕建立跨地区人力资源服务和劳务协作交流机制，开展人力资源服务业高质量发展行动试点。苏州、无锡、常州市重点围绕职业教育改革创新，开展职业教育高质量发展试点。南通、泰州市重点围绕就业大数据平台，开展精准化就业服务试点。连云港、镇江市重点围绕打造质量就业云平台，开展企业用工动态监测试点。淮安、盐城、宿迁市重点围绕实施乡村振兴战略，开展鼓励和支持返乡入乡创业试点。

山东省"十四五"促进就业规划

山东省人力资源和社会保障厅 2021 年 7 月 23 日

就业是最大的民生，也是经济发展最基本的支撑。"十四五"时期，实现更加充分更高质量就业，是推动高质量发展、增进民生福祉、推进共同富裕的重要支撑。本规划依据《山东省国民经济和社会发展第十四个五年规划和 2035 年远景目标纲要》（鲁政发〔2021〕5 号）编制，提出了"十四五"时期促进就业的指导思想、基本原则、主要目标、重点任务和保障措施，是全省促进就业工作的重要指引。

一、发展基础

"十三五"以来，面对复杂严峻的国内外形势和艰巨繁重的就业任务，特别是新冠肺炎疫情的严重冲击，全省上下深入学习贯彻习近平新时代中国特色社会主义思想，坚持把促进就业作为重大政治任务和民生头等大事，深入实施就业优先政策，创新就业工作体制机制，就业形势保持总体稳定，为经济社会发展提供了有力支撑。就业规模稳步扩大，累计实现城镇新增就业 647 万人，超额完成目标任务。就业结构更加优化，第三产业就业比例不断提高，城镇就业比例明显增加，劳动者就地就近就业和返乡创业增多，区域就业结构更趋合理。重点群体就业保障有力，高校毕业生总体就业率持续稳定在 90% 以上，农村劳动力转移就业成效明显，困难群体得到有效帮扶。劳动者素质明显提高，劳动年龄人口平均受教育年限达到 10.8 年，技能人才总量稳步增长、结构不断改善。就业质量进一步提升，社会保障覆盖面持续扩大，根治欠薪工作取得明显成效，劳动权益保障不断加强。失业风险防控基础更加牢固，城镇登记失业率、调查失业率均保持在较低水平，失业人员基本生活得到较好保障。

"十四五"时期是我省全面贯彻落实习近平新时代中国特色社会主义思想，奋力实现"走在前列、全面开创"的关键时期，做好就业工作机遇和挑战并存。我省开启新时代现代化强省建设新征程，新旧动能转换初见成效，"十强"现代优势产业集群日益壮大，产业结构持续优化，为稳定和扩大就业创造了良好条件。随着我省新技术、新产业、新业态、新模式"四新"经济快速发展，新兴就业创业机会将日益增多。我省主动融入新发展格局，积极因素加速集聚，战略叠加优势凸显，改革红利加速释放，新的就业增长点将不断涌现。

但也要看到，当前和今后一段时期，就业领域固有矛盾依然存在，新的问题还在增加。人口结构深刻变化，虽然劳动年龄人口比重下降，但是总量仍然超过6000万，位列全国第二，城镇新成长劳动力保持高位，青年、农民工等重点群体就业压力不减。产业转型升级、技术进步加快，"就业难"和"招工难"并存的就业结构性矛盾更加凸显，将成为就业领域主要矛盾。就业方式更加多元，灵活就业和新就业形态从业人员劳动权益保障亟待加强。同时，国际环境日趋复杂，不稳定性不确定性明显增加，新冠肺炎疫情影响广泛深远，对就业的潜在冲击需要警惕防范。国内经济下行压力仍然较大，我省发展仍处在转型升级的紧要关口，重点领域关键环节改革需要持续深化，城乡区域发展仍不平衡，将对就业产生深刻影响。总之，"十四五"时期，就业形势依然复杂严峻，稳定和促进就业任务艰巨。

二、总体要求

（一）指导思想。深入贯彻党的十九大和十九届二中、三中、四中、五中全会精神，以马克思列宁主义、毛泽东思想、邓小平理论、"三个代表"重要思想、科学发展观、习近平新时代中国特色社会主义思想为指导，认真落实习近平总书记对山东工作的重要指示要求，紧扣"新发展阶段、新发展理念、新发展格局"，坚持稳中求进工作总基调，坚持以人民为中心，坚持劳动者自主就业、市场调节就业、政府促进就业和鼓励创业，以实现更加充分更高质量就业为主要目标，统筹发展和安全，深入实施就业优先战略，持续强化就业优先政策，健全有利于更加充分更高质量就业的促进机制，千方百计扩大就业容量，着力缓解结构性就业矛盾，切实提升就业质量，稳定重点群体就业，防范化解失业风险，全力打造"创业齐鲁·乐业山东"，为在社会主义现代化建设新征程中走在前列、全面开创新时代现代化强省建设提供坚强保障。

（二）基本原则。

——坚持就业优先。继续将就业置于经济社会发展优先位置，实施以稳定和扩大就业为基准的宏观调控，保持经济运行在合理区间，增强经济发展对就业的拉动能力，实现就业增长与经济发展良性互动。

——坚持人民至上。把人民对更加充分更高质量就业的需求作为奋斗目标，优化整合政策、服务、培训等各类资源，打破区域、城乡分割，最大限度拓展覆盖面和惠及范围,确保人人参与、普惠共享、均等可及。

——坚持服务大局。以更加充分更高质量就业促进城乡劳动者稳定增加收入,扭住扩大内需战略基点,引领黄河流域生态保护和高质量发展,为主动融入新发展格局,实现"七个走在前列""九个强省突破"提供有力支撑。

——坚持系统观念。强化政策协同,统筹兼顾、综合施策,全面协调推进"创业齐鲁·乐业山东"建设。坚持有效市场和有为政府更好结合,充分发挥市场决定性作用,强化政府促进就业责任,营造促进就业的良好环境。

——坚持扩容提质。着眼于更加充分更高质量就业目标,更加重视日益凸显的结构性就业矛盾,坚持"稳岗、扩岗"并举和"规模、质量"并重,大力促进创业带动就业,支持多渠道灵活就业,促进就业扩容提质。

——坚持底线思维。聚焦重点群体、重点地区、重点行业,制定更加精准有效的政策措施,因地因企因人加强分类帮扶援助,兜牢民生底线。密切关注内外部环境对就业的影响,完善监测预警防控机制,防范化解就业领域风险隐患。

(三)主要目标。

到 2025 年,要实现以下目标:

——就业形势持续平稳。城镇新增就业 550 万人以上,城镇调查失业率控制在 5.5% 以内,重点群体就业保持稳定。就业结构持续优化,城镇就业比重不断提高,第三产业从业人员占比逐步扩大,劳动力市场供求基本平衡。

——就业质量稳步提升。劳动者收入水平持续提高,就业稳定性不断增强,覆盖城乡劳动者的社会保障体系更加健全,劳动关系更加和谐,劳动者合法权益得到更好保护,更多劳动者实现安全、高效、体面就业。

——创业带动就业动能持续释放。创业引领作用更加凸显,对高质量就业的带动能力进一步增强。创业环境更加优化,创业成本不断降低,创业服务实现跃升,创业机会更多、渠道更广,劳动者投身创业创新活动积极性不断增强。

——结构性就业矛盾得到缓解。人力资源质量大幅提升、结构进一步优化,更加契合产业转型升级和高质量发展的需要。公共就业服务质效持续提升,人力资源服务业实现更高质量发展,企业"招工难"问题有效缓解,劳动者求职渠道更加顺畅。

——风险应对能力显著增强。就业领域风险监测预警和防控应对机制不断健全,援企稳岗帮扶机制逐步完善,失业人员保障范围有效扩大、保障水平进一步提高,规模性失业风险得到有效防控。

专栏1:"十四五"时期就业主要指标			
指标	2020年基数	2025年目标	属性
1.城镇新增就业人数(万人)	122.7	〔550〕	预期性
2.城镇调查失业率(%)	5.3	< 5.5	预期性
3.高校毕业生毕业去向落实率(%)	93.97	> 85	预期性
4.劳动年龄人口平均受教育年限(年)	10.8	11.3	约束性
5.开展补贴性职业技能培训人数(万人次)	159.7	〔500〕	预期性
6.高技能人才总量(万人)	330.2	380	预期性
7.失业保险参保人数(万人)	1466	1575	约束性

注:1.〔〕表示五年累计数,2020年城镇调查失业率5.3%为第四季度数据。

2.城镇新增就业人数、城镇调查失业率、高校毕业生毕业去向落实率、劳动年龄人口平均受教育年限参照《山东省国民经济和社会发展第十四个五年规划和2035年远景目标纲要》,综合考虑我省经济社会发展、劳动力供给和就业形势等因素确定。

3.开展补贴性职业技能培训人数、高技能人才总量综合考虑我省就业人口、国家职业资格证书制度改革和技能人才培养能力等因素确定。

4.失业保险参保人数综合考虑全国参保人数增长、我省人口和经济社会发展等因素确定。

三、强化就业优先,增强经济发展拉动就业能力

坚持经济发展就业导向,在深化实施八大发展战略中促进就业扩容提质,实现经济发展与扩大就业联动。

(四)促进就业政策与经济社会政策协同。

1.保持经济就业良性循环。将更加充分更高质量就业作为经济社会发展的优先目标,把稳定和扩大就业作为宏观调控重要目标,确保实现经济增速预期目标,以经济高质量发展带动就业提质扩容。加强经济社会政策与就业政策衔接,在制定财政、金融、产业、贸易、投资、消费等经济政策和人口、教育、社会保障等社会政策时,要综合评估可能对就业产生的影响。对可能造成规模性失业的,政策牵头部门应提前制定应对措施。制定实施安全生产监督管理、环保治理、城市管理政策,严禁擅自提标、层层加码,坚决杜绝"一律关停""先停再

说"等"一刀切"做法,避免集中停工停产停业,最大限度减少对就业的影响。

2. 发挥投资带动就业作用。实施重大产业就业影响评估,明确重要产业规划带动就业目标,优先投资就业带动能力强、有利于农村劳动力就地就近就业和高校毕业生就业的产业。对部分带动就业能力强、环境影响可控的项目,制定环评审批正面清单,加大环评"放管服"改革力度,审慎采取查封扣押、限产停产等措施。发挥创业投资作用,对带动就业能力强的创业投资企业予以引导基金扶持、政府项目对接等政策支持。围绕产业基础高级化、产业链现代化,扩大传统优势产业、战略性新兴产业和未来产业投资,增强现代优势特色产业核心竞争力,厚植带动就业潜力。加大基础设施、民生工程、生态文明等领域投资力度,增加就业岗位。

3. 扩大内需创造就业岗位。充分发挥消费基础性作用,加快提升传统消费,适当增加公共消费,推动消费提档升级,激发居民消费潜力,创造更多就业增长点。拓展城乡消费市场,加强城市商圈规划,推动步行街改造提升,繁荣发展夜经济,完善乡镇商贸体系,丰富农村消费产品和服务供给,为扩大就业提供支撑。推动线上线下消费有机融合,创新发展新零售、首店经济、宅经济,支持发展智能体育、智慧物业、数字街区,培育发展消费新业态新模式,支持发展新就业形态。

(五)发展现代化产业体系带动就业。

1. 发展"十强"产业提升就业质量。坚定不移推动新旧动能转换,深耕细作"5+5"十强产业,壮大发展新一代信息技术、高端装备、新能源新材料、现代海洋、医养健康等新兴产业,优化提升高端化工、现代高效农业、文化创意、精品旅游、现代金融等传统产业,加快构建新动能主导的现代产业体系,创造更多高质量的就业机会。实施"强链、建链、补链、保链"工程,形成更强创新力、更高附加值、更安全可靠的产业链供应链,创造更大规模、更高质量、更加稳定的就业岗位。加快实施高端装备、汽车制造、高端化工、新能源、新材料、生物医药等领域的重大先进制造业项目,打造一批新的就业增长点。

2. 更好发挥服务业就业容纳器作用。大力发展现代服务业,推进生产性服务业向专业化和价值链高端延伸,推动生活性服务业向高品质和多样化升级,进一步提高服务业吸纳就业比例。加快生产性服务业与先进制造业深度融合,发展定制化服务、共享或协同制造、全生命周期管理、总集成总承包等服务型制造,加快发展工业设计、商务咨询、检验检测认证等服务,推动供应链金融、信息数据、人力资源等服务创新发展,扩大服务业吸纳就业空间。大力发展生活性服务业,优先发展医养健康、文化旅游、养老育幼、体育健身等"幸福产业",提升发展教育培训、知识付费、能力拓展等"素质产业",规范发展家政物业、中介服务、装饰装修等"居家产业",稳定拓展社区服务岗位,更好地满足城乡各类劳动者的就业需求。

3.拓宽农业就业空间。全面实施乡村振兴战略，深化农业供给侧结构性改革，加快建立现代农业产业体系、生产体系、经营体系，实施农业全产业链培育计划，推动农村一二三产业融合发展，充分释放促进就业潜力。巩固拓展就业扶贫成果同乡村振兴有效衔接，加快发展农业生产性服务业，完善提升农产品生产、加工、储备、流通、销售链条，扩大农业吸纳就业规模。做大做强农业龙头企业，培育一批现代农业产业园、农业产业强镇、乡土产业名品村，发挥吸纳就业示范引领作用。大力发展乡村旅游，打造一批乡村旅游重点村和旅游民宿集聚区，创造更多乡村就业机会。实施高素质农民培育工程，打造爱农业、懂技术、善经营、会管理的高素质农民队伍。培育家庭农场、农民合作社等新型农业经营主体，持续带动农民就业增收。

（六）培育壮大新模式新业态拉动就业。

1.促进数字经济领域就业创业。加快发展数字经济，强化数字基础设施支撑，促进数字经济和实体经济深度融合，催生更多新产业新业态新模式。优化数字经济生态，建设具有国际竞争力的数字产业集群，打造全国重要的数字经济引领区和就业集散地。发展普惠性"上云用数赋智"，降低中小企业数字化转型门槛，推动传统线下业态数字化转型赋能，创造更多数字经济领域就业机会。促进平台经济持续规范发展，降低平台服务成本，带动更多劳动者依托平台就业创业。推动共享出行、共享住宿等共享经济健康发展，培育多元化多层次就业需求。

2.支持多渠道灵活就业和新就业形态发展。实施新业态包容审慎监管，加快发展网络零售、线上教育培训、移动出行、互联网医疗等新就业形态，带动增加灵活就业岗位。支持微商电商、网络直播等多样化的自主就业、分时就业。依据国土空间规划，合理安排就业空间，预留自由市场、摊点群、流动商贩疏导点等经营服务网点，科学设定辖区内无固定经营场所摊贩管理模式，支持劳动者就业增收。搭建共享用工平台，支持企业开展季节性、临时性用工余缺调剂。加强灵活就业和新就业形态从业人员劳动权益保护，提高灵活就业和新就业形态从业人员社会保障水平。

专栏2：灵活就业和新就业形态从业人员支持保障计划

1.推动平等享受公共服务。加强新业态新模式就业统计监测研究。多渠道开展灵活就业服务，建立灵活就业、共享用工服务平台，规范设立零工市场，发展村级劳务中介，优化灵活就业供需匹配。推进"零工经济"、小店经济等健康发展，丰富夜经济业态，支持劳动者通过临时性、非全日制、季节性、弹性工作等灵活多样形式实现就业。

2.提高社会保障水平。健全灵活就业人员社会保险制度，落实灵活就业社会保险补贴、意外伤害保险补贴政策。开展新就业形态从业人员职业伤害保障试点。

3.保障就业人员合法权益。探索建立新就业形态从业人员劳动权益保障机制。探索发布新就业形态、灵活就业人员较为集中的职业（工种）人力资源市场工资价位。在新业态领域行业推进集体协商，引导双方就劳动定额标准、工时标准、劳动保障等内容开展集体协商，签订行业性集体合同。

（七）促进民营经济高质量发展增加就业。实施民营经济高质量发展三年行动，健全民营企业转型升级促进机制，加强对民营企业全生命周期服务，更好发挥民营企业吸纳就业主力军作用。围绕"十强"产业优势领域，培育一批骨干企业和高成长性企业，培育更多专精特新"小巨人"企业和制造业"单项冠军"企业，推进"个转企""小升规"，促进大中小企业协同发展，增强吸纳就业能力。完善支持中小微企业和个体工商户发展的政策体系，建立省市县三级中小企业公共服务平台，落实减税降费、减租降息等政策，推动各项扶持政策直达基层，有效降低民营企业经营成本。推进普惠金融体系建设，鼓励金融机构发展便利续贷业务和信用贷款，提高民营企业融资授信额度，增加小微企业首贷、中长期贷款、知识产权质押贷款、无还本续贷等，缓解中小微企业融资难、融资贵问题。对中小企业吸纳重点群体就业、开展在岗培训，按规定给予补贴。加强对劳动密集型行业的保护和支持，在贷款融资等方面给予更多优惠政策，严格落实税费优惠政策。大力弘扬新时代企业家精神，鼓励广大企业家强化社会责任和契约精神，为推动发展和稳定就业作出更大贡献。

（八）提高重点地区就业承载力。健全区域协调发展体制机制，打造黄河流域生态保护和高质量发展先行区，优化"一群两心三圈"格局，推进以人为核心的新型城镇化，引导劳动力有序流动、合理配置。提升山东半岛城市群引领服务功能，打造国际先进制造中心、现代服务经济中心、全球海洋经济中心和全国重要的现代农业高地、文旅融合高地、医养健康高地，增强吸纳就业竞争力。支持济南创建国家中心城市，支持青岛建设全球海洋中心城市，建设高质量就业先行区。加快省会、胶东、鲁南三大经济圈建设，健全跨市域、跨区域合作机制，打造济青科创制造廊带、沿黄文化旅游生态廊带、鲁南物流能源廊带，厚植就业创业沃土。主动融入京津冀协同发展，深化与长三角一体化发展、粤港澳大湾区、长江经济带等战略合作，承接高端产业和优质创新要素转移，吸引更多人才来鲁留鲁就业创业。大力发展县域经济，引导劳动密集型产业、农村二三产业集聚发展，扩大县城就业需求。大力发展文化旅游、商贸物流、资源加工等特色强镇，规范发展特色小镇，为农民就地就近就业提供广阔空间。

四、优化创业环境，推进创业带动就业

贯彻落实创新驱动发展战略，深入推进大众创业、万众创新，完善区域性、综合性创业生态，更大力度激发市场活力和社会创造力，让各类市场主体、各类人群创业热情持续高涨、创业动能充分释放，为促进就业提供有力支撑。

（九）优化创业环境。

1.持续优化营商环境。持续推进"放管服"改革，实施政务服务"双全双百"工程，深化"一网通办""一链办理"，打造一流政务服务环境。深化"证照分离"改革，全面应用电子证照，逐步实现电子印章与电子营业执照全面同步发放，提高企业开办便利化水平。健全市场监管执法体系，开展市场准入隐形壁垒清理行动，全面实施市场准入负面清单制度，依法平等保护各类市场主体合法权益。普遍推行"双随机、一公开"监管，推进"互联网＋监管"，提升事中事后监管实效。探索建立覆盖所有机构和个人的信用记录，完善守信联合激励和失信联合惩戒制度。动态调整行政事业性收费、政府性基金和实行政府定价的经营服务性收费目录清单，建立健全违规收费投诉举报机制。落实各项减税降费政策，减轻市场主体负担。

2.加大创业支持力度。在用地、融资等方面制定更多支持初创实体的优惠政策，严格落实各项税收优惠政策，进一步降低创业成本。鼓励发展天使投资、创业投资，改善保险产品供给。完善企业金融辅导员制度，建设优化融资服务平台，持续开展民营小微企业首贷培植行动，加大对轻资产企业融资支持。合理安排创业担保贷款贴息资金，适度扩大担保基金规模。落实促进高校毕业生、退役军人等群体创业的税费优惠政策。鼓励大企业向中小企业开放资源、场景、应用和需求，打造基于产业链供应链的创新创业生态，推动产业链上中下游、大中小企业融通创新，形成创新创业合力。推动全省科研基础设施和科研仪器进一步向社会开放共享，培育更多创业机会。支持劳动者创办投资小、见效快、易转型、风险小的小规模经济实体。创新科技成果转化机制，着力培育创新型创业企业，切实将科技优势转化为产业优势，畅通创新促进创业、创业带动就业的链条。

（十）激发创业活力。

1.支持重点群体创业。深入开展大学生创业引领计划，健全高校创新创业教育教学体系和实践平台，鼓励企业向大学生开放创业资源，提高大学生创业参与率。支持和鼓励高校、科研院所等事业单位科研人员，通过到企业挂职、参与项目合作，兼职创新、在职创办企业等方式从事科技成果转化、技术攻关。实施

"青鸟计划",吸引青年学子和人才返鲁来鲁干事创业。实施留学人员来鲁创业启动支持计划,优化留学回国人员创新创业环境。实行更加开放便利的境外人才引进和出入境管理制度,落实技术移民、外国留学生创业国民待遇。深入实施创新创业巾帼行动,鼓励妇女创新创业。举办"双创"活动周、山东省创业大赛等创业服务活动,丰富高峰论坛、创意设计、展览展示、银企对接载体内容,选树创业先进典型,浓厚创业创新氛围。倡导敬业、精益、专注、宽容失败的创新创业文化,完善试错容错纠错机制。

2.鼓励返乡入乡创业。围绕全面实施乡村振兴战略,积极鼓励支持各类人才返乡入乡创业。统筹安排相关产业用地,优先保障返乡入乡创业生产经营空间。加强农村金融服务和产品创新,发展农村数字普惠金融,大力开展农户小额信用贷款、保单质押贷款、农机具和大棚设施抵押贷款业务,增加首贷、信用贷,健全农业信贷担保体系,推动普惠型涉农贷款余额持续增长。依托现有资金渠道、政策措施,撬动社会资本,新建或拓展整合、改造提升一批返乡入乡创业园。深入实施返乡入乡创业带头人培育行动,培养一批具有发展潜力和带头示范作用的返乡入乡创业人员。举办全省农村创业创新大赛。宣传推荐一批优秀的农村创业创新项目。选树山东省十大返乡创业农民工。

(十一)提升创业服务。

1.建设创业平台载体。加强双创示范基地建设,实施创业带动就业示范行动。发挥省级创新创业共同体作用,打造新型研发机构群。构建众创空间、孵化器、加速器、产业园相互接续的创业平台支持体系,鼓励发展网上创新工场、虚拟创新社区和数智工坊等新型孵化器。提升小型微型企业创新创业示范基地,构建大中小融通型创新创业特色载体。培育省级创业创新示范综合体,推动产业链、创新链、人才链、资金链、政策链"五链统筹"、深度融合。推广"人人创客、人人创新"模式,支持企业向新型创业创新平台转型,带动企业员工共同创业创新。

专栏3:"创业齐鲁"建设

1.强化创业示范引领。实施大学生创业引领计划,每年扶持2万名以上大学生创业。实施留学人员来鲁创业启动支持计划,每年支持一批创新能力强、发展潜力大、市场前景好的留学人员创业企业。广泛开展各类创业活动,选树创业典型,发挥示范引领作用。

2.搭建创业服务平台。高标准建设一批国家和省级双创示范基地。培育20个左右省级创业创新示范综合体,评估认定一批省级示范创业孵化基地(园区)。新建或拓展整合、改造提升一批返乡入乡创业园,基本覆盖农业大县(市)。每年评估认定30家左右省级小型微型企业创业创新示范基地。全省国家级科技企业孵化器、众创空间达到400家左右。

3.提升创业创新能力。举办中青年企业家培训班,每年培训100名以上优秀企业家。大力开展创业培训,每年培训20万人次以上。

4.优化创业服务供给。依托山东创业服务网,汇聚创业培训、项目、资金、导师等资源,建立广覆盖、全要素、精准化的创业指导服务体系。组建创业指导专家、心理咨询专家等志愿者团队,每年落实"5个100"专项任务,即组织100场创业义诊活动、建设100家创业诊所、对接100家创投机构、服务100家创业孵化基地、培育100名创业之星。

2.完善创业服务体系。构建完善培训学习、创业实践、咨询指导、跟踪帮扶等一体化创业培训体系,培养创业创新人才。开展创业训练营,实施企业家素质提升行动,培育创业领军人才。推广创业导师制,壮大青年、农村创新创业导师队伍。加快完善创业服务网络,配齐配强创业服务队伍,为创业者提供政策咨询、项目推介、开业指导等一站式服务。推进创新创业机构改革,培育专业化市场化技术转移机构和技术经理人。推行科技特派员制度,支持科技领军人才、高技能人才、专业技术人才等到基层开展创新服务。发展"互联网＋创业服务",提升线上线下创业服务能力。培育市场化创业服务机构,为初创企业和创业人员提供更专业化创业服务,实现与公共创业服务优势互补。

五、完善支持体系,促进重点群体就业

聚焦高校毕业生、农民工、退役军人等重点群体,坚持市场化社会化就业与政府托底帮扶相结合,促进多渠道就业创业,稳住就业基本盘。

(十二)突出抓好高校毕业生等青年群体就业。

1.拓宽高校毕业生等青年群体就业渠道。发挥高校毕业生等青年群体智力优势,在加快发展现代产业体系、推动经济体系优化升级中创造更多适合高校毕业生的知识技术型就业岗位,带动高校毕业生等青年群体到战略性新兴产业、现代农业和现代服务业以及平台经济、共享经济等新业态新模式领域就业创业。深入实施高校毕业生就业创业促进计划、基层成长计划和青年见习计划,完善就业创业支持体系,统筹实施基层服务项目,开发基层就业岗位,畅通基层成长发展通

道，鼓励高校毕业生到中小微企业和农村、社区基层就业创业。

2. 加强高校毕业生等青年群体就业服务。健全覆盖高校毕业生等青年群体就业创业全过程的就业服务体系，搭建综合性就业创业服务平台。推动高校毕业生等青年群体就业实习见习，强化就业技能培训实训，提升适应市场需要和职业发展的能力。加强职业发展教育和就业指导，引导高校毕业生等青年群体转变就业观、择业观，积极理性就业。健全离校未就业高校毕业生实名服务机制、困难毕业生就业援助机制、长期失业青年就业帮扶机制。常态化举办"就选山东"就业服务活动，挖掘高校毕业生就业需求潜力。将海外留学回国毕业生纳入公共就业人才服务体系，举办专场招聘或开设网上招聘专区，对符合条件的落实就业创业支持政策。

专栏 4：高校毕业生留鲁来鲁就业创业推进行动

1. 充分挖掘就业岗位。加大对中小微企业招用高校毕业生税收、社保、就业补贴等政策支持力度，发挥就业主渠道作用。用足用好机关事业单位空缺岗位，加大机关事业单位招录招聘力度，合理确定基层项目招募数量，扩大升学入伍规模。积极开发科研助理岗位，推动落实社会保险、户口档案等相关政策。开展"才聚齐鲁 成就未来"省属企业招聘专项行动，打造省属企业招聘专属品牌，促进省属企业改善职工队伍结构，强化人才智力支撑，实现高质量发展。实施"村村都有好青年"选培计划，吸引优秀青年返乡入乡创业。

2. 增强就业创业能力。深化就业与招生、培养联动机制改革，解决毕业生专业和能力与社会需求脱节的问题，夯实实现高质量就业基础。推进创业教育和创业培训向高校毕业生全覆盖。深入推进"青鸟计划·就业服务季""青鸟计划·实习实践季"行动，每年发动不少于 5000 名大学生到各市机关企事业单位实习，不少于 25 万名大学生参加社会实践。

3. 提升就业服务质效。大力开展"山东—名校人才直通车""就选山东""来鲁留鲁就业体验月"系列就业服务行动，推广网上就业服务平台，实现网上招聘服务覆盖所有院校（含技工院校）和所有高校毕业生。健全高校就业指导机构，加大对学生就业指导力度，帮助学生树立正确就业观。对离校未就业毕业生提供"一对一"帮扶，精准开展就业服务。

4. 吸引留鲁来鲁就业。全面放开对高校在校生、毕业生的落户限制，优化办事流程。降低高校毕业生生活成本，完善生活补贴、住房补贴、安家补贴等保障政策。支持有条件的市对高校毕业生定向配租保障性住房或发放住房租赁补贴。进一步扩大"青年驿站"规模，为高校毕业生留鲁来鲁就业创业提供便利条件。

（十三）推进农村劳动力转移就业。

1.引导农村劳动力有序外出就业。在推进新型城镇化建设、实施乡村振兴战略中，充分释放经济发展拉动农村劳动力转移就业的潜力，创造更多适合农村劳动力转移就业的机会。扶持就业容量大、门槛低的劳动密集型制造业、建筑业、生活服务业发展，支持企业吸纳农村劳动力就业。鼓励农村劳动力从事网约配送、直播销售等新就业形态。搭建用工信息平台，广泛开展区域间劳务协作，加强劳动力跨区域精准对接，建设区域劳务输出品牌，培育和发展乡镇、村两级劳务组织和经纪人，有序组织农村劳动力外出就业。开展农民工转移就业监测调查。落实农业转移人口在户籍地、常住地、就业地、参保地同等享受失业登记、职业介绍、技能培训等基本公共就业服务政策。继续开展"春风行动""春潮行动"等各类专项服务活动，举办农民工专场招聘会，送岗位下乡进村入户。实施农民工素质提升工程，强化农村劳动力技能培训。

2.促进农村劳动力就地就近就业。依托县域经济、乡村产业、返乡入乡创业，结合产业梯度转移，为农村劳动力创造更多就地就近就业岗位。重大投资项目、各类基础设施建设优先吸纳当地农村劳动力就业。在农田水利、人居环境整治、乡村绿化等农业农村基础设施建设领域积极推广以工代赈方式，广泛组织当地农村劳动力特别是脱贫享受政策人口、可能返贫致贫人口、农村低收入群体参与工程建设以及建成后的维护运营。

3.加快农业转移人口市民化。加大重点区域户籍制度改革力度，推动稳定就业居住的农业转移人口落户城镇。依法保障进城落户农民承包地、宅基地、集体资产等权益，探索农户"三权"市场化退出机制。以住房保障、子女教育、社会保障等为重点，推进城镇基本公共服务覆盖未落户常住人口，全面提高农村转移人口城镇基本公共服务共享质量。

（十四）促进退役军人就业创业。

1.推动退役军人充分就业。全面推行退役军人就业适应性培训，为参加全日制高等学历教育的自主就业退役士兵落实学费减免政策，推动退役军人纳入职业技能培训政策范围，落实自主就业退役士兵职业技能培训补贴政策，提升退役军人就业能力。鼓励用人单位定期组织退役军人参加岗位技能提升和知识更新培训，推进军地职业资格互认。鼓励退役军人就业向基层延伸，县级以下机关拿出专项计划定向招录退役军人。打造"军岗日"退役军人专场招聘品牌，定时定点开展常态化招聘活动。完善失业和就业困难退役军人就业帮扶援助机制，探索在企业设立退役士兵专项公益岗，拓展岗位开发渠道，发挥兜底稳定效能。

2.支持退役军人创新创业。用足用好退役军人创新创业基金，实行创业带动就业奖补，加大创业担保贷款政策支持力度。引导退役军人在新技术、新产业、新业态以及重点扶持领域创新创业。实施退役军人就业创业能力提升工程，指导各市建设退役军人就业创业园地，面向有创业意愿的退役军人开展创业培训，增强创业能力。完善军创企业联络员制度，鼓励社会各界为退役军人创业提供优先服务。举办退役军人创新创业大赛，培养一批退役军人乡村创业致富带头人，定期选树一批退役军人"就业之星""创业之星"。

专栏5：退役军人就业创业能力提升工程

1. 开通退役军人"就业直通车"。建立实时共享、上下联动的退役军人就业创业服务信息平台，促进供需有效对接；对在部队有专长、地方有需要、本人有意愿的退役军人，主动对接用人单位实行"直通车"式就业。

2. 开展"送岗位进军营"活动。搭建退役军人求职和用人单位选才精准对接服务平台，开展省市联动"送岗位进军营"招聘活动。

3. 开展退役军人学历提升行动。支持退役军人积极参加高职教育，提升自身学历水平和就业技能。

4. 实施退役军人创业导师团队建设项目。建立由具有军人情怀、热衷于扶持退役军人创业工作的军创企业家、法律专家、退役"老班长"和风险投资人等各行各业优秀人员组成的创业导师师资库。

5. 建立山东省退役军人就业创业智库。集聚国内外知名专家学者、创新创业导师、产品项目等资源，开展创业指导、论坛讲座，为退役军人就业创业提供智力扶持。

6. 打造"军岗日"招聘品牌。利用各级人力资源市场，每双月最后一个星期五为退役军人举办"军岗日"专场招聘系列活动，提高用人单位和退役军人的知晓率和参与率。

7. 打造山东军创企业产品品牌。汇集全省军创企业及产品资源，在网络购物平台推动设立山东军创企业产品专区，适时举办军创企业产品展销活动。

8. 举办全省退役军人创业创新大赛。每2—3年举办一次全省退役军人创业创新大赛，推动大赛获奖优秀项目和成果市场化。

（十五）统筹做好其他群体就业。

1. 促进脱贫人口稳定就业。对脱贫享受政策人口继续开展免费职业技能培训，提高就业创业能力。持续加大有组织劳务输出力度，优先为脱贫享受政策人口提供就业指导服务，推荐就业岗位。统筹用好乡村公益岗位，加强就业帮扶车间规范管理，促进弱劳力、半劳力等脱贫享受政策人口就地就近就业。做好东西部劳务协作。

2.开展困难群体就业援助。实施失业人员集中帮扶行动，强化失业登记、职业介绍、职业培训、职业指导、生活保障联动，畅通失业人员求助渠道。健全就业援助制度，鼓励企业吸纳困难人员就业，对就业困难人员提供一对一就业援助，确保零就业家庭动态清零。持续做好残疾人按比例就业工作，进一步推进党政机关、事业单位和国有企业带头安置残疾人就业。完善残疾人就业支持服务体系、劳动权益保障制度、人才技能服务和用人单位激励机制。使用公益性岗位，托底安置零就业家庭成员、残疾人等困难人员就业。及时将符合条件的就业困难人员纳入最低生活保障、临时救助和工会帮扶救助范围，建立乡镇（街道）临时救助备用金制度。

专栏6：残疾人就业服务重点项目

1.党政机关带头安置残疾人就业。采取预留岗位、定向招录等方式，推动党政机关、事业单位带头安置残疾人就业。

2.加强残疾人就业服务。健全残疾人就业服务体系，通过政府购买服务等方式开展残疾人就业服务，拓宽服务渠道，提升服务质量。做好高校残疾人毕业生就业服务。

3.加大盲人就业扶持力度。完善盲人按摩业扶持政策，加大对盲人按摩机构和盲人按摩从业人员的扶持力度，鼓励扶持盲人医疗按摩人员在医院、疗养院、社区卫生服务中心（站）等医疗机构就业执业，拓宽盲人在文化艺术、心理卫生和互联网服务等领域就业渠道。

4.提升残疾人职业技能水平。持续实施残疾人职业技能提升计划，开展残疾人职业技能和农村实用技术培训。定期组织残疾人职业技能竞赛，承办第七届全国残疾人职业技能大赛暨第四届全国残疾人展能节。

5.推进残疾人辅助性就业。将残疾人辅助性就业服务纳入政府购买服务范围，鼓励和引导市场主体和社会力量提供辅助性就业服务。支持乡镇（街道）、城乡社区建设"如康家园"残疾人之家服务平台，加强辅助性就业机构能力建设，有效提升辅助性就业水平和质量。

3.促进其他群体就业创业。支持妇女平等就业，坚决纠正性别歧视，保障妇女在就业创业、职业发展、技能培训、劳动报酬、职业健康与安全、职业退出等方面的合法权益。坚决纠正对少数民族劳动者的就业歧视，取消对就业的不合理限制。做好大龄劳动者就业帮扶。大力开发老龄人力资源，鼓励适合老龄人口就业的服务行业开发老龄人口就业岗位，支持企业吸纳老龄人口就业。

六、健全市场体系，促进更加充分就业

充分发挥市场在人力资源配置中的决定性作用，更好发挥政府作用，持续加强人力资源市场体系建设，推行全方位公共就业服务，提高劳动者市场供需匹配效率。

（十六）建设高标准人力资源市场体系。

1. 规范人力资源市场秩序。加快建设统一开放、竞争有序的人力资源市场体系，促进人力资源有序流动、有效配置。规范企业招工用工、裁员解聘行为，开展清理整顿人力资源市场秩序专项行动，严厉打击就业歧视、非法职介等侵害劳动者权益的违法行为，营造公平就业环境，维护用人单位和劳动者合法权益。完善公共人力资源市场职业供求分析制度，及时发布职业供需状况及预测。

2. 发展壮大人力资源服务业。推动人力资源服务业高质量发展，力争到2025年，全省人力资源服务业规模大幅提升，行业营收突破2000亿元。实施人力资源服务行业促就业行动，促进市场化社会化就业。规范省级人力资源服务产业园建设管理，促进产业园提质增效。实施骨干企业培育计划、领军人才培养计划，培育一批人力资源服务骨干企业，培养一支行业高端人才队伍。鼓励发展专业化服务机构，促进人力资源服务与实体经济、科技创新、现代金融等融合发展，更好满足多层次、多样化人力资源服务需求。支持行业组织建设，加强政府与行业组织合作，构建政府依法监管、行业自律成长、市场有序竞争的行业发展环境。

专栏7：人力资源服务行业促就业行动

1. 重点行业企业就业服务行动。搭建政府部门、人力资源服务机构、重点行业企业需求协同对接平台，聚焦"十强"产业、新开工重大项目、急需紧缺用工企业等，通过组织供需对接会、开展"一对一"专员服务等方式，为重点行业企业提供精准就业服务。

2. 重点群体就业服务行动。鼓励人力资源服务机构主动参与"山东—名校人才直通车"等系列就业服务行动，为重点群体提供多样化人力资源服务。

3. 促进灵活就业服务行动。鼓励人力资源服务机构创新服务模式，规范有序地为灵活就业人员提供求职招聘、技能培训等专业化、精细化服务，支持劳动者多渠道灵活就业。

4. 就业创业指导服务行动。鼓励具备创业指导能力的人力资源服务机构入驻创业载体，提供配套专业人力资源服务。鼓励人力资源服务机构、产业园、行业协会，结合当地产业布局和发展实际，组织开展行业创新创业大赛、成果展示交流等活动，推动创业创新项目成果转化孵化。

---

5. 优质培训服务行动。鼓励人力资源服务机构联合职业院校、职业培训机构和企业，积极开发和优化在线学习、直播课堂、热线辅导等培训服务项目和产品，提供各类实用型、多样化培训服务，帮助用人单位和劳动者进行赋能学习。

6. 劳务协作服务行动。鼓励人力资源服务机构积极参与对口支援和东西部协作地区劳务对接活动，促进地区间劳动力转移就业、人力资源有序流动。

7. 供求信息监测服务行动。指导鼓励人力资源市场、人力资源服务机构依托招聘信息和数据库，采取设点监测、线上调研、数据对比等方式，开展人力资源市场供求监测，为研判就业形势、完善就业政策提供参考依据。

8. 人力资源服务产业园促就业综合服务行动。充分发挥人力资源服务产业园产业集聚优势，为劳动者和用人单位提供求职招聘、管理咨询、人力资源服务外包、人才测评等一揽子、一站式服务。

（十七）健全公共就业服务体系。

1. 强化公共就业服务供给。健全覆盖全民、贯穿全程、辐射全域、便捷高效的全方位公共就业服务体系，为劳动者和企业免费提供政策咨询、职业介绍、用工指导等公共就业服务。加强基层公共就业服务平台建设，建立健全村、社区就业服务网格员队伍，推行网格化就业服务，打通服务企业群众"最后一公里"。加强公共就业服务区域协作，发挥省会经济圈、胶东经济圈、鲁南经济圈中心城市辐射带动作用，在服务内容、服务流程、服务标准等方面实现一体化。开展公共就业创业服务示范城市、国家级创业型城市、省级创业型城市（县区）和乡镇（街道）、农村劳动力转移就业示范县和充分就业社区建设。广泛开展全国统一、山东特色、各地自选的"线上＋线下"系列公共就业服务专项活动，做到月月有专场、日日有招聘、时时有服务。发挥退役军人、残联、工会、团委、妇联等部门所属就业服务机构作用，推进服务主体多元化。

专栏8：企业用工保障服务专项行动

1. 广泛举办招聘活动。根据企业缺工情况，分地区、分行业、分专业、分工种举办招聘活动，搭建"线上＋线下"供求对接平台，为企业提供及时有效的用工保障服务。

2. 组织开展顶岗实习。按照地域就近、专业相近原则，鼓励支持各级各类职业院校（含技工学校，下同）学生、职业培训机构培训生到企业开展顶岗实习、实践教学。

---

3. 加强跨省际劳务协作。加强与其他省份劳务协作，加强与劳务输出大市、职业院校联系，开发一批劳务合作基地，设立一批省外招工服务站，通过签订合作协议、开展驻点招工，更大规模引进省外优质劳动力资源。

4. 开展订单培养培训。根据企业技能要求，加大校企合作力度，开展订单培养、定向培养、短期培训，大规模培养企业急需技能人才。

5. 支持企业共享用工。支持企业开展共享用工，开展用工余缺调剂合作，解决短期缺工问题。

2. 提升公共就业服务质效。推行精准服务、品牌服务、标准服务、智慧服务、满意服务。根据不同劳动者的自身条件和服务需求，构建精准识别、精准分类、专业指导的服务模式，提供个性化服务措施和解决方案。升级"互联网＋公共就业服务"，完善全省统一的公共就业人才服务信息系统，建设智慧就业服务大厅，推动就业人才服务由互联网平台向移动终端、自助平台延伸，实现就业管理和服务全程信息化，打造"就办好"服务品牌。实施基层公共就业服务经办能力提升计划。鼓励引导社会力量广泛深入参与就业服务，推进公共就业服务机构与社会民营机构的合作，建立就业指导专家、创业指导专家、心理咨询专家等志愿者团队，为服务对象提供专业化服务。

专栏9：公共就业服务质量提升工程

1. 实施基层公共就业服务能力提升计划。梳理公共就业服务目录清单，规范标准化服务流程。以不同地区、不同阶段服务需要为导向，开发多层次、模块化能力培养课程，对基层就业服务人员、职业指导师等实施差异化培养培训。建立就业服务训练营，组建就业服务专家库，开展公共就业服务专项竞赛、就业服务基层行等活动。

2. 实施更加精准的公共就业服务。广泛开展线上线下招聘服务活动，健全重点企业用工常态化服务机制，完善高效率的供求信息发布和对接机制。组织开展进企业、进园区、进乡村、进社区、进家庭，为企业和劳动者送政策、送岗位、送信息、送服务、送维权，提高公共就业服务可及性。

3. 搭建统一的公共就业创业服务平台。依托省公共就业人才服务信息系统、山东公共招聘网、山东创业服务网等平台，搭建全省统一的公共就业创业服务平台，推动实现各类就业创业信息全省共享和联网发布，为劳动者提供便捷可及的就业创业"一站式"线上服务。全面推行线上失业登记，实现失业人员基本信息、求职意愿、就业服务跨地区共享。

> 4. 推动流动人员人事档案信息化建设。依托全省流动人员人事档案业务统一经办平台，加快建设数字化档案和基础信息资源库，逐步实现档案转递线上申请、异地通办。

3. 提高就业公共服务均等化水平。完善均等化推进机制，建立基本公共服务与常住人口挂钩机制，推动公共资源由按城市行政等级配置向按实际服务管理人口规模配置转变。加快完善以实际居住地为依据的基本公共服务供给机制，逐步实现基本公共服务由户籍人口向常住人口扩展，实现基本公共服务常住人口全覆盖。强化农村基本就业公共服务供给县乡村统筹，推动就业公共服务向农村延伸，实现城乡就业公共服务便利共享，扩大优质公共资源辐射范围。

七、提升技能素质，缓解结构性就业矛盾

深化人力资源供给侧结构性改革，着力改善劳动力要素质量，建设一支符合高质量发展需要、适应现代化经济体系、具备较高职业技能和道德素质、结构比较合理的劳动者队伍。

（十八）完善人才培养体系。

1. 强化人才培养就业导向。聚焦经济社会发展需求，分类推进高校建设，实施省属高校"双高"建设计划，发展高水平学科，加强应用研究，加快培养高精尖缺人才。健全人才培养与产业发展联动预警机制，优化高校学科专业布局，及时调整特色不鲜明的学科和就业前景不好、市场需求不高的专业。鼓励因校制宜，探索科学基础、实践能力和人文素养融合发展的人才培养模式，推进校企协同、教科协同育人，提升人才培养质量。

2. 推动职业教育提质培优。加快建设职业教育创新发展高地，实施职业院校专业化、特色化建设工程。深化产教融合、校企合作，推进职业院校混合所有制改革，支持企业和学校合办二级学院和专业，组建一批职业教育集团。深入实施"学历证书＋职业技能等级证书"制度，培养"百万工匠"后备人才。大力发展技工教育，实施技工教育优质校建设工程，支持技工教育集团化发展，动员行业、企业广泛参与技能人才培养，不断壮大技能人才规模，形成产业集聚技能人才、技能人才推动产业发展的良好局面。

3. 深化技能人才管理制度改革。统筹优化政策，深化技能人才发展体制机制改革，完善"党委领导、政府推动、企业主体、多方参与"的工作体系，形成齐抓共促的工作格局。以解决制约技能人才发展问题为导向，拓宽职业发展空间，提高技术工人待遇水平。充分发挥市场在技能人才资源配置中的决定性作用，增

强技能人才培养使用激励政策的针对性、有效性。加强技能人才培养载体建设，建设一批国家级高技能人才培训基地、技能大师工作室、劳模和工匠人才创新工作室。全面推行企业技能人才自主评价，推动建立以市场为导向、以用人单位为主体、以职业技能等级认定为主要方式的技能人才评价制度。拓宽职业技能大赛领域，广泛开展职业技能竞赛和岗位练兵，努力构建有利于高技能人才成长的社会氛围。

专栏 10："技能兴鲁"行动

1. 构建多层次技能人才培训体系。打造山东省"金蓝领"培训项目，每年参加技师、高级技师等级培养的企业职工不少于 2 万人。加快产教融合型学徒制培训，到 2025 年，全省培养不少于 10 万名企业新型学徒职工，全省职业院校通过实施现代学徒制等措施，培育 15 万名左右"齐鲁工匠后备人才"。

2. 加强技能人才培养载体建设。实施职业院校专业化、特色化建设工程，用 5 年左右时间，建设 100 所左右高水平中职学校、30 所左右高水平高职院校和一批特色高职院校，建设 300 个左右高水平中职专业、150 个左右高水平高职专业（群）。实施技工教育优质校建设工程，用 5 年左右时间，遴选建设 10 所左右技工教育优质校，遴选建设 30 个左右优质专业（群）。启动新一轮齐鲁技能大师特色工作站建设，建设 100 所左右的特色工作站。

3. 完善技能人才评价体系。全面推行企业技能人才自主评价，到 2023 年在全省规模以上企业实现全覆盖，实现企业技能人才职业技能等级自主认定。在全省遴选建设 160 所左右具备良好评价资质条件、社会公信力高、注重公益效果的第三方评价机构，面向社会开展职业技能等级认定活动。建立专项能力考核项目发布制度，到 2025 年开发公布不少于 500 项专项职业能力考核项目。在工程技术领域高技能人才与专业技术人员职业发展贯通的基础上，进一步扩大贯通领域，培养更多复合型技术技能人才。

4. 加大高技能领军人才激励力度。依托泰山产业领军人才工程，围绕新时代现代化强省建设，面向国内外加强高技能领军人才引进培养。在科研院所、各类院校和企业教育教学、生产一线工作人员中，每两年选拔 100 名左右同时具有高级专业技术职称、高级技师职业资格的"山东省技术技能大师"。围绕"十强"产业发展，每年遴选 200 名左右高技能领军人才赴国内知名企业和先进制造业国家进行技能研修培训，提高创新创业能力。

5. 广泛开展职业技能竞赛。加快建设以世界技能大赛为引领、各类职业技能大赛为主体，校内竞赛与校外竞赛、省内技能竞赛与中国技能大赛和世界技能大赛相衔接的竞赛体系。每年组织不少于60项"技能兴鲁"职业技能大赛省级重点赛事，带动各行各业立足本职岗位开展练兵比武活动，实现全省参赛人员3年不少于1000万人次。每年组织一次全省"技能兴鲁"乡村振兴技能竞赛系列活动。

（十九）健全终身技能培训制度。

1. 开展大规模职业技能培训。实施职业技能提升行动和重点群体专项培训，以企业自主培训、市场化培训和政府补贴培训为主要形式，以就业技能培训、岗位技能提升培训和创业创新培训为主要内容，向有培训意愿的各类群体提供培训服务，每年培训各类劳动者100万人次。开展新就业形态技能提升和就业促进项目试点，全面加强新技术培训。聚焦八大战略发展需求和重点群体就业需要，组织行业性、群体性专项培训行动。统筹开展农村转移就业劳动者就业创业培训，适应乡村振兴对技能人才需要。对服刑人员、强制隔离戒毒人员，开展以回归社会为目的的就业技能培训。大力开展创业创新培训，完善创业培训教程体系，统筹高等院校、国内知名创业培训机构优势资源，为创业者提供更高质量的创业培训。支持各设区的市开展"一市一品牌"建设，结合本地重点产业发展需要，开展项目制培训。支持中小企业以工代训、困难企业职工在岗培训，严格落实企业职工教育经费税前扣除政策。

专栏11：新就业形态技能提升和就业促进项目试点

1. 提高新就业形态从业人员技能水平。在试点地区大力推动项目试点，开展面向新就业形态的重点就业群体的岗前培训和技能提升培训，支持新业态平台企业开发相关职业标准和职业培训课程，促进重点群体就业和稳定就业。

2. 建立适合新就业形态发展工作模式。通过项目试点，建立适合新就业形态的技能提升和就业促进工作模式，促进劳动者技能水平提升和新就业形态企业吸纳就业，推动劳动者稳定就业和就业形态发展。

3. 加强新就业形态试点企业服务力度。推行政策打包、政策入企服务，创新新就业形态职业技能培训模式，发挥"互联网＋职业技能培训"优势，充分利用各级线上培训平台和企业自建培训平台等载体，提高培训实用性。

2.提升职业技能培训质量。推动培训链向产业链聚集，引导培训资源向市场急需、企业生产必需等领域集中，重点开展紧缺职业工种培训，增强培训针对性和实效性。动态发布急需紧缺技能人才目录，指导开展紧缺技能人才培养。采取政府补贴培训、企业自主培训、市场化培训等多样化的培训方式，广泛开展订单式、套餐制培训。推行"互联网＋培训"，通过智慧课堂、线上线下相结合等模式开展碎片化、灵活性、实时性培训。大力推广"职业培训包"。加强培训资金的统筹整合、集约化管理和使用，科学制定培训计划目标，合理有序地安排培训项目。建立分层分类的培训补贴标准，完善培训补贴标准与经济社会发展、市场需求程度、培训成本相适应的动态调整机制，畅通培训补贴直达企业和培训者渠道，减少申领门槛限制。健全职业培训监督评价考核机制，强化培训计划的跟踪、反馈、资金使用和效果评估。

3.增强职业技能培训能力。健全职业技能培训多元供给体系，加大职业技能培训资源优化整合，为城乡劳动者提供普惠同等的职业技能培训服务。政府补贴的职业技能培训项目全部向具备资质的职业院校和培训机构开放。加强职业技能培训基础设施建设，鼓励政府与职业院校、企业共建高技能人才培训基地，推动培训设施共建共享、融合发展，增强职业技能培训基础能力。强化师资队伍建设，每年培训1000名创业培训讲师、创业咨询师，打造高素质的创业师资队伍。加快开展具有山东特色的培训教材和培训课程开发，组织开发一批具有地方特色的职业技能培训教材。支持新业态平台企业开发相关职业标准和职业培训课程。

4.强化劳动者职业素养。大力弘扬劳模精神、劳动精神、工匠精神，积极开展劳模工匠选树培育工作，深入推进"齐鲁工匠"建设工程，大力培育和选树更多的高素质专业人才和能工巧匠，充分发挥劳模精神、劳动精神、工匠精神教育基地的作用，营造劳动光荣的社会风尚和精益求精的敬业风气。加强职业素质培育，将工匠精神、职业道德、质量意识、法律知识、维权保障、安全生产、环境保护、消防知识和健康卫生等内容贯穿职业技能培训全过程。加强宣传教育，引导年轻劳动者树立正确的人生观价值观，培养敬业精神和工作责任意识。

八、改进就业条件，提升劳动者就业质量

在促进更加充分就业、确保就业大局稳定的同时，不断优化劳动者就业环境，提高劳动者岗位待遇，保障劳动者合法权益，推动实现更高质量就业。

（二十）增进劳动者就业获得感。

1.合理增加劳动报酬。健全完善企业工资宏观调控体系，完善企业工资制度，健全合理增长机制，提高劳动报酬在初次分配中的比重。稳慎调整最低工资

标准，科学发布企业工资指导线，完善企业薪酬调查和信息发布制度，为用人单位和重点群体提供薪酬分配指引，着力提高低收入群体收入，扩大中等收入群体。深化国有企业负责人薪酬制度改革，稳妥推进职业经理人薪酬制度，深入推进国有企业工资决定机制改革。健全各类生产要素由市场决定报酬的机制，增加中低收入群体要素收入。

2. 改善劳动就业环境。推动简单重复的工作环节和"危繁脏重"的工作岗位尽快实现自动化智能化替代。实施工伤预防五年行动计划，建立完善工伤预防联防联控机制。实施职业健康保护行动，加大职业病防治知识宣传教育，降低职业病发病率，保障劳动者职业健康。深入开展安全生产专项整治三年行动计划，聚焦风险高、事故易发多发的行业领域开展专项治理，推动企业落实全员安全生产责任，健全完善安全生产管理制度、风险防控和隐患排查治理机制，保障劳动者人身生命安全。

3. 提升社会保障水平。深入实施全民参保计划，以农民工、灵活就业人员和新就业形态从业人员等群体为重点，扩大社会保险覆盖面，增强社会保险制度的包容性和弹性，提高劳动者参保率。推动实现职工基本养老保险由制度全覆盖到法定人群全覆盖，促进居民养老保险适龄参保人员应保尽保。大力发展企业年金、职业年金，加快推进个人养老金发展。加快建立多层次医疗保障体系，健全完善基本医疗保险制度、大病保险制度、医疗救助制度。推进基本医疗保险、失业保险、工伤保险省级统筹。落实工程建设领域农民工按项目参加工伤保险。指导各设区的市因地制宜，统筹解决好各类就业群体的子女教育、住房保障、卫生医疗、文化生活等问题，促进劳动者稳定就业、安居乐业。

（二十一）保障劳动者合法权益。

1. 健全劳动合同制度。全面实施劳动合同制度，加大劳动合同法普法宣传力度，加强企业劳动用工指导服务，进一步规范劳动合同签订，提高劳动合同履行质量。加强劳务派遣监管，依法规范劳务派遣用工。有序推行电子劳动合同，提升劳动用工管理水平。

2. 构建和谐劳动关系。健全完善协调劳动关系三方机制。完善以职工代表大会为主要形式的企业民主管理制度，引导中小企业依法成立工会组织，在中小企业集中的地方推动建立区域性、行业性职工代表大会。开展集体协商集中要约活动，深入推进集体协商。推动企业建立劳资协商委员会、劳资恳谈会等多种形式的民主参与、民主监督、民主决策新机制，提升劳资沟通协调的制度化程度。实施劳动关系"和谐同行"能力提升行动，推进深化构建和谐劳动关系综合配套改革试点。开展和谐劳动关系创建活动。健全劳动关系领域风险监测预警制度。

专栏 12：劳动关系"和谐同行"能力提升三年行动计划

1. 和谐劳动关系百千万计划。每年选树 100 名金牌劳动关系协调员、3—5 家金牌协调劳动关系社会组织。每年认定 30 家标准化劳动人事争议调解组织作为全国百家金牌劳动人事争议调解组织备选参评对象。每年选取 50—60 户企业进行培育指导服务，打造具有影响力的劳动关系和谐企业典型。主动为新注册企业提供用工指导，力争三年服务新注册企业 10000 户左右。

2. 重点企业用工指导计划。建立完善企业用工指导服务机制，帮助企业提升用工管理水平。指导特殊困难企业采取多种措施稳定工作岗位，发挥集体协商重要作用，与职工共渡难关，有效防范化解劳动关系矛盾风险，稳定劳动关系。

---

3. 加强合法权益保障。畅通维权渠道，落实首问负责制，全面落实"双随机、一公开"监管机制，实现劳动保障维权"一网通办"、全省联动。加强劳动保障监察制度建设，健全欠薪治理长效机制，完善守法诚信等级评价，加大重大欠薪违法行为社会公布力度，强化失信联合惩戒。以贯彻实施《保障农民工工资支付条例》为抓手，以预防和解决工程建设领域拖欠农民工工资问题为重点，加强源头治理，压实政府属地责任、部门监管责任、用人单位主体责任，落实各项保障工资支付制度，持续推进治理拖欠农民工工资工作。督促企业依法落实工时制度，保障劳动者休息休假权益。督促用人单位加强对女职工经期、孕期、产期、哺乳期的特殊保护。

4. 提升劳动人事争议处理效能。依托劳动人事争议多元处理机制，加强劳动争议预防协商机制建设，指导用人单位完善协商规则，建立内部申诉和协商回应制度。进一步优化调解组织网络和工作机制，统筹利用各类调解资源，深入开展金牌调解组织和调解品牌工作室建设工作。创新办案机制，深化仲裁要素式办案方式改革，加强办案指导监督，提升仲裁终结率。加强调解、仲裁与诉讼衔接。优化调解仲裁服务流程，提升案件处理智能化水平和服务当事人能力。

九、应对形势变化，防范化解规模性失业风险

加强就业领域风险监测预警和防控应对机制建设，切实防范化解规模性失业风险，全力保障失业人员基本生活。

（二十二）加强就业监测预警。

1. 健全就业形势分析研判机制。适应经济社会发展形势变化，落实人力资源社会保障部就业统计调查制度，完善劳动力调查制度，按月做好调查失业率发布

工作。对重点行业、重点企业实施动态跟踪监测。创新失业风险监测方式，综合运用宏观经济数据、网络招聘数据、社保数据和移动通信大数据，监测劳动力市场变化，掌握劳动力流动趋势，提高形势感知、分析研判和科学研判的水平。

2.完善失业预警防控机制。坚持省市县三级联动，完善就业失业监测预警体系，搭建就业失业监测预警信息系统，合理确定监测预警指标，实时监测指标变化情况。完善规模性失业风险应急防控预案，完善应急方案和工作措施，适时发布预警信息，做好失业风险处置工作。建立企业规模裁员减员及突发事件报告制度。规范企业裁员行为，防止出现大规模裁员。建立健全舆情收集研判机制，密切关注规模裁员、失业风险等舆情，及时发布权威信息，回应社会关切。

（二十三）全面强化失业风险管理。

1.健全援企稳岗帮扶机制。全面落实各项援企稳岗政策。加强规模性失业风险应急处置，用好就业风险储备金，一旦出现企业生产经营陷入困境、大量劳动者离职离岗、规模性失业风险骤升等情况，直接用来援助企业、稳定岗位。允许困难企业在与职工协议一致的基础上采取协商薪酬、依法调整工时等办法共渡难关。

2.完善广覆盖的失业保障制度。扩大失业保险覆盖范围，加大参保扩面力度，提高政策受益率。逐步提高失业保险金标准，进一步畅通申领渠道，简化经办流程。完善失业保险援企稳岗政策、技能提升补贴政策，提高失业保险基金使用效率，充分发挥保生活、防失业、促就业功能作用。积极推进《山东省失业保险规定》修订工作，加快推进失业保险省级统筹，研究拟定相关配套政策。

3.应对外部因素对就业的冲击。重大政策、重点项目、专项治理实施过程中，涉及企业关停并转的，同步做好职工转岗转业培训和安置工作，防止出现规模性失业。积极应对人工智能对就业的影响，推动建立人工智能对就业影响协同应对机制，避免人工智能就业替代效应短期内集中释放。坚持教育和培训相结合，培养更多适应人工智能发展的高素质人才，推动产业结构、就业岗位和劳动者技能协同升级。加快构建不同行业、不同业态间的转岗机制，大规模开展人工智能应用适应性、储备性培训，提升人工智能通用技能。

十、强化组织保障，确保规划任务落地落实

坚持协调推动，凝聚工作合力，狠抓工作落实，确保规划各项目标任务扎实推进、圆满完成。

（二十四）加强统筹协调。强化各级政府促进就业责任，把就业工作摆上更加突出重要位置，纳入各级政府年度重点工作，层层抓好落实。充分发挥县级以上政府就业工作议事协调机构作用，进一步细化目标措施，明确责任分工，凝聚

就业工作合力，确保规划各项任务顺利落实。发挥人民团体和其他各类社会组织的作用，充分调动社会各方支持和促进就业的积极性。

（二十五）强化资金保障。对规划确定的重大任务，加大地方财政支持力度，统筹各类资金使用，提高资金使用效率。将就业补助资金纳入财政直达资金管理，优化适用范围和支出结构。加强资金使用绩效评估，突出结果导向。扩大就业领域社会资本进入，引导带动社会资本在就业创业服务、技能培训、职业教育、就业基础设施建设等方面发挥作用。

（二十六）开展考核激励。加强规划实施情况评估，及时总结推广好经验好做法，协调解决实施过程中的问题。适时对规划实施情况进行专项检查，对重点任务落实情况定期通报。注重正向激励作用，加大对就业工作先进地区的表扬激励，调动各地工作积极性。定期开展就业创业工作先进集体和先进个人评选表彰，选树先进典型。对不履职尽责，造成不良影响的，依规依纪依法约谈问责。

（二十七）狠抓政策落实。实施就业政策快办帮办行动，推广告知承诺制，及时公布政策清单和网上申领渠道，依托大数据比对主动识别政策对象，精准推送政策信息，持续优化"政策找人"，推行"免申即享"，增强企业群众政策获得感。加强宣传引导，多方式开展政策宣传、工作宣传、典型宣传，正确引导社会预期，营造有利于促进就业创业的良好氛围。

湖北省"十四五"就业促进规划

湖北省人民政府办公厅　2021 年 11 月 13 日

就业是最大的民生，也是经济发展最基本的支撑。为做好"十四五"时期就业工作，促进经济发展与扩大就业相协调，实现更加充分更高质量就业，根据《"十四五"就业促进规划》和《湖北省国民经济和社会发展第十四个五年规划和二〇三五年远景目标纲要》，制定本规划。

一、发展形势

（一）发展定位。

"十四五"时期是我省全面建成小康社会之后，乘势而上开启全面建设社会主义现代化强省新征程的第一个五年，也是谱写新时代湖北高质量发展新篇章的关键五年。实现更加充分更高质量就业，是"十四五"时期高质量发展的内在要求，是践行以人民为中心发展思想、扎实推动共同富裕的重要基础。习近平总书记考察湖北、参加湖北代表团审议时，多次对就业工作作出重要指示、提出明确要求，强调要切实做好"六稳""六保"工作，做好高校毕业生、农民工等重点群体就业，有针对性地开展援企稳岗扩就业等工作，加强全方位就业服务，为做好新时代湖北就业工作提供了根本遵循。省委、省政府高度重视就业工作，省委十一届七次、八次、九次全会描绘了我省经济社会发展的宏伟蓝图，要求加快建成中部地区崛起重要战略支点，明确提出实现更加充分更高质量就业，为做好新时代湖北就业工作明确了前进方向。做好"十四五"时期湖北就业工作，要深入贯彻习近平总书记重要指示批示精神，紧紧围绕我省"建成支点、走在前列、谱写新篇"的目标定位，强化就业优先政策，着力扩大就业容量，着力提升就业质量，着力提升就业服务水平，努力打造中部地区高质量就业先行区。

（二）发展基础。

"十三五"时期，湖北认真贯彻党中央、国务院决策部署，深入实施就业优先战略和更加积极的就业政策，全省就业工作取得积极进展。就业规模稳步扩大，城镇新增就业 441.79 万人，城镇登记失业率保持低位运行，沉着应对新冠肺炎疫情对就业的巨大冲击，就业形势保持总体稳定；就业结构更加优化，服务业就业人数占比从"十二五"末的 39% 提升至"十三五"末的 46.2%；重点群体就业总体稳定，高校毕业生就业创业"我选湖北"计划深入实施，农村劳动力转移就业保持在 1000 万人以上，贫困劳动力外出务工达 204.8 万人，退役军人、残疾人、妇女、退捕渔民等就业得到有力保障；就业质量进一步提升，全省在岗职工平均工资年均增长 8.4%，企业劳动合同签订率达到 90% 以上，劳动权益保障水平进一步提高；创业带动就业成效凸显，截至 2020 年末，全省市场主体达到 571.35 万户，较 2015 年末增长 38%，累计发放创业担保贷款 20.87 万笔、258.96 亿元，扶持城乡劳动者创业 58.47 万人，引导农民工、退役军人等人员返乡创业 27.05 万人。2017 年，国务院对我省就业工作真抓实干、成效明显给予通报表扬激励。2020 年，国务院对我省稳就业有关做法给予通报表扬。

专栏 1 "十三五"时期工作指标完成情况			
指标	2015 年基数	"十三五"规划目标	2020 年实现情况
城镇新增就业（万人）	〔400〕	〔350〕	〔441.79〕
城镇登记失业率（%）	4.18	5 以内	3.35
高技能人才总量（万人）	220	250	已完成
专业技术人才总量（万人）	—	400	已完成
企业劳动合同签订率（%）	92	92	94
劳动人事争议仲裁结案率（%）	95	90	92.12
注:〔〕表示五年累计数。			

（三）机遇挑战。

省委十一届九次全会提出了新时代推动湖北高质量发展、加快建成中部地区崛起重要战略支点的总体要求，强调要充分发挥湖北比较优势，深入推进"一主引领、两翼驱动、全域协同"区域发展布局，加快"建成支点、走在前列、谱写新篇"。"十四五"时期，我省仍然处于重要战略机遇期，以国内大循环为主体、国内国际双循环相互促进的新发展格局加快构建，新时代推动中部地区高质量发展提供了战略机遇，伟大抗疫精神正转化为推动发展的强大动力，湖北疫后重振的态势持续巩固，为就业长期稳定创造了良好条件。新一轮科技革命和产业变革深入发展，新型城镇化、乡村振兴带来巨大发展机遇，新的就业增长点持续涌现。

同时，就业工作面临的挑战也发生了深刻变化。外部环境的不确定性明显增加，世界百年未有之大变局加速演进，新冠肺炎疫情影响广泛深远。劳动力市场发生深刻变化，第七次全国人口普查结果反映我省已步入深度老龄化社会，对大龄劳动者就业带来新的挑战。我省高校毕业生规模保持高位运行，青年受教育年限持续增长，脱贫劳动力、失业人员、退役军人、退捕渔民等群体就业保障任务较重，对城镇就业岗位供给特别是高质量就业岗位供给带来很大压力。新就业形态和灵活就业劳动者的权益保障还存在不少短板。结构性就业矛盾将成为就业领域的主要矛盾，产业转型升级增加了对高技能人才、创新型人才的需求，新成长劳动力的教育培养、部分大龄劳动者的技能水平与市场需求还不完全匹配，人工智能等新技术发展也使得一些传统岗位面临被替代的风险。

二、总体要求

（四）指导思想。

以习近平新时代中国特色社会主义思想为指导，全面贯彻党的十九大和十九届二中、三中、四中、五中、六中全会精神，按照省委十一届七次、八次、九次全会部署，坚持以人民为中心，全面贯彻新发展理念，强化就业优先政策，扩大就业容量，提升就业质量，保障劳动者待遇和权益，有效应对失业风险，更加注重缓解结构性就业矛盾，不断增强人民群众对就业的获得感、幸福感、安全感，实现更加充分更高质量就业，推动全省人民共同富裕迈出坚实步伐，为湖北"建成支点、走在前列、谱写新篇"贡献力量。

（五）基本原则。

——坚持就业优先、协调联动。把稳定和扩大就业作为经济社会发展优先目标，就业优先政策继续强化、聚力增效，财政、金融和产业等政策合力支持稳定扩大就业，组织动员政府各部门及工会、共青团、妇联、残联等各方面力量共同促进就业。

——坚持扩大容量、提高质量。挖掘内需带动就业，加大投资创造就业，稳定外贸扩大就业，培育壮大新动能拓展就业空间，千方百计创造更多就业岗位。在开发更多高质量就业岗位上下功夫，培育高质量就业增长极。

——坚持市场主导、政府调控。充分发挥市场配置劳动力资源的决定性作用，健全劳动力要素市场化配置机制，调动各类市场主体吸纳就业积极性。强化政府责任，加大政策支持，提高基本公共就业服务能力。

——坚持提升能力、优化结构。适应高质量发展要求，强化人力资源开发，加强职业技能培训，全面提升劳动者自身素质和就业创业能力，缓解结构性就业矛盾。

——坚持突出重点、守住底线。维护劳动者平等就业权利，扎实做好就业托底工作，强化分类帮扶援助，帮助重点群体和就业困难群体就业创业，防范失业风险，兜牢民生底线。

（六）主要目标。

到 2025 年，要实现以下目标：

——就业规模总体稳定。"十四五"时期城镇新增就业 350 万人以上，重点群体就业总体稳定。城镇就业比重稳步提高，第三产业从业人员占比逐步扩大，劳动力市场供求基本平衡。

——就业质量稳步提升。劳动报酬增长与劳动生产率增长基本同步，覆盖城乡的社会保障体系更加健全，劳动者权益保障机制更加完善，人岗更加匹配，平等就业机制更加健全。

——劳动者就业能力明显提高。劳动者素质普遍提升，人才队伍规模不断扩大，占劳动者总量比重进一步提高，劳动年龄人口平均受教育年限达到 11.4 年。

——创业带动就业动能持续释放。创业政策服务体系更加健全，创业孵化载体数量稳步增长，创业融资支持力度进一步加大，劳动者投身创新创业活动积极性不断增强。

——失业风险有效控制。城镇调查失业率控制在 6% 以内，就业困难人员就业援助机制更加完善，失业预警和风险防控应对机制不断健全。

——公共就业服务体系更加健全。全方位公共就业服务体系更加完善，建设或整合一批县级就业和社会保障服务中心、一批乡镇级就业和社会保障服务站，就业服务标准化、智慧化、便民化、均等化水平明显提高。

专栏2 "十四五"时期主要指标				
指标	2020 年基数	2025 年目标	年均/累计	属性
城镇新增就业（万人）	75.18	—	＞〔350〕	预期性
城镇就业占比（%）	57.4	＞62.5	—	预期性
城镇调查失业率（%）	—	—	＜6	预期性
脱贫人口务工规模（万人）	204.8	—	＞200	预期性
基本养老保险参保率（%）	90.67	95.0	—	预期性
失业保险参保人数（万人）	651	680.0	—	约束性

指标	2020 年基数	2025 年目标	年均 / 累计	属性
开展补贴性职业技能培训人次（万人次）	〔309〕	—	〔250〕	预期性
劳动年龄人口平均受教育年限（年）	10.97	11.4	—	约束性
注:〔 〕表示五年累计数。				

三、坚持经济发展就业导向，促进就业扩容提质

（七）强化就业优先政策。把稳定和扩大就业作为经济社会发展的优先目标，加快推进我省疫后重振和高质量发展，扩大就业容量，提升就业质量，推动形成高质量发展与就业扩容提质互促共进的良性循环。强化财政、货币、投资、消费、产业、区域等政策支持就业，实现与就业政策协同联动。建立健全经济发展、产业结构调整与扩大就业良性互动的长效机制，实施重大产业就业影响评估，明确重要产业规划带动就业目标，实施省级重点项目投产达效与促进就业精准对接，优先投资就业带动能力强的产业。积极应对人工智能等智能化技术应用给就业带来的影响，避免其就业替代效应短期内集中释放。推动城镇建设用地增加规模与吸纳农业转移人口落户数量挂钩。推进武汉城市圈同城化发展和"襄十随神"城市群、"宜荆荆恩"城市群一体化发展，做大做强县域经济，扩大区域就业承载力。按照国家部署，探索开展高质量就业地区试点工作。

（八）增强产业吸纳就业能力。加快先进制造业发展，全面推进新一轮技术改造升级，推进重点传统产业高端化、智能化、绿色化，促进制造业高质量就业。实施战略性新兴产业倍增计划，打造"光芯屏端网"、大健康等具有国际竞争力的万亿产业集群，提供更多高质量就业机会。实施现代服务业提速升级行动，推进服务业标准化、品牌化建设，培育更多就业增长点。支持生产性服务业创新发展，加快家政、育幼、养老等社区生活服务业高品质和多样化升级，稳定开发社区超市、便利店、社区服务和社会工作岗位，持续扩大服务业就业。加快推动农村一二三产业融合发展，实施家庭农场、农民合作社等新型农业经营主体培育提升行动和高素质现代农民培育计划，拓宽农村电子商务、乡村休闲旅游、农业生产性服务业等新产业新业态就业空间，吸纳更多农村劳动力就业。

（九）壮大市场主体吸纳就业。坚定不移发展国有经济，做强做优做大国有企业，支持民营经济等非公有制经济健康发展，全面落实减负、稳岗、扩就业政

策，对不裁员、少裁员的企业按规定实施失业保险稳岗返还政策，支持各类企业吸纳更多重点群体就业。贯彻《湖北省实施〈中华人民共和国中小企业促进法〉办法》，大力实施中小企业成长工程，加大对中小企业和个体工商户财税、金融等政策支持，落实减税降费政策，推动降低用能、用网、物流成本。引导中小微企业走专业化、精细化、特色化、新颖化发展之路，加大奖励支持力度，不断提高"专精特新"企业的数量和比重，巩固提升中小微企业吸纳就业主力军作用。着力优化营商环境，弘扬"有呼必应、无事不扰"的店小二精神，更好激发市场主体活力。

（十）坚持促进内需扩大就业容量。提高城乡居民收入水平，加快推进教育现代化，完善社会保障体系，提升全民健康水平，巩固提升消费者信心。优化消费供给，壮大生活服务消费，释放农村消费潜力，拓展文化旅游、医疗健康、体育健身、教育知识等消费，创造更多就业增长点。聚力打造消费服务平台，丰富电商经济、夜间经济、小店经济、会展经济、节会经济等消费场景，打造现代商品交易市场、特色商业街、数字街区，促进线上线下消费深度融合，充分释放消费潜力。助力企业内外贸联动发展，畅通国内外循环渠道，支持武汉市打造国际消费中心城市，支持襄阳市、宜昌市打造区域消费中心城市，为扩大就业提供坚实支撑。

（十一）支持鼓励多渠道灵活就业。促进个体经营发展，支持灵活就业人员开办小微实体，扩大非全日制就业，支持数字经济、平台经济等新业态新模式健康发展。把灵活就业岗位供求信息纳入公共就业服务范围，免费发布供求信息，按需组织专场招聘。鼓励人力资源服务机构发布短工、零工、兼职等需求信息，鼓励有条件的城市在零工聚集地设置零工市场。严格落实《关于维护新就业形态劳动者劳动保障权益的指导意见》，规范平台企业用工，明确平台企业劳动保护责任，引导支持灵活就业人员和新就业形态劳动者参加社会保险。对符合条件的灵活就业人员给予社保补贴。按照国家统一部署，在外卖、出行等行业开展先行试点，探索建立新就业形态职业伤害保障制度。推进灵活就业人员参加住房公积金制度试点工作。

专栏3　零工市场建设计划

　　鼓励支持各地利用闲置学校、厂房、房产或政府新建的方式建设相对集中、管理规范的零工市场，为零工就业者提供物理服务空间，并同步开展就业创业政策宣传、招聘求职信息发布等服务。"十四五"期间，每个县（市、区）城区至少建设1个零工市场。

四、大力促进创业带动就业，释放就业倍增效应

（十二）持续优化创业环境。持续推进优化营商环境革命，深化"放管服"改革，推动"证照分离"改革全覆盖，全面实施市场准入负面清单制度，最大限度解除对创业的束缚。实行企业开办"210"标准，逐步推动企业开办全程网上办。全面推行企业登记"智慧办"，实现一般企业设立登记"秒批"。对新产业新业态实施包容审慎监管，建立便利、高效、有序的市场主体退出制度。推进创业领域信用体系建设，加强失信联合惩戒。实行以公平为原则的知识产权保护制度，探索建立知识产权侵权快速反应机制。健全市场监管机制，完善"双随机、一公开"监管、线上线下一体化监管、信用监管、跨部门协同监管等新型监管方法。

（十三）加大创业政策支持。落实支持初创实体的税收、用地、融资等方面优惠政策，进一步降低创业成本。严格落实支持和促进重点群体创业就业税收政策，扣除限额（定额）按照国家规定的最高上浮幅度执行。加大创业补贴、创业扶持项目等政策支持力度，加大对初创企业在场地支持、设施提供、房租减免、住房优惠等方面的政策扶持。用足用好创业担保贷款政策，持续扩大贷款覆盖面，降低反担保门槛，推行电子化审批，提升网络平台创业主体和小微企业创业主体贷款的便捷性和可获得性。对银行业金融机构发放的普惠小微首次贷款，省级财政部门予以奖励。积极拓宽投融资渠道，强化对初创企业的融资支持，拓宽创业企业直接融资渠道。大力发展创业投资，对带动就业能力强的创业投资企业予以引导基金扶持、政府项目对接等政策支持，更好发挥私募股权、风险投资和天使投资基金等对创业的推动作用。

（十四）提升创业服务水平。加快完善创业服务网络，加强创业服务队伍建设，将创业服务进一步向社区、校区、园区延伸，积极培育市场化创业服务机构，打造创业服务品牌，实现与公共创业服务优势互补。发展"互联网＋"创业服务。健全创业培训体系，鼓励高等学校、中等职业学校、技工院校、培训机构等开设创业培训课程，深入实施创业培训"马兰花计划"，为有创业意愿和培训需求的城乡各类劳动者开展创业培训。提高创业培训师资水平，支持优秀创业培训师资成立创业指导工作室。推广创业导师制，壮大青年、农村创业导师队伍。搭建创业服务平台，打造创业培训、创业实践、咨询指导、跟踪帮扶等一体化创业服务体系，提高创业孵化基地建设质量，打造一批示范性创业孵化载体。积极发展"互联网平台＋创业单元"模式，提升初创企业成长率和持续发展能力。依托现有各类产业园区加强返乡入乡创业园建设。

专栏 4　创业创新示范基地建设工程
启动第二批省级双创示范基地创建工作，继续认定一批高校大学生创业示范基地，提升省级大学生创业孵化示范基地建设水平，确定一批退役军人就业创业园地。"十四五"末，全省国家级小型微型企业创业创新示范基地达到 32 个，省级小型微型企业创业创新示范基地达到 100 个。

　　（十五）激发各类劳动者创业活力。持续优化创业生态，支持和鼓励事业单位科研人员创新创业，完善科研人员职务发明成果权益分享机制。激发和保护企业家精神，促进高端人才向企业集聚，推动科技和人才资源更好为企业创新服务。持续培育示范创业项目，实施湖北省大学生创业扶持项目，促进大学生等青年群体创业，鼓励留学回国人员创业，深入实施"我兴楚乡、创在湖北"返乡创业行动，开展社会服务领域双创带动就业、高校毕业生创业就业"校企行"、大中小企业融通创新、精益创业带动就业等专项行动。在家政、养老、托育、乡村旅游、家电回收等用工规模较大的社会服务领域推出更多创业带动就业示范项目。开展创业型城市示范创建，支持争创国家级创业型城市。组织各类双创活动周、创业大赛等主题活动，持续举办大学生、退役军人、农民工、妇女等群体的创业赛事，充分利用各类媒体加强宣传，打造品牌创业栏目，持续营造创业氛围。

专栏 5　"我兴楚乡、创在湖北"返乡创业行动
持续推进"我兴楚乡、创在湖北"返乡创业行动，改造 17 个返乡入乡创业园区（基地）、60 个返乡入乡创业孵化中心和 200 个返乡入乡创业一条街。完善返乡创业扶持政策，落实返乡创业补贴、创业担保贷款、创业指导等政策措施。鼓励引导退役军人投身乡村振兴。积极推进返乡创业示范创建工作，认定一批省级返乡创业示范县、示范园和示范项目并给予奖补。

专栏 6　促进创业品牌活动
开展双创活动周系列活动。举办"创业湖北""军创杯""中国创翼""创立方""创青春"、妇女手工创业创新大赛等创业大赛。举办"创业青年说"等电视栏目。举办湖北省"马兰花"创业培训讲师大赛。

五、完善重点群体就业支持体系，促进多渠道就业创业

（十六）切实做好高校毕业生就业工作。拓宽就业渠道，支持科技含量高的智力密集型产业特别是战略性新兴产业、现代服务业加快发展，开发更多适合高校毕业生的高质量就业岗位。统筹用好市场吸纳、创业引领、基层成长、见习推进等手段，拓宽市场化社会化就业渠道。加强职业生涯教育和就业创业指导，从社会、学校、家庭等层面培育大学生正确的就业观、择业观。支持高校毕业生参加就业见习和职业培训，支持争创国家级就业见习示范单位，举办湖北省大学生模拟求职大赛，提升就业创业能力。鼓励和支持更多高校毕业生自主创业，推进创业带动就业。实施"才聚荆楚"工程，落实就业创业补贴、税收优惠、金融支持等政策，大力推进高校毕业生留鄂来鄂就业创业。健全校内校外资源协同共享的高校毕业生就业服务体系，做实高校毕业生就业服务平台、"24365智慧就业"平台、"团团微就业"平台，持续开展"湖北百校联动""百日千万网络招聘""千校万岗·就业有位来"等招聘活动，深化线上线下就业服务。完善离校未就业高校毕业生实名登记服务机制，做到就业服务"不断线"。

专栏 7　"才聚荆楚"工程

促进更多高校毕业生留鄂来鄂就业创业，推行高校毕业生先落户后就业，发放租房和生活补贴，增加优质岗位供给，扩大企业吸纳规模，稳定政策性岗位，大力引导到基层就业，给予创业补贴、创业担保贷款、创业资金、场地租金补贴等扶持，打造创业孵化示范平台，大规模开展就业见习，优化就业创业服务，推行"高校毕业生就业"一件事打包办。

（十七）支持退役军人就业创业。将退役军人按规定纳入就业创业、教育培训等扶持政策范围，并进一步加大优待力度。完善退役军人适应性培训机制，积极开展退役前技能储备培训，加强退役后职业技能培训，健全学历教育支持政策，提升退役军人就业创业能力。研究制定适合退役军人优先就业岗位目录。党政机关、群团组织、事业单位和国有企业在招录或招聘人员时，对退役军人的年龄和学历条件可适当放宽，同等条件下优先招录（聘），并实行定向招录（聘）等优惠政策。促进退役军人投身乡村振兴，培育一批致富带头人，推动退役军人在乡村就业。持续推进"权威推荐＋自主选择"的企业合作模式。开展"1+N"退役军人专场招聘活动，引导退役军人到重点行业、开发区和城乡基层就业。落实企业吸纳退役军人就业奖补等政策，鼓励企业优先招用退役军人。各县（市、区）人民政府每年至少组织2次退役军人专场招聘活动。建立退役军人创业扶持

机制，健全退役军人困难群体就业援助机制。完善退役军人就业服务功能，建立湖北省退役军人及优抚对象就业创业基础信息库。

专栏 8　退役军人就业创业扶持计划

　　紧盯有提升技能和转岗需求的退役军人，开展退役军人高技能培训和高质量就业行动。发动社会各界特别是退役军人创办的企业，开展"手拉手、帮战友"活动。建立创业帮扶机制，分行业分区域成立军创企业联盟，建设退役军人创业孵化基地或专区，开展"军创帮办"行动。

　　（十八）促进农村劳动力转移就业。围绕新型城镇化建设、实施乡村振兴和扩大内需战略，加快发展县域经济，推进"百强进位、百强冲刺、百强储备"，更大力度促进我省农村劳动力就地就近就业。扶持就业容量大的劳动密集型制造业、生活性服务业发展，吸引农民工在农业前端、后端和农村内部就业。引导社会资本下乡，增加农民工就业岗位。加强基础设施建设，鼓励开展以工代赈吸纳农民工就业。创立完善一批农民工返乡创业示范园区、电商孵化基地，带动邻里乡亲就业。深入推进省内省际劳务协作，不断提高劳务输出组织化、有序化程度，加强劳动力跨区域精准对接，创建区域劳务输出品牌，培育和发展乡镇、村两级劳务组织和经纪人。开展创建农村劳动力转移就业示范县工作。深化拓展"春风行动"，围绕地方经济发展和产业转型升级，有针对性地举办各类招聘会，组织送岗位下乡进村入户，拓展"直播带岗"等线上招聘。加强 30 县 300 村农村劳动力转移就业监测。

专栏 9　为农民工办实事活动

　　统筹协调各方面力量，每年为我省农民工在子女教育、城镇落户、公共卫生、住房保障等公共服务方面办一批实事。

专栏 10　劳务品牌培育计划

　　支持劳务品牌创建孵化、技能培训、劳务输出，指导地方围绕本地历史传承、产业特色、培训优势、市场需求等，打造一批叫得响的区域劳务品牌，发挥劳务品牌倍增效应，打造地方就业创业名片，助推区域性产业集群发展，促进劳动者高质量就业。

（十九）统筹做好其他群体就业工作。完善城镇青年就业支持体系。增强城镇青年职业发展能力，开展湖北青年就业公开课、湖北青年就业大讲堂、"直播带货"技能培训，针对初高中毕业未升学青年、进城务工青年、转岗青年职工等不同群体，分类实施专项培训。鼓励扶持更多城镇青年自主创业、成长成才，实施农村青年创业"田园小康"项目，推动实施青年创业导师陪跑者计划，深入实施湖北"青创贷"项目。精准开展城镇青年就业帮扶，为城镇青年创造多样化就业机会，开展岗位见习、志愿服务等社会实践，帮助城镇青年深刻了解社会、正确定位自己。实施青年就业启航计划，对城镇长期失业青年开展实践引导、分类指导和跟踪帮扶，促进其进入市场就业。

做好脱贫人口稳就业工作。严格落实"四个不摘"总体要求，保持脱贫人口就业规模总体稳定。健全劳务协作机制，将脱贫人口作为优先保障对象，加大有组织输出力度，保持外出务工规模总体稳定。支持脱贫地区大力发展县域经济，发展一批当地优势特色产业项目，扶持就业帮扶车间等就业载体，鼓励返乡入乡创业，带动脱贫劳动力就近就地就业。乡村公益性岗位优先安置脱贫人口中的弱劳力、半劳力。将乡村振兴重点帮扶县、易地扶贫搬迁安置区作为重点地区，积极引进适合当地群众就业需求的劳动密集型、生态友好型项目或企业，扩大当地就业机会，组织专项就业服务活动实施集中帮扶。

做好困难群体就业援助。健全就业援助长效机制，组织开展"就业援助月"等公共就业服务专项活动，促进失业人员、就业困难人员尽快就业，确保零就业家庭动态清零。进一步规范公益性岗位使用管理，适时动态调整岗位规模和安置对象范围等，充分发挥兜底安置功能。鼓励社会各方面力量帮助残疾人就业、自谋职业，全方位扶持残疾人创业，推进党政机关、社会团体、企事业单位和民办非企业单位按相关规定安置残疾人就业。

帮扶其他群体就业。利用大龄劳动者工作经验足、技术积累深、责任心强等特点，积极挖掘人力资源潜力，帮扶大龄就业困难人员实现就业创业。支持妇女平等就业，持续开展"楚凤巧手"培训计划，实施创新创业巾帼行动，为因生育中断就业的女性提供再就业培训公共服务，促进更多妇女高质量就业。持续做好长江禁捕退捕渔民就业帮扶，通过发展产业、务工就业、支持创业、公益性岗位安置等多种方式促进渔民转产转业，对有培训需求的退捕渔民做到"应培尽培"，切实维护退捕渔民的社会保障权益，确保退捕渔民上岸就业有出路、生活有保障。

六、加快提升劳动者技能素质，着力缓解结构性就业矛盾

（二十）深入实施技能强省战略。加快构建现代职业教育体系，优化职业教

育结构和布局，建设一批高水平职业院校（含技工院校，下同），为湖北高质量发展提供技能人才支撑。落实高职扩招三年行动计划，推进高职院校"分类招考"。推行"学历证书＋职业技能等级证书"制度。大力发展技工教育，持续推进技工教育"品牌学校、品牌专业"建设，加大师资队伍建设力度，推动形成技师学院、高级技工学校、技工学校梯次发展、有序衔接、布局合理的技工教育体系。深化产教融合、校企合作，引导高等院校和职业院校围绕湖北"51020"现代产业体系调整优化学科专业体系，开展产教融合建设试点工程，打通产学研一体化深度融合渠道。对进入湖北省产教融合型企业认证目录的企业，给予组合式激励。健全高技能人才激励机制，继续开展"湖北工匠"评选表彰活动，持续开展技能强省战略工程示范县认定工作，"十四五"期间，力争遴选 20 个左右技能强省示范县。

专栏 11　产教融合建设试点工程

推进职业院校人才培养与企业联盟、与行业联合、同园区联结，打通产学研一体化深度融合渠道。建立湖北产教融合信息服务平台，推进组建实体化运作的湖北行业产教融合联盟，对进入湖北省产教融合型企业认证目录的企业，给予"金融＋财政＋土地＋信用"的组合式激励，并按规定落实相关税收和专项奖补政策。发挥示范引领作用，"十四五"末，试点布局建设 3 个左右湖北省产教融合型城市，打造形成 5 个左右湖北省产教融合标杆行业，遴选建设培育 400 个左右产教融合型企业。

（二十一）大力开展职业技能培训。加快推进职业技能提升行动和重点群体专项培训计划，大规模开展职业技能培训，支持中小企业以工代训、困难企业职工在岗培训，全面推广企业新型学徒制，进一步放宽培训对象范围，促进制造业产业链、创新链与培训链有效衔接。广泛开展新业态新模式从业人员技能培训，全面加强大数据、云计算等新技术培训。优化培训公共服务，大力推进"互联网＋"职业技能培训。面向全省市、县特色产业从业人员，加强技能培训，创新政策支持，打造一批技能品牌，助力乡村振兴。加强培训基础能力建设，新建一批职业技能公共实训基地，鼓励各类院校、职业培训机构、就业训练中心、高技能人才培训基地开展职业技能培训，推动培训设施共建共享、融合发展。完善以世界技能大赛和中华人民共和国职业技能大赛为龙头、"湖北工匠杯"职业技能大赛为主体、企业技能练兵比武为基础的职业技能竞赛体系，每年组织开展行业职业技能竞赛 30 项左右。持续推进世界技能大赛集训基地、专家团队、选手梯

队建设，重点建设 10 个左右世界技能大赛国家级集训基地、20 个省级示范集训基地。

专栏 12　湖北省公共实训基地建设工程

采取整合政府、学校、企业等资源合作共建公共实训基地的形式，从专业、区域、产业集群三个层次进行公共实训基地建设，计划到"十四五"末，建设或整合一批制造业公共实训基地，围绕 5G、人工智能、量子科技、区块链、石墨烯等高科技领域，建设一批战略性新兴产业领域公共实训基地；围绕新一代信息技术、新材料等重点行业，特别是大数据、云计算、工业互联网等重点领域，建设一批先进制造业领域公共实训基地；围绕具有湖北特色优势的冶金、汽车、纺织、建筑等产业，建设一批特色优势产业领域公共实训基地。

专栏 13　高技能人才培训基地建设工程

在有条件的地区、行业、企业和技工院校建设国家级高技能人才培训基地 15 个、国家级技能大师工作室 25 个、省级高技能人才培训基地 50 个、省级技能大师工作室 100 个。

（二十二）深化技能人才管理改革。完善技能人才培养、选拔、使用、评价、激励机制。健全以职业资格评价、职业技能等级认定和专项职业能力考核为主要内容的技能人才评价制度，形成科学化、社会化、多元化的技能人才评价机制。健全技能人才评价监管服务体系，加快推进政府职能转变，加强对用人单位和社会培训评价组织及其评价活动的监督管理。探索职业技能等级证书与学历证书互通衔接。进一步打通高技能人才与专业技术人才职业发展通道，促进人才评价与培养使用激励等措施相互衔接。推动企业建立多职级的技能人才职业发展通道，建立以体现技能价值为导向的技能人才薪酬分配制度，大力提高技能人才社会地位和待遇。

七、建设高标准人力资源市场体系，促进劳动力和人才社会性流动

（二十三）健全人力资源市场体系。贯彻落实《湖北省人力资源市场条例》，健全统一开放、竞争有序的人力资源市场体系，发挥市场在人力资源配置中的决定性作用。开展人力资源服务许可告知承诺制试点，加强人力资源市场培育。发展专业性、行业性人力资源市场，加强人力资源市场供求信息监测体系建设，编制发布人力资源市场就业景气指数。推动人力资源服务企业聚集发展、创新发

展，做大做强武汉国家级人力资源服务产业园，建设一批省级人力资源服务产业园，鼓励市州建立具有地域和产业特点的人力资源服务产业园，推动武汉城市圈、"宜荆荆恩"城市群、"襄十随神"城市群在人力资源领域实现区域一体化发展。提高人力资源服务机构国际国内竞争能力，鼓励开展平等、互利的人力资源国际国内合作与交流，充分开发利用国际国内人力资源。加强人力资源服务机构诚信体系建设，加强人力资源市场事中事后监管，开展专项整治行动，规范人力资源市场秩序。保障城乡劳动者享有平等的就业权利，依法纠正身份、性别等就业歧视现象。

（二十四）推动人力资源服务业高质量发展。建立专业化、信息化、产业化、国际化的人力资源服务体系，实现公共服务有效保障，经营性服务逐步壮大，服务就业创业与人力资源开发配置能力显著提高，人力资源服务业对经济增长贡献率稳步提升。优化产业结构，鼓励发展人力资源管理咨询、高级人才寻访、人才测评等高人力资本、高技术、高附加值业态，促进服务主体进一步多元化，服务业态更加丰富，产品附加值显著提高，各类业态协调发展。壮大人才队伍，加大行业高层次人才培养和引进力度，不断提高从业人员专业化、职业化水平。提升服务能力，培育人力资源服务业"领军企业"，创新应用大数据、人工智能、区块链等新技术，推动人力资源服务创新发展，提高规模化、品牌化和信息化水平。

专栏14　人力资源服务业发展行动计划

　　培育领军企业，重点培育一批有核心产品、成长性好、具有国际竞争力的综合性人力资源服务企业，每年认定一批全省人力资源服务业领军企业。建设产业园区，鼓励和支持建设符合市场需求的人力资源服务产业园，发挥园区集聚产业、拓展服务、孵化企业、培育市场的功能。开展诚信主题创建行动，每年选树一批诚信人力资源服务示范典型，发挥示范机构诚信带头引领作用，促进人力资源服务业健康发展。

（二十五）促进劳动力和人才社会性流动。围绕"一主引领、两翼驱动、全域协同"的区域发展布局，建立健全区域合作机制、区域互助机制、区际利益补偿机制，加强省内协同发展和省际交流合作，加快推进以人为核心的新型城镇化，加强县城、中心镇、中心村建设，促进农业转移人口向县城集聚，促进农业转移人口就近就地城镇化。深化户籍制度改革，全面放开除武汉中心城区外的全省其他地区落户限制，高校毕业生可凭毕业证书在省内合法稳定住所或拟就业创

业地城镇落户。推动省内以经常居住地登记户口、户口迁移异地办结等机制。保障常住人口享有与户籍人口同等的教育、就业创业、社会保险、医疗、住房保障等基本公共服务，加快完善基本公共服务与常住人口挂钩的配套政策。加强流动人员档案服务保障，推行"一点存档、多点服务""线上申请、异地通办"。逐步消除地区、城乡、户籍、身份、年龄等影响平等就业的制度障碍，增强劳动力市场包容性。拓展基层人员发展空间，加大对基层一线人员奖励激励力度，引导人才向基层一线流动。

八、完善统筹城乡的公共就业服务体系，提供全方位公共就业服务

（二十六）加强公共就业服务体系建设。实施提升就业服务质量工程，完善公共就业服务机构设置，完善街道（乡镇）、社区（村）服务平台，构建覆盖城乡的公共就业服务网络。合理配置公共就业服务机构人员，加强职业指导、职业信息分析、创业指导等专业化、职业化队伍建设，完善工资待遇等激励保障措施。推进农村基本公共就业服务供给县乡村统筹，推动公共就业服务向农村延伸，实现城乡常住人口便利共享。综合运用就业补助资金等，支持用工密集的中心城市、劳动力密集的欠发达地区建设一批劳动力市场，结合区域发展布局和地区产业结构，建设一批专业性人才市场。

专栏 15　就业服务建设工程

促进城乡公共资源合理配置，实现城乡就业公共服务便利共享。持续改善农村地区、易地扶贫搬迁大型安置区、革命老区、少数民族地区和欠发达地区公共就业服务水平和质量。"十四五"时期，全省建设或整合一批县级就业和社会保障服务中心、一批乡镇级就业和社会保障服务站。在人口密集的自然村和社区设置就业服务工作站，健全"15 分钟就业服务圈"。

（二十七）提高公共就业服务信息化水平。推动以"互联网 +"、大数据和人工智能为代表的新技术在全省就业领域的广泛应用，充分利用"湖北智慧就业服务平台""湖北公共招聘网"，构建全省统一、线上线下一体的就业创业服务，强化经办、监管、统计、分析、风险管控、大数据应用、智慧服务等功能，支持资金审核监管和服务绩效考核，支撑就业形势分析研判。推动服务向移动终端、自助平台延伸，打造集政策解读、业务办理等于一体的人工智能服务模式。

（二十八）提升公共就业服务质效。强化公共就业服务保基本、兜底线功能。健全公共就业服务标准体系，统一公共就业服务视觉识别系统，推动标准化服

务。加强公共就业服务人员专项培训，提升服务能力。完善对用人单位尤其是重点企业用工常态化服务机制，提供全方位、多渠道、常态化的用工服务和指导。针对不同时段特点和不同群体需求，举办多样化公共就业服务活动。创新公共就业服务模式，鼓励引导社会力量广泛深入参与就业服务。持续开展"减证便民"行动，简化优化服务流程，加强跨辖区、跨层级、跨业务经办衔接，扎实推进公共就业服务"一网通办、一窗通办、一事联办"，深入推进行风建设，优化 23℃就业服务。开展公共就业服务示范城市、充分就业社区建设。

九、优化就业环境，提升劳动者收入和权益保障水平

（二十九）健全劳动关系协调机制。加强协调劳动关系三方机制建设，健全政府、工会、企业共同参与的协商协调机制。实施劳动关系"和谐同行"计划，推进深化构建和谐劳动关系综合配套改革试点和构建和谐劳动关系综合试验区建设。全面实行劳动合同制度，进一步提高劳动合同履约质量。推行集体协商和集体合同制度，不断扩大集体合同覆盖面。加强劳务派遣用工监管，规范特殊工时、休息休假和劳动定额定员管理，落实女职工和未成年工劳动保护。将生育友好作为用人单位承担社会责任的重要内容，鼓励用人单位制定有利于职工平衡工作和家庭关系的措施，依法协商确定有利于照顾婴幼儿的灵活休假和弹性工作方式。完善就业失业登记、社会保险登记、劳动用工备案三项业务信息共享、统一登记和业务协同制度。建立健全劳动关系风险监测预警和群体性事件应急处置机制。

专栏 16　劳动关系"和谐同行"计划

　　三年打造 10 家金牌协调劳动关系社会组织、10 家金牌劳动人事争议调解组织，每年打造 100 名金牌劳动关系协调员，三年培育 100 户以上劳动关系和谐企业，每年服务 3300 户以上新企业用工。每五年评选表彰一次湖北省劳动关系和谐企业、工业园区和先进个人，分别授予 60 家"湖北省劳动关系和谐企业"、10 个"湖北省劳动关系和谐工业园区"和 80 名"湖北省构建和谐劳动关系先进个人"称号。

（三十）合理增加劳动报酬。健全劳动、知识、技术、管理等生产要素由市场评价贡献、按贡献决定报酬机制，提高劳动报酬在初次分配中的比重，实现劳动报酬增长与劳动生产率增长基本同步。扩大中等收入群体，增加低收入者收入。实施企业薪酬指引计划，落实企业薪酬调查和信息发布制度。推行企业工资

集体协商制度。适时开展最低工资标准执行情况评估，稳慎调整最低工资标准。建立国有企业差异化的薪酬分配办法，完善津贴补贴和福利政策，加强工资内外收入监督管理，规范国有企业工资收入分配秩序。

（三十一）维护劳动者合法权益。建立企业全员安全生产责任制度，压实企业安全生产主体责任。严格执行安全生产法，加强对高危行业建设项目的监管。推动简单重复的工作环节和"危繁脏重"的工作岗位尽快实现自动化智能化，加快重大安全风险领域"机器换人"。贯彻落实《保障农民工工资支付条例》《湖北省保障农民工工资支付办法》，依法保障农民工工资支付。健全劳动保障守法诚信体系，规范用人单位守法诚信等级评价、重大违法行为社会公布、拖欠农民工工资失信联合惩戒对象名单管理。畅通劳动者举报投诉渠道，查处和督办重大劳动保障违法案件。打造劳动人事争议调解仲裁多元处理格局，完善仲裁准司法制度，建立符合企事业单位特点的争议预防调解机制。

（三十二）提升劳动者社会保障水平。健全多层次社会保障体系，持续推进全民参保计划，提高劳动者参保率。推动实现基本养老保险由制度全覆盖到法定人群全覆盖，积极促进有意愿、有经济能力的灵活就业人员参加企业职工基本养老保险。大力发展企业年金、职业年金。规范实施企业职工基本养老保险省级统筹，落实企业职工基本养老保险全国统筹要求，稳步推进缴费基数标准、基本养老金计发基数标准全省统一。推进失业保险、工伤保险省级统筹。加强失业保险参保扩面工作，重点推动中小微企业、农民工等单位和人群积极参加失业保险。畅通失业保险待遇申领渠道，完善失业保险支持参保企业稳岗、参保职工提升技能政策体系，提高失业保险基金使用效率。落实工程建设领域农民工按项目参加工伤保险，科学合理提高工伤保险待遇水平，实现工伤保险政策向职业劳动者的全覆盖。完善社会保险公共服务平台，进一步优化社会保险关系转移接续工作。

（三十三）营造劳动光荣的社会风尚。积极引导、培育劳动者树立正确人生观、价值观、就业观，培养敬业精神和工作责任意识。充分利用报刊、广播、电视、网络和"两微一端"等媒体平台，讲好湖北工匠故事，大力宣传技能人才模范事迹、先进典型，展示优秀技能人才风采，总结推广各地好经验、好做法，在全社会大力弘扬劳模精神、劳动精神、工匠精神，营造劳动光荣的社会风尚和精益求精的敬业风气。

十、构建有力的保障支撑体系，确保规划落地见效

（三十四）加强就业统计监测。适应经济社会发展形势变化，构建覆盖劳动力市场、企业用工主体和劳动者个体的就业失业统计调查体系，严格真实开展就业统计，更加全面准确反映就业状况。完善劳动力调查制度，扎实推进省级月度

调查失业率统计调查。

专栏 17　劳动力调查制度

加强省级就业失业监测，根据第七次全国人口普查数据调整抽样设计，并在当前调查基础上适当扩大样本量，建立省级调查失业率定期统计发布制度。

（三十五）强化失业风险应对。多维度开展重点区域、重点群体、重点行业、重点企业就业监测，及时分析研判就业市场变化，强化风险预警预判。着力防范化解企业规模裁员和失业风险。切实发挥失业保险功能，保障参保失业人员基本生活。有条件的地方可设立就业风险储备金，用于应对突发性、规模性失业风险。

（三十六）完善就业目标考核。健全"就业综合指数"考核机制，将就业目标完成、就业工作开展情况，纳入市州党政领导班子政绩目标考核和县域经济考核等考核体系。探索建立就业工作先进地区激励办法，对落实稳就业政策措施工作力度大、促进重点群体就业创业成效较好的地方，加大表扬激励和资金支持力度。

（三十七）加大就业资金保障。统筹用好就业补助资金、失业保险基金等，用于企业稳定岗位、鼓励就业创业、保障基本生活等稳就业支出。切实加强就业补助资金使用监管，强化预算执行和监督。

（三十八）加强规划组织实施。把党的全面领导贯彻和体现到促进就业工作的各领域、各方面、各环节，确保党中央、国务院关于就业工作的决策部署和省委、省政府工作要求落到实处。落实各级政府促进就业责任，充分发挥各级就业工作领导小组作用，凝聚就业工作合力，抓好规划组织实施。

广东省促进就业"十四五"规划

广东省人民政府　2021 年 12 月 4 日

　　根据国务院《"十四五"就业促进规划》和《广东省国民经济和社会发展第十四个五年规划和 2035 年远景目标纲要》《广东省人力资源和社会保障事业发展"十四五"规划》，为推进全省促进就业工作，制定本规划。规划期限为 2021 年至 2025 年，远景展望至 2035 年。

第一章　总体要求

第一节　发展环境

　　"十三五"期间，面对错综复杂的国际形势、艰巨繁重的国内改革发展稳定任务，特别是新冠肺炎疫情、中美经贸摩擦的冲击，省委、省政府始终坚持以人民为中心的发展思想，将就业摆在"六稳""六保"之首，作为宏观调控的优先目标，形成"促进就业九条"系列政策体系，打出减负稳岗扩就业"组合拳"，就业形势总体稳定，就业结构持续优化，新就业形态不断涌现，就业质量稳步提升。城镇新增就业超过 700 万人，年度平均城镇调查失业率控制在 5.5% 以内，城镇登记失业率始终在 3.5% 以内，高校毕业生、异地务工人员等重点群体就业保持稳定，外省贫困劳动力在粤稳定就业率达 90% 以上，省内未就业贫困劳动力实现动态归零。

　　"十四五"时期，我省经济社会平稳健康发展的基础依然坚实，发展韧性好、潜力足、回旋空间大，应对重大风险和挑战的能力明显增强。省委、省政府高度重视就业工作，把就业摆在经济社会发展优先位置，"一核一带一区"主引擎作用全面强化，"双区"和"两个合作区"建设等国家重大战略效应叠加，有力牵引带动我省加快形成高水平全面开放新格局和高质量发展高地，为就业长期稳定创造了良好条件；创新强省建设和制造强省建设深入推进，双循环发展格局加快构建，数字经济、平台经济加速发展，就业岗位扩容提质，新兴就业创业机会日益增多；新型城镇化、乡村振兴孕育巨大发展潜力，新的就业增长点不断涌现。

315

但也要看到，当前和今后一段时期，我省就业领域固有矛盾依然存在，就业形势依然复杂严峻，同时还面临新形势新问题新挑战，稳定和促进就业任务艰巨。劳动力结构持续变化，人口老龄化加速，外省入粤劳动力供给偏紧；青年、农民工等重点群体就业压力不减，规模性失业风险依然存在；产业转型升级、技术进步加快，劳动力供给侧与需求侧均出现较大变化，"就业难"与"招工难"问题并存，结构性就业矛盾更加突出；就业方式更加多元，灵活就业和新就业形态人员劳动权益保障亟待加强。

第二节　指导思想

以习近平新时代中国特色社会主义思想为指导，深入贯彻党的十九大和十九届二中、三中、四中、五中、六中全会精神，坚持统筹推进"五位一体"总体布局，协调推进"四个全面"战略布局，坚持稳中求进工作总基调，立足新发展阶段，贯彻新发展理念，构建新发展格局战略支点，围绕"1+1+9"工作部署，聚焦推动"双区"和"两个合作区"建设，以实现更加充分更高质量就业为目标，统筹发展与安全，深入实施就业优先战略，全面强化就业优先政策，健全促进就业机制，补齐就业服务短板，扩大就业容量，提升就业质量，促进充分就业，为我省在全面建设社会主义现代化国家新征程中走在全国前列、创造新的辉煌夯实人力资源基础，为全国就业形势稳定作出贡献。

第三节　主要发展目标

展望 2035 年，广东建成就业优先示范地，实现更加充分更高质量就业。就业容量充分扩大，就业质量显著提高，劳动者技能素质实现实质性提升，重点群体就业稳定，就业环境充分优化，创业环境更加优越，就业公共服务体系完备，形成统一开放、竞争有序的人力资源市场。

到 2025 年，实现以下目标：

——就业形势总体稳定。"十四五"期间实现城镇新增就业 550 万人以上，城镇调查失业率控制在 5.5% 左右，重点群体就业保持稳定，劳动力市场供求基本平衡。

——就业结构不断优化。人力资源质量大幅提升、结构进一步优化，更加匹配产业转型升级和高质量发展的需要。全省专业技术人才总量达到 1000 万人，高技能人才总量达到 580 万人。

——就业质量持续提升。就业创业环境不断优化，就业更加稳定，劳动环境更加舒适。劳动报酬提高与劳动生产率提高基本同步，收入稳步提升。覆盖城乡劳动者的社会保障体系更加健全，劳动关系更趋和谐，劳动者就业更加体面。

——创业带动就业效应持续释放。创业政策体系更加完备，创业环境更加优化，创业成本大幅降低，创业载体的空间布局更加合理，创业孵化能力持续提升，创新创业生态链进一步完善，形成全方位公共创业服务体系。

——基础服务能力显著增强。覆盖全民、贯穿全程、辐射全域、便捷高效的全方位就业公共服务体系更加完备，信息化服务水平不断提升，统一开放、竞争有序的人力资源市场体系更加健全，就业领域风险监测预警和防范应对机制不断增强，失业人员保障范围有效扩大，就业安全保障更加有力，不发生大规模失业。

表1 "十四五"时期主要指标表

序号	指标名称	2020 年	2025 年	年均增长	属性
1	城镇新增就业人数（万人）	［717.25］	［550］	110	预期性
2	城镇调查失业率（%）	5.45	—	5.5 左右	预期性
3	脱贫人口务工规模（万人）	387	＞ 350	—	预期性
4	促进创业人数（万人）	13.39	［50］	10	预期性
5	专业技术人才总量（万人）	［730］	［1000］	54	预期性
6	基本养老保险参保率（%）	90	95	—	预期性
7	失业保险参保人数（万人）	3603	3700	19.4	约束性
8	开展补贴性职业技能培训人次（万人次）	［575］	［700］	25	预期性
9	其中：农民工参加职业培训人次（万人次）	—	［100］	—	预期性

注：［ ］为累计数，其中：［2020 年］、［2025 年］为 5 年累计数。

第二章 全面促进就业与经济发展协同

坚持就业导向、政策协同，推动有效市场和有为政府更好结合，形成高质量发展与就业扩容提质相互促进的良性循环。推进统筹城乡就业，健全城乡劳动者平等参与市场竞争的就业制度，引导农村劳动力就业增收，为全面推进乡村振兴战略提供有力支撑。

第一节 全面强化就业优先政策

把稳定和扩大就业作为经济社会发展优先目标和经济运行合理区间的下限。充分发挥就业工作领导小组作用，落实就业工作目标责任制，建立健全跨层级、跨部门、跨区域的就业协同联动机制，建设一批高质量就业示范区。完善就业政策与财政、货币、金融、产业等政策协同和落实机制，强化重大投资、重大项目建设就业影响评估，实现经济增长与就业扩大良性互动。各级财政要加强对就业工作资金的保障力度，确保财政投入与就业保障需求相匹配。根据经济社会形势变化，持续升级优化促进就业政策举措，形成完善的援企稳岗扩就业政策体系，稳定和扩大岗位供给。

第二节　构建双循环新发展格局

深化供给侧结构性改革，注重需求侧管理，贯通生产、分配、流通、消费各环节，增强畅通国内大循环和联通国内国际双循环的功能，优先发展吸纳就业能力强的行业产业，培育就业增长极。大力推进科技创新强省、制造强省建设，加快发展先进制造业，建设具有全球影响力的科技和产业创新高地，推动产业链供应链现代化，牵引制造业整体提质升级，做强做优做大制造业企业群，厚植产业优势，在新旧动能接续转换中稳定和扩大就业。引导现有劳务企业转型发展，改革建筑施工劳务资质，大幅降低准入门槛，鼓励大中型劳务企业充分利用自身优势搭建劳务用工信息服务平台，为小微企业与施工企业提供信息渠道。推动现代服务业优化发展，实施生产性服务业改造提升行动，加快培育一批本土服务业龙头企业，巩固数字产业发展优势，加快国家数字经济创新发展试验区建设，促进数字经济和实体经济深度融合，稳步扩大第三产业吸纳就业比例。加快构建市场化法治化国际化营商环境，促进民营经济高质量发展，发挥好民营经济吸纳就业主渠道作用。拓展农业就业空间，培育新产业新业态增强就业新动能，形成促进就业创业的强大政策合力。

第三节　激发"双区"和"两个合作区"建设促进就业效应

深入推进粤港澳大湾区和深圳中国特色社会主义先行示范区建设，强化广州、深圳"双城"联动，打造高质量发展动力源，充分激发"双区"建设对促进实现更加充分更高质量就业的辐射引领效应。加快推进粤港澳大湾区人才要素高效便捷流动，逐步放宽港澳专业人才在粤港澳大湾区（内地）执业限制，带动提升人力资源市场一体化水平。加快建设粤港澳人才合作示范区、创业就业试验区。支持"两个合作区"在促进就业创业政策方面率先突破探索。构建以粤港澳大湾区（广东）创新创业孵化基地为龙头的"1+12+N"港澳青年创新创业孵化平台载体布局，促进粤港澳大湾区吸引集聚更多创新创业人才。配合实施"大湾区青年就业计划"，鼓励和支持香港青年到广州、深圳等粤港澳大湾区（内地）

城市工作和发展。加强粤港澳青少年交流，组织开展粤港澳青年就业实习见习活动、创业创新大赛等活动。支持建设港澳人员就业创业"一站式"服务中心，为港澳人员提供与内地居民同等的公共就业创业服务。

第四节　推动区域就业均衡发展

深入实施区域协调发展战略，统筹推进产业跨区域布局共建，加快形成主体功能明显、优势互补、高质量发展的"一核一带一区"区域发展格局，增强区域协同就业活力。强化区域发展统筹协调机制，深入挖掘区域发展、产业发展所产生的人才需求，加大政策、资金、人才支持力度，增强区域协同就业活力。引导劳动力向珠三角中心城镇和产业转移园有序转移集聚，发挥珠三角地区吸纳就业主渠道作用。促进区域均衡发展，加大扶持力度增强粤东粤西粤北地区吸纳就业能力，提升公共就业服务均等化水平。引导鼓励人才向粤东粤西粤北地区流动，优化培训资源区域配置，鼓励珠三角优质培训机构开展跨区域合作，支持打造一批高水平技工院校。推进粤港澳大湾区深度协作，加强人力资源市场协同发展、高端紧缺人才共引共育共享、技能人才培养区域合作。推动粤东粤西粤北地区对接粤港澳大湾区就业市场，加强跨区域劳务协作，开展特色职业技能培训，强化农业农村人才培养。

第五节　健全完善统筹城乡的就业体系

进一步完善公平就业制度，消除户籍、地域、身份、性别等影响平等就业的制度障碍，营造城乡一体化公平就业环境。推进就业服务平等，实行异地务工人员在就业地平等享受就业服务政策，和本地居民一视同仁、公平对待。完善覆盖城乡的就业组织体系、公共就业创业服务体系和职业培训体系，保护各类群体就业基本权益。

健全农业转移人口市民化制度体系，以推进县域就业的农业转移人口就地市民化为重点，分层次推进农业转移人口市民化。除超大、特大城市外，在具备条件的都市圈或城市群探索实行户籍准入年限同城化累计互认，试行以经常居住地登记户口制度，有序引导人口落户。提升公共服务供给能力，健全教育保障体系，保障农业转移人口和其他常住人口随迁子女享有公共教育权利，实现基本医疗保险、养老保险等顺畅转移接续，逐步推进享受住房保障等紧缺公共服务资源，实现人人平等享受公共服务。推进完善农转居人口社会参与机制，加强就业失业信息登记，落实基本公共就业服务。引导农转居人口融入企业、融入社会，有序参加民主决策和社会治理。

第六节　全面推进乡村振兴带动就业

全面推进乡村振兴，实施乡村建设行动，开展农房管控和乡村风貌带建设工程，在粤东粤西粤北地区开展镇域品质提升行动。推动壮大县乡村联动发展，做好产业和就业帮扶，扩大县城就业需求，把乡镇建设成拉动农村劳动力就业的区域中心，培育乡村就业增长极。鼓励和支持返乡下乡人员利用新理念、新技术和新渠道，创办领办家庭农场林场、农民合作社、农业企业、农业社会化服务组织等新型农业经营主体，创造就业岗位带动农村劳动力就地就近就业。实施高素质农民培育工程，创造更多的职业农民就业创业机会。实施农村电商工程、"乡村工匠"工程，提高农民技能就业能力。支持脱贫地区、原中央苏区、革命老区、民族地区补齐公共就业服务短板，优化就业创业环境，开展特色职业技术教育和技能培训，提升劳动者技能素质。

第三章　完善重点群体就业支持体系

突出做好重点群体就业，坚持主动作为、分类帮扶、因人施策，深化大数据分析精准推送优惠政策，完善就业支持体系，全力以赴抓好高校毕业生、异地务工人员、困难群体、退役军人等重点群体就业工作。

第一节　促进高校毕业生就业创业

把高校毕业生就业作为就业工作的重中之重，深入实施高校毕业生就业创业促进计划，开发更多适合高校毕业生的知识型、技术型、创新型就业岗位，拓宽市场化社会化就业渠道。引导高校毕业生基层就业，开展"最美基层高校毕业生"学习宣传活动。加大对离校未就业、困难毕业生帮扶力度，健全离校未就业高校毕业生实名登记数据库，实施专项帮扶、优先援助，向困难高校毕业生100%提供就业服务。引导高校毕业生自主创业，主动推送促进重点群体就业创业优惠政策，鼓励大学生入驻各级创业孵化基地、孵化载体和大学科技园，将创业培训向校园延伸。支持高校毕业生参加职业技能培训。实施"展翅计划"广东大学生就业创业能力提升行动和就业见习计划，建设一批就业见习示范单位。落实技师学院高级工班、预备技师班和特殊教育院校职业教育类毕业生参照高校毕业生享受相关就业扶持政策。将留学回国毕业生等青年全面纳入公共就业人才服务体系。强化高校毕业生就业权益保护，依法打击针对毕业生的"黑中介"、虚假招聘、就业歧视、信贷陷阱和传销诈骗等违法犯罪活动。

> **专栏 1 高校毕业生就业创业促进计划**
>
> "十四五"期间，力争每年度应届高校毕业生就业率年底前达到 90% 以上；有就业意愿的困难毕业生 100% 实现就业。
>
> 1. 高校毕业生高质量就业岗位拓展行动。扩大公务员和事业单位招录招聘规模。实施国有企业就业引领行动，扩大招聘规模，加强岗位信息发布。实施民营企业就业拓展行动，落实鼓励吸纳就业扶持政策。稳定升学招生规模，提升参军入伍比例，扩大科研助理招录规模。
>
> 2. 高校毕业生基层成长计划。继续实施"三支一扶""山区计划""西部计划""双百工程"，以及广东高校毕业生志愿服务乡村振兴行动等基层就业项目。
>
> 3. 高校毕业生创业创新扶持计划。组建专业化就业创业导师队伍。帮助提升创业能力，为高校毕业生创业提供场地、资金政策支持，提供有针对性的创业服务。
>
> 4. 困难毕业生专项扶持行动。落实困难毕业生专项补贴，开展分类帮扶，开发公益性岗位、服务基层岗位实施兜底安置。
>
> 5. 高校毕业生就业服务专项行动。加强职业发展教育和就业指导服务，每年组织系列服务进校园活动，加大线上线下招聘力度，加强实名制就业服务，保护就业权益。

第二节 促进异地务工人员稳定就业

强化就业服务、职业培训和权益维护"三位一体"工作机制，继续开展"春风行动""南粤春暖"等各类专项服务活动，实施劳务品牌促进就业计划，提高劳务输出组织化程度，多渠道促进异地务工人员稳定就业。紧扣"一核一带一区"建设构建省内区域协作新机制，持续推进农业富余劳动力就地就近转移就业、进城务工、外出（跨县）就业，支持异地务工人员返乡创业。加强与劳务输出大省特别是东西部协作和对口支援省区的沟通对接，进一步建立完善劳务协作工作机制，支持建立就业帮扶基地，促进协作地区劳动力来粤就业和就地就近就业。不断完善重点企业用工调度常态化保障机制，加强就业服务专员用工对接，做好一次性用工 2000 人以上、新增用工 500 人以上重点用工企业以及关系国计民生等重点企业用工调度，充分发挥其在高质量就业和就业帮扶中的示范引领作用。加快自有建筑工人队伍建设，鼓励建筑企业通过培育自有建筑工人、吸纳高技能技术工人和职业院校毕业生等方式，建立相对稳定的核心技术工人队伍。稳妥做好帮扶地区的少数民族劳动力来粤务工服务工作。定期开展优秀异地务工人员评选表彰，营造关心关爱异地务工人员的良好社会氛围。

第三节　加强退役军人就业保障

健全"阳光安置"工作机制，推广"直通车"式安置，完善安置措施办法，推进政策制度衔接。压实属地安置责任，推进落实安置政策，规范接收安置程序，提高安置质量。大力实施"戎归南粤"就业创业工程，建立包括适应性培训、职业技能培训、学历教育、终身学习的教育培训体系，落实招收、培养、管理等方面的扶持政策。拓宽就业渠道，打造"线上＋线下"供需对接平台，鼓励用人单位吸纳退役军人就业。实施"兵支书"协同培养工程，推动退役军人返乡入乡就业创业。围绕产业升级重点方向，扶持退役军人创业创新，打造"广东军创"品牌。强化退役军人服务中心（站）就业服务功能，设立退役军人就业实名制台账，及时提供针对性服务。

第四节　扎实做好困难群体、特定群体就业工作

促进困难人员稳定就业。实施就业援助行动，动态掌握困难人员需求，畅通失业人员求助渠道，健全失业登记、职业介绍、职业培训、职业指导、生活保障联动机制，促进失业人员尽快实现就业。健全就业困难人员托底帮扶机制，对通过市场渠道难以实现就业的人员，合理开发公益性岗位托底安置，实现零就业家庭动态"清零"。加大残疾人就业创业帮扶力度，落实残疾人按比例安排就业制度，开发公益性岗位托底安置残疾人就业。强化大龄劳动者就业帮扶，制订完善保障措施，及时提供就业创业服务、技能培训等支持，促进人力资源充分利用。

支持妇女平等就业，消除就业性别歧视，保障妇女公平就业权益。完善城镇青年就业支持体系，加大岗位开发和技能培训力度，加强就业帮扶和服务，落实青年就业启航计划。统筹做好少数民族劳动者、退役运动员、戒毒康复人员、刑满释放人员等群体就业工作。

专栏2　完善困难群体就业分级帮扶机制

建立完善失业人员实名制台账和定期联系制度，对就业困难人员实行分类管理、分级服务，"十四五"期间，力争帮助就业困难人员实现就业40万人以上，实现零就业家庭动态"清零"。

1. Ⅰ级就业帮扶。在就业困难人员认定之前，提供一次政策宣讲、一次就业指导、一次岗位推荐的基础援助。

2. Ⅱ级就业帮扶。对经认定的就业困难人员提供基础援助，同时提供三个以上岗位信息，并按规定落实岗位补贴、社保补贴；对有培训意愿的，组织参加职业技能培训，并按规定落实培训补贴；对有创业能力和创业意愿的，为其

提供创业培训和创业服务，并按规定落实创业相关补贴。

3. Ⅲ级就业帮扶。对因年龄偏大、身体残疾等原因就业特别困难的人员，开展个性化的"一人一策"兜底援助，优先推荐在公益性岗位就业。

第五节 稳定脱贫人口就业

健全巩固拓展脱贫攻坚成果长效机制，保持就业扶持政策稳定，深入推进巩固拓展脱贫攻坚成果与乡村振兴有效衔接。做好脱贫人口跟踪就业服务，完善企业岗位储备机制，做到失业快速发现和响应，持续促进本省脱贫人口稳定就业。在农业农村基础设施建设领域推广以工代赈方式，为当地农村劳动力提供更多就业岗位。建立农村低收入人口就业帮扶长效机制，统筹开发乡村公益性岗位，托底安置无法外出、无业可就的脱贫人口就业。支持脱贫地区、原中央苏区、革命老区、民族地区发展吸纳就业效果好的优势富民产业，促进就地就近就业。

第六节 充分发挥失业保险保生活、防失业、促就业功能

持续扩大失业保险覆盖范围，重点推动中小企业、私营企业和异地务工人员等单位和人群参加失业保险。探索推进灵活就业人员参加失业保险，实现失业保险从企业职工向职业劳动者的广覆盖。健全失业保险待遇标准科学确定和正常调整机制，完善失业保险保障标准与物价上涨挂钩联动机制，建立待遇水平动态增长机制，稳步提高失业保险待遇水平。扩大失业保险保障范围，拓展失业保险功能，完善失业保险金等待遇申领发放政策。按国家规定扩大失业保险基金支出范围。

专栏3 探索推进灵活就业人员参加失业保险

"十四五"期间，积极探索推进灵活就业人员参加失业保险，制订完善灵活就业人员参加失业保险办法，保障灵活就业人员失业保险权益。

1. 失业保险参保扩围计划。补齐我省灵活就业人员参加失业保险制度空白，将无雇工的个体工商户，以及依托电子商务、网络约车、网络送餐、快递物流等新业态平台从业人员纳入参保范围。

2. 开展灵活就业人员参加失业保险试点。针对灵活就业人员就业实际特点，结合现有国家政策，合理确定灵活就业人员缴费负担、待遇条件和水平，为国家出台相关政策积累经验，提供可以借鉴的样板。

第四章　提升劳动者技能素质缓解结构性矛盾

紧扣高质量发展需求，以提升劳动者就业创业能力为核心，广泛开展高质量职业技能培训，全面提高劳动者技能素质和就业创业能力，打造一支符合高质量发展要求、适应现代化经济体系、具备较高职业道德素质、结构比较合理的知识型、技能型、创新型劳动者大军。

第一节　构建高质量职业技术教育体系

围绕"一核一带一区"区域发展格局，推进技工院校布局调整，做大普通技工学校，做强高级技工学校，做优技师学院，支持发展民办技工院校。推动珠三角核心区技工院校高质量发展，加快粤东粤西粤北地区技工院校提升发展，推动优质技工院校与基础薄弱技工院校兼并、重组、联合办学，促进珠三角和粤东粤西粤北地区技工教育均衡发展。实施"广东技工"与广东制造共同成长计划，建立紧密对接产业链、服务创新链的学科专业体系，全面推广实施"校企双制"技能人才培养模式，构建现代产业与技能人才协同发展机制。推动技师学院和高等职业院校政策互通。加快推进符合条件、专业设置合理的技师学院，按照标准和程序设置为高等职业学校。

第二节　构建技术技能人才培养体系

实施"技能中国"行动，健全终身职业技能培训制度，加快重点领域急需紧缺人才、高技能人才培养。构建以世赛为龙头、国赛为主体、省赛为基础的职业技能竞赛体系。健全技能人才培养、使用、评价、激励制度，围绕制造强省建设需求，把高技能人才培养培训作为重点，提高培训层次和质量。加强高技能人才培训基地、技能大师工作室、劳模和工匠人才创新工作室建设，重点扶持建设一批国家级高技能人才培训基地、大师工作室和创新工作室。优化技能人才区域结构，助推珠三角、粤东粤西粤北地区协调、均衡发展。加强先进典型宣传引导，弘扬劳模精神、劳动精神和工匠精神。

第三节　深化技能人才评价制度改革

发挥政府、用人单位、社会组织等多元主体作用，建立健全以职业资格评价、职业技能等级认定和专项职业能力考核等为主要内容的技能人才评价制度。大力推动企业自主开展技能人才评价，统筹推进技工院校职业技能等级认定，加大高技能人才评价力度。建立职业技能等级认定与相关系列职称评审贯通机制，畅通管理人才、专业技术人才及技能人才的职业发展通道。构建"一试多证"职业技能评价模式。加快新职业、新技能标准或评价规范开发，鼓励各地区、龙头企业、行业组织和院校开发职业技能标准或评价规范、职业技能培训课程标准等，引领技能人才培养。

专栏4　实施职业技能提升行动

"十四五"期间，持续开展职业技能提升行动。开展各类补贴性职业技能培训 700 万人次以上。

1. 大力推进中国特色企业新型学徒制。进一步发挥各类企业主体作用，组织企业技能岗位新入职、转岗员工参加企业新型学徒制培训，促进企业技能人才培养，提升企业技术创新能力和企业竞争力。

2. 大力开展新职业培训。坚持就业导向，突出能力建设，大力开展新职业培训特别是数字经济领域人才培养。

3. 推行职业技能等级制度。加强职业技能标准开发和技能人才评价。

4. 完善互联网职业技能培训机制。加快推动线上优质培训资源建设与共享，积极开展线上线下相结合的职业技能培训；集聚优势资源，加大线上培训课程供给，打造高质量的省级远程职业培训公共服务平台。

第四节　优化人才供给结构

健全人才评价激励体制机制，深化公立医院、高校及科研机构薪酬激励分配制度改革。加大粤东粤西粤北地区人才引进政策倾斜力度，营造基层人才招得进、留得住、用得好的干事创业环境。优化高、中、初级专业技术人才结构，合理规划引导人才区域分布。实施"湾区人才"工程，全面深化创造型、引领型改革，促进人才等要素在粤港澳大湾区有序流动。实施博士博士后专项支持计划，积极引进一批领军人才和创新团队，吸引广大留学生和科学家来粤发展。高质量建设"一港、一园、一卡、一站、一网"等人才服务平台，为各类人才在粤工作生活提供良好环境和服务保障。

第五章　充分激发创业活力拓展灵活就业新空间

深入推进创新创业创造纵深发展，健全创业政策体系，优化创业环境，降低创业成本，提升创业服务，更大激发各类市场主体、各类人群创业热情，充分释放创业动能，进一步增强对高质量就业的带动能力。

第一节 优化创业政策体系

制订完善覆盖各类创业群体、各个创业阶段的创业政策体系，优化拓宽创业投融资渠道，加大减税降费力度，营造宽松便捷准入环境。鼓励引导金融机构提高小微企业不良贷款容忍度。加大对中小微企业和个体工商户融资支持力度，加强普惠金融服务。落实创业担保贷款及贴息政策。拓展创业企业直接融资渠道，健全投资生态链，鼓励创业投资引导基金和私募股权基金加大初创期、种子期投入。

第二节 完善创业支撑服务体系

加快完善创业服务网络，推动创业服务平台向城乡基层和院校延伸，提升公共创业服务水平。高质量建设一批特色化、功能化、高质量的创业孵化载体（园区），高水平打造一批国家级、省级创业孵化示范基地，支持粤东粤西粤北地区创业创新载体建设，整合建设一批返乡创业孵化基地。支持革命老区、原中央苏区创业平台建设，弥补创业平台基础薄弱的短板。加强创业导师队伍建设。构建多层次创业培训体系，持续实施初创企业经营者能力提升培训，实施创业培训"马兰花计划"等，扩大培训规模，提升培训质量。加强创业培训师资队伍建设。

组织举办创业创新大赛、创业资源对接、创业项目推介、创业成果展示等丰富多样的创业主题活动。举办广东"众创杯""创青春""挑战杯"等系列创业创新大赛。充分激发高校、科研院所等事业单位科研人员科技创新活力和科技成果转化创业激情，充分发挥事业单位科研人员在创业创新中的示范引导作用。加强对创业创新人物、企业、品牌、先进典型的宣传，适时推进创业型城市示范创建，营造崇尚创新、尊重创业、宽容失败的良好氛围，激发全社会的创新创造活力。

第三节 拓展新业态灵活就业空间

支持新业态经济平稳健康发展，构建促进新业态就业的全方位支持体系，鼓励多渠道灵活就业。完善灵活就业人员社会保障体系，引导灵活就业人员参加企业职工基本养老保险。构建多元化的职业伤害保障体系，开展新业态从业人员职业伤害保障试点。引导用工单位组织灵活就业人员参加适岗培训，鼓励灵活就业人员参加技能提升培训。支持平台企业（电商企业）、新业态企业开发相关领域职业标准、行业企业评价规范、培训课程标准。完善劳动用工体系，引导用工单位按规定与灵活就业人员签订书面协议或民事协议，保护劳动报酬、休息休假等基本劳动权益。规范灵活就业人员分类管理，完善针对灵活就业人员特别是新业态平台灵活就业人员就业统计。

专栏 5　扶持创业促就业专项行动

"十四五"期间，创业政策体系进一步健全，创业环境进一步优化，创业带动就业能力进一步增强，全省每年促进创业 10 万人以上。

1. 健全扶持创业政策体系。进一步完善覆盖各类创业群体、各个创业阶段的创业扶持政策体系，为创业者提供有力支持，扩大创业带动就业倍增效应。

2. 完善创业孵化载体建设。打造国家级、省级、市级、县区级创业孵化基地四级体系，支持建设港澳青年创新创业基地、返乡创业孵化基地等专项创业孵化平台。

3. 优化创业创新主题活动。定期举办广东"众创杯"创业创新大赛等创业创新活动。鼓励各地结合实际组织举办创业创新大赛、创业资源对接、创业项目推介、创业成果展示等丰富多样的创业主题活动。

第六章　健全全方位公共就业和人力资源市场服务体系

健全覆盖全民、贯穿全程、辐射全域、便捷高效的全方位公共就业服务体系，提升基层公共就业服务能力。完善市场化就业机制，充分发挥市场在资源配置中的决定性作用。

第一节　提升公共就业服务质量

完善就业失业登记管理制度，全面推行失业登记线上申请和承诺制办理，建立就业失业登记与人力资源社会保障工作业务协同、信息共享机制。加强就业实名制管理，构建精准识别、精细分类、专业指导的公共就业服务模式。加强标准化建设，简化优化服务流程，加强跨辖区、跨层级、跨业务经办衔接，推行"打包办""一站办"等便捷服务方式。深入开展公共就业服务系列专项活动，丰富服务内容、创新服务手段、优化服务方式，满足社会求职招聘创业等多方面需求。

全面提升就业服务和就业管理信息化、智能化、便利化水平。打造全省统一的就业服务信息化平台，推进就业服务信息数据全量归集、协同共享和动态管理。深化线上线下服务融合，推动实现省级平台统一入口办理。推行政务服务事项网办，优化服务体验，提高"网上办、掌上办"能力。加快推动就业信息联网向基层延伸，扩大行政村就业信息联网覆盖面，提高乡村就业创业服务能力。

第二节　加强就业形势监测研判

健全全面科学的就业失业统计调查体系，完善就业需求调查和失业预警监测机制，健全政府部门、社会机构、专家学者联合参与的就业形势分析机制。开展人力资源调查，进一步畅通公共就业服务渠道。完善公共就业服务应急机制，对失业风险高的地区、行业和劳动者群体开展专项帮扶，有效防范规模性失业风险。健全就业风险防范机制，将处置就业风险支出纳入各级财政应急储备金使用范围。

专栏6　完善就业调查和失业监测机制

"十四五"期间，构建更加完善的就业需求调查和失业预警监测体系，提升监测准确性，提高统计数据质量。

1. 建设一体化监测调查平台。加强就业失业动态监测，完善监测指标，优化监测结构。

2. 建立健全数据校核比对机制。加强统计监测数据校核比对与数据审核，提高数据质量，保障数据真实性、准确性。

3. 构建就业失业大数据库。综合运用大数据开展分析研判，监测企业用工变化，掌握劳动力流动趋势，全面反映就业、失业、市场供求等状况。

4. 完善就业形势多维研判机制。积极拓宽信息数据来源，运用多维度数据增强形势分析准确性。加强与高校、研究机构、专家智库合作，建设专业分析团队，拓展形势分析的精度、广度、深度。

第三节　强化基础能力支撑

完善公共就业服务机构人员配置、设施设备配置等指导性标准，不断加强队伍和服务能力建设。充实街镇、村居基层平台公共就业服务工作力量。实施提升就业服务质量工程，形成工作基础扎实、队伍素质过硬、社会共同参与的支撑体系。整合就业服务资源，加强专业化队伍建设，开展各类就业示范点建设。鼓励社会力量参与就业服务，推进公共就业服务机构与社会民营机构合作，探索建立创业指导专家、就业指导专家等志愿者团队，为服务对象提供专业化服务。健全完善就业创业服务购买制度。

专栏7　实施提升就业服务质量工程

"十四五"期间持续巩固提升覆盖全民、贯穿全程、辐射全域、便捷高效的全方位公共就业服务，为减少失业、促进就业提供坚实保障。

1. 强化公共就业服务机构建设。县级以上政府设立公共就业服务机构，基层公共就业服务平台设置服务站所或服务专窗，合理配备公共就业服务机构人员。

2. 强化专业人员队伍建设。组织举办就业创业政策业务培训，加强公共就业服务人员队伍建设。

3. 强化就业服务信息化建设。打造全省统一的就业服务信息化平台，提升大数据、信息化技术运用水平。畅通线上线下服务渠道，实现全覆盖、全链条、全流程的公共就业服务。扩大就业信息联网覆盖率，增加免费招聘匹配服务供给量，扩大各级各类公共招聘网岗位信息覆盖范围。

第四节　加强人力资源服务市场体系建设

落实《广东省人力资源市场条例》，培育和规范人力资源市场。健全国家、省、市人力资源服务产业园三级联动体系，高水平建设广州、深圳国家级人力资源服务产业园，因地制宜建设各具特色的省、市两级人力资源服务产业园。打造一批有核心产品、成长性好、竞争力强的人力资源服务骨干企业，重点培育一批具有国际竞争力的人力资源服务跨国企业集团。不断提升人力资源服务信息化水平，建设全省人力资源管理服务平台，积极培育发展网上人力资源市场。鼓励本土企业积极参与国际人才竞争和合作，深度融入全球人才竞争。

第七章　推动重大项目工程高质量发展

加强重大项目工程建设，形成一批具有广东特色的重点就业项目、就业工程、就业品牌，充分发挥以点带面、引领示范效应。

第一节　深入推进"粤菜师傅""广东技工""南粤家政"
三项工程高质量发展

推动"粤菜师傅""广东技工""南粤家政"三项工程规范化、标准化、专业化、品牌化发展。推进完善"粤菜师傅"培养体系，创新推进"粤菜师傅＋乡村文化旅游"发展模式，规范开展"粤菜师傅"技能竞赛、创业大赛等特色主题活动。实施技工教育"强基培优"计划。优化提升"南粤家政"工程，深入推进信用体系、标准体系、产业体系和保障体系建设，大力实施母婴服务、居家服务、养老服务、医护服务四大培训项目，重点培育壮大员工制家政企业。支持各地遴选扶持一批三项工程自主创业项目。在政策、项目和资金上支持粤东粤西粤北地区深入实施三项工程，打造促进共同富裕重要增长点。持续将三项工程导入省内省际劳务协作，组织开展培训就业特色帮扶。

第二节 扎实推进农村电商工程

打通农村电商"人、品、网、店"全链条，全方位推进农村电商高质量发展。搭建四级联动的农村电商平台载体，建设省级农村电商在线培训和咨询指导服务平台、区域性农村电商产业园和农村电商基层示范站。完善农村电商职业技能培训标准，加强农村电商普惠性培训和人才评价，培育省级精英人才和"市级带头人"。

专栏8　组织实施"百园万站"专项行动

"十四五"期间，力争全省扶持建设农村电商产业园100个、建设基层服务站10000个，参加农村电商技能培训的人次数累计超过12.5万人次。

1. 打造农村电商百园服务枢纽。依托全省现有电商产业园、电商站点资源，在全省有条件的县区或中心镇扶持建设1个区域性的农村电商产业园。打造由物流配送、代运营、客服、金融、培训、人才服务等系列环节构成的完整体系，发挥区域辐射带动作用。

2. 构建农村电商万站服务网络。在全省有条件的行政村、靠近农村的镇街社区扶持建设1个农村电商基层服务站。完善产销链接、产品包装、网络营销、品牌建设、仓储物流、政策落实、就业安置等服务功能，切实发挥终端服务作用。

第三节 深入推进"乡村工匠"工程

鼓励开展"乡村工匠"技能培训，加强农村实用技能人才职业教育。建立健全"乡村工匠"培养标准和技能评价体系，大力开展"乡村工匠"专业人才职称评定，广泛开展"乡村工匠"职业技能竞赛。拓宽"乡村工匠"就业创业渠道。到2022年，全省开展"乡村工匠"培训培养10万人次以上，促进农民全面发展、农业全面升级、农村全面进步，促进广东乡村振兴。到2025年，"乡村工匠"队伍更加壮大、结构更加优化、技能更加精湛、素质更加优良，在广东乡村振兴发展中更好地发挥示范引领作用。

第四节 加强港澳青年创新创业基地建设

高质量构建完善"1+12+N"港澳青年创新创业基地体系，鼓励支持粤港澳大湾区（广东）创新创业孵化基地和广州南沙、深圳前海、珠海横琴港澳青年创新创业基地在体制机制创新、构建国际一流管理服务体系方面先行先试、率先突破。推动珠三角9市立足城市功能定位，因地制宜探索完善港澳青年创新创业政策措施，提供多层次、差异化、个性化服务，吸引港澳青年在粤港澳大湾区（内地）城市创业就业。进一步提高全周期服务品质，实现港澳青年创新创业基地均可"一键入孵"，打造港澳青年创新创业活力区、融合发展示范区、安居乐业试验田。

第八章　完善保障体系

优化劳动者就业环境，提高劳动者工作待遇，让广大劳动者实现体面劳动、全面发展，提升劳动者获得感和满意度。

第一节　完善劳动关系治理体系

全面提升劳动关系治理水平，推进多层次劳动关系协调机制，完善政府、工会、企业三方劳动关系工作机制，实施劳动关系"和谐同行"能力提升行动，推进劳动关系多方协同治理。强化劳务派遣用工管理，加强行业自律管理，规范劳务派遣用工秩序。遏制"短工化""去劳动关系化"趋势。建立适应新业态特点的劳动关系协调和权益保障机制，探索推进新就业形态劳动者参加工会，维护新就业形态劳动者劳动保障权益。加强劳动关系风险监测预警。

第二节　完善工资分配激励机制

建立统一规范的企业薪酬调查和信息发布体系，实施重点行业、重点工程专项薪酬水平调查。加强技能人才薪酬分配指引，优化企业技能人才工资收入分配指导服务，探索建立体现技术、技能等要素价值的工资信息体系。完善最低工资保障制度，实施最低工资标准动态评估，健全与经济发展相适应的最低工资标准动态调整机制，增加劳动者特别是一线劳动者劳动报酬，基本实现劳动报酬与劳动生产率同步提高。深入推进国有企业工资决定机制和国有企业负责人薪酬制度改革，促进国有企业工资分配更合理、更有序。

第三节　完善调解仲裁公共服务体系

建立覆盖城乡、功能齐全、布局合理、方便可及的调解仲裁公共服务体系。推进省、市、县（区）、乡镇（街道）四级劳动争议调解服务平台建设，打造百家金牌劳动人事争议调解组织。搭建粤港澳劳动争议协同治理创新服务平台，推动完善粤港澳大湾区劳动争议联合调解暨速调快裁"1+3+N"服务体系，探索建立调解仲裁开放式区域合作机制。逐步扩大聘任港澳籍调解仲裁员试点范围。

第四节 健全多层次社会保障体系

全面实施全民参保计划，压紧压实各级政府扩面征缴主体责任，扩大企业年金覆盖面，巩固和推进职业年金基金实账积累、规范职业年金基金投资运营制度，推动养老保险第三支柱发展。推动失业保险省级统筹，巩固和完善工伤保险省级统筹。落实工程建设领域农民工按项目参加工伤保险。推进全国统一的社会保险公共服务平台建设，进一步优化社保关系转移接续工作。

第九章 规划实施

省有关单位各负其责，强化分工协作，落实本规划各项目标任务。各地政府对本地区就业工作负总责，要切实负起促就业主体责任，全面强化就业优先政策，稳定和扩大就业，确保各项措施落实到位。各级就业工作领导小组要充分发挥职能作用，加强统筹协调，压实部门责任。

各地、各部门要加大就业工作宣传力度，全面宣贯促进就业的规划、政策，精准开展送政策活动，打通政策落实"最后一公里"，帮助用人单位和广大劳动者知晓政策、享受政策。要全方位营造支持就业创业的良好舆论氛围，多渠道开展宣传，营造全社会关心和支持就业创业的良好氛围。

省人力资源社会保障厅和省发展改革委要加强监测评估，组织开展督导检查，推动各项任务和项目建设有效落实，对规划实施过程中出现的重大情况要及时上报省政府。

广西促进就业"十四五"规划

广西壮族自治区人力资源和社会保障厅
广西壮族自治区发展和改革委员会
2021 年 8 月 20 日

为强化战略引领、明确主要任务、细化政策重点，依据国务院《"十四五"促进就业规划（征求意见稿）》和《广西壮族自治区国民经济和社会发展第十四个五年规划和 2035 年远景目标纲要》编制本规划。

一、指导思想和主要目标

（一）发展基础

"十三五"时期是我区就业发展不平凡的五年。面对复杂严峻的国际国内形势，自治区党委、政府贯彻落实党中央、国务院决策部署，积极应对危机挑战，坚持充分发挥市场在资源配置中的决定性作用和更好发挥政府作用，实施就业优先战略，完善更加积极的就业政策体系，把稳定和扩大就业摆在更突出位置，构建高质量发展和高质量就业协同机制，就业工作取得显著成效：就业规模不断扩大，新增就业 206.5 万人。失业率保持在合理区间，城镇登记失业率维持在 3%以下。就业结构逐步改善，第三产业就业人员占比稳步提高。重点群体就业保持良好态势，高校毕业生就业率保持在 95% 以上，农民工总量持续扩大，到 2020 年底达到 1258 万人。技能人才总量达到 716.89 万人，其中高技能人才 169.12 万人，占技能劳动者的 23.59%。就业质量稳步提升，全员劳动生产率、就业人员年平均工资明显提高，企业劳动合同签订率达到 90% 以上，社会保险参保人数不断增加，待遇水平逐步提高。

专栏 1 "十三五"时期就业工作进展情况	
指标 / 项目	2020 年
城镇新增就业（万人）	〔206.5〕
城镇登记失业率（%）	① 2.77
农村劳动力转移就业新增规模（万人次）	〔373.5〕
技能劳动者总量（万人）	① 716.89
注：〔 〕表示 2016—2020 年 5 年累计数；① 为 2020 年末数据。	

"十四五"时期，做好我区就业工作面临更加复杂的形势。我国开启全面建设社会主义现代化国家新征程，我区推进建设"壮美广西"进入新阶段，构建以国内大循环为主体、国内国际双循环相互促进的新发展格局，持续推动高质量发展，深入实施乡村振兴战略和区域协同发展战略，推进高水平对外开放，为我区实现更加充分更高质量就业提供了强大动力和广阔空间。我区宏观经济基本面保持良好态势，供给侧结构性改革、科技创新、城乡融合、区域协同加力推进，经济实力迈上新台阶，地区生产总值突破 2 万亿元，居民人均可支配收入提前一年实现翻一番，强化了我区实现更加充分更高质量就业的发展韧性。

当前和今后一个时期，广西发展仍然处于重要战略机遇期，但机遇和挑战都有新的发展变化，机遇大于挑战。从挑战看，新冠肺炎疫情全球蔓延加速世界百年未有之大变局的演化，不稳定性不确定性明显增加。广西发展面临新旧动能转换不畅、创新能力不适应高质量发展要求和"不进则退、慢进亦退"的严峻挑战。广西经济总量偏小，产业结构不优，工业化、城镇化、信息化进程滞后，城乡居民收入水平较低，民生保障和社会治理短板弱项不少，发展不平衡不充分仍是最突出的矛盾，后发展欠发达仍是最大的区情。与此同时，我区劳动力供给仍处高位，就业诉求更为多元，高层次、高技能和重点领域专门人才严重短缺，劳动者素质结构不适应高质量发展需求。结构性矛盾仍然突出，保持重点群体就业良好态势难度加大，提高就业质量任务更重。我们必须深刻认识就业的重要作用和重大意义，有效把握发展形势，明确目标任务，精准施策，全力以赴做好就业工作。

（二）指导思想

高举中国特色社会主义伟大旗帜，以习近平新时代中国特色社会主义思想为指导，深入贯彻党的十九大和十九届二中、三中、四中、五中全会精神，深入贯彻习近平总书记对广西工作的重要讲话和重要指示精神，准确把握"四个突出特点"，全面落实"四个新"总要求，深入落实"三大定位"使命和"五个扎实"要求，坚持以人民为中心，坚持准确把握新发展阶段、抢抓新发展机遇、全面贯彻新发展理念、积极融入新发展格局，坚持劳动者自主就业、市场调节就业、政府促进就业和鼓励创业方针。深入实施就业优先战略，健全促进更加充分更高质量就业的政策体系，强化制度创新，完善促进就业体制机制，推动就业健康有序发展，不断增强人民群众的获得感、幸福感、安全感，为建设新时代中国特色社会主义壮美广西作出积极贡献。

"十四五"时期，促进就业工作遵循以下原则：

——坚持就业优先发展。坚持经济发展就业导向，加快构建就业优先发展战略布局，将更加充分更高质量就业作为经济社会发展优先目标，把保就业作为经济运行合理区间下限，优化完善政策体系，促进经济总量与就业规模同步增长，经济结构与就业结构同步优化。坚持底线思维，聚焦重点群体、重点地区、重点行业，制定更加精准有效的政策措施，加强分类帮扶，兜牢民生底线。

——促进供需两端发力。更加注重解决就业结构性矛盾，坚持"稳岗""扩岗"并举和"规模""质量"并重。大力发展吸纳就业能力强、潜力大的行业产业，鼓励新产业新业态新模式发展，促进就业岗位扩容提质。加大人力资源开发力度，优化劳动者素质结构，提升劳动者技能素质和就业能力，更好维护劳动者就业权利，强化劳动者就业内生动力。

——提升资源匹配效能。加快发展人力资源服务业，充分发挥市场在人力资源配置中的决定性作用。加强劳动力市场调控和监管，引导和规范市场行为，维护市场秩序，促进劳动力合理有序流动。进一步提升就业公共服务水平，完善就业帮扶体系，优化就业环境。

——突出重点防治风险。聚焦重点群体、重点地区、重点行业、重大危机事件，坚持预防和应对并重，分级分类施策，精准发力，有效防范就业和劳动关系风险，构建和谐稳定的劳动关系。

——优化协同治理体系。创新促进就业体制机制，加大各类主体吸纳劳动者就业激励力度，进一步提高劳动者就业积极性，强化上下联动和部门协同，压实地方政府促进就业责任，持续提升多方同向促进就业的强大合力。

（三）主要目标

到 2025 年，要实现以下目标：

——就业规模总体稳定，就业结构持续优化。"十四五"时期，城镇新增就业 175 万人以上，城镇调查失业率控制在 6.8% 以内，城镇登记失业率控制在 5% 以内。脱贫人口、农村低收入人口、高校毕业生、农民工、退役军人等重点群体就业形势基本稳定。就业人员产业行业分布持续优化，新产业新业态就业稳步发展。

——劳动力市场供求保持基本平衡，劳动者就业更加充分。劳动者自主就业、市场调节就业、政府促进就业和鼓励创业的体制机制更加完善，覆盖全民、贯穿全程、辐射全域的全方位公共就业服务体系更加健全，就业服务均等化、标准化、信息化水平明显提高。人力资源市场发展更加规范和充满活力，供需匹配效率进一步提升，合理、公正、畅通、有序的社会性流动格局初步建立。

——创业环境不断优化，创业带动就业效应更加明显。创业政策体系更加完善，创业服务体系日益优化，创业资源支持更加有力，创业者能力素质显著提高，劳动者创业创新积极性不断提升，多渠道灵活就业有序发展。

——劳动者就业能力不断提高，就业质量进一步提升。劳动年龄人口平均受教育年限进一步提高，新成长劳动力受教育程度显著提升，职业教育与培训规模进一步扩大，到“十四五”末，全区技能劳动者总量达到1000万人，其中高技能人才达到179万人。劳动关系和谐，劳动者权益保护制度更加完善，工资收入保持合理增长，社会保障制度覆盖面进一步扩大。

专栏2 "十四五"时期就业主要指标		
指标	2020 年	2025 年
城镇新增就业人数（万人）	〔206.5〕	〔≥175〕
城镇调查失业率（%）	5.7	＜6.8
城镇登记失业率（%）	2.77	＜5
开展补贴性职业技能培训人次（万人次）	〔254.86〕	〔≥150〕
其中：参加企业新型学徒制培训人数（万人）	〔2.45〕	〔≥5〕
农民工参加职业培训人次（万人次）	〔88.76〕	〔≥45〕
高技能人才总量（万人）	〔169.12〕	〔≥179〕
劳动年龄人口平均受教育年限（年）	10.00	10.7
劳动人事争议调解成功率（%）	71.71	＞60
劳动人事争议仲裁结案率（%）	97.35	＞90
劳动保障监察举报投诉案件结案率（%）	100.00	≥96
注："十四五"时期主要指标为预期性指标;〔 〕表示五年累计数。		

二、健全促进更加充分更高质量就业政策体系

（一）强化就业优先导向

构建就业与经济社会协同发展格局，形成各方力量同向发力促进就业良好态势。健全财政、货币、就业等政策联动传导机制，将更加充分更高质量就业需求作为经济社会发展重要政策调整的基本依据。健全就业影响评估机制，在制定经济社会发展各领域重要政策、实施重大项目（工程、计划）和应对重大（要）事件时，科学评估对就业吸纳能力、就业创业环境、就业质量等方面的影响。优先实施有利于更加充分更高质量就业的政策，同步做好实施重大项目（工程、计划）、应对重大（要）事件的用工保障和转岗分流人员安置。

（二）积极培育新就业增长极

构建现代化经济体系，拓展新就业空间。深入实施创新驱动发展战略和工业强桂战略，加快制糖、机械、有色金属、冶金、建材、造纸和木材加工、茧丝绸等传统产业转型升级，推进建筑业更新换代，积极发展特色优势消费品制造业，培育发展服务型制造业，开发更多高质量就业岗位。构建具有特色的现代向海产业体系，培育壮大新一代信息技术、新能源及智能汽车、高端装备制造、节能环保、海洋装备、先进新材料、生物医药等战略性新兴产业，超前布局生物工程、第三代半导体、人工智能、量子信息等未来产业，不断开发就业新领域。深入实施乡村振兴战略，加快发展现代特色农业，壮大县域经济，推动农村一二三产业深度融合发展，丰富乡村经济业态。加大数字广西建设力度，坚持促进与规范并重，推动和保障数字经济、平台经济、共享经济发展，着力培育就业新形态新模式。

促进新消费发展，扩大就业容量。实施服务业提升工程，推进生产性服务业向专业化和价值链高端延伸，大力发展研发设计、现代物流、法律服务、人力资源服务、检验检测认证、港航服务、会展服务等生产性服务业。推动生活性服务业向高品质和多样化升级，加快发展健康、养老、育幼、文化、旅游、体育、家政、物业管理等服务业。加强公益性、基础性服务供给，增加高端公共服务产品供给。多路并进，稳步培育新需求市场，形成持续释放就业潜力的发展态势。

完善基础设施体系，强化投资拉动就业作用。加快建设交通强区，发展新型城镇化基础设施，强化信息基础设施，推进创新基础设施建设，构建多元能源保障体系，完善水利基础设施。围绕基础设施、市政工程、农业农村、公共安全、生态环保、公共卫生、物资储备、防灾减灾、民生保障和社会事业等领域，建设一批强基础、增功能、优结构、利长远的重大项目。着力强弱项补短板，强化稳

就业保就业动能。

推动协调发展，促进劳动力合理有序流动。高水平推进"南向、北联、东融、西合"全方位开放发展，健全区域协同发展机制，为劳动力外出务工创造更好条件。大力推进以人为中心的新型城镇化，拓展农村劳动力就近就地就业空间。健全城乡融合发展机制，强化以工补农、以城带乡，推动形成工农互促、城乡互补、协调发展、共同繁荣的新型工农城乡关系，促进劳动力城乡顺畅流动。

优化营商环境，鼓励企业稳岗拓岗。构建大众创业万众创新生态体系，支持中小微企业快速成长，培育一批"专精特新"中小微企业，创造更多就业岗位。营造公平开放的市场环境，破除民营企业发展壁垒，完善民营企业参与重大战略实施机制，支持中小微企业利用多种方式开拓市场，促进中小微企业融入全球产业链和价值链，在发展壮大中持续拓展就业空间。综合运用多种政策工具，加大中小微企业发展融资支持，强化其吸纳就业能力。加大减税降费力度，实施失业保险稳岗返还，支持开展岗位技能提升培训，加强用工服务保障，帮助企业减负稳岗。

（三）优化收入分配和社会保障制度

优化收入分配制度。坚持兼顾公平效率，适度提高劳动报酬在初次分配中的比重。推动收入分配政策继续向艰苦边远地区、县级以下基层一线工作人员和急需紧缺专业技术人员倾斜。落实以增加知识价值为导向的分配政策，促进科研人员、技能人才、新型职业农民等重点群体增收。推进国有企业工资制度改革，加强企业收入分配指导，规范收入分配秩序，逐步缩小城乡、区域、行业收入分配差距。

完善覆盖全民的社会保障体系。推动实现职工基本养老保险法定人群全覆盖，积极促进城乡居民养老保险适龄参保人员应保尽保。积极促进灵活就业人员、新就业形态从业人员参加企业职工基本养老保险。推进企业职工基本养老保险自治区级统筹制度，落实企业职工基本养老保险中央调剂制度，推进落实企业职工基本养老保险全国统筹。推广社会保障"一卡通"，逐步实现社会保障卡跨地区、跨部门、跨业务应用，支持劳动者自由流动。合理确定最低生活保障和社会救助标准，落实失业保险待遇与最低工资标准挂钩调整机制，增强失业人员和困难群体就业愿意。

（四）完善就业形势统计监测机制

进一步完善就业形势监测体系，多维度全方位开展就业监测。完善覆盖劳动力市场、用工主体、劳动者个体的就业失业统计调查监测体系。优化劳动力调查制度，适度扩大调查样本范围，完善调查指标体系，提高数据生成频次。加大统筹力度，有序归集宏观经济、人力资源服务、社会保险、铁路客运、移动通信等多方数据。开展就业岗位调查，密切关注就业、失业关键性指标变动，持续跟踪企业招聘用工状况和劳动力市场供求变化，强化对重点地区、重点行业、重点领域、重点企业、重点项目用工监测，加大技术进步、人口结构变化、重大突发事件等对就业影响的监测力度。

强化信息分析能力。完善信息分析体系，全面反映全区就业规模、失业水平、市场供求关系等方面的总体情况和基本特点。构建信息应用体系，完善信息发布机制，强化就业决策支持，提升失业风险预警能力。

三、抓好重点群体就业

（一）做好高校毕业生就业工作

坚持把高校毕业生就业作为就业工作的重中之重。抓好就业政策落实，充分释放政策效力促进毕业生市场化社会化就业，拓宽企业就业主渠道，激励中小微企业更多吸纳毕业生就业。瞄准创新驱动发展、产业转型升级、战略性新兴产业发展，开发更多适合高校毕业生的高质量就业岗位。聚焦数字经济、平台经济、共享经济发展，增加适合高校毕业生就业的新业态新模式新职业从业机会。对接自治区重点产业急需紧缺人才目录等引导机制，拓宽高校毕业生就业渠道。统筹实施基层服务项目，深入实施高校毕业生就业创业促进计划、基层成长计划、留桂就业计划。健全完善区内外优秀高校毕业生到广西就业创业激励政策，加大力度鼓励引导高校毕业生到人才紧缺行业、艰苦地区、中小微企业和基层就业创业，努力扩大高校毕业生创业者总量。强化精细化差异化就业服务，健全离校前后管理服务衔接机制，实现高校毕业生就业信息互通共享，完善高校毕业生户口和档案管理服务，开展常态化招聘服务，构建全过程全覆盖不断线的高校毕业生就业指导体系，持续开展青年就业见习，加强职业技能培训，加大对长期失业、就业困难毕业生的帮扶。

专栏3 高校毕业生留桂就业计划

1."筑梦广西·未来有你"政策宣讲活动

坚持对象导向，采取多种方式，宣传就业创业和人才引进政策，吸引高校毕业生留桂、回桂就业创业。

---

2. 重点优质企事业单位岗位推送行动

用足用好机关、事业单位空缺岗位,加大机关、事业单位招录(聘)力度。以优质就业信息和岗位资源精准推送为核心,实施"百日千万网络招聘专项行动""大中城市联合招聘"等专项招聘活动,分地域、分行业组织优质企事业单位招聘活动,"十四五"时期每年向区内高校提供毕业生留桂就业岗位信息不少于80万个。

3. 高校毕业生基层就业推介行动

组织开展"基层工作政策进校园""基层单位毕业生招聘"等专项活动,开展"最美基层高校毕业生"学习宣传活动,鼓励和引导高校毕业生到艰苦边远地区基层就业。

4. 广西青年就业见习推介行动

深入高校开展青年见习政策宣传、组织开展专项招聘活动,向见习对象精准推送见习信息,每年为高校毕业生在内的青年群体提供不少于1万个就业见习岗位。

5. 广西青年创业示范推介行动

鼓励有条件的地方开展高校学生创业明星评选、创业典型宣讲等活动,支持优秀高校毕业生创业项目参加各类创业创新大赛,引导有创业意愿的高校毕业生留桂、回桂创业。

(二)促进农村劳动力多渠道转移就业

结合推进新型城镇化,实施乡村振兴战略和区域协调发展战略,破除户籍、身份、区域等妨碍劳动力社会性流动的体制机制障碍,优化劳务协作机制,营造公平就业环境,承接东部等先发地区产业转移,合理引导区内产业转移,创造更多农村劳动力外出务工机会。适应发展县域经济和实施乡村振兴战略需要,进一步提升返乡农民工就业服务水平。健全完善返乡入乡创业支持政策体系,实施返乡留乡农民工就地就近就业创业支持计划,大力促进县域返乡创业发展,培育一批带头人,支持一批重点项目,发展新型农业经营主体,稳步扩大返乡入乡创业人员规模,创造更多就近就地就业机会。强化服务,更好实施"春风行动""就业援助月""民营企业招聘月"等公共就业服务专项活动。完善政策扶持、就业服务、技能培训、权益维护"四位一体"工作机制,推动农民工在社会保障、公共服务、权益维护等方面与城镇居民享受同等待遇,促进农村劳动力外出务工和农民工社会融合,逐步实现城乡劳动者在就业地平等享受就业服务。

专栏4 农民工劳动报酬权益保障行动
贯彻《保障农民工工资支付条例》，规范农民工劳动用工管理，督促工程建设领域落实保障农民工工资支付工作各项制度，建立健全欠薪零容忍的制度体系、监管有效的工作格局、惩处有力的执法机制，巩固根治拖欠农民工工资支付工作成果。

专栏5 农村劳动力转移就业促进计划
1. 回归农业稳定行动 引导返乡留乡农民工投入农业生产，领办合办农民合作社、农机服务社，开办家庭农场，兴办特色种植业和规模养殖业，推进农产品产业链、物流体系建设，扩大农业生产和服务领域的就业机会。 **2. 工程项目吸纳行动** 抓住补齐"三农"短板机遇，以实施农村基础设施项目为带动，引导返乡留乡农民工参与农田水利、村庄道路、人居环境整治、乡村绿化等工程项目建设，吸纳更多返乡留乡农民工就业创业。 **3. 创新业态培育行动** 依托农业农村资源，发掘农业多种功能和乡村多重价值，催生加工流通、休闲旅游、健康养生、农事体验、电子商务、直播直销等新产业新业态，丰富产业形态，增加返乡留乡农民工就业机会。 **4. 扶持创业带动行动** 实施返乡留乡农民工创业带动行动，强化政策引导，优化创业环境，引导返乡留乡农民工积极发展乡村车间，带动更多返乡留乡农民工就业。开展返乡创业示范县创建活动，强化返乡创业示范带动效应，推动返乡创业持续健康发展。 **5. 公益岗位安置行动** 对通过市场渠道难以就业的农民工，整合各类资源，积极拓宽渠道，开发乡村保洁员、水管员、护路员、生态护林员等公益性岗位，托底安置返乡留乡农民工就业。 **6. 劳动者素质提升行动** 实施"互联网＋就业服务"计划、就业创业公共服务能力提升行动、农民工能力素质提升工程。

（三）促进脱贫人口和农村低收入人口就业

保持就业帮扶政策总体稳定。深入开展粤桂精准劳务协作，完善区内区外协作机制，加大脱贫人口有组织劳务输出力度。大力培育广西劳务品牌，促进更加充分更高质量就业。支持脱贫地区在农村人居环境、小型水利、乡村道路、农田整治、水土保持、产业园区、林业草原基础设施等涉农项目建设和管护时广泛采取以工代赈方式。延续支持就业帮扶车间优惠政策，做好就业帮扶车间认定扶持工作，实行动态管理机制。统筹用好公益性岗位，健全按需设岗、以岗聘任、在岗领补、有序退岗的管理机制，过渡期内逐步调整优化公益性岗位政策。做好易地扶贫搬迁后续扶持工作，完善后续扶持政策体系，实施易地扶贫搬迁就业帮扶巩固提升计划，持续巩固易地扶贫搬迁成果，确保搬迁群众稳得住、有就业、逐步能致富。实施防止返贫帮扶计划，进一步完善监测帮扶机制，有效强化巩固脱贫攻坚成效。

专栏6　就业帮扶专项行动计划

1. 易地扶贫搬迁就业帮扶巩固提升计划

完善安置区就地就近就业按比例安排机制，在安置区实施的政府投资建设项目、以工代赈项目、安置区社会管理和公共服务项目，安排一定比例的岗位吸纳搬迁群众就业。巩固和完善劳务协作和对口帮扶机制，扩大劳务输出规模。对就业困难的，延续支持企业吸纳、外出务工、公益性岗位安置等政策措施。对自主创业的，给予金融支持、税费减免、财政补贴等支持。将公共就业服务机构建设纳入易地扶贫搬迁后续公共服务配套设施范围，配备专门场所、设施、人员，推动大型安置区公共就业服务站所全覆盖。将搬迁群众纳入属地公共就业服务范围，提供均等化公共就业服务。根据搬迁群众需求，建立针对搬迁群众的分层次、持续性、常态化职业技能培训机制。

2. 防止返贫就业帮扶计划

建立脱贫劳动力就业状况跟踪调查机制，加强职业技能培训、社会救助、社会保险、岗位供应联动，建立脱贫劳动力收入来源保障机制。对脱贫不稳定户、边缘易致贫户开展定期监测和动态管理。建立易返贫致贫人口快速发现和响应机制，分层分类及时纳入帮扶范围，强化全过程监管，完善核查和销号制度，实行动态清零机制。坚持预防性措施和事后帮扶相结合，及时采取有针对性的帮扶措施稳定就业。

（四）统筹其他群体就业

做好退役军人就业创业工作，实施退役军人职业技能培训计划，建设一批退役军人就业创业孵化基地。加大随军家属就业创业扶持力度，指导各地开展随军家属定向招聘工作，创新就业安置模式，促进随军家属充分就业。把解决失业人员再就业问题摆在突出位置，畅通失业人员求助渠道，健全失业登记、职业介绍、职业技能培训、职业指导、生活保障联动机制，提高就业能力，鼓励企业吸纳失业人员，促进失业人员尽快就业，努力提高失业人员就业稳定性。健全完善就业援助制度，强化就业困难人员和零就业家庭成员实名制动态管理，细化分类，提供个性化一对一帮扶，通过开发公益性岗位，帮扶难以通过市场就业的大龄就业困难人员和零就业家庭成员实现就业，实现零就业家庭动态清零。统筹做好妇女、残疾人等群体就业工作，强化支持，进一步消除针对特定群体的就业歧视，营造公平就业环境。开展"银发"就业促进活动，积极开发老龄人力资源。建立健全外籍人员务工管理制度。

四、优化创业带动就业机制

（一）优化创业创新政策环境

持续推进"证照分离"改革，推动"照后减证"，进一步简化行政审批，完善行政许可事项清单管理制度，切实打通企业投资建设堵点。开展市场主体登记注册集成服务，推广电子营业执照应用，降低创业创新制度成本。大力拓宽直接融资渠道，开发完善债券、股权、知识产权等融资支持工具，支持中小微企业依托应收账款、供应链金融等进行融资，持续推广应收账款融资服务平台应用。积极落实国家创业担保贷款政策，加强资金保障，全力支持创新创业。进一步加大初创企业支持力度，构建项目开发、场地提供、租金减免、住房优惠、税费减免、创业补贴、人力资源配置等多元政策支持体系。提高监管规范性和透明度，深入推进"双随机、一公开"监管，构建"互联网＋"信用监管体系，加大跨层级跨地区跨部门协同监管力度。

（二）调动劳动者创业创新积极性

加大支持力度，降低创业成本和风险，支持引导高校毕业生、农民工、退役军人等人员返乡入乡创业。支持留学人员回国创业创新，落实外国人才签证、工作许可、居留等政策，简化开办企业审批流程，加大创业启动资金支持力度，完善子女入学、医疗、住房等配套政策，吸引更多境外高端人才来广西创新创业。强化科研人员离岗创业、在职创业激励，加大科技创新创业项目资助、融资支持力度，支持科技人才以各种方式到广西创新创业。引导城镇失业人员等其他各类人员以创业促就业。

（三）提升创业服务能力

健全创业服务体系。建立乡镇（街道）、村（社区）创业服务指导工作室或创业服务窗口，为创业人员就地就近提供政策申请、社保接续等服务。提升基层创业服务能力，完善县级以下公共就业服务机构创业服务功能，健全基层服务人员管理和培训机制。加强创业载体建设，完善创业载体体系，不断提高创业载体服务规范化水平。健全创业培训制度，完善培训模式，加强培训课程开发，不断提高创业培训质量。

创新服务项目及服务方式。加强创业专家服务团建设，提高创业服务专业化水平。支持运用就业创业资金，向社会购买基本就业创业服务产品，以绩效评价为重点，加强社会购买服务管理，提高创业服务购买质量。对创业失败的劳动者，提供就业服务、就业援助和社会救助。积极参加"中国创翼"创业创新大赛等各类创业大赛、继续举办广西农民工创业大赛、农村创业创新大赛等活动，加大获奖者奖励力度。健全完善评选制度，开展创业型城市评选活动。适时组织开展各级各类创业宣传推介活动，培育创业生态体系。

（四）健全多渠道灵活就业保障机制

拓宽灵活就业渠道，鼓励个体经营发展，增加非全日制就业机会，大力发展新就业形态，扩大灵活就业容量。优化自主创业环境，放宽准入，简化审批，开通准入办理绿色通道，取消涉及灵活就业的行政事业性收费，提供低成本或免费场地支持，合理预留自由市场、摊点群、流动商贩疏导点等经营服务网点，探索完善无固定经营场所摊贩管理模式。加大灵活就业保障支持，开展面向灵活就业群体的人力资源服务，探索畅通自由职业者职称评审渠道，有序推进灵活就业人员养老保险、医疗保险制度建设，根据国家部署探索开展职业伤害保障工作。规范平台用工、共享用工等新型用工行为，合理保障灵活就业人员及相关各方权益。

专栏7　创业能力提升计划

1. **实施"马兰花"计划**

通过师资队伍培训，为我区培养一批优秀的创业培训师。加强创业培训机构建设，提高服务创业能力。扩大创业培训规模，提升创业培训质量，帮助劳动者成功创业，带动和扩大就业。

---

2. 加强创业载体建设

整合资源，加大创业载体建设支持力度，打造"预孵化＋孵化器＋加速器＋稳定器"的全产业链孵化体系，选树一批创业孵化示范基地，认定一批自治区农民工创业园，完善项目开发、开业指导、融资对接、能力提升等"一条龙"服务，构建优质创业孵化生态。

3. 开展创业型城市创建工作

按照国家创业型城市创建工作安排，推动各地开展创业型城市创建工作，争创全国优秀创业型城市。

（五）提高住房公积金制度覆盖面和保障能力

大力推进灵活就业人员自愿参加住房公积金制度，为个体工商户、进城务工人员等灵活就业人员提供低息优惠的住房公积金贷款。支持在区内就业的港澳台同胞及海外高端人才参加住房公积金制度，多措并举，帮助港澳台同胞、海外高端人才及灵活就业人员在城市安居创业。

五、促进劳动者技能提升

（一）深入实施终身职业技能培训制度

更加注重缓解结构性就业矛盾，以提升劳动者技能水平、能力素质为核心，贴紧社会、产业、企业、个人发展需求，加大技能人才培养力度，壮大技术工人队伍。分类施策，完善职业技能培训体系。开展职业技能提升行动并建立长效机制。以企业在岗职工、高校毕业生、农村转移劳动力、退役军人、就业困难人员为重点对象，实施覆盖全区城乡全体劳动者的职业技能培训。持续开展"双千结对"岗位技能培训，促进稳岗稳就业，支持产业升级发展。以技能岗位新招用和转岗等人员为对象，全面推行企业新型学徒制培训。针对就业创业重点群体，实施专项培训计划。聚焦高技能人才培养，强化高技能人才培训基地和技能大师工作室建设，继续实施高技能人才振兴计划。"十四五"期间开展各类补贴性职业技能培训 150 万人次以上。打造重点培训工种、精品专业课程、优质竞赛项目职业能力建设品牌。

优化职业技能培训体制机制，提高职业技能培训质量。推进职业技能培训市场化社会化，促进培训载体多元化。推广"职业培训券"，调动劳动者接受培训、企业组织开展培训、培训机构参与培训的积极性。创新培训模式，推广"双千结对"岗位技能培训，提高培训针对性和实效性。强化职业技能培训监管，建立健全职业技能培训机构质量评估机制，完善培训机构动态调整机制，优化培训机构目录、培训项目目录公开发布机制，强化培训选择引导效应。统筹各级各类职业技能培训资金，畅通培训补贴直达企业和培训者渠道。

推进技能人才评价制度改革，强化职业技能培训支持服务。深化职业资格制度改革，建立职业技能等级制度。完善技能人才培养、使用、评价和激励机制。全面开展职业技能等级认定，鼓励企业等用人单位开展自主评价，支持技工院校及其他符合条件的机构作为社会培训评价组织，面向劳动者开展第三方评价服务。建立职业资格目录动态调整机制，做好职业技能鉴定考核机构备案工作。完善职业技能等级制度，畅通技能人才发展通道。

专栏8　职业技能培训专项行动

1. 终身职业技能培训制度

进一步完善覆盖城乡全体劳动者的终身职业技能培训制度，建立政府搭台、劳动者自主选择、市场配置资源、政府依法监管的职业培训工作机制，实现培训对象广覆盖、培训类型多样化、培训等级多层次、培训载体多元化。夯实基础工作，公布培训机构、培训项目目录，推进职业培训信息化建设，促进信息共享。

2. 职业技能提升行动

持续开展职业技能提升行动，提升劳动者职业技能水平和就业创业能力。充分调动培训机构、劳动者的积极性和主动性，突出抓好企业职工和就业重点群体职业技能培训，加大"双千结对"岗位培训工作力度，全面推广"职业培训券"。

3. 职业技能等级制度

完善技能人才评价体系，全面开展职业技能等级认定。鼓励企业等用人单位开展自主评价，支持技工院校及其他符合条件的机构作为社会培训评价组织，面向社会劳动者开展第三方评价服务。加强监管和服务，做好职业技能等级证书与职业资格证书的有效衔接。

4. 农民工素质提升工程

针对农民工成长为新型产业工人和乡村振兴需要，统筹培训资源，大规模开展农民工职业技能培训，提高培训质量。组织开展农民工技能大赛和创业大赛，提升农民工就业创业质量。组织开展多种形式的新市民培训，增强农民工融入城市能力。

5. 劳务品牌建设工程

选取具有广西特色、带动能力强、规模比较大、品牌效益比较好的行业，重点打造"八桂家政""八桂建工""八桂米粉师傅"等广西特色劳务品牌。构建劳务品牌培育体系，建立劳务品牌对接乡村振兴机制，实施技能提升、就业创业、品牌创建、权益保障、交流推广等专项行动计划，力争建设 30 个自治区级劳务品牌培训示范基地、30 个自治区级劳务品牌孵化基地、30 个自治区级劳务品牌专家工作室，累计培训 30 万人次以上。

（二）加强高技能人才培养

高度重视技能人才工作，大力弘扬劳模精神、劳动精神、工匠精神，培养更多高技能人才，为推动经济高质量发展提供有力支撑。实施"技能广西行动"，打造更大规模、德技兼备的高技能人才队伍，推动实现"技能强区"目标。实施高技能人才振兴计划，坚持需求导向，紧密结合战略性新兴产业、先进制造业、现代服务业等产业发展对高技能人才的需求，组织技师及高级技师培训、急需紧缺职业（工种）培训、关键岗位骨干培训和高技能人才研修。加强高技能人才培训基地和技能大师工作室建设。组建由职业院校（含技工院校，下同）、大型企业、培训机构等组成的高技能人才培训联盟，持续推进国家级、自治区级高技能人才培训基地建设，不断提升优秀技能人才培养能力。建立重点关键岗位高技能人才培训进修制度，选派高技能人才到区内理工类高等院校、研发制造类科研机构开展新知识、新技术、新工艺等方面的培训和研修，进一步提高高技能人才的专业知识水平、解决实际问题能力和创新创造能力。

实施高技能人才职业发展激励计划。探索建立职业技能等级认定与专业技术职称评审沟通衔接机制，打通技能人才与专业技术人才评价通道，拓展技能人才职业发展空间。鼓励企业建立首席技师制度。通过自治区各类评比达标活动，加大对高技能人才的奖励力度。继续开展"广西工匠"选树宣传活动。完善技能大赛获奖选手奖励措施，加大对世界技能大赛和全国职业技能大赛获奖选手、教练、专家团队、训练基地的奖励。组织好中华技能大奖、全国技术能手、享受国务院政府特殊津贴高技能人才推荐评选工作，努力提高各类人才奖励活动中技能人才占比。支持高技能人才引进，积极引进中华技能大奖、世界技能大赛和全国技能大赛金牌选手、教练和裁判等高层次技能人才，全面提升我区高技能人才素质水平。

实施技能大赛引领计划，提高职业技能培训效能。积极参加全国职业技能大赛和各类行业性职业技能竞赛，举办广西职业技能大赛，推动自治区各级技能竞赛广泛开展，带动各行业企业、院校深入开展技术技能比武。实施世界技能大赛项目集训基地建设工程，培育优质竞赛项目，强化竞赛基础保障。

专栏9　技能广西行动

1. 高技能人才振兴计划

贯彻落实国家和自治区关于提高技术工人待遇的政策措施，不断提高技术工人待遇水平，落实工程技术领域高技能人才与工程技术人才职业发展贯通政策。加强高技能人才培养。组织开展各类高技能人才推荐评选工作。

2. 技能大赛引领计划

健全职业技能竞赛制度，完善职业技能竞赛体系，提高职业技能竞赛的科学化、规范化水平。以世界技能大赛为引领、以全国职业技能大赛为龙头，以全国行业技能竞赛和自治区各级竞赛为主体，以企业和院校竞赛为基础，围绕重大战略、重大工程、重大项目、重点产业，广泛开展各级各类职业技能竞赛活动，实现以赛促学、以赛促训、以赛促评、以赛促建。加强区内外技术技能交流合作。

3. 高技能人才培训基地建设工程

争取建设高技能人才培训基地75个（其中：国家级25个，自治区级50个），发挥其在技能人才培养培训中的引领作用，成为高技能人才培养的重要平台。

4. 技能大师工作室建设工程

争取建设技能大师工作室75个（其中：国家级25个，自治区级50个），充分发挥高技能领军人才在带徒传技、技能攻关、技艺传承、技能推广等方面的重要作用，面向企业、职工及相关人员开展培训、研修、交流等活动，将技术技能革新成果和绝技绝活加以推广。

5. 世界技能大赛项目集训基地建设工程

积极参与世界技能大赛中国集训基地建设，争取建设25个自治区级世界技能大赛项目集训基地，为广西各类职业技能竞赛提供比赛和集训场地、设备，改善优秀选手备赛条件，提升我区在各类职业技能竞赛中的竞争力。

（三）加快职业教育发展

促进教育高质量发展。加快推进院校办学条件达标，做强高职专科教育，推进本科层次职业教育。大力推进高等教育发展，建设一流大学、一流学科、一流专业和一流课程，持续优化高等教育布局，谋划与国内外高水平大学共建分校。

实现高等教育毛入学率达到 55% 的目标。提升教育服务经济社会发展能力。推行科教融合、产学研用协同育人的人才培养模式，把创新创业教育贯穿人才培养全过程。鼓励高校面向产业发展需求进一步优化学科结构和专业设置，加快培养理工农医类、涉海类、师范类等急需紧缺专业人才。深化职普融通、产教融合，创建产教融合型城市，推进校企合作协同育人改革，大力培养技术技能人才。提升职业院校技术创新与社会服务能力，支持高校与产教融合型试点企业及行业龙头企业组建实体化运作的产教融合集团（联盟）、教育集团，推进职教园区与产业园区融合建设，建设国家民族地区职业教育创新发展试验区。

深化职业教育体制机制改革。强化发展需求导向，对接国家战略、区域战略和市场需求，统筹各类人才培养，突出学校定位和办学特色，强化专业设置、招生计划、经费拨款、就业状况联动，优化培养质量评估机制，健全培养质量预警机制，完善教育结构调整机制，加快培养经济社会发展急需人才，有序进行人才储备。大力发展职业技术教育，逐步提高职业技术教育院校占比，扩大职业技术院校招生规模。

大力发展技工教育。以立德树人和培育工匠精神为根本，坚持提高质量、促进就业、服务发展。以服务区内企业发展为目标，坚持"校企合作、就业导向、突出特色、提高质量"发展理念，构建与经济发展相适应的现代技工教育体系，着力培养创新型、应用型、技能型人才。实施"广西技工"工程，完善办学体系，提高办学质量，充分发挥技工院校在技能人才培养、评价中的主阵地和主力军作用。逐步提高高级工班学生占比，深入开展校企合作，鼓励学校与企业共建产教融合基地，推进技工院校专业设置与产业需求对接、课程内容与职业标准对接、教学过程与工作过程对接，推广"校企双制、工学一体"办学模式，促进技能就业、技能成才。落实中央对西部地区新建技工院校（职业技能培训中心）、改扩建技工院校工作部署。深化技工院校职称制度改革，加强教师队伍能力建设。进一步规范教材管理，不断提高教材质量。

专栏 10　职业技术教育发展工程

1. **产教融合发展工程**

加强政策支持。加大投融资和财税等政策支持力度，强化产业和教育政策牵引，对接经济社会发展战略规划布局，持续完善校企合作体制机制，推进校企合作不断拓展深化，积极推进产教融合建设试点工作，加快建设产教融合型城市，打造一批广西特色鲜明的产教融合型行业，培育一批产教融合型企业。

加强产教融合实训设施和基地建设。以深化产教融合、校企合作、工学结合主线，更多依托企业，以校企合作共建共享为重点，支持职业院校改善基本办学和实习实训条件，支持新建本科高校开展整体转型发展，支持应用型本科高校加强实习实训环境和基地设施建设。支持各类企业和职业院校合作建设职工培训中心、企业大学和继续教育基地，实现设备设施、教学师资、课程教材等培训资源共建共享。在产教融合型城市的优先发展产业行业领域，加快建设一批具有辐射引领作用的高水平、专业化产教融合实训基地。

2. "广西技工"工程

实施职业技能提升行动，推行职业技能等级认定制度，加快技能人才评价制度改革。优化技工院校布局，推动技工院校保质扩容。继续推行一体化教学改革，加强工学"一体化"教师队伍建设，为全区技工院校培育一批知行合一的师资队伍。开展技工院校新增专业指导评估，瞄准经济发展重点和技能人才需求情况，加强技工院校专业建设，结合我区经济发展需求，在全区技工院校遴选一批精品专业，从专业建设、设备采购、师资培训等方面予以支持。加强技工院校学生德育教育、劳动教育、心理健康建设工作，明确将德育教育、劳动教育、心理教育建设工作纳入日常教学内容。完善学校心理辅导体系建设，培育一批心理健康工作者。

（四）加强职业技能培训基础能力建设

实施公共实训基地建设工程。多渠道筹措资金，加大预算内投资支持力度，加强公共实训基地建设。扩大公共实训基地建设覆盖面，结合地方特色产业，建设一批县级特色公共实训基地，稳步提高基地人均保有量，不断优化地区和产业行业布局，逐步形成覆盖全区、布局合理、定位明确、功能突出的职业技能实训基地网络。强化技能培训师资队伍建设，建立动态化多元化师资库，加大教材开发力度，及时更新教材内容，规范教材使用管理，提高教学水平。

实施新职业开发计划。对接经济高质量发展战略布局，加强广西专项职业能力开发，支持企业、院校、培训机构等主体开发完善新职业技能标准，定期更新发布急需紧缺职业目录，推动将成熟的企业评价规范和专项职业能力考核规范上升为国家职业技能标准。开发自治区基本职业技能培训包，进一步完善餐厅服务员、平版制版工、广西油茶制作、米粉制作、农村电商等职业培训包，逐步开发更多职业技能培训包。

加强职业技能培训数据管理，加强相关主体的协调配合，建设自治区职业技能培训数据库，开发上下联通、部门联动的职业技能培训一体化信息管理平台，建立健全职业技能培训监测、统计、分析系统，建立职业技能培训数据管理服务制度体系和标准体系。

六、提高公共就业服务能力和质量

（一）完善全流程公共就业服务体系

强化信息引导，整合就业失业调查、统计、监测信息，深化就业失业信息分析，开发多元化就业信息引导服务产品体系，及时向社会预报就业形势。强化精准施策，瞄准重点就业群体需求，细分政策咨询、岗位招聘、职业介绍与劳务输出、职业技能培训、用工指导、权益保护等就业帮扶援助服务，加大专项服务力度，提高服务个性化水平，实现服务下乡进社区和入企入户常态化。强化新业务开发，完善流动人员人事档案管理服务，发展新服务业务，发展完善技能技术人才评价服务。

（二）推进基本公共就业服务均等化

构建统筹城乡的公共就业服务网络。统筹布局基层公共就业创业服务网点，着力构建"农村5公里、城市15分钟服务圈"，建设上下贯通横向共享的就业创业公共服务平台。加强经办窗口建设，加快推进退役军人、残疾人等重点群体专门窗口和"绿色通道"建设，优化村级就业创业服务窗口环境。全面推进"互联网＋公共就业服务"，促进线下线上服务深度融合。加强公共就业创业服务能力建设，合理定编定员，实施公共就业服务人员能力提升行动，提高服务人员专业素质。开展公共就业创业服务示范城市、充分就业社区创建工作，强化示范引领效应。推进公共就业创业服务供应机制改革，鼓励引导社会力量参与公共就业服务，提高服务效能。

（三）推进公共就业服务标准化

构建多元化公共就业服务标准体系。支持行业协会、服务机构开发公共就业服务行业标准、地方标准和团体标准，探索开展区域基本公共就业服务标准体系协作联动，促进全区基本公共就业服务有效衔接。开展公共就业服务标准化试点，培育一批标准化服务试点示范平台。积极参与国家公共就业服务标准体系建设。

提高公共就业服务规范化标准化水平。坚持服务对象导向，强化服务标准应用开发，推进公共就业服务事项办理减环节、减时限、减材料、优环境、优服务，加强公共就业服务设施设备、人员、经费投入，不断规范服务行为模式和服务环境样态，逐步建立健全公共就业服务标准体系，以服务标准化促进服务均等化、普惠化、便捷化。

（四）推进公共就业服务信息化

推进信息化服务支撑体系建设，加快传统公共就业服务信息化升级改造。推进就业、社保、人才人事、劳动关系等业务系统联动，逐步实现公共就业服务数据集中、业务互联、监管协同。推进应用软件开发，提高公共就业服务信息互联互通和数据共享水平。

专栏11　公共就业服务质量提升计划

1.公共服务平台建设行动

根据国家统一标准，建立全区统一的公共就业服务平台，建成自治区、市、县（区、市）、乡镇、行政村五级互联互通的公共就业服务体系，拓展网络服务平台、移动客户端、自助终端等渠道，丰富公共就业大数据服务方式，实现线下线上服务深度融合，提高公共就业服务质量。在自治区、市两级分别建立自治区级和市级流动人员人事档案管理服务中心，向用人单位、未就业高校毕业生、自由职业者提供档案管理服务。

2."互联网＋就业服务"改造工程

推行就业失业登记网上办理，探索就业失业登记、社会保险登记、劳动用工备案一站式服务，利用智能化、网络化手段，针对劳动年龄段内有劳动能力、有就业愿望、处于失业状态的城乡劳动者提供高效便捷的基本公共就业服务。组织开展常态化网络招聘和线上职业技能培训，建立岗位供给清单和求职需求清单，强化用工岗位与求职意向、技能培训精准对接。推动有就业意愿的城乡劳动者、用人单位、公共服务三个端口互联互通，实现网上求职和岗位信息推介精准匹配、线上线下服务深度融合、数据实时更新和动态管理。

3.公共就业服务人员能力提升行动

组织开展岗位业务竞赛，加强职业指导人员、职业信息分析师、创业指导人员等专业化队伍建设。

4.公共就业创业服务示范城市、充分就业社区创建

编制公共就业服务示范城市、充分就业社区建设标准体系，制定创建制度，定期开展自治区示范评选工作，争创国家级示范城市、示范社区。

七、进一步提高就业供求匹配效率

（一）规范人力资源市场秩序

加快构建开放有序的人力资源市场体系。贯彻落实《人力资源市场暂行条例》，加快《广西壮族自治区人力资源市场条例》立法步伐。规范落实人力资源服务行政许可、备案、书面报告、年度报告公示制度，深化"放管服"改革，进一步简化我区人力资源服务行政许可及备案流程，全面推行人力资源服务行政许可告知承诺制。依法规范网络招聘活动，指导和督促网络招聘平台建立完善信息发布审查制度。完善市场信息发布制度和信息监测机制，推进人力资源信息共享，促进人力资源开发利用和合理配置。

提高人力资源市场监管智慧化、精准化水平，提升监管效率。加快推动"互联网＋监管"信息化建设，探索创新网络招聘等领域的监管手段，严厉打击就业歧视、非法职介等侵害劳动者权益的违法行为。规范灵活就业领域的人力资源服务市场秩序。规范劳务派遣和劳务用工，加强人力资源市场事中事后监管，扎实开展清理整顿人力资源市场秩序专项执法行动，强化劳动保障监察执法。深入实施诚信主题创建行动，持续推进诚信体系建设，积极创建申报"全国人力资源诚信服务示范机构"，评选一批广西人力资源诚信服务示范机构。

（二）推动人力资源服务业高质量发展

加快建设人力资源协同发展的产业体系，人力资源服务业产业规模、服务能力进一步提升，标准化、规模化、品牌化水平明显提升，服务就业创业与人力资源开发配置能力大幅提升，对经济增长贡献率稳步提升，为我区经济社会发展提供新增长点和新动能。到2025年，全区人力资源服务业营业收入达到500亿元以上，人力资源服务机构数量超过2000家，从业人员达到2万人以上，建设自治区级人力资源服务产业园5家。

推动创新发展，支持人力资源服务理念创新、管理创新、技术创新、服务创新。鼓励招聘、劳务派遣、人力资源服务外包、人力资源事务代理等传统业态向人力资源管理咨询、高级人才寻访（猎头）、人力资源测评、人力资源培训、服务新就业形态、人力资源信息网络服务等新兴业态的创新发展，增强人力资源服务创新能力，提升服务效能。大力促进我区人力资源服务业集聚发展，深入实施产业园区建设计划。以产业发展规划布局为基础，以南宁、柳州为中心，分别创建国家级人力资源服务产业园，促进产业集聚和规模发展。鼓励有条件的地方建设自治区级、市级人力资源服务产业园，打造立足当地、服务广西、面向东盟、衔接"一带一路"的人力资源服务产业园。推进人力资源服务与实体经济、现代金融、科技创新融合协同发展。鼓励人力资源服务机构围绕平台经济、共享经济、体验经济等新业态新模式，开发新产品。深入实施"互联网+"人力资源服务行动，推动人工智能、区块链、云计算、大数据等新技术在人力资源服务领域的深度融合和全面应用。鼓励人力资源服务企业与互联网企业开展技术合作，支持互联网企业跨界兼营人力资源服务业务。

引导推广人力资源服务。研究制定政府购买人力资源服务指导目录，在目录范围内加大政府购买服务力度。指导区内国有企事业单位通过市场机制，选择人力资源服务机构提供专业化服务，降低人力资源管理开发成本。建立财政支持机制，通过自治区服务业发展专项资金，对人力资源服务业发展重点领域给予支持。认定为国家级人力资源服务产业园的，自治区服务业发展专项资金给予一次性开园补贴。将发展人力资源服务业纳入就业专项资金使用范围。

专栏 12　人力资源服务业高质量发展计划

　　1. 骨干企业培育计划

　　重点培育一批具有核心产品、成长性好、竞争优势明显的人力资源服务骨干企业。加快发展专业化人力资源服务骨干企业向价值链高端延伸。

　　2. 产业园区建设计划

　　创建国家级人力资源服务产业园，鼓励有条件的地方根据本地实际和需要，建设自治区级、市级人力资源服务产业园。

　　3. "互联网+"人力资源服务行动

　　推动人力资源服务和互联网的深度融合，积极运用大数据、云计算、移动互联网、人工智能等新技术，促进人力资源服务业创新发展、融合发展。

　　4. 诚信主题创建行动

　　开展诚信服务主题创建活动，评选一批人力资源诚信服务示范机构，发挥诚信示范典型的带头引领作用，增强服务机构诚信意识、品牌意识，促进人力资源服务机构健康发展。

　　5. 促进就业创业行动

　　开展联合招聘服务、重点行业企业就业服务、重点群体就业服务、促进灵活就业服务、就业创业指导服务、优质培训服务、劳务协作服务、供求信息监测服务。

　　6. 助力乡村振兴行动

　　为乡村振兴提供招聘、就业创业指导、培训等各类人力资源服务，促进人力资源流动和市场化配置。

> **7.人力资源市场供求信息监测行动**
>
> 完善人力资源市场供求信息监测和发布制度，提高市场供求信息分析质量，充分发挥市场供求信息在服务就业形势分析研判和引导人才合理有序流动中的作用。

八、加强和谐劳动关系建设

（一）提高劳动用工管理水平

推动劳动合同制度落实，以中小微企业和农民工为重点，督促劳动合同签订和提高劳动合同履约质量。加强对新业态劳动用工、共享用工指导，探索新业态从业人员劳动权益保障办法。加强对企业的劳动用工指导，发挥先进企业引领和示范作用，推动各类企业加强和谐劳动关系创建，对纠纷问题较多的行业、企业实行重点指导和分类监管。深入开展根治欠薪行动，突出解决政府投资工程欠薪问题、建设领域欠薪问题和重点欠薪案件。加强对劳务派遣及重点行业企业的监察和问题治理。

（二）健全劳动关系协调机制

完善政府、工会、企业共同参与的协商协调机制，稳妥推进行业性、区域性集体协商。加强企业民主协商机制建设，适时发布调整最低工资标准和工资指导线，完善国有企业工资决定机制和正常增长机制，推进企业工资集体协商工作，完善工资支付保障长效机制。

（三）提升劳动关系矛盾调处能力

加强劳动人事争议处理效能建设，发挥协商调解基础性作用和仲裁准司法制度优势。加大监察执法力度，加强劳动保障监察执法能力建设，加强基层劳动保障监察力量配备和人员管理，提升队伍业务素质和能力。加强劳动保障监察队伍作风建设，落实执法责任制。推进智慧劳动保障监察系统建设，积极推广"互联网＋监察"，完善监控预警功能。加大网上欠薪舆情监控，建立健全舆情和信息核准化解联动机制。加快建立劳动人事争议调解仲裁和劳动保障监察工作衔接机制。完善劳动争议预防预警制度、重大集体案件报告制度等制度规范，完善争议多元处理工作机制。加大基层劳动保障工作站、劳动法律公益律师队伍、劳动关系协调员队伍建设。

专栏 13 "和谐同行"能力提升行动计划

　　1. 基层劳动关系协调能力建设行动

　　打造金牌劳动关系协调员，选树金牌劳动关系协调员、专职集体协商指导员先进典型，扩大劳动关系协调员覆盖面，解决劳动关系工作"最后一公里"问题。打造金牌协调劳动关系社会组织，选树金牌协调劳动关系社会组织典型，引导社会力量参与劳动关系协调，提高劳动关系公共服务供给水平和效率。打造金牌劳动人事争议调解组织，夯实基层劳动人事争议化解工作基础，最大限度地将矛盾纠纷化解在基层。培育百户企业，推动广大企业争创劳动关系和谐企业，营造劳动关系和谐创建氛围。服务千户新企用工，提高新注册企业用工管理水平，从源头上预防化解劳动关系矛盾纠纷。

　　2. 重点企业用工指导计划

　　建立完善对用工规模较大企业的用工指导服务机制，帮助企业提升用工管理水平，有效防范化解劳动关系矛盾风险，稳定劳动关系。

　　3. 企业薪酬指引计划

　　继续开展企业薪酬调查，形成公开发布、定向反馈与针对性指导相结合的信息服务体系。指导企业运用集体协商机制，建立健全符合企业实际的收入分配制度。深化国有企业工资分配制度改革，完善国有企业市场化薪酬分配机制。

九、强化综合保障措施

（一）强化组织领导机制

　　健全自治区、市、县三级政府主要负责人牵头，相关部门参与的就业工作组织领导机制。各级政府承担本地就业工作主体责任，政府主要负责同志是稳就业工作第一责任人。各级就业工作领导小组要充分发挥作用，进一步明确细化各部门职责分工和目标任务，健全宏观管理和统筹协作机制，形成上下联动、部门协同、地区合作的工作格局，强化就业工作合力。

（二）强化考核监督机制

　　将就业工作目标任务完成情况、就业工作开展情况纳入政府领导班子、政府工作部门领导班子推动高质量发展政绩考核指标体系，提高指标权重。加强对就业政策落实情况、就业工作推进情况的监督检查，健全完善督察（查）机制、工作调度机制、问题整改机制。强化激励约束，对在稳就业保就业工作中作出突出贡献的集体和个人，给予表彰奖励，对不作为不担当、违纪违法的强化问责。

（三）强化投入保障机制

统筹就业补助资金、失业保险基金和其他补助资金，做好就业政策实施和工作开展资金保障。科学合理编制预算，优化资金支出结构。加强资金监管和支出绩效评价，提升资金使用规范和效能水平。各级人民政府要落实就业工作主体责任，视财力情况逐年增加就业资金投入。

（四）强化规划组织实施

各有关部门要高度重视促进就业工作，根据工作职责和目标任务，完善政策措施，健全工作推进机制，及时协调解决重大问题，稳步有序推进规划实施。各地区要结合发展实际，进一步分解目标任务，细化对策措施，抓好规划的组织实施。自治区发展改革委、人力资源社会保障厅会同有关部门开展规划实施监测，加强规划实施调度，组织规划实施中期和终期评估，确保高质量完成规划目标任务。

重庆市就业促进"十四五"规划
（2021—2025 年）

重庆市人民政府　2022 年 1 月 8 日

为实现更加充分更高质量就业，依据国家《"十四五"就业促进规划》和《重庆市国民经济和社会发展第十四个五年规划和二〇三五年远景目标纲要》，结合重庆实际，特制定本规划。规划期为 2021—2025 年。

一、发展环境

"十三五"期间，面对错综复杂的国际形势和新冠肺炎疫情的严重冲击，市委、市政府始终坚持以人民为中心，深入学习贯彻习近平总书记对重庆提出的营造良好政治生态，坚持"两点"定位、"两地""两高"目标，发挥"三个作用"和推动成渝地区双城经济圈建设等重要指示要求，将"稳就业"和"保居民就业"作为重大政治任务、摆在经济社会发展优先位置，建机制、强举措、抓落实，形成了"上下联动、分级负责、协同履职、全面尽责"的工作格局，在就业工作上取得积极进展。全市就业规模稳步增长，城镇新增就业 362 万人，超过预期目标 62 万人；就业形势总体稳定，城镇调查失业率控制在合理区间；就业结构持续优化，就业质量不断提高。

当前和今后一段时期，我国发展仍然处于重要战略机遇期，为促进就业提供了良好的客观环境。市委、市政府高度重视就业工作，大力实施就业优先战略，将"稳就业"和"保居民就业"工作摆在突出位置，为实现更加充分更高质量就业提供了根本保证。我市全面融入共建"一带一路"、长江经济带发展、新时代西部大开发、成渝地区双城经济圈建设等重大战略，"智造重镇""智慧名城"加快建设，经济稳中加固、稳中向好、长期向好，为就业长期稳定创造了良好条件；新一轮科技革命和产业变革深入发展，以数字经济为代表的新经济、新产业、新业态不断涌现，新兴创业机会日益增多；新型城镇化和乡村振兴全面推进，社会性流动更加顺畅，为促进就业夯实了人力资源支撑。

但也要看到，"十四五"时期就业领域也出现了新变化、新趋势，我市就业工作面临新矛盾、新挑战。劳动力技能素质与高质量发展要求还不完全适应，技能人才数量难以满足经济社会发展需求，"就业难"与"招工难"并存，结构性就业矛盾将更加突出。人口老龄化程度进一步加剧，人口红利正逐渐消失，用工成本逐渐上涨，大龄低技能劳动者将面临更大就业压力。第一产业从业人员占比高于全国，仍有大量农村剩余劳动力需要转移就业，高校毕业生、农民工等重点群体就业压力依然较大。灵活就业人员和新业态从业人员劳动权益保障亟待加强，人工智能等技术加速应用对就业的替代效应持续显现，加之国际环境日趋复杂，对就业的潜在冲击仍需警惕防范。

二、总体要求

（一）指导思想。

以习近平新时代中国特色社会主义思想为指导，深入贯彻党的十九大和十九届历次全会精神，全面落实习近平总书记对重庆提出的重要指示要求，立足新发展阶段，完整、准确、全面贯彻新发展理念，积极融入和服务新发展格局，深入实施就业优先战略，健全有利于实现更加充分更高质量就业的促进机制，完善就业优先政策体系、强化培训服务、注重权益保障，千方百计扩大就业容量，持续提升就业质量，着力缓解结构性就业矛盾，继续促进重点群体就业，防范化解规模性失业风险，不断增进民生福祉，为我市推动高质量发展、创造高品质生活作出积极贡献。

（二）基本原则。

——坚持人民至上。将实现人民群众更加充分更高质量就业作为奋斗目标，实施积极就业政策，打破区域、城乡壁垒，拓展就业政策和服务覆盖面，促进社会公平，增进民生福祉。

——坚持就业优先。把稳定和扩大就业放在经济社会发展更加突出的位置，坚持经济发展就业导向，保持经济运行在合理区间，增强经济发展对就业的拉动能力，实现就业增长与经济发展良性互动。

——坚持扩容提质。兼顾就业容量、质量和结构，大力促进创业带动就业，支持多渠道灵活就业，在推动高质量发展中稳定和扩大就业；更加重视日益凸显的结构性就业矛盾，加快劳动者素质提升，加强技术技能人才培养培训，推动形成劳动力市场更高水平的供需动态平衡。

——坚持系统观念。推动有效市场和有为政府更好结合，加快破除制约就业的体制机制障碍，充分发挥市场在资源配置中的决定性作用，提高人力资源市场配置效率；强化政府公共就业服务职能，加强就业政策与其他政策措施的衔接配套、协同联动，形成促进就业的强大合力。

——坚持底线思维。紧盯就业领域关键环节和突出问题，聚焦重点群体、重点地区、重点行业，制定更加精准有效的政策措施，因地因企因人强化分类帮扶，筑牢民生底线。密切关注内外部环境影响，完善失业预警防控机制，防范化解规模性失业风险。

（三）主要目标。

到2025年，要实现以下目标：

——就业形势总体平稳。城镇新增就业300万人以上，城镇调查失业率控制在5.5%以内，帮扶75万登记失业人员和40万就业困难人员实现就业，高校毕业生、农民工、退役军人等重点群体就业保持稳定。城乡、区域就业机会差距逐步缩小，劳动力市场供求保持基本平衡。

——就业质量稳步提升。劳动报酬增加与劳动生产率提高基本同步，覆盖城乡劳动者的社会保障体系更加健全。劳动者合法权益得到更好保护，劳动关系保持和谐稳定，更多劳动者实现体面劳动。

——结构性就业矛盾有效缓解。城镇就业占比达到67%以上，第三产业从业人员占比逐步扩大，就业结构持续优化。人力资源质量大幅提升，全市技能人才总量达到450万人，其中高技能人才总量达到135万人，劳动年龄人口平均受教育年限达到12年，更加匹配产业转型升级和高质量发展需要。

——创业环境持续优化。创业政策体系不断完善，创业服务机制更加健全，创业孵化基地（园区）数量稳步增长，创业创新活动品牌更加丰富，创业环境更加优化，劳动者投身创业积极性不断增强，创业带动就业效应不断增强。

——就业服务更加完善。健全覆盖全民、贯穿全程、辐射全域的全方位公共就业服务体系。村（社区）公共就业服务平台覆盖率达到100%，公共就业服务制度和标准体系更加完善，城乡公共就业服务标准化、信息化和便捷化水平明显提升。

——风险应对能力明显增强。就业领域风险监测预警和应对处置机制更加健全，失业人员保障范围有效扩大，保障水平进一步提高，困难群体得到及时帮扶，就业安全保障更加有力。

专栏1 "十四五"就业促进规划主要指标

指　　标	2020 年	2025 年	年均／累计	属性
一、就业创业				
1.城镇新增就业（万人）	【362】	—	【300】	预期性
2.城镇调查失业率（%）	5.7	—	＜ 5.5	预期性
3.城镇就业占比（%）	65.64	＞ 67	—	预期性
4.高校毕业生年底去向落实率（%）	93.6	—	＞ 90	预期性
5.脱贫人口务工规模（万人）	76.1	—	＞ 70	预期性
6.全员劳动生产率增长（%）	3.5		高于 GDP 增长	预期性
7.劳动报酬占比（%）	50.3*		稳步增长	预期性
二、社会保障				
8.基本养老保险参保率（%）	＞ 95	—	＞ 95	预期性
9.失业保险参保人数（万人）	548		610	约束性
10.工伤保险参保人数（万人）	730		750	约束性
三、技能人才队伍发展				
11.开展补贴性职业技能培训（万人次）	【162.7】		【150】	预期性
12.技能人才总量（万人）	387	＞ 450	—	预期性
13.高技能人才总量（万人）	104	＞ 135	—	预期性
14.劳动年龄人口平均受教育年限（年）	10.86	12	—	约束性

备注：①【　】内为 5 年累计数；②带 * 号的为 2019 年数据；③劳动报酬占比是指劳动报酬占 GDP 的比重。

三、坚持经济发展就业导向

（一）全面增强就业吸纳能力。

强化区域就业优先政策。充实政策工具箱，加强财政、金融、投资、消费、产业等政策与就业政策协同联动。深入实施扩大内需战略，持续促进消费升级，带动就业。健全就业影响评估机制，制定实施政策时要充分考虑对就业的影响，提升重大政策规划、重大工程项目、重大生产力布局对就业的促进作用。支持吸纳就业能力强的服务业和中小微企业、劳动密集型企业发展，创造更多就业机会。健全就业目标责任考核和激励机制，建立更加充分更高质量就业考核评价体系。

提高制造业就业质量。立足打造国家重要先进制造业中心，加大高素质人才供给，服务于战略性新兴产业集群发展工程、支柱产业提质工程、产业基础再造和产业链供应链现代化水平提升工程。推进制造业高质量发展和职业技能培训深度融合，促进制造业产业链、创新链与培训链有效衔接，提高从业人员收入水平，增强制造业就业吸引力，缓解制造业"招工难"问题。注重发展技能密集型产业，推动传统制造业转型升级赋能、延伸产业链条，开发更多制造业领域技能型就业岗位。推动万亿级电子信息产业集群和汽车、装备、材料、特色消费品、生物医药等千亿级产业集群加快发展，打造更多制造业就业增长点。

扩大现代服务业就业容量。推动现代服务业同先进制造业、现代农业深度融合，加快推进服务业数字化，向专业化和价值链高端延伸。推动各类市场主体参与服务供给，加快发展研发设计、交通物流、宣传会展、法律服务等服务业，为劳动者就业提供更大空间和更多选择。推进服务业标准化、品牌化建设，向高品质和多样化升级，加快发展健康、养老、育幼、文旅、家政、物业等就业容量大的服务业，加强公益性、基础性服务业供给，实现就业容量扩大。鼓励商贸流通和消费服务业态与模式创新，引导夜间经济、便民生活圈等健康发展，稳定开发社区超市、便利店、社区服务和社会工作服务岗位，充分释放服务业就业容量大的优势。

拓展农业就业空间。深入推进新型城镇化和乡村振兴战略，推动政策、技术、资本、人才等要素向农村集聚，促进农村一二三产业融合发展，推动区县（自治县，以下简称区县）、乡镇、村联动发展，大力推动农村电商、休闲农业和乡村旅游等富民产业发展，不断拓展农村劳动力就业机会。

支持中小微企业与个体工商户稳定发展增加就业。完善促进中小微企业、个体工商户发展和吸纳就业的政策体系，构建常态化援企稳岗帮扶机制，持续减轻中小微企业和个体工商户负担；大力发展普惠金融服务，加大对中小微企业和个体工商户融资支持力度，取消各类不合理限制和壁垒，优化中小微企业发展生态，支持劳动者创办投资小、见效快、风险小的小规模经济实体，增强就业岗位创造能力。

（二）培育接续有力的就业新动能。

促进数字经济领域就业创业。以数字技术创新应用为驱动力，加快建设"智造重镇""智慧名城"，打造全国领先的数字经济创新发展试验区和全球数字经济创新发展高地，推动数字经济和实体经济融合发展，构建"芯屏器核网"全产业链，集聚"云联数算用"全要素群，塑造"住业游乐购"全场景集，打造千亿级数字经济核心产业集群，扩大数字经济领域吸纳就业能力。支持高校、科研院所、企业建立数字经济领域博士后创新创业园，集聚一批专业拔尖人才，大力引进数字经济高端人才；强化企业重要主体作用，统筹全市高校学科资源调度，培育多层次数字经济人才，拓展数字经济领域创新创业空间。推进传统线下业态数字化转型赋能，促进平台经济等新产业新业态新商业模式规范健康发展，创造更多就业机会。

支持多渠道灵活就业和新就业形态发展。放宽市场准入，营造宽松的政策环境，促进多渠道灵活就业，支持和规范发展新就业形态。将新就业形态从业人员纳入就业管理服务范围，并享受促进就业优惠政策。加快落实《关于维护新就业形态劳动者劳动保障权益的指导意见》，加强灵活就业和新就业形态从业人员劳动权益保护，提高灵活就业和新就业形态从业人员社会保障水平。

专栏2　灵活就业和新就业形态人员支持保障工程

1. 开展灵活就业人员就业信息服务。以个人经营、非全日制、新就业形态等灵活方式就业的劳动者，可在常住地公共就业服务机构办理就业登记，按规定享受各项政策和服务。建立灵活就业岗位信息发布渠道。

2. 创造灵活就业岗位。鼓励劳动者创办小规模经济实体，推进数字经济、平台经济健康发展，创造250万个以上灵活就业岗位。

3. 实施新就业形态人员技能提升计划。推动建立150个新职业培训基地，开发100个职业技能培训标准和课程标准，培训20万名以上符合新经济、新业态和产业转型升级需要的新就业形态人员。

4. 健全灵活就业人员社会保障制度。探索建立新就业形态人员职业伤害保障制度，完善灵活就业人员在就业地参加城乡居民基本养老保险政策措施。

（三）提高区域就业承载力。

推动"一区两群"就业协调发展。支持主城都市区发挥创新要素集聚优势，在创新引领上实现突破，率先实现产业升级，开拓高质量就业新领域，培育高质量就业增长极。支持渝东北三峡库区城镇群和渝东南武陵山区城镇群立足当地特色产业和基础优势产业，加快培育产业链长、带动就业能力强的支柱产业，统筹布局新兴产业，积极对接先进生产要素和创新资源搭建产业转型平台，建设产业转型升级示范区，协同推进产业转型升级和促进就业。鼓励渝东北三峡库区城镇群和渝东南武陵山区城镇群与主城都市区通过共建跨区域产业合作园区、发展飞地经济等多种方式搭建承接产业转移平台，增强承接产业转移能力，健全区域间产业转移合理利益分配共享机制，创造更多本地就业岗位。加快完善渝东北三峡库区城镇群和渝东南武陵山区城镇群基础设施，提升产业集聚区公共服务效能。

实施特殊类型地区就业促进行动。贯彻落实"摘帽不摘责任、摘帽不摘政策、摘帽不摘帮扶、摘帽不摘监管"的要求，健全巩固拓展就业扶贫成果的长效机制；持续支持脱贫地区，特别是原深度贫困区县，发展壮大特色产业，引进适合当地发展的劳动密集型产业，巩固和提升就业帮扶车间吸纳就业成效，持续带动就业增长。支持三峡库区、武陵山区、大巴山区、革命老区等地区因地制宜大力发展带动就业能力强、增收致富效果好的优势富民产业，完善就地就近就业配套设施，促进当地群众稳定就业，实现增收。推进资源型地区转型发展，延伸资源型产业链条，培育发展接续替代产业，为当地职工转岗就业拓展空间。

专栏3　区域就业承载力提高工程

1. **扩大特殊类型地区就业容量。** 支持脱贫区县建设一批劳动密集型产业园、中小企业产业园，以工代赈项目重点向脱贫区县倾斜。支持三峡库区、武陵山区、大巴山区建设一批特色产业集群、优势资源基地，支持符合条件的区县建设承接产业转移示范区，推出一批乡村旅游重点村、镇精品线路和农文旅融合项目，为当地居民提供更多就业机会。

2. **健全县乡村就业促进机制。** 引导劳动密集型产业、县域特色产业在县域集聚发展，增强就业支撑。在农业产业强镇、商贸集镇、物流节点布局劳动密集型加工业，鼓励大型商贸企业在乡镇布点。保障乡村产业发展用地，做强现代种养业，做精乡村特色产业，提升农产品加工流通业，优化乡村休闲旅游业，培育发展乡村新型服务业和信息产业，推进电商进乡村，推动农产品进城、工业品下乡双向流动，繁荣乡村产业，带动农民就业创业。

3. **加强人才扶持。** 吸引人才向渝东北三峡库区城镇群、渝东南武陵山区城镇群和县乡村基层地区流动，为产业发展提供技术工人、管理人员和创业人才。支持少数民族劳动者、失地农民、下岗矿工、停产企业员工等困难群体就业。将更多乡镇和农村本地青年纳入职业技能培训体系。

四、增强创业带动就业效应

（一）优化创业环境。

深化创业领域"放管服"改革。严格落实《优化营商环境条例》，全面实行政府权责清单制度，分类推进行政审批制度改革，营造市场化、法治化、国际化的营商环境，为创新创业提供良好发展环境。按照国家标准，实施统一的市场准入负面清单制度，健全清单动态调整机制，定期评估、排查、清理各类显性和隐形壁垒，最大限度破除制约创业的体制机制障碍。持续推动减少和优化涉企经营许可事项，探索开展"一业一证"改革，提升企业开办标准化规范化便利化水平，建立便利、高效、有序的市场主体退出制度。实行以公平为原则的知识产权保护制度。

优化创业政策体系。实施创业带动就业示范行动，制定更多支持初创实体发展政策，进一步降低创业成本，提升初创企业创业成功率和可持续发展能力。大力拓宽直接融资渠道，完善债券、股权等融资支持工具，提高贷款便利度和政策获得感。适当放宽创业担保贷款申请条件，探索实施优质创业项目无抵押、无担保贷款，建立健全市场化"天使投资"对接机制，完善创业投资生态链。

实现创业资源开放共享。强化大企业在市场拓展、产业链协调、带动中小企业创业方面的作用，实施大中小企业融通创新专项行动，鼓励大企业向中小企业开放资源、场景、应用、需求，打造基于产业链供应链的创新创业生态。推动全市国家级和市级科研平台、科研数据、科研仪器设施、高校实验室进一步向企业、社会组织和个人开放，创造更多创业机会。促进两江新区、重庆高新区开放企业（项目）资源，建立项目对接机制，吸纳人才创业。

（二）鼓励引导各类群体投身创业。

激发劳动者创业的积极性主动性。深入实施乡村企业家、农村创业带头人培育行动，培育3万名农业农村企业家和致富带头人。实施大学生创业支持计划、留学人员回国创业启动支持计划。建立科研人员入乡兼职兼薪和离岗创业制度，完善科研人员职务发明成果权益分享机制。激发和保护企业家精神，倡导敬业、精益、专注、宽容失败的创业创新文化。完善试错机制，对创业失败者提供就业服务和就业援助。

全方位培养引进用好创业人才。充分利用高校双创示范基地、创新创业教育改革示范高校等平台，大力发展高校创新创业教育，培育一批创业拔尖人才。面向有创业意愿和培训需求的城乡劳动者开展创业培训。实施更加积极、更加开放、更加有效的人才政策，加大创业人才引进力度，为高层次人才来渝创业提供便利。健全以创新能力、质量、实效、贡献为导向的创新创业人才评价体系，加强创新创业激励和保障。

（三）提升公共创业服务能力。

打造全生态、专业化、多层次的创业服务体系。加快完善创业服务网络，加强创业服务队伍建设，为创业者提供政策咨询、项目推介、开业指导等服务。落实创业导师制，推行科技特派员制度，支持科技领军企业、高技能人才、优秀专业技术人才等到基层开展创业服务。推进创业带动就业示范行动，积极参加全国双创活动周、全国创新创业大赛，定期举办"渝创渝新"创业创新大赛、创业生态峰会等赛事活动，营造更加浓厚的创业创新氛围。

建设特色化、功能化、高质量的创业平台载体。打造众创空间、孵化器、加速器、产业园相互接续的创业平台支持链条。打造创业型示范城市、创业就业乡镇（街道）、创业就业村（社区）三级创业体系。实施全市创业孵化基地改造提升工程，强化服务质量管理，提升服务孵化功能，支持大企业与地方政府、高校共建创业孵化载体，探索建设运营新模式，提高创业孵化载体利用率，创建一批国家级创业孵化示范基地。优化双创示范基地建设布局，充分发挥双创示范基地带动作用。支持各区县开辟退役军人创业专区和退役军人就业创业园地，依托各类产业园区建设一批返乡入乡创业园。建设环大学创新生态圈，加强大学生创业园、创业基地等孵化载体建设。推进大创谷建设，服务科学城发展。加强与国家部委共建，提升留学人员创业园品质。

专栏4 "渝创渝新"创业促进就业工程

1. **创业加速计划。** 每年遴选20—30个优质创业项目进行"1对1"跟踪扶持。

2. **创业型载体创建计划。** 创建2个全国创业型示范城市，评选5个市级创业型城市、20个市级创业就业乡镇（街道）、50个市级创业就业村（社区）、5个西部创业实训中心。市级创业孵化基地达到120个，创建4个国家级创业孵化示范基地。

3. **建设环大学创新生态圈。** 规范市级众创空间的建设与管理，实行绩效评价机制，提供更多创业工位，聚集更多初创企业和创业团队。

4. **返乡入乡创业园发展计划。** 培育返乡入乡创业产业集群，整合建设一批返乡入乡创业园，完善服务功能。

五、完善重点群体就业支持体系

（一）持续做好高校毕业生就业。

拓宽高校毕业生市场化社会化就业渠道。实施高校毕业生就业创业促进计划，结合国家重大战略和我市产业布局，加快推动传统制造业转型升级和智能化新兴产业提速发展，创造更多有利于发挥高校毕业生专长和智力优势的知识技术型就业岗位，带动更多高校毕业生到信息技术、高端装备、新材料、生物技术、新能源及智能网联汽车等行业领域就业创业。实施高校毕业生中小微企业就业支持计划，引导更多高校毕业生到中小微企业就业。大力实施高校毕业生基层就业计划，围绕推进乡村振兴、加强社会治理等，扩大农业技术、基层教育、医疗卫生、社区服务等领域就业空间。健全高校毕业生留渝来渝就业创业政策体系，营造近悦远来的人才生态。

提高高校毕业生就业服务品质。加强大学生职业生涯教育和就业创业指导，加大在校生实习和毕业生就业见习组织力度，开展大规模、高质量高校毕业生职业技能培训，提高高校毕业生就业能力。发布重庆高校各专业毕业生年底去向落实率，引导高校建立"招生—培养—就业"联动机制，合理调整招生计划和培养方案。在高校推行就业工作"一把手"工程，完善全员推进就业的运行机制。加强高校毕业生职业发展咨询和就业心理咨询服务，强化择业就业观念引导，推动积极理性就业。对接全国智能公共就业服务信息化平台，建好用好重庆高校毕业生就业信息网，完善"线上＋线下""公共＋市场"就业服务模式，健全离校未就业高校毕业生实名服务机制和困难毕业生就业帮扶机制，将留学回国毕业生纳入公共就业人才服务范围。加强大学生就业创业公共服务中心建设，多渠道搭建职业指导、职业培训、实习见习、创业实践平台，强化就业服务。

专栏5　高校毕业生就业创业促进工程

1.**大学生就业支持计划**。开展大中城市联合招聘、"24365校园网络招聘""千校万岗"中小微企业专场招聘等系列活动，实施千校万岗启航青春大学生就业服务行动，每年举办市级双选会不低于200场次，以不低于5∶1的比例为毕业生提供岗位。对高校毕业生开展全方位就业帮扶，对离校未就业高校毕业生开展实名制就业服务，确保高校毕业生年底去向落实率达到90%以上。

2. **基层就业领航计划。**全力做好国家和地方基层就业专项计划招录工作，鼓励毕业生主动到基层和边远地区建功立业，统筹实施农村教师特岗计划、"三支一扶"计划、大学生志愿服务西部计划和农技特岗计划等高校毕业生基层服务项目，选拔派遣高校毕业生到基层服务，确保毕业生到基层就业人数在70%以上。开展"最美基层高校毕业生"评选及宣传活动。

3. **岗位拓展与能力提升计划。**指导国有企业健全公开、竞争、择优的市场化招聘制度。开发一批社区服务、科研助理、社会组织就业岗位。支持大学生参军入伍，提高高校毕业生新兵补充比例。持续举办大学生求职招聘大赛和创业大赛，提升毕业生就业创业能力。在重点产业和行业建立毕业生就业实践基地50个，满足重点产业和行业的人才需求。

4. **大学生创业扶持计划。**完善创业帮扶政策，在高校建成30个市级大学生创业孵化基地。建立高校科技创新和成果转化平台，促进高校科技创新成果和大学生创新创业成果更好服务重庆经济社会发展。

（二）高度重视城镇青年就业。

为城镇青年创造多样化就业机会。聚焦城镇青年（主要包括未继续升学初高中毕业生、城镇失业青年、转岗青年职工等，下同），完善就业支持体系。结合平台经济、共享经济、数字经济等新兴产业，推动先进制造业、现代服务业和劳动密集型企业深度融合发展，创造更多适合城镇青年的就业岗位，带动更多城镇青年到新产业新业态新商业模式领域就业创业，激发城镇青年就业创业活力。紧扣我市经济发展需要和人力资源市场需求，完善人力资源需求发布、要素配置、协同发展机制，支持城镇青年到人才紧缺领域就业。

增强城镇青年职业发展能力。发挥就业创业服务机构、产业企业园区、青年之家、青年活动中心等各类平台作用，支持城镇青年参加职业指导、职业体验、创业实践、志愿服务等活动。探索组织青年职业训练营、就业训练工场，打造适合城镇青年特点的就业服务模式，畅通信息服务渠道，提高择业精准度。将技能竞赛与技能培训有机结合起来，在职业竞赛和技能培训中增强青年职业发展、职业转换能力。

强化城镇青年就业帮扶。实施青年就业启航计划和百万青年就业促进计划，举办"成渝双城青才计划"线上线下就业服务季等就业服务活动，围绕大数据、电子商务等前沿领域创新举办青创训练营。对长期失业青年开展实践引导、分类指导和跟踪帮扶，将劳动精神、奋斗精神融入指导和实践，引导青年自强自立。对困难失业青年提供就业援助。

（三）促进退役军人就业。

支持退役军人自主就业。健全退役军人就业支持体系，促进退役军人多渠道就业。汇集各类适合退役军人就业的岗位资源，适时调整退役军人就业岗位目录，鼓励党政机关、企事业单位吸纳退役军人就业。实施"兵支书"协同培养工程，引导退役军人在乡村就业创业。对接国家平台，建设全市统一的退役军人就业信息平台，建立完善退役军人就业实名台账，强化退役军人服务中心（站）就业服务功能，为退役军人提供精准就业创业服务。推进各级公共人力资源服务机构设立退役军人服务窗口，定期组织退役军人专场招聘活动；鼓励经营性人力资源服务机构和相关社会组织为退役军人提供免费或优惠就业服务。建立失业退役军人常态化就业帮扶援助机制，促进失业退役军人尽快就业；对年龄偏大、难以通过市场渠道就业的退役军人，开发公益岗位进行过渡安置。建立退役军人就业形势定期综合会商评估机制，开展退役军人就业统计调查，加强就业动态监测预警。

（四）推进农村劳动力转移就业。

支持农村劳动力就业。健全统筹城乡的就业政策体系，建立健全城乡劳动者平等就业制度，发挥劳务经纪人和驻外劳务办事机构服务、引导作用，积极引导农村劳动力有序外出就业、就近就地就业。结合推进新型城镇化建设和乡村产业发展，合理引导产业梯度转移，创造更多适合农村劳动力转移就业岗位。培育一批有地域特色、行业特征、技能特点，带动农村劳动力就业效果好的劳务品牌。加大以工代赈实施力度，在农业农村基础设施建设领域积极推广以工代赈方式，广泛组织当地农村劳动力，优先吸纳农村低收入人口参与工程建设以及建成后的维修养护，并及时足额发放以工代赈劳务报酬。

加快农业转移人口市民化。深化户籍制度改革，放开放宽落户限制，试行以经常居住地登记户口制度。完善城乡双向流动的户口迁移政策，确保外地和本地农业转移人口进城落户标准一致，推动在城镇稳定就业生活、具有落户意愿的农业转移人口便捷落户。开展新生代农民工就业适应性培训，促进其有序融入城市生活。完善财政转移支付同农业转移人口市民化挂钩、城镇建设用地年度指标分配同吸纳农业转移人口落户数量和提供保障性住房规模挂钩的政策。依法保障进城落户农民承包地、宅基地、集体资产等权益，健全农户"三权"市场化退出机制和配套政策。提高农业转移人口享有的子女义务教育、医疗、社会保险、住房等基本公共服务水平，推动其全面融入城市。

健全脱贫人口、农村低收入人口就业帮扶长效机制。重点关注乡村振兴重点帮扶县、易地扶贫搬迁安置区，支持建设一批就业帮扶车间、就业帮扶基地等载体，完善创业扶持政策，提高劳务组织化程度，深化东西部劳务协作，合理开发公益性岗位进行兜底安置，确保脱贫群众稳得住、有就业、能致富。

专栏6 劳务品牌创建及乡村振兴就业增收工程

1.**劳务品牌发现培育计划。**广泛开展摸底调查，发现一批有一定知名度、从业人员规模大、未固定品牌名称的劳务产品，引导形成劳务品牌。深入挖潜细分行业工种的用工需求，打造一批中高端技能型、高品质服务型、文化型、民生保障型劳务品牌。打造培育3—5个全国性劳务品牌，每年评选10个市级劳务品牌，实现"一区县一品牌"。

2.**劳务品牌发展提升计划。**加强劳务品牌技能带头人培养，多形式开展劳务品牌从业人员就业推荐活动，加强用工信息对接。健全劳务品牌质量诚信评价体系，支持行业协会、商会实施劳务品牌信用承诺准入制度，鼓励第三方机构开展劳务品牌质量诚信和社会责任评价。

3.**劳务品牌壮大升级计划。**依托返乡入乡创业园、创业孵化基地、农村创新创业孵化实训基地等创业载体，支持有条件的区县建设劳务品牌特色创业孵化基地。发挥特色资源、传统技艺和地域文化等优势，培育劳务品牌龙头企业。推动上下游产业链协同发展，打造产业集聚、定位鲜明、配套完善、功能完备的劳务品牌特色产业园区。

4.**做好劳务品牌宣传推广。**定期开展劳务品牌征集，组织劳务品牌竞赛，推选具有广泛影响力的劳务品牌项目，推出劳务品牌创立人、传承人、领军人以及形象代言人等典型人物。开展劳务品牌展示交流活动，举办劳务品牌专业论坛。

5.**"乡村振兴"就业创业增收计划。**坚持开发式帮扶和就业援助，脱贫人口就业形势总体稳定，就业规模保持在76万人以上。完善统筹城乡的就业政策和服务体系，培育40个农民工劳务培训基地，新增40个农村劳动力转移就业基地，累计建成60个市级农民工返乡创业园区。驻外劳务办事机构服务范围覆盖到外出农民工就业10万人以上规模的所有地级市。

（五）保障残疾人就业。

完善残疾人就业支持体系。加强残疾人劳动权益保障，优先为残疾人提供职业技能培训，扶持残疾人自主创业。鼓励用人单位采取积极措施，按比例安排残疾人就业，推动党政机关、事业单位、国有企业吸纳残疾人就业。对吸纳残疾人就业较为集中的就业用人单位，加大财政、税收等方面支持力度，稳定残疾人就业岗位。将就业困难的残疾人优先纳入公益性岗位过渡安置，实现就近就便就业。将残疾人辅助性就业服务纳入政府购买服务范围，加大扶持力度，鼓励社会力量投资兴办残疾人辅助性就业服务机构。

（六）做好其他群体就业工作。

强化困难群体就业援助。健全就业援助制度，完善就业援助政策，鼓励企业吸纳困难人员就业。完善就业困难人员认定办法，建立动态调整机制，对零就业家庭人员等困难群体提供"一人一档""一人一策"精细化服务，加强就业帮扶效果的跟踪与评估，千方百计确保零就业家庭动态清零。合理设置公益性岗位，强化对就业困难人员、零就业家庭人员、最低生活保障家庭中有劳动能力处于失业状态的成员兜底帮扶就业。

促进其他群体就业。积极应对人口老龄化，做好大龄劳动者就业帮扶和权益保护，制定完善保障措施，及时提供就业创业服务、技能培训等支持。持续做好产业结构调整、长江流域生态环境保护修复工作中的人员转岗再就业。

专栏7 "就在山城"就业扶持工程

1. 困难群体就业援助计划。加大企业吸纳困难群体就业的扶持力度，规范公益性岗位开发管理，畅通进出通道。完善就业援助制度，实施精细化的分类帮扶和实名制动态管理，缩短长期失业者失业周期。帮扶75万登记失业人员、40万就业困难人员就业。

2. 特定群体就业帮扶计划。建立特定群体就业帮扶台账，实施"一对一"精准帮扶。举办残疾人、女大学生等特定就业群体专场双选会，确保提供岗位比不低于5:1。

3. 异地扶贫搬迁群众就业帮扶计划。在万人以上大型安置区，建设就业服务站或专门服务窗口，掌握搬迁群众就业需求、意愿和技能等情况，做到动态精准帮扶。推广"就业帮扶直通车"系统，积极开展线上就业推荐服务，为搬迁群众提供更多岗位选择。开展培训进安置区活动，集中组织技能培训，提升搬迁群众就业能力。

六、提升劳动者技能素质

（一）大规模多层次开展职业技能培训。

完善职业技能培训政策体系。以市场需求为导向，健全终身职业技能培训制度，着力完善培训、使用、评价、激励机制，持续增强技能人才发展动力和创新创造活力，以企业自主培训、市场化培训为主要供给，以政府补贴培训为有益补充，以公共实训基地、职业院校、技工院校、职业技能培训机构和行业企业等为主要载体，以就业技能培训、岗位技能提升培训和创业培训为主要形式，构建资源充足、布局合理、结构优化、载体多元的培训组织实施体系，持续开展大规模职业技能培训，探索"互联网+""智能+"培训新形态，推动培训方式变革创新。

分类开展职业技能培训。全面推行重庆特色企业新型学徒制，实施面向企业职工、重点群体的专项培训计划。全面推广应用"智能就业培训平台"，深入实施创业培训"马兰花计划"，按需开展特色职业（工种）培训。创新职业培训方式，实行基本职业培训包制度，开发重点职工、新兴工种培训标准，建立急需紧缺职业目录编制发布制度，推广应用"互联网+"培训和监管模式，增强职业培训的效果。广泛开展新产业新业态新商业模式从业人员技能培训，实施"智能+技能"高新技能人才新职业培训。强化安全生产技能培训，提高劳动者安全生产素质。

实现培训供给多元化。有效发挥公共实训基地、职业院校、技工院校、职业技能培训机构和行业企业等培训载体作用，推动培训市场全面开放，加强企业、学校、行业协会、工会等多方联动培训，有效增加培训供给。健全政府购买培训机制，遴选优质培训机构，开展高质量培训。

切实提升培训质量。引导培训资源向市场急需、企业生产必需等领域集中，动态调整培训项目目录。加强紧缺职业工种培训，优化职业技能培训资金管理，实现培训补贴直达企业和培训者。建立完善培训信息发布、质量评价和监管机制。探索建立个人培训账户，形成劳动者职业技能电子档案，实现与就业、社会保障等信息联通共享。

提高劳动者职业素养。大力弘扬劳模精神、工匠精神，营造劳动光荣的社会风尚和精益求精的敬业风气。鼓励劳动者通过诚实辛勤劳动、创新创业创造过上幸福美好生活。加强职业道德教育，引导劳动者树立正确的人生观价值观就业观创业观，培养敬业精神和工作责任意识。推进新型产业工人队伍建设，提高产业工人综合素质。

（二）构建系统完备的技能人才培养体系。

推动职业技术教育提质培优。突出职业技术教育类型特色，深入推进改革创新，优化机构和布局。实施现代职业技术质量提升计划，支持和规范社会力量兴办高质量职业技术教育，深化产教融合、校企合作，增强职业技术教育适应性，建设一批高水平职业院校、技工院校和特色优质专业。健全技能人才教育培养与产业发展联动机制，增强技能人才教育培养前瞻性。提升职业技术教育质量，优化高校学科专业布局，推进专业升级和数字化改造，及时减少、撤销不适应市场需求的专业。持续实施"巴渝工匠"发展计划，突出"高精尖缺"导向，建设一支符合高质量发展要求、适应现代化经济体系、具备较高职业技能和道德素质、结构比较合理的劳动者队伍。

完善终身学习体系。建设学习型社会，构建服务全民终身学习的教育体系。推动重庆大学、西南大学等高水平大学开放教育资源，完善注册学习和弹性学习制度。健全终身教育学习成果转换与认证制度，探索开展"学分银行"以及学分积累转换工作。促进继续教育高质量发展，畅通在职人员继续教育与终身学习通道。规范发展非学历继续教育。积极发展在线教育，完善线上、线下课程学分认定和转换机制。积极发展城乡社区教育。

深化技能人才管理制度改革。完善技能人才培养、使用、评价、激励机制，逐步提高技术工人待遇，定期开展高技能人才评选表彰活动，完善社会化职业技能等级认定，畅通管理人才、专业技术人才及技能人才的职业发展通道。

发挥职业技能竞赛引领作用。完善市级职业技能竞赛体系，创新推进职业技能竞赛举办模式，打造职业技能竞赛品牌，适时举办"一带一路"国际技能大赛，努力将重庆建设成为中西部职业技能竞赛中心，引领和带动全民职业技能水平提升。

专栏 8 "巴渝工匠"全民技能提升工程

1. 巴渝工匠发展计划。举办"一带一路"国际技能大赛、全国新职业技能大赛、"巴渝工匠"杯等职业技能竞赛。辐射带动 100 万人才参赛，培养高技能人才 5 万人以上。建成中国（重庆）康养高技能人才培训基地暨老年养护中心项目，实施创业培训"马兰花计划"，推动建立 50 个"智能＋技能"人才孵化空间、20 个世界技能大赛国家集训基地和 50 个市级集训基地、25 个国家级高技能人才培训基地和 50 个市级培训基地、25 个国家级技能大师工作室、75 个市级首席技能大师工作室、125 个市级技能大师工作室。

2. 终身职业技能提升计划。开展企业职工岗位技能培训 40 万人次。推动建设中国（重庆）职业技能公共实训中心二期工程，规划建设 250 个公共培训（实训）机构，开展补贴性技能培训 150 万人次。

3. **技工教育质量提升计划。**推动将技工院校纳入职业教育统一招生平台，动态调整专业目录，稳步扩大招生规模。开发技能人才培养标准和一体化课程规范，开展对接世界技能大赛标准专业课程改革项目。组织开展技工院校校（院）长和一体化师资培训。逐步推动符合条件的技师学院纳入高职序列，规划建设 5 个区域性技工教育集团、10 个行业性技工教育集团、5—10 个产教融合发展基地。加强职业技能培训示范机构建设和职业培训包开发。

4. **推进制造业产训融合。**聚焦制造业转型升级需要，选取重点制造业企业开展产训融合试点，促进制造业产业链与培训链有效衔接。健全企业利用公共实训基地开展培训实训有关制度，推动企业与公共实训基地共享培训实训资源。

七、健全公共就业服务和人力资源服务业发展体系

（一）提升公共就业服务能力。

加快公共就业服务体系化建设。合理配置公共就业服务机构工作人员和设施设备，加强职业指导人员、职业信息分析师、创业指导人员、劳动保障协理员等专业化队伍建设。加强区县、乡镇（街道）、村（社区）三级基层公共就业服务平台建设，打造一批充分就业区县、乡镇（街道）和村（社区），探索建立更加充分更高质量就业基地。

加快公共就业服务标准化建设。研究制定我市就业创业服务标准化总体规划和工作方案，制定包含视觉识别、平台建设、核心流程、业务规范、档案管理、服务评价等内容的就业服务标准体系，实现全市区县公共就业创业服务平台标准化。

加快公共就业服务信息化建设。加快就业服务智慧化升级，推动就业服务向移动终端、自主平台延伸，打造集政策解读、业务办理等于一体的人工智能服务模式，逐步实现服务事项"一网通办"。健全重庆市与劳务输入输出省（区、市）信息互通协调机制，加强劳动力跨区域精准对接。以社会保障卡为载体，实现就业管理和服务全程信息化。

专栏9 "智能就业"服务质量提升工程

1. **智能就业服务能力提升计划。**运营推广"智能就业"信息系统，实现智慧人力资源市场全覆盖、智能自助终端设备乡镇（街道）和村（社区）平台全覆盖；拓展网上服务平台、移动客户端、自助终端等渠道，推动线上互联网服务和线下实体点服务深度融合。培育 100 个更加充分更高质量就业基地，创建 100 个更加充分更高质量就业村（社区）。

2. 直播招人招才智能服务提升计划。建设立足重庆、辐射全国的"重庆英才·职等您来"国家级网络直播带岗招人招才公共服务基地，提供 500 万个以上就业岗位。在市内高校和企业人才需求较集中的区域设立直播分中心，在市外人才需求较集中的省（区、市）设立直播分基地，打造国家级网络直播招聘服务品牌。

3. 就业岗位智能调查计划。运用大数据手段，调查各类用工主体岗位空缺和用工需求，细分区域、行业等分析岗位空缺及招聘需求等情况，促进供需有效匹配，发布公共人力资源市场就业岗位需求。

（二）优化公共就业服务机制。

推进公共就业服务更加便民化。健全户籍地、常住地、参保地、就业地公共就业服务供给机制，推进就业创业政策咨询、就业失业登记、职业介绍等服务覆盖全体城乡劳动者。支持各类市场主体在注册地、经营地、用工地免费享受劳动用工咨询、招聘信息发布等服务。推动公共就业服务向农村延伸，实现城乡公共就业服务便利共享。

推进就业服务主体和服务方式多元化。引导社会力量广泛深入参与就业服务，推动公共就业服务机构与社会民营机构合作。支持民办非营利性社会组织提供公益性就业服务，探索建立就业指导专家、创业指导专家等志愿者团队提供灵活性就业创业服务。组织动员各类群团组织参与提供公共就业服务。根据不同劳动者的自身条件和服务需求，提供个性化服务和解决方案。

推进就业创业宣传活动。实施"就在山城·渝创渝新"宣传计划，定期开展就业创业政策进基层宣传等活动，组织开展典型就业创业人物、带动就业突出贡献集体等评选，加大宣传力度，营造良好的就业创业氛围。

专栏 10 "强基提力"就业基础能力建设工程

1. 劳动力市场、人才市场、零工市场建设计划。支持各区县因地制宜地建设一批劳动力市场，支持零工较多的区县建设一批零工市场。结合重庆产业结构，建设一批专业性人才市场。

2. 就业服务基层基础能力提升计划。在人口密集的自然村和社区设置就业服务工作站，健全"15 分钟就业服务圈"。支持有条件的高等学校、职业学校、技工院校开设相关学科专业，对公共就业服务人员开展专项培训。组建就业专家服务团，开展服务下乡、巡回指导等活动，引导专业力量下沉。

　　3.**职业指导服务提升计划**。建成职业指导服务线上平台，建立职业指导专家库，开展网络主播、职业指导等培训，举办职业指导模拟大赛。提供职业指导服务300万人次，职业介绍成功100万人次，建成职业指导工作室10个。

　　4.**健全重点企业用工常态化服务机制**。建立重点企业用工调度保障机制，设立重点企业就业服务专员，实时对接企业生产经营状况及用工需求，建立企业用工需求台账，持续构建"市场常态保障、蓄水池旺季应急、预备制节点兜底"的三级人力资源供给模式，形成"政府引导、市场主导、全面保障"的产业用工保障体系。

　　5.**就业服务站点建设计划**。在易地扶贫搬迁集中安置区、工业园区、车站、商圈、景区等人员集中区域设立公共就业服务站或服务窗口100个，为群众及时提供政策咨询、业务办理等"一站式"服务，使有就业意愿和就业能力的搬迁群众都能得到便捷的就业服务。依托公共就业服务机构、人力资源服务机构和企业等市场主体开展专项活动，加强农村劳动力、返乡创业农民工培训，为群众提供集中就业帮扶，提高服务水平和质量。

　　6.**就业创业队伍培训计划**。建立完善市级就业创业专家库和在线咨询平台。开展就业工作队伍培训，每年参训人员在1000人次以上，实现就业创业指导人员全部持证上岗。

　　（三）建设高标准人力资源市场体系。

　　推动人力资源服务业高质量发展。推动人力资源服务与实体经济融合发展，引导人力资源服务机构围绕产业基础高级化、产业链现代化提供精准专业服务。鼓励人力资源服务业管理创新、技术创新、服务创新和产品创新，大力发展人力资源管理咨询、高级人才寻访、人才测评等高技术、高附加值业态。实施人力资源服务业领军人才培养计划。推动全市人力资源服务产业链向中高端发展。鼓励经营性人力资源服务机构参与公共就业服务和人力资源服务。

　　加强人力资源服务业平台建设。搭建多层次、多元化的人力资源线上线下供需对接和交易平台，支持中国·重庆人力资源服务产业园发展，推进市级人力资源服务产业园建设，构建国家、市、区县三级产业园梯次发展格局。推动建设国家级人力资源服务产业园1—2家、市级人力资源服务产业园10家、区县级人力资源服务产业园若干家。打造1—2家国家级人力资源市场，配套建设一批市级、区县级人力资源市场。

　　加强人力资源服务名优企业培育。实施人力资源服务龙头企业培育计划，推动人力资源服务与金融资本深度融合，积极打造在全国有影响力的人力资源知名企业。实施优质人力资源服务机构进区县、进园区、进企业专项行动，充分发挥人力资源服务业服务产业、服务企业、服务就业的积极作用。鼓励骨干企业加强自主品牌建设，提升全市人力资源服务供给水平。到"十四五"末，人力资源服务机构数达3500家，从业人员达3.5万人，就业和流动人数达500万人次，力争培育1—2家优质人力资源服务机构上市。

提高人力资源市场规范化水平。加快建设统一开放、竞争有序的人力资源市场体系。加强人力资源市场管理信息化建设，推进人力资源服务信息数据整合，建成覆盖本地的求职人群数据库和辐射全国的人力资源引入网络体系。加强人力资源服务标准化建设，探索创立新业态领域服务标准。加强人力资源市场信用体系建设，建立人力资源服务机构信用等级分类评定办法。引导人力资源服务机构守法诚信经营。

专栏11　人力资源服务业高质量发展工程

1.人力资源服务产业"千亿跃升"计划。大力培育人力资源服务市场，力争培育1—2家优质人力资源服务上市企业，全市人力资源服务营业收入达到1500亿元。

2.人力资源服务产业园区建设计划。全市累计建成10家左右功能定位明晰、集聚效应明显、辐射带动力强的市级人力资源服务产业园。规划建设中国·重庆人力资源服务产业园二期项目。

3.人力资源服务"领军人才"培养计划。建立国家级、市级、区县级三级HR（人力资源）能力大赛体系，打造有较强影响力赛事品牌3个。开展人力资源服务正高级专业技术人员选拔。人力资源服务从业人员达到3.5万人以上，其中产业领军人才达到100人左右。

4.人力资源服务标准化建设计划。结合行业发展前沿和重点领域，形成10个左右人力资源服务行业相关标准。

5.人力资源市场诚信主题培育计划。开展诚信示范机构遴选，入库市级诚信示范机构150家以上、国家级诚信示范机构30家以上。

八、持续优化就业环境

（一）改善劳动者就业条件。

合理增加劳动报酬。优化收入分配制度，提高劳动报酬在初次分配中的比重，建设公平效率兼顾、激发就业活力的收入分配体系。定期调整最低工资标准、完善企业工资决定和正常增长机制、工资支付保障长效机制。建立企业薪酬调查和信息发布制度，实现人力资源市场工资指导价位制度和行业人工成本信息指导制度并轨。完善国有企业负责人薪酬和工资总额管理政策，依法加强对国有企业工资内外收入的监管。健全劳动、知识、技术、管理等生产要素由市场评价贡献、决定报酬的机制。改革完善体现岗位绩效和分级分类管理的事业单位薪酬制度。规范劳务派遣用工行为，保障劳动者同工同酬。

营造良好劳动环境。开展工伤预防工作，建立企业全员安全生产责任制度，压实企业安全生产主体责任。深入开展安全生产专项整治，持续加强矿山、冶金、化工等重点行业领域尘毒危害专项治理，坚决遏制重特大事故发生。推动简单重复的工作环节和"危繁脏重"的工作岗位尽快实现自动化智能化替代。

完善劳动者社会保障。健全覆盖全民、统筹城乡、公平统一、可持续的多层次社会保障体系，持续实施全民参保计划，提高劳动者参保率。加大城镇职工基本养老保险扩面力度，规范发展第三支柱养老保险，大力发展企业年金、职业年金。

（二）促进平等就业。

畅通劳动力和人才社会性流动渠道。深化劳动力要素市场化配置改革，健全协调衔接的流动政策和交流合作机制，构建市场化配置和自由流动机制，加快形成合理、公正、畅通、有序的社会性流动格局。深化用人制度、档案服务改革，畅通有序流动渠道。拓宽技能人才上升通道。完善评价激励机制，拓展基层人员发展空间，加大对基层一线人员的激励力度。

努力消除就业歧视。建立劳动者平等参与市场竞争的就业机制，营造公平的市场环境，逐步消除民族、种族、性别、户籍、身份、残疾、宗教信仰等各类影响平等就业的不合理限制或就业歧视，增强劳动力市场包容性。保障妇女在就业创业、职业发展、技能培训、劳动报酬、职业健康与安全等方面的权益，为因生育中断就业的女性提供再就业培训等公共服务。引导用人单位积极承担生育友好的社会责任，鼓励用人单位制定有利于职工平衡工作和家庭关系的措施，依法协商确定有利于照顾婴幼儿的灵活休假和弹性工作方式。建立投诉处理机制和联合约谈机制，及时纠正含有歧视内容和不合理限制的招聘行为。

（三）维护劳动者合法权益。

扎实做好劳动权益保障。开展清理整顿人力资源市场秩序专项行动，规范招聘行为，强化劳务派遣用工监管。健全劳动合同制度，鼓励企业与劳动者签订长期或无固定期限劳动合同。督促企业依法落实工时制度，保障劳动者休息休假权益。完善欠薪治理长效机制，持续推进根治拖欠农民工工资工作。推进智慧劳动保障监察系统建设，强化大数据分析能力和监控预警功能，提高劳动保障执法效能。

构建和谐劳动关系。完善政府、工会、企业共同参与的协商协调机制。稳妥推进集体协商制度，加强企业民主协商机制建设，推进劳动关系治理制度和方法创新。提升劳动用工管理水平，持续推动劳动合同制度落实，以中小企业和农民工为重点，巩固提高劳动合同签订率和履约质量。积极开展"和谐同行"能力提升行动，深入推进 AAA 级和谐劳动关系企业评定复核工作，加强优秀和谐企业典型宣传，组建市级和谐劳动关系专家库和专业服务队，为企业构建和谐劳动关系提供专业化指导服务。开展和谐劳动关系创建活动，建设和谐劳动关系综合试验区县。创新劳动人事争议调解仲裁机制，加强调解仲裁队伍建设和信息化建设，推进"互联网 + 调解仲裁"。

（四）加强就业交流合作。

深化川渝就业协同。推动川渝两地公共就业综合服务平台共建，求职用工、就业监测、重点群体就业等大数据信息共享，实现就业服务跨区域通办。探索建立创业孵化基地共享合作交流机制，共享创业导师库、项目库资源。推动两地互设劳务办事机构，打造劳务品牌，深化农民工服务协作。加强两地和谐劳动关系综合配套改革试点地区合作，健全两地根治拖欠农民工工资协作机制，强化劳动保障执法办案联合联动。

积极开展对外合作。积极开展国际合作，加强与"一带一路"沿线国家和地区交流，充分利用国际国内资源，有效激活重庆人力资源市场。加强与其他省（区、市）的交流合作，持续推进鲁渝劳务协作工作。

专栏 12 "同频共振"就业创业协同发展工程

1."智汇巴蜀"大学生就业创业活动专项。打造川渝大学生就业创业竞赛品牌，联合举办"大创慧谷杯"大学生创新创业大赛、大学生求职大赛等系列竞赛活动。开展竞赛活动 10 场次以上，服务川渝大学生就业创业 10 万人次以上。

2.川渝就业信息一体化建设。采用省市级总对总模式，建设完善川渝就业信息共享协同平台，支持数据库、接口、文档等多种形式交互，为两地就业数据共享、业务协同提供支撑。川渝两地人力社保部门共享求职用工、就业监测、重点群体就业等大数据信息。

3.川渝就业创业协同发展计划。川渝联合开展就业创业活动周、就业协同发展峰会、创业项目推介会、职业培训交流会等互访交流活动25场以上。建立川渝创业孵化基地共享合作交流机制，共建公共就业综合服务平台。推动川渝两地互设劳务办事机构，深化农民工服务协作。

九、防范化解失业风险

（一）健全监测预警机制。

完善就业失业统计监测调查体系。构建覆盖劳动力市场、企业用工主体和劳动者个体的就业失业监测网络，优化调查方案、扩大样本规模，强化宏观经济、网络招聘、社保参保、铁路客运和移动通信等大数据运用，全面反映就业增长、失业水平、市场供求状况。探索建立新就业形态统计监测机制，强化网络零售、移动出行、线上教育培训、互联网医疗、在线娱乐等新就业形态平台用工监测。增强风险预警预判能力。健全就业形势科学研判机制，组建专业咨询团队，开展就业重大问题研究，加强对重点区县、重点行业、重点企业岗位动态变化监测，及时分析研判就业市场变化，提升形势感知、分析研判和科学决策水平。完善企业规模裁员减员及突发事件报告制度，定期开展风险评估，适时发布失业预警信息。研究建立公共卫生、自然灾害等重大突发事件影响就业的监测应对机制。推动区县政府进一步完善失业风险预警制度。

专栏13　就业失业监测预警能力提升工程

1.**完善全市劳动力资源信息库**。健全跨区县、跨部门数据共享和业务协同机制，将全市劳动力资源信息采集入库，加强与社会保险、劳动关系、全市人口信息之间的数据比对联动，积极与全国劳动力资源信息库联网，实现信息动态更新。

2.**健全就业监测体系**。加强移动通信、网络招聘、工业用电、企业征信等大数据应用，健全就业大数据监测网络。选取一批有代表性的区县，建立定点下沉、信息直报的监测点联络制度，跟踪经济运行、就业失业、工资收入、劳动者流动等变化趋势。定期发布区县就业工作热力指数、重点行业就业景气指数。

3.**健全失业动态监测机制**。优化监测企业样本结构，细分企业规模、性质等，定期分析岗位变化情况，研判企业减员风险。

4. **完善劳动力调查制度**。扩大劳动力调查样本，按月做好区县调查失业率统计工作，加强劳动参与率、年龄等结构化数据挖掘。

5. **建立就业岗位调查制度**。开展就业岗位调查试点，按月调查各类用工主体岗位空缺和用工需求，细分区域、行业等分析岗位空缺及招聘需求情况，逐步建成就业调查制度，定期发布就业需求预测报告。

（二）全面加强风险应对处置。

健全失业风险应对机制。健全市就业工作领导小组统筹协调机制，畅通信息交换渠道，建立跨层级、跨部门、跨区县的失业风险协同应对机制。完善失业风险应急预案，建立就业风险储备金和分级响应政策储备库，有效防范化解失业风险。允许困难企业在与职工协商一致基础上，采取依法调整工时、薪酬等方式，稳定工作岗位。指导企业依法依规裁员。

完善失业保障体系。稳步扩大失业保险覆盖范围，优化简化失业保险金申领流程，推行网上办理，提高政策受益率。合理确定最低生活保障等社会救助标准，适当采取"低保渐退"等措施，增强失业人员、困难人员就业意愿和稳定性。畅通失业人员求助渠道，建立失业人员常态化帮扶机制，实现失业登记、职业指导、职业介绍、职业培训、生活保障联动。

积极应对人工智能等技术应用对就业的影响。持续加强人工智能发展情况的跟踪监测，科学评估相关产业对就业的影响。逐步建立人工智能对就业影响的协同应对机制，构建不同行业、不同业态间的转岗机制，加快劳动者知识和技能更新速度，积极开展人工智能应用适应性、储备性培训，提升人工智能等智能化技术通用技能，充分放大其就业创造效应。及时对受人工智能影响的失业困难人员开展就业援助。

十、实施更加有力的保障措施

（一）加强组织领导。

把党的领导贯彻到促进就业工作的各领域、各方面、各环节，确保党中央、国务院决策部署和市委、市政府工作要求落到实处。充分发挥各级就业工作领导小组作用，将促进就业纳入各级政府和相关部门的重点工作范畴，细化目标措施，明确任务分工，压实工作责任，加强督导考核，形成工作合力。

（二）强化资金保障。

加大各级财政投入力度，优化就业补助资金的适用范围和支出结构，用好失业保险基金，加强资金监管，提高使用效率，确保各项政策措施落实到位。拓宽资金渠道，引导带动社会资本在返乡入乡创业、技能培训、职业技术教育、就业服务等方面发挥更大作用。

（三）强化工作落实。

鼓励各区县和相关部门创新工作方式，积极探索多种务实有效的落实措施，着力形成一批可复制可推广的经验做法和制度性成果。做好规划实施的年度评估、中期评估和终期评估工作。加大对就业工作先进区县激励，调动各方积极性。广泛开展宣传，正确引导社会预期，营造促进就业创业的良好氛围。

海南省"十四五"促进就业规划

海南省人民政府办公厅　2021年10月8日

就业是最大的民生工程、民心工程、根基工程，是社会稳定的重要保障。为深入贯彻实施就业优先战略，做好我省"十四五"时期促进就业工作，实现更充分更高质量的就业目标，依据习近平总书记系列重要讲话精神和《海南省国民经济和社会发展第十四个五年规划和二〇三五年远景目标纲要》等文件关于促进就业的工作要求，编制本规划。

一、规划背景

（一）"十三五"促进就业工作回顾。

"十三五"期间，面对新冠肺炎疫情，我省推出一系列"稳就业""保就业"举措，促进劳动力市场平稳运行，复工复产复市得到有序发展，规模性失业风险应对能力增强。就业规模不断扩大，城镇新增就业累计62.93万人，超额完成"十三五"既定目标。就业结构持续改善，第三产业就业人数稳步增长，灵活就业、新就业形态持续发展。就业形势保持总体平稳，失业风险有效化解，城镇登记失业率控制在4%以内。就业质量逐步提升，劳动者收入稳步增长，企业劳动合同签订率达到93.15%，社会保障体系日益完善。重点群体就业工作成效显著，农村人口就业内生动力进一步激发，高校毕业生就业创业能力明显提升，退役军人、困难群体就业工作稳步推进。就业服务能力明显增强，基本建成覆盖城乡的公共就业服务网络，职业技能培训水平进一步提高，和谐劳动关系建设全方位推进。

（二）"十四五"促进就业面临形势。

促进更充分更高质量就业是扎实推进共同富裕的重要基础，调整就业结构、提升就业质量仍将是当前和今后一段时期的重要任务，做好就业工作机遇和挑战并存。

面临的主要机遇。"十四五"时期是高质量高标准建设海南自由贸易港的黄金机遇期和重要窗口期，随着信息技术、金融、生物医药、热带农业和育种等产业的快速成长，就业岗位稳步增长；疫情催生的新平台经济和数字经济，以及新就业形态、灵活就业，是今后一段时期就业的新增长点。海南自由贸易港制度集成创新，我省未来就业政策着力点更加明确，政策工具将更加多样化，营商环境的持续优化，境内外企业来琼投资不断增长，对就业的拉动效应将显著增加。劳动力要素流动性增加、劳动力市场活跃度提升，催生更多创新创业主体，创业带动就业的能力将进一步增强。乡村振兴战略的深入实施，为就业政策引导高校毕业生服务农村、外出务工等人员返乡就业创业提供了机遇。农村一二三产业融合发展、农村集体经济组织的快速成长为农民就地就近转移就业创造了条件。

面临的主要挑战。"十四五"时期，我省处在全面深化改革开放和经济转型发展的紧要关口，结构性就业矛盾更加突出，就业领域出现了许多新变化新趋势。劳动者技能水平和就业创业能力与海南自由贸易港建设对高素质高技能劳动力需求不相适应；乡村产业资源要素瓶颈依然突出、经济组织经营效率偏低、易受外部因素冲击，农民收入降低的风险升高，亟待通过促进乡村产业联动发展、培育农村创新创业主体等方式，激发农村居民就地就近转移就业的内生动力；省内高校毕业生留琼就业愿望不强、高质量就业岗位数量不足等因素导致劳动力市场结构性矛盾仍然较为突出；做好城乡低收入家庭、就业困难家庭就业兜底保障工作，巩固脱贫攻坚成果与乡村振兴有效衔接的任务依然艰巨；新就业形态及中小微企业等就业领域，抗风险能力较差，并游离在城镇就业保护体系之外，需进一步建立完善统一灵活的社会保障制度和劳动人事制度，提升灵活就业的稳定性。未来一段时期，疫情带来的不利影响尚未得到完全化解，各类市场主体尤其是中小微企业的经营困难增多，城乡和农村居民收入增长压力加大，扩大就业供给面临不利因素增多。

二、总体要求

（三）指导思想。

以习近平新时代中国特色社会主义思想为指导，深入贯彻党的十九大和十九届二中、三中、四中、五中全会精神，坚持党的全面领导，围绕"三区一中心"战略定位，紧扣海南自由贸易港建设和乡村振兴两大主题，以促进更充分更高质量就业为总目标，深入实施就业优先战略，创新促进就业工作体制机制，健全灵活高效的公共就业服务体系，建设统一规范、竞争有序的人力资源市场体系，深入推行终身职业技能培训制度，扩大就业容量，提升就业质量，稳定重点群体就业，防范化解失业风险，确保就业局势总体稳定。

（四）基本原则。

——坚持就业优先，协同推进。继续把就业优先政策置于宏观政策层面，坚持经济发展就业导向，健全财政、金融和就业政策之间的协同机制，落实政府促进就业主体责任，完善就业目标责任考核机制。

——坚持总量扩大，结构优化。确保经济运行、就业环境总体稳定，稳定传统就业动能，培育壮大就业新动能，进一步激发岗位开发和就业创造能力，提升劳动者素质和技能，推动形成劳动力市场更高水平的供需动态平衡。

——坚持聚焦重点，分类施策。依据不同行业、不同产业、不同群体就业形势差异，分类施策，精准调控，以制度创新促进灵活就业、新就业形态的发展，以海南自由贸易港建设吸引省内高校毕业生扎根留琼就业，以农业现代化促进农村劳动力转移就业，以就业援助兜牢困难群体就业底线。

——坚持市场主导，加强监管。积极构建统一规范、竞争有序的人力资源市场体系，健全人力资源开发机制，完善基本公共就业服务体系，加强市场监管和秩序维护，促进人力资源合理流动和优化配置。

——坚持统筹通融，共建共享。破除制约就业的体制机制障碍，优化整合政策、服务、培训等各类资源，最大限度拓展覆盖面和惠及范围，确保普惠享有、均等可及。

（五）主要目标。

——就业形势总体平稳。就业结构持续优化，城镇就业比重不断提高，第三产业从业人员占比逐步扩大。劳动力市场供需匹配效率提升，劳动者求职渠道更加顺畅。"十四五"期间，每年城镇新增就业15万人，转移农村劳动力9万人，失业人员再就业3万人。应届高校毕业生毕业去向落实率稳定在82%以上，城镇登记失业率控制在4%以内，确保零就业家庭、最低生活保障家庭等困难家庭至少有1人就业。就业的稳定性不断增强，劳动者收入稳步增加，就业条件不断改善。到"十四五"期末，企业劳动合同签订率达到93%，劳动人事争议调解成功率达到60%以上，劳动人事争议仲裁结案率不低于90%，劳动保障监察举报投诉案件结案率达到97%以上，拖欠农民工工资举报投诉案件结案率达到98%以上。

——就业创业环境不断优化。就业环境更加公平，努力让劳动者实现体面劳动。就业创业政策体系更加完善，就业公共服务体系、劳动关系协调机制、终身职业技能培训制度更加健全。公共就业服务实现专业化、现代化、便利化、均等化，劳动者多样化的服务需求得到有效满足。创业引领作用更加凸显，创业环境更加优良，创业机会更多，创业渠道更广，最大限度释放全社会创新创业创造动能。

——**人力资源结构更趋平衡**。人力资源要素流动顺畅有序，人力资源质量大幅提升，就业结构进一步优化，适应海南自由贸易港建设和产业转型升级的需求。人才成长的育人环境持续优化，职业教育体系进一步完善，职业教育、高等教育、继续教育协调发展，人才培养质量显著提高。劳动者终身职业技能培训制度更加完善，技能劳动和高技能劳动者规模进一步扩大。"十四五"期间，全省每年开展补贴性职业技能培训10万人次以上，5年累计培训50万人次以上。每年开展农民工职业技能培训3万人次以上，5年累计培训18万人次以上。全省技工院校每年招生8000人左右，5年累计招生4万人左右。

表："十四五"时期就业主要指标

序号	指标	2020	2025	年均/累计	指标性质
1	城镇新增就业人数（万人）	14.4	—	【75】	预期性
2	城镇调查失业率（%）	5.3	—	＜5.5	预期性
3	城镇登记失业率（%）	2.78	—	＜4	预期性
4	全员劳动生产率增长率（%）	—	—	高于GDP增长率	预期性
5	劳动年龄人口平均受教育年限（年）	10.8	10.8	—	预期性
6	新增劳动力受过高等教育比率（%）	13.5	13.5	—	预期性
7	开展补贴性职业技能培训（万人次）	27.7	—	【50】	预期性
8	农民工参加职业培训人次（万人次）	—	—	【18】	预期性
9	本地农民工在重大项目用工比率（%）	—	30	—	预期性
10	建筑安装领域本地农民工用工比率（%）	—	30	—	预期性
11	省内高校留琼就业比率（%）	—	60	—	预期性
12	海南生源省外普通高校毕业生返琼人数比率（%）	36.1	40	—	预期性

注：【 】内为五年累计数。

三、构建经济增长和促进就业良性循环

深入推进"全省一盘棋、全岛同城化",加强统筹协调、联动协作,在建设海南自由贸易港、促进改革开放、发展现代产业体系、优化产业布局、促进区域协调发展中,加强统筹协调、联动协作,努力实现经济发展与扩大就业良性互动。

(六)强化就业优先导向的宏观调控。

建立与企业稳岗扩岗相挂钩的财政补贴、贷款支持等政策。建立健全就业影响评估机制,在实施改革发展、优化产业布局、实施重大政策项目工程时,同步评估对就业的影响。健全就业目标责任考核制度,建立就业考核评价体系,把就业效应作为评价经济社会发展成果的重要指标。

增强投资对拉动就业的关键性作用。加大基础设施、公共服务、产业发展投资力度,保持投资年均增速10%。扩大招商引资力度,坚持"项目为王",促进项目引进落地,加强带动就业能力强的项目建设。优化产业投资结构,加快建立开放型、生态型、服务型现代产业体系,高标准建设海南自由贸易港产业重大功能平台,打造若干千亿级和一批百亿级园区,带动形成若干创新要素集聚、配套体系完备的产业集群,使重大产业平台成为吸纳国际国内高端人才就业创业的重要载体。发挥补齐农业农村短板有效投资对农村就业拉动作用,促进农村劳动力就地就近转移就业。

增强消费在拉动就业中的基础性作用。抓住构建以国内大循环为主体、国内国际双循环相互促进的新发展格局历史机遇,大力发展商业零售、医疗康养、托幼、家政等传统吸纳就业能力强的生活性消费服务业,培育线上销售、线上教育培训、移动出行、在线娱乐等新兴数字消费需求,增强新型消费对就业的拉动作用。以海南建设国际旅游消费中心为抓手,打造免税购物、国际医疗、留学海南三大品牌,探索发展国际化远程医疗、远程教育,积极培育消费新热点新业态,培育服务型消费的就业新增长点。

(七)加速产业升级促进就业扩容。

加快推进农业现代化进程。深入实施乡村振兴战略,增强第一产业就业的吸纳作用,以建设集"生产+加工+科技+营销"一体的现代化农业综合性产业园为依托,推进农村劳动力转移就业示范基地建设,吸纳农民入园务工。推动实施休闲农业精品工程,促进一二三产业融合发展,挖掘农村非农产业就业潜力。推动实施渔业转型升级工程、休闲渔业示范工程,促进海洋牧场休闲渔业就业岗

位增长。打造种养业出口基地，增强出口部门对农村劳动力转移就业的拉动作用。重点支持以特色农业基地为依托建设共享农庄，发展观光、休闲、采摘、垂钓、康养、文化创意等新业态，促进农村新就业形态发展。

促进旅游业产业提质升级。加快形成以购物旅游、医疗康养旅游、海洋旅游、文化旅游、体育旅游、会展旅游、环岛旅游公路、主题乐园景区旅游、生态雨林旅游、邮轮游艇旅游为主的全域旅游格局，培育低空旅游、红色旅游、乡村旅游等旅游消费新热点、新业态，推动旅游业高质量发展，拓展旅游消费空间，培育旅游消费新就业增长点。积极构建文旅融合产业体系，培育文化新业态，促进文旅消费换挡增速，进一步释放文旅消费带动就业潜力。

培育壮大高新技术产业。加快发展数字经济、石油化工新材料、现代生物医药三大战略性新兴产业，培育以南繁、深海、航天"陆海空"为主的三大未来产业，优化升级清洁能源、节能环保、高端食品加工三大优势产业，提升产业能级持续增添就业新动能。拓展航运服务产业链，打造国际航运枢纽和现代化港口集群，培育航运和港口经济就业新增长点。发挥研究机构、行业协会、高等院校、大型建筑企业和科研院所与国内外技术机构的作用，积极推进形成"产、学、研、用"的技术交流平台，促进建筑转型升级并向高质量发展，积极推动建筑产业、装配产业现代化进程，增加建筑产业、装配产业对本地居民就业的吸纳能力。

专栏 1　建筑装配产业吸纳就业行动计划

　　鼓励校企合作，加大对装配式建筑、绿色建筑、建筑信息模型（BIM）等新兴职业（工种）建筑人才培养，支持企业和院校共建产教融合实训基地，开展岗位实操培训，推动学科发展，加强建筑规划、设计、生产制造、施工安装、监督管理、运维和评估人员的相关专业知识和技能的培训，将装配式建筑、绿色建筑和建筑信息模型（BIM）技能纳入从业人员的继续教育、执业资格考试和职称评审，实施关键岗位专业技能认证，提高从业人员专业水平。

推动现代服务业高质量发展。以医疗健康、现代金融、商务服务、国际设计、现代物流等产业为发展重点，构建海南自由贸易港现代服务业产业体系，促进养老、托育、医疗、家政等生活服务业提质扩容，促进服务业数字化转型、线上线下双向发展。推动公共服务机构、便民服务设施、商业服务网店辐射城乡社区。进一步完善城市生活服务网店规模、布局、业态结构和服务功能，推动构建以步行 15 分钟左右为服务半径的便捷化生活服务圈。加快推动生活服务数字化

赋能，引导市场主体拓展在线技能培训、互联网医院、数字化图书馆、数字文化馆、智慧社区等新型服务应用。

促进数字经济领域就业创业。 扩宽数字产业市场准入，聚焦推动新型工业、热带农业等优势产业数字化、智能化转型升级，培育壮大智慧物流、国际航运、国际金融、智慧会展等外向型高端服务业，做优做强互联网、大数据、区块链、人工智能、信息安全、电子竞技等数字新产业，催生更多新产业新业态新模式，打造具有海南自由贸易港特色的数字产业集群。完善创新创业服务载体，支持大型央企集团、互联网龙头企业、国内外高校、科研院所开展紧密合作，重点聚焦金融科技、跨境电商、数字内容、虚拟现实、海洋科技、数据服务等领域，申报设立一批国家和省级科技创新基地，加快推进一批重大创新项目建设，引进专业创业投资机构和服务机构，整合创新创业服务资源，打造一批众创空间、创新孵化器、小型微型企业创业创新基地、大中小企业融通型特色载体等创新平台，构建集群式创新创业服务体系。

（八）促进企业稳健发展吸纳就业。

支持中小企业和个体工商户稳定发展增加就业，构建常规化援企稳岗帮扶机制，持续减轻中小企业和个体工商户负担，增强创造和稳定就业岗位能力。持续优化经济发展环境，鼓励、支持和引导非公有制经济健康发展，保障不同所有制企业公平参与市场竞争。加强对中小企业和个体工商户融资支持，推动完善多层次的普惠金融体系建设，推广"综合评价＋金融"模式，扩大对中小企业和个体工商户的信贷投放。

大力培育壮大市场主体，促进个体工商户转为企业（以下简称"个转企"）和小型微型企业升级为规模以上企业（以下简称"小升规"），推动小微企业转型升级，实现经济增长与促进就业创业、维护社会稳定的良性互动。建立"个转企""小升规"重点培育库，加大政策支持力度及资金支持力度。鼓励各市县在权限范围内研究制订有利于"个转企""小升规"的税费优惠政策措施，对"个转企""小升规"后的企业实施部分税费减免。引导和鼓励银行金融机构针对新转企、新升规企业特点开发专项金融产品，加大融资支持力度。依托各中小企业公共服务机构，对新转企、新升规企业开展企业管理、投融资、市场拓展等方面的公共服务。

（九）支持灵活就业和新就业形态。

支持多渠道灵活就业和新就业形态发展，鼓励个体经营发展，增加非全日制就业机会，破除各种不合理限制，建立促进多渠道灵活就业机制，支持和规范发展新就业形态。实施包容审慎监管，持续推动平台经济、共享经济等新产业新业态快速发展，创造更多灵活就业岗位，培育形成吸纳就业新"蓄水池"。完善灵活就业劳动权益保障，建立新就业形态从业人员职业伤害保障制度。推动放开灵活就业人员在就业地参加社会保险的户籍限制，制定其参加城乡居民基本养老保险的措施。探索灵活就业人员参加补充养老保险新模式，鼓励平台企业为灵活就业、新就业形态从业人员办理社会保险，确保灵活就业人员平等享有社会保险权利。探索建立适应灵活就业特点的劳动合同制度和劳动用工关系，明确互联网平台企业责任和权利，引导企业与灵活就业人员平等协商、合理确定报酬支付，建立健全劳动争议处理机制。

专栏 2　实施灵活就业和新就业形态人员支持保障计划

1. 建立灵活就业人员就业信息服务制度。以个人经营、非全日制、新就业形态等灵活方式就业的劳动者，可在常住地公共就业服务机构办理就业登记，按规定享受各项政策和服务。建立灵活就业岗位信息发布渠道。

2. 实施新就业形态人员技能提升项目。创新适合新就业形态人员的培训形式和内容，开展数字资源线上培训服务，支持根据自身实践和需求参考个性化培训。

3. 健全灵活就业人员社会保障制度。推进就业伤害保障试点，探索用工企业购买商业保险、保险公司适当让利的机制，鼓励用工企业以商业保险方式为灵活就业和新就业形态人员提供多层次保障。

四、深入推进创新创业带动就业

加快实施创新驱动发展战略，聚焦更加充分更高质量就业，完善创业扶持政策，营造有利于创新创业的良好环境，鼓励和支持大众创业、万众创新。

（十）优化创新创业环境。

以打造营商环境"海南样板"为契机，不断优化创业环境，确保到 2025 年总体达到国内一流水平。持续深化"放管服"改革，坚决破除隐性准入壁垒，推动"非禁即入"普遍落实，确保各类创新创业主体依法平等准入市场。全面推进"一枚印章管审批""一个窗口管受理""一支队伍管执法""最多跑一次""就近办、马上办"，全面推行"极简审批"制度，切实降低创新创业的制度性交易成本。完善过程监管制度，对新技术、新产业、新业态、新模式实行包容审慎监管。健全要素市场化交易平台，完善要素市场交易规则和服务体系，确保创业主体平等获得生产要素。建立健全贯穿市场主体全生命周期，衔接事前、事中、事后全监管环节的新型监管机制，降低创新创业风险。

（十一）完善创新创业政策体系。

进一步落实有利于劳动者创新创业的资金补贴、场地安排等扶持政策，并依据相关规定落实税费优惠政策。发挥海南省创业投资引导基金作用，发展天使投资、创业投资、产业投资，鼓励社会资本投资处于初创期的创业企业。建立科技型中小企业贷款风险补偿机制，形成政府、银行、企业以及中介机构多元参与的信贷风险分担机制。建设创业项目库，为创业人员提供项目支持。盘活闲置厂房、低效利用土地等，加强对创业带动就业重点项目的支持。深化完善有利于激励创新创业的知识产权归属制度、交易体系和争端解决机制。建立健全创业失败容错机制，完善创业带动就业保障体系，建立新业态发展"监管沙盒"，推动各类主体融通创新，加快构建创新引领、协同发展的创新创业生态。

（十二）打造创新创业服务载体。

引导企业、社会资本参与投资建设各类孵化器，鼓励龙头骨干企业围绕主营业务方向建设众创空间，鼓励在琼高等学校、科研院所推进众创空间向专业化、细分化方向发展，打造具有开放式、全生态、产业化的创业孵化体系。加快发展面向重点群体的专业化创业服务载体。促进创业投资与创业孵化紧密结合，建立"创业苗圃＋孵化器＋加速器"的创业孵化服务链条。充分利用海南自由贸易港零关税、低税率、减税制等优惠政策，与知名高校、跨国公司、中介机构等联合打造离岸创新创业基地，建设国际创业孵化器。积极打造环岛创业带，以海南为中心建立东南亚创业联盟、泛南海创业区。深入开展创业型城市创建，鼓励院校设立创业学院或开设创业指导课。探索设立创业扶持资金，打造创新创业大赛品牌，评选表彰创业先进典型，激发全社会创新创业活力。

（十三）提升创业带动就业能力。

发挥海口国家高新技术产业开发区、博鳌乐城国际医疗旅游先行区等双创示范基地促改革、稳就业的带动作用，进一步提升创业带动就业的能力。依托消费需求市场和服务便利化要求，促进示范基地及企业与互联网平台合作，重点推进家政、养老、乡村旅游、物流等社会服务领域创业带动就业的标杆项目，及时总结并推广经验，鼓励社会资本发展新业态。鼓励琼籍普通高校和职业院校毕业生、退伍军人、外出农民工及经商人员等返乡创业，按照相关规定从就业补助资金中给予一次性补贴。支持具备持续创新创业能力的高校毕业生创业团队纳入双创示范基地企业人才储备和合作计划，通过职业微展示、创业合伙人招募等新方式，拓宽创业带动就业的渠道。发展"互联网平台 + 创业单元"、"大企业 + 创业单元"等模式，支持大中小微企业和各类主体融通创新，鼓励大企业向小企业开放资源、场景、应用和创新需求，打造基于产业链的创新创业生态。

五、扎实做好重点群体就业工作

突出保障重点群体就业，完善重点群体就业支持体系。坚持把高校毕业生就业作为重中之重，促进毕业生高质量充分就业。引导农民工有序外出就业，鼓励就地就近就业，支持返乡创业。统筹做好高校毕业生、退役军人、农民工等重点群体就业工作，强化困难人员就业援助，兜牢民生保障底线。

（十四）促进高校毕业生就业创业。

实施高校毕业生就业创业促进计划，拓宽高校毕业生就业渠道。通过鼓励企业吸纳、提高升学率和第二学位、基层服务项目招募、增加参军入伍规模等方式增加高校毕业生就业。通过提高安居保障、支持自主创业等方式，吸引留住更多高校毕业生在海南就业创业。落实好党政机关、事业单位、国有企业等空缺岗位主要招聘应届高校毕业生等政策，统筹协调好招录工作安排，力争每年 6 月底以前完成年度政策性岗位的招录工作。

营造良好的高校毕业生就业创业环境。充分发挥社保补贴、培训补贴、见习补贴等政策效应，鼓励企业招用高校毕业生。完善提升创业补贴、创业担保贷款、孵化基地减免入驻、场地租金补贴等政策体系，激发高校毕业生创新创业热情。利用学费补偿、高定工资等政策，引导高校毕业生服务基层和进入急需领域就业。支持高校毕业生利用平台经济、共享经济等新经济形态平台，通过新就业形态、灵活多样方式实现就业。将下乡创办企业的大学生纳入住房公积金缴纳范围。

健全高校毕业生就业创业服务体系。健全服务保障机制，做好就业教育、创新创业教育、职业生涯规划教育等工作，提升高校毕业生就业愿望。强化高校毕业生就业创业政策支持和服务，开展就业岗位招聘、创新创业大赛，及时提供岗位信息、职业指导、职业培训等就业服务，对低收入家庭、零就业家庭等毕业生实施专项帮扶。

专栏3　　高校毕业生基层成长计划
面向以各种形式在基层服务工作3年以上的高校毕业生，通过强化教育培训、实践锻炼、职业发展、管理服务等全链条的扶持措施，建设一支结构合理、素质优良、作风过硬的基层青年人才队伍。通过建立分层次、多渠道的基层优秀青年后备人才选拔体系，有计划、有重点地遴选一批基层管理人才、基层技术技能人才、基层创新创业人才。将基层成长计划后备人才纳入本省青年干部队伍、人才队伍建设规划。

（十五）促进农村劳动力转移就业。

壮大本省居民促就业内生动力，深入推进新型城镇化和乡村振兴战略有效衔接，推动城镇、县乡联动发展，促进产镇融合、产村一体。推进以县城为主要载体的城镇化建设，吸引各类生产要素向县城流动聚集，扩大县城就业需求。支持乡镇提升城市功能，增加生产生活要素供给，为发展产业、带动就业创造良好条件，把乡镇建设成拉动农民就业的区域中心。

强化劳动技能培训。建立完善省、市县、乡镇、村四级联动的农业职业教育、培训与推广体系，逐步建立以政府投入为主，社会、企业和个人共同参与的多元化投入保障机制，培育高素质农民。到2025年，农民轮训达到15万人以上，高素质农民培训量不低于2万人次，职业学历教育达到1万人。

拓宽外出就业渠道。完善农村劳动力外出务工服务体系，健全劳务输出有效对接协调机制，培育劳务组织、劳务经纪人和劳务带头人队伍，不断提高劳务输出组织化程度。深入挖掘重大投资项目、各类基础设施建设用工潜力，推广政府投资项目"以工代赈"制，增加本省居民工资性收入。

加快推动农业转移人口市民化进程。保障农业转移人口平等享受与当地户籍人口同等的子女义务教育、医疗卫生、社会保障等基本公共服务。完善统一的城乡居民基本医疗保险、大病保险和基本养老保险制度。强化社会救助全省统筹。创新保障农民工与城镇职工平等享受社保和救助的制度体系。进一步放宽户口迁移政策，实行以公民身份号码为唯一标识、全岛统一的居住证制度。实行"人地钱挂钩"制度，全面落实支持农业转移人口市民化的财政转移支付挂钩政策。

稳定脱贫人口就业。健全脱贫人口、农村低收入人口帮扶长效机制，巩固拓展脱贫攻坚成果。接续推进全面脱贫与乡村振兴有效衔接，保持脱贫人口就业领域的扶持政策、资金支持、帮扶力量总体稳定。发挥就业帮扶车间等就业载体作用，深入推进劳务协作，培育打造"一县一品"特色劳务品牌，扶持多渠道灵活就业，用好乡村公益性岗位，保持脱贫人口就业规模总体稳定。推进城市科教文卫等机关单位工作人员定期服务乡村，服务经历及现实表现按规定与职称评定、岗位晋升等挂钩。

（十六）统筹其他群体就业。

健全就业援助制度，完善就业援助政策。进一步规范公益性岗位开发和管理，对就业困难人员实行实名动态管理和分类帮扶，确保零就业家庭、最低生活保障家庭等困难家庭至少有1人就业。鼓励用人单位吸纳困难人员就业，并依据相关规定享受税费优惠政策。做好军队转业干部、退役军人及配偶的就业创业促进工作。加大残疾人就业创业扶持力度，鼓励用人单位招聘残疾人，支持残疾人创业。党政机关、事业单位和国有企业应率先履行按比例安排残疾人就业法律责任。充分利用残疾人就业保障金支持残疾人就业创业。统筹各项举措，妥善做好社区戒毒康复人员、刑满释放人员等人员的就业创业工作。健全失业登记、职业介绍、职业培训、职业指导、生活保障联动机制，促进重点群体失业人员实现就业。支持妇女平等就业，努力消除就业性别歧视，保障劳动权益。

专栏4 促进残疾人就业专栏

1. 超比例安排残疾人就业奖励。对超比例安排残疾人就业的单位按地区工资最低标准的五倍进行奖励。

2. 农村残疾人就业帮扶基地建设。依托农村创业创新孵化实训基地和家庭农场、农业社会化服务组织等新型农业经营主体，扶持一批辐射带动能力强、经营管理规范、具有一定规模的残疾人就业帮扶基地，带动残疾人稳定就业、生产增收。

3. 残疾人创业孵化基地建设。扶持省级残疾人创业孵化基地，依托企业、职业院校和社会机构在地级市打造残疾人实习见习和就业创业示范服务平台。

4. 残疾人辅助性就业服务。对残疾人辅助性就业机构给予建设、场地租金、机构运行、无障碍环境改造、生产设备和辅助器具购置等支持。加强残疾人辅助性就业机构能力建设，鼓励引导市场主体和社会力量提供辅助性就业服务。

5. 残疾人职业技能、实用技术培训和扶持发展生产。依托企业、职业院校、社会培训机构，打造更多残疾人职业技能培训服务平台；组织农村残疾人开展实用技术培训，确保参训残疾人掌握1—2项农村实用技术培训；对农村残疾人家庭发展生产给予补助，扩大生产规模，增加收入。

6. 优先统筹公益性岗位。各地设立的乡村保洁员、水管员、护路员、生态护林员、社会救助协理员、农家书屋管理员、社区服务人员等公益性岗位，优先或托底安置符合条件的残疾人及其家庭成员就业。

六、加快打造与海南自由贸易港相适应的人才集聚高地

紧紧围绕"三区一中心"发展需要，深化人才发展体制机制改革，实行更加积极、更加开放、更加有效的人才政策，创新人才培养支持机制，构建更加开放的引才机制，全方位培养、引进、用好人才。

（十七）加强技术技能人才培养引进。

强化人才培养就业导向，健全人才培养与产业发展联动预警机制，实现教育链、人才链和产业链有机融合，推进双方开展产学研合作，着力培养创新型、应用型、技能型人才。赋予普通高校、职业技术院校更多办学自主权，优化高校学科专业布局，加强重点专业学科建设，聚焦旅游业、高新技术产业、现代服务业等重点产业发展需要，大力发展新兴专业，加快专业升级和数字化改造，在课程设计中明确设定要培养的核心能力及指标。加大数字人才培育投入力度，建立多层次、多类型数字人才培养机制。深化教育教学改革，探索产教融合校企合作办学模式，鼓励高等院校、职业院校（含技工院校）在重点园区、国有企事业单位选取一批试点，建立精准育才机制，根据不同岗位类型、不同层次的人才，制定精准育才计划和激励政策，开展人才专业化培养培训。设立引进高层次人才绿色通道，打造人才服务"单一窗口"，简化外国人在琼工作审批流程。动态调整享受个人所得税优惠政策高端紧缺人才清单和鼓励类产业目录。推进技能人才评价制度改革，构建科学化、社会化、多元化的技能人才评价机制。优化技术技能人才福利待遇，鼓励设立技术技能人才特聘岗位津贴、带徒津贴，加强对技术技能人才非物质性激励。

（十八）构建现代职业教育体系。

实施职业教育提质培优行动计划，优化职业教育结构和布局。健全职普融通机制，发展职业本科教育，实现职业教育与普通教育学习成果双向互通互认。加快国际教育创新岛建设，拓宽海外培训渠道，扩大境外学习培训规模，提升人才的国际化水平和能力。鼓励职业院校根据市场需要，灵活设置课程，及时调整专业内容，全力做好校企合作办学和订单式培训。支持重点园区探索设立职业教育人才培养基金，建设职业教育实训基地，促进产业人才知识技能更新、升级。推动职业教育人才贯通培养、试行学分转换、加强贯通与衔接，建立终身学习通道。推进高水平技工院校建设，打造一南一北技师学院办学品牌。建立技工院校高级工班、预备技师班、技师班学生学费补助和奖励机制。着力提升技工教育质量，充分发挥技工院校作为高技能人才培养"主阵地"的作用，支持高职院校大

力发展医疗、康养、文化演艺、文物修复和鉴定等领域职业教育。

专栏5　技能人才培养质量提升工程

1. 海南省公共技能实训基地建设工程。海南省技师学院续建海南省公共技能实训基地项目，海南省三亚技师学院新建综合性共享职业技能培训基地项目。

2. 中国（海南）技能人才综合发展工程。新建中国（海南）技能人才综合发展基地建设项目1个、国家级职业技能公共实训基地3个，新建和改扩建世界技能大赛中国集训基地、省级技能大赛培训基地各10个。省级高级技能人才培训基地达到20个，国家级高技能人才培训基地、国家级技能大师工作室各10个。

3. 中国（海南）康养高技能人才培训基地建设工程。实施康养职业技能培训计划，支持海南省技师学院建设国家级（康养）高技能人才培训基地。

4. 技工教育质量提升建设工程。支持新建或改扩建技工院校10所，新建技工教育和职业培训师资能力提升基地6个。

（十九）强化劳动者职业技能培训。

健全终身职业技能培训制度，继续实施职业技能提升行动，面向城乡各类劳动者开展补贴性职业培训，支持企业和各类生产经营主体对新吸纳人员开展适岗培训、以工代训、职工岗位技能培训等，并纳入职业技能提升行动补贴性培训统计范畴。完善职业培训政策体系，积极推进职业技能培训供给侧改革，注重培训提质增效，建立健全培训机构考核评价机制，加强对职业培训机构的事中事后监管，提升职业技能培训机构的培训能力和培训水平。

专栏6　"旺工淡学"旅游业人才培养计划

1. 需求导向，订单培养。根据市场需求，在院校招生名额分配和专业设置上采取订单式培养、分类分层培养，开设高端学术讲座、移动课堂，创办校企合作"驻点班"、地方学院"地方班"，并将培养对象扩大至旅游全行业。

2. 建立联盟，多方联动。发动5家旅游行业协会及10家招生高校，成立海南"旺工淡学"旅游人才培养联盟，整合优势资源、优化项目环境，切实提升旅游业人才培养的专业性、系统性和协同性。

3. 送策入企，全面宣传。以"最大覆盖面"打通宣传"最后一公里"，向旅游企业开展"一对一"政策宣贯服务，组织全媒体矩阵"线上＋线下"发布系列报道，有效实现全省动员、全员参与、全媒体覆盖。

4.动态监测，保障质量。注重培训质量，及时跟进项目推进情况，开展专题会议、调研会议、座谈会。利用第三方机构进行市场化、用户导向的专业教学质量评估和项目运转质量评估，不断完善工作机制，巩固扩大培训成效，切实保障人才培养质量。

七、健全公共就业服务体系

完善人力资源市场体系，强化人力资源市场监管，推进人力资源服务产业园区和公共就业服务信息化建设，提高基本公共就业服务能力，提供覆盖全民、贯穿全程、辐射全域、便捷高效的全方位公共就业服务。

（二十）建设城乡统一规范的人力资源市场体系。

建立与海南自由贸易港相适应的人力资源市场体系，修订省级人力资源服务产业园评估认定办法，推行人力资源服务许可告知承诺制，制定网络招聘服务管理配套政策。开展全省清理整顿人力资源市场秩序专项行动，推进人力资源服务机构诚信建设，规范人力资源市场秩序，促进人力资源市场健康发展。建立全省统一的人力资源市场供求信息归集、发布机制，畅通招聘渠道，指导企业改进招聘流程，优化选人用人程序，逐步实现全省流动人员人事档案服务事项网上办理。加强老年人力资源开发，推动建立老年人才和专家信息库，积极搭建老年人才市场。发展壮大人力资源服务机构，培育一批知名人力资源服务企业和品牌，健全人力资源市场监测体系。

专栏7　人力资源服务业发展行动计划

1.人力资源服务骨干企业培育计划。海口、三亚建设、国家级人力资源服务产业园区，在三亚市建设中国（海南）旅游人才市场，重点培育一批综合性人力资源服务骨干企业。

2."互联网+"人力资源服务计划。鼓励人力资源服务机构积极运用大数据、云计算、移动互联网、人工智能等新技术，促进人力资源服务业创新发展、融合发展。

3.人力资源服务信息化建设。支持人力资源服务机构建设人力资源信息库，实现数据互联互通、信息共享。

（二十一）提升公共就业服务效能。

进一步完善覆盖省、市县、乡镇、村四级公共就业创业服务网络，大力推进以社区和行政村为主体的基层就业创业服务网格化平台，创建"智慧就业"信息系统，打造"线上""线下"一体化就业综合服务平台，促进城乡劳动者在就业地平等享受公共就业服务，推动实现境内外就业信息互联互通。健全劳务输出地与劳务输入地间的对接机制，提高劳务输出组织化程度。鼓励引导社会力量广泛深入参与就业服务，推进公共就业服务机构与社会民营机构合作。探索建立就业指导专家、创业指导专家等志愿者团队，为就业创业人员提供专业化服务。

八、完善失业风险防控机制

健全劳动关系协调机制，构建更加和谐的劳动关系，完善就业失业监测统计体系，加强就业形势监测分析，全力防范化解规模性失业风险，确保就业形势总体稳定。

（二十二）健全劳动关系协调机制。

全面实施劳动合同制度，完善劳动用工备案制度，推进工资集体协商和集体合同制度。建立健全新就业形态劳动用工制度，切实维护新就业形态从业人员合法权益。深化企业工资收入分配制度改革，健全最低工资标准政策调整机制。完善劳动人事争议调解仲裁机制，完善劳动保障监察机制，提升劳动保障执法效能。加强农民工服务保障工作，维护农民工合法权益。

（二十三）完善就业失业统计监测体系。

全面落实以全省作为整体常住地的失业登记和全省通办模式，以全岛同城化模式进行失业登记通办。加强就业失业常规统计和分析，完善海南省失业就业数据库。结合宏观经济数据、就业招聘数据、社保数据等数据信息，准确把握劳动力流动趋势，及时有效反映就业失业状况。

（二十四）全力防范化解失业风险。

健全就业需求调查和失业监测预警机制，多维度开展重点区域、重点群体、重点行业、重点企业就业监测，积极应对经济形势变化影响，有效防范化解规模性失业风险。完善落实稳就业保就业政策措施，支持企业减负稳岗扩就业，畅通失业人员求助渠道，做好舆情监测研判、协调和应急处置，确保就业局势持续稳定。

九、组织保障

（二十五）加强部门协调。

加强部门协调，明确职责分工。全省各级政府、各有关部门要加强组织领导、强化责任担当，在各自职责范围内加强沟通协调，全力做好稳就业相关工作。围绕本规划主要任务，进一步细化目标措施，确保本规划重点任务落到实处。

（二十六）加大政府投入。

持续加大政府资金投入力度，推动各项就业政策落实。建立健全与就业目标任务相适应的财政资金投入保障机制，多渠道筹集各类资金用于支持稳就业保就业工作。

（二十七）加强督促检查。

省发展改革委、省人力资源社会保障厅会同有关部门建立督查制度，定期组织开展就业创业工作进展情况和规划实施情况年度监测，适时做好规划实施中期和终期评估工作，重大情况及时上报省政府。

四川省"十四五"就业促进规划

四川省人民政府　2021 年 7 月 31 日

就业是最大的民生。为推动实现更加充分更高质量就业，根据《四川省国民经济和社会发展第十四个五年规划和二〇三五年远景目标纲要》《四川省就业创业促进条例》制定本规划，进一步明确"十四五"时期全省就业工作的主要目标、重点任务和重要举措，指导全省制定相关政策、合理配置资源、促进就业创业。

第一章　规划背景

"十三五"以来，我省大力实施就业优先战略和积极的就业政策，就业工作取得了显著成就，就业局势保持稳定。当前，我省发展仍处于重要战略机遇期，但内外部环境发生深刻变化，就业促进工作面临新机遇新挑战。

第一节　发展基础

就业规模稳步增长。"十三五"期间，全省城镇新增就业累计达 522 万人，城镇登记失业率控制在 4.5% 以内。2020 年，城乡就业人员总量 4745 万人，农村劳动力转移就业达到 2573.4 万人。

就业结构持续优化。全省城乡就业结构由 2015 年的 32.3∶67.6 调整为 2020 年的 52.5∶47.5。三次产业就业结构由 2015 年的 38.6∶26.6∶34.8 调整为 2020 年的 32.5∶23.1∶44.4。技能劳动者占就业人员总量的比例提高到 20% 以上。

就业质量显著提高。全省居民人均可支配收入年均增长 9%，高于同期地区生产总值（GDP）增速 2 个百分点，2020 年达到 26522 元。城镇全部单位就业人员平均工资年均增长 8.1%，2020 年达到 74520 元。企业劳动合同签订率达 95%。基本养老保险覆盖超 6000 万人，社保卡持卡人数超过 9000 万人。

创业带动就业活力加速释放。创业环境持续改善，新设市场主体持续增长，创业人数大幅增加。全省实有市场主体总量达到 700 万户，居全国第六位。到

2020 年末，全省返乡入乡创业人员累计达 81.4 万人，创办企业 32.2 万户，带动就业 314.8 万人。

第二节　机遇挑战

重要机遇。"一带一路"建设、长江经济带发展、新时代推进西部大开发形成新格局、推动成渝地区双城经济圈建设等国家战略交汇叠加，我省战略地位更加突出，发展势能更加强劲，为扩大就业容量拓展了新空间。现代产业体系加快构建，以数字经济为代表的新经济、新产业、新业态不断涌现，为提升就业质量注入了新动能。就业优先战略深入实施，积极就业政策不断完善，就业服务体系更加健全，为稳定和扩大就业提供了重要保障。

主要挑战。当前和今后一段时期，就业领域矛盾依然存在，稳定和促进就业任务艰巨。全省 16—59 岁劳动年龄人口占常住人口比重低于全国 1.15 个百分点，劳动年龄人口老龄化加剧，45—59 岁劳动年龄人口比重持续上升。新技术变革日新月异，人工智能对传统就业产生冲击，新就业形态发展给劳动权益保障带来了新挑战。高技能人才和创新型人才不足，劳动力素质与高质量发展还不相适应。三次产业就业结构不优，第三产业从业人员占比低于全国 3.7 个百分点，第一产业从业人员占比过高，仍有大量农村劳动力需转移就业。区域就业不平衡，高素质、高技能人才加速向中心城市和城市群集聚，中小城市特别是边远地区招人难、留人难问题突出。

第二章　总体要求

第一节　指导思想

以习近平新时代中国特色社会主义思想为指导，认真践行以人民为中心的发展思想，全面贯彻落实新发展理念，大力实施就业优先战略和积极就业政策，统筹推进产业结构升级和就业扩面提质，持续提升经济发展拉动就业能力，促进创业带动就业和多渠道灵活就业，着力缓解就业结构性矛盾，推动实现更加充分更高质量就业，为全面建设社会主义现代化四川提供重要支撑。

第二节　基本原则

就业优先，政策协调。继续实施就业优先战略和积极就业政策，把稳定和扩大就业放在经济社会发展更加突出的位置。坚持经济发展就业导向，充分发挥就业目标的引导作用，加强就业政策与其他政策措施的衔接配套、协调联动。

扩大总量，优化结构。坚持在推动高质量发展中稳定和扩大就业，鼓励和支持多渠道灵活就业，不断拓展就业新空间。加快提升劳动者素质，加强技术技能人才培养，提高供需匹配精准性，着力缓解就业结构性矛盾。

政府引导，市场配置。破除妨碍劳动力、人才社会性流动的体制机制障碍，提高公共就业服务能力，健全常态化援企稳岗帮扶机制，更好地发挥政府作用。提高人力资源市场配置效能，充分发挥市场在对接供需、促进就业中的决定性作用。

聚焦重点，精准施策。关注不同地区、不同行业就业形势和就业需求的差异性，健全完善公平普惠的政策制度。瞄准大学生、农民工等重点群体，制定靶向性、针对性政策措施，加强就业帮扶援助，严密防范失业风险。

第三节　发展目标

就业规模稳步扩大。城镇新增就业 425 万人以上，城镇调查失业率控制在 6% 以内，农村劳动力转移就业规模保持在 2400 万人左右，确保零就业家庭动态清零。

就业质量不断提升。第三产业从业人员、城镇就业人员所占比重不断提高，就业结构持续优化。劳动报酬与劳动生产率同步提升，工资收入合理增长。劳动用工管理更加规范，劳动者权益保护制度不断完善，劳动人事争议仲裁结案率达到 90%。

就业创业能力明显提高。劳动者技能水平持续提升，技能人才总量达到 1200 万人。新就业形态人员大幅增长。创业促进政策体系不断完善，带动就业活力进一步增强，全省返乡入乡创业人员累计超过 100 万人。

就业服务能力持续增强。城乡均等的公共就业创业服务体系更加健全，覆盖县（市、区）、乡镇（街道）、村（社区）的就业服务网络基本建成，公共就业服务标准化、智慧化、便民化水平显著提高，服务能力和效率明显改善。

专栏 1　"十四五"主要就业指标		
指　标	2025 年	属性
1. 城镇新增就业人数（万人）	【425】	预期性
2. 城镇调查失业率（%）	＜ 6	预期性
3. 城镇登记失业率（%）	＜ 4.5	预期性
4. 城镇就业占比（%）	＞ 55	预期性
5. 城镇全部单位就业人员平均工资增长（%）	＞ 6[*]	预期性
6. 劳动年龄人口平均受教育年限（年）	10.51	约束性

指　标	2025 年	属性
7. 转移就业农村劳动力（万人）	2400	预期性
8. 开展补贴性职业技能培训人次（万人次）	【300】	预期性
9. 其中：农民工参加职业培训人次（万人次）	【100】	预期性
10. 技能劳动者总量（万人）	1200	预期性
11. 失业保险参保人数（万人）	1200	约束性
12. 工伤保险参保人数（万人）	1470	约束性
注：【 】内为五年累计数，带＊为年均增速。		

第三章　增强经济发展拉动就业能力

健全有利于更加充分就业的促进机制，继续提高经济增长就业弹性，挖掘内需潜力带动就业，支持多渠道灵活就业、新就业形态发展，积极拓展就业新空间。

第一节　强化落实就业优先政策

把促进就业作为高质量发展的优先目标，促进经济发展与扩大就业良性互动。加强就业政策与财政、产业、区域、投资、消费、人口等政策协调联动，建立健全重大产业、项目、投资对就业的影响评估和同步应对机制。支持吸纳就业能力强的服务业和中小微企业、劳动密集型企业发展，创造更多就业机会。健全常态化援企稳岗帮扶机制，扩大政府购买专业化社会服务规模，引导企业稳定和增加就业岗位。加快清理调整不适应新就业形态发展的制度规定，健全包容审慎监管制度，形成适应和引领新就业形态发展的政策环境。

第二节　挖掘制造业就业潜力

加快推进制造业转型升级，充分释放吸纳就业潜力，强化制造业促进就业的基础性作用。巩固提升传统产业链，加快发展电子信息、装备制造、食品饮料、能源化工、汽车制造、家电家具、服装鞋帽等吸纳就业较多的产业和行业，延伸上下游配套，拓展研发、设计、营销、质控等环节用工需求，增加传统制造业就业岗位。充分发挥比较优势，有序承接竞争力强、附加值高、市场需求大的劳动密集型产业转移。促进数字技术与制造业融合发展，积极发展战略性新兴产业，挖掘更多高端研发类、经营管理类、创意咨询类岗位，拓展现代制造业就业空间。

第三节　提升现代服务业就业吸纳能力

顺应居民消费升级趋势，不断拓展服务业发展广度和深度，增加有效供给，扩大服务业就业规模。加快推动商业贸易、现代物流、金融服务、文体旅游四大支柱型服务业转型升级，大力发展科技信息、商务会展、人力资源、川派餐饮、医疗康养、家庭社区等成长型服务业，增加现代服务业用工需求。推动生产性服务业向专业化和价值链高端延伸，加快发展研发设计、商务咨询、检验检测，促进供应链金融、大数据信息、人力资源服务等创新发展，创造更多高质量就业岗位。挖掘卫生防疫、养老托幼、家政服务、教育培训、技术咨询、社区服务等生活性服务业就业潜力。

第四节　拓宽农业农村就业空间

大力实施乡村振兴战略，加快促进农村一二三产业融合发展，充分释放现代农业对吸纳农民就业的重要作用。依托区域农业资源禀赋，加快建设优势聚合、产业融合的现代高效特色农业带，打造有竞争力的优势特色产业集群和产业链，推动政策、技术、资本、人才等各类要素向农村集聚，扩大现代农业就业容量。推动种养加结合与产业链再造，大力发展农产品电子商务、休闲农业、乡村旅游、乡村共享经济、创意农业等新业态，促进农村多元化就业。加快培育乡村车间、家庭农场、就业工坊、农民合作社、龙头企业等新型农业经营主体，吸引更多劳动力就近就地创业就业。

第五节　支持和规范新就业形态发展

放宽市场准入，营造更加宽松的政策环境，促进数字经济、平台经济健康发展，支持网络零售、移动出行、快递物流、线上教育、网络医疗、在线娱乐等新业态发展，鼓励居家就业、远程办公、兼职就业，积极探索共享用工、弹性工作等新就业模式。完善就业创业补贴政策，加大对新就业形态从业人员就业创业帮扶力度，加强新职业培训。完善就业管理服务和统计制度，将新就业形态从业人员纳入就业管理服务范围并享受促进就业优惠政策。健全适应新就业形态的劳动用工、工资支付、社会保障等政策措施，完善灵活就业人员参加城乡居民基本养老保险兜底政策，建立新就业形态人员职业伤害保障制度，维护灵活就业人员合法权益。

第四章　激发创业带动就业活力

完善创业扶持政策，进一步优化创业环境，激发全社会创新创业热情和活力，形成更多创业机会、更广致富渠道，充分发挥创业带动就业倍增效应。

第一节　持续优化创业环境

深化"放管服"改革，加大普惠性政策支持力度，不断降低市场准入门槛和制度性交易成本，对新业态新模式实施包容审慎监管，进一步优化营商环境。落实场地支持、租金减免、税费优惠、创业补贴、培训补贴等扶持政策，降低创业成本，支持初创企业发展。落实创业担保贷款，引导金融机构有效服务创新创业融资需求。支持创业投资基金创新试点，鼓励发展天使投资、创业投资，更好发挥创业投资引导基金和私募股权基金作用。加强知识产权保护、企业商业秘密保护，推进社会信用体系建设。开展各类创新创业宣传活动，弘扬科学精神和企业家精神，营造鼓励创新创业的社会氛围。探索建立创业失败保障机制，降低创业风险。

第二节　培育发展创业载体

增强创新创业公共服务平台能力，拓展众创空间市场化、专业化功能，建设"孵化＋创投""孵化器＋商业空间""互联网＋"等新型创新创业孵化器，完善创新创业孵化体系。打造创新创业集聚区，高水平建设国家双创示范基地、全国创业孵化示范基地，布局建设区域、高校、科研院所、企业等省级双创示范基地，发挥西部双创示范基地联盟引领带动作用。支持高校、科研院所与企业共同建立成果转化服务平台，鼓励高校学生参与创业实践。培育一批省级返乡入乡创业先进市（州）、县（市、区），开展创业型城市示范创建。

第三节　丰富创业促进活动

开展双创活动周、创业大赛、创新创业峰会、创业博览会、创业沙龙、项目巡诊等活动。健全创业培训、创业实践、咨询指导、跟踪帮扶等一体化创业培训体系，实施创业培训"马兰花计划"，培训 30 万人次。实施创业带动就业示范、民营企业家梯队建设、重点领域创业带头人培养、农村青年致富带头人培育、基层创业服务能力提升等专项行动。健全返乡创业专家服务机制，动态完善返乡创业项目库，开展"雁归天府·共创未来"返乡创业项目推介。加强川渝创业合作，共享创业导师库、项目资源库等创业服务资源，联合开展项目推介会等活动，共同举办西部农民工返乡创业大赛。

专栏2　创新创业支持计划
01　创业孵化基地
扶持建设100家具有示范和带动效应的省级创业孵化基地，整合建设一批返乡入乡创业园。
02　创新创业品牌
打造"天府杯""创青春""创客天府""我能飞"等创新创业重点品牌。

第五章　扎实推进重点群体就业

把创造就业机会、增强就业持续性，作为促进重点群体全面发展的重要途径，统筹做好高校毕业生、农民工、退役军人和困难群体就业促进工作，稳住就业基本盘。

第一节　多措并举促进高校毕业生就业

健全高校毕业生就业创业服务体系，完善精细化、差异化就业服务机制。强化大学生就业指导，加强在校生职业规划教育，增强高校毕业生自我评估能力、职业开发能力及择业能力，帮助大学生更快适应职业市场需求。引导高校毕业生转变就业观念，鼓励到民族地区、边远山区、城乡基层、中小微企业就业，畅通高校毕业生在不同地区、不同单位、不同行业之间的职业发展通道和基层成长通道。加大资金补贴等政策支持力度，全面落实有关税费减免政策，鼓励高校毕业生创新创业、灵活就业。鼓励社会各界开发更多适合高校毕业生的知识型、技术型、创新型就业岗位。支持各类投资项目、科研项目设立见习岗位，制定见习单位目录和岗位清单，推进见习规范管理。加强就业市场供需衔接和精准帮扶，对离校未就业高校毕业生开展实名制就业帮扶，加大对长期失业青年就业帮扶力度。

第二节　统筹推进农村劳动力转移和就近就地就业

深入实施农民工服务保障战略性工程，持续推进农民工就业促进等十大专项行动。巩固和拓展省外劳务市场，持续开展"春风行动"，推动农民工外出务工就业。用好用活川浙、川粤等东西部劳务协作机制，深化劳务输出用工对接、人员组织、技能培训和后续管理等服务，打造一批人力资源外包服务骨干企业，加强对外出农村劳动力统一管理、统一服务。定期举办农民工技能大赛，打造"浣花女""苗家惠嫂""川筑劳务"等一批全国知名"川字号"劳务品牌。鼓励农村地区发展"小店经济""夜市经济"，支持农村劳动力在县域城镇地区从事个体经营。围绕乡村振兴，在农业农村基础设施建设领域积极推广以工代赈方式，带动农村劳动力就业。继续实施优秀农民工回引培养工程，支持返乡创业就业，从优秀农民工中选拔村干部、定向考录乡镇公务员和事业单位工作人员。

第三节 加强退役军人就业支持

采取政府推动、市场引导、社会支持相结合的方式，鼓励和扶持退役军人就业创业。加大对退役军人创业担保贷款贴息的支持力度，鼓励社会资本设立退役军人创业基金，落实退役军人从事个体经营税收优惠政策，加大对退役军人创业补贴的支持力度。全面落实企业招用退役军人税费减免、社会保险补贴、岗位补贴等优惠政策，探索建立吸纳退役军人就业表彰奖励机制。鼓励退役军人参加普通高等学历教育，健全完善退役军人学历提升优惠政策。引导退役军人积极参加职业技能培训，鼓励各类培训机构和企业提供定岗定单定向培训并推荐就业。持续完善退役军人就业创业公共信息平台，促进供需信息有效对接。制定适合退役军人就业的岗位目录，建立退役军人就业台账，实行实名动态管理。鼓励各类人力资源服务机构和社会组织为退役军人就业创业提供公益性服务。

第四节 完善困难群体和特定群体就业帮扶机制

完善就业援助制度，合理设置公益性岗位，强化农村就业困难群体、城镇就业困难人员、零就业家庭人员等群体兜底帮扶。将乡村振兴重点帮扶县、易地扶贫搬迁安置区作为重点地区，积极引进适合当地群众就业需求的劳动密集型、生态友好型项目或企业，组织专项就业服务实施集中帮扶，构建就业帮扶长效机制。鼓励脱贫户初中毕业生到浙江等东部协作地区免费接受职业教育，毕业后帮助就地就业。加强残疾人劳动权益保障，完善残疾人就业优惠政策。党政机关、事业单位、国有企业应当带头吸纳残疾人就业，扶持残疾人自主创业，开发适合残疾人就业的公益性岗位，支持有就业意愿和培训需求的残疾人参加职业技能培训。加强对刑满释放就业困难人员的就业扶持。坚决禁止就业性别歧视行为，促进妇女平等就业创业，开展妇女技能培训、岗位练兵和技能大赛，打造"天府妹子"等家政品牌，大力支持妇女从事特色手工、种养、家政服务等行业。稳妥做好产业结构调整相关人员、退捕渔民安置保障工作。

专栏3　重点群体就业促进计划
01　高校毕业生就业创业促进计划 　　持续开展金秋招聘月、职业指导进校园、智汇天府·四川省公共招聘进校园等专项活动。组织创新创业大赛，开展"青年红色筑梦之旅"活动。继续实施"特岗计划""大学生村官""三支一扶""西部计划"等基层服务项目。

02　就业见习基地

依托各级开发区、产业园、科技园等，加快建设具有行业代表性、符合我省产业发展方向和青年需求的见习基地，力争打造 20 个国家级、50 个省级就业见习基地。

03　农民工就业服务平台

提升农民工服务网站、手机客户端和微信小程序用户量及活跃度，新增平台用户数 500 万。建设一批省级返乡下乡创业先进市（州）、县（市、区）和创业孵化基地。

04　退役军人就业创业支持计划

完善退役军人创业平台，建设 10 家促进退役军人就业创业产业园，鼓励各地在开发区、高新区等各类园区开辟退役军人创业专区。开展退役军人就业创业之星推选活动。

05　残疾人就业支持计划

依托有一定规模的企业、残疾人托养机构等推进辅助性就业机构建设，全省每个县（市、区）至少建有一所辅助性就业机构。全省通过公益性岗位安置残疾人达 15000 人。

06　妇女居家灵活就业示范基地

建设一批省级妇女居家灵活就业示范基地，为居家妇女搭建技能提升平台，促进就业增收。

第六章　提升劳动者技能素质

进一步深化现代职业教育改革，促进职业教育和就业需求紧密衔接，健全技术技能人才培养体系，完善劳动者终身职业技能培训制度，加快提升劳动者就业技能，建设高素质劳动者大军。

第一节　加强技术技能人才培养

健全技术技能人才多元评价体系，畅通技术技能人才发展渠道，推进"技能四川"建设，弘扬劳模精神和工匠精神，积极营造技能成才良好氛围，大力培养技能人才和天府工匠，建设一支有理想守信念、懂技术会创新、敢担当讲奉献的劳动者队伍。加强义务教育阶段学生职业启蒙教育，实施中高职教育衔接推进计划，开展本科层次职业教育试点，推动职业技术教育与普通教育双向互认、纵向流动，开展"学历证书＋职业技能等级证书"试点工作。提升职业教育质量，实施高职"双高计划",强化职业院校"双师型"教职队伍建设,推进国家产教融合建设试点,建设高水平专业化产教融合实训基地。推进工学一体教学改革,实施技工教育提质培优行动计划。实施高素质现代农民培养工程、农村实用人才培养计划,将农民工、高素质农民和在岗基层农技人员纳入高职扩招范围。举办省级职业技能竞赛和专项职业技能竞赛活动,持续打造四川技能大赛品牌。

第二节 强化劳动者职业技能培训

大力推行终身职业技能培训制度,健全覆盖城乡全体劳动者、贯穿劳动者学习工作终身、适应劳动力市场需求的职业技能培训机制,提高劳动者适应技术变革和产业升级的能力。增强职业培训实用性,鼓励企业联合职业院校(含技工院校)和职业培训机构广泛开展定向、定岗培训。全面推行企业新型学徒制,为重点行业企业培养储备一批急需紧缺技术工人。积极推广"互联网+"职业培训新模式,增强职业技能培训的适应性和灵活性。提升职业技能培训基础能力,建设公共实训基地和产教融合实训基地,推动各行业培训资源共建共享。推动培训市场全面开放,支持培训供给多元化。推进高技能人才振兴计划,开展高技能人才服务工作站试点。

专栏 4　职业技能提升计划

01　职业技能培训基础能力提升工程

　　建设国家级高技能人才培训基地和技能大师工作室各 25 个、省级高技能人才培训基地和技能大师工作室 50 个、公共实训基地 15 个。

02　技工教育提质培优行动计划

　　改善办学条件,全省技工院校总量突破 100 所(阿坝、甘孜、凉山州分别至少建成 1 所),支持一批优质技工院校、优质专业特色发展,建设一批省级技工院校一体化教师研修基地。

03　职业技能提升行动

　　全面提升城乡劳动者职业技能水平和就业创业能力,5 年累计开展各类职业技能培训 300 万人次,其中培训农民工 100 万人次。

第七章　增强劳动者获得感

营造更加公平的就业环境,促进平等就业,加强劳动者权益保障,持续改善劳动者就业条件,合理增加劳动报酬,让广大劳动者实现体面劳动、全面发展。

第一节 稳步提高劳动者收入水平

健全工资决定、合理增长和支付保障机制，积极推行工资集体协商制度，着力增加一线劳动者劳动报酬，扩大中等收入群体。鼓励企业创新按要素贡献参与分配的办法，探索协议工资、项目工资、岗位分红权、项目收益分红、股权激励等多种分配形式。健全最低工资标准正常调整机制，完善企业工资指导线形成机制。继续实施科研人员增收激励计划，提高科技人才成果转化收益比例。落实国有企业负责人薪酬和工资总额管理政策，深化国有企业工资内部分配制度改革，完善市场化薪酬分配机制，普遍实行全员绩效管理。改革完善体现岗位绩效和分级分类管理的事业单位薪酬制度。畅通非公有制经济组织、社会组织、自由职业专业技术人员职称申报和技能等级认定渠道，提高技能型人才待遇水平。规范劳务派遣用工行为，保障劳动者同工同酬。

第二节 完善劳动保障制度

积极促进有意愿、有经济能力的灵活就业人员、新就业形态从业人员等参加企业职工基本养老保险。完善企业年金、职业年金制度，推进建立个人养老金制度。加强失业保险参保扩面工作，推动失业保险省级统筹，落实失业保险稳岗返还、失业保险技能提升补贴政策，扩大失业保险保障范围。持续推进按项目参加工伤保险，扩大工伤保险参保范围，完善工伤保险省级统筹制度，加强工伤预防和工伤康复。落实失业保险金与物价上涨挂钩联动机制，稳步提升各项社会保险待遇。

第三节 构建和谐劳动关系

创新劳动关系基层治理方式和治理模式，深化协调劳动关系三方机制建设，推动实现企业和职工劳动纠纷协商自主、权利义务协商自治、和谐关系协调自为。落实劳动合同制度，指导共享用工规范健康发展，稳步推进集体合同制度。健全争议多元处理机制，加强劳动争议处理效能建设。健全农民工劳动权益保护机制，持续推进根治拖欠农民工工资工作。强化劳动保障监察，推广全国劳动保障监察案件线索反映（监管）平台应用，实现维权服务全国联动、"一网通办"。

第八章 提升人力资源市场配置效率

发挥市场在人力资源配置中的决定性作用，深化劳动力要素市场化配置改革，完善政府调控引导、市场公平竞争、单位自主用人、个人自主择业、机构诚信服务的人力资源流动配置机制，促进人力资源自由有序流动。

第一节　健全人力资源市场体系

打破城乡、地区、行业分割，持续推进统一开放、竞争有序的人力资源市场体系建设。建立健全统一的管理制度和管理规范，推进区域人力资源市场一体化。适应产业转型升级需求，大力发展专业化、行业性人力资源市场。推动人力资源市场双向开放，健全劳动力价格形成机制。建立完善高效率的供求信息发布和对接机制，强化人力资源大数据开发，提高智能化匹配水平。开发四川人力资源流动管理综合信息系统，加强综合集成应用。

第二节　大力发展人力资源服务产业

实施人力资源服务提升工程，制定四川省人力资源服务产业培育方案，充分发挥人力资源服务业促进就业的功能。推动人力资源服务从传统业态向新业态延展升级，大力发展人才培训、劳务外包、人才测评、专业人才招聘、猎头寻访、职业生涯管理等中高端业态，支持壮大一批重点骨干企业，构建人力资源服务全流程产业集群。实施四川人力资源服务品牌提升行动和人力资源服务标准领航行动，建立人力资源服务机构等级评价体系，促进品牌化、专业化、规范化发展。加强人力资源服务产业园建设，构建四川省人力资源服务产业体系"一核两翼"总体布局，重点打造成德眉资人力资源协同发展示范区，创建川南人力资源协同创新发展试验区，推动川东北人力资源服务业一体化发展。

第三节　加强人力资源市场监管

规范人力资源市场秩序，适时启动人力资源市场地方立法。健全监管机制，规范事中事后监管，全面推行"双随机、一公开"监管和年度报告公示制度，推进人力资源服务行政许可和备案便民化。推进行业诚信体系建设，开展诚信主题创建行动，健全守信激励和失信惩戒机制。持续开展人力资源市场秩序整顿专项行动，规范劳务派遣、网络招聘、服务外包等人力资源市场活动，严厉打击侵害市场主体合法权益、恶性竞争等违法违规行为。

专栏5　人力资源服务效能提升计划

01　人力资源服务市场主体培育计划

全省人力资源服务市场主体达1.5万家以上，从业人员80万人以上，其中骨干企业达300家。

> **02　人力资源服务产业园**
>
> 打造 1—2 个国家级专业性、行业性、区域性人力资源市场，创建中国川南人力资源服务产业园，新建 6—8 个省级人力资源服务产业园，培育 10 个就业外包服务基地（中心）。

第九章　提升公共就业创业服务能力

完善就业创业服务机制，提高服务标准，夯实基础支撑，加强就业监测和风险防范，构建覆盖全民、城乡一体、均等可及、高效优质的公共就业创业服务体系。

第一节　健全公共就业创业服务体系

推动就业创业公共服务资源与常住人口挂钩，建立户籍与居住登记并行的人口服务管理新机制，实现公共就业服务城乡常住人口全覆盖。加强基层就业创业服务能力建设，整合便民服务中心、居民（村民）委员会等平台资源，重点补齐农村地区、易地扶贫搬迁大型安置区公共就业服务设施短板，推进公共就业创业服务向村（社区）延伸。鼓励引导社会力量广泛参与公共就业服务设施建设和运营管理，推动公共就业服务机构与民营机构合作，构建政府主导、社会参与的多元化供给体系。深化社银合作，鼓励金融服务网点开展求职登记、补贴申领、创业担保等就业创业服务。探索建立职业指导工作室、就业服务专家站和就业创业指导专家服务团。推进公共就业创业服务示范城市、农村劳动力转移就业示范县和充分就业社区建设。

第二节　推进公共就业创业服务标准化智慧化便民化

贯彻落实就业公共服务国家标准规范，推进全省就业创业服务系统、标准、模式统一，实现全省通办、全网通办、一卡通办。建设全省互联互通、共建共享、安全可控的公共就业服务信息化平台。大力发展"互联网+"就业服务，推行就业创业服务全上网。完善就业领域数据共享应用场景，推动人员身份、就业状态、证书证明等数据查询、比对核验一体化办理。加大社会保障卡在公共就业服务领域的应用，实现认证用卡、待遇进卡，线上线下全业务用卡。积极探索跨区域标准衔接和业务协同，推动更多就业创业服务事项"川渝通办""跨省通办"。

第三节　加强就业失业监测和风险防范

加强和改进就业统计监测，建立健全就业岗位调查、城镇新增就业、调查失业率、登记失业率等指标监测体系，完善劳动力调查制度，定期开展数据质量三方核查。创新监测方式，开展数据采集和大数据监测，加强与社会保险等其他数据校核比对，增强就业政策的有效性和精准性。建立有关新形态就业、创业情况的统计监测指标，强化对高校毕业生、农民工、新就业形态人员等重点群体就业失业数据的监测分析，深入研究苗头性、倾向性、潜在性问题。建立规模裁员和失业风险预警机制，有效防范系统性、规模性失业风险。

专栏6　公共就业创业服务能力提升计划

01　充分就业社区创建活动

力争打造 70 个国家级、400 个省级充分就业社区。

02　基层就业创业服务平台信息化工程

推进线上"一网办"，通过四川一体化政务服务平台、四川e就业微信服务号、网上办事大厅、四川公共招聘网等网上服务平台，实现业务全上网，业务办理柜面替代率达到 60% 以上。

第十章　保障措施

第一节　加强组织领导

各市（州）政府要切实履行促进就业主体责任，完善组织领导机制，健全跨层级、跨部门、跨区域的就业工作协调机制，细化落实政策措施，及时协调解决重大问题。要加强规划实施的动员部署和统筹协调，制定目标任务分解方案，明确实施责任主体，推动贯彻落实。要加大就业促进投入，加强资金监管，提升资金使用绩效。

第二节　加强监督检查

加强规划实施的跟踪分析、动态监测，全面掌握实施情况。建立完善规划执行情况年度报告和检查制度，省直有关部门（单位）要对各地就业促进工作和目标任务完成情况进行监督检查。健全规划实施的公众评价机制，有效引导社会预期，积极营造有利于规划实施的舆论氛围。

贵州省"十四五"促进城乡就业创业规划

贵州省人民政府　2021 年 8 月 14 日

"十四五"时期是我国全面建成小康社会、实现第一个百年奋斗目标之后，乘势而上开启全面建设社会主义现代化国家新征程、向第二个百年奋斗目标进军的第一个五年。为贯彻落实党中央、国务院对就业创业工作的一系列部署，切实保障和改善民生，推动实现更加充分更高质量就业，根据国家《人力资源和社会保障事业发展"十四五"规划》《贵州省国民经济和社会发展第十四个五年规划和 2035 年远景目标纲要》等文件精神，制定本规划。

第一章　发展基础

"十三五"时期，是贵州经济社会大踏步前进、取得历史性成就的五年，也是就业工作应对挑战、迅速发展的五年。五年来，全省大力实施就业优先政策，聚焦就业扶贫助力脱贫攻坚，不断完善就业创业政策体系，不断扩大就业规模，不断优化就业结构，逐步提高劳动者技能水平，就业创业工作取得积极成效，全面完成了"十三五"时期确定的主要目标任务，部分就业工作走在全国前列，为打赢脱贫攻坚战和全面建成小康社会作出了应有贡献。

第一节　就业局势总体稳定

"十三五"期间，全省累计实现城镇新增就业 370.55 万人，城镇登记失业率控制在 4.2% 以内的较低水平，期末从业人员总规模 1892 万人，比"十二五"期末增长 50 万人。三次产业就业规模比重从"十二五"期末的 51∶18∶31，调整为 33∶25∶42，就业结构不断优化。2020 年，面对突如其来的新冠肺炎疫情冲击，全省坚决贯彻落实中央稳就业保就业决策部署，及时制定了《贵州省进一步稳定和促进就业若干政策措施》《扶持企业复工复产促进农民工返岗就业政策二十四条》《促进 2020 年高校毕业生就业创业十条措施》等文件，打出减负、稳岗、扩就业组合拳。扎实开展返岗复工"点对点"月服务，与对口帮扶城市签订稳岗协议，不断强化劳务协作机制，稳住了外出务工基本盘。

第二节　就业政策体系逐步完善

先后出台了《中共贵州省委贵州省人民政府关于加强和完善易地扶贫搬迁后续工作的意见》《省人民政府关于做好当前和今后一个时期促进就业工作的实施意见》《中共贵州省委办公厅贵州省人民政府办公厅关于促进劳动力和人才社会性流动体制机制改革的实施意见》《中共贵州省委办公厅贵州省人民政府办公厅关于进一步引导和鼓励高校毕业生到基层工作的实施意见》《中共贵州省委办公厅贵州省人民政府办公厅关于进一步加强劳务就业扶贫工作的实施意见》《贵州省就业补助资金管理办法》等文件，就业政策体系更加健全。

第三节　就业扶贫成效显著

落实就业扶贫"八个一批"措施，搭建劳务就业扶贫大数据平台，成立全省就业扶贫工作指挥部，选派优秀干部到贫困县挂职，构建了"省市统筹、县为主体、乡为重心、村为主战场、户为基本单元"的就业扶贫攻坚体系，形成上下联动、左右协作、密切配合、合力攻坚的大就业扶贫工作格局。"十三五"期末，全省贫困劳动力外出务工 320 万人，全省易地扶贫搬迁劳动力家庭 40.66 万户、96.5 万人中促进就业 40.66 万户、88.68 万人，实现有劳动力的易地扶贫搬迁户"一户一人"以上就业。

第四节　重点群体就业有序推进

实施高校毕业生就业创业促进计划、基层成长计划，拓渠道、优服务、强保障，确保毕业生就业水平总体稳定，"十三五"期间，累计为 37.17 万名实名登记高校毕业生提供就业服务实现就业，累计发放高校毕业生求职创业补贴 2.96 亿元。劳务组织化程度进一步提高，促进农村劳动力转移就业 428 万人次。困难群体就业援助工作成效显著，发放公益性岗位补贴和社会保险补贴 61.12 亿元。稳步推进去产能职工分流安置工作。搭建退役军人就业服务平台，不断拓宽退役军人就业渠道。

第五节　创业带动就业成效明显

优化创业服务，健全创业平台，举办各类创业大赛，营造创业浓厚氛围，创业带动就业成为新的就业增长点。"十三五"期间，累计新增发放创业担保贷款 155.57 亿元，新增扶持创业 16.08 万人，带动就业 44.17 万人。全省共认定各级创业孵化基地 148 家，创建农民工创业园（点）207 家。

第六节　职业技能培训取得新进展

实施农村青壮年规范化培训、贫困劳动力全员培训、农民全员培训三年行动计划、职业技能提升行动等，加强高技能人才培训平台建设，积极推行终身职业技能培训制度。"十三五"期间完成城乡技能培训 357.17 万人次，技工院校毕业生 10 万人，建成 10 家国家级、20 家省级高技能人才培训基地以及 26 家国家级、94 家省级技能大师工作室。

第七节　就业公共服务水平大幅提升

"十三五"期间，全省公共就业和人才交流服务机构达 191 个，新建或扩建人力资源市场 12 个，覆盖省、市、县、乡、村五级就业公共服务体系基本建成。贵州省劳动力培训就业信息系统、贵州公共招聘网、贵州就业帮手机 APP 建成使用，以"全省通办、掌上办理、最多跑一次"为目标的更便捷、更高效的信息化体系基本形成。

第八节　失业保险稳就业作用明显

开展贵州省重点监测城市样本企业失业动态监测。提高失业保险参保中小微企业稳岗返还标准至上年度缴纳失业保险费的 100%，降低失业保险稳岗返还政策少裁员标准，延长大龄领金人员失业保险金领取期限，发放失业补助金和参保农民工临时生活补助。

第九节　劳动关系更加和谐

"十三五"期间，全省劳动保障监察机构积极落实《保障农民工工资支付条例》，运用"贵州省劳动用工大数据综合服务平台"，共办结各类群众举报投诉案件 2.13 万件，结案率 100%。清理追缴拖欠劳动者工资共 30.28 亿元，涉及劳动者 21.29 万人。全面实行劳动合同制度，制定印发《简易劳动合同（示范文本）》，全省企业劳动合同签订率 95% 以上。推广运用"互联网＋调解"服务，率先在全国实现基层在线调解服务全覆盖。开展创建活动评选 44 家示范仲裁院，推动全省 73 家仲裁院实现规范化、标准化管理。"十三五"期间，全省劳动人事争议调解仲裁机构调处案件达 11.9 万件，涉及劳动者 15.2 万人、涉及金额 46.7 亿元，仲裁结案率达 99.62%，调解成功率达 64.35%。

第二章　主要形势

第一节　主要问题和挑战

当今世界正经历百年未有之大变局，国内外发展环境更加错综复杂，不稳定性不确定性明显增加，新冠肺炎疫情影响广泛深远，产业转型升级加快，社会老龄化程度加深，人工智能技术快速发展，就业总量压力特别是青年就业压力不容忽视，就业结构性矛盾突出，新业态发展对构建和谐劳动关系提出新挑战，就业公共服务存在短板，就业环境复杂多变，就业形势更加严峻。

就业总量压力不减。当前，经济不稳定因素增多，下行压力加大，居民收入增速放缓，企业投资意愿不强、订单增长缓慢、盈利能力偏弱。国内外风险矛盾交织叠加，省内部分地区、行业、企业受到冲击，可能引发人力资源市场波动，造成劳动者结构性失业。"十四五"期间，预计全省累计有200万大中专毕业生、120万未继续升学初高中毕业生、60万城镇化转移农村劳动力需要就业，同时面临转型的产业工人、省外回流劳动力、退役军人等群体就业问题，就业总量压力依然较大。

就业结构性矛盾更加突出。当前，经济和产业结构转型升级加快，技术工人、高层次高技能人才和重点领域专业人才需求大幅增长，就业岗位、就业方式发生深刻变化，劳动者自身调整适应较慢，经济发展需求和劳动力供给错位，技术进步对就业影响持续加深，人工智能、"互联网+"等技术应用加快，对就业产生总量替代效应，传统产业转型升级挤压就业空间，导致失业者寻求更低端的工作岗位，就业结构性矛盾进一步加剧。

就业制度性障碍亟待破解。劳动力和人才流动进一步加快，基层激励机制还不健全，劳动力和人才流动机制体制性障碍依然存在，一定程度上影响就业稳定性和质量。新技术新产业迅速发展，新业态新模式不断涌现，劳动关系趋向复杂，对平台企业用工监管的工具与手段不强，新就业形态劳动者权益保障困难。

私营企业就业吸纳能力有待增强。全省私营单位就业人数占就业总规模的比重，与全国平均水平有较大差距，私营企业平均规模较小，抵抗风险能力不强，高质量就业岗位供给不足，吸纳从业人员规模低于全国平均水平。私营单位及就业人员主要分布在乡村，稳定性不强。部分扶持政策门槛高、支持力度小、补贴标准低，帮扶成效有待提升，私营企业吸纳就业积极性、主动性不强。

就业公共服务存在短板。基层就业公共服务存在均等服务尚未实现、服务水平有待提高、服务方式不够精细、专业化程度不高、服务能力有待提升等突出问题。县级及以下专职从事就业创业服务的工作人员配备不足，乡、村级服务人员文化程度不高，同时还存在身兼数职、服务对象多、服务能力较弱等问题，制约了就业公共服务队伍的职业化、专业化。城乡间就业公共平台建设状况不均衡、信息化水平不高，难以满足多元化服务需求。

巩固拓展脱贫攻坚成果压力较大。产业发展基础仍然存在薄弱环节，部分脱贫不稳定户、边缘易致贫户以及因病因灾因意外事故等刚性支出较大或收入大幅缩减导致基本生活出现严重困难户还存在返贫致贫风险，部分脱贫地区乡村就业帮扶车间吸纳就业的能力不足，就业公共服务平台力量薄弱。易地搬迁后续扶持任务较重，安置区（点）就业的劳动力存在年龄偏大、文化程度低、技能水平不高、培训就业意愿不强、就业稳定性弱等问题。

第二节　主要发展机遇

"十四五"时期，贵州省发展仍处于重要战略机遇期，面临新时代西部大开发和东西部深度协作机遇，深入实施乡村振兴、大数据、大生态三大战略行动，大力推动新型工业化、新型城镇化、农业现代化、旅游产业化，全面深化改革和创新驱动发展扎实推进，经济活力和营商环境持续优化，为促进劳动者实现更加充分更高质量就业奠定坚实基础。

经济高质量发展。"十四五"期间，预计全省仍将保持经济长期向好、市场空间广阔、发展韧性强劲的良好态势，继续发展具有多方面的优势和条件。市场主体规模逐渐扩大，吸纳就业能力进一步增强。12个农业特色优势产业、十大工业产业和服务业创新发展十大工程加快发展，有望成为吸纳农村转移劳动力、返乡回流农民工、高校毕业生等群体就业的稳定器。

就业优先战略深入实施。党中央、国务院把稳就业、保居民就业置于"六稳""六保"首位，将就业优先政策置于宏观政策层面，不断强化各方面重视就业、支持就业的导向。各级党委、政府把就业稳定作为稳定宏观经济的重要内容，把就业作为优先目标，使就业优先政策更具可操作性，部门间就业协同效应稳步提升，为各项就业措施的精准发力提供了组织保障。

乡村振兴战略全面实施。坚持农业农村优先发展，深入推进农村产业革命，持续推动传统农业向现代农业转变，保持现有帮扶政策、资金支持、帮扶力量总体稳定，大力发展现代山地特色高效农业，实施乡村建设行动，推动农村一二三产业深度融合发展，以产业振兴巩固拓展脱贫攻坚成果、带动乡村全面振兴，进一步增加就业岗位。

新型城镇化深入推进。"十四五"期间，贵州省常住人口城镇化率仍有较大提升空间，随着以人为核心的新型城镇化战略持续推进，新型城镇化发展将释放巨大潜力。"十四五"期末，贵州省常住人口城镇化率的增长速度将超过全国平均水平，预计常住人口城镇化率将达到62%左右。新型城镇化快速发展将带动一批工程项目，催生一批就业岗位，城镇承载就业的能力进一步增强。

新就业形态不断涌现。"十四五"期间，贵州省坚持创新驱动发展，高质量建设国家大数据综合试验区，推动大数据与实体经济深度融合，实施数字经济万亿倍增计划，数字经济、平台经济将蓬勃发展，网络零售等行业加快发展，康养服务、保洁绿化、批发零售、建筑装修等行业提质扩容，新业态、新模式不断涌现，将创造更多灵活就业岗位，有望成为稳就业的重要途径。

劳动力整体素质不断提升。"十四五"期间，贵州省促进高中阶段教育扩面提质，推进职业教育扩容提质，实施高校提升行动、专业技术人员知识更新工程、职业技能提升行动、"黔匠"培养工程等，专业技术人员和技能人才供给规模将进一步扩大，劳动年龄段人口平均受教育年限不断提升。返乡创业就业劳动力积累了一定资金、技能、管理经验等，综合素质整体较强。

第三章　指导思想、基本原则与主要目标

第一节　指导思想

以习近平新时代中国特色社会主义思想为指导，深入学习贯彻习近平总书记视察贵州重要讲话精神、党的十九大和十九届二中、三中、四中、五中全会精神，以及省委十二届八次、九次全会精神，坚持稳中求进工作总基调，立足新发展阶段，贯彻新发展理念，融入新发展格局，以高质量发展统揽全局，牢牢守好发展和生态两条底线，深入实施乡村振兴、大数据、大生态三大战略行动，大力推动新型工业化、新型城镇化、农业现代化、旅游产业化，落实"在新时代西部大开发上闯新路、在乡村振兴上开新局、在实施数字经济战略上抢新机、在生态文明建设上出新绩"的总体要求，以推动高质量发展为主题，以改革创新为根本动力，以实现更加充分更高质量就业为根本目的，坚持经济发展就业导向，强化就业优先政策，实施就业扩容提质工程，健全城乡就业政策体系、就业公共服务体系、劳动关系协调机制和终身职业技能培训制度，多渠道支持灵活就业，做好重点群体就业，扩大就业容量，提升就业质量，缓解结构性就业矛盾，将贵州省打造成创业者、就业者友好成长型省份，为开创百姓富、生态美的多彩贵州新未来作出积极贡献。

第二节　基本原则

坚持党的全面领导。加强党对就业工作的全面领导，积极贯彻党的就业工作方针，全面落实习近平总书记对就业工作的重要批示指示精神，确保中央和省委、省政府决策部署落地生根、开花结果，为就业工作高质量发展提供根本

保证。

坚持以人民为中心。坚持人民主体地位,把促进人的全面发展作为事业发展的出发点和落脚点,聚焦更加充分更高质量就业,加强调查研究,完善顶层设计,聚焦重点群体,分类施策、精准发力,兜牢民生底线。

坚持就业优先。坚持把稳定和扩大就业作为经济社会发展的优先目标,坚持经济发展就业导向,构建就业、产业、投资、消费等政策协同发力的宏观调控体系,增强经济对就业的拉动能力,形成就业优先、人才培养、技术创新、产业发展的良性生态,实现就业与经济社会发展良性互动、深度融合。

坚持"双创"引领。坚持创新驱动发展,深化就业领域"放管服"改革,加快"双创"平台建设,健全创业扶持政策和激励机制,打造就业增长新引擎,最大限度地激发劳动者创新创业活力,培育创新发展动力。

坚持系统观念。坚持劳动者自主就业、市场调节就业、政府促进就业和鼓励创业方针,深化改革创新,着力固根基、扬优势、补短板、强弱项,健全完善城乡劳动者平等就业制度,统筹谋划和推进城乡各类群体就业,激发各类市场主体积极性、主动性、创造性。

坚持优化服务。健全适应新经济、新业态发展的就业创业服务机制和新就业形态劳动者劳动保障权益维护机制。加强就业公共服务体系基础建设,不断提升基层就业公共服务规范化、标准化、信息化、专业化水平,着力推动人力资源服务专业加快发展。

第三节 主要目标

就业规模不断扩大,就业结构更加合理。不断扩大就业容量,持续优化就业结构,实现重点群体就业整体稳定。"十四五"期间,实现城镇新增就业300万人左右,其中促进失业人员再就业65万人,帮助就业困难人员实现就业30万人。城镇调查失业率控制在5.5%以内,城镇登记失业率控制在5.0%以内。

人力资源市场供求平衡,实现更加充分就业。健全覆盖全民、贯穿全程、辐射全域的全方位就业公共服务体系,就业服务标准化、智慧化、便民化水平明显提升。人力资源市场供需匹配效率不断提升,人力资源市场结构性错配、失配及招工难、就业难问题得到有效缓解,劳动者求职渠道更加顺畅,合理、公正、有序的社会性流动格局初步构建,动态调整就业援助范围。

政策保障体系逐步健全,实现更高质量就业。就业政策体系不断完善,就业制度不断优化,就业公共服务水平不断提升,劳动关系更加和谐,劳动人事争议调解仲裁工作进一步加强,根治欠薪工作成效更加显著,劳动者权益保护制度更加健全,维权渠道更加畅通。努力推动企业用工劳动合同应签尽签,工资收入合理增长，社会保障覆盖面进一步扩大。

创业环境不断优化，带动就业效应更加明显。创业政策体系不断完善，创业指导服务机制更加健全，创业培训针对性和有效性明显提升，创业载体数量稳步增长，创业融资支持力度进一步加大，创业创新活动品牌更加丰富，大众创业万众创新的氛围更加浓厚。

人力资源有效开发，劳动者素质全面提升。开展职业技能提升行动，实施终身职业技能培训制度，劳动者素质普遍提升，全省技能劳动者总量、高技能人才总量持续增加，结构性就业矛盾得到有效缓解。

专栏 1　贵州省"十四五"就业创业主要指标				
指标	"十三五"期间	"十四五"期间	年均	指标属性
城镇新增就业人数（万人）	370.55	300 左右	60	预期性
失业人员再就业（万人）	71.95	65	13	预期性
就业困难人员再就业（万人）	38.67	30	6	预期性
城镇调查失业率（%）	6.0 左右	——	＜ 5.5	预期性
城镇登记失业率（%）	≤ 4.2		＜ 5.0	预期性
高校毕业生创业（万人）	2.4	2	0.4	预期性
劳动人事仲裁调解成功率（%）	63.36	≥ 60	≥ 60	预期性
劳动人事争议仲裁结案率（%）	98.32	≥ 90	≥ 90	预期性
劳动保障监察举报投诉案件结案率（%）	100	96	96	预期性
职业培训（万人次）	357.17	400	80	预期性
其中：创业培训（万人次）	18.36	25	5	预期性
技工院校招生（万人）	16.86	15	3	预期性
技能人才培养（万人次）	55	60	12	预期性
其中：高技能人才培养（万人次）	15	15	3	预期性

第四章　主要任务

第一节　实施就业优先战略

坚持经济发展就业导向。把更加充分更高质量就业作为经济社会发展的优先目标，将稳定和扩大就业作为宏观调控的下限，健全财政、货币、就业等政策协同和传导落实机制，在保持经济总量稳定增长、经济结构不断升级的同时，努力实现就业规模扩大、就业结构优化、就业质量提升，实现经济增长与扩大就业的良性互动。构建有利于扩大就业的现代化经济体系，积极发展共享经济、数字经济，培育壮大人工智能、大数据、区块链、云计算、网络安全等新兴数字产业，增强经济发展创造就业岗位能力。推进产业、区域发展与就业协同，在调整经济结构、优化产业布局、组织实施重大项目工程过程中，注重强化对就业影响的评估。

强化就业优先政策。统筹城乡就业政策，促进平等就业，实现高质量就业。完善与就业容量挂钩的产业政策，支持吸纳就业能力强的服务业、中小微企业和劳动密集型企业发展，稳定拓展社区超市、便利店和社区服务岗位。注重发展技能密集型产业，支持和规范发展新就业形态，千方百计增加就业岗位。推动大众创业万众创新，建立健全促进创业带动就业、多渠道灵活就业机制，全面清理各类限制性政策，增强劳动力市场包容性。完善高校毕业生、退役军人、农民工、就业困难人员等重点群体就业支持体系。建设一批高质量就业示范区、充分就业示范区。加强就业政策调查研究，实施积极的减负、稳岗、扩就业、惠民生政策，释放就业政策红利，确保就业大局总体稳定。

持续加大投资促进消费创造就业。优先投资创造就业岗位多的项目，优先发展吸纳就业能力强的行业产业，培育就业增长极。合理扩大有效投资，推进人工智能、工业互联网、物联网等新型基础设施建设，加快快递物流园、物流中心等区域性集散枢纽功能建设，推进"六网会战"，增加就业机会。持续加大产业招商力度，大力实施"千企引进"工程，深入实施产业链招商、园区招商、驻点招商、环境招商，通过项目引进，新增就业岗位。促进消费扩容提质，扩大县域消费，拓展农村消费，提升传统消费，鼓励时尚消费，培育新型消费，适当增加公共消费，构建"智能+"消费生态体系，创建文化旅游消费试点（示范）城市，在促进消费的过程中带动新模式新业态发展，创造更多就业岗位，扩大就业增量。

第二节　推动"四化"建设扩大就业

发展新型工业化带动就业。大力实施产业发展提升行动、工业倍增行动，实现工作大突破。做大做强十大工业产业，推进产业基础高级化、产业链现代化，着力优化产业布局，推动产业聚集发展，加快传统产业转型升级和新兴产业规模化发展，增加岗位需求。围绕重点工业产业发展，完善园区基础设施建设，落实落细扶持政策和帮扶措施，鼓励创造更多就业机会。以工业企业设备升级、智能化改造、新产品开发、产品贮运等关键技术创新为目标，以生态特色食品、新型材料、先进装备制造、大数据电子信息、健康医药、节能环保等新兴产业培育为抓手，创造一批新就业岗位，吸纳一批专业技术人员和产业工人就业。

推进新型城镇化扩大就业。围绕构建"一群两圈六组八支点"的城镇化发展格局，推动基础设施网络体系建设，支持贵阳做大、遵义做强，实施"强省会"五年行动，扩大就业容量。发挥产业园区在城镇经济中的重要载体作用，促进园区与城镇融合发展，推进城镇工业向园区聚集，培育城镇服务经济、消费经济、创新经济，做大做强城镇经济，提升城镇就业承载能力，促进被征地农民、农村转移劳动力就业。实施特色小镇培育创建工程，因地制宜发展先进制造类、数字经济类、商贸流通类、文旅康养类、体育运动类、创意设计类等特色小镇，集中布局一批劳动密集型产业，建设更多"双创"基地，建设返乡创业示范园区和示范项目，提高就业吸纳能力。实施城市更新行动，加快完善城镇基础设施和公共服务设施，推进"智慧城市""智慧社区"建设，吸纳劳动者就业。

推动农业现代化促进就业。以 12 个农业特色优势产业为重点，发展现代山地特色高效农业，提高绿茶、食用菌等重要农产品标准化、规模化、品牌化水平，深入推进农村产业革命，积极发展林下产业和林下经济，增加就业规模。大力开发农业功能，加快发展农产品精深加工业，加强农产品现代销售流通体系建设，推动农业与文化、旅游、康养等产业深度融合，大力发展创意农业、农村服务业、乡村建筑业、乡村共享经济等新产业，全力推进农业产业接二产连三产发展，积极培育高素质农民，促进更多农村劳动力实现就地就近就业。培育龙头企业、专业大户、家庭农场、农民专业合作社、农村经纪人等新型农业经营主体，发挥农村产业吸纳就业的"蓄水池"作用。推广"龙头企业＋合作社＋农户"组织模式，充分调动脱贫劳动力参与产业发展的积极性。组织省内中高等职业院校分产业领衔制订特色农业种植（养殖）、精深加工技能人才培养计划。

支持旅游产业化增加就业。实施旅游带动就业和促进创业行动计划，大力推进康养旅游、乡村旅游、文化旅游、研学旅游、体育旅游、生态旅游、红色旅游、温泉旅游和避暑度假旅游等"旅游＋"产业发展，增加岗位数量。积极拓展旅游产业上下游产业链条，新增一批旅游景区、旅游饭店、星级酒店、乡村民宿、旅行社等旅游市场主体，做大旅游市场规模。依托实施重点景区度假区提升工程、红色经典旅游景区提升工程、旅游产业集聚区发展工程、乡村旅游示范工程、旅游"1+5 个 100 工程"等，推动旅游产业发展壮大，带动更多就业，把旅游业作为带动就业的重要方向。

第三节 构建就业创业助力乡村振兴机制

健全就业帮扶长效机制。严格落实"四个不摘"要求,延续、优化、调整就业扶持政策,保持兜底援助类政策整体稳定,巩固拓展脱贫攻坚成果同乡村振兴有效衔接。聚焦乡村就业困难人员、低收入劳动力、乡村振兴重点帮扶县,用足用好东西部协作和对口支援、定点帮扶和社会力量参与帮扶等机制,强化就业车间吸纳、创业带动、有组织劳务输出等帮扶措施,引导脱贫劳动力有序外出务工就业、就近就地就业和返乡入乡创业。加强劳务品牌培育建设,强化与广东等省合力打造劳务协作新模式,扎实做好劳务输出组织和服务,确保外出脱贫劳动力稳定就业。统筹用好乡村公益岗位,健全"按需设岗、以岗聘任、在岗领补、强化服务、有序退岗"的管理机制。建立健全防止返贫致贫动态监测和就业帮扶机制,将脱贫不稳定户、边缘易致贫户纳入重点监测范围,定期检查,及时做好就业帮扶,支持以工代赈方式参与涉农项目建设和管护,促进就业增收,防止返贫致贫。

大力引导劳动力和人才参与乡村振兴。聚焦乡村振兴战略对劳动力和人才的需求,培养一支有文化、懂技术、善经营、会管理的高素质农民队伍,培育一批"田秀才""土专家""乡创客"等乡土人才,打造一批农村致富带头人、乡村工匠、文化能人、手工艺人等能工巧匠。造就一批乡村企业家队伍,推进乡村产业与乡村企业家协同发展。延续实施农村义务教育阶段学校教师特设岗位计划、"三支一扶"计划、"大学生志愿服务西部计划"等支持政策。积极引导农村未继续升学的初高中毕业生到省内职业院校、技工院校学习,促进学历、职业素质、职业技能与就业能力提升。引导和鼓励高校毕业生、返乡创业人员、农业科研人员等优秀人才到农村就业创业。

专栏2 脱贫攻坚成果巩固拓展工程

01 防贫动态监测和帮扶计划

建立健全易返贫致贫劳动力快速发现和响应机制,精准分析返贫致贫原因,分层分类及时纳入帮扶政策范围,及时采取产业带动、就业帮扶等针对性措施,实行动态清零。

02 东西部就业协作工程

立足以国内大循环为主体、国内国际双循环相互促进的新发展格局,抢抓新时代西部大开发和东西部深度协作机遇,依托"东部企业+贵州资源、东部市场+贵州产品、东部总部+贵州基地、东部研发+贵州制造"等专项行动,通过沟通协调机制、职业培训机制、促进就业机制、农民工保障机制,不断深

化东西部合作交流，积极争取支持，促进贵州人力资源事业快速发展，循环流动，助力高质量发展。巩固和提升劳务就业服务站或返乡创业就业服务站、劳务公司、劳务经纪人等服务效能，加大输入地和输出地劳动力和人才需求对接。依托东部专项人力资源需求，就地招聘并开展劳动力岗前专项培训，提升转移劳动力就业稳定性与就业质量。积极争取对口帮扶省市支持创建返乡创业园、产业园、帮扶车间，引领东部企业入驻园区，增加本地就业岗位。

第四节　推进易地搬迁劳动力就业培训工作

多渠道促进易地搬迁劳动力就业。高质量抓好易地搬迁后续扶持工作，把稳定就业、拓宽渠道作为重要手段，确保搬迁劳动力稳得住、有就业、逐步能致富。在安置区（点）采取劳务输出、创业带动、产业配置和公益性岗位安置等方式，促进易地搬迁劳动力多渠道就业，满足不同层次劳动力就业创业需求。充分利用东西部协作和对口支援机制，争取帮扶资源，持续做好有组织劳务输出。进一步加大就业帮扶车间、基地政策扶持力度，将吸纳就业成效与政策支持挂钩，建立正向激励机制，鼓励吸纳更多易地搬迁劳动力就业。对自主创业的，按规定给予金融、财政补贴等支持。有序开发公益性岗位，为"零就业"搬迁家庭提供托底保障。

高质量提升易地搬迁劳动力技能水平。坚持培训就业导向，坚持培训和就业同步规划、同步推行，根据省内外用工需求和易地搬迁劳动力特点，统筹各类培训资源开展常态化培训，确保有培训意愿和就业能力的易地搬迁群众应培尽培。按照"因人施培、因岗定培、因产定培"的原则，开展定向、订单、输出、扶智等技能培训，提高培训的针对性和有效性。依托现有职业教育资源和东西部协作及对口帮扶资源，引导搬迁家庭中未继续升学的初、高中毕业生就读职业学校和技工院校，接受专业化的职业教育。

完善易地搬迁培训和就业服务体系。进一步加强易地搬迁安置区（点）就业创业服务中心、就业指导站、就业服务窗口建设，配备专兼职工作人员，强化工作人员队伍建设，为搬迁群众提供政策咨询、业务办理等一站式服务，努力提升公共就业培训服务标准化、规范化水平。动员就业公共服务机构、人力资源服务机构、劳务公司，依托劳务协作机制，为搬迁群众提供就业帮扶。发挥好企业、社会培训机构、职业院校和技工院校作用，加强培训服务体系建设。

专栏3　易地搬迁劳动力培训就业服务工程

01　易地搬迁劳动力就业促进计划

依托"全省易地搬迁后续扶持信息系统一培训和就业服务体系"，通过安置区（点）楼栋长、网格员等力量，摸清易地搬迁劳动力就失业情况、就业意愿和未就业原因，做好培训就业信息采集、登记、更新工作，全面掌握易地搬迁劳动力就失业情况。发挥劳务就业大数据平台、劳务公司、劳务合作社、劳务经纪人等作用，及时提供职业介绍、岗位推荐、组织培训等就业服务，促进有就业意愿和就业条件人员就业，确保有劳动力的易地搬迁家庭实现"一户一人"以上就业。

02　易地搬迁劳动力素质提升计划

强化教育培训，加快推进易地搬迁劳动力转变知识技能结构，适应新环境、从事新工作、创造新生活。持续做好"农村居民教育培训"，在易地搬迁安置区（点）社区开展"新市民素质培训""健康教育知识培训""公共安全教育培训""家庭教育培训""核心价值观宣讲"等培训活动，帮助搬迁群众更好融入城市生活。

第五节　健全重点群体就业支持体系

促进高校毕业生等青年群体就业。坚持把高校毕业生就业作为重中之重，完善引导鼓励高校毕业生到城乡基层就业创业政策措施，优化高校毕业生就业创业服务体系，健全精细化、差异化就业服务机制，实施高校毕业生就业创业促进计划和基层成长计划，不断提升毕业生就业服务能力。支持毕业生创新创业，引导高校毕业生返黔入黔留黔创业就业，开发更多适合高校毕业生的知识型、技术型、创新型岗位。开展专项招聘行动，拓宽市场化社会化就业渠道，搭建职业指导、职业培训、就业见习、创业实践平台，对困难毕业生和长期失业青年实施就业援助。扩大专升本、硕士研究生招生规模，鼓励大学生参军入伍、到社会组织就业。

专栏4　高校毕业生就业创业促进工程

01　就业服务优化行动

强化不断线服务，常态化开展系列线上线下就业专项招聘活动，落实补贴政策，支持校园招聘，对离校未就业高校毕业生开展实名制就业服务，鼓励毕业生参与乡村振兴战略行动。

---

02 高校毕业生创业计划

优化创业指导服务，强化能力素质培养，"十四五"期间，全省每年扶持高校毕业生自主创业 4000A，累计扶持 2 万人。

03 青年就业见习计划

大力拓展见习单位，丰富岗位来源，稳定持续提供就业见习岗位，加强就业见习工作规范化建设，完善见习单位（基地）动态管理机制，建设一批见习示范单位（基地）。"十四五"期间，全省就业见习长效机制基本健全，见习人数累计达到 5 万人。

04 服务基层项目

实施农村义务教育阶段学校教师特设岗位计划、"三支一扶"计划、"大学生志愿服务西部计划"等基层项目，持续引导毕业生服务基层。"十四五"期间，"特岗计划"招募 3.6 万人，"三支一扶"计划招募 4000 人，"大学生志愿服务西部计划"招募 1.2 万人。

推动农村劳动力转移就业。强化就业服务、职业培训、权益维护"三位一体"工作机制，推进农村劳动力转移就业示范县建设，扶持劳动密集型中小企业、农村电商发展，创造更多适合农村劳动力就业机会。发挥人力资源服务机构、劳务公司、劳务经纪人等的作用，优先组织农村劳动力到省内用工单位就业，参与城乡基础设施改善等重大项目建设，投身农村产业革命。深化劳务协作，与对口帮扶城市和黔籍务工人员集中地区建立对接协调机制，稳步推进外出务工就业，加大扶持力度，支持返乡创业就业，促进农村劳动力循环流动。落实好农民工就业扶持政策，实施农民工素质提升计划，促进农民工体面劳动、平等享受基本公共服务，加快推进农民工市民化。建立健全省、市、县农村劳动力返乡监测体系。"十四五"期间，促进农村劳动力转移就业 300 万人次。

专栏 5 农村劳动力创业就业促进工程

01 "雁归兴贵"促进农民工返乡创业就业行动计划

以当地特色优势产业为重点，培育新型市场主体，扩大省内就业新空间。通过劳务就业服务站或者返乡创业就业服务站，积极宣传省内就业创业政策、产业政策，及时发布信息，优化服务，大力引导外出务工劳动力返乡创业就业。"十四五"期间，引导农民工返乡创业就业 100 万人次。

---

02 农民工素质提升计划

针对农村劳动力成长为新型产业工人和乡村振兴需要劳动技能人才的需求，大规模开展农村转移劳动力培训，开展面向全体农村转移劳动力的输出地与输入地相结合的普惠性免费职业技能培训，加大培训宣传，扩大培训范围，提高培训质量，保障农民工培训目标的实现。组织开展多种形式的新市民培训，提高农民工综合素质，增强农民工融入城市的能力。

03 农民工体面劳动计划

针对农民工劳动保障权益的短板，全面落实劳动保障法律法规，规范劳动用工管理，维护农民工平等就业、休息休假、劳动报酬、社会保险、职业卫生安全等权益。积极维护农民工劳动保障权益，扩大农民工参加城镇职工社会保险覆盖范围，推进完善农民工参加失业保险政策。

04 农民工市民化行动

完善落实"十四五"时期农民工工作政策文件，以县域就业农民工市民化为重点，着力提升农民工就业质量和技能水平，维护农民工权益，推动在县域就业的农民工就地市民化，促进农民工平等享受就业公共服务。

推动退役军人就业创业。支持各级就业公共服务机构为退役军人开通优先办理"绿色通道"，确保退役军人享受优先服务。机关企事业单位优先拿出一定比例岗位招录（聘）符合条件的退役军人就业，鼓励国有大中型企业优先招录退役军人。多渠道挖掘适合退役军人的岗位，加快建设省、市、县退役军人就业信息平台，加强失业和就业困难退役军人就业帮扶和援助。开展当年返乡自主就业退役士兵全员适应性培训，鼓励退役士兵参加学历提升教育、职业技能提升培训，建立学历教育与职业技能培训互为补充的退役军人教育培训体系，持续推进"双走进"活动。鼓励社会资本设立退役军人创业基金，加大创业支持力度，帮扶退役军人创业就业，组建退役军人创业指导团队，创建退役军人就业创业园地。"十四五"期间，全省建成退役军人就业创业园地20个以上。

统筹做好其他重点群体就业。完善残疾人就业保障金制度，推动各级政府机关、事业单位、国有企业带头按比例安排残疾人就业，扶持经济实体安置带动残疾人就业和残疾人自主就业创业，发展残疾人辅助性就业机构，促进残疾人劳动增收。畅通失业人员求助渠道，健全失业登记、职业介绍、职业培训、职业指导、生活保障联动机制。做好妇女创业就业扶持工作，推动妇女创业就业的政策、资源、环境持续优化，激发巾帼创业、就业、兴业活力。引导传统产业企业开展以工代训、岗前培训、在岗培训，鼓励、支持传统产业优势企业建立职业技能培训中心与技能人才评价机构，促进产业工人转型升级，及时对失业的传统产业工人提供就业公共服务，畅通转岗就业渠道。统筹做好退捕渔民、戒毒人员、刑满释放人员等群体就业创业工作。

第六节　支持多渠道灵活就业

拓宽灵活就业渠道。持续推动多渠道灵活就业，鼓励个人经营，增加非全日制就业机会，取消涉及灵活就业的行政事业性收费，对经批准占道经营的免征城市道路占用费，清理取消限制灵活就业的不合理规定。引导劳动者以市场为导向，依法自主选择经营范围，鼓励劳动者创办投资小、见效快、易转型、风险小的小规模经济实体，支持发展各类特色小店。落实财政、金融等针对性扶持政策，推动非全日制劳动者较为集中的保洁绿化、批发零售、建筑装修等行业提质扩容。增强养老、托幼、心理疏导和社会工作等社区服务业的吸纳就业能力。

支持发展新就业形态。实施包容审慎监管，促进数字经济、平台经济健康发展，加快推动网络零售、移动出行、线上教育培训、互联网医疗、在线娱乐等行业发展，引导直播、网约配送、社群健康等更多新就业形态发展，为劳动者居家就业、远程办公、兼职就业、自雇就业创造条件。完善农产品电商供应链，推动农村电商规模稳定增长。合理设定互联网平台经济及其他新业态新模式监管规则，鼓励互联网平台企业、中介服务机构等降低服务费、加盟管理费等费用，创造更多灵活就业岗位，吸纳更多劳动者就业。鼓励发展"线上经济""宅经济"等新业态，改造提升和培育发展一批步行街、商业综合体和夜间文旅消费聚集区，在促进消费的过程中带动新模式新业态发展。

完善灵活就业服务保障体系。完善统计监测制度，探索建立新就业形态统计监测指标。把灵活就业岗位供求信息纳入就业公共服务范围，开设灵活就业专区专栏，免费提供职业指导等服务。指导企业规范开展用工余缺调剂，帮助有"共享用工"需求的企业精准、高效匹配人力资源。将有创业意愿的灵活就业人员纳入创业培训范围，提升培训的针对性。推进高等教育、职业教育、技能培训等与新业态发展相衔接，推动新就业形态从业人员向知识型、技能型就业转型。密切跟踪国家动态发布的社会需要的新职业，加大对直播销售、网约配送、社群健康等更多新就业形态发展的支持力度。探索对新就业形态劳动关系的认定和建立相适应的社会保险工作机制，支持有意愿、有缴费能力的灵活就业人员以及新就业形态从业人员等参加企业职工基本养老保险，推进新就业形态从业人员职业伤害保障工作。探索制定平台就业劳动保障政策，规范互联网平台企业的劳动者权益保护责任，引导有关企业与劳动者协商确定劳动报酬、休息休假、职业安全保障等事项。对符合条件的灵活就业人员，按规定给予社会保险补贴。将支持多渠道灵活就业有关工作纳入文明城市创建和测评内容，对灵活就业政策落实好、发展环境优、工作成效显著的城市，优先纳入创业型城市创建范围。

第七节　完善创业带动就业服务体系

完善创业政策体系。建立健全创业扶持政策和激励机制，激发创新创业活力，聚集创新创业资源，提升贴息资金的财政支持力度，鼓励有条件的地方可结合实际适当放宽创业担保贷款借款人申请条件，提高贷款额度上限。加大创业支持力度，按规定落实场地支持、租金减免、创业补贴、场租补贴、创业担保贷款及贴息等政策扶持，降低创业成本，引导农民工、退役军人、失业人员等群体创业。鼓励各级政府投资开发创业载体，建立高校毕业生、农民工等重点群体创业免费使用机制。

提升创业服务能力。提升线上线下创业服务能力，不断强化创业培训、市场分析、政策咨询、项目推介、开业指导、信息发布、用工指导等服务。大力组织开展创新创业大赛活动，营造创新创业氛围，发掘和培育一批优秀团队和项目。加快推进科技企业孵化器、大学科技园、众创空间等载体建设，培育一批国家级、省级小型微型企业创新创业示范基地，开展创业型城市创建工作，建好建强一批高质量创业孵化示范基地、"双创"示范基地、农民工创业示范园（点）等创业载体，为创业者提供低成本、全要素、便利化的创业服务。实施农民工创业园质量提升行动。继续实施"雁归兴贵"促进农民工返乡创业就业行动计划，支持外出务工人员带着项目、资金、技术、技能返乡创业创新。

优化创业环境。持续深化商事制度改革，优化完善企业开办"一网通办"平台，打造成本、服务和效率区域性优势，持续优化营商环境。推进金融服务创新，大力发展普惠金融，多渠道提供针对性、便利性的金融服务，进一步缓解融资难题。支持高校、科研院所等事业单位的科技人员按规定在职创办企业及离岗创业。积极推进大中小企业融通发展，构建大企业与中小企业协同创新、共享资源、融合发展的产业生态体系。深入开展民营经济六大专项行动，大力开展科技型企业培育行动，深入实施"个转企、企转规、规转股、股转上"市场主体培育工程，创造大量就业岗位。"十四五"期末，全省各类市场主体突破500万户。

专栏6　创业创新提质增效工程

01　创业担保贷款扶持计划

　　加大创业担保贷款发放力度，激发"双创"活力，积极引导更多有创业意愿的劳动者投身"双创"活动。"十四五"期间，发放创业担保贷款100亿元，扶持10万人创业。

02　创业创新载体建设计划

推进创业创新载体建设，培育国家级小型微型企业创业创新示范基地 10 家，培育省级小型微型企业创业创新示范基地 30 家，建成众创空间达 50 家、科技企业孵化器达 35 家、大学科技园达 15 家、"双创"示范基地达 80 个、创业孵化基地达 150 家和农民工创业园（点）达 240 家。

03　创业创新大赛活动

组织开展创业创新大赛活动，营造创业创新氛围，激发创业创新活力。开展"中国创翼"创业创新大赛贵州赛区选拔赛、"创客中国"贵州省中小企业创新创业大赛。

04　创业能力提升计划

依托高等院校、培训机构、创业孵化基地、创客空间等主体，打造创业培训、创业实践、咨询指导、跟踪帮扶等一体化创业服务体系。"十四五"期间，累计完成创业培训 25 万人次。

第八节　提升劳动者综合素质

完善职业技能培训体系。实施"技能中国行动"，加强创新型、应用型、技能型人才培养，弘扬工匠精神，培养更多高技能人才、能工巧匠和大国工匠。推进终身职业技能培训制度，开展重点群体、重点行业领域专项培训计划，大力开展先进制造业产业工人技能培训，广泛开展新业态新模式从业人员技能培训，全面推行企业新型学徒制培训。推行技能等级评价制度，完善技能人才培养、使用、评价、激励机制，建立健全技工院校、职业院校支持政策，畅通技能人才职业发展通道，推进职业资格与职称、职业技能等级制度有效衔接，建立职业技能等级认定与专业技术职称贯通衔接机制。完善劳动者证书直补工作机制和培训成效与培训补贴挂钩机制。落实培训经费税前扣除政策，依托企业开展岗位技能提升培训。支持开展订单式、定岗、定向培训。实施高技能人才振兴计划，强化高技能人才培训基地、技能大师工作室、公共实训基地、农民教育培训基地建设，扩大技能人才培养培训规模。完善"实名制培训管理系统"，建立终身培训电子档案。

加强培训基础能力建设。加大预算内投资支持力度，高质量建设一批公共实训基地和技能人才评价机构，优化地域布局，不断提高劳动者技能培训的精准性和效益性。运用新职业数字资源培训线上服务平台，大力推进线上职业技能培训。依托国家新职业开发基本职业培训包，指导开展职业技能培训工作。坚持制度创新，以就业为导向发展职业教育，完善职业教育体系，深化产教研融合，实施产教研融合发展工程，推进普通高校、高职院校扩招工作，大力发展技工教育，实施技工教育质量提升工程，积极采取措施使中等职业学校（含技工院校）和普通高中招生规模保持相当。开展职业技能竞赛，积极参与世界技能大赛，加强竞赛集训基地建设，创新开展各项职业技能竞赛。

加强精准职业培训。推进职业技能培训东西部协作，开展技工合作、南粤家政合作以及技能培训评价合作项目，打造"贵州技工"系列技能品牌，持续大规模开展职业技能培训。开展脱贫不稳定户和边缘易致贫户劳动力综合素质提升培训和就业技能培训，增强就业创业能力，实现"造血式"帮扶。开展"中小企业星光培训""锦绣计划""高素质农民培育""雨露计划""三女培训""农业科技成果转移培训"和非遗传承人培训，推进建筑工人职业技能培训、"八大员"职业培训，努力提升劳动者技能水平。

专栏7　劳动力素质提升工程

01　终身职业技能培训制度

建立覆盖城乡全体劳动者、贯穿劳动者学习工作终身的职业技能培训制度，建立劳动者自主选择、市场配置资源、政府依法监管的职业培训工作机制，实现培训对象广覆盖、培训类型多样化、培训等级多层次、培训载体多元化、培训管理信息化。

02　职业技能提升行动

持续开展职业技能提升行动，全面提升劳动者职业技能水平和就业能力，开展职业培训400万人次。强化公共实训基地和技能人才评价机构建设，推进贵阳、毕节、安顺、黔东南、黔南5个市（州）级公共实训基地完善提升、规范运行，在遵义、六盘水、铜仁、黔西南新建4个市（州）级公共实训基地，新建45个县级公共实训基地。

03　高技能人才振兴计划

深入实施高技能人才振兴计划，组织开展高级工、技师、高级技师的技能提升培训和知识更新培训。围绕我省特色产业，依托技工院校、职业院校、优势企业遴选打造高技能人才培训基地；依托各类技能大师、技术能手、企业首席技师等遴选打造技能大师工作室。"十四五"期末，技能人才达到255万人，其中高技能人才达到60万人。

04　技能大赛引领计划

积极参与世界技能大赛，启动省级职业技能竞赛集训基地建设，争取国家支持建设世赛中国集训基地。加大全省职业技能大赛活动经费投入，统筹财政资金、社会资金等，每年投入不少于5000万元支持全省职业技能大赛活动，建设专业化职业技能竞赛队伍，每年建设不少于10个职业技能大赛省级集训基地，支持市县举办综合性职业技能竞赛。

第九节 提高就业公共服务水平

构建全方位就业公共服务体系。积极参与全国统一的公共就业创业服务平台建设，提升城镇公共服务能力，加强农村地区就业公共服务体系建设。构建精准识别、精细分类、专业指导的就业公共服务模式，提升公共服务标准化、智慧化、专业化水平。编制公共就业创业政策清单、服务清单和机构清单，统一服务标准和业务流程。统筹用好就业补助资金和失业保险基金，构建常态化援企稳岗帮扶机制。鼓励引导社会力量广泛深入参与就业服务，推进就业公共服务机构与社会民营机构的合作，探索建立创业、就业指导专家等服务团队，提升服务专业化水平。

建设高标准人力资源市场体系。实施人力资源服务业高质量发展行动，建立健全统一规范、竞争有序的人力资源市场体系，促进劳动力和人才顺畅有序流动。推进人力资源服务产业发展，建设省级人力资源服务产业园，引导建设市（州）级人力资源服务产业园。组织开展诚信服务主题创建活动，选树一批诚信人力资源服务示范典型。推动人力资源服务与实体经济、科技、创新、现代金融协同发展，加强人力资源服务标准化、信息化、品牌化建设，促进行业协会组织建设。加强人力资源服务骨干企业培育，积极参与"一带一路"人力资源服务行动，引导人力资源服务企业积极开展联合招聘服务、促进灵活就业服务、劳务协作服务等，促进就业创业。建立健全人力资源市场管理制度，持续优化人力资源市场环境，探索创新网络招聘等领域监管手段，严厉打击查处"黑中介"等人力资源市场的违法犯罪行为。

加快就业公共服务信息化建设。实施信息化便民创新提升攻坚行动，充分利用互联网、大数据、人工智能等信息技术，以社会保障卡为载体，推动"互联网＋就业公共服务"建设，打造集政策解读推送、业务咨询办理于一体的线上智能服务、线下自助就业公共服务体系，以就业大数据应用为抓手，提高就业公共服务信息化水平，提升服务的精准性、时效性、便捷性。推动建设企业用工余缺调剂平台，引导企业开展"共享用工"。

提升基层就业公共服务能力。加强基层就业公共服务平台建设，实现县乡就业公共服务平台全覆盖。运用就业补助等资金，建立健全县、乡两级人力资源市场、劳务市场或零工市场，为劳动者和企业免费提供政策咨询、职业介绍、用工指导等服务。建立健全乡、村人力资源社会保障服务中心（站），配备专（兼）职工作人员。实施就业公共服务能力提升工程，打造职业化、专业化、规范化就业公共服务队伍。建立登记失业人员定期联系和分级分类服务制度，开展月度跟踪调查与就业服务。开展公共就业创业服务示范城市和充分就业社区建设，评选一批省级返乡创业示范县。

开展就业形势分析监测。建立健全就业信息监测系统，允许劳动者在户籍地、常住地、就业地、参保地进行失业登记，开放线上失业登记入口，实现失业人员基本信息、求职意愿和就业服务跨地区共享。强化就业形势监测，定期分析人力资源市场供求关系。做好就业统计调查保障工作，完善劳动力调查，建立省级城镇调查失业率按月统计发布制度，探索建立市（州）级城镇调查失业率统计发布制度，启动就业岗位调查，加强就业形势分析研判，完善失业风险防范机制。

专栏8　就业公共服务能力提升工程

01　基层就业公共服务队伍建设行动

实施就业公共服务工作人员能力提升计划，建立就业公共服务训练基地，组织开展岗位业务竞赛活动，加强职业指导人员、职业信息分析师、创业指导人员等专业化队伍建设。省级每年至少组织1次业务培训，市、县两级每年至少开展2次业务培训，确保"十四五"期间所有基层工作人员轮训一遍。

02　就业公共服务信息化行动

整合数据资源，完善全省集中统一的劳动力信息实名制数据库。优化贵州省劳动力培训就业信息系统、劳务就业大数据平台，不断完善服务功能，积极运用大数据技术提高数据分析研判能力，构建智慧化就业公共服务体系，为服务对象提供主动、智能的服务，促进人岗及时匹配、精准匹配、智能匹配。建设就业政策落实经办系统，加快推进就业公共服务"一网通办""全省通办"，实现网上申报、网上审核、联网核查。通过聚合全省就业数据，融通人社数据，推进外部部门数据汇集应用，加速数据跨系统、跨地域、跨部门、跨层级的互通互联、共享共用。

03　就业需求调查和失业监测预警

构建覆盖人力资源市场、企业用工主体和劳动者个体的就业失业统计调查体系，综合运用宏观经济数据、网络市场招聘数据、社会保险数据、铁路客运数据、移动通信和互联网大数据，监测人力资源市场变化，掌握劳动力流动趋势，全面反映就业动态、失业水平、市场供求等状况。

04　就业创业示范县建设计划

开展创业型城市、公共就业创业服务示范城市、国家级充分就业社区创建工作、农村劳动力转移就业示范县建设，选树一批就业创业公共服务典型。按照返乡创业示范县建设标准，推动各地开展省级示范县创建工作。

05　人力资源协同发展计划

指导各地积极建设市（州）级人力资源服务产业园，鼓励有条件的地方申报建设省级人力资源服务产业园。依托东西部协作、西部人才服务联盟等，加强人力资源服务信息化建设，探索打造资源共享、互联互通的信息交流平台，每年引进和培育 100 家人力资源服务机构（含劳务外包企业）。"十四五"期末，打造 5 家国家级或省级人力资源服务产业园，人力资源服务就业规模达到100 万人次以上。

第十节　构建和谐劳动关系

健全劳动关系协调机制。加强协调劳动关系三方机制建设，完善政府、工会、企业共同参与的协商协调机制。完善劳动合同制度，推进集体协商集体合同制度，稳步提高集体协商的实效性。实施劳动关系"和谐同行"能力提升工程，加强劳动关系协调员队伍和协调劳动关系社会组织建设。加强劳务派遣监督管理。开展重点行业突出用工问题治理，健全完善劳动关系风险防范监测预警和应急处置机制，创新调解仲裁与劳动保障监察联动机制，快调快处劳动纠纷，有效防范和化解劳动关系领域突出矛盾和问题，促进劳动关系和谐。

完善劳动人事争议调解仲裁机制。建立符合企事业单位特点的争议预防调节机制，强化属地化解，健全集体劳动人事争议应急调解制度。加强仲裁标准化建设，健全多元处置机制。推动劳动人事争议调解与人民调解、行政调解、专业性行业性调解、司法调解的衔接联动。持续加强基层调解组织建设，充实一线专职调解员、仲裁员力量，提升案件处理智能化水平和服务当事人能力，完善准司法职业保障机制。指导用人单位构建协商和解机制，提升基层矛盾化解能力。不断强化制度机制保障，提高人员队伍素质，充分发挥调解仲裁制度优势，加强劳动人事争议调解仲裁工作，维护当事人合法权益。推进"互联网＋调解仲裁"服务，大力推进数字仲裁庭、智能仲裁院建设。"十四五"期间，全省每年调解成功率保持 60% 以上，仲裁结案率保持 90% 以上。

提升劳动保障监察执法效能。以落实《保障农民工工资支付条例》为抓手，加强劳动保障监察执法能力建设，健全劳动保障监察工作体系，加强劳动保障监察队伍建设和执法保障，持续推进根治拖欠农民工工资工作。发挥劳动保障监察"网格化、网络化"的作用，建立省、市、县、乡四级劳动保障监察举报投诉联动处理机制。加强企业劳动用工管理诚信制度建设，完善企业劳动保障诚信等级评价和重大违法行为社会公布机制，健全用人单位和劳动者诚信档案，完善劳动用工红黑名单制度，落实守信激励失信惩戒制度。推进智慧监察系统建设，完善农民工权益救助机制，加强"贵州省劳动用工大数据综合服务平台"的建设及推广运用，构建劳动用工综合服务新体系，探索新就业形态劳动保障权益维护机制。严格实施劳务派遣行政许可，规范劳务派遣行为。"十四五"期间，每年全省劳动保障监察举报投诉案件结案率达 96% 以上。

专栏 9　劳动关系"和谐同行"能力提升工程

01　**和谐劳动关系行动计划**

　　打造 100 名金牌劳动关系协调员、10 家金牌协调劳动关系社会组织、10 家金牌劳动人事争议调解组织，培育 120 户劳动关系和谐企业，服务新企业用工。

02　**重点企业用工指导计划**

　　建立健全对用工规模较大企业的用工指导服务机制，帮助企业提升用工管理水平。以用工规模较大、生产经营存在较大困难的企业为重点，指导企业采取多种措施稳定工作岗位，发挥集体协商协调劳动关系重要作用，引导企业不裁员、少裁员，稳定劳动关系。

第十一节　健全援助救助保障体系

　　积极发挥失业保险功能作用。实现失业保险省级统筹，健全"保生活、防失业、促就业"三位一体的失业保险制度体系。完善失业保险支持参保企业稳岗、参保职工提升技能政策体系。扩大失业保险保障范围，进一步畅通失业保险待遇申领渠道，稳步提高失业保险待遇水平。健全失业监测预警机制，加强失业动态监测。

　　做好困难人员生活保障。将生活困难的失业人员及家庭，按规定纳入最低生活保障、临时救助等社会救助范围。全面落实城乡统筹的特困人员救助供养制度。将符合条件的无劳动能力人员，按规定继续纳入城乡低保、特困人员救助供养、孤儿基本生活保障、残疾人补贴等民政兜底保障范围。低保对象实现就业创业的，给予一定救助缓退期，增强其就业意愿和就业稳定性。

　　实施精准就业援助。健全统筹城乡的就业援助制度，强化就业困难人员实名制动态管理，对城乡就业困难人员提供优先扶持和重点帮助。落实政府购买基本公共就业创业服务政策，支持市场化人力资源服务机构开展就业困难群体帮扶服务，支持企业吸纳困难人员就业。规范公益性岗位开发管理，畅通进出通道，充分发挥公益性岗位的就业托底帮扶作用，确保"零就业"家庭动态清零。完善就业困难群体就业跟踪帮扶机制，建立就业信息线上线下推送机制，拓宽信息获取渠道。

第五章　保障措施

第一节　强化工作责任，狠抓任务落实

坚持以人民为中心的发展思想，建立健全县（区）级以上政府就业工作组织领导机制，凝聚就业工作合力，搭建联动平台，建立各级联动、部门协调的重大风险协同应对机制，落实就业创业政策。夯实就业工作目标责任制、工作督查考核机制，将就业创业工作纳入政府督查事项，继续强化各方面重视就业、支持就业的导向，构建责任明晰、措施有效、保障有力的就业工作落实机制，形成层层传导压力、层层抓好落实的工作局面。省人力资源社会保障厅、省发展和改革委员会牵头负责专项规划的实施、指导、协调、督促和检查工作，各有关部门密切配合，形成规划实施工作合力。各相关责任部门要制定规划目标任务分解方案，明确责任主体、实施时间表和路线图。

第二节　加大资金投入，优化使用效能

各级政府要按照规定持续加大资金投入，及时补充就业补助资金，统筹用好失业保险基金、专项奖补资金等，用于企业稳定岗位、鼓励就业创业、保障基本生活等支出，确保各项就业创业政策落地见效。严格落实就业公共服务支出责任划分，积极调整支出结构，优化资金投向，重点支持稳就业、保民生支出。规范就业补助资金管理，强化资金预算执行和监督检查，开展资金使用绩效评估，提高就业补助资金使用效益。

第三节　夯实服务基础，强化队伍建设

不断提高基层就业公共服务机构队伍的综合素质和服务能力，加强就业公共服务体系标准化、规范化、信息化建设。实施基层就业公共服务经办人员能力提升计划，定期开展政策法规、形势分析、资金管理、系统操作、业务统计等方面的培训，打造一支学习型、服务型专业队伍，不断提高基层就业公共服务水平和质量，满足群众多元化就业需求。

第四节　加强统计监测，把握就业形势

适应经济社会发展形势变化，构建覆盖人力资源市场、企业用工主体和劳动者的就业失业统计调查体系，全面反映就业增长、失业水平、市场供求状况，综合运用大数据手段，监测人力资源市场变化，掌握劳动力流动趋势，持续开展失业动态监测，及时有效反映全省就业和失业状况。完善劳动力调查制度，优化调查方案，扩大样本规模，提高主要指标估计精度和数据生成频次，研究建立就业

岗位调查制度。完善失业监测预警机制，及时掌握监测企业人员变动状况，建立规模性失业应对机制，确保就业态势总体稳定。

第五节　加强宣传引导，营造良好氛围

完善就业创业工作宣传机制，大力宣传国家和省就业创业工作的重大战略思路和方针政策，建立就业创业工作创新评价机制，总结就业创业先进典型事迹，组织编制就业创业工作经验汇编。建立健全创新创业尽职免责与就业工作创新的容错纠错责任机制。宣传实施《规划》的重要意义、指导方针、重点任务、重大工程。持续开展就业工作表扬激励工作，完善激励办法，对落实稳就业政策措施工作力度大、促进重点群体就业创业等任务完成较好的地方，予以表扬激励。加大对就业创业工作先进集体和先进个人的宣传力度。引导县（区）级以上政府部门开展就业创业工作表彰奖励活动，在全社会形成尊重劳动、尊重创造、乐于就业、勇于创业的时代风尚，形成支持就业创业工作发展的良好氛围。

第六节　完善评估机制，推动规划实施

加强规划实施的统筹协调和宏观指导，做好年度计划、各地规划与本规划目标任务的衔接。实施规划目标责任制，建立规划实施情况监测、评估和绩效考核机制，明确进度要求，定期调度规划执行情况，开展规划年度评估、中期评估和总结评估工作。加强评估分析，提高分析结果的时效性和针对性。各级发展和改革委员会、人力资源社会保障部门要同有关部门建立就业工作监测常态化机制，及时掌握就业市场变化、就业工作进度和各项目标任务完成情况，工作中遇到的重要情况和重大问题及时报告给同级人民政府。

陕西省"十四五"就业促进规划

陕西省人民政府办公厅　　2021 年 11 月 18 日

"十四五"时期是我国在全面建成小康社会之后、乘势而上开启全面建设社会主义现代化国家新征程的第一个五年，也是谱写陕西高质量发展新篇章的关键五年。根据国家和陕西省《国民经济和社会发展第十四个五年规划和二〇三五年远景目标纲要》以及国家《"十四五"就业促进规划》，制定本规划。

本规划是指导今后一个时期全省就业工作的纲领性文件，主要阐述"十四五"时期全省就业工作的主要目标和重点任务，是落实就业优先战略、制定就业政策、布局重大项目的重要依据。规划期限为 2021—2025 年。

一、规划背景

（一）发展基础。

"十三五"以来，我省积极应对国内外风险挑战增多、经济下行压力加大和新冠肺炎疫情突发等不利影响，坚持把稳就业摆在更加突出位置，"十三五"就业目标任务顺利完成。

就业规模不断扩大。全省城镇新增就业人数持续上升，累计达 225.43 万人，超额完成"十三五"规划纲要提出的就业指标，城镇调查失业率控制在合理范围。农村劳动力转移就业每年保持在 620 万人以上，高校毕业生就业率总体保持在 88% 以上，退役军人就业服务水平全面提升，失业人员再就业 85 万人，就业困难群体就业 34 万人。

就业质量明显提升。"十三五"以来，全省就业的产业结构、城乡结构、区域结构不断优化。服务业就业"蓄水池"功能显现，三次产业就业人员比例为 38∶16∶46；城镇就业比重进一步上升，城镇就业率从 46.4% 提升到 63%。陕南陕北地区城镇就业增长率持续提升，区域就业机会差距逐步缩小。

创业带动成效显著。积极畅通"创新—创业—就业"渠道，促进创业政策体系不断完善、服务能力明显提升，建成国家级双创示范基地 4 个、省级创业孵化示范基地 100 个，市、县两级创业孵化基地 518 个，在孵创业实体达 1.47 万个，带动就业 11.64 万人。推广创业担保贷款网上经办服务平台建设，扶持创业 20.34 万人，带动就业 67.15 万人。

就业服务能力增强。大力提升公共就业服务均等化、规范化、专业化和信息化水平，统筹建设 1 个市级、7 个县级公共实训基地，开展各类就业创业技能培训 258.71 万人次。精心打造"宝鸡技工""紫阳修脚师"等全国知名特色劳务输出品牌。全省人力资源服务机构达 2038 家，年均提供就业服务 506 万人次。

人才结构持续优化。新增专业技术人才 31 万人，技能劳动者 225 万人，其中高级职称人才 10.5 万人、高级技能人才 72 万人。高等教育毛入学率达到 60% 以上，主要劳动年龄人口受过高等教育的比例达到 22%，每万名劳动力中研发人员达到 69 人 / 年，人才结构素质全面提高。

就业扶贫成果丰硕。深入实施就业扶贫"六项工程"，帮扶农村建档立卡贫困劳动力外出务工 210.23 万人。累计设置公益岗 23 万个，帮助"三无"贫困劳动力实现就地就近就业。大力实施职业培训提升行动，免费培训农村贫困人口 46.25 万人。深入开展就业扶贫托底计划，贫困群众缴纳城乡居民养老保险达 49.5 万人。

（二）总体形势。

——发展机遇。当前和今后一段时期，陕西发展仍处于大有可为的重要战略机遇期，为促进就业提供良好的环境和条件。一是经济运行持续保持合理区间进一步夯实就业稳定的基础。全省发展动力加快转换，发展空间不断拓展，国家重大战略叠加效应加速释放，全省经济运行保持合理增长，为促进就业保持长期稳定夯实坚固基础。二是新一轮技术革命和产业变革进一步拓展就业创业新领域。全省深入实施创新驱动发展战略，新科技新技术加速应用，新产业新业态迅猛发展，为促进就业创业带来了历史性机遇。三是服务业快速发展进一步培育更多就业增长点。全省生产性服务业快速发展，生活性服务业加速增长，服务业新产业新业态不断壮大，服务业就业"蓄水池"功能将进一步增强。四是民营经济发展壮大进一步提升就业创造力。全省非公经济主体超过 410 万户，占市场主体总量的 92.74%，随着"放管服"改革深入推进，民营经济在扩大就业方面的作用将进一步发挥。五是丰富的人才资源进一步助推就业扩面提质。随着人才强省战略的深入实施，全省人力资源、人才资源优势将进一步发挥，可为推动高质量发展、建设现代化经济体系提供有力的智力支持和人才保障。六是融入"双循环"大格局为促进就业进一步提供广阔空间。积极融入以国内大循环为主体、国内国际双循环相互促进的新发展格局，有利于为全省促进就业开拓广阔空间。

——面临问题及挑战。在肯定成绩的同时，必须清醒认识到，当前全省就业仍面临一些不平衡不充分问题：一是就业总量压力依然存在，劳动力供给规模保持高位带来的就业压力在"十四五"期间将继续存在。二是结构性矛盾依然突出，人才结构与产业结构衔接不够紧密，技能人才相对短缺，"招工难"与"就业难"对立并存，劳动力需求和供给不匹配的结构性矛盾依然存在。三是公共就业服务体系建设亟待完善，大学生、农民工等重点群体的公共就业服务能力有待提升。四是创业带动就业作用发挥不足，全省创业环境和创业服务整体亟需优化。五是就业方式更加多元，灵活就业和新就业形态人员就业稳定性和劳动权益保障亟待进一步加强。同时，人工智能对部分就业形态的替代效应持续显现，区域人才竞争日趋激烈，学历教育体系与职业技能培训体系未有效融通；人口结构深刻变化，老龄化趋势加快，劳动力供求将迎来深度调整；国际环境日趋复杂，新冠肺炎疫情影响仍将在一个时期内持续，不稳定性不确定性明显增加，对就业的潜在冲击需警惕防范。实践证明，必须要坚持深入实施就业优先战略，协调推进政府促进就业和鼓励创业、市场调节就业、劳动者自主就业，着力创新就业工作体制机制，着力破解结构性就业矛盾，着力稳定就业大局，在经济高质量发展中实现高质量就业、以高质量就业支撑经济高质量发展。

二、总体要求

（一）指导思想。

以习近平新时代中国特色社会主义思想为指导，深入贯彻党的十九大和十九届二中、三中、四中、五中、六中全会以及习近平总书记来陕考察重要讲话重要指示精神，统筹推进"五位一体"总体布局，协调推进"四个全面"战略布局，坚持稳中求进工作总基调，立足新发展阶段，完整、准确、全面贯彻新发展理念，着力服务和融入新发展格局，以实现更加充分更高质量就业为主要目标，统筹发展与安全，深入实施就业优先战略，持续强化就业优先政策，健全完善就业促进机制，防范化解失业风险，补齐就业服务领域短板，不断增进民生福祉，为谱写陕西高质量发展新篇章提供重要支撑，为逐步实现共同富裕打下坚实基础。

（二）基本原则。

坚持就业优先、政策协同。继续把就业摆在经济社会发展优先位置，把稳定和扩大就业作为经济运行合理区间的下限，充分发挥劳动力市场信号和就业目标的引导作用，根据就业形势变化，及时调整宏观政策取向、聚力支持就业。

坚持总量扩大、结构优化。聚焦关键环节，解决好就业结构性矛盾和就业不充分等突出问题。千方百计做大就业容量，推动就业总量随着经济发展而不断增长。完善就业扶持政策，促进就业的产业结构、城乡结构、区域结构持续优化。

坚持需求发力、供给改革。培育新就业增长点，发展吸纳就业能力强的产业，激发岗位需求和就业创造力。加强人力资源开发，提升劳动者素质和技能，改善人力资源市场供给结构。强化就业服务，健全常态化就业供需对接协调机制。

坚持市场主导、政府引导。充分发挥市场在资源配置中的决定性作用，推动有效市场和有为政府更好结合，推进人力资源市场建设与解决就业领域矛盾问题深度融合，强化政府提供政策支持和有效公共服务等职责，推动形成劳动力市场更高水平的供需动态平衡。

坚持统筹融通、共建共享。加快破除就业领域固有的体制机制障碍，优化整合政策、服务、培训等各类资源，打破区域、城乡分割，最大限度拓展覆盖面和惠及范围，确保人人参与、普惠享有、均等可及。

坚持聚焦重点、守住底线。紧盯关键环节、围绕突出问题，瞄准重点地区、重点行业和重点群体，制定更加精准有效的政策举措，因地因企因人加强分类帮扶援助，严密防范规模性失业风险，兜牢民生底线。

（三）主要目标。

围绕 2035 年与全国同步基本实现社会主义现代化目标任务，着眼提高发展质量效益和满足人民日益增长的美好生活需要，到 2035 年，就业优先政策体系更加完善，就业的产业结构、城乡结构、区域结构不断优化，高质量就业全面实现；就业基本公共服务体系实现均等化，劳动者权益保障机制更加健全；城乡区域发展和居民生活水平差距显著缩小，三秦百姓生活更加美好，人的全面发展和人民共同富裕取得更大实质性进展。

锚定 2035 年远景目标，综合考虑我省发展趋势和发展条件，"十四五"时期，全省就业促进工作主要目标如下：

就业规模稳步扩大，就业形势总体平稳。全省城镇新增就业 200 万人以上，城镇调查失业率控制在 5.5% 以内，重点群体就业保持稳定。城乡、区域就业机会差距逐步缩小，劳动力市场供求基本平衡。

就业质量稳步提升，就业保障更加完善。劳动报酬提高与劳动生产率提高基本同步，覆盖城乡劳动者的社会保障体系更加健全，更多劳动者实现安全、高效、体面就业。城乡均等的公共就业创业服务体系更加健全，劳动关系更加和谐。

创业引领更加凸显，就业动能持续释放。创业政策体系更加完备，创业环境更加优化，创业成本大幅降低，创业服务实现跃升，创业机会更多、渠道更广，更多人可以凭借一技之长实现人生价值。

就业结构持续优化，就业格局更趋合理。三次产业就业结构调整为30∶18∶52，专业技术人才总量和高技能人才总量分别达到235万人、166万人。劳动年龄人口平均受教育年限达到11.5年，新增劳动力受过高等教育比例达55%。就业的城乡结构、区域结构进一步优化。

<table>
<tr><th colspan="6">专栏一 "十四五" 就业主要指标</th></tr>
<tr><th colspan="2">指标名称</th><th>2020 年</th><th>2025 年</th><th>年均 /
累计</th><th>属性</th></tr>
<tr><td rowspan="6">就业规模</td><td>1. 城镇新增就业人数（万人）</td><td>40 以上</td><td>【200】</td><td>—</td><td>预期性</td></tr>
<tr><td>**2. 城镇调查失业率（%）**</td><td>＜5.5</td><td>＜5.5</td><td>—</td><td>**预期性**</td></tr>
<tr><td>3. 脱贫人口务工规模（万人）</td><td>213.2</td><td>＞200</td><td>—</td><td>预期性</td></tr>
<tr><td>4. 开展补贴性职业技能培训（万人次）</td><td>126</td><td>150</td><td>—</td><td>预期性</td></tr>
<tr><td>5. 应届高校毕业生毕业去向落实率（%）</td><td>81.64</td><td>88</td><td>—</td><td>预期性</td></tr>
<tr><td>6. 就业困难人员就业（万人）</td><td>【34】</td><td>【15】</td><td>—</td><td>预期性</td></tr>
<tr><td rowspan="6">就业结构</td><td>**7. 劳动年龄人口平均受教育年限（年）**</td><td>11.12</td><td>11.5</td><td>—</td><td>**约束性**</td></tr>
<tr><td>8. 新增劳动力受过高等教育比例（%）</td><td>—</td><td>55</td><td>—</td><td>预期性</td></tr>
<tr><td>9. 城镇就业占比（%）</td><td>58.66</td><td>62</td><td>—</td><td>预期性</td></tr>
<tr><td>10. 三次产业就业结构</td><td>38∶16∶46</td><td>30∶18∶52</td><td>—</td><td>预期性</td></tr>
<tr><td>11. 专业技术人才总量（万人）</td><td>206</td><td>235</td><td>—</td><td>预期性</td></tr>
<tr><td>12. 高技能人才总量（万人）</td><td>146</td><td>166</td><td>—</td><td>预期性</td></tr>
<tr><td rowspan="6">就业质量</td><td>**13. 全员劳动生产率增长（%）**</td><td>—</td><td>—</td><td>＞6.5</td><td>**预期性**</td></tr>
<tr><td>**14. 劳动报酬占比（%）**</td><td>—</td><td>—</td><td>稳步
提高</td><td>预期性</td></tr>
<tr><td>**15. 基本养老保险参保率（%）**</td><td>—</td><td>＞95</td><td>—</td><td>预期性</td></tr>
<tr><td>**16. 居民人均可支配收入增长（%）**</td><td>—</td><td>—</td><td>7</td><td>**预期性**</td></tr>
<tr><td>**17. 城乡居民人均可支配收入之比**</td><td>2.84</td><td>＜2.8</td><td>—</td><td>预期性</td></tr>
<tr><td>**18. 失业保险参保人数（万人）**</td><td>439.85</td><td>460</td><td>—</td><td>预期性</td></tr>
</table>

表注：黑体字指标为高质量发展综合绩效评价指标体系包含指标。【】为5年累计数。

三、坚持经济发展就业导向，不断扩大就业容量

落实就业优先战略，加强宏观政策协同联动，健全就业优先政策体系，实施就业扩容提质工程，推动形成经济发展与扩大就业互促共进的良性循环。

（一）全面增强就业吸纳能力。

加强就业优先导向的宏观调控。完善就业宏观调控手段，加强财政、投资、消费、产业等与就业政策协同联动。强化就业优先政策，常态化实施减负、援企、稳岗、扩就业政策，统筹用好就业补助资金和失业保险基金。积极扩大有效投资，加大民生领域基础设施投入力度，全面加强带动就业能力强的项目建设。加快培育扩大消费市场，大力发展新零售，培育数字消费、康养消费、绿色消费等新兴消费，增强就业内生动力。完善与就业容量挂钩的产业政策，健全就业目标责任考核机制和就业影响评估机制。

稳定促进制造业就业。实施制造业降本减负行动，加大制造业投资支持力度，引导金融机构扩大制造业中长期融资，提高制造业盈利能力和从业人员收入水平，增强制造业就业吸引力。提升制造业产业链现代化水平，强链补链延链，提高本地配套率，不断创造上下游、产供销全链条就业机会。加强对吸纳就业能力强的劳动密集型行业保护和支持，积极落实和制定增值税减免、贷款融资等方面的优惠政策。注重发展技能密集型产业，实施制造业数字化转型行动，推动制造业向数字化、网络化、智能化升级。积极发展服务型制造，推广"陕鼓模式"，开发更多研发、控制、维保等服务型就业机会。推动先进制造业集群发展，打造更多制造业就业增长点。

强化服务业就业"蓄水池"功能。进一步放宽服务业市场准入，深入推进服务业扩大开放。推动现代服务业同先进制造业、现代农业深度融合，创造更多金融、会展、软件和信息技术等生产性服务业就业岗位。推动健康养老、家政和休闲、教育培训等生活性服务业向高品质和多样化升级，积极培育龙头骨干企业，树立行业标杆和服务典范，加快服务业品牌化、标准化发展进程，深入实施家政、养老护理员等培训行动，建立行业薪酬体系和动态调整机制，完善入职补贴、岗位补贴等人才激励政策，提升就业吸纳能力和质量。丰富线上服务新模式，鼓励商贸流通和消费服务业态与模式创新，培育壮大智慧物流、网约配送等新业态。引导夜间经济、便民生活圈等健康发展，稳定开发社区超市、便利店和社会工作服务岗位。鼓励发展家庭手工业和家庭副业经济，创造更多居家灵活就业机会，持续扩大服务业就业。

拓展农业就业空间。加快实施乡村振兴战略，深化农业供给侧结构性改革，

做强"3+X"现代农业体系。推动种养加结合和产业链再造，充分发挥新型经营主体在促进农民就地就近就业增收中的示范引领和辐射带动作用。加强现代农业产业园建设，实施农民合作社规范提升行动、家庭农场培育计划和高素质农民培育计划，扶持一批农业产业化联合体，实现抱团发展，持续带动农民就业增收。着力提高农产品加工业和农业生产性服务业发展水平，扶持一批农产品加工龙头企业，落实吸纳农民工就业的财政、税收、信贷等政策。实施数字赋农行动，切实提升新农民新主体数字技能。实施休闲农业和乡村旅游精品行动，不断扩大农民就业规模。

巩固提升中小企业就业"主力军"作用。优化中小企业发展生态，有序推进电力、电信等领域市场化改革，降低基础设施、社会事业等领域准入门槛，取消各类不合理限制和壁垒，落实好保障中小企业款项支付条例，促进中小企业稳定发展增加就业。大力推进县域营商环境优化提升，不断壮大县域中小企业队伍。加大对中小企业融资支持，加强普惠金融服务，增加中长期贷款和信用贷款，落实普惠小微企业贷款延期还本付息和所得税减免等举措，对中小企业吸纳重点群体就业、开展以工代训，按规定给予补贴，充分发挥中小企业就业"主力军"作用。

（二）培育持续有力的就业新动能。

促进数字经济领域就业创业。加快发展数字经济，推动数字经济和实体经济深度融合，催生更多新产业新业态新模式。实施"上云用数赋智"行动，加快传统制造业数字化转型，推动中小企业"上云上平台"，建设一批智能化工厂、数字化车间，带动更多劳动者转岗提质就业。健全数字规则，强化数据有序共享和信息安全保护，推动数字产业化，打造有竞争力、就业容量大的数字产业集群。加快新技术应用和产业化发展，做大做强平台企业，进一步扩大和升级信息消费，促进电子商务等新业态蓬勃发展，建设西安高新区等国家级电商示范基地。推动共享经济健康发展，培育多元化多层次就业需求。

培育多渠道灵活就业和新就业形态。鼓励传统行业以跨界融合、业态创新等方式增加灵活就业和新就业形态就业机会。加快推动移动出行、线上教育培训、互联网医疗、在线娱乐等行业发展，为劳动者居家就业、远程办公、兼职就业创造条件。鼓励劳动者创办小规模经济实体，支持发展各类特色小店；推动非全日制劳动者较为集中的保洁绿化、批发零售、建筑装修等行业提质扩容；支持微商电商、网络直播等多样化的自主就业、分时就业；鼓励发展基于知识传播、经验分享的创新平台。大力发展微经济，鼓励微创新、微应用、微产品、微电影等万众创新和"副业创新"。

保障多渠道灵活就业和新就业形态健康发展。支持和规范发展灵活就业和新就业形态，进一步完善风险控制、信用体系、质量安全、社会保障等体系和政策法规，研究建立适应灵活就业和新就业形态的劳动标准体系，明确企业与劳动者之间的权利义务关系。研究制定灵活就业人员参加城乡居民基本养老保险的兜底措施。推动放开灵活就业人员在就业地参加社保的户籍限制。开展平台灵活就业人员职业伤害保障试点，合理界定平台企业责任，探索用工企业购买商业保险、保险公司适当让利、政府加大支持的机制。抓紧清理和取消不合理的收费罚款规定，为灵活就业创造好的环境。

专栏二　灵活就业和新就业形态人员支持保障计划

确保平等享受公共服务。支持灵活就业和新就业形态人员与本地户籍人口同等享受就业创业、公共教育、住房保障等基本公共服务。建立灵活就业和新就业形态人员就业信息采集制度，探索实行灵活就业和新就业形态人员承诺制就业登记和失业登记制度。逐步推进灵活就业人员参加住房公积金制度。

积极促进灵活就业和新就业形态人员参加社会保险。扩大灵活就业社会保险补贴覆盖面，支持灵活就业和新就业形态人员以个人身份在公共服务平台办理企业职工基本养老保险参保登记、个人权益记录查询、社会保险关系转移接续等业务。探索灵活就业人员失业保障新模式，完善更灵活、更人性化的申办申领和转移接续等经办管理服务模式。

建立职业伤害保障制度。探索建立适合我省新业态企业用工特点的职业伤害保障模式，通过政策引导新就业形态从业人员参加职业伤害保险，加快推进职业伤害保障试点，引导平台企业积极参与，制定实施职业伤害保障办法。支持用工企业以商业保险方式为灵活就业和新就业形态人员提供意外险、重疾险、商业医疗险、商业养老险等多层次保障。

规范平台企业用工行为。健全政府、平台企业、劳动者共同参与的规则协商、利益分配和权益保障机制。推动平台企业合理安排工作任务和工作时长，健全安全生产和劳动卫生制度，合理确定劳动报酬标准。

（三）提高全省就业承载力。

推动区域就业均衡增长。加强生产力布局引导，增强区域发展的协调性、联动性、整体性，不断优化关中、陕北、陕南就业空间结构。推进关中产业梯次配套、优势互补，引导西安非中心城市核心功能向关中地区有序疏解转移，不断提升整体就业承载力。推动陕北建立能源主导、多元支撑的现代化产业体系，增强经济发展拉动就业能力。鼓励陕南以绿色循环产业为引领，积极培育生态康养、绿色食品等就业增长点，发展带就业促增收产业。积极主动融入"双循环"新发展格局，把握国内产业链和供应链重构机遇，加强与京津冀、长三角、粤港澳大湾区战略对接，积极承接产业转移，引导就业机会向全省扩散。

发挥西安都市圈和城市就业拉动作用。以西咸一体化发展为重点，以促进西安国家中心城市与周边城市（镇）同城化发展为主攻方向，加快培育建设现代化西安都市圈；支持建设榆林高质量发展重要增长极；优化"一市一策"体系，支持宝鸡、咸阳、铜川、渭南、延安、汉中、安康、商洛、杨凌差异化发展；统筹推进基础设施协调布局、产业分工协作和就业岗位创造，引导人口向城市集聚，打造就业重要增长极。

提升县城和小城镇就业承载力。培育陇海城镇带、包茂城镇带、陕南城镇带及长城城镇带，大力推进以县城为重要载体的新型城镇化建设，充分发挥富平等国家县城新型城镇化建设示范县作用，提升城镇综合承载能力，推动人口相对集聚、产业布局相对集中，促进劳动力就近转移。加强对县域经济分类指导，大力发展带动性强、劳动密集型、能盘活资源的产业，培育龙头企业，每县因地制宜培育1—2个主导产业，力争绝大多数县（市）形成1—2个产值百亿元以上、具有较强竞争优势的产业集群；实施县域产业集中区提升工程，引导项目、资金要素集聚，做大做强县域经济，扩大县城就业需求。发挥乡镇连城带乡作用，提升综合承载力，推动岐山蔡家坡等经济大镇打造县域经济副中心，提升城市功能、增加生产生活要素供给，为发展产业、带动就业创造良好条件；培育建设100个乡村振兴示范镇和50个左右主导产业产业链产值亿元以上的农业产业强镇，进一步增强小城镇就业承载力。

扩大特殊类型地区就业容量。推进巩固拓展脱贫攻坚成果同乡村振兴有效衔接，贯彻落实"四个不摘"要求，推动脱贫地区产业发展提档升级，支持建设一批劳动密集型产业园、中小企业产业园；以大中型集中安置区为重点，积极引进适合当地的劳动密集型产业，推广社区工厂模式，持续带动就业增收。支持革命老区因地制宜培育发展特色优势产业，深度挖掘红色文化资源，大力发展红色旅游等吸纳就业效果好的富民产业，完善配套就近就地就业设施。推进资源型地区转型发展，推动全省资源型城市加快转型发展，培育壮大接续产业，带动职工转岗就业。

专栏三　就业承载力提升计划

革命老区就业承载力提升计划。因地制宜培育发展特色优势产业，合理增加一般性财政转移支付规模，不断增强革命老区发展内生动力。打造红色旅游品牌，推动红色景区提档升级，促进旅游与文化、教育、培训等深度融合。坚持扶志扶智相结合，加大对革命老区农村低收入群体技能培训和外出务工的扶持力度。

资源型地区就业承载力提升计划。支持铜川创建国家产业转型升级示范区，推动印台区等实施国家独立工矿区改造搬迁工程，推动子长市等建设成长型资源县区，不断加快资源型地区产业转型步伐，缓解就业压力。

四、强化创业带动作用，放大就业倍增效应

深入实施创新驱动发展战略，推进创新创业创造向纵深发展，更大程度激发市场活力和社会创造力，让各类市场主体、各类人群创业热情持续高涨、创业动能充分释放，为促就业提供有力支撑。

（一）持续优化创业环境。

深化创业领域"放管服"改革。深化"证照分离"改革全覆盖，着力推进"照后减证"和简化审批。全面推行涉企经营许可事项告知承诺制，进一步优化审批服务流程。推动相对集中行政许可权改革，加强审管联动，明确审管权责，切实提升事中事后监管效能。实施创业带动就业示范行动，创新科技成果转化机制，对吸纳就业能力强的创业企业给予重点支持，畅通创新促进创业、创业带动就业的链条。

加大创业政策支持力度。在用地、融资等方面制定更多支持初创实体的优惠政策，进一步降低创业成本。全面落实国家减税降费政策。合理设定政府投资双创载体房租减免标准，提供低成本场地支持，推动双创载体更多依靠投资孵化企业和成果获取收益。开展民营企业"扶小创优"行动，允许仅通过网络开展经营活动的个体工商户以网络经营场所登记为经营场所。扩大创业担保贷款覆盖范围，发放创业担保贷款270亿元以上，带动就业70万人以上。拓展创业企业直接融资渠道，健全投资生态链，加大初创期、种子期投入。发挥政府投资引导基金作用，扩大促进科技成果转化基金规模，吸引更多风险投资聚集、投早投小并加大让利幅度。提升创业板服务成长型创业企业功能，支持符合条件的企业发行企业债券。

实现创业资源开放共享。依托秦创原创新驱动平台，充分发挥立体联动"孵

化器"、科技成果产业化"加速器"和两链融合"促进器"作用，构建"众创空间、孵化器+加速器+产业园"服务体系，着力引入一批知名孵化载体，支持科技企业孵化器市场化、民营化、专业化、品牌化发展，为创新创业者提供低成本、全方位、定制化的精准服务。探索"在港孵化+飞地转化"等模式，鼓励各市（区）在秦创原建设协同创新平台。实施大中小企业融通创新专项行动，鼓励大企业向中小企业开放资源、场景、应用和需求，打造基于产业链供应链的创新创业生态。推动科研平台、科技报告、科研数据、科研仪器设施、高校实验室进一步向企业、社会组织和个人开放，增加更多创业机会。鼓励西咸新区、西安高新区开放企业（项目）资源，建立项目对接机制，吸纳各类人才创业就业。

（二）支持各类劳动者创新创业。

激发社会大众创业的积极性主动性。深入实施农村创业创新带头人、新一代乡村企业家培育行动，不断改善农村创业创新生态。动态管理返乡创业示范县，引导有创业意愿和能力的农民工、大学生、退役军人等人员返乡入乡创业。落实创业孵化基地为高校毕业生等重点创业群体提供反担保政策，扩大农村高校毕业生返乡创业免除反担保的覆盖范围，将支持高校毕业生等重点群体创业就业的税收优惠政策延续实施至2025年底。实施大学生创业支持计划，健全高校创新创业教育教学体系和实践平台，探索大学生用创业成果申请学位论文答辩，鼓励留学回国人员创新创业。建立科研人员离岗创业制度，开展赋予科研人员职务科技成果所有权长期使用权试点，完善科技成果、知识产权归属和利益分享机制。

全方位培养引进用好创业人才。充分依托西部科技创新港、西工大翱翔小镇、西北农林科技大学未来农业研究院、西安电子科技大学西安电子谷、榆林科创新城等校地融合创新平台，大力发展高校创新创业教育，培育一批创业拔尖人才。依托秦创原，积极打造"新双创"队伍，建立科技型企业培育模式。试点开设"理论+实践"课程体系，健全企业家、行业专家等具有成功实践经验的创新创业导师队伍，以"项目制"培养一批符合产业需求、创新创业实践能力强的高层次人才。鼓励大学生保留学籍休学在秦创原创新创业。推广西北有色院科研一中试一产业"三位一体"发展模式和中科院西安光机所"开放办所、专业孵化、择机退出、创业生态"发展模式，加快科技成果向现实生产力转变。加大创业人才引进力度，为外国高端人才和专业人才来陕创业提供便利。健全以创新能力、质量、实效、贡献为导向的创新创业人才评价体系，加强创新创业激励和保障。

营造浓厚创业氛围。大力弘扬创业风尚，培育创业意识，营造鼓励创业、宽容失败的社会氛围。倡导敬业、精益、专注的创新创业文化，对创业失败者提供就业服务、援助和社会救助。高质量办好全省科技创新创业大赛、"创客陕西"

中小企业创新创业大赛等，孵化一批瞪羚、独角兽企业。积极开展各类创业推进活动，组织创建创业型示范城市，选树一批创业典型。

专栏四　大众创业扶持计划

农民创业扶持计划。加强农民工创业创新导师队伍建设，建立农民创业辅导员、专业技术人员与创业农民结对帮扶制度。推进农村青年创业富民行动，鼓励中高等职业院校毕业生回乡创业。落实示范奖补、税费减免、创业贷款等创业帮扶政策，引导金融机构开发农村创业创新金融产品和服务。

大学生创业支持计划。打造一批创业教育实践基地，引导和鼓励成功创业者、知名企业家、专家学者、天使和创业投资人等担任兼职创业导师进校园，为大学生提供政策咨询、项目推介、风险评估、方案设计、开业指导、融资服务、跟踪扶持等创业服务。利用创业大赛和创业博览会广泛收集创业项目，建立大学生创业项目库，更多实行专业运营、滚动发展，对初创期、中早期、成长性较好的优秀创业项目给予一定资助，充分利用创新创业大赛获奖项目带动大学生通过创业实现就业。

创业人才引进计划。实施创新团队支持计划，选择成长性高、创新潜能大的科研团队作为重点培育对象，打通科研人才向企业家转化通道。建设秦创原创新驱动平台，培育引进一批高水平科技领军人才和科技经纪人才，打造全省最大的孵化器和科技成果转化"特区"。推进海外人才离岸创新创业基地建设，优化外国专家来陕创业政策。

（三）全面升级创业服务。

打造全生态、专业化、多层次的创业服务体系。培育一批基于互联网的创新创业及公共服务平台，高质量办好"双创"活动周等，提升线上线下创业服务能力。加强服务队伍建设，为创业者提供政策咨询、项目推介、开业指导等"一站式"服务。推广创业导师制，推行科技特派员制度，支持科技领军企业、高技能人才、专业技术人才等到基层开展创业服务。深入实施"马兰花计划"，面向有创业意愿和培训需求的农民工、大学生、退役军人等重点群体，按照"政府引导、社会参与、创业者自主选择"的原则，大力推动职业技能提升行动创业培训。建立完善创业大赛优秀项目与孵化、投融资、产品推介等全链条创业服务衔接机制，助力加速项目转化落地。

建设特色化、功能化、高质量的创业平台载体。支持高校科研院所、大中型企业建设众创空间孵化器，高新区建设创新创业企业加速器，现代农业科技园区建设星创天地，构建相互接续的创业平台支持链条，推动各级各类创业载体特色化、专业化发展。强化各级载体质量管理，提升孵化服务功能，支持国内外高品质孵化团队来陕开展业务。优化双创示范基地建设布局，充分发挥示范带动作用，力争到2023年全省高校大学科技园及众创空间等载体全覆盖，小微企业创业创新基地县域全覆盖，功能齐备的创业中心县域、重点镇和产业集中区全覆盖。

专栏五 创业载体建设工程

建设社会投资孵化平台。鼓励行业龙头企业、国家级开发区围绕做大做强主业、延伸产业链条，开放企业技术链、供应链、物流链、渠道链，整合培训、金融等相关服务，打造集孵化器和加速器于一体的创客空间，并对社会资本建设的孵化平台相关硬件给予补贴。

提升孵化服务功能。探索采用地方政府专项债券，支持各市（区）改造存量建筑或新建一批双创载体。比照国家级孵化器税收优惠，鼓励地方政府支持省级孵化器享受同等政策。采取竞争性招引和动态调整机制引进国内外优势孵化团队，推动双创载体完善功能、形成生态、树立品牌。

加强资金支持。允许将符合条件的创业孵化示范基地改造项目、农民工返乡创业园建设项目纳入地方政府专项债券支持范围。统筹利用现有资金渠道，有条件的地方可因地制宜设立创业投资基金，支持创业孵化基地、农民工返乡创业园建设。鼓励金融机构在风险可控、商业可持续的前提下，创新金融产品和业务模式，支持创业孵化基地、农民工返乡创业园建设和入驻创业企业发展。

建设一批农民工返乡创业园。以县级为单位，对现有开发区、产业园区、产业集聚区、创业载体等各类园区平台整合拓展、优化布局，重点打造功能完备、环境优良的农民工返乡创业园。认定省级返乡创业园区10个、国家级农村创业创新园区10个，建设农村创新创业和返乡创业孵化实训基地和创业孵化基地100个。建设乡村旅游创客示范基地10个。

五、完善重点群体就业支持体系，促进多渠道就业

聚焦农民工、大学生、退役军人等重点群体，坚持市场化社会化就业与政府托底帮扶相结合，既积极扩大岗位和用工需求，又健全帮扶机制，精准施策，统筹做好各类重点群体就业工作。

（一）突出做好高校毕业生等青年就业。

提升高校毕业生就业服务水平。实施高校毕业生就业创业促进计划，引导毕业生到新一代信息技术等先进制造业、战略性新兴产业、中小微企业就业。结合产业升级、区域发展、乡村振兴等重大战略开发适合高校毕业生等青年群体的就业岗位。加强高校毕业生职业生涯教育和就业创业指导，开展多层次就业实习见习实践活动，提升高校毕业生岗位实践和职业发展能力。积极搭建高校与用人单位供需对接平台，持续举办"陕西重点国有企业招聘高校毕业生双选会""大中城市联合招聘""民营企业招聘月"等招聘活动。加强与各级人才市场联动，推广"直播带岗""隔空送岗""新职业体验"等招聘新模式。健全毕业生离校前后管理服务衔接机制，建立实名信息数据库，搭建覆盖全省的实践体验、培训见习等服务平台，提供精准"一条龙"就业服务，打造"全程化"的职业生涯教育体系和"全员化"的就业创业服务体系。以大学科技园为载体，指导高校在大学科技园设立就业创业指导综合服务窗口，为大学生提供就业创业咨询服务，统筹推进高校就业创业咨询服务大学科技园全覆盖。

扩大企事业单位吸纳规模。加快落实企业吸纳就业补贴政策，明确申办流程，精简政策凭证，畅通线上线下申领渠道，激励更多企业吸纳毕业生就业。围绕教育医疗、养老托育、农业技术等人才紧缺领域增设岗位，拓宽高校毕业生市场化社会化就业渠道。鼓励承担国家级、省级科技计划的高校、科研院所和企业吸纳高校毕业生就业，加强科研助理空缺岗位招聘高校毕业生力度。鼓励高校与企业加强人才培养合作，通过订单班培养等方式实现高校毕业生精准就业。

引导高校毕业生基层就业。组织实施"一村一名大学生计划""教师特设岗位计划""县及县以下医疗卫生机构定向招聘医学类毕业生""大学生志愿服务西部计划""三支一扶计划""城镇社区专职工作人员招聘""农业技术推广服务特岗计划"等基层就业项目，积极开发城乡社区等基层公共管理和社会服务岗位，扩大基层吸纳就业规模。落实学费补偿、助学贷款代偿、资金补贴、税费减免等基层就业扶持政策，健全基层服务保障机制，畅通扎根基层的高校毕业生职业发展通道。规范就业见习基地管理，实施大学生征兵"一年两征"，引导高校毕业生见习升学参军入伍。

专栏六　促进高校毕业生就业六大行动

国有企业就业引领行动。国有企业适度扩大高校毕业生招聘规模，在每年度用人计划中安排一定比例专项招聘应届高校毕业生；与高校加强人才培养合作，探索实施订单班培养计划，精准招聘高校毕业生；积极开展"陕西重点国

有企业招聘高校毕业生双选会"等招聘活动，招聘信息在单位官方网站和"陕西公共招聘网"同步发布。

支持民营企业就业行动。落实高校毕业生到民营企业、个体工商户、新业态平台就业社会保险补贴、技能培训补贴等扶持政策。对中小微企业招用毕业年度高校毕业生、签订1年以上劳动合同的，按每人2000元标准，给予一次性吸纳就业补贴。实施"秦青优惠贷"项目（三年期限），对45岁以下青年在我省境内创办的小微企业，每年提供7亿元优惠信贷资金支持。积极开展大中城市联合招聘、"民营企业招聘月"等专项招聘会。

基层岗位专项招募行动。适度扩大各类基层就业项目招募规模，"教师特设岗位计划"招聘毕业生每年到岗率不低于95%。

事业单位招聘高校毕业生行动。完善事业单位公开招聘高校毕业生政策规定，适当降低基层招聘门槛，加大政策倾斜力度。

扩大就业见习行动。开展离校未就业高校毕业生实名制就业帮扶，毕业一年内实现就业和参加就业见习比例不低于90%，从各类企业、政府投资项目、科研项目等用人单位中征集就业见习岗位，每年组织高校毕业生参加就业见习不少于2万人。

参军入伍吸纳就业行动。实施大学生征兵"一年两征"，扩大大学生应征入伍规模，力争每年征集高校毕业生入伍不少于4000人。加强宣传引导，强化军地协同配合，落实落细参军入伍的各项优惠政策，将征兵任务完成情况纳入高校工作考核，持续加大大学生征兵工作力度。

（二）促进退役军人就业。

积极扶持退役军人就业创业。推进专业化就业服务信息化平台建设，实现退役军人就业创业实名制登记管理全覆盖。适时调整完善退役军人优先就业岗位目录，定期组织退役军人就业"服务月"活动和退役军人专场招聘会，促进供需双方信息有效对接。加强退役军人就业创业基地建设，健全发挥退役军人优势与满足市场需求相匹配的就业创业支持体系，鼓励退役军人返乡就业创业。积极引导政法、交通、船舶、消防等行业优先招聘退役军人。以高校、科研院所、国有企业、重点民营企业、退役军人创办企业等为重点，加快开发优质就业岗位。

持续推进退役军人就业培训。坚持"即退即接、即接即训、即培训即就业"原则，建立以适应性培训为基础、现役军人与退役军人教育培训相衔接、学历教育与技能培训并行并举的教育培训体系，深入实行"学历提升、职业技能提升和培训就业率提升"三项行动。推进"教培先行、岗位跟进"的行业合作就业模式，完善军队转业干部和安置退役士兵适应性培训工作。充分发挥退役军人培训联盟作用，支持退役军人学历教育，健全退役军人终身职业技能培训制度，创新培训模式，持续推进多层次、多样化教育培训，提升退役军人职业能力。

全面完善退役军人安置工作。健全"阳光安置"工作机制，进一步拓宽退役军人安置渠道、优化安置方式、加强安置保障，强化教育管理，构建人岗相适、专业对口、程序规范、科学公平的安置就业体系。将退役安置与服役贡献密切挂钩，完善权责明确、军地衔接、上下协同、顺畅高效的军地交接机制。探索实施分类安置、对口安置、精准安置，发挥退役军人能力专长，促进人岗相适、人事相宜、人尽其才。归集优质岗位，科学编制退役军人安置计划。组织多种形式的政策宣传，引导转业军人合理选择安置方式。

专栏七　退役军人就业创业扶持工程

退役军人培训就业工程。实施退役军人学历提升行动，高中学历退役军人参加高职教育"入伍即入籍、退役即入学"，高职扩招实行学历教育入学优待。开展退役军人职业技能提升行动，将退役军人纳入国家职业技能提升政策体系优先培训，鼓励用人单位定期开展岗位技能提升和知识更新培训。开展培训就业率提升行动，推行订单式、定向式、定岗式培训。

退役军人就业创业扶持工程。完善退役军人就业岗位目录，引导用工单位和培训机构有针对性地招聘和开发适合退役士兵的就业岗位。探索建立选聘优秀退役军人充实到教育、科技、文化、卫生、司法、应急等服务机构和行业执法机构工作机制。落实企业招用退役军人优惠政策，建立吸纳退役军人就业突出贡献企业、退役军人创办带动退役军人就业企业表彰奖励机制。

退役军人安置就业工程。实施中校以上转业军官选调安置，少校及以下转业军官考试考核排名选岗、"直通车"安置、指令性保底分配安置；对退役军士和义务兵实施赋分选岗安置，符合条件的退役军士专项选拔安置。

退役军人就业创业平台工程。加快搭建能源化工、特种行业、现代服务、学历教育、传播传媒、安全应急等领域专业化就业服务平台。围绕平台经济、数字经济、社区生活服务业、养老服务业等新型产业，积极打造一批就业带动项目，开发更多适合退役军人的就业岗位。

退役军人培训进基层工程。依托省退役军人农创平台、农创学院，加强退役军人涉农领域教育培训，造就一支"一懂两爱"（懂农业、爱农村、爱农民）的"三农"工作队伍主力军和培养一批扎根农村、服务"三农"、振兴乡村的自主创业致富带头人；依托县（市、区）创新创业园区、实训基地，紧贴当地

产业发展需求，完善退役军人职业技能培训体系，加快培养满足地方经济高质量发展所需的高、精、尖职业技能人才；加强"兵支书"队伍建设，开展专项教育培训，选派优秀退役军人到村（社区）担任专职工作人员，对退役军人中的优秀党员，培养选拔进基层组织班子。

（三）推进农村劳动力转移就业。

促进农村劳动力就地就近就业。完善县域企业用工对接机制，扶持劳动密集型中小企业发展，拓宽农村劳动力就地就近就业渠道。深入挖掘地方重大工程和项目建设用工潜力，在农业农村基础设施建设等领域积极推广以工代赈方式，优先吸纳农村低收入群体参与工程建设以及建成后的维护运营，并及时足额发放劳动报酬。发掘和培育"田秀才""土专家""乡创客""田头农业"等乡土人才，以及乡村工匠、文化能人、手工艺人等能工巧匠，支持依托返乡创业园，领办企业、家庭农场、农民合作社等，创办或参与创建社区工厂、家庭工场、村集体经济组织等，带动农民就业增收。

引导农村劳动力有序外出就业。健全劳务输出对接协调机制，持续办好"就业援助月""春风行动"等活动，积极实施新生代农民工就业帮扶专项行动。持续深化省内劳务对接和跨省劳务协作，培育和发展乡镇、村两级劳务组织和经纪人，着力提高农村劳动力转移就业组织化程度，扩大农村劳动力外出务工规模，加强劳务品牌的发现培育、发展提升和壮大升级，打造一批有地域特色、行业特征、技能特点，带动农村劳动力就业效果好的劳务品牌；推动劳务品牌上下游产业链协同发展，打造产业集聚、定位鲜明、配套完善、功能完备的劳务品牌特色产业园区。发挥驻外劳务机构职能，为跨省务工的农村劳动力提供政策咨询、岗位信息、技能提升等服务。持续推进苏陕劳务协作，每年帮扶约1万名农村劳动力实现就业。完善农村劳动力转移就业监测制度，加强脱贫劳动力、边缘易致贫劳动力和低保对象转移就业统计，为农村劳动力转移就业提供基本保障。

专栏八　农村劳动力转移就业促进工程

农业产业化园区建设。按照"有边界、无围墙、创新驱动、绿色循环、三产融合"的思路，推进现代农业产业园建设，到2025年建成国家级现代农业产业园5—10个，国家级农村产业融合示范园10个，国家级和省级农产品加工示范园区20—30个，省级现代农业产业园50—100个，打造100个农村产业融合发展的示范样板和平台载体。

农民工返乡创业园区建设。发挥创业示范带动作用，支持更多的农民工返乡创业，认定省级返乡创业园区 10 个。

新型农业经营主体培育。积极培育种粮大户、家庭农场、农民专业合作社、社会化服务组织、农业产业化联合体，"十四五"期间培育新型农业经营主体 13 万家，建设农民合作社 500 个，打造农民示范合作社 8000 家，培育社区工厂 200 个。

龙头企业扶持。扶持一批农产品加工龙头企业，培育省级以上龙头企业总数达 750 家。

高素质农民培育。实施现代农业带头人培训、培训体系建设、师资能力提升、发展路径拓展、高素质农民学历提升五大工程，打造十所培训名校、百所培训机构、千所田间学校，培育 10 万名高素质农民。

农村劳动力就业帮扶。支持县外转移就业和县内就地就近就业，每年帮助 50 万人以上农村劳动力实现就业创业。

加快农业转移人口市民化。全省（除西安市外）全面取消城镇落户限制，凡在常住地工作即可办理落户，积极探索城市群内户口通迁。探索实施农村籍大学生"来去自由"的落户政策，推动符合条件的返乡就业创业人员在原籍地或就业创业地落户。健全配套政策，提高农业转移人口享有的子女义务教育、医疗、社保、住房、培训等基本公共服务水平。加快落实农业转移人口在户籍地、常住地、就业地、参保地同等享受失业登记、职业介绍、技能培训等基本就业公共服务政策。

专栏九　新生代农民工就业帮扶专项行动

提高新生代农民工职业技能。以新生代农民工为重点，开展低收入农村家庭子女、未升学初高中毕业生、登记失业人员等免费接受职业培训行动，完善校县、校企、校校合作模式，大力开展定向式培训，落实阶梯式培训补贴政策，培训后 3 个月内就业率达到 30% 以上。

加强新生代农民工就业服务和权益保障。扩大就业公共服务供给、提高覆盖面，确保新生代农民工能够就近享受到基本公共就业服务。多渠道收集岗位、高频次举办招聘会，开展跨区域合作，推动更多新生代农民工实现稳定就业。大力提高新生代农民工参保率，打击损害新生代农民工劳动权益的行为。

推动新生代农民工融入城市。进一步清理针对农民工就业的户籍限制等歧视性规定，推动在城镇稳定就业生活、具有落户意愿的新生代农民工便捷落户。

降低新生代农民工子女义务教育入学门槛，支持有条件的地方将未落户常住新生代农民工子女纳入普惠性学前教育保障范围，简化社保转移接续程序，推动新生代农民工全面融入城市。

（四）稳定脱贫人口就业。

巩固就业脱贫成果。依托全国防返贫监测信息系统，对脱贫人口、农村低收入人口等就业状态分类实施动态监测，完善基层预警机制，对就业转失业的人员及时提供职业指导和职业介绍等服务。过渡期内延续并优化调整相关就业支持政策，重点关注易地扶贫搬迁大中型安置区群众，做好后续就业帮扶工作，促进搬迁群众稳得住、有就业、逐步能致富。积极利用社区工厂和就业帮扶基地吸纳就业，促进弱劳力、半劳力等家庭就地就近解决就业。发挥市场机制作用，推动形成以农业产业化龙头企业为基础的"公司＋农户""万企帮万村"等就业模式，全面巩固脱贫攻坚成果。支持有意愿的脱贫人口和低收入人口参加技能培训，完善公益岗位帮扶体系，统筹用好以工代赈资金和生态护林员等乡村公益岗位，促进脱贫人口稳定就业。

（五）统筹其他群体就业。

持续开展困难群体就业援助。完善就业困难人员认定办法，健全困难人员动态跟踪调整机制，建立困难人员就业援助绿色通道。鼓励在大型劳动密集型企业设立就业援助基地，吸纳就业困难人员、登记失业人员、脱贫劳动力和城乡低收入劳动力就业。推进省市县三级公共实训基地建设，加强就业困难人员技能培训。推动党政机关、事业单位、国有企业带头招录招聘和安置残疾人就业，残工委成员单位定向招录残疾人公务员，落实按比例就业制度。鼓励残疾人个体就业和自谋职业，扶持残疾人网上就业，推进残疾人辅助性（庇护性）就业。

专栏十　残疾人就业帮扶专项行动

农村残疾人阳光增收行动。指导市县残联帮助4000名左右符合帮扶条件的建档立卡残疾人有效增加劳动收入，巩固脱贫成果。

农村扶贫助残基地建设行动。指导市县残联建设60个农村扶贫助残基地，帮助2000名左右符合帮扶条件的农村残疾人有序进入市场，有效增加劳动收入。

残疾人自主创业扶持行动。指导市县残联扶持2000名左右符合条件的残疾人自主创业。

强化兜底保障力度。完善企业失业人员、城市困难职工、在岗基层特困职工、未参保且身患疾病等各类低收入群体以及失地农民和进城务工人员等"城市边缘群体"就业服务和困难救助机制，做好兼并重组企业职工的就业安置工作。统筹发挥公益性岗位等政策作用，兜底安置通过市场渠道难以实现就业的困难人员。健全完善零就业家庭"一对一"帮扶机制，确保零就业家庭动态清零。将符合条件的失业人员和零就业家庭按规定纳入低保范围或给予临时救助。每年帮助3万名左右就业困难人员再就业。

帮扶其他群体就业创业。加大对青年就业的支持力度，开发更多适合青年的就业岗位，支持青年提升职业发展能力，对长期失业青年开展实践引导、分类指导和跟踪帮扶。支持妇女平等就业，深入实施"陕西女性青年就业项目"，消除就业性别歧视，保障妇女在就业创业、职业发展、技能培训、劳动报酬、职业健康与安全、职业退出等方面权益。积极落实应对人口老龄化国家战略，大力开发老龄人力资源，激发老龄人口学习和再就业的意愿，加强老龄人才智力共享，完善老龄人就业服务和保障平台。

六、推进就业服务体系建设，促进就业供需匹配

持续推进统一规范的人力资源市场体系建设，着力打造覆盖全民、贯穿全程、辐射全域、便捷高效的全方位就业公共服务体系，促进公共服务资源在城乡之间均衡配置，提升供需匹配效率。

（一）建设高标准人力资源市场。

规范人力资源市场活动。深入贯彻落实《陕西省人力资源市场条例》，持续开展清理整顿人力资源市场秩序专项行动，有效防范化解市场风险。深化人力资源市场"放管服"改革，规范实施人力资源服务许可，持续优化人力资源市场环境。推动人力资源市场双向开放，健全劳动力价格形成机制，通过市场引导供求双方在更大范围内、更高层次上对接。推进人力资源市场诚信体系建设，深入开展人力资源服务机构诚信主题创建行动，建立守信激励和失信惩戒机制，实施信用分类监管，选树省级人力资源诚信服务机构100家。

推动人力资源服务业高质量发展。推动人力资源服务与实体经济融合发展，引导人力资源服务机构围绕制造产业基础高级化、产业链现代化提供精准专业服务。鼓励人力资源服务管理创新、技术创新、服务创新和产品创新，大力发展人力资源管理咨询、高级人才寻访、人才测评等高人力资本、高技术、高附加值业态。实施"互联网＋人力资源服务"行动，支持人力资源服务机构面向现代金融、科技创新、教育医疗等领域开展跨界服务。鼓励人力资源服务机构为新就业

形态、灵活就业人员提供专业化服务。

创新人力资源公共服务供给模式。依托基层公共就业创业服务平台，促进人力资源公共服务"进校区、进园区、进社区"，建设一批劳动力市场、人才市场、零工市场，为劳动者和企业免费提供政策咨询、职业介绍、招聘服务、创业服务、用工指导、岗前培训等服务。对难以实现就业创业的困难人员实施就业援助帮扶。创新人力资源供给方式，面向初创阶段、新就业形态、灵活用工形式企业，提供"培训＋招聘"定制化人力资源供给；面向大企业、用工大户等提供"培训＋分级＋招聘"批量化人力资源供给。

推进人力资源服务集聚发展。建设以西安都市圈为中心的全省人力资源服务业集聚高地，大力推进关中、陕北、陕南等区域特色人力资源服务产业向纵深发展，建设一批国家级、省级、市级人力资源服务产业园。坚持政府引导、市场运作、科学规划、合理布局，支持通过兼并、收购、重组、联盟、融资等方式，重点培育一批有核心产品、成长性好、竞争力强的全国知名人力资源骨干企业20家、国家级诚信服务示范企业10家、省级品牌人力资源服务骨干企业20家左右。加快发展有市场、有特色、有潜力的专业化人力资源服务骨干企业40家左右。力争到"十四五"末，全省人力资源服务机构数量增加到4000家。

专栏十一　高标准人力资源市场建设工程

建设国家级人力资源服务产业园。继续在我省培育建设1个有规模、有辐射力、有影响力的国家级人力资源服务产业园。

建设省级人力资源服务产业园。鼓励有条件的市（区）培育建设5个左右有特色、有活力、有效益的省级人力资源服务产业园，探索园区管理模式创新，充分发挥园区培育、孵化、展示、交易功能。

建设标准化市县人力资源市场。支持市、县新建或改扩建40个左右标准统一、设备完善的人力资源市场，全面提升公共就业服务工作水平。

开展人力资源专业人才培训行动。探索人力资源专业技术人员职称评审，鼓励人力资源服务机构建立博士后科研工作站等人才测评项目。

开展"一带一路"人力资源服务行动。稳步推进人力资源市场对外开放，大力引进国际知名人力资源企业，鼓励省内优秀企业外出开拓发展。

畅通劳动力、人才社会性流动体制机制。持续深化劳动力要素市场化配置改革，建立劳动者平等参与市场竞争的就业机制，消除城乡、户籍、身份、年龄、残疾等各类影响平等就业的制度障碍和就业歧视，营造公平的市场环境。推进流

动人员人事档案信息化建设，减少人事档案管理中的不合理限制。健全企事业单位人才流动机制，探索畅通人才跨所有制流动渠道，修订和完善全省非公有制经济组织和社会组织专业技术人才职称评审办法。完善人才柔性流动政策，鼓励高校、科研院所建立人才驿站，推行特聘教授、特聘研究员、特聘专家制度。围绕"一带一路"建设及我省区域特色，开辟高层次人才引进对接平台和绿色通道。

（二）打造全方位就业公共服务体系。

优化就业公共服务方式。结合"互联网＋公共就业服务"，推动大数据、云计算等新技术运用，充分发挥陕西省公共就业创业服务信息系统作用，落实公共就业服务"马上办、网上办、就近办、一次办"要求，优化网上办事大厅、"秦云就业""陕西工会"等网络服务平台，推动线下业务逐步拓展到线上，实现基本公共就业网上服务"应上尽上、全程在线"。鼓励引导社会力量广泛参与就业服务，强化就业服务社会组织培育，组织动员各类人民团体、群众团体参与提供公共就业服务，支持社会组织提供公益性就业服务。探索政府购买服务新路径，深化工会就业服务，推进服务主体多元化。推进"减证便民"行动，完善便民服务措施，全面实行"一门、一窗、一网、一次"办理，提供便民化服务。发挥基层公共就业服务平台作用，利用广播电视、官方网站、新媒体等方式，加大就业创业政策宣传力度，动态发布岗位信息，加强农民工和市场主体用工对接。

促进就业公共服务全覆盖。建立基本公共服务与常住人口挂钩机制，推动公共资源由按城市行政等级配置向按实际服务管理人口规模配置转变。加快完善以实际居住地为依据的基本公共服务供给机制，逐步实现基本公共服务由户籍人口向常住人口扩展，实现基本公共服务常住人口全覆盖。制定出台陕西省全方位公共就业创业服务实施意见、公共就业服务事项清单和标准规范，落实"四级四同"，完善城乡公共就业服务机制和基层服务平台，打造城市"15分钟"和农村"半小时"就业服务圈。推动县域产业集中区标准化创业服务机构全覆盖，支持标准化创业中心在县域产业集中区、生产生活集中区设立分支机构或就业服务窗口。

提升就业公共服务水平均等化。优先保障基本公共就业服务，构建网格化管理、精细化服务、信息化支撑、开放共享的基层管理服务平台，加大基本公共人力资源服务向农村、脱贫地区、重点群体倾斜力度，保障各类服务对象基本公共就业服务机会均等，形成推进全方位公共就业服务合力，全面提升公共就业服务质量、效率和群众满意度。强化服务队伍，优化服务流程，开展公共就业服务系列专项活动，提高服务的便捷性和可及性。

专栏十二　公共就业服务质量提升计划

实施基层公共就业服务能力提升计划。以各地实际服务需要为导向，开发多层次、模块化能力培养课程，对基层就业服务人员、职业指导师等实施差异化培养培训。建立就业服务训练营，组建就业服务专家库，成立一批就业服务专家工作室，开展公共就业服务专项业务竞赛、就业服务基层行等活动。

实施公共就业服务提升计划。广泛开展线上线下招聘服务活动，健全重点企业用工常态化服务机制，完善供求信息发布和对接机制。根据劳动者自身条件和服务需求，构建精准识别、精细分类、专业指导的服务模式。开展"送岗位到基层"行动，将招聘服务下沉到街道、社区、乡镇，提高就业公共服务可及性。

实施动态精准就业服务系统提升计划。以就业状态变化为主线，串联社会保险、劳动关系、人事人才等业务，打造纵向省市县贯通，横向多部门互联的常态化用工供需对接平台，建成统一的服务平台、数据平台、分析平台、工作平台，为高校毕业生、农民工、退役军人、就业困难人员等劳动者以及市场主体提供精准动态服务。

实施"秦云就业"服务平台提升计划。建设形成全省统一、全民覆盖、功能齐全的公共就业创业服务平台，为劳动者提供便捷可及的就业创业"一站式"线上服务，实现各类就业创业信息全省共享和联网发布。开放线上失业登记入口，实现失业人员基本信息、求职意愿、就业服务跨地区共享。推进就业补助资金网上申报、网上审核、联网核查。

七、提升劳动者技能素质，缓解结构性就业矛盾

加大人力资本投入力度，着力改善劳动力要素质量，建设一支符合高质量发展要求、适应现代化经济体系、具备较高职业道德素质、结构比较合理的知识型、技能型、创新型劳动者大军，推进陕西由人才大省向人才强省转变。

（一）构建技术技能人才培养体系。

强化人才培养就业导向。深化教育教学改革，实施教育提质扩容工程，着力培养创新型、应用型、技能型人才。建立人才培养与产业发展联动预警机制，优化高校学科专业布局，加快专业升级和数字化改造，及时调整不适应市场需求的专业，在课程设计中明确设定培养的核心能力及指标。加快重点领域急需紧缺人才培养，深入实施"特支计划""三秦学者"创新团队支持计划和"三秦工匠"计划，带动形成梯次衔接的高层次领军人才培养选拔制度体系，完善博士后制

度，积极实施政府特殊津贴制度。加强重点专业学科建设，大力培养能源化工、装备制造、新材料、生物医药、现代农业等主导产业技术技能型人才。衔接学历教育与职业技能培训，培养更多高技能、高素质的应用型人才，提升大学生就业能力。积极发展新兴专业，加大数字人才培育投入力度，建立多层次、多类型数字人才培养机制。

专栏十三　技术人才培养提升工程

应用型本科建设工程。建成 5 所左右一流应用型本科院校，扶持 50 个左右优势特色学科。

博士后创新人才培养工程。新设陕西省博士后创新基地 30 个，每年实施一次博士后资助项目。

专业技术人才知识更新工程。专业技术人才接受教育覆盖面达到 90% 以上，每年举办 10 期左右高级研修班。

继续教育基地建设计划。新设 20 家省级继续教育基地，从事继续教育课程研发和培训。

专家服务基层行动工程。组织专家服务活动项目 40 个左右，引导专家深入基层一线，解决急需关键技术难题。

留学回国人员支持工程。支持留学人员创业园建设发展，积极搭建人才项目对接交流平台，促进留学人员为国服务。

推动职业教育提质培优。实施职业院校"双高计划"，深入推进职业教育改革创新，优化职业教育结构和布局，建设一批高水平职业院校，引导职业院校建成一批与全省产业发展相适应的品牌专业和特色专业。健全职普融通机制，稳步发展职业本科教育，推动职业教育与普通教育学习成果双向互通互认，推行"学历证书＋职业技能等级证书"制度。大力实施技工教育强基培优工程，支持技工院校强化特色培养、优化培养结构、做好专业更新，推动全省形成技师学院、高级技工学校、技工学校梯次发展、有序衔接、布局合理的技工教育体系。打造三秦制造（秦工）、三秦家政（秦风）、三秦小吃（秦味）、三秦非遗传人（秦遗）等"4+X"陕西技工教育品牌，每年招生 5 万人以上，推进技工教育高质量发展。支持龙头企业与技工院校开展校企合作，支持咸阳国家产教融合试点城市建设。

专栏十四　技能人才培养提升工程

职业教育提质培优工程。建成 30 所左右产教融合型职业学校、培育一批产教融合型企业、支持有条件的城市加快深化产教融合改革，建设产教融合型城市。技工教育强基培优工程。鼓励多元主体举办技工学校，打造旗舰技工院校 10 个，产教融合、校企合作示范技工院校 40 个，世赛实训基地 10 个。将技师学院、技工学校纳入职业教育统一招生平台，做好与初高中生源对接，推动技工院校中级工班、高级工班、预备技师班毕业生分别按相当于中专、大专、本科学历落实相关待遇。

产教融合基地建设工程。支持中高等职业院校加强基本教学型技能实训设施建设，支持应用型本科高校建设实训基地，建成 10 个左右高水平专业化实训基地。开展产教融合型城市建设试点。

重点地区职业技能开发基础能力保障工程。支持有需求、有条件的国家级乡村振兴重点帮扶县，并扩展到相关地区，通过新建、改扩建等方式，建设技工学校或县域职教中心。

东西部职业技能开发对口协作工程。将技工院校建设纳入苏陕、津陕协作机制重要议程，扩大优质教育培训资源供给和输入，援助支持改善全省基础条件、扩展办学规模、建设一批特色专业。鼓励东部地区技工院校扩大在陕招生和培训规模。

深化技能人才管理制度改革。推进技能型社会建设，完善技能人才培养、使用、评价、激励相统一的机制。引导全社会树立正确用人导向，破除唯学历、唯资历的人才观。保障技能人才按知识、技能等要素贡献参与分配，提高技能人才收益分享比例。完善职业技能等级证书制度，全面实施职业技能等级认定，建立职业技能等级认定与相关系列职称评审贯通机制，鼓励企业在职业技能等级框架基础上增加技术工人的技能岗位等级层次。畅通管理人才、专业技术人才及技能人才的职业发展通道。

专栏十五　高技能人才振兴计划

建设高技能人才培训基地。支持建设国家级、省级高技能人才培训基地 50 个、150 个，国家级、省级技能大师工作室 50 个、120 个。

培育技能领军人才。分别评选"三秦工匠""陕西省首席技师""陕西省技术能手"各 100 名、200 名、2000 名以上。

实施技能人才队伍建设示范行动。培育建设 500 家技能人才工作示范单位，重点落实高技能人才待遇，引领带动全面落实技能人才政策，加强全省技能人才队伍建设。

举办职业技能大赛。筹备举办陕西省第一届职业技能大赛，推进重点行业和各市县普遍开展各类职业技能大赛。建设世界职业技能大赛、国家职业技能大赛实训基地 10 个、50 个，加大世界职业技能大赛、国家职业技能大赛和全国行业职业技能竞赛、全国专项职业技能竞赛获奖选手奖励力度，推进以赛促训、以赛育才。

（二）健全终身技能培训制度。

常态化大规模多层次开展职业技能培训。开展"技能陕西"行动，大力推广"职业培训包""互联网 +"等先进培训方式，加快实施职业技能提升和重点群体专项培训计划，广泛开展媒体运营、网络营销、健康照护、平台创业等新业态新模式从业人员技能培训。鼓励企业实施"以工代训 +X"等高质量职业培训新模式，探索中国特色企业新型学徒制，支持困难企业开展职工在岗培训。鼓励职业院校、技工学校、企业与政府共建高技能人才培训基地，推动培训设施共建共享、融合发展。积极参与世界技能大赛和全国职业技能大赛。

提升职业培训质量。引导培训资源向市场急需、企业生产必需等领域集中，重点开展紧缺职业工种培训。实施职业培训机构培优行动，健全完善培训机构设立标准，分级分类规范管理，培育 100 家左右优质职业培训机构。引进全国知名品牌技能培训机构，系统学习就业指导教学、专业紧贴市场、理实一体化等办学理念，动态调整培训项目目录，完善培训课程体系。采取政府补贴培训、企业自主培训、市场化培训等多样化的培训方式，广泛开展订单式、套餐制培训，推行"互联网 + 培训"。加强培训资金的统筹整合、集约化管理和使用，继续实行职业技能提升行动资金专账管理，建立分层分类培训补贴标准，健全职业培训监督评价考核机制，畅通培训补贴直达企业和培训者渠道。

专栏十六　"技能陕西"行动

企业职工技能提升计划。广泛开展补贴性职业技能培训，培训重点就业群体和企业职工培训人数 150 万人次以上。

农民工技能培训计划。面向农村转移劳动力、返乡农民工、脱贫劳动力，开展大规模、广覆盖和多形式的职业技能培训，加强建筑、保安、物流等适合农民工就业的技能培训和网约配送员、直播销售员、汽车救援员等新职业新业态培训。培训农民工 100 万人次。

技能人才评价提质扩面计划。实施技能人才评价提质扩面行动，备案500家职业技能等级认定机构，培养技能劳动者100万人，其中高技能人才20万人。

公共职业技能实训基地建设计划。支持建设省级退役军人职业技能实训基地，支持杨凌上合农业实训基地、紫阳县职业技能实训基地等30个市县级公共职业技能实训基地新建改建。

互联网＋职业技能培训计划。开展校企、校县、校校合作培训，完成职业能力培训80万人次。

实现培训供给多元化。充分发挥企业职业技能培训的主体作用，支持就业人数较多的企业建立职工培训中心、网络学习平台、技师学院、职业院校等开展职工培训，并积极面向中小企业和社会承担培训任务，完善培训经费税前扣除政策。鼓励地方联合企业、学校、行业协会、工会等组成职业培训集团，构建中小企业培训服务协作机制。推动培训市场全面开放，采取优化审批服务、探索推行告知承诺等方式，着力解决职业培训机构准入问题。探索建立个人培训账户制度，形成劳动者职业技能培训电子档案，实现与就业、社会保障等信息联通共享。

提高劳动者职业素养。大力弘扬劳模精神、劳动精神、工匠精神，营造劳动光荣的社会风尚和精益求精的敬业风气。完善全省表彰奖励制度体系，加大对全省营商环境、秦创原创新驱动平台和人才工作的支持力度。配合做好定期开展的国家级、省部级表彰，加快推进全省表彰奖励信息系统建设。强化职业道德教育，引导青年树立正确的人生观价值观，培养敬业精神和工作责任意识。传承弘扬"梦桃精神"，充分发挥"三秦工匠""陕西省首席技师""陕西省技术能手"等示范带动作用，着力建设新型产业工人队伍。推行用工实名制，强化职工流动性管理。进一步提升生活性服务业从业者服务意识和服务能力，不断优化服务产品，加大向优秀服务业从业人员授予五一劳动奖章等荣誉称号倾斜力度。激发青年就业内生动力，主动适应就业市场变化，引导青年自强自立、就业创业。

八、保障劳动者待遇权益，营造良好就业环境

推进实施公平就业，促进劳动关系和谐，构建有力的促进就业保障体系。优化劳动者就业环境，提高劳动者工作待遇，让广大劳动者实现体面劳动、全面发展，扎实推动共同富裕。

（一）提升劳动者收入水平。

以高质量发展夯实劳动者增收根基。加快发展壮大县域经济，落实推动县域经济高质量发展的若干政策措施，以产业和就业带动居民工资性收入稳步增长。加大重点群体就业帮扶，健全常态化就业供需对接协调机制，优化创业政策环境，促进农民工、大学生、退役军人等群体实现稳定就业。实施以新生代农民工为重点的职业技能提升计划，开展低收入农村家庭子女、未升学初高中毕业生、登记失业人员等免费接受职业培训行动，健全终身职业技能培训制度，增强劳动者稳岗增收能力。

多措并举扩大中等收入群体。建立健全职工工资水平与劳动力市场基本适应，与经济效益和劳动生产率挂钩的国有企业工资决定机制，支持企业职工工资合理增长。瞄准技能人才、科技人员、企业管理人员等增收潜力大、带动能力强的专业人才群体，实施差别化增收激励。强化知识技能价值激励导向，加速科技成果转化，在成果转化收益分配中提高发明人分配比例。支持居民财产向资本转变，引导居民参股创办企业或出资入股建设经营风险小、预期回报好的经营项目，大力发展住房租赁市场，鼓励企业和个人收集私人持有的空置住房、写字楼等发展酒店式公寓、度假租赁特色旅馆等住宿业态，积极拓宽居民财产性收入渠道。

千方百计提高农民收入。加快标准化设施农业示范区建设，加快发展农村产业融合发展示范园，充分挖掘现代农业促增收潜力。以家庭农场和农民合作社为重点，大力提升新型经营主体发展水平，提升产业集聚富农效应。深化农村集体产权制度改革，统筹推进农村集体经营性建设用地入市工作，加快农村承包地"三权分置"，支持试点盘活利用闲置宅基地和闲置住宅，发展壮大新型农村集体经济，全面消除集体经济零收益村。支持脱贫县发展现代农业产业园、产业融合发展示范园等，提高产业市场竞争力和抗风险能力，提高脱贫地区农民产业增收能力。支持有意愿的脱贫人口和低收入人口参加技能培训，促进脱贫人口稳定就业，防范化解规模性返贫风险。

加大调节力度提升社会保障水平。完善社会救助和社会福利制度，建立健全分层分类的救助制度体系，完善最低生活保障标准动态调整机制，确保救助范围、救助水平、救助内容与经济社会发展水平相适应。完善社会福利制度，强化困难群体兜底保障，对高龄老人、孤儿、困难残疾人等群体实施基本生活费和护理补贴，推动有条件的地方合理扩大补贴范围。发挥社会保险制度效能。完善城乡居民基本医疗保险制度，提高城乡居民基本医疗保险筹资标准，推动实现城乡居民基本医疗保险异地就医联网结算。完善城乡居民大病保险政策，提高重特大疾病和多元医疗需求保障水平。

（二）完善劳动关系协调机制。

构建和谐劳动关系。健全政府、工会、企业共同参与的劳动关系协调机制，实施"和谐同行"能力提升行动。完善以职工代表大会为基本形式的企业民主管理制度，引导中小企业依法成立工会组织，在中小企业集中的地方推动建立区域性、行业性职工代表大会。创新入会方式，依托乡镇（街道）、村（社区）、企业"小三级"工会，积极吸纳灵活就业和新就业形态人员入会。推动企业建立劳资协商委员会、劳资恳谈会等多种形式的民主参与、民主监督、民主决策新机制，提升劳资沟通协商的制度化程度。提高小微企业和农民工劳动合同签订率和履约质量。指导企业制定科学合理的劳动定额标准。稳妥推进集体协商、集体合同制度，提高集体协商实效性。全面落实工作时间、节假日、带薪年休假等劳动标准，规范企业特殊工时制度。

做好劳动者权益保障。强化劳动用工领域信用建设，依法开展劳动保障守法诚信等级评价和重大劳动保障违法行为社会公布工作，加大对侵犯劳动者权益行为的失信惩戒力度。强化劳动保障监察机构在人力资源社会保障领域综合执法职能，健全自由裁量权制度，完善"双随机、一公开"监管。畅通劳动者举报投诉渠道，推进建立覆盖全省的劳动保障监察案件线索反映（监管）平台，实现维权服务全省联动、"一网通办"查处和督办重大劳动保障违法案件，提升分析研判和预警处置能力。健全欠薪治理长效机制，全面落实《保障农民工工资支付条例》，积极推广"陕西省农民工工资支付监控预警平台"系统应用；开展根治欠薪专项行动，完善拖欠农民工工资严重失信主体名单管理制度，督办查处重大欠薪案件，切实维护农民工劳动报酬权益。加强调裁审衔接，做好劳动人事争议调解仲裁法律援助。创新仲裁办案方式，推进"互联网＋调解仲裁"。加强基层调解组织建设，优化仲裁办案程序，依法加大终局裁决、先行裁决、先予执行裁决力度。

指导企业依法规范用工。健全劳动合同制度，加大《中华人民共和国劳动合同法》的执法力度，进一步规范农民工等人员劳动合同签订，鼓励企业与劳动者签订长期或无固定期限劳动合同，着力遏制"短工化""去劳动关系化"趋势。开展对重点行业的突出用工问题治理，加强对劳动密集型行业、中小企业劳动用工指导，规范劳务派遣用工并强化监管，保障劳动者同工同酬。督促企业依法落实工时制度，保障劳动者休息休假权益。

（三）强化劳动者社会保障。

健全多层次社会保障体系。持续推进全民参保计划，增强社会保险制度的包容性和弹性，提高劳动者参保率。加大城镇职工基本养老保险扩面力度、完善养老保险待遇确定和基础养老金正常调整机制。规范发展第三支柱养老保险，大力发展企业年金、职业年金。推动失业保险、工伤保险省级统筹。落实工程建设领域农民工按项目参加工伤保险。推进全国统一的社会保险公共服务平台建设，进一步优化社保关系转移接续工作。

专栏十七　协调劳动关系行动

劳动关系"和谐同行"能力提升计划。打造金牌劳动关系协调员、金牌协调劳动关系社会组织、金牌劳动人事争议协调组织，培育劳动关系和谐企业，服务新注册企业规范用工。

仲裁院服务重点企业计划。选派专职仲裁员定向联系服务重点企业、争议多发企业，提供劳动争议预防咨询，超前排查争议隐患，实现对争议案件的源头预防和超前化解。

劳动保障监察执法能力建设计划。实施分级分类培训，指导各地加强执法装备配备。

九、着力稳定就业形势，防范化解规模性失业风险

坚持底线思维，增强忧患意识，全面提升防范和化解规模性失业风险的能力，通过监测预警、分析研判、预案制定等周密措施，未雨绸缪，高效应对国内外不确定性风险因素可能引起的就业冲击。

（一）建立就业风险监测研判机制。

加强就业岗位动态精准监测。依托全省统一的实名制动态就业服务系统，推进劳动年龄人口就业失业实名登记全覆盖。进一步完善就业失业统计调查制度，建立就业岗位调查制度，完善城镇新增就业、登记失业统计制度，健全劳动参与率等就业统计指标体系。持续抓好就业常规统计，改进完善人力资源市场、重点企业、失业动态和农村劳动力转移就业 4 个专项监测体系，加强就业大数据分析，多维度、常态化开展重点市县、重点群体、重点行业、重点企业就业和用工监测。健全劳动力市场价格监测体系，及时掌握不同地区、重点行业就业形势与收入变化。加强统计队伍建设，提高统计人员系统应用、业务经办和就业统计分

析能力。

建立就业形势分析研判机制。人力资源社会保障、发展改革、工业和信息化、市场监管、农业农村、商务、教育、退役军人、统计等相关部门按职能统计就业信息，建立信息共享、定期会商机制。完善省级就业信息资源库，开展网络大数据分析应用，监测劳动力市场变化，掌握劳动力流动趋势。实施重大产业、项目就业影响评估，密切跟踪监测"机器换人"、人工智能发展等对就业的影响。完善市、县、区企业规模性裁员风险响应工作预案，健全工作机制，积极防范化解规模性失业风险。

（二）切实加强失业风险管控。

构建常态化援企稳岗帮扶机制。统筹用好就业补助资金和失业保险基金，阶段性降低失业和工伤保险费率，切实落实失业保险稳岗返还及以工代训补贴政策。阶段性制定企业吸纳重点群体就业定额税收减免、担保贷款及贴息、就业补贴等政策。加强企业用工服务，推行"需求调查＋招工服务＋技能培训＋稳定就业"用工服务模式。分层级制定完善防范和应对规模性失业风险的工作预案，建立分级预警、分层响应、分段实施应对机制。加强政企联动，完善规模裁员及突发事件报告制度。

建立广覆盖的失业保障体系。稳步推进失业保险扩围，实现失业保险覆盖范围与城乡一体化同步发展，在继续巩固失业保险参保扩面成果的基础上，探索灵活就业、新型就业模式人员参保。立足重点保障失业人员基本生活，建立失业保险待遇标准科学确定和正常调整机制，完善失业保险保障标准与物价上涨挂钩联动机制，并进一步畅通申领渠道。着力提高失业保险统筹层次，完善省级统收统支基金运行体制。"十四五"期间确保年平均新增扩面 4 万人，力争"十四五"末失业保险参保人数达到 460 万人，促进失业保险可持续发展。

十、加强组织领导，健全就业支撑体系

（一）加强政策协同。

充分发挥全省就业工作领导小组作用，推动各地各部门履职尽责。加强规划实施统筹协调，科学制定年度计划，做好促进就业年度计划、地方规划与本规划目标任务的衔接工作。完善就业考核指标体系，纳入对地方政府绩效考核范围，创新考核方式，增强考核实效，落实政府促进就业责任。

（二）加强沟通协调。

各地各部门要密切合作、整合资源、协同推进，更好调动企业履行社会责任、扩大和稳定就业的积极性。加强对就业工作进度和各项目标任务完成情况的督促检查，对就业创业工作成效明显的地方加大激励支持力度。推动与其他省份开展就业合作，加强对关中、陕南、陕北各地的分类指导，统筹推进全省就业促进工作协调发展和良性互动。

（三）加强资金保障。

对规划确定的重点任务，加大各级财政支持力度，完善多渠道就业资金投入保障机制，强化就业资金绩效评价和监督管理，科学合理设置绩效评价指标，重点放在就业创业政策落实情况、受惠群众满意度等方面。拓宽资金渠道，引导带动社会资本在就业创业服务、技能培训、职业教育、就业基础设施建设等方面发挥作用。

（四）加强宣传引导。

深入宣传就业创业政策措施，做好政策解读，引导广大劳动者树立正确的就业观、创业观，鼓励全社会积极参与就业创业，对可复制可推广的经验做法和制度性成果加大宣传力度，推动形成支持就业创业的良好氛围。强化舆论引导，建立重大舆情沟通协调和应急处置机制，消除误传误解，稳定社会预期。

（五）加强规划评估。

加强对规划实施情况及效果的评估督导，推进以评估为依据的政策改进，评价规划实施效果，及时总结推广政策实施中的好经验好做法，分析研究规划实施中存在的问题，推动政策体系不断完善，确保规划有效实施。

甘肃省"十四五"就业促进规划

甘肃省人民政府办公厅　2021 年 10 月 13 日

为深入贯彻落实党中央、国务院促进就业决策部署,实现更加充分更高质量就业,依据《国务院"十四五"就业促进规划》《甘肃省国民经济和社会发展第十四个五年规划和二〇三五年远景目标纲要》等规划,结合我省实际,编制本规划。

一、基础环境

(一)发展成就。

"十三五"期间,全省上下认真贯彻落实党中央、国务院和省委、省政府关于就业工作的各项部署要求,始终把稳就业、保就业作为最大的民生工程,坚持就业优先,健全完善就业创业政策体系,不断强化就业服务保障,突出做好高校毕业生、农民工、退役军人、就业困难人员等重点群体就业工作,全省就业形势总体稳定,就业结构持续优化,就业质量不断提升。

就业规模稳中有增。全省就业总量基本保持稳定,城镇新增就业累计达205.6 万人,城镇登记失业率控制在 4% 以内,农村劳动力转移就业累计达 2625万人次。2020 年城乡就业人员总量 1331 万人,城镇新增就业 35.68 万人,输转城乡富余劳动力 526.9 万人。实施大学生村官、"三支一扶"、特岗计划和西部计划基层服务项目,高校毕业生就业率保持在 90% 以上。利用 2546 个扶贫车间、30.5 万个公益岗位让群众就业不出村、挣钱不离家,有力拓宽就业渠道。

就业结构持续优化。一二三产业就业结构从 2015 年的 57:16:27 调整为2020 年的 45:18:37,就业人口持续从第一产业向第三产业转移,非农产业就业人员持续增加,服务业就业比重较"十二五"末提高 10 个百分点。城镇就业人口比重提高,2020 年全省城镇就业 618 万人,乡村就业 713 万人,城乡就业人员结构为 46.43:53.57,其中城镇就业比重较 2015 年提高 9.48 个百分点。私营企业和个体就业人员比重从 2015 年的 44.6% 上升到 2019 年的 52.1%,民营经济带动就业作用凸显。平台经济、共享经济等新兴服务业快速发展,成为促进就业的新引擎。

就业能力不断提高。积极开展线上线下职业技能培训,大力推进"精准扶贫劳动力培训计划"等职业技能提升行动,持续加大资金支持力度,不断创新培训组织方式,培训质量显著提升,累计组织开展就业技能培训、岗位技能提升培训和创业培训195万人次,2020年全省技能人才总量达到191万人,高技能人才39万人,技能人才和高技能人才分别较2015年增长46%和20%。

就业质量显著提升。工资水平保持较快增长,2020年城镇居民和农村居民人均工资性收入分别为22903.6元和2985.9元,分别比2015年提高7714.6元和1010.9元。2020年建档立卡贫困劳动力就业189.9万人,创劳务收入353.7亿元。就业困难人员帮扶力度不断加大,帮助78万失业人员、24万困难人员实现再就业。劳动关系更加稳定,企业用工更加规范,劳动者权益得到有效保护,劳动人事争议仲裁结案率达到97%以上。

就业服务逐步完善。人力资源市场不断健全,人力资源公共服务能力和水平进一步提升。智慧就业建设积极推进,全省首个智能化人才招聘服务平台正式上线运行,信息化就业服务能力不断提高。进一步强化失业人员生活保障,失业保险金发放对象、人数和金额明显提高。优先组织贫困劳动力外出务工和返岗就业,有组织输转率超过80%,有效缓解了新冠疫情对就业的不利影响。

创业带动就业成效明显。全面落实创新驱动发展战略,"双创"呈现出蓬勃发展的良好态势。建成省级创业就业孵化示范基地(园区)138个,发放创业担保贷款232亿元,直接扶持23万人创业,扶持小微企业3227户,吸纳带动就业53万人。扶持农民工返乡创业政策不断完善,投入5000万元支持农民工返乡创业示范县建设,创建省级农民工返乡创业示范县29个,建成省级农民工返乡创业示范基地110个。

(二)形势分析。

经过"十三五"时期的艰苦努力,全省就业工作迈上了新的台阶,为进一步实现更加充分更高质量就业奠定了坚实基础。与此同时,"十四五"时期,我国进入新发展阶段,就业工作面临新的形势和机遇:一是党中央、国务院和省委、省政府将就业工作摆在更加突出的位置,提出了新的更高的要求,大力实施就业优先战略,为推动就业工作提供了根本保证。二是我国已进入高质量发展阶段,经济稳中向好、长期向好的基本态势将为我省就业形势总体平稳创造良好的条件。三是"一带一路"建设、推进西部大开发形成新格局、黄河流域生态保护和高质量发展等国家重大决策部署深入实施,将进一步拓宽我省发展空间,持续增加劳动力需求。四是国家加快构建以国内大循环为主体、国内国际"双循环"相互促进的新发展格局、全面推进乡村振兴、加快"两新一重"建设等重大举措，将有利于我省扩大有效投资，改善发展条件，加大投资项目带动就业。五是全面推进职业教育，打造"技能甘肃"将为我省提高劳动者素质和就业能力搭建新的平台。六是以大数据、云计算、智能制造等为支撑的"数字经济"将催生新业态，兴业就业创业机会日益增多。

在看到成绩与机遇的同时，也必须清醒认识到我省面临的制约因素和困难挑战：一是就业总量压力仍然较大，"十四五"期间，每年需确保城镇新增就业 30 万人以上、输转城乡富余劳动力 500 万人左右、高校毕业生就业 20 万人左右。随着国际形势的日趋复杂，不确定因素增加，经济下行压力加大，对就业产生潜在冲击，影响我省农民工输转，制约我省企业吸纳就业。二是"就业难"与"招工难"并存，劳动者就业诉求更加多元化，劳动者技能素质与岗位需求不相匹配的现象日益凸显，就业结构性矛盾突出。三是人工智能等新技术加速应用，对就业的替代效应持续显现，产业结构调整步伐加大，企业人员失业风险增加，隐性失业问题将逐渐显性化。总之，"十四五"时期我省就业形势依然严峻，稳定和促进就业任务艰巨。

二、总体要求

（一）指导思想。

以习近平新时代中国特色社会主义思想为指导，全面贯彻党的十九大和十九届二中、三中、四中、五中全会精神，深入落实习近平总书记对甘肃重要讲话和指示精神，立足新发展阶段，完整、准确、全面贯彻新发展理念，构建新发展格局，坚决落实党中央、国务院和省委、省政府关于促就业决策部署，坚持以人民为中心，实施就业优先战略，强化政策协同，千方百计扩大就业容量，持续优化就业结构，着力稳定重点群体就业，完善就业创业服务体系，实现更加充分更高质量就业，切实满足人民日益增长的美好生活需要，为加快建设幸福美好新甘肃、不断开创富民兴陇新局面奠定坚实基础。

（二）基本原则。

——坚持就业政策与经济政策协调。坚持经济发展就业导向，建立就业优先政策与宏观经济政策协调工作机制。密切关注就业形势，制定出台相应的政策举措，实现更加充分更高质量就业，促进全省经济持续稳定健康发展。

——坚持稳定规模与提高质量并重。加大输转扶持力度，优化就近就地创业就业环境，纾困中小微等各类企业，稳步扩大就业总量。多措并举创造更多高质量就业岗位，加强职业教育和技能培训，推动形成劳动力市场更高水平的供需动态平衡。

——坚持政府引导与市场主导结合。充分发挥政府引导作用，持续优化就业创业环境，不断加大扶持力度，提高基本公共就业创业服务能力。充分发挥市场在促进就业中的决定性作用，大力发展民营经济，培育就业创业新业态新模式，稳定就业岗位。

——坚持突出重点与公平普惠兼顾。突出解决高校毕业生、农民工、退役军人等重点群体就业，稳定就业基本盘。不断完善公平普惠的政策制度，创造公平就业环境，消除就业歧视，对就业困难人员给予扶持和援助。

（三）主要目标。

到 2025 年，创造更多就业岗位，就业结构持续优化，努力实现更加充分更高质量就业。

——就业形势保持平稳。到 2025 年，全省城镇累计新增就业 150 万人以上，其中就业困难人员实现就业 20 万人以上，城镇调查失业率控制在 6% 以内，输转城乡富余劳动力累计达到 2500 万人次以上，确保城镇零就业家庭动态清零。

——就业结构更加优化。把发展文化旅游、养老托育、生产服务等现代服务业和中小微企业作为吸纳就业的重要引擎，支持多渠道灵活就业。就业结构不断优化，服务业就业比重较 2020 年提高 5 个百分点，城镇就业比重达到 48%。

——就业质量稳步提升。就业获得感、安全感、公平感、幸福感明显提高，实现更加体面和更高报酬的就业。职业技能培训制度更加完善，实现有培训意愿的劳动者基本职业技能培训全覆盖，五年累计开展补贴性职业技能培训 200 万人次以上。

——创业带动就业能力全面提高。加快建设一批创新创业基地、创业就业孵化示范基地等"双创"载体。市场化、专业化众创空间等平台功能不断拓展，创业带动就业能力明显提升，实现创新、创业、就业良性循环，创业带动城乡就业人数达到 50 万人左右。

——就业服务体系不断完善。推动公共就业服务城乡常住人口全覆盖，推进服务功能贯穿全程，建立健全公共就业服务体系，推进服务方式便捷高效，全面推进"互联网＋公共就业服务"。就业环境更加公平，劳动用工管理更加规范，工资收入合理增长，劳动关系和谐稳定。

专栏1	甘肃省"十四五"促进就业主要指标表			
序号	指标名称	2020年基数	2025年目标	指标属性
1	城镇新增就业人数（万人）	35.7	〔150〕	预期性
2	城镇调查失业率（%）	5.9	＜6	预期性
3	城镇登记失业率（%）	3.27	＜5.5	预期性
4	城镇就业占比（%）	46.43	48	预期性
5	第三产业就业占比（%）	37	40	预期性
6	输转城乡富余劳动力（万人次）	526.9	〔2500〕	预期性
7	就业困难人员实现就业（万人）	5.2	〔20〕	预期性
8	失业保险参保人数（万人）	〔170〕	〔190〕	约束性
9	劳动年龄人口平均受教育年限（年）	9.8	10	约束性
10	补贴性职业技能培训人数（万人次）	59.9	〔200〕	预期性
11	高技能人才总量（万人）	〔39〕	〔44〕	预期性

注：〔〕表示五年累计数。

三、主要任务

（一）加快经济发展，不断扩大就业容量。

顺应经济高质量发展阶段新要求，大力发展实体经济，支持民营经济和中小微企业健康稳定发展，加大投资项目建设、促进消费升级，创造更多高质量就业机会，推动实现产业转型与就业提升协同发展，经济发展与扩大就业良性互动。

保持经济就业良性互动。加强就业政策与宏观政策协同联动，合理制定经济增速预期目标，深入推进改革创新，以经济高质量发展带动就业高质量发展。深入实施创新驱动发展战略，在新旧动能转换中优化就业结构，扩大就业规模，提高就业质量。精准对接国家重大发展战略和甘肃省中长期发展规划，加强就业政策与财税、金融、投资、消费、产业、区域等政策的相互衔接，强化就业优先政策，把促进更加充分更高质量就业作为经济社会发展优先目标，将稳定和扩大就业作为宏观调控的下限。在制定各项经济政策、发展规划中强化就业优先导向，带动多样化高质量就业，实现经济稳定发展与就业质量提升、收入持续增长良性循环。加快建设现代化经济体系，推进高质量发展，夯实经济发展基础，提高经济增长的就业含量。完善多元化产业体系，既注重发展资本、技术和知识密集型新兴产业，又支持劳动密集型产业发展，创造更多就业机会。

加快投资项目建设带动就业。加强项目谋划和储备，加快推进重大项目建设，加强基础设施、生态环境等领域补短板项目建设，加大5G、大数据中心、工业互联网等新型基础设施建设力度，扩大战略性新兴产业投资规模，充分发挥投资项目拉动就业效应。推动省内重大项目建设用工优先使用脱贫劳动力，项目业主单位按属地化原则，建立与土地征用联动机制，优先使用本地农民工；畅通信息渠道，有效对接供需，确保项目建设本地用工人数不低于用工总量的30%；建立技能培训与项目建设协同机制，提升农民工劳动力价值。

促进新型消费增加就业。顺应消费偏好和消费方式转变，加快培育新消费新模式，推动消费稳定增长和消费结构升级，创造新的就业增长点。积极促进汽车、成品油和家电消费，开展新一轮汽车和家电下乡以旧换新，推动消费品更新升级，拓展农村消费市场，扩大就业渠道。推进线上线下消费深度融合、商旅文游购娱一体发展，努力满足消费者的多元化消费需求，积极培育支持消费新模式新业态，创造更多就业增长点。营造安全友好的消费环境，为扩大就业提供坚实支撑。

发挥中小微企业和个体工商户吸纳就业"主力军"作用。支持中小微企业稳定发展，大力发展民营经济，不断增加就业岗位。完善促进中小微企业和个体工商户发展的制度环境和政策体系，构建常态化援企稳岗帮扶机制，持续减轻中小微企业和个体工商户负担，激发中小微企业和个体工商户活力，增强就业岗位创造能力。加大对中小微企业和个体工商户融资支持力度，加强普惠金融服务，促进中小微企业加快发展，带动更多就业。更好发挥各级政府促进中小企业和民营经济发展工作领导小组的协调作用，支持中小企业发展壮大，充分发挥吸纳就业的主渠道作用。

培育持续有力的就业新动能。培育发展新经济、新业态、新商业模式创造新的就业岗位。推动"数字甘肃"建设，实施"上云用数赋智"行动，加快"资源数字化、数字产业化、产业数字化"发展步伐，促进互联网、云计算、大数据、人工智能、区块链等新技术与实体经济深度融合，创造更多数字经济领域就业机会。推动新兴产业特色化、专业化、集群化发展，大力发展半导体材料、氢能、电池、储能和分布式能源、电子、信息产业，壮大碳纤维产业，提高新兴产业就业弹性。大力发展数字传媒、跨境电商、在线教育、总部经济等新业态，鼓励以乡村休闲旅游、农村电商、健康养生等带动就业增长。

支持多渠道灵活就业。破除各种不合理限制，建立促进多渠道灵活就业机制，支持和规范发展新就业形态。按照《关于维护新就业形态劳动者劳动保障权益的指导意见》，建立完善适应灵活就业和新就业形态的劳动权益保障制度，引导支持灵活就业人员和新就业形态劳动者参加社会保险，提高灵活就业人员和新就业形态劳动者社会保障水平。规范平台企业用工，明确平台企业劳动保护责任。健全职业分类动态调整机制，持续开发新职业，发布新职业标准。

专栏2　灵活就业和新就业形态人员支持保障计划	
名　称	主　要　内　容
建立灵活就业人员就业服务制度	以个人经营、非全日制、新就业形态等灵活就业的劳动者，可在常住地公共就业服务机构办理就业登记，按规定享受各项政策和服务。建立灵活就业岗位信息发布渠道。
实施新就业形态人员技能提升项目	创新适合新就业形态人员的培训形式和内容，开展数字资源线上培训服务，支持根据自身实践和需求参加个性化培训。
健全灵活就业人员社会保障制度	推进职业伤害保障试点，探索用工企业购买商业保险、保险公司适当让利的机制。鼓励用工企业以商业保险方式为灵活就业和新就业形态人员提供多层次保障。推动放开灵活就业人员在就业地参加社会保险的户籍限制，制定其参加城乡居民基本养老保险的措施。

（二）顺应新发展阶段，着力优化就业结构。

围绕推进新型城镇化建设、产业升级改造、实施乡村振兴战略和重大区域发展战略，推动就业结构调整，促进劳动力和人才合理有序流动，形成与之相适应的人力支撑，以就业结构优化推动就业质量提高。

拓展农业农村就业空间。加快农业产业化步伐，提升现代丝路寒旱农业质量效益和竞争力，以"甘味"特色农产品为方向，加快农业现代化示范园区建设，推动农林牧渔结合、种养加一体、一二三产业融合发展。依托乡村特色优势资源和"牛羊菜果薯药"等产业，打造农业全产业链，积极引进和发展劳动密集型产业，实施"千企兴千村"，开发更多就业岗位。加快培育专业大户、家庭农场、农民合作社、农业企业等新型农业经营主体，扩大职业农民就业规模。发展特色农产品加工业,建设国家农村产业融合发展示范园、农村产业融合先导区和农业产业化示范基地,促进农业生产全环节升级,丰富乡村经济业态,拓展农民就业空间。

发展传统特色优势产业提升就业质量。坚持用高新技术和先进适用技术推动传统产业"三化"改造,推进制造业高质量发展,增强石油化工、有色冶金等传统优势产业活力和竞争力,大力推进延链补链强链,实现提质增效,通过产业转型升级增加就业岗位。实施产业基础高级化和产业链现代化攻坚战,培育千亿产业集群,打造百亿园区,建设绿色综合能源化工基地,大力发展生态产业,以产业集聚引导就业人口相对集中分布,实现规模化高质量就业。深入推进"双碳"行动,积极主动化解过剩产能、淘汰落后产能,落实减税降费政策,推动钢铁、煤炭等行业接续转型发展,稳定用工需求,防止出现结构性失业。

推动服务业发展培育更多就业增长点。积极发展现代服务业,推动生产性服务业向专业化和价值链高端延伸、生活性服务业向多样化和高品质升级,促进服务业就业比重持续提高。促进服务业数字化转型、线上线下双向发展,推动现代服务业同先进制造业、现代农业深度融合,支持生产性服务业和服务外包创新发展,壮大科技、信息、金融、商务、现代物流等服务业规模,打造西北生产性服务高地,带动大中专毕业生等重点群体就业。着力发展养老托育服务业,促进家政服务业提质扩容,扩大"陇原妹""礼贤嫂"等品牌就业带动作用。创新社区管理服务,大力推进乡镇(街道)社会工作站建设,积极开发乡镇(街道)社会工作岗位,提升就业吸引力。

推进新型城镇化吸纳就业人口。推进户籍制度改革,落实城市、城镇"零门槛"落户政策,健全农业转移人口市民化机制,推动城镇就业基本公共服务覆盖未落户常住人口,提升城乡就业比,推动就业人口持续向生产效率高的城镇、行业转移。推进基本公共服务均等化,加快完善以实际居住地为依据的基本公共服务供给机制。打造以兰州为中心、省内其他市州城区为支撑、多个县域为节点的协调发展新格局,提升中心城市能级,在河西走廊、陇东南形成综合承载能力强、就业带动作用明显的多个经济中心。发挥兰州新区重要经济增长极、承接产业转移示范区作用,支持人口向兰州新区集聚,提升就业吸纳能力。发展县域经济,培育一批百亿级经济强县,加快开展县城城镇化补短板强弱项工作,推进具备条件的县改区、撤县设市步伐,推动特色小镇规范健康发展,不断增强县城就业服务和承载能力。

实施乡村振兴促进返乡创业就业。全面实施乡村振兴战略,依托现有各类园区加强返乡入乡创业园建设,打造一批具有较强影响力的一二三产融合发展的返乡入乡创业园。改造提升返乡入乡创业园配套设施,进一步完善水电路气暖等公共设施，合理配套标准化厂房、培训平台、交通物流仓储设施，加大金融、土地、税费等扶持力度。鼓励各类劳动者到农村就业创业，对符合政策规定条件的返乡入乡人员，纳入省级创业带动就业扶持资金支持范围，并按规定给予补助。对高校毕业生、农民工、退役军人等返乡入乡人员到农村创新创业的，可按规定享受创业担保贷款、一次性创业补助、场地安排、创业培训等扶持政策。

促进区域就业均衡配置。深入实施"一带一路"、新时代推进西部大开发形成新格局、黄河流域生态保护和高质量发展等重大区域战略，加快融入国家双循环新发展格局，促进就业人口向国家重点支持的领域和开发区域集中，强化就业结构与国家区域战略良性互动。积极融入重点城市群建设，推动兰州—西宁城市群、关中平原城市群、成渝双城经济圈成为区域就业重要载体，完善区域交通基础设施，引导区域间就业人员快速便捷流动，减少摩擦性失业，提升就业效率。按照我省"十四五"规划纲要提出的"一横两纵六区"城市化地区、"一带三区"农产品主产区、"四屏一廊"重点生态功能区，促进就业规模与生产生活空间相匹配、与生态承载能力相适应。加大对革命老区、民族地区、资源枯竭地区等特殊地区就业支持力度，因地制宜培育特色产业，创造更多优质就业岗位。严格落实"四个不摘"要求，健全巩固拓展脱贫攻坚成果长效机制，支持脱贫地区尤其是原深度贫困地区，发展壮大本地特色产业，持续带动就业增收。

（三）突出重点群体，切实稳定就业基本盘。

坚持突出重点，加快完善更加积极的就业政策，校毕业生、农民工、退役军人等重点群体就业工作，生底线。鼓励引导高校毕业生多渠道就业。完善援企稳岗政策体系，落实社保和培训补贴政策，激励市场主体创造更多有利于发挥高校毕业生专长和智力优势的知识技术型就业岗位，拓宽高校毕业生市场化社会化就业主渠道。鼓励在甘大型企业、中央企业扩大高校毕业生招聘规模。引导高校毕业生到基层就业，稳步提高全省各级事业单位专项招聘高校毕业生数量，落实艰苦边远地区基层事业单位公开招聘倾斜政策。发挥"三支一扶""特岗计划""西部计划"基层项目的示范引领作用，提升基层就业待遇，围绕社区服务、教育医疗、农业技术等人才紧缺领域开发岗位，每年实施促进高校毕业生到基层就业项目。鼓励高校毕业生应征入伍，落实高校毕业生服兵役资助政策。稳步扩大硕士研究生招生和普通高校专升本招生规模。鼓励机关事业单位、社会组织、大中型企业提供高质量的见习岗位，吸纳离校 2 年内未就业高校毕业生参加就业实践。落实毕业学年困难毕业生一次性求职创业补贴、毕业生职业技能培训补贴和鉴定补贴等各项就业创业政策。全面落实毕业年度离校未就业实名登记、精细化落实高校毕业生就业帮扶措施。

千方百计扩大农民工就业。强化农民工输转就业，利用东西部协作机制，完善省外劳务协作和省内用工协调联动，综合实施"稳东扩西"、就地就近优先吸纳等措施，稳定农民工输转规模。加强与长三角、珠三角、京津冀等用工重点地区劳务协作，实施"一站式"帮扶和"点对点""门对门"集中送达，实现输出地和输入地精准对接，提高输转组织化程度。鼓励有条件的地方因地制宜发展零工市场或劳务市场，推动劳务输转市场化、规范化、产业化发展，进一步提升劳务输转质量。推进培训输转一体化，加强跨区域劳动技能教育培训合作，开展订单式、定向式培训，以精准培训促进有效就业。支持就地就近稳定就业，创造更多就地就近就业机会。推动扶贫车间转型升级可持续发展，发挥龙头企业、农民专业合作社、能人大户等新型经营主体带动作用，不断拓宽就业渠道。扩大以工代赈项目建设领域和实施范围，并按照不低于中央资金15%的比例严格发放劳务报酬。完善公益性岗位政策，规范公益性岗位管理，发挥就业托底功能。

多措并举促进退役军人就业。探索具有新时代退役军人就业创业特色的"权威推荐＋自主择业"相结合的就业直通车模式，坚持政府推动、市场引导、社会支持相结合，保障退役军人在享受普惠性就业创业扶持政策和公共服务基础上再给予特殊优待。加强与省内外发展前景佳、用工密集、科技含量高、劳动报酬好的重点行业、大型企业开展就业合作，继续做好向新疆人社、公安、退役军人等部门定向、精准推荐退役军人就业。加强教育培训，提升退役军人就业创业能力，不断健全教育培训体系，推行终身职业技能培训。加大退役军人就业支持力度，强化创业扶持，提供创业服务。加快落实退役军人到开发区就业创业的扶持政策。适当放宽机关、社会团体、企业事业单位招录退役军人的条件，通过专场招聘、企业招聘等方式，促进多渠道就业。

切实做好就业困难人员就业援助。完善就业困难人员档案，实行实名制动态管理和分类帮扶，对符合就业困难人员条件的登记失业人员，提供一对一就业援助，实施优先扶持和重点帮扶。针对市场渠道难以实现就业且符合条件的就业困难人员，通过公益性岗位予以优先安置。对于出现的零就业家庭，主动上门开展就业援助和帮扶，确保每个零就业家庭至少有1名成员尽快就业，确保实现动态消零。实施税费减免、社会保险补贴、岗位补贴等支持政策，鼓励企业吸纳就业困难群体就业。推动落实就业困难人员、离校2年未就业的高校毕业生灵活就业后的社会保险补贴政策。

专栏3　促进重点群体就业行动	
名　　称	主　要　内　容
高校毕业生基层服务项目	实施国家"三支一扶（支教、支农、支医和帮扶乡村振兴）计划""大学生志愿服务西部计划""农村义务教育阶段学校教师特设岗位计划"和我省支持高校毕业生到基层就业项目，选拔派遣高校毕业生到基层服务。规范项目管理，加强人员培养，强化日常考核监督，落实相关待遇，切实发挥项目示范引领作用。
农民工有序转移就业行动	举办专场招聘会，开展劳务协作，为转移就业搭建信息平台。脱贫家庭劳动力参加有组织劳务输出的，按规定给予交通补贴、劳务奖补、生活补助等。经营性人力资源服务机构、劳务中介、劳务经纪人，组织脱贫劳动力到企业就业，按规定给予职业介绍补贴。
退役军人就业促进行动	建立健全退役军人公共就业服务信息平台，综合运用政策咨询、职业介绍和职业指导等服务，协助落实相关扶持政策，有针对性提供就业。积极鼓励退役军人到企业就业、灵活就业，对实现就业并参加社会保险的，按规定落实社保补贴政策。积极引导"多元化"服务，倡导全社会共同参与退役军人就业创业。
雨露计划	扩大技工院校招生和职业培训规模，支持脱贫户、农村低收入人口所在家庭"两后生"就读职业院校、技工院校，按规定享受国家免学费和奖（助）学金政策。继续实施"雨露计划"，按规定给予相应补助。
就业援助行动	加大企业吸纳困难群体就业的扶持力度，规范公益性岗位开发管理，扩大城乡就业困难人员托底安置，帮助残疾人、零就业家庭成员等就业困难人员就业。完善就业援助制度，实施精细化的分类帮扶和实名制动态管理，缩短长期失业者失业周期。

（四）强化创业带动，积极拓展就业空间。

优化创业环境，加快创业平台建设，优化政策保障和服务，聚焦重点群体创业，激发全社会支持创业、参与创业的积极性，不断增强创业带动就业能力。

优化创新创业环境。深化"放管服"改革，深入推进简政放权，全面落实《优化营商环境条例》，取消束缚创新创业活力的行政许可事项，营造尊重创业、崇尚创业、支持创业、竞相创业的和谐创业环境，释放创新创业活力。优化服务，大力发展"互联网＋政务服务"，落实"省内通办"，便利创新创业，加快建立全省一体化政务服务平台。加大对创业的政策支持力度，实施创业带动就业示范行动，在用地、融资等方面制定更多支持初创实体的优惠政策，拓展创业企业直接融资渠道，进一步降低创业成本，提升初创企业成功率和持续发展能力。落实创业担保贷款及贴息政策，扩大担保基金规模，提高贷款便利度和政策获得感。完善知识产权管理服务，加强知识产权执法维权工作力度。依托高等院校、职业学校、职业培训机构、创业培训（实训）中心、创业孵化基地、众创空间等实体，针对不同人员和不同创业阶段的特点，开展多层次、差别化的创业培训。

加快"双创"平台建设。以兰白科技创新改革试验区和兰州白银国家自主创新示范区为重点，依托优势企业和高校、科研院所，在关键产业技术领域打造一批大中小企业融通型、科技资源支撑型等创新创业特色载体。发挥兰州市城关区、张掖市甘州区国家双创示范基地、张掖市小微企业创业创新基地城市示范和省级双创示范基地创新资源聚集优势，引导培育创新创业聚集区。推进创新孵化基地建设，新认定30个以上省级创业就业孵化示范基地（园区），为创业项目落实提供场地支持、创业指导、事务代办、费用减免等服务，提升孵化能力，培育新增更多市场主体。加快培育一批基于互联网的国家级省级公共服务示范平台，鼓励建设"互联网＋"创新创业平台。建设由大中型科技企业牵头，中小企业、高校院所等共同参与的技术创新联盟，完善以企业为主体的技术创新体系。发挥兰州人力资源服务产业园龙头示范带动作用，对现有开发区、产业园区、产业集聚区、创业载体等各类园区整合拓展、优化布局，打造功能完备、环境优良的创业平台，助推全省人力资源产业高质量发展，创造更多就业机会。

引导各类社会群体投身创业。探索对创造性劳动给予合理分成，支持劳动者以知识、技术、管理、技能等创新要素按贡献参与分配，实行股权、期权等中长期激励政策，以市场价值回报人才价值，激活全社会创新创业创富的积极性、主动性和创造性。支持科研人员科技创业，完善鼓励和支持科研人员离岗创业措施，支持科研人员在寒旱农业、石化能源等优势领域，开展技术攻关、推动科技创业。扶持高校毕业生自主创业，培养高校毕业生创业创新能力。对具备一定创业能力的高校毕业生，有针对性地提供政策扶持，免费提供创业载体，加快落实创业担保贷款等措施，扩大创业带动就业。继续办好甘肃国际"互联网＋"大学生创新创业大赛、"甘青宁新"西北四省区就业创业大赛，举办中国创新创业大赛（甘肃赛区），促进学生创业成果与企业供应链和创新链精准对接。支持农民工、退役军人等人员返乡入乡创业，引导返乡农民工在农副产品加工、休闲观光农业、农业生产性服务业等领域创业。

专栏4 创新创业促进工程	
名 称	主 要 内 容
高校毕业生创业工程	推动实施以大学生为重点的青年创业计划，开展能力提升、创业引领、校园精准服务、就业帮扶、权益保护五项行动，支持高校毕业生创办科技型、现代服务型小微企业；支持高校建设大学生众创空间、创业咖啡厅、创业孵化基地等创业实践平台，鼓励高校开展校企、校地合作，整合利用社会创业创新资源促进高校创业创新工作；认定和支持建设一批青年创业园，重点扶持大学生等青年群体创办工业设计、动漫设计、电子商务、人力资源等生产性服务业企业。
返乡入乡创业工程	返乡创业人员可与当地创业者同等享受保障性租赁住房、子女入学、就业创业等政策。加强创业服务能力建设，开展"专家助力"行动，为返乡创业农民工提供政策咨询、开业指导等专业服务。对农民工等人员初次创业且正常经营1年以上，可给予5000元一次性创业补贴；外来务工人员自主创业补贴并入一次性创业补贴。支持建设农民工返乡创业园等创业载体，到2025年，打造一批具有较强影响力、一二三产融合发展的返乡入乡创业产业园、若干个示范县（区）。
"百千万"创业引领工程	从2021年起到2023年底，通过组织自下而上的系列比赛，配套开展创业训练、创业论坛沙龙、金融对接、项目对接投资服务活动，分级培育不同层次的创业人才，省直行业部门开展创业达人选拔，市（州）、县（市、区）开展创业新秀、新锐创客选拔，最终在全省培养300名创业达人、1000名创业新秀、10000名新锐创客，建成一批具有鲜明特色的创业就业孵化示范基地。
创新创业平台建设工程	积极开展创业平台建设，到2025年建设30个省级创业就业孵化示范基地（园区）、20个以上科技企业孵化器为重点的孵化服务设施、若干个小微企业创业基地。

名　　称	主　要　内　容
知识产权保护工程	在我省建设西北第一家知识产权保护中心，大幅缩短专利授权周期，面向先进制造和节能环保产业，围绕产业发展需求，形成快速审查、快速确权、快速维权于一体，建成西部地区知识产权保护标杆工程。
创业培训工程	对有创业要求和培训愿望、具备一定创业条件的人员，结合适合创业的项目，重点开展创业意识教育、创业项目指导等培训；对处于创业初期的人员，结合区域专业市场对企业发展需求，重点开展以企业注册、税务登记、人员管理、资金管理、市场营销等企业经营管理等培训；对已经成功创业的人员，重点开展发达地区产业组织形式、经营管理方式等培训，把小门店、小作坊等升级为特色店、连锁店、品牌店。对有意愿或从事电商业务的人员，重点开展网络创业培训项目等培训，培养一批既懂理论又懂业务、会经营网店、能带头致富的复合型人才，提升创业创新能力，吸纳劳动者就业。

（五）打造"技能甘肃"，全面增强就业能力。

顺应产业结构调整需求，坚持前瞻性培养人才，深入推进职业教育和培训体制机制改革，建设一批高水平职业院校和培训机构，加快构建现代职业教育和培训体系，有效整合职业技能培训资源，着力构建"大培训"工作机制，加快培育具有更高技能水平、更好专业素养、更强创新能力的劳动者队伍，不断提升劳动者就业创业能力。

前瞻性培养创新人才。实施高等教育振兴行动计划，支持兰州大学提升"双一流"建设水平，支持省内高校加强"双一流"建设。优化高校类型布局和高等教育专业结构，加强理工农医类紧缺人才培养，提升高等教育质量。把人才作为甘肃创新发展的第一资源，加强创新型、应用型、技能型人才培养，加大数字人才培育投入力度，加快引进高层次和急需紧缺人才。促进人才要素市场化配置，强化人才培养就业导向，紧扣特色产业、重大项目、优势学科需求，健全人才培养与产业发展联动机制。健全党委联系服务专家制度，全面落实"陇原人才服务卡"制度。

推进乡村人才振兴。深化东西部劳务协作，鼓励和推动双方各级人社部门、就业机构、技工院校、市场中介组织、用人单位结对合作。落实基层事业单位工作人员"三放宽一允许"招聘倾斜政策，推进县以下事业单位建立管理岗位职员等级晋升制度，研究进一步助力乡村振兴的事业单位人事管理政策；在县以下地区开展职称评聘"定向评价、定向使用"，并适度扩大实施范围；加大智力支持和人才服务力度，鼓励引导支持各方面人才扎根基层一线干事创业，健全引导人才服务乡村振兴的长效机制，持续开展高层次人才服务基层示范活动；完善事业单位乡镇工作补贴实施办法，加大向乡村振兴重点帮扶县偏远乡镇倾斜力度，落实到有关地区县以下事业单位工作的高校毕业生高定工资政策，引导人才向基层流动。

发展职业技能教育。加快培养高技能人才，支持部分省属本科高校转型为应用型本科高校，推进独立院校转设工作，筹建职业技术大学和职业技术师范大学，稳步发展职业本科教育。新增本科（含专升本）、硕士招生计划主要用于应用型本科、职业教育本科和专业学位研究生教育。支持农林职业院校设立"乡村振兴创新学院"。实施省级高水平高职院校和专业建设计划，支持"双高计划"立项建设院校的骨干专业试办本科层次职业教育。把发展高等职业教育作为培养大国工匠、能工巧匠的重要方式。鼓励多元主体组建职业教育集团。大力发展技工教育，支持技工院校扩大高级工以上培养层次的毕业生规模，扩大对初中毕业生实行中高职贯通培养的招生规模，持续扩大高技能人才规模。

扩大中等职业技能人才规模。保持高中阶段教育职普比大体相当，使绝大多数城乡新增劳动力接受高中阶段教育，缓解就业结构性矛盾和促进就业质量提升。实施中等职业学校办学能力提升行动，增强办学能力、激发办学潜能。实施优质中等职业学校和优质专业建设计划。建设一批学历教育与专项技能培训为一体的示范性中等职业学校。支持举办不同类型、特色鲜明的职普融通性高中，促进普通高中多样性特色化发展。建立普通高中和中职学校合作机制，允许符合条件的中职学校与普通高中学生探索课程互选、学分互认、资源互通。继续实施中高职五年一贯制以及高职本科衔接培养模式。整合县域职业技能培训资源，建立县域职业技能通用培训平台，构建以市（州）、县（市、区）为主的职业技术教育中心和技工学校、中职学校融合发展体系。持续加大对脱贫地区职业教育支持力度。

推进校企校地合作培养。推进产教融合、校企合作，打造一批高水平实训基地，鼓励有条件的企业举办高质量职业教育，推动企业设置学生实习、学徒培养岗位，支持企业按职工总数2%接纳职业院校学生实习。对接全省产业布局和技能人才需求，全面实施1+X证书制度。发挥市县及行业在职业教育专业设置工作中的调控和引导作用，重点建设一批适应市县经济社会发展需要的特色优势学科专业。聚焦学前教育、护理、养老托育、康养服务、现代服务、乡村振兴等领域，培养一批急需紧缺技能人才。

开展大规模职业技能培训。实施农村转移就业劳动者特别是新生代农民工职业技能提升计划，消除农村户籍劳动者无技能从业现象。围绕循环农业、智慧农业等乡村特色产业，实施以新型职业农民为主的技术技能培训。面向未就业高校毕业生、下岗失业人员、退役军人、"两后生"、贫困妇女、有就业能力的残疾人等就业困难群体，开展中短期就业技能专项培训。推动企业健全职工培训制度，结合传统产业"三化"改造，组织职工接受岗位技能提升培训。面向煤炭、钢铁等行业，实施化解过剩产能企业职工转岗转业职业技能培训。推动政府补贴的职业技能培训项目全部向职业院校和具备资质的优质培训机构开放。

推进创业技能培训。以高等学校和职业院校毕业生、农村转移就业和返乡入乡创业人员、退役军人、科技人员、留学回国人员、失业人员和转岗职工等群体为重点，开展多层次、差别化的创业培训。健全以政策支持、项目评定、孵化实训、科技金融、创业服务为主要内容的创业创新支持体系，加大对劳动者创业创新的扶持力度。

提升职业技能培训质量。引导培训资源向市场急需、企业生产必需等领域集中，动态调整政府补贴性培训项目目录。采取政府按规定补贴培训、企业自主培训、市场化培训等多样化的培训方式，广泛开展订单式、套餐制培训。加强实训基地建设，新建一批技能人才培训基地，对革命老区、县级实训基地建设予以倾斜支持。采取岗前培训、学徒培训、在岗培训、脱产培训、业务研修、岗位练兵、技术比武、技能竞赛、以工代训等方式，丰富"线下"职业技能培训方式。发挥"互联网＋职业技能培训"作用，聚焦生态产业和"牛羊菜果薯药"等特色重点产业，积极推动技工院校、职业院校、企业和社会培训机构开发线上培训课程。发挥技能大师等优秀高技能人才作用，开发绝招绝技、技能及工艺操作法等技能训练微课，提升线上培训效果。大力开展技能竞赛，坚持以赛促学、以赛促训、以赛促用，承接国家级各类技能大赛，组织参加全国、省级各类技能大赛，促进就业技能提升。

积极培育"陇原工匠"。根据区域经济、传统优势产业和战略性新兴产业发展需要，支持符合条件技工院校、职业培训机构、公共实训基地以及大中型企业技能培训中心申报国家级、省级高技能人才培训基地建设项目，鼓励符合条件高技能人才申报国家级、省级技能大师工作室建设项目。加强对高技能人才的政治引领和关心关怀，建立省市县联系服务技能大师工作室制度，推进技能大师工作室属地化的服务管理，将技能大师工作室打造成技能人才之家、创新人才之家和技艺传承之家。充分发挥大师工作室在带徒传技、技能攻关、技能传承、技能推广等方面的示范引领作用。支持农村非遗传承人、民间艺人建立工作室。评选甘肃有突出贡献的技术技能人才、享受省政府技能特殊津贴人员，开展"绿色生态产业技能大师奖""陇原技能大奖""甘肃省技术能手"评选活动，激发技能人才积极性、主动性和创造性。加大"陇原工匠"选树力度，命名"陇原工匠"，加强"陇原工匠"培训基地建设，到2025年，新建9个陇原工匠培训基地。弘扬传承劳模精神、劳动精神和"工匠"精神，在陇原大地营造热爱劳动、崇尚技能、鼓励创新的浓厚氛围。提高劳模、工匠表彰层次，建立关心关爱长效机制，完善日常管理。

健全技能人才标准和评价机制。根据职业技能标准和行业企业评价规范、专项职业能力考核规范等构成的多层次、相互衔接的职业标准体系，开展评价工作，同时鼓励我省企业参与职业标准开发工作。建立健全以职业资格评价、职业技能等级认定和专项职业能力考核等为主要内容的技能人才评价制度，形成多元化的技能人才评价机制。深化技能人员职业资格制度改革，严格执行职业资格目录制度。推行职业技能等级制度，由企业用人单位和社会培训评价组织开展职业技能等级认定。加快推动落实高技能人才与专业技术人才职业发展贯通实施办法，贯通领域高技能人才参加相应系列（专业）职称评审，专业技术人才按规定申请相应职业（工种）的职业技能评价。

专栏5 职业技能培训提升工程	
名　　称	主　要　内　容
职业教育发展五年行动计划	部省合作整省推进职业教育发展，打造"技能甘肃"。到2025年，遴选1—2所首批转型发展的本科试点院校转型为应用技术大学，遴选1所院校转型为职业技术师范大学，组建2所职业技术大学，建设40个左右职业教育本科专业。建成25—30所优质中职学校，建成一批职业体验中心。优化学校布局，整合中职学校。培育10所省级"双高校"，争取5所左右高职院校进入国家"双高计划"；建设30个产教融合实训基地，打造3个职业教育集群，建成5—7个国家示范性职教集团。

名　　称	主　要　内　容
大规模职业技能培训	大力弘扬劳模精神、劳动精神、工匠精神，激励更多劳动者特别是青年一代走技能成才、技能报国之路，培养更多高技能人才和大国工匠，着眼劳动者终身职业发展，大规模开展职业技能培训，力争每年开展30万人次以上的职业技能培训。每年评定120名以上甘肃省技术能手，积极引导劳动者参加世界技能大赛和国家技能大赛，持续开展"振兴杯"青年职业技能大赛、全省百万职工素质提升活动职工职业技能竞赛等省级职业技能竞赛。
产教融合先行区创建工程	围绕兰州西宁城市发展集群、兰白国家自主创新示范区、兰州新区产业发展需求，校企共建现代农业、先进制造、现代物流、健康护理、家政服务等10个左右的高水平专业群。支持3—5个有基础、有意愿的城市或区域按有关要求申请纳入或先行探索试点建设产教融合型城市。
技能培训示范区建设	依托兰州新区职教园区公共实训中心建设国家职业院校职业技能大赛基地；依托兰州新区职教园区西门子SCE教师培训中心、现代化工安全与生产技术培训中心等平台，开展各级各类技术技能培训。
劳务品牌打造工程	研究制定劳务品牌培育打造政策措施，在全省选树40个左右"能叫响"的品牌名称，集中资源着力培育，大力宣传全国推介，形成劳务输转品牌效应。组织开展好劳务品牌培训，坚持以就业为导向，量身定做培训"菜单"，采取"岗位＋劳务机构＋培训"的方式，实现培训就业一体化。

（六）维护劳动者合法权益，持续提高就业质量。

完善劳动人事争议多元处理机制，提升劳动保障监察执法效能，健全工资决定、合理增长和支付保障机制，构建充分可靠的社会保障体系，推动实现高质量就业。

构建和谐劳动关系。加强对企业签订劳动合同、集体合同的监督、指导和服务，强化劳动合同、集体合同规范管理。深入宣传贯彻落实《劳动法》《劳动合同法》《劳动保障监察条例》等法律法规，畅通12345维权热线，切实维护劳动者合法权益。认真宣传贯彻落实《保障农民工工资支付条例》，健全保障农民工工资支付工作机制，督促用人单位严格落实保障农民工工资支付制度，运用法治手段根治拖欠农民工工资问题。建立健全人力资源社会保障部门、工会和工商联、企业联合会组成的劳动关系三方协调机制。深入实施劳动关系"和谐同行"能力提升三年行动计划。健全劳动争议调解仲裁服务体系，完善重大集体劳动争议应急调处机制和仲裁特别程序，推进"互联网+调解仲裁"。加强基层调解组织建设，推广新时期"枫桥"经验，把矛盾化解在基层。加大劳动保障监察执法力度，加强劳动保障监察执法队伍建设，充实基层劳动保障监察执法力量，规范劳动保障监察执法行为。

促进工资收入合理增长。坚持劳动报酬提高和劳动生产率提高同步，深入推进工资收入分配制度改革。完善落实最低工资制度，逐步提高最低工资标准。规范劳务派遣用工行为，保障劳动者同工同酬。积极稳妥推进工资集体协商工作，建立健全企业工资决定和正常增长机制。完善人力资源市场工资指导价位和行业人工成本信息指导制度。落实国有企业工资总额管理办法，对部分行业工资总额和工资水平实行双重调控，缩小行业间工资水平差距。落实公务员工资正常增长机制。深入推进事业单位实施绩效工资，研究建立事业单位高层次人才分配激励机制，建立完善符合事业单位特点、体现岗位绩效和分级分类管理的工资收入分配制度。着力拓宽技能人才、经营管理人才、科研人员、基层干部队伍、新型职业农民、小微创业者、有劳动能力的困难群体等增收渠道，提高收入水平。

提供可靠充分的社会保障。扩大各类社会保险覆盖面，构建与物价、收入水平相挂钩的社会保障调整机制，完善适应新就业形态的社保缴费政策和运行机制，努力实现应保尽保。稳步落实基本养老保险全国统筹改革方案，提升养老保险保障水平，大力发展企业年金、职业年金、个人储蓄性养老保险和商业养老保险，推动多层次多支柱养老保险体系建设。深化医疗保障制度改革，全面建成以基本医疗保险为主体的多层次医疗保障体系，实现更高质量的全民医保。优化参保缴费服务，做好跨制度、跨地区参保的转移接续和待遇衔接。建立健全职工基本医疗保险门诊共济保障机制。强化基本医疗保险、大病保险、医疗救助三重保障功能，促进与商业健康保险、社会慈善捐赠、医疗互助等各类医疗保障互补衔接，更好满足多元医疗保障需求。完善失业保险金制度，推进失业保险基金省级统筹。加强失业保险参保扩面工作，推动中小微企业、农民工等单位和人群积极参加失业保险。完善失业保险支持参保企业稳岗、参保职工提升技能政策体系，提高失业保险基金使用效率，适时调整失业保险金标准，发挥保生活、防失业、促就业功能作用。建立全省统一的工伤认定、费率调整、待遇支付和劳动能力鉴定制度，提高工伤职工重返岗位比例，建立"先康复、后评残"制度。加强劳动者安全生产和职业健康保护，切实保障高风险行业劳动者的合法权益。

增进安全就业和平等就业。实施工伤预防五年行动计划，建立企业全员安全生产责任制度，压实企业安全生产责任。深入开展安全生产专项整治三年行动。持续加强矿山、冶金、化工等重点行业领域尘毒危害专项治理。坚决遏制重特大事故发生。推动简单重复和"危繁脏重"工作岗位尽快实现自动化智能化替代，加快重大安全危险领域"机器换人"。建立劳动者平等参与就业机制，消除因性别、年龄、户籍、学历、身份、残障等造成的就业壁垒和歧视，增强劳动力市场包容性。保障灵活就业人员基本权益。坚决维护社会治安稳定，为就业工作创造良好的社会环境。

专栏6　全面治理拖欠农民工工资行动	
名　称	主　要　内　容
规范企业工资支付行为	严格落实企业工资支付责任，督促各类企业严格依法将工资按月足额支付给农民工。督促各类企业依法与农民工签订劳动合同并严格履行。推动各类企业委托银行代发农民工工资，推广实名制工资支付银行卡，开通农民工社会保障卡的银行账户工资支付制度。
健全工资支付监控和保障制度	完善企业工资支付监控机制，建立和完善欠薪预警系统。在工程建设领域全面实行总承包单位代发工资、农民工实名制管理、工资保证金、农民工工资专用账户管理等制度。
推进企业工资支付诚信体系建设	将劳动用工、工资支付情况作为企业诚信评价的依据，纳入全省社会信用体系建设，加强对企业失信行为的部门协同监管和联合惩戒，依托征信服务平台，加大对企业失信行为的联合惩戒力度。
依法处置拖欠工资案件	严厉查处拖欠工资行为，加强工资支付监察执法，完善劳动保障监察行政执法与刑事司法的衔接机制。加强欠薪争议调解仲裁，及时处理欠薪争议案件。

（七）完善服务体系，优化提升就业服务水平。

完善就业服务机制，加强就业服务体系建设，推进公共服务均等化，不断提升就业服务水平，落实就业优先政策。

加强人力资源市场体系建设。推进人力资源市场"放管服"改革，贯彻落实《人力资源市场暂行条例》，营造市场化法制化营商环境。加快建立统一开放、竞争有序、规范灵活的人力资源市场体系。加强诚信体系建设，充分发挥行业协会行业自律作用，进一步规范人力资源市场运行秩序。积极推进人力资源服务业发展，以产业引导、政策扶持和环境营造为重点，规范发展人事代理、人才推荐、人员培训、劳务派遣等人力资源服务。协调发展各类人力资源服务机构，加快人力资源服务创新发展，建设一批有特色、有规模、有活力、有效益的人力资源服务产业园，提高人力资源配置效率。推进人力资源服务标准化建设，探索建立人力资源服务机构等级评价体系，加强人力资源服务从业人员队伍建设，培养人力资源服务业领军人才。推进人力资源服务业信息化建设，积极发展线上人力资源市场。适时开展人力资源市场需求预测和信息发布活动，加快推进流动人员人事档案信息化建设。加大投入力度，对人力资源服务业发展重点领域和薄弱环节给予支持。

提升公共就业服务能力。加大就业服务设施建设力度，推进人力资源市场、公共职业技能实训基地等设施建设。充分利用互联网、大数据等信息技术，不断完善"智慧就业"平台，加快全省就业数据分析、网上预约面试等系统建设，提高劳动力市场资源配置效率。建立就业实名制和跟踪服务机制，加强重点企业跟踪服务和登记失业人员分级分类服务，构建精准识别、精细分类、专业指导的公共就业服务模式。建立健全用工调剂机制，推动企业间用工余缺调剂、跨地区有组织劳务输出、失业人员有组织跨地区转移就业。建设线上线下一体的服务体系，打造现场招聘、网络招聘、直播招聘"三位一体"公共服务平台，促进供需匹配。鼓励公共就业服务、平台建设向基层乡镇（街道）和社区延伸。针对不同劳动者群体，开展各类主题就业服务活动。加强就业管理队伍能力建设，培养专业化服务人员，全方位提升公共就业服务能力。优化服务流程，完善服务功能，推进就业服务项目化，提高就业服务质量和效率。

健全就业失业监测预警机制。健全就业失业统计指标体系，持续抓好就业常规统计，完善劳动力调查，科学分析就业形势。多维度开展重点区域、重点群体、重点行业、重点企业就业失业监测。不断优化调整全省监测企业样本，重点监测企业用工异常、岗位流失和职工下岗失业等情况，确保对规模性失业情况做到早发现、早处置。完善城乡一体的就业和失业登记管理制度，积极为失业人员提供线上线下就业失业登记服务,通过甘肃政务服务网、省人社厅网上办事大厅及全国人社政务服务平台开设的失业登记全国统一服务入口,为失业人员开展线上失业登记。切实增强风险意识和底线思维,根据就业失业重点指标、人力资源市场供求、宏观经济运行等变化,及早发现异常情况和潜在风险,依据失业风险预案,有效降低失业风险。

专栏7　就业服务体系建设行动	
名　　称	主　要　内　容
就业服务平台建设行动	完善统一规范的人力资源市场,构建以实体服务大厅、网上办事大厅、移动客户端、自助终端等多种形式相结合、相统一的便民服务平台,打造线上线下一体化服务。
人力资源服务行业促就业行动	持续开展人力资源服务机构联合招聘、重点行业企业用工、重点群体就业、促进灵活就业、劳务协作等服务。
就业服务专项行动	实施"百日千万网络招聘就业援助""民营企业招聘周""农村贫困残疾人就业帮扶""金秋招聘月""人力资源市场高校毕业生就业服务周""就业援助月""残疾人就业援助月"等活动。
就业失业监测预警体系建设行动	不断优化调整全省监测企业样本,重点监测企业用工异常、岗位流失和职工下岗失业等情况。

四、保障措施

(一)加强组织领导。

充分发挥省政府就业工作领导小组对规划实施的领导和组织协调作用,把党的组织优势和政府的管理能力转化为促进就业的优势,形成"攻坚克难"的强大合力,协调解决实际困难和问题,为规划实施提供坚强的组织保障。按照职责分工,明确实施主体及责任,加强对各部门目标责任落实和履行情况的监督检查。规划实施中的重大事项和重大调整报省委、省政府审定。

（二）加大扶持力度。

靠实市州政府属地责任和发改、人社、教育、财政、农业农村、退役军人、工会、共青团、妇联等部门和单位促就业责任，加强就业政策与财税、产业、投资、教育等行业政策的统筹协调，形成有利于促进就业的宏观政策体系。按规定统筹各类就业资金，提高使用效率。健全就业领域投融资机制，进一步拓宽资金渠道，引导各类资金在返乡入乡创业、技能培训、职业基础教育、就业服务等方面发挥更大作用。

（三）强化考核评估。

围绕规划提出的目标任务，建立健全规划考核制度。把优化就业环境、落实就业政策、提高就业质量、扩大就业规模作为衡量促进就业工作的主要指标，把考核结果作为政绩考核、奖励惩戒的重要依据之一。强化规划执行动态跟踪分析，实施规划执行情况的中期和最终评估，根据规划实施情况，及时反馈规划实施中存在问题，有针对性地制定措施，确保规划目标任务顺利完成。

（四）加强舆论宣传。

采取政策解读、新闻发布等形式，利用各类媒体媒介多渠道、多方位广泛宣传促进就业政策措施，提高群众知晓度。充分发挥工会、共青团、妇联、残联、工商联以及其他社会组织的作用，选树一批促进就业创业工作典型经验、典型人物，挖掘一批在基层就业创业的先进典型，及时开展表扬激励，主动回应社会关切，稳定社会预期，营造创业带动就业的浓厚氛围。

青海省"十四五"就业促进规划

青海省人民政府办公厅　　2021 年 11 月 17 日

依据国务院《关于印发"十四五"就业促进规划的通知》（国发〔2021〕14 号）和《中共青海省委关于制定国民经济和社会发展第十四个五年规划和二〇三五年远景目标的建议》《青海省国民经济和社会发展第十四个五年规划和二〇三五年远景目标纲要》编制本规划，主要阐明"十四五"时期促进就业的指导思想、基本原则、发展目标、主要任务和政策措施，是指导未来五年我省促进就业工作的综合性、基础性文件。

一、发展基础与发展环境

（一）发展基础。

"十三五"以来，面对复杂严峻的国内外形势，尤其是新冠疫情对稳就业工作产生的不利影响，省委、省政府坚决贯彻落实党中央、国务院决策部署，始终把就业工作放在经济社会发展的优先位置，不断创新宏观调控思路和方式，坚持底线思维，抓住主要矛盾，攻坚克难，锐意进取，扎实工作，全省就业工作取得积极进展。

——**促进就业管理机制日趋完善**。省政府成立促进就业（农民工）工作议事协调机构，统筹协调安排部署促进就业工作，健全完善形成了"年初有安排、月度有调度、季度有分析、年末有考核"的工作机制，有力促进了全省稳就业目标任务圆满完成。

——**积极就业政策体系不断健全**。2016 年以来，聚焦稳就业工作，不断健全完善促进就业政策体系，我省逐步构成了以省政府文件为政策主导，相关配套文件细化操作促进政策落实，覆盖城乡的普惠性政策框架，加快形成了政府激励、社会支持、劳动者勇于就业创业的新机制。

——**就业规模持续扩大**。"十三五"期间，我省城镇新增就业 31.2 万人，农牧区劳动力转移就业 566 万人次，超额完成城镇新增就业 30 万人，农牧区劳动力转移就业 500 万人次的目标任务。城镇登记失业率始终控制在 3.5% 以内的较低水平。

——**就业结构不断优化。**从三次产业就业结构看，"十二五"末三次产业就业人员构成比例为 36：23：41，2020 年发展到 26：22：52，第三产业成为吸纳就业的主体。从城乡就业结构看，"十二五"末城乡就业人口比值为 48：52，2017 年的比值为 51：49，城镇就业人口首超农村就业人口，且呈逐年增长之势，2020 年达到 61：39。

——**重点群体就业基本稳定。**2016—2020 年，累计帮助 9.8 万名高校毕业生实现就业创业，就业率连续 5 年超过 85%；就业扶贫扎实推进，精准帮扶 17.8 万名建档立卡贫困劳动力实现转移就业，超额完成转移就业 10 万人的目标任务；困难群体得到有效帮扶，累计帮扶 16.2 万人次失业人员实现再就业，帮扶就业困难人员实现就业 2.1 万人次，4398 名去产能企业职工全部得到稳妥分流安置。

——**创业氛围日益浓厚。**从市场主体数量看，2020 年末全省市场主体总量达到近 50 万户，较"十二五"末的 28.89 万户增加近 21 万户，增幅达 73%，大众创业、万众创新成为时代热潮。

——**劳动者素质稳步提高。**"十三五"期间全省累计技能培训城乡劳动者 50.88 万人次。全省劳动年龄人口平均受教育年限从 2016 年的 8.94 年提高到 2020 年的 9.7 年。技能劳动者总量达到 36.38 万人，超出规划目标 3.98 万人，其中高技能人才 9.17 万人，较"十二五"末的 8.16 万人，增加 1.01 万人，技能人才总量稳步增长。

——**就业质量进一步提升。**城乡全体居民工资性收入上涨明显，从"十二五"末的 9192 元增加到 2020 年的 13872 元，涨幅达 51%，居民劳动获得感持续增强。劳动权益保障加强，2020 年底全省企业劳动合同签订率达到 95% 以上。社会保障覆盖面持续扩大，保障水平逐步提高。

专栏 1 "十三五"主要指标完成情况

序号	指标	单位	规划目标	完成情况
1	城镇新增就业	万人	〔30〕	〔31.2〕
2	农牧区劳动力转移就业	万人次	〔500〕	〔566〕
3	城镇登记失业率	%	＜4.2	＜3.5
4	职业技能培训	万人次	〔40〕	〔50.88〕
5	劳动年龄人口平均受教育年限	年	9.6	9.7
6	技能劳动者总量	万人	32.4	36.38

序号	指标	单位	规划目标	完成情况
7	高技能人才总量	万人	9	9.17
8	企业劳动合同签订率	%	＞95	＞95
9	农民工工资清欠率	%	＞96	＞96
10	劳动人事争议仲裁结案率	%	＞95	＞95

注:〔 〕内为 2016 年以来累计数。

(二)发展环境。

"十四五"时期,做好促进就业工作机遇和挑战并存。

1.发展机遇和有利条件。

——**党中央、国务院高度重视就业工作**。党的十九大报告提出"就业是最大的民生",十九届四中全会提出"健全有利于更充分更高质量就业的促进机制",为就业工作指明了方向。习近平总书记参加十三届全国人大四次会议青海代表团审议和考察青海时对就业工作提出了要求,十九届五中全会强调"强化就业优先政策",十三届全国人大四次会议上政府工作报告提出"就业优先政策要继续强化、聚力增效",为促进我省实现更加充分更高质量就业坚定了信心。

——**国家更加重视西部地区发展**。党中央、国务院坚持区域协调发展,确立了"以国内大循环为主体、国内国际双循环相互促进"的新发展格局,优先推进西部大开发战略,支持产业有序向西部地区转移,加大了财税、金融、产业、用地、人才、帮扶等政策保障力度,加快建立更加有效的区域协调发展新机制,强化举措推进西部大开发形成新格局,为促进我省就业工作提供了重大机遇。

——**经济健康发展为就业提供保障**。我省经济运行呈现总体平稳、稳中有进、进中育新的良好态势,伴随城镇化进程不断加快和乡村振兴战略大力推进,区域城乡发展布局更趋科学,为就业长期稳定创造了良好条件。深入实施"一优两高"战略,稳步推进"五个示范省"建设,强化"四种经济形态"引领,新产业、新业态、新模式快速发展,为稳定和扩大就业提供了广阔的市场空间。贯彻创新驱动发展战略,加快建设世界级盐湖产业基地,打造国家清洁能源产业高地、国际生态旅游目的地、绿色有机农畜产品输出地,构建绿色低碳循环发展经济体系,为拓展就业新空间、提升就业质量开辟了广阔前景。

——**公共服务信息化建设有序推进**。全省正在着力推进公共服务信息化建设,通过建立完善"互联网＋就业"平台,持续推进公共就业创业服务信息系统建设和运用,为实现高效、精准的公共就业服务供给创造了良好的条件。实现第一个百年奋斗目标，明确实现第二个百年奋斗目标的战略安排，党和国家事业取得历史性成就、发生历史性变革，为实现中华民族伟大复兴提供了更为完善的制度保证、更为坚实的物质基础、更为主动的精神力量，必将推动促进就业各项工作更好、更快发展。

2. 面临的困难和挑战。

——**经济运行持续承压**。国际经济形势依然复杂多变，新冠疫情影响仍在持续，国内经济发展进入新常态，经济下行压力持续，我省经济社会发展面对的外部环境将更加错综复杂，各种风险矛盾交织叠加，进一步向就业领域传导扩散，部分地区、部分行业、部分企业将受到冲击，可能引发劳动力市场波动，部分劳动者面临转岗下岗问题。我省生态保护和建设任务繁重，经济发展新常态和供给侧结构性改革对促进就业提出了新的要求，风险挑战明显上升。

——**总量压力依然存在**。从供给总量看，"十四五"期间每年需要在城镇就业的新成长劳动力预计在6.5万人左右，以应届高校毕业生和中职类院校毕业生为主，规模在6万人左右。此外，每年还有3万多城镇登记失业人员需要再就业。另外，农牧区每年约有40%的劳动力（约有75万人）要向二三产业转移就业，全省就业压力仍将处于高位运行。

——**结构性矛盾问题凸显**。"十四五"时期，我省经济和产业结构转型升级加快，就业岗位、就业方式将发生深刻变化，而劳动者自身调整属于慢变量，劳动者素质结构与经济社会发展需求不相适应，劳动者掌握劳动技能供需错位，技能人才特别是工匠型人才短缺等就业结构性矛盾突出，部分劳动者受就业观念影响，慢就业、缓就业问题显现，"有人没事干、有事没人干"的现象在一些领域表现比较明显，"就业难"与"招工难"并存。

——**技术进步影响就业程度加深**。伴随产业结构调整，"十四五"期间我省产业发展将加速向中高端迈进，一方面，人工智能等技术应用加快，自动化程度逐渐提高，传统就业岗位供应量将面临冲击，部分行业"机器换人"加速，对劳动力的替代效应加深；另一方面，加快建设世界级盐湖产业基地，打造国家清洁能源产业高地、国际生态旅游目的地、绿色有机农畜产品输出地，对技能人才培养提出新的挑战。就业工作既要面对初级阶段所呈现的老问题，又要应对新时期所产生的新问题，新旧矛盾的交织，使得我省就业形势更加错综复杂。坚持在发展中保障和改善民生，深刻认识"十四五"时期促进就业面临的新形势新任务新要求，立足省情、把握关键，着眼发展需要、顺应人民期盼，积极适应和引领新常态，紧紧抓住机遇，积极应对挑战，坚持目标导向、问题导向、任务导向，着力解决发展不平衡不充分问题和人民群众急难愁盼问题，开创促进就业工作新局面。

二、总体要求

（一）指导思想。

以习近平新时代中国特色社会主义思想为指导，深入贯彻党的十九大和十九届二中、三中、四中、五中、六中全会精神及省委十三届历次全会精神，统筹推进"五位一体"总体布局，协调推进"四个全面"战略布局，牢固树立以人民为中心的发展思想，坚持稳中求进工作总基调，立足新发展阶段，贯彻新发展理念，构建新发展格局，以实现更加充分更高质量就业为主题，贯彻劳动者自主就业、市场调节就业、政府促进就业和鼓励创业方针，坚持经济发展就业导向，强化就业优先政策，加快提升劳动者技能素质，健全就业公共服务体系和促进就业创业的体制机制，扩大就业容量，提升就业质量，缓解结构性就业矛盾，保障劳动者权益，保持就业局势稳定，为不断增进民生福祉，推动共同富裕，建设更加富裕文明和谐美丽新青海提供有力支撑。

（二）基本原则。

——**坚持经济发展就业导向**。把稳定和扩大就业作为我省经济发展的优先目标，在保持经济总量持续合理增长中，不断扩大就业容量，在经济结构优化升级进程中，努力创造更多高质量就业岗位，以经济发展推动就业规模扩大、就业质量提升，促进充分就业。

——**坚持实施就业优先政策**。加强就业政策与宏观经济政策协调联动，推动引导财税、金融、产业等政策围绕稳定和促进就业综合发力，强化社会政策与就业政策的衔接，不断扶持就业新形态，不断拓展就业新空间。深化放管服改革，不断优化营商环境，激发市场主体活力，释放全社会创业创新动能，打造就业增长新引擎。妥善处理生态和民生的关系，实现生态保护和民生保障相协调。

——**坚持人力资源供需两端发力**。一方面，要加快培育经济发展新动能，大力发展吸纳就业能力强的产业，鼓励支持新业态新模式发展，不断增强经济发展创造就业岗位能力，优化人力资源市场需求侧结构；另一方面，要坚持需求导向，加强人力资源开发，促进劳动者素质持续提升实现高质量就业，改善人力资源市场供给侧结构，缓解就业结构性矛盾。

——**坚持统筹发挥市场与政府作用**。既要充分发挥市场在促进就业中的决定性作用，又要提高基本公共就业创业服务能力，加快实现服务供给多元化、服务过程信息化、服务机会均等化，进一步消除就业歧视，营造公平就业环境，健全和完善劳动关系协调机制，保障劳动者待遇和权益，构建和谐劳动关系，更好发挥政府作用，不断提升劳动者就业质量。

——坚持普惠性与差别化相结合。既要统筹城乡就业，充分考虑地区发展差异，兼顾不同群体利益关系，完善公平普惠的政策措施，又要坚持突出重点，完善落实支持政策，优化公共服务供给，加强重点群体就业保障，帮扶困难群体就业创业。

（三）主要目标。

1. "十四五"时期发展目标。

——就业规模持续扩大，就业结构更加优化。"十四五"期间全省城镇新增就业 30 万人，城镇调查失业率控制在 5.5% 左右。重点群体就业保持稳定，农牧区劳动力转移就业 500 万人次，脱贫人口和监测帮扶对象务工规模达到 100 万人次，高校毕业生就业率保持在 85% 以上。城镇就业人员比重不断提高，服务业从业人员不断增多。

——劳动者素质明显提升，结构性矛盾得到缓解。劳动年龄人口平均受教育年限达到 10.5 年，劳动者素质普遍提高，就业能力与我省经济社会发展要求更加适应。持续加大职业技能培训力度，"十四五"期间开展补贴性职业技能培训 50 万人次（含创业培训 5 万人次），全省城乡技能劳动者总量达到 42 万人，其中：初级工 18.5 万人、中级工 12.5 万人、高级工 8.5 万人、技师 2 万人、高级技师 0.5 万人，技术技能人才规模不断扩大、结构更加合理。

——就业质量稳步提高，就业收入合理增长。劳动关系更加和谐，劳动用工管理更加规范，拖欠农民工工资问题得到根本遏制实现基本无拖欠。劳动者权益保护制度不断完善，就业环境更加公平。劳动人事争议仲裁结案率达到 95% 以上，劳动保障监察举报投诉案件结案率达到 96% 以上。职工工资收入水平合理增长和经济增长基本同步，最低工资标准稳步提高，劳动条件得到进一步改善，劳动者幸福感、获得感持续增强。

——创业环境显著改善，带动就业能力持续增强。鼓励支持创业的政策体系不断完善，创业指导服务机制更加健全，创业培训针对性和有效性显著增强，创业孵化基地和创业园区服务能力全面提升，创业融资支持力度进一步加大，创业环境显著改善，劳动者创业通道更加畅通，全社会支持创业的氛围进一步浓郁，劳动者创业积极性显著提高，创业成功率明显提升，市场主体数量持续增加，创业带动就业能力持续增强。

——服务体系更加健全，就业服务水平明显提升。覆盖城乡的标准化、信息化、一体化公共就业服务体系不断完善，公共就业服务均等化水平明显提高，公共就业服务供给方式更加精准便捷、供给能力更加全面高效。人力资源市场管理秩序进一步规范，促进劳动力和人才社会性流动，劳动力市场供需匹配效率提升,劳动者求职渠道更加顺畅。支持经营性人力资源服务机构发展,"十四五"末规模力争突破 100 家。就业领域风险监测预警和防控应对机制不断健全,重点群体的就业帮扶机制更加完善,就业困难人员和登记失业人员能够及时得到就业援助,继续保持零就业家庭动态清零。

专栏 2 "十四五"时期就业主要指标

序号	指标	单位	规划目标	属性
1	城镇新增就业	万人	〔30〕	预期性
2	农牧区劳动力转移就业	万人次	〔500〕	预期性
3	脱贫人口和监测帮扶对象务工规模	万人次	〔100〕	预期性
4	城镇调查失业率	%	控制在 5.5 左右	预期性
5	城镇就业占比	%	65 左右	预期性
6	全员劳动生产率	万元 / 人	11.5 左右	预期性
7	劳动年龄人口平均受教育年限	年	> 10.5	约束性
8	新增劳动力受过高等教育比例	%	稳步提高	预期性
9	开展补贴性职业技能培训	万人次	〔50〕	预期性
10	技能劳动者总量	万人	42	预期性
11	高技能人才总量	万人	11	预期性
12	劳动报酬占比	%	稳步提高	预期性
13	基本养老保险参保率	%	95	预期性
14	劳动保障监察举报投诉案件结案率	%	> 96	预期性
15	劳动人事争议仲裁结案率	%	> 95	预期性

注:〔 〕内为 5 年累计数。

2. 二〇三五年远景目标。

展望二〇三五年,伴随与全国同步基本实现社会主义现代化,我省实施就业优先和促进就业的工作机制更加成熟,社会就业更高质量更加充分,保持较低的失业水平;基本公共就业服务实现均等化,城乡统筹就业制度更加完善;与制度和省情相适应的职业技能培训和公共就业服务的能力全面提升;支持重点群体就业、鼓励创业、支持多种形式就业机制更加定型;劳动者平等参与、平等发展的就业权利得到充分保障；和谐劳动关系取得明显成效。

三、促进经济增长推动就业扩容提质

坚持经济发展就业导向，强化就业优先政策，把稳定和扩大就业作为经济社会发展的优先目标，推进供给侧改革，促进产业结构、区域发展与就业协同，强化就业影响评估，努力在经济结构优化升级中拓展就业空间、扩大就业容量，增强经济发展创造就业岗位特别是高质量就业岗位能力，实现经济增长与就业扩大良性互动。

（一）**推动形成促进就业政策合力**。坚持实施就业优先战略，充分发挥就业目标的引导作用，统筹制定国民经济和社会发展总体规划，统筹考虑宏观调控的重点和节奏。将促就业稳就业作为宏观经济政策的优先目标，加快完善更加积极的就业政策体系，加强就业政策与财税、金融、产业等经济政策以及人才、教育、培训、社保等社会政策的配套衔接，形成有利于促进就业的宏观政策体系。优化财政支出结构，统筹用好就业补助资金、职业技能提升资金等，发挥财政资金使用效益，确保财政政策提质增效。实施支持就业创业的税收优惠政策，促进符合条件的重点群体就业创业。鼓励和引导各类金融机构加大对就业创业的金融支持。完善失业保险支持参保企业稳岗、参保职工提升技能政策。加快完善相关社会保障制度，持续推动多渠道灵活就业。

（二）**大力发展新产业新业态扩就业**。围绕"五个示范省"建设、"四种经济形态"发展和"中华水塔"保护，聚焦实现碳达峰、碳中和目标，深入实施创新驱动发展战略，不断优化政策组合，建设国家清洁能源产业高地，发展光伏、风电、光热、地热等新能源，培育高端装备、新材料、特色生物医药、节能环保等新兴产业，拓展就业新空间。推动数字青海建设，全面推进 5G 建设和在工业制造、生态治理、民生服务、城市治理、交通运输、文化旅游等领域深度应用，打造大数据中心，加快工业互联网和物联网建设，推动数字经济和实体经济深度融合，持续释放吸纳就业潜力。创新监管方式，包容审慎监管，创造更加宽松的环境，规范健康发展互联网平台经济等新经济形态，开发更多新型就业模式。

专栏3 支持发展平台经济下的新型就业模式

1.**营造有利于平台经济发展的政策环境**。主动适应数字经济发展大势，全力打造内通外联、双边多边网络交易支撑平台。加大政策扶持力度，优化奖补、人才引进、税收政策支持、融资担保、信贷支持、基金运作等方面的政策措施，促进平台经济健康成长、发展壮大。

> **2. 完善支持劳动者参与平台经济就业创业的政策措施。** 支持劳动者依托平台经济就业创业，符合条件的按规定享受就业创业扶持政策。完善平台就业劳动保障政策，发挥协调劳动关系三方机制优势，引导互联网平台企业、关联企业与劳动者协商确定劳动报酬、休息休假、职业安全保障等事项，有针对性地指导督促产业（行业、地方）工会代表与行业协会或行业企业代表协商制定行业劳动定额标准、工时标准、奖惩办法等行业规范，进一步规范各类特殊形式的用工行为。

（三）**加快发展吸纳就业能力强的产业。** 大力发展国内外贸易和经济合作，积极融入"以国内大循环为主体、国内国际双循环相互促进"的新发展格局，紧盯"一带一路"建设、新时代西部大开发和城市群建设等重大机遇，发挥投资、消费带动就业的作用，拓宽就业渠道。建设世界级盐湖产业基地，推动冶金建材、特色轻工业等传统特色优势产业焕发新活力，提升全产业链竞争力，巩固提高骨干产业促就业的传统优势。打造国际生态旅游目的地，统筹全域旅游要素建设，促进"旅游+"融合发展，开发高附加值特色旅游产品，完善生态旅游配套体系，支持旅游业发展扩大就业。大力支持服务业发展，重点推动健康、文化、家政、商贸等服务业向高品质和多样化升级，开发居民生活服务衍生品产业链，进一步提升服务业吸纳就业能力。结合乡村振兴战略，打造绿色有机农畜产品输出地，加强农畜产品标准化、绿色化生产，做大做强有机特色产业，不断加快生态绿色农牧业高质量发展步伐，拓展农业就业空间，创造更多农牧民就业机会。

（四）**积极培育和打造特色劳务品牌。** 坚持政府引导、市场化运作，健全完善劳务品牌发现培育、发展提升、壮大升级的促进机制和支持体系，强化技能化开发、规模化输出，塑造劳务品牌特色文化，实现品牌化推广、产业化发展，提升带动就业创业和助推产业发展效果。对从业人员规模较大且具有一定知名度的劳务产品，抓紧确定品牌名称，聚力品牌化发展。瞄准家政养老、生活餐饮等急需紧缺现代服务业，打造高品质服务型劳务品牌。大力开发乡村旅游、文体娱乐、特色手工艺等文化旅游产业，打造文化型劳务品牌。发挥青海拉面、柴达木枸杞、热贡唐卡、青绣等特色产业优势，培育劳务品牌龙头企业，以龙头企业为引领，发展壮大特色劳务品牌。持续推动"青海拉面""海西枸杞采摘""同仁热贡艺术""湟中'八瓣莲花'民族工艺品"等劳务品牌提档升级，强化政策扶持，进一步扩大现有劳务品牌吸纳就业规模。

四、支持市场主体发展鼓励创业带动就业

坚持深化放管服改革，不断优化创业环境，畅通创业通道，激发全社会支持创业、参与创业的积极性，充分发挥创业带动就业倍增效应。

（一）**优化环境鼓励支持自主创业。**深化放管服改革，落实《优化营商环境条例》和行政审批"清单"公示制度，继续取消、下放和调整行政审批事项。进一步降低市场准入门槛，深入推进"证照分离"改革全覆盖，积极推进电子营业执照在政务、商务领域广泛应用，优化生产许可审批服务，加强事中事后监管。全面推行证明事项和涉企经营许可事项告知承诺制。持续深化工程建设项目审批制度改革，深入推进投资审批"破冰工程"，进一步打通企业投资建设堵点。提高监管执法规范性和透明度，深入推进"双随机、一公开"监管、信用监管、"互联网＋监管"、跨部门协同监管等有效做法。持续推进"一网通办、一事通办"，不断提升政务服务标准化水平。

专栏4　优化营商环境培育更多市场主体

1.*完善公布省、市州、县三级行政许可事项清单。*贯彻落实国务院行政许可事项清单管理的规定，对清单内行政许可事项，逐项明确设定依据、实施机关、许可条件、办理程序、办理时限、申请材料、适用范围、有效期限、中介服务等要素。

2.*严格落实《青海省优化营商环境条例》。*将行之有效并可长期坚持的做法逐步上升为制度规范，以法治手段维护公平竞争环境，保障各项改革依法有序推进。

（二）**落实政策激发自主创业积极性。**落实好创业担保贷款和财政贴息政策，引导金融机构适当放宽创业担保贷款申请条件，聚焦第一还款来源，探索信用方式发放贷款，优化贷款审批流程，提升网络平台创业主体、民营经济和小微企业贷款的便捷性和可获得性，支持市场主体发展增强吸纳就业的能力。鼓励和引导金融机构运用"青信融"平台线上办理创业担保贷款。探索在西宁市开展创业担保贷款主办行制度。建立健全创业带动就业扶持长效机制，加大对初创实体支持力度，落实场地支持、租金减免、税收优惠、创业补贴、创业担保贷款等政策鼓励创业。推动高校、科研院所等加快落实科研人员创新创业政策，鼓励科技、农牧等专业人才转变观念，发挥知识和技术优势，成为创业的引领者。

（三）**强化服务提高自主创业能力。**加大创业培训力度，扩充创业培训资源，打造培训学习、创业实践、咨询指导、跟踪帮扶等一体化创业培训体系，提升劳

动者的创业能力。统筹规划、合理布局，建设一批各具特色、高水平的"双创"示范基地，鼓励行业骨干企业、科研院所、高等学校等建设专业孵化机构，加强与省内外孵化机构对接合作，发展孵化机构联盟，提升创业服务能力。加强国家电子商务示范基地承载能力、公共服务能力、支撑保障能力建设，推广新型孵化模式，加快发展众创空间，优化创业孵化基地功能，提供项目开发、开业指导、融资等一条龙服务，形成线上与线下、孵化与投资相结合的开放式综合服务载体，为小微企业提供低成本、便利化、全要素定制服务，促进创业企业加快发展。实施创新券政策，强化对"双创"项目的资金支持。开展创新型城市和创业型城市创建工作，组织创新创业大赛和交流活动，在全社会大力弘扬创业风尚，培育创业意识，营造鼓励创业的社会氛围。

五、提升劳动者技能素质促进高质量就业

深入实施人才强省战略，适应经济社会发展需求变化，健全劳动者素质提升长效机制，加强创新性、应用型和技能型人才培育，推动产业工人队伍建设，形成人力资本提升和产业转型升级良性循环，着力缓解结构性就业矛盾，促进高质量就业。

（一）**深化职业教育产教融合**。进一步优化职业教育布局和专业结构，引导省内高校构建与学校定位和办学特色相匹配的学科专业体系，牢牢把握人才需求方向，增设经济社会发展和民生改善急需专业，更新升级传统专业，统筹研究型、应用型、复合型等各类人才培养。建立学科专业评估、预警、退出和动态调整机制，改善职业院校基本办学条件，建设一批产教融合、高原区域特色鲜明的高水平职业院校和特色专业。健全职业院校与西宁经济技术开发区、海东工业园区、柴达木循环经济试验区等产教融合"一体两翼"发展格局。完善国家资助政策体系，保障职业院校家庭经济困难学生完成学业。

（二）**提升职业教育质量**。推动职业院校、本科高校与行业企业共同实施全流程协同育人，共同开展教育教学、组织质量评价。深化专业、课程、教材体系改革，对接生产过程，及时调整、更新教学内容和教学方式，强化实践教学。推进"1+X"证书制度试点工作，提升就业技能，提高人才培养质量。加快建设"双师型"教师队伍。制定实施企业参与职业教育的激励政策，落实校企人员双向交流的人事管理政策及学生实习政策，全面推行现代学徒制。深入推进职业教育集团化办学，推动校企共建一批产教融合示范基地和实训基地，推广工学一体的培训模式，不断提高职业教育培训质量。

（三）**畅通终身学习渠道**。优化终身学习制度环境，充分发挥各级各类学校的优势，扩大群众公共学习资源，完善弹性学制和继续教育制度，提供更多继续

教育和职业技能培训课程，发展在线教育和远程教育，积极发挥高校继续教育数字化资源开放和在线教育联盟作用，为全体社会成员提供多次选择、多种路径的终身学习机会。推动青海开放大学转型发展。鼓励高等学校招收有实践经历人员，支持社会成员通过直接升学、先就业再升学、边就业边学习等多种方式不断发展。科学设置评估考核指标，加快构建全程化、模块化、多元化的终身学习成果评价体系。

（四）提高劳动者职业技能。以就业为导向，持续大规模开展职业技能培训。健全终身职业技能培训制度，深入实施职业技能提升行动，提高劳动者就业创业能力。组织城乡未继续升学的初高中毕业生、20岁以下有意愿的登记失业人员参加劳动预备制培训。实施重点群体、重点行业领域专项培训计划及涉藏和祁连山片区劳动力职业技能提升工程，广泛开展新业态新模式从业人员职业技能培训，拓宽以工代训范围，创新培训方式，加大补贴力度，提高培训效果。健全培训经费税前扣除政策，鼓励企业开展岗位技能提升培训。大力开展订单式、套餐制培训，增强培训针对性和实效性。创新开展青海拉面、青绣等青海特色产业的专项能力培训。组织实施巾帼家政服务专项培训。加快实施高素质农牧民、农牧区实用人才培育项目。落实国家关于新职业发布制度和职业分类动态调整机制。增强公共实训能力，构筑布局合理、定位明确、功能突出、信息互通、协调发展的职业技能实训基地网络。

专栏5　农民工能力素质提升计划

1. **实施农民工素质提升工程。** 针对农民工成长为新型产业工人和乡村振兴需要劳动技能人才能力需求，在职业技能提升行动基础上，大规模开展农民工培训，加大培训宣传，扩大培训范围，提高培训质量，保障"十四五"期间农民工培训目标的实现。组织开展多种形式的新市民培训，提高农民工综合素质，增强农民工融入城市的能力。

2. **培育高素质农牧民、农牧区实用人才。** 健全培育机制，创新培育模式，加大资金和政策支持力度，面向集体经济及合作组织带头人、农牧业企业管理者、青年农场主、返乡人员，持续实施现代青年农场主培养计划和乡村振兴青年先锋培训，吸引年轻人务农创业，培养一批有文化、懂技术、善经营、会管理的新型职业农民。

3. **实施农牧区妇女素质提升计划。** 开展送培训到基层活动，重点围绕"青绣"和家政服务开展技能培训，着力提升农村妇女就业能力和素质。

（五）突出技能人才培养。实施"技能中国—青海行动"，弘扬工匠精神，打造更大规模德技兼备、技艺精湛的高技能人才队伍，培养更多青海高原工匠。大力发展技工教育，加大政策支持力度，进一步拓展招生渠道，扩大招生人数，提高技工院校学制教育规模，加快培训急需紧缺技能人才。加强技工院校建设，支持开展教学基础设施升级改造、专业教师培训、新专业建设及教学改革等，推进技工院校创新发展。加强技术技能人才队伍建设，围绕人工智能、物联网等数字技术领域开展能力提升培训，加大盐湖化工、清洁能源、生态旅游、绿色有机农畜产品等领域技能人才培训力度。分类推进技能评价机制改革，拓展技能人才职业发展空间。建立高技能人才职业技能认定制度。扩大高技能人才与专业技术人才职业发展贯通领域和规模。健全以企业岗位练兵和技术比武为基础、以省级竞赛为主体、市（州）级竞赛和行业企业及职业院校竞赛相结合的职业技能竞赛体系，大力组织开展职业技能竞赛活动，积极参与全国技能大赛和世界技能大赛选拔赛。落实《关于构建更加完善的要素市场化配置体制机制的意见》，引导高技能人才有序流动。

专栏 6 技能中国—青海行动

1. **打造技术技能人才队伍。**实施技能提升行动，完善技能培养、竞赛选拔、表彰奖励等政策体系和工作机制，壮大高水平工程师和高技能人才队伍。持续实施高技能人才振兴计划，申建国家级高技能人才培训基地和国家级技能大师工作室。

2. **实施技工教育质量提升工程。**将技工院校纳入职业教育统一招生平台，组织开展技工院校校长和一体化师资培训。实施技工院校师资能力提升计划。组织参加全国技工院校教师职业能力大赛和技工院校学生创业创新大赛。

3. **健全终身职业技能培训制度。**进一步健全覆盖城乡全体劳动者、贯穿劳动者学习工作终身、适应就业创业需求的职业技能培训制度，实现培训对象广覆盖、培训类型多样化、培训等级多层次、培训载体多元化、培训管理信息化的目标。

4. **完善职业技能等级制度。**建立与国家职业资格制度相衔接、与终身职业技能培训制度相适应的职业技能等级制度，由经人力资源社会保障部门备案公布的评价组织，对劳动者职业技能水平进行考核评价。

六、健全就业公共服务体系提高就业创业服务能力

适应人力资源市场新变化和劳动者多层次就业需求，健全覆盖全面、贯穿全程、辐射全域、便捷高效的全方位就业创业服务体系，全面提升服务能力。

（一）**不断提高人力资源供求匹配效率**。深入实施人力资源服务业高质量发展行动，加快建设统一开放、竞争有序的人力资源市场体系。完善就业需求调查机制和人力资源市场供求信息监测发布、市场统计制度，加大对省内急需、需求量大或长期有需求岗位的发布力度，引导劳动力及时进行技能转换。加强人力资源市场标准化、信息化建设，建立信息互联互通机制，搭建共享发布平台，优化完善服务，线上线下相结合，提升人力资源匹配效率，服务人才流动，为企业健康发展和推动乡村振兴提供有力的人力资源保障。加强人力资源服务从业人员队伍建设，着力提高专业化、职业化水平，不断提高服务质量。依法规范实施人力资源市场行政许可，加强事中事后监管，落实年度报告公示制度，强化日常监督检查，依法查处就业歧视、非法职介等侵害劳动者权益的违法行为，促进平等就业。加强人力资源市场行业品牌建设和诚信体系建设，促进行业协会发展，强化培养一批行业知名企业和优质服务品牌。

专栏7　人力资源服务业高质量发展行动

1. **实施人力资源市场建设计划**。落实西部和东北地区人力资源市场建设援助计划青海项目。探索建设西宁人力资源服务产业园。

2. **实施骨干企业培育计划**。重点培养行业内有核心产品的、成长性好、具有竞争力的综合性人力资源服务企业。加快发展有市场、有特色、有潜力的专业化人力资源服务骨干企业，引导人力资源服务企业拓展服务渠道、延伸服务链条，提供丰富多样的人力资源服务。

3. **实施"互联网＋"人力资源服务行动**。推动人力资源服务和互联网的深度融合，积极运用大数据、云计算、移动互联网、人工智能等新技术，促进人力资源服务业创新发展、融合发展。

（二）**着力提升公共就业创业服务能力**。加强基层公共就业创业服务平台建设，强化服务供给，配备专人从事就业创业服务工作，并推动服务平台不断向乡镇（街道）、村（社区，含易地扶贫搬迁安置区）延伸，补齐农村和基层公共服务短板，逐步建立健全省、市、县、乡、村五级就业服务网络，为劳动者和企业免费提供就业服务。落实国家基本公共服务标准，推进就业服务项目化标准化规范化，优化完善"互联网＋就业"信息系统，加强系统推广运用，依托全省"金

保工程"信息系统，构建统一规范的公共就业创业服务信息化平台，充分运用网站、移动应用、自助终端、"12333"热线等渠道，推行就业创业服务事项网上受理、办理和反馈，实现就业服务和管理全程信息化，打造线上线下一体化服务体系。推动"12333"热线与"12345"热线融合，实行双号并行。注重职业介绍与技能培训衔接，增强就业服务实效性。完善人才管理和服务体系，加快推进流动人员人事档案信息化建设。开展公共就业服务示范城市、充分就业社区创建工作，选树公共就业创业服务典型。

专栏8 基础公共就业服务设施建设项目

1.**建设创业孵化基地**。推进县级创业孵化基地建设，完善现有创业孵化基地设施条件，提升服务功能，提高公共就业创业服务能力和水平。

2.**建设公共实训基地**。支持有条件的地区、单位建设公共实训基地及产教融合实训基地，完善现有公共实训基地的设施条件和服务功能，推动公共实训基地共建共享，提升职业技能培训基础能力。

专栏9 公共就业创业服务信息化建设

1.**推进公共就业创业服务信息化工程**。建成标准统一、互联互通、共建共享、安全可控的信化基础支撑体系，建设全国一体化的公共就业创业服务信息平台，全省实现就业创业服务"一窗受理""一网通办"。

2.**全面推进就业创业服务"一网通办"**。完善就业创业服务平台功能，打造后台统一、渠道多元、同源发布、协调联动的线上服务格局，全面支撑就业创业各项业务线上办理。

3.**构建全国一体化"12333"咨询服务体系**。加快推进"12333"全国一体化、智能化、多渠道建设，健全数据交互机制，进一步提升"12333"服务能力。推动"12333"热线与"12345"热线融合，实行双号并行。

（三）**有效预防和应对规模性失业风险**。健全就业统计指标体系，完善统计口径和调查方法，建立有关就业新形态、创业情况的统计监测指标，更加全面反映就业创业情况。按照国家统计调查制度安排，做好就业统计调查保障工作，建立就业统计数据质量核查机制。加强劳动工资统计和企业用工情况调查，完善劳动力就业状况调查，稳步推进省级调查失业率月度统计工作。完善就业失业登记管理办法，加强部门间数据共享，提升就业数据统计质量。落实多方参与的就业形势研判机制，开展重点区域、重点群体、重点行业、重点企业就业监测，做好劳动力市场监测、失业动态监测和劳动关系风险监测，强化大数据信息技术的运用，提高就业形势监测和分析能力，适时发出预警信息，有效预防规模性失业风险。加强规模性失业风险应急处置。落实失业保险政策，进一步畅通失业保险待遇申领渠道。引导困难企业与职工协商采取调整薪酬、轮岗轮休、灵活安排工作时间等方式稳定岗位。对拟进行经济性裁员的，指导企业依法依规裁员。

七、统筹城乡就业加强重点群体就业保障

坚持城乡统筹、突出重点，不断完善和落实重点群体就业支持政策措施，创新工作举措，实施重点人群就业促进计划，持续做好高校毕业生、农牧区劳动力、就业困难人员、退役军人、妇女、青年等群体就业工作，兜牢民生底线。

（一）切实做好高校毕业生就业工作。实施高校毕业生就业创业促进计划，完善政策措施，结合产业升级、区域发展、乡村振兴开发就业岗位，拓宽市场化社会化就业渠道。实施基层成长计划，统筹实施"三支一扶"计划、西部计划、青南计划、特岗教师等基层服务项目，畅通基层成长发展通道，引导高校毕业生到基层工作。实施就业见习计划，鼓励符合条件的政府投资和重大科研项目及各类企事业单位设立见习基地，扩大见习规模，不断提升高校毕业生就业能力。通过政府购买社区便民服务，支持社会组织积极开发工作岗位吸纳高校毕业生就业。加强征兵工作，提高大学生征集规模特别是毕业生征集比例。增加升学机会，扩大硕士研究生招生和普通高校专升本招生规模。做好机关、事业单位考录招聘，积极开发科研助理岗位，最大限度吸纳高校毕业生就业。强化大学生创新创业教育培训，提供线上线下不断线就业服务，加大对困难毕业生的帮扶力度，促进就业创业。推进公共就业服务向校园延伸，实现公共就业服务平台与高校校园网互联互通。

（二）促进农牧区劳动力转移就业。巩固城乡统筹就业成果，用好东西部协作和对口支援平台，健全劳务输入输出对接机制，组织和引导农牧区劳动力有序转移就业，不断提高劳务输出组织化程度。结合市场需求和劳动者意愿，加强农牧区劳动力转移就业技能培训，采取集中培训、弹性培训、上门培训相结合的办法，满足农牧区劳动力多样化、个性化培训需求，提升转移就业能力。积极开展创业培训和"电商进农村"培训，鼓励农民工返乡入乡创业。把培树劳务品牌作为扩大劳务输出规模、提高劳务输出质量的重要举措，结合地区优势，培育打造一批有特色、有规模的劳务品牌。加强劳务经纪人队伍建设，持续发挥劳务经纪人在农牧区劳动力转移就业中的"领头羊"作用。统筹生态管护、乡村保洁、道路养护、水利管理、公益设施管护等公益性岗位安置，促进就近就地就业。

（三）持续推进脱贫人口就业工作。结合乡村振兴，加强就业帮扶，巩固和

拓展脱贫攻坚成果。严格落实"四个不摘"总体要求，完善就业帮扶政策措施，强化政策落实服务落地，积极搭建完善用工信息对接平台，建立常态化的跨区域岗位信息共享和发布机制，促进脱贫劳动力稳定就业。将符合条件的脱贫人口、监测帮扶对象和农村低收入人口纳入就业援助对象范围，因人因需精准提供就业服务。强化易地搬迁后续扶持，完善集中安置区公共服务和配套基础设施，因地制宜在搬迁地发展产业，确保搬迁群众稳得住、有就业、逐步能致富。继续发挥就业扶贫车间等就业载体作用，在脱贫地区创造更多就地就近就业机会。加强以工代赈实施力度，带动农牧区低收入群体就业增收。

（四）帮扶就业困难人员等群体就业。健全就业援助制度，加强就业困难人员实名制动态管理和分类帮扶，实施"就业援助月"等活动，鼓励企业吸纳就业，支持自主创业或灵活就业，对通过市场确实难以实现就业的，统筹安排使用公益性岗位托底安置，确保零就业家庭至少1人就业，实现动态清零。畅通失业人员求助渠道，以实名登记为抓手，收集失业人员就业意愿和服务需求，有针对性提供就业帮扶。充分发挥失业保险保生活、防失业、促就业功能，健全失业保险、社会救助与就业联动机制。落实退役军人安置政策，优化安置方式，健全教育培训协调机制，强化退役军人服务中心（站）就业服务功能，及时提供针对性服务，实施"兵支书"培养计划和退役士兵"村官"培养工程，促进退役军人就业创业。统筹做好妇女、青年、残疾人、城市困难职工等群体就业工作。

专栏 10　重点群体就业促进计划

1.**深化高校毕业生就业创业促进计划。**健全高校毕业生就业创业服务体系，完善精细化、差异化就业服务机制，提升毕业生就业能力，支持毕业生创业创新，常态化开展专项招聘，对离校未就业高校毕业生开展实名制就业帮扶。

2.**促进农牧区劳动力转移就业。**坚持统筹城乡就业，落实扶持政策，加强职业技能培训和就业创业服务，积极开展劳务对接，充分发挥劳务经纪人带动和劳务品牌引领作用，做好转移就业监测，促进农牧区劳动力有序外出就业、就地就近就业和返乡创业。

3.**推进脱贫劳动力就业。**突出已脱贫劳动力、监测帮扶对象和农村低收入人口就业帮扶，强化政策落实，巩固拓展脱贫攻坚成果，助力乡村振兴。依托易地扶贫搬迁安置区的公共就业服务站（窗口），提供"一站式"就业服务，搭建用工信息平台，精准提供就业服务。

4. 加强退役军人就业保障。健全政府推动政策优先、市场导向需求牵引、社会支持多方参与的工作机制，采取政策"优先＋兜底"、培训"订单＋定向"、扶持"普惠＋优待"、服务"线上＋线下"举措，促进退役军人就业创业。

5. 推动妇女就业。深化"巾帼建功活动"，开展有针对性的职业技能培训，实施"创业创新巾帼行动"，组织开展行业女性技术比武、岗位练兵活动，激发妇女创业就业活力。加强监察执法，强化政策法规宣传，依法保障妇女平等就业权益。

6. 做好青年就业。组织"千校万岗"等招聘活动，加强青年就业见习基地建设，做好志愿者招募工作服务，不断拓宽青年就业渠道。发挥"青创"品牌作用，开展"青年创业培训服务下基层"等活动，落实"助青贷"，鼓励青年积极创业。

7. 实施就业援助。以失业登记为抓手，做好就业困难人员认定和实名制管理工作，实行精细化的分类帮扶，因人因需精准提供就业援助。依法推进残疾人按比例就业。

8. 营造劳动光荣的良好氛围。开展以劳动创造幸福为主题的宣传教育，弘扬劳模精神、劳动精神、工匠精神，大力弘扬"新青海精神"，引导劳动者树立正确的就业择业观念。

八、保障劳动者权益稳步提升就业质量

健全劳动关系协调机制，强化劳动保障监管力度，加强劳动人事争议处理，深化收入分配制度改革，依法保障职工基本权益，促进实现更高质量就业。

（一）健全劳动关系协调机制。统筹处理好促进企业发展和维护职工权益的关系，加强协调劳动关系三方机制建设。实施劳动关系"和谐同行"能力提升三年行动计划。严格落实劳动合同制度，加强劳务派遣监管，规范劳务派遣用工行为，保障劳动者同工同酬。开展对重点行业的突出用工问题治理，加强对企业劳动用工的指导和服务。探索建立新业态从业人员劳动权益保障机制，维护新就业形态劳动者权益。稳妥推进集体协商集体合同制度。完善劳动关系形势分析制度，健全劳动关系风险监测预警制度。加强劳动关系协调员队伍和基层能力建设。

（二）强化劳动保障监管力度。贯彻落实《保障农民工工资支付条例》，加强劳动保障监察制度建设，落实欠薪治理长效机制，完善劳动保障守法诚信体系建设，切实维护农民工劳动报酬权益。规范劳动保障监察执法程序，创新执法方

式，强化执法能力建设，推进智慧监察系统建设，提高劳动保障监察执法效能。强化劳动安全保护，加强安全生产监管执法，完善安全生产法规制度，扩大工伤保险覆盖范围，扎实做好工伤预防工作，从源头上降低工伤事故和职业病的发生率。

（三）**加强劳动人事争议处理**。建立符合事业单位劳动人事争议处理特点的预防调解机制，健全集体劳动人事争议应急调解制度。发挥协商、调解在争议处理中的基础性作用，指导用人单位完善协商规则，建立内部申诉和协商回应制度。完善仲裁办案制度，提升仲裁终结率。加强仲裁标准化建设，建立仲裁办案管理和评价机制。加强劳动人事争议处理效能建设。健全争议多元处理机制。加强调解、仲裁与诉讼衔接，逐步统一裁审受理范围和法律适用标准。加强基础保障，推进调解仲裁办案信息系统建设和应用，提升案件处理智能化水平和服务当事人能力。

（四）**深化收入分配制度改革**。坚持按劳分配为主体、多种分配方式并存，提高劳动报酬在初次分配中的比重，以市场价值回报人才价值，全面激发劳动者创业创新热情，加快新旧发展动能转换，不断拓宽就业空间。健全工资决定、合理增长和支付保障机制，促进共同富裕。以非公有制企业为重点，积极推行工资集体协商制度。完善按贡献决定报酬的机制。完善最低工资制度，健全最低工资标准正常调整评估机制，保障低收入劳动者合理分享经济社会发展成果。完善工资指导线形成机制。完善技能人才薪酬分配制度。建立国有企业职业经理人薪酬制度。加强企业薪酬调查和信息发布工作，为企业合理确定工资水平提供更具针对性的信息引导。

九、组织实施

（一）**加强党的领导，抓好工作落实**。深入学习贯彻习近平新时代中国特色社会主义思想，增强"四个意识"，坚定"四个自信"，做到"两个维护"，把党的领导贯彻到促进就业工作的各领域、各方面、各环节，确保党中央、国务院关于促进就业的各项决策和省委、省政府相关工作要求落到实处。

（二）**加强上下联动，层层压实责任**。各级政府要全面落实促进就业主体责任，充分发挥促进就业和根治欠薪领导小组作用，推动各有关部门和单位履职尽责。市州人民政府对辖区内规划实施工作负总责，要结合实际，围绕规划主要任务，进一步细化工作措施，健全工作机制，明确任务分工，强化资金保障，加强跟踪调度，加大舆论宣传引导，协调解决重大问题，确保本规划重点任务、主要措施有效落实。

（三）加强督促检查，做好规划评估。省发展改革委、省人力资源社会保障厅会同有关部门建立督促检查制度，开展规划实施情况年度监测，组织规划实施中期和终期评估，及时总结推广政策实施中的好经验好做法。规划实施中的重大事项和重大调整及时上报省委、省政府审定。

宁夏回族自治区就业促进"十四五"规划

宁夏回族自治区人民政府办公厅　2021 年 12 月 16 日

就业是最大的民生，也是经济发展最基本的支撑。"十四五"时期，实现更加充分更高质量就业，是建设黄河流域生态保护和高质量发展先行区、继续建设经济繁荣民族团结环境优美人民富裕美丽新宁夏的内在要求，也是践行以人民为中心发展思想、扎实推进共同富裕的重要基础。本规划依据国家《"十四五"就业促进规划》和《宁夏回族自治区国民经济和社会发展第十四个五年规划和2035 年远景目标纲要》编制，进一步明确了"十四五"时期促进就业的指导思想、主要目标、重点任务和保障措施，指导全区制定相关政策、合理配置资源、促进就业创业。

第一章　规划背景

第一节　发展基础

"十三五"时期，面对错综复杂的国内外经济形势和艰巨繁重的就业任务，在自治区党委和政府的坚强领导下，全区上下深入学习贯彻习近平新时代中国特色社会主义思想和习近平总书记视察宁夏重要讲话精神，坚持把促进就业作为重大政治任务和民生头等大事，深入实施就业优先政策，创新就业工作体制机制，加大就业工作推进力度，有效应对中美贸易摩擦和新冠肺炎疫情严重冲击，就业形势保持总体稳定，为确保我区打赢脱贫攻坚战、如期全面建成小康社会提供了有力支撑。就业规模稳步扩大，城镇登记失业率始终保持在较低水平，城镇新增就业累计超过 39 万人，超额完成目标任务。就业结构不断优化，第三产业就业规模持续扩大，城镇就业比例明显增加，劳动者就地就近就业和返乡创业增多，区域就业结构渐趋合理。重点群体就业保障有力，高校毕业生就业率连续多年稳定在 90% 以上，农村劳动力转移就业累计超过 380 万人次，就业困难人员就业累计超过 4.36 万人，困难群体得到有效帮扶。劳动者素质明显提升，劳动年龄人口平均受教育年限达到 10.8 年，专业技术人才总量达 31.7 万人，高技能人才总量达 14 万人，技术技能人才队伍不断壮大。风险防控基础更加牢固，失业监测预警体系和应急处置措施更加完善，失业保险待遇稳步提升，失业保险稳岗返还累计发放 8 亿多元、惠及 1.23 万家企业 198 万职工，稳岗位促就业保生活作用效果明显。

专栏 1 "十三五"时期就业工作进展情况			
指　标	2015 年	"十三五" 规划目标	2020 年 完成数
城镇新增就业（万人）	〔37〕	〔36〕	〔39.61〕
城镇登记失业率（%）	4.02	< 4.5	3.92
农村劳动力转移就业（万人次）	〔355.49〕	—	〔387.7〕
专业技术人才总量（万人）	25.2	28.8	31.7
高技能人才总量（万人）	10.3	13.4	14
企业劳动合同签订率（%）	93.85	> 90	93.9
劳动人事争议调解成功率（%）	—	> 60	62.6
劳动人事争议仲裁结案率（%）	90.5	> 90	90.7
注：〔 〕表示五年累计数。			

第二节　机遇挑战

"十四五"时期，是我区全面贯彻落实习近平新时代中国特色社会主义思想和习近平总书记视察宁夏重要讲话精神，加快新旧动能转换，推动高质量发展的关键五年，做好就业促进工作机遇和挑战并存。从机遇看，我国经济稳中向好、长期向好的基本趋势没有变，国家加快实施创新驱动战略、"一带一路"倡议和支持宁夏黄河流域生态保护和高质量发展先行区建设，将为我区就业工作创造更多有利条件，注入强大动力。随着我区新型城镇化、乡村振兴加快实施，"九大重点产业""十大工程项目""四大提升行动"深入推进，新技术、新产业、新业态、新模式不断涌现，就业创业机会将日益增多。这些积极因素加速聚集，战略叠加优势凸显，改革红利持续释放，新的就业增长点将不断涌现。

从挑战看，我区就业领域固有矛盾依然存在，新的问题还在增加。就业结构深刻变化，虽然劳动年龄人口比重下降，但是总量仍然超过 466 万，城镇新成长劳动力保持高位，大学生、农民工等重点群体就业压力依然不减。产业转型升级、技术进步对劳动者技能素质提出了更高要求，人才培养培训不适应市场需求的现象进一步加剧，"就业难"和"招工难"并存的结构性就业矛盾更加凸显，将成为就业领域主要矛盾。城镇就业困难人员、农村富余劳动力群体特别是大龄劳动力文化程度低、劳动技能水平不高，愈加难以适应市场岗位需要，稳就业促增收难度将进一步加大。公共就业服务基础薄弱、服务层次不高，无法满足人民群众对高质量就业的服务需求。灵活就业和新就业形态从业人员劳动权益保障亟待加强。同时，国际环境日趋复杂，不稳定不确定性明显增加，新冠肺炎疫情影响广泛深远，对就业的潜在冲击需要警惕防范。国内经济下行压力依然较大，我区改革长期积累的一些深层次矛盾逐步显现，城市化进程加快、城乡区域发展不平衡，将对就业产生深刻影响。总之，"十四五"时期，就业形势依然复杂严峻，稳定和促进就业任务艰巨。

第二章　总体要求

第一节　指导思想

以习近平新时代中国特色社会主义思想为指导，深入贯彻党的十九大和十九届二中、三中、四中、五中、六中全会精神，全面落实习近平总书记视察宁夏重要讲话精神和自治区党委政府决策部署，立足新发展阶段、贯彻新发展理念、融入新发展格局，坚持稳中求进工作总基调，以改革创新为根本动力，以实现更加充分更高质量就业为主要目标，深入实施就业优先战略，健全有利于更充分更高质量就业的促进机制，完善就业优先政策体系，强化职业培训和公共就业服务，加强劳动权益保障，千方百计扩大就业容量，努力提升就业质量，着力缓解结构性就业矛盾，切实防范化解失业风险，不断增进民生福祉，推动共同富裕迈出坚实步伐。

第二节　基本原则

坚持就业导向、政策协同。继续把就业摆在经济社会发展和宏观政策优先位置，作为保障和改善民生的头等大事，实施以稳定和扩大就业为基准的宏观调控，促进经济高质量发展，进一步增强对就业的拉动能力，实现就业增长与经济发展的良性互动。

坚持扩容提质、优化结构。紧扣更加充分更高质量就业目标，更加重视日益凸显的结构性就业矛盾，兼顾容量、质量与结构，坚持稳岗、扩岗并举和规模、质量并举，聚焦劳动者技能素质提升，突出抓好技术技能人才培养培训，支持多渠道灵活就业，促进就业扩容提质，推动形成劳动力市场更高水平供需动态平衡。

坚持市场主导、政府调控。推动有效市场和有为政府更好结合，充分发挥市场配置劳动力资源的决定性作用，强化政府促进就业责任，加快破除制约就业的体制机制障碍，优化整合各类资源，为促进就业提供强有力的政策支持和基础性服务保障。

坚持聚焦重点、守住底线。聚焦重点地区、重点行业和重点群体，制定更加精准有效的政策措施，因地因企因人加强分类帮扶援助，兜牢民生底线。密切关注内外部环境对就业的影响，完善监测预警防控机制，防范化解就业领域风险隐患。

第三节　主要目标

到 2025 年，要实现以下目标：

就业形势总体稳定。城镇新增就业 37.5 万人以上，农村劳动力转移就业 375 万人次以上，城镇登记失业率控制在 4.5% 以内，城镇调查失业率控制在 5.5% 以内。高校毕业生、农民工、退役军人、下岗失业人员等重点群体就业保持稳定。

就业质量稳步提升。劳动者工资收入合理增长，全员劳动生产率年均增长 6% 以上。劳动用工管理更加规范，劳动者权益保障进一步加强，劳动人事争议调解成功率和仲裁结案率分别达到 60% 和 90% 以上。

结构性就业矛盾有效缓解。人力资源质量大幅提升，更加匹配产业转型升级和高质量发展需要。劳动年龄人口平均受教育年限达到 11.3 年，开展补贴性职业技能培训 27 万人次，专业技术人才总量达到 38 万人，技能人才总量达到 153.7 万人，高技能人才总量达到 16.5 万人。

创业带动就业能力明显提高。创业政策体系不断完善，创业服务机制更加健全，创新创业孵化基地（园区）数量稳步增长，创业融资支持力度进一步加大，各类劳动者创业创富通道更加通畅。多渠道灵活就业社会保障制度逐步建立，全社会支持创业、参与创业积极性显著提高。

风险应对能力显著增强。就业领域风险监测预警和应对处置机制不断健全，失业人员保障水平进一步提高，困难群体得到及时帮扶，就业安全保障更加有力。

专栏 2　"十四五"时期就业主要指标				
指　标	2020 年	2025 年	年均任务	属性
城镇新增就业（万人）	〔39.61〕	〔37.5〕	7.5	预期性
城镇调查失业率（%）	6.1	＜ 5.5	＜ 5.5	预期性

指　标	2020 年	2025 年	年均任务	属性
城镇登记失业率（%）	3.92	< 4.5	< 4.5	预期性
农村劳动力转移就业（万人次）	〔387.7〕	〔375〕	> 75	预期性
开展补贴性职业技能培训（万人次）	〔48.5〕	〔27〕	5.4	预期性
全员劳动生产率增长（%）	——	——	> 6	预期性
劳动年龄人口平均受教育年限（年）	10.8	11.3	——	约束性
专业技术人才总量（万人）	31.7	38	1.26	预期性
技能人才总量（万人）	125.7	153.7	5.6	预期性
高技能人才总量（万人）	14	16.5	0.5	预期性
劳动人事争议调解成功率（%）	62.6	≥ 60	≥ 60	预期性
劳动人事争议仲裁结案率（%）	90.7	≥ 90	≥ 90	预期性

注：〔　〕表示五年累计数。

第三章　增强经济发展拉动就业能力

坚持经济发展就业导向，紧紧围绕自治区"九大重点产业""十大工程项目""四大提升行动"和新兴产业发展，挖掘内需潜力带动就业，增强经济发展拉动就业能力，支持市场主体健康发展，稳定就业基本盘。

第一节　提升产业带动就业能力

优先发展吸纳就业能力强的行业产业、优先投资岗位创造多的项目，培育就业增长极。大力发展第三产业，加快发展健康、养老、托育、文化、旅游、体育、家政、物业等服务业，加强公益性、基础性服务业供给，着力提高服务业吸纳就业比重。推动制造业高质量发展，在发展高新技术制造业的同时，兼顾发展劳动密集型产业特别是高附加值劳动密集型企业，大力扶持中小企业尤其是小型微型企业发展，稳步提升第二产业就业容量。全面推进乡村振兴，大力发展现代农业、设施农业，发展休闲农业和乡村旅游，扶持一批农业产业化龙头企业牵头、家庭农场和农民合作社跟进、广大农户参与的农业产业化联合体，挖掘第一产业就业潜力，扩大职业农民就业规模。

第二节　拓展新产业新业态就业领域

深入实施创新驱动战略，围绕特色产业链布局创新链拓展就业链，推动人工智能、互联网、云计算、大数据等新一代信息技术在工业、农业、服务业领域深度应用，拓展产业发展新空间，创造就业新领域。推进新兴产业规模化崛起，打造规模体量大、延伸配套好、带动能力强的产业集群，持续释放吸纳就业潜力。积极探索和创新监管方式，创造更加宽松的环境，大力推进数字经济和平台经济健康发展，催生更多微经济主体，创造更多新型就业模式。

第三节　立足先行区建设促进高质量就业

紧紧依托我区建设黄河流域生态保护和高质量发展先行区建设重大历史机遇，加快特色优势现代产业体系建设，聚焦特色农业、电子信息、新型材料、绿色食品、清洁能源、文化旅游等九大重点产业，促进产业链、创新链、供应链、服务链、就业链深度融合，推动更多技术、资本、劳动力等生产要素融入产业发展，以高质量产业发展带动更多高质量就业。

第四节　支持市场主体发展稳定就业

坚持创造更多就业岗位和稳定现有就业岗位并重原则，加大服务企业政策供给，进一步放宽市场准入，鼓励企业充分吸纳就业。构建常态化援企稳岗长效机制，加大减税降费实施力度，支持开展在岗培训，加强用工服务保障，帮助企业减负稳岗。对带动就业能力强、环境影响可控的项目，制定环评审批正面清单，对涉及企业关停并转的，同步做好职工安置工作。

专栏3　经济发展带动就业计划

1. **重点产业发展带动就业计划。** 建立健全特色农业、电子信息、新型材料、绿色食品、清洁能源、文化旅游等九大重点产业和地方优势特色产业人力资源开发服务机制，充分发挥重大工程、重大项目拉动就业作用，以产业发展带动就业。

2. **家政服务业提质扩容计划。** 实施"雨露计划"，加强就业困难人员家政服务培训。健全家政服务品牌建设机制，定期开展自治区家庭服务企业评选活动，选树培养一批叫得响的家政服务品牌。推进银川市家政服务业提质扩容"领跑者"行动试点城市建设。

3. **创业带动就业支持计划。** 大力实施小额创业担保贷款和妇女创业担保贷款项目，加大对初创实体资金支持，两个项目年均发放创业贷款资金10亿元以上。

第四章　完善就业促进政策体系

落实就业优先战略，强化就业优先政策，加强就业政策与财政、金融、产业、创业等政策协调联动，不断增强就业促进工作政策支持力度。

第一节　强化就业优先政策

将更充分更高质量就业作为经济社会发展的优先目标，将稳定和扩大就业作为宏观调控的下限，健全财政、产业、社保、就业等政策协同和传导落实机制，强化就业影响评估，实现经济增长与扩大就业良性互动。统筹城乡就业政策，积极引导农村劳动力、脱贫群众稳定就业，促进平等就业，增加高质量就业。落实政府促进就业工作主体责任，建立健全县（区）以上政府就业工作组织领导机制，完善跨层级、跨部门、跨区域的重大风险协同应对机制。建立与更充分更高质量就业相适应的考核评价体系，夯实就业工作目标责任制、工作督查考核机制。

第二节　加大财政政策支持

建立健全稳定就业财政投入机制，各级人民政府要持续加大就业资金投入力度，每年将就业资金列入同级财政预算管理，资金投入不低于本地上年度财政收入的 2%。完善自治区、市、县（区）三级财权事权划分，构建与事权匹配的公共就业服务经费分级保障机制，探索政府购买服务新办法、新途径，增强基层公共就业服务保障能力。进一步完善就业资金使用管理办法，推进财政支出标准化，强化预算约束和绩效管理，提高就业资金使用效益和管理水平。跟进落实有利于加快产业结构调整升级，促进服务业、新兴业态和小型微型企业发展的税收政策，减轻企业税收负担，充分发挥产业、企业在吸纳城乡劳动力就业中的作用；完善和落实促进高校毕业生、农民工、退役军人、残疾人等重点群体就业创业税收政策，鼓励企业吸纳就业困难群体就业。

第三节　增强金融政策支持

落实普惠金融定向降准政策，引导金融机构重点支持民营企业和小微企业融资。鼓励银行业金融机构完善内部传导和激励考核机制，扩大制造业中小微企业中长期贷款和信用贷款投放，对扩大小微企业融资担保业务规模、降低小微企业融资担保费率等政策性担保机构进行奖补。发挥各级金融机构作用，加大对重点企业支持力度，对遇到暂时困难但符合授信条件的企业，不得盲目抽贷、断贷，支持企业发展，增加就业。

第四节　健全灵活就业创业政策

建立健全创业带动就业扶持长效机制，加大初创实体支持力度，支持大学生、农民工、退役军人等人员返乡入乡创业，提供场地支持、租金减免、税收优惠、创业补贴、创业担保贷款等政策扶持。实施"双创"支撑平台项目建设，对带动就业能力强的创业投资企业给予引导基金扶持、政府项目对接等政策支持。进一步完善支持灵活就业的政策措施，明确灵活就业、新就业形态人员劳动用工、就业服务、权益保障办法，开展新就业形态人员职业伤害保障试点，抓紧清理不合理限制灵活就业的规定。

第五章　提升重点群体就业保障能力

把创造就业机会、增强就业持续性，作为促进重点群体全面发展的重要途径，统筹做好以高校毕业生为重点的青年就业和农民工、退役军人等重点群体就业促进工作，稳定和扩大城乡就业。

第一节　拓宽高校毕业生等青年群体就业渠道

坚持把高校毕业生等青年就业作为重中之重，结合产业升级、先行区建设、乡村振兴开发适合高素质青年群体的就业岗位，拓宽市场化社会化就业渠道。深入实施高校毕业生就业创业促进计划和基层成长计划，引导更多高校毕业生到基层一线、城乡社区和中小微企业就业。强化不断线就业服务，健全离校前后服务衔接机制，加强实名制数据库建设管理。加强职业介绍、就业见习和创业指导，对就业困难高校毕业生和长期失业青年实施就业帮扶。

第二节　引导农村劳动力转移就业

结合乡村振兴战略和新型城镇化建设，合理引导产业梯度转移，创造更多适合农村劳动力转移就业机会。按照政府推动、市场主导原则，积极引导农村劳动力就近就地就业、有序外出就业。消除户籍、地域、身份、性别等影响平等就业的制度障碍，推动农村劳动力在就业地平等享受就业服务政策。完善落实创业政策措施，提升创业服务能力，积极支持农民工返乡创业。准确掌握农村劳动力就业意愿、技能水平、文化程度等基本情况，因人因需提供技能培训和就业服务。

第三节　支持退役军人就业创业

采取政府推动、市场引导、社会支持相结合的方式，鼓励和扶持退役军人就业创业。加大对退役军人创业担保贷款贴息支持力度，落实退役军人从事个体经营税收优惠政策，加大对退役军人创业补贴支持力度。引导退役军人积极参加职业技能培训，鼓励各类培训机构和企业提供定岗定向定单培训并推荐就业。持续完善退役军人就业创业公共信息平台，促进供需信息有效衔接。设立退役军人就业实名台账，强化退役军人服务中心（站）就业服务功能，及时提供针对性服务。

第四节　强化脱贫群众就业帮扶

严格落实"四个不摘"要求，保持现有就业帮扶政策、资金支持、帮扶力量总体稳定，巩固拓展企业吸纳、创业带动、转移就业、公益性岗位安置等就业渠道，支持就业帮扶车间、返乡入乡创业园（区）等各类就业载体建设，开发乡村公益性岗位，加大以工代赈实施力度，为农村就业困难群体创造更多就业机会。深入推进东西部劳务协作，完善闽宁对口帮扶合作机制，提升转移就业社会化组织水平，促进更多农村脱贫劳动力外出就业。实施百万移民致富提升行动，做好易地扶贫搬迁后续就业帮扶工作，加大对大型移民安置区、国家和自治区乡村振兴重点帮扶县支持力度，确保移民群众稳得住、有就业、能致富。

第五节　统筹其他重点群体就业

把解决失业人员再就业问题摆在突出位置，畅通失业人员求助渠道，健全失业登记、职业介绍、职业培训、职业指导和创业咨询等服务机制。有效发挥失业保险保障生活预防失业促进就业作用。持续实施就业援助制度，对城乡就业困难人员建立台账、动态管理，优先提供就业帮助，对通过市场渠道难以实现就业的，合理开发公益性岗位托底安置，确保零就业家庭动态清零。及时将符合条件的就业困难人员纳入最低生活保障、临时救助范围，对已经实现就业的低保对象，可通过"低保减退"等措施，增强其就业意愿和就业稳定性。着力帮扶残疾人、城镇长期失业人员等困难群体就业，扶持残疾人自主创业。统筹做好妇女、大龄劳动者就业帮扶。

专栏 4　重点群体就业促进行动

1. 高校毕业生就业创业促进计划。健全高校毕业生就业创业服务体系，完善精细化、差异化就业服务机制，提升毕业生就业能力，支持毕业生创业创新。常态化开展专项招聘，对离校未就业高校毕业生开展实名制就业帮扶。

2. 高校毕业生基层服务项目。统筹实施"三支一扶"、农村教师特岗计划、志愿服务西部计划等项目，选拔派遣高校毕业生到基层服务。规范项目管理，强化日常考核监督，切实发挥项目示范引领作用。

---

3. 促进青年群体就业项目。继续推进青年就业见习计划、机关事业单位实习计划、青年就业启航计划的实施，做好青年群体企业见习、职业培训和就业困难高校毕业生、失业青年就业援助。

4. 促进农村劳动力转移就业项目。建立健全跨区域劳务协作对接机制和"点对点"服务保障机制，深化闽宁等东西部劳务协作，促进农村劳动力转移就业。开展转移就业示范县、劳务中介机构、劳务经纪人和驻外劳务站评选活动，培育打造一批叫得响的劳务品牌。

第六章　提升创业带动就业和多渠道灵活就业能力

进一步优化创业环境，加大创业和灵活就业支持力度，提升创业服务水平，激发全社会创业热情和活力，放大创业带动就业倍增效应。

第一节　优化创业环境

持续深化"放管服"改革，实行"证照分离"和"照后减证"，简化企业注册和注销手续，进一步优化营商环境。破除制约民营企业发展的各种壁垒，推动"非禁即入"普遍落实，促进民营经济健康发展带动就业。实施涉企经营许可事项清单管理，加强事中事后监管，对新产业新业态实行包容审慎监管。优化城镇化建设布局，合理确定就业空间结构和功能定位，预留劳务市场、贸易集市、摊点群、流动商贩疏导点等经营服务网点，支持用工密集的地区建设劳动力市场、零工市场和人力资源服务工作站，鼓励和支持更多劳动者创业就业。

第二节　提升创业服务能力

继续实施高质量创业孵化基地载体和创业园区创建工作，提升线上线下创业服务能力，打造创业培训、创业实践、咨询指导、跟踪帮扶等一体化创业培训体系。优化政策、资金、法律、知识产权等创业孵化服务功能，提高创业成功率。支持建设一批返乡入乡创业园、农村创新创业和返乡创业孵化实训基地、县级农村电商服务中心、物流配送中心和乡镇运输服务站，加强返乡创业重点人群、脱贫村创业致富带头人、农村电商人才等培训培育。

第三节　激发劳动者创业活力

鼓励科技、教育、文化等专业人才转变观念，发挥知识和技术优势，成为创业的引领者。探索符合科创企业发展需求的金融服务模式，促进更多科技人才创业带动就业。教育引导大中专毕业生树立科学的就业观和成才观，健全完善院校创业创新培训计划，激发大学生等青年群体创业创新活力。大力发展"互联网+创业"，支持城镇失业人员、退役军人等各类人员创业带动就业，多渠道实现增收创富。组织各类创业创新大赛和创业推进活动，开展创业型城市创建工作，营造浓厚的创业氛围。

第四节 支持多渠道灵活就业

持续推动多种灵活就业形态发展，用人单位可采用非全日制、阶段性合同、劳动者个人承揽、服务外包等多形式灵活用工，拓宽灵活就业发展渠道。鼓励个体经营，支持和规范发展早市夜市、便民摊点、特色小店等灵活就业形态，取消不合理限制，完善基础设施，增加商业资源供给。合理设定互联网平台经济及其他新业态新模式监管规则，优化平台企业管理服务，完善灵活用工调控管理机制，帮助劳动者依托互联网平台实现灵活就业。

专栏5 创业带动和灵活就业计划

1. **优化创业环境。**贯彻《优化营商环境条例》，继续落实"1+16"政策文件，持续优化营商环境；将带动就业能力强的"小店经济"、步行街发展状况作为各类城市创优评选项目重要条件，优化创业发展环境。

2. **创业创新示范项目。**持续推进"双创"示范基地、小微企业创业创新示范基地、众创空间、创业孵化示范基地、返乡入乡创业园区、退役军人创业园等项目建设，提升创业带动就业发展质量。组织开展创业型城市、公共就业服务示范城市、国家级和自治区充分就业社区创建活动。

3. **返乡创业能力提升行动。**组织实施返乡创业农民工、脱贫村创业致富带头人、农村电商人才等创业培训项目，年均组织人员培训2万人以上。

4. **开展创业服务活动。**继续开展创业指导志愿服务、大众创业万众创新活动周、大学生优秀创业项目评选、农村创业创新大赛、宁夏青年创业创新大赛等活动，营造创业创新风尚，激发劳动者创业创新动力。

第七章 加快提升劳动者技能素质

进一步健全完善职业技能培训体系，促进职业技能培训教育与就业需求和产业发展紧密衔接，加快急需紧缺技术技能人才培养，提升劳动者技能素质，缓解结构性就业矛盾。

第一节　健全完善职业培训制度

紧密结合市场需求和就业要求，健全完善覆盖城乡全体劳动者、贯穿劳动者学习工作终身的职业技能培训制度。整合各方培训资源，全面推行工学一体、企业新型学徒制、"互联网+"等培训模式，探索引入现代化手段和方式开展数字技能类职业培训。探索建立新职业信息发布制度和职业分类动态调整机制，开发完善职业技能培训大纲、职业培训包和职业技能培训教材。完善区内职业技能竞赛体系，创新开展各项职业技能竞赛。

第二节　提升劳动者培训质量

深入实施职业技能提升行动和重点群体、重点行业领域专项培训计划，支持开展订单式、套餐式、点餐式培训模式，形成人力资本提升和产业转型升级良性互动。广泛开展新业态新模式从业人员职业技能培训，加强新职业培训特别是数字经济领域人才培养，有效提高培训质量。优先为残疾人提供职业技能培训，鼓励服务行业从业人员参加职业技能培训和鉴定评价。提高各级各类职业技能培训资金使用效能，创新使用方式，畅通培训补贴直达企业和培训者渠道。依托企业开展岗位技能提升培训。组织培训机构依据国家职业标准，采取多种形式开展培训。

第三节　加强培训基础能力建设

开展产教融合型企业培训试点，建设一批公共实训基地和产教融合基地，推动培训资源共建共享。大力发展职业教育、技工教育，优化调整教育结构，统筹各类层次、各类学科比例设置，对接自治区发展战略和市场需求，建立就业与招生计划、人才培养、经费拨款、院校设置、专业调整的联动机制。实施职业教育、技工教育质量提升工程，改善院校基本办学条件，强化教学师资队伍建设，支持建设一批高水平的职业院校、技工院校和专业群。

第四节　加快急需紧缺技术技能人才培养

紧紧围绕先行区建设和九大重点产业发展需求，持续实施专业技术人才知识更新工程和高技能人才振兴计划，突出"高精尖缺"导向，依托大型骨干企业、职业院校、技工院校和培训机构，加强高水平专业技术人才队伍建设，加快急需紧缺职业（工种）高技能人才培养。全面加强技术技能人才激励机制建设，探索扩大高技能人才与专业技术人才职业发展贯通领域和规模，健全职业技能多元化评价方式，完善职业技能等级制度。加强技术技能人才评选表彰活动，提高技术工人待遇水平。

专栏 6　提升劳动者技能素质行动

1. **职业技能提升行动**。持续开展职业技能提升行动，大力实施农民工培训计划、百万青年培训计划、康养培训计划、"百城万村"家政扶贫培训计划和马兰花"创业培训计划等专项培训，全面提升劳动者职业技能水平和就业创业能力。每年开展企业新型学徒制专项培训不少于1000人，"十四五"期间开展补贴性职业技能培训27万人以上。

2. **高技能人才振兴计划**。全区每年创建高技能人才培训基地3个（国家级1个、自治区级2个）、技能大师工作室7个（国家级2个、自治区级5个）。"十四五"期间培养高技能人才2.5万人。

3. **专业技术人才培养计划**。全区每年选拔300名左右青年拔尖人才重点培养；每年培训高层次、急需紧缺和岗位骨干专业技术人才5000人以上。"十四五"期间培养专业技术人才6.3万人。

4. **急需特色骨干专业建设计划**。紧紧围绕我区建设黄河流域生态保护和高质量发展先行区建设和重点行业（领域）发展需要，选择基础条件较好的技工院校，每年遴选2个急需特色专业给予重点建设。

5. **公共实训基地建设工程**。"十四五"期间建设职业技能公共实训基地3个—5个。

6. **实施新就业形态人员技能提升行动**。结合市场发展需求和劳动者培训意愿，创新开发适合新就业形态人员的培训方式和内容，开展数字资源线上培训服务，支持其根据自身实践和需求参加个性化培训。

第八章　提高人力资源供求匹配能力

健全完善公共就业服务体系，提高服务标准，夯实基础支撑，强化就业监测和风险防范。持续推进统一规范的人力资源市场体系建设，促进公平就业，提高人力资源供需匹配效率。

第一节　构建全方位公共就业服务体系

推进公共就业服务基础设施标准化建设，完善基层公共就业服务平台，重点补齐农村地区、易地扶贫搬迁大型安置区公共就业服务设施短板，健全覆盖全民、贯穿全程、辐射全域、便捷高效的全方位公共就业服务体系。推进就业实名制，构建精准识别、精细分类、专业指导的公共就业服务模式，为劳动者和企业免费提供精准化、个性化服务。加快公共就业服务信息系统建设，完善就业招聘信息公共发布平台，实现就业管理和服务全程信息化。鼓励引导社会力量广泛深入参与就业服务，推进公共就业服务机构与社会民营机构合作。探索建立就业服务专家站和创业指导专家、就业指导专家等服务团体，为服务对象提供专业化服务。

第二节　建设高标准人力资源市场体系

推动人力资源服务与实体经济、科技创新、现代金融协同发展，加快建设统一规范、竞争有序的人力资源市场体系。完善人力资源市场供求信息监测发布和市场统计制度，加强人力资源市场诚信体系建设。依法规范实施人力资源市场行政许可，加强人力资源市场事中事后监管，建立年度报告公示制度。开展人力资源市场秩序专项整治行动，探索创新网络招聘等领域监管手段，严厉打击就业歧视、非法职介等侵害劳动者权益的违法行为。

第三节　推动人力资源服务业高质量发展

深入实施人力资源服务业高质量发展行动计划，依托重大项目和重点骨干企业，培育建设一批符合市场需求的专业性、行业性、区域性人力资源市场。强化行业品牌建设，重点培育一批行业知名企业和优质服务品牌。组织开展诚信服务活动，选树一批诚信人力资源服务示范典型。加强人力资源服务业从业人员职业培训，加大人力资源服务业高层次人才培养力度，推动人力资源服务和互联网深度融合，提升服务供给能力和水平。

第四节　强化就业统计监测和风险预防

抓好就业常规统计，探索建立新就业形态、灵活就业统计监测指标，提高数据质量和实效性。加强大数据比对分析，健全多方参与的就业形势研判机制，提高就业形势监测和分析能力。建立全区及地级市城镇调查失业率按月统计发布制度。健全就业需求调查机制，完善就业统计指标体系和调查统计方法。落实企业规模裁员减员及突发事件报告制度，加强风险评估，适时发布失业预警信息。积极应对人工智能对就业的影响和外部因素对就业的冲击，建立对就业影响协同应对机制，同步做好职工转岗转业培训和安置工作。制定分级政策储备制度和风险应对预案，加强规模性失业风险应急处置，有条件的地方可设立就业风险储备金。

专栏7　公共就业和人力资源服务业发展行动

1.**公共就业服务专项活动**。持续开展"就业援助月""春风行动""民营企业招聘周""高校毕业生就业援助月"等专项活动，为劳动者及时提供就业服务。

---

2. **产业园区建设计划**。根据地区发展和产业转型需要，培育建设一批有特色、有活力、有效益的人力资源服务产业园区。开展国家级和自治区级人力资源服务产业园区创建活动。

3. **骨干企业培育计划**。强化行业品牌建设，重点培育一批有核心产品、成长性好、具有较强竞争力的综合性人力资源服务骨干企业和优质服务品牌。组织开展诚信服务活动，选树一批诚信人力资源服务示范典型。

4. **完善劳动力调查制度**。扩大劳动力调查样本，按月做好全区及地级市城镇调查失业率统计发布工作，加强劳动参与率、年龄、工资收入等结构性数据分析研究。

5. **就业统计基础提升计划**。建立就业岗位调查制度，完善城镇新增就业、登记失业统计制度，探索建立新就业形态、灵活就业统计监测指标。加强就业大数据分析，做好高校毕业生、农民工、灵活就业人员等重点群体流动就业状况和市场招聘需求变化跟踪。

第九章　提升就业质量水平

构建稳定和谐劳动关系，加强劳动者权益保障。合理提高劳动者收入水平，强化农民工就业服务保障，让广大劳动者实现体面劳动、全面发展。

第一节　健全完善劳动关系保障机制

健全完善党委领导、政府负责、社会协同、企业和职工参与、法治保障的工作体系，加强协调劳动关系三方机制建设。完善以职工代表大会为主要形式的企业民主管理制度，引导中小企业依法成立工会组织，在中小企业集中的地方推动建立区域性、行业性职工代表大会。实施劳动关系"和谐同行"能力提升行动，稳妥推进集体协商集体合同制度，提高集体协商时效性。完善工时、休息休假制度。建立健全新业态从业人员劳动权益保障机制，维护新就业形态劳动者权益。完善劳动关系形势分析研判制度，建立健全劳动关系风险监测预警制度。

第二节　维护保障劳动者合法权益

加强劳动人事争议处理效能建设，畅通劳动者举报投诉渠道，推动劳动人事争议调解与人民调解、行政调解、专业性行业性调解、司法调解的衔接联动，加大重大劳动保障违法案件督查督办力度。完善劳动合同制度，加强劳务派遣监管，规范劳务派遣用工行为，保障劳动者同工同酬。开展对重点行业的突出用工问题治理，加强对国有企业劳动用工的指导和服务。深化劳动保障法律法规贯彻落实，持续巩固农民工欠薪治理成果。加强劳动关系工作基层基础建设。

第三节　提高劳动者收入水平

坚持按劳分配为主体、多种分配方式并存，提高劳动报酬在初次分配中的比重，着力增加一线劳动者劳动报酬，推动更多低收入者进入中等收入行列。健全劳动、知识、技术、管理、技能等要素按贡献决定报酬的机制，支持以市场价值回报人才价值，不断强化劳动收入分配政策的激励导向。以非公有制企业为重点，完善工资集体协商制度。健全最低工资调整机制，完善最低工资制度，合理调节收入分配差距。强化工资指导线应用，完善企业薪酬调查和信息发布制度，引导企业合理确定工资水平，促进劳动者收入分配更加公平合理。

第四节　加强农民工服务保障

深化户籍制度改革，落实财政转移支付和城镇新增建设用地规模与农业转移人口市民化挂钩政策，加快农业转移人口市民化。强化农民工权益保障，推动农民工与城镇居民平等享受城镇基本公共服务、城镇落户、学习教育、居住用房、同工同酬等权利。实施农民工素质提升工程，组织开展多种形式农民工新市民培训，提升其融入城市能力。加强农民工工作协调机制建设，完善农民工服务保障机制。发挥农民工在乡村振兴中的作用，鼓励和引导更多农民工投入乡村振兴建设。加强农民工工作宣传，营造全社会关心关爱农民工良好氛围。

专栏8　构建和谐劳动关系计划

1. **劳动关系"和谐同行"能力提升行动。**组织开展打造金牌劳动关系协调员、金牌协调劳动关系社会组织、金牌劳动人事争议调解组织活动。

2. **劳动保障专项治理行动。**持续开展根治欠薪执法专项行动和企业守法诚信等级评价、重大违法行为社会公布、拖欠农民工工资"黑名单"制度，保障劳动者合法权益。

3. **农民工素质提升工程。**组织开展多种形式的农民工新市民培训，提高培训质量，增强农民工综合素质，提升农民工融入城市的能力。

4. **农民工体面劳动计划。**全面落实劳动保障法律法规，规范劳动用工管理，维护农民工平等就业、休息休假、劳动报酬、职业卫生安全等权益。积极维护以农民工为主体的新就业形式劳动者的合法权益。

5. **农民工市民化行动。**以县域就业农民工市民化为重点，着力提升农民工就业质量和技能水平，维护农民工权益，促进农民工平等享受基本公共服务。强化精准服务，打造农民工服务品牌。

6.重点企业用工指导计划。以用工规模较大的生产经营存在较大困难的企业为重点，指导企业采取多种措施稳定工作岗位。发挥集体协商协调劳动关系重要作用，引导企业与职工共渡难关，尽量不裁员、少裁员，稳定劳动关系。

第十章　强化组织实施

第一节　加强统筹协调

强化各级人民政府促进就业责任，把就业工作摆上更加突出重要位置，纳入各级人民政府年度重点工作，层层抓好落实。充分发挥县级以上人民政府就业工作议事协调机构作用，进一步细化目标措施，明确责任分工，凝聚就业工作合力，确保规划各项任务顺利落实。发挥人民团体和其他各类社会组织的作用，充分调动社会各方支持和促进就业的积极性。各地各有关部门要加强对规划实施的组织领导和跟踪调度，协调解决重大问题，推动各项措施落地见效。

第二节　强化综合保障

加强规划推进与配套政策衔接协调，注重政策目标与政策工具、国家政策与地方政策的统筹协调，提升精准性、协同性和落地性。密切关注宏观经济形势和就业形势变化，强化政策研究储备，提高应对防范规模性失业风险能力。将就业补助资金纳入财政直达资金管理，优化适用范围和支出结构，加大地方财政对重大就业创业项目的支持力度。扩大就业领域社会资本进入，引导带动社会资本在就业创业服务、技能培训、职业教育、就业基础设施建设等方面发挥作用。配齐配强公共就业服务机构人员，完善工资待遇等激励保障措施，保障公共就业服务机构正常运转。

第三节　强化考核激励

把规划重点指标完成情况、就业工作开展情况、财政经费保障情况纳入效能考核体系，作为考核各级政府的重要依据。开展好中期评估和总结评估工作，及时总结推广好经验好做法，协调解决实施中的问题。适时对规划实施情况进行专项检查，对重点任务落实情况定期通报。注重正向激励作用，加大对就业工作先进地区的表扬激励，定期开展就业创业工作先进集体和先进个人评选表彰，选树先进典型。对不履职尽责，造成不良影响的，依规依纪依法约谈问责。加强宣传引导，开展政策宣传、工作宣传、典型宣传，正确引导社会预期，营造有利于促进就业创业的良好氛围。

附　录

名词解释

1. 城镇新增就业：报告期内，本地区城镇累计新就业人员数与自然减员人数之差。

2. 城镇调查失业率：城镇调查失业人数占城镇调查就业与失业人数之和的百分比，是反映就业形势的国际通用指标。

3. 劳动年龄人口平均受教育年限：社会总人口中处于劳动年龄范围内（目前为16—59岁）的人口人均接受学历教育（含成人学历教育，不包括各种非学历培训）的年数，是反映国民素质和人力资源开发水平的综合指标。

4. 技能劳动者：在生产、运输或服务一线从事技能操作，并具有初级及以上职业技能水平的人员。其技能水平按照国家职业资格等级确定。

5. 灵活就业：个体经营、非全日制以及新就业形态等灵活多样的就业方式。灵活就业是劳动者就业增收的重要途径，对拓宽就业新渠道、培育发展新动能具有重要作用。

6. 新就业形态：新一轮信息技术革命特别是数字经济和平台经济发展带来的一种就业新模式，体现为劳动关系灵活化、工作内容多样化、工作方式弹性化、工作安排去组织化、创业机会互联网化，正在成为吸纳就业的一条重要渠道。

7. 高技能人才：在生产、运输和服务等领域岗位一线的从业者中，具备精湛的专业技能，在关键环节发挥作用，能够解决生产操作难题的人员。主要包括技能劳动者中取得高级技工、技师和高级技师职业资格及相应职级的人员。

8. 全员劳动生产率：GDP/ 全部就业人数，客观反映全体劳动者的平均生产效率以及技术设备、管理制度的先进性、有效性。

9. 基本养老保险参保率：参加基本养老保险（城镇职工基本养老保险 + 城乡居民基本养老保险）人口占政策规定应参保人口（16周岁及以上人口减去其中的全日制在校学生和现役军人）的百分比。

10. 平台经济：由互联网平台协调组织资源配置的一种经济形态。平台经济使多个主体通过互联网平台实现资源优化配置，促进跨界融通发展，共同创造价值，是数字经济时代新的生产力组织方式。

11. 特殊类型地区：包括以脱贫地区为重点的欠发达地区和革命老区、边境地区、生态退化地区、资源型地区、老工业城市等。

12. 农民工：户籍仍在农村，年内在本地从事非农产业或外出从业6个月及以上的劳动者。

13. 返乡入乡创业：主要包括返乡和入乡两种情况。返乡主要是我国农村劳动力转移中，到沿海经济发达地区和大中城市磨炼、积累的农民工、大学生等各类创业人才，回到家乡配置创业资源，通过创业带动更多农村劳动力就地就近就业，惠及乡邻乡亲；入乡主要是城市里有经济能力、创业意愿的科技、管理人才和企业家等进入乡村，立足资源禀赋和特色优势，进行创新创业。

14. 新生代农民工：外出从业 6 个月及以上，并且在 1980 年及之后出生的农村劳动力。

15. 国家乡村振兴重点帮扶县：为巩固拓展脱贫攻坚成果，在西部地区边远或高海拔、自然环境相对恶劣、经济发展基础薄弱、社会事业发展相对滞后的脱贫县中，确定一批重点帮扶县，从财政、金融、土地、人才、基础设施、公共服务等方面集中支持，增强其内生发展能力。2021 年，西部 10 省（区、市）确定 160 个国家乡村振兴重点帮扶县。

16. 公益性岗位：符合社会公共利益需要，由政府相关部门和单位开发并经人力资源社会保障部门认定，用于安置就业困难人员就业的岗位。

17. 以工代赈：政府投资建设基础设施工程，受赈济者参加工程建设获得劳务报酬，以此取代直接救济的一种扶持政策。

18. 就业困难人员：因身体状况、技能水平、家庭因素、失去土地等原因难以实现就业，以及连续失业一定时间仍未能实现就业的人员。就业困难人员的具体范围，由省、自治区、直辖市人民政府根据本行政区域的实际情况规定。

19. 零就业家庭：法定劳动年龄内的家庭人员均处于失业状况的城市居民家庭。

20. 公共实训基地：由政府主导建设、以就业为导向，向城乡各类劳动者、企事业单位、社会团体，以及产业园区、职业院校、技工院校、技能培训机构等提供技能实训、技能竞赛、技能等级认定、创业培训、就业招聘、师资培训、课程研发等服务的公共性、公益性、开放性、综合性的就业培训服务场所。

21. 求人倍率：招聘岗位数量与求职人数的比值。

图书在版编目（CIP）数据

努力实现更加充分更高质量就业：《"十四五"就
业促进规划》解读及资料汇编 / 国家发展改革委就业收
入分配和消费司编. -- 北京：经济科学出版社，2022.4

ISBN 978-7-5218-3564-9

Ⅰ.①努…　Ⅱ.①国…　Ⅲ.①就业问题—五年计划—
研究—中国—2021-2025—学习参考资料　Ⅳ.① D669.2

中国版本图书馆CIP数据核字（2022）第055403号

责任编辑：初少磊　赵　蕾　赵　芳　尹雪晶
责任校对：靳玉环
责任印制：范　艳

努力实现更加充分更高质量就业

——《"十四五"就业促进规划》解读及资料汇编

国家发展改革委就业收入分配和消费司　编

经济科学出版社出版、发行　新华书店经销

社址：北京市海淀区阜成路甲28号　邮编：100142

总编部电话：010-88191217　发行部电话：010-88191522

网址：www.esp.com.cn

电子邮箱：esp@esp.com.cn

天猫网店：经济科学出版社旗舰店

网址：http://jjkxcbs.tmall.com

北京季蜂印刷有限公司印装

787×1092　16开　34印张　650000字

2022年5月第1版　2022年5月第1次印刷

ISBN 978-7-5218-3564-9　定价：118.00元

（图书出现印装问题，本社负责调换。电话：010-88191510）

（版权所有　侵权必究　打击盗版　举报热线：010-88191661

QQ：2242791300　营销中心电话：010-88191537

电子邮箱：dbts@esp.com.cn）